Die Kraft lebendiger Räume

Marcus Schmieke

# Die Kraft lebendiger Räume

## Das Kompendium vedischer Baukunst

Synergia

2. Auflage 2016
Erschienen im Synergia Verlag, Basel, Zürich, Roßdorf
eine Marke der Sentovision GmbH
www.synergia-verlag.ch



Umschlaggestaltung und Herstellung: FontFront.com, Roßdorf
Gestaltung und Satz: AT Verlag, Aarau
Lektorat: Eva Zwahlen, Langnau a.A.
Umschlagabbildungen: Michael Nothelfer, Überlingen und Erwin Thoma, Goldegg
Fotos: wenn nicht anders vermerkt, von Erwin Thoma, Michael Nothelfer, Ernö Peic
oder vom Autor zur Verfügung gestellt
Grafiken und Illustrationen: Marcus Schmieke, Schöna
Lithos: Marcus Schmieke, Schöna; AZ Grafische Betriebe AG, Aarau

Printed in EU
ISBN: 978-3-944615-40-0

Vertrieb durch Synergia Auslieferung
www.synergia-auslieferung.de

Bibliografische Information der Deutschen Bibliothek
Die Deutsche Bibliothek verzeichnet diese Publikation in der deutschen Nationalbibliografie;
detaillierte bibliografische Daten sind im Internet unter http://dnb.ddb.de abrufbar.

## Inhaltsverzeichnis

# Einführung

Der Raum ist die Quelle aller Kraft und Energie in diesem Universum. Die moderne Physik hat gezeigt, dass der leere Raum, das so genannte Vakuum, ein Vielfaches mehr an Energie enthält als die Materie des gesamten Kosmos.

Die Energie des Raumes wirkt auf den Menschen. Daher ist es eines der Grundanliegen der Architektur aller Kulturen, Räume zu schaffen, deren Energie den Menschen in seinen Tätigkeiten und in seiner Erholung unterstützt.

Tatsächlich schafft Architektur keine Räume, sondern verwandelt einen Teil des in der Natur bereits vorhandenen Raumes in einen absichtsvoll begrenzten Raum. Der durch die Begrenzung der Mauern, des Daches und des Fundaments entstandene Wohnraum besitzt Eigenschaften, die sich von denen des natürlichen Raumes der Umgebung unterscheiden. Das Prinzip der Begrenzung verleiht dem Wohnraum Form, Orientierung, Maße, Proportionen, Aufteilung und Rhythmus. Diese sechs Eigenschaften verbinden sich mit denen des natürlichen Raumes zur Qualität des Wohnraums. Vastu stimmt diese auf die Menschen ab, die den Raum bewohnen, indem es den Raum in Einklang mit den Naturgesetzen gestaltet.

Das Taj Mahal in Agra (Nordindien) ist eines der berühmtesten nach Vastu errichteten Bauwerke. Es ist ein Ausdruck vollkommener räumlicher Harmonie und Kraft.

## Vastu in der Geschichte

In den jahrtausendealten Sanskritschriften Indiens, den Veden, werden neben spiritueller Philosophie auch alle praktischen Aspekte des Lebens behandelt. Zu den wichtigsten dieser Aspekte gehören die Bereiche Wohnen und Bauen, da das Haus eine der zentralen Grundlagen des menschlichen Lebens darstellt.

Vastu ist die Wissenschaft der Architektur, die lehrt, wie man lebendige Räume schafft, die den Menschen sowohl in seinem materiellen als auch in seinem spirituellen Bestreben unterstützen. Das Ziel von Vastu besteht darin, einem Menschen, der einen Raum betritt, ein spontanes und nachhaltiges Wohlbefinden zu vermitteln und die Tätigkeiten zu fördern, die er in diesen Räumen ausführen möchte.

Ein nach Vastu gestalteter Raum steht sowohl mit seiner Umgebung, der Natur und dem Universum, als auch mit seinen Bewohnern in Resonanz. Er vermittelt zwischen den Einflüssen der Umgebung und seinen Bewohnern. Der Wohnraum sollte in Einklang mit den äußeren Gegebenheiten der natürlichen Einflüsse stehen und gleichzeitig mit den Bedürfnissen seiner Bewohner harmonieren. Um diese Vermittlerrolle erfüllen zu können, muss der Raum den Naturgesetzen entsprechend gestaltet werden, die in den vedischen Schriften über Architektur, den Vastushastras, niedergeschrieben wurden. Diese Schriften wurden über Hunderte von Generationen vedischer Baumeister und Architekten bis in unsere Zeit überliefert. Vastu ist sowohl eine offenbarte Wissenschaft, die von den Sehern und Mystikern des alten Indiens empfangen wurde, als auch eine Erfahrungswissenschaft, da sie über Jahrtausende immer weiter verfeinert und den natürlichen Umständen angepasst wurde.

Es mag erstaunen, dass das gleiche Wissen, das vor mehr als 5000 Jahren zum ersten Mal in der Sprache des Sanskrit von den vedischen Mystikern festgehalten wurde, über Jahrtausende praktischer Bauerfahrung erhalten blieb und noch heute in seiner grundlegenden Form seine Gültigkeit besitzt. Ebenso beeindrucken die Tempel des alten Indiens als wichtige Zeugen für die Gültigkeit des Vastu, denn gerade diese Bauwerke, die die Jahrtausende überstanden haben, waren exakt nach den Prinzipien des Vastu errichtet worden.

In der Blütezeit des Vastu, vor Tausenden von Jahren, bestanden die meisten Probleme, die sich gegenwärtig beim Bau eines Hauses ergeben, noch nicht. Damals gab es nur natürliche Baustoffe, da die moderne chemische Industrie, die dafür verantwortlich ist, dass rund 85 Prozent der modernen Häuser in die Kategorie Sondermüll fallen, noch nicht existierte. Man baute vor allem mit Lehm, Holz und Naturstein. Auch gab es keine elektromagnetische Umweltverschmutzung, keine Verschmutzung der Atemluft, keine verbauten Städte oder unzählige hinderliche Bauvorschriften und Verordnungen. Ein großer Teil der Probleme, auf die die modernen Baubiologen hinweisen, war damals noch völlig unbekannt. Trotzdem wusste man, dass die Gestaltung eines Hauses die Gesundheit seiner Bewohner und deren Schicksal maßgeblich beeinflussen kann. Selbst ein aus rein natürlichen Baustoffen an einem strahlungsfreien Ort erbautes Haus, das frei von krankheitserregenden Störzonen ist, kann seine Bewohner krank machen oder ihr Leben negativ beeinflussen, wenn es nicht nach den Gesetzen des lebendigen Raumes errichtet wurde.

Das folgende Zitat stammt aus einem Artikel von Prof. Dr. Ottmar Wassermann, Lehrstuhl für Toxikologie der Universität Kiel, veröffentlicht in der Ausgabe 4/91 der Zeitschrift »Natürlich«: »Die meisten gebauten Häuser sind unbewohnbarer Sondermüll. Die Anwendung vieler Produkte in den Bereichen Lacke, Farben, Kleber, Holzschutz und Reinigung ist vorsätzliche Körperverletzung.«

In der heutigen Zeit, in der die Architektur und das Bauwesen sehr stark vom Streben nach reiner Zweckmäßigkeit und Wirtschaftlichkeit geprägt sind, fühlen die Menschen sich immer weniger wohl in ihren Häusern. Daher ist Vastu heute aktueller denn je. Die Lebendigkeit des Raumes zu unterstreichen und seine Kraft harmonisch auf die Bewohner zu übertragen, das ist die Grundidee des Vastu.

## Die Kraft lebendiger Räume

Wenn der Mensch beim Errichten von Gebäuden achtsam die Gesetze des Vastu anwendet, kann er gezielt die in Räumen wirksamen Kräfte für sich nutzen.

Das Grundprinzip des Vastu besteht darin, den Raum als ein lebendiges Wesen zu betrachten. Nach dem Verständnis der vedischen Metaphysik steht der Raum mit dem Bewusstsein in einer engen Beziehung. Der innere Raum unseres Geistes und der äußere Raum unserer Wahrnehmung sind nur durch die feine Grenze des Ego getrennt. In einem tieferen Verständnis unterscheiden sich Raum und Bewusstsein nicht voneinander.

Das Ego wird im Sanskrit als *ahankara* bezeichnet, was wörtlich Ich-Macher bedeutet. Es wird als das feinste der acht Elemente betrachtet, aus denen die materielle Schöpfung entsteht. Im übertragenen Sinne lässt es sich als das Prinzip der Begrenzung deuten, das das Grundprinzip aller materiellen Form bildet. Der ungarische Architekt Doczi György hat diese Prinzipien in seinem Buch »Die Kraft der Grenzen« auf beeindruckende Weise dargelegt.

Nach dieser Auffassung regt die Zeit den Raum zu Schwingungen an. Dadurch entstehen im äußeren Raum die Formen der Materie und der Architektur und im inneren Raum die Bilder unseres Geistes und die Inhalte unseres Bewusstseins. Der uns umgebende Raum lebt und ist bewusst. Er ist ein Spiegel unseres Geistes und gleichzeitig ein Abbild des gesamten Universums. Wir kommunizieren ständig mit ihm und können seine Energien und Qualitäten wahrnehmen. Den Raum um uns herum können wir niemals abschütteln. Er ist unser engster Begleiter.

Dieses Verständnis des lebendigen Raumes kommt in der Philosophie des Vastu darin zum Ausdruck, dass man ihn in der Form eines kosmischen Lebewesens darstellt, das als Vastupurusha bezeichnet wird. Dieses Wesen verkörpert den Raum. Es liegt jeder materiellen Schöpfung zu Grunde. Die nebenstehende Abbildung zeigt den Vastupurusha eingezwängt in ein quadratisches Gitter von 81 Zellen. Die folgende Geschichte aus den Veden beleuchtet den mythologischen Hintergrund dieser Darstellung:

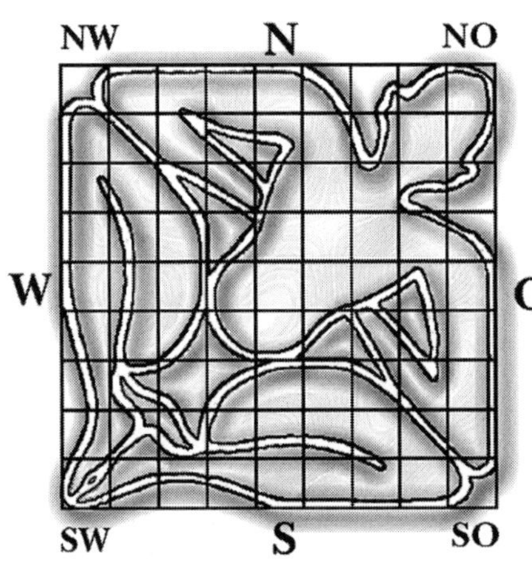

*Das Vastupurusha-Mandala.*

Am Anfang der Schöpfung bildete sich aus der Dunkelheit des noch nicht vollständig geschaffenen Kosmos heraus ein gewaltiges Wesen. Es verkörperte alle chaotischen Energien des Universums und stellte eine Bedrohung für die bereits geschaffene Ordnung dar. Daher fühlten sich insbesondere die Götter des Kosmos in ihrer Existenz gefährdet.

Das Wesen drohte in seiner ungezügelten Wildheit und seinem unbegrenzten Hunger, das gesamte Universum zu verschlingen. Mit vereinten Kräften zwangen die Götter des Universums den Dämon zu Boden. Um ihn in dieser Position zu halten, in der er sich weder bewegen noch etwas sehen konnte, platzierten sich die wichtigsten 45 Götter des Universums auf seinen Gliedmaßen. Mit dem Gesicht zur Erde, die Gliedmaßen in einen quadratischen Rahmen gezwängt, fand er sich in einer misslichen Lage wieder.

Das auf diese Weise besiegte Wesen respektierte die Kraft seiner Bezwinger und ergab sich der Macht, die es besiegt hatte. Es wandte sich Hilfe suchend an Brahma, das erstgeborene Lebewesen und den Architekten des Universums. Der Göttervater Brahma, auf diese Weise um Hilfe gebeten, segnete das Wesen und nannte es Vastupurusha, was so viel bedeutet wie Herr aller Räume, Grundstücke und Gebäude. Kein Bauwerk auf der Erde sollte in Zukunft ohne ihn begonnen oder beendet werden können.

Auf die Frage, was er denn essen solle, antwortete Brahma, dass die Opfer der Menschen, die Häuser und Gebäude errichten, seine Speise sein sollen. Gleichzeitig sprach ihm Brahma das Recht zu, all diejenigen zu vernichten, die beim Errichten ihrer Häuser keine Opfer darbringen und seinen Körper verletzen. Diese sollten ihm samt ihrer Häuser ebenfalls als Speise dienen. So wurde Vastupurusha zum Gott über alle von Menschen geschaffenen Räume erhoben.

Die Rechte des Vastupurusha gelten auch heute noch. Alle Vastus (Räume, Gebäude, Behausungen, Städte) werden automatisch auf ihm als Grundlage gebaut. Die Geometrie seiner Form liegt jedem Grundriss und jedem begrenzten Stück Land zu Grunde. Seine Physiognomie entspricht der inneren Struktur des lebendigen Raumes, zu dessen Sinnbild der Vastupurusha geworden ist.

Brahma ist neben Vishnu und Shiva eine der drei wichtigsten Gottheiten des Hinduismus. Das Wissen des Vastu wird in den Veden ursprünglich auf ihn zurückgeführt.

Dieser Mythos ist in vielen Aspekten von konkreter praktischer Bedeutung für die Wissenschaft der Architektur. Die Aufteilung eines Grundrisses in regelmäßige quadratische Gitter findet hierin ihre metaphysische Begründung. Die Legende zeigt, wie die ordnenden Kräfte des Universums von göttlicher Natur sind. Sie werden jedoch ständig von den Kräften des Chaos und der Dunkelheit bedroht. Auf den Boden gezwungen und in ein enges Quadratgitter gezwängt, wird diese Urkraft von den ordnenden Kräften in eine Form eingepasst. Diese quadratische Form ist ein Symbol der manifestierten Materie. Sie wird damit auch zur Urform der geschaffenen Materie. Im Vastu gilt das Quadrat als die Urform des Raumes an sich und wird zum wichtigsten Formelement in der Planung von architektonischen Grundrissen.

Ein weiterer wichtiger Aspekt, den dieser Mythos versinnbildlicht, liegt in der klaren Begrenzung und exakten Untergliederung des Vastupurusha-Quadrates. Analog hierzu sind im Vastu klare Begrenzungen der einzelnen Räume und Flächen gefordert, um die feinstofflichen Energien optimal zu nutzen. Ein Grundstück sollte möglichst rechteckig und von einem Zaun, einer Hecke oder einer Mauer umgeben sein. Erst dadurch kann sich ein individuelles und zusammenhängendes Energiefeld ausbilden.

Der Raum selbst erfährt durch diese Begrenzung eine Umwandlung. Aus dem unzusammenhängenden chaotischen Zustand geht er in den Zustand der energetischen Ordnung über. Jeder Teil dieses Raumes besitzt seine eigene genau definierte Energiequalität, die auf alle anderen Teile des Raumes bezogen ist. Es bildet sich ein energetisches Zentrum aus, das seinerseits mit den energetischen Zentren aller anderen Räume kommuniziert. Jeder Teil eines solchen kohärenten Raumes ist mit jedem anderen Teil verbunden und kommuniziert mit diesem. Daher kann man von einem Biofeld sprechen, dessen Qualität der des elektromagnetischen Feldes des menschlichen Körpers entspricht und mit diesem in Wechselwirkung steht.

Das Wissen um die räumliche Anatomie dieses Biofeldes ist das Herzstück

Ein System wird als kohärent bezeichnet, wenn die Bewegung beziehungsweise Veränderung all seiner Teile in koordinierter Weise geschieht. Dies ist nur möglich, wenn alle Teile ohne Zeitverlust miteinander kommunizieren. Ein solches System bildet eine Ganzheit, deren Teile nicht isoliert voneinander betrachtet werden können.

In der Physik wird Kohärenz zum Beispiel in den elektromagnetischen Quantenfeldern des menschlichen Körpers verwirklicht. Diese Felder durchdringen den gesamten Körper. All ihre Teile kommunizieren mit mehrfacher Lichtgeschwindigkeit miteinander. Die Quanten dieser Felder werden als Biophotonen bezeichnet und sind maßgeblich an der Steuerung biomolekularer Prozesse in den Zellen beteiligt.

des Vastu. In dieser Anatomie verbinden sich unzählige natürliche Einflüsse, die die Qualität des Raumes bestimmen.

Schon aus der einfachen Betrachtung der Vastupurusha-Darstellung im Quadrat und hinsichtlich seiner Ausrichtung bezüglich der Himmelsrichtungen lässt sich vieles über die Naturgesetze lebendiger Räume ableiten.

## Die Anatomie des Vastupurusha

Das Vastupurusha-Mandala ist die Grundmatrix aller Räume, seien diese von der Dimension eines Atoms oder eines ganzen Universums. Jeder begrenzte Raum besitzt für sich die gleiche innere Struktur und kann daher mit Hilfe des Vastupurusha-Mandalas verstanden werden. Das gleiche Muster wiederholt sich auf jeder Dimensionsebene. Das bedeutet, dass man einen Schreibtisch nach den gleichen Prinzipien gestalten kann wie das Wohnzimmer oder das ganze Haus. Auch das Grundstück unterliegt wiederum den gleichen Gesetzen. Diese gelten in gleicher Weise für eine Stadt, ein Land oder einen Kontinent. Die Gesetze des lebendigen Raumes durchziehen alle Dimensionen und sind von universellem Charakter.

Der Nordosten eines Raumes sollte möglichst rein, leicht und offen gestaltet werden, da er mit dem Kopf des Vastupurusha identifiziert wird. Dort sollte sich kein Abfall, keine Abstellkammer und keine Toilette befinden.

Im Vastupurusha-Mandala befinden sich die Füße im Südwesten, während der Kopf im Nordosten liegt. Damit wird die Südwest-Nordost-Achse zur Wirbelsäule des Raumes. Ihre Qualität bedingt seine Stabilität und seine Ordnung. Dabei steht die Stabilität des Raumes mit den Füßen und Beinen des Vastupurusha in Beziehung und ergibt sich vor allem durch die Gestaltung des Südwestens, Westens und Südens des Grundstücks und des Hauses. So wie die Stabilität des Raumes vom Südwesten abhängt, so werden die Ordnung und das Zusammenhängen der Energien im Raum durch die Qualität des Nordostens festgelegt, denn der Kopf des Vastupurusha steht für Ordnung, Intelligenz, Reinheit und Offenheit, ebenso wie für die Wahrnehmung höherer Dimensionen und spiritueller Aspekte.

Der Südwesten eines Raumes sollte schwer und geschlossen sein, da er mit den Füßen des Vastupurusha in Verbindung steht. Am besten platziert man dort einen Abstellraum oder ein Schlafzimmer.

In der Mitte der Nordost-Südwest-Achse liegt der Nabel des Vastupurusha, ein sehr sensibler Punkt. In ihm zentrieren sich die Energien aller Achsen des Raumes und gleichen sich aus. Über dieses energetische Zentrum, das man als Brahmasthana bezeichnet, stehen alle anderen Bereiche des Biofeldes des Raumes miteinander in Verbindung. Das Zentrum sollte daher nicht blockiert oder zugebaut werden. Am besten hält man es offen, frei und leicht, um die Energien des Raumes, des Lichtes und der Luft frei im ganzen Raum verteilen zu können. Ist dies gewährleistet, so können die Energien zwischen Nordosten und Südwesten, zwischen Südosten und Nordwesten und zwischen Himmel und Erde unbehindert fließen. In nach den Regeln des Vastu gestalteten Häusern befindet sich im Zentrum häufig ein offener Lichthof, um den herum die Räume des Hauses angeordnet werden. Man kann dort auch eine Glaspyramide auf dem Dach errichten oder die Dachziegel durch offene Fensterflächen ersetzen.

Auf der Wirbelsäule des Raumes liegen neben dem Nabelpunkt weitere wichtige energetische Zentren, die als Chakren des Vastupurusha verstanden werden können. Sie sind energetische Schlüsselpunkte von besonderer Energiequalität. Über diese Punkte lassen sich die Energien des gesamten Raumes beeinflussen. Daher ist es wichtig, genau darauf zu achten, wo diese Punkte auf einem bestimmten Grundstück oder innerhalb eines Hauses liegen und was sich dort befindet. Sie sollten nicht mit abbauenden Energien wie einem Müllraum oder einer Toilette belastet werden, auch tragende Wände und schwere Gegenstände haben an dieser Stelle eine negative energetische Wirkung (siehe dazu Kapitel 3, Seite 55).

*Stonehenge ist einer der wichtigsten Kraftorte Europas. Ebenso wie die Erde energetische Schlüsselpunkte besitzt, gibt es solche in jedem Raum.*

Im Südosten und Nordwesten befinden sich die Gelenke des

Vastupurusha, was auf deren besondere Bedeutung für die Dynamik, Energetik und Beweglichkeit des Biofeldes des Raumes hinweist. Da der Vastupurusha auf dem Bauch liegt, befinden sich sein rechter Ellenbogen und sein rechtes Knie im Südosten, sein linker Ellenbogen und sein linkes Knie dagegen im Nordwesten. Die rechte Körperhälfte wird in der indischen Naturheilkunde Ayurveda und in der vedischen Astrologie der Sonne zugeordnet, während die linke Seite dem Mond untersteht. Der Südosten ist daher eher von heißer und feuriger Qualität, während der Nordwesten seinem Herrscher, dem Mond, entsprechend beweglich und eher kühl ist. Folglich repräsentiert der Südosten das Feuer, während der Nordwesten für Bewegung, Kommunikation und Austausch steht.

In Analogie zur Anatomie des Vastupurusha lassen sich den verschiedenen Bereichen des Raumes in den Himmelsrichtungen die wichtigsten Qualitäten des Energiefeldes zuordnen. Die folgende Aufstellung fasst diese Überlegungen zusammen:

| **Himmelsrichtungen** | **Anatomische Entsprechung** | **Eigenschaften** |
|---|---|---|
| *Nordosten* | Kopf des Vastupurusha | Ordnung, Reinheit, Offenheit, Kohärenz, Intelligenz, Wahrnehmung, Spiritualität |
| *Südwesten* | Füße des Vastupurusha | Gewicht, Stabilität |
| *Nordwesten* | linke Gelenke des Vastupurusha | Bewegung, Austausch, Kommunikation |
| *Südosten* | rechte Gelenke des Vastupurusha | Feuer, Hitze, Energie |
| *Westen und Süden* | Beine des Vastupurusha | Schwere |

Besitzt ein Haus beispielsweise eine Toilette im Nordosten, so ist dies ein Verstoß gegen die Prinzipien des Vastu, der den Nordosten schwächt. Ein solcher Vastu-Defekt kann sich auswirken, indem die Bewohner des Hauses gesundheitliche Probleme wie beispielsweise Kopfschmerzen bekommen. Die Schwierigkeiten können jedoch auch im übertragenen Sinne, in Form von Planungsschwierigkeiten oder fehlender intellektueller Stärke, zum Ausdruck kommen.

Außerdem lassen sich die Organe des Vastupurusha den verschiedenen Himmelsrichtungen zuordnen, woraus weitere Schlussfolgerungen über den Zusammenhang zwischen den Raumqualitäten, ihrer angemessenen Nutzung und der Gesundheit der Bewohner abgeleitet werden können.

| | | |
|---|---|---|
| Magen<br>Milz<br>After<br>Lunge | Thymus<br>Hals | Kopf<br>Gehirn |
| Nieren<br>Unterleib | 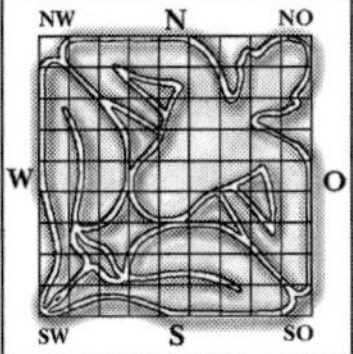 | Augen<br>Herz |
| Füße<br>Knochen | Nieren<br>Unterleib | Leber |

*Zuordnung der menschlichen Organe zu den acht Himmelsrichtungen.*

Ein Vastu-Defekt im Südosten liegt vor, wenn in diesem Bereich das Element Feuer beispielsweise durch ein Bad oder einen Swimmingpool beeinträchtigt wird.

Als Folge mögen die Bewohner für Lebererkrankungen anfällig werden oder auf Grund eines schwachen Verdauungsfeuers Verdauungsprobleme bekommen.

## Räume unterschiedlicher Qualität schaffen

Das Ziel von Vastu besteht darin, Räume unterschiedlicher Qualität zu schaffen, um den verschieden Aspekten des menschlichen Lebens zu entsprechen. Im menschlichen Leben gibt es private Bereiche, die einer persönlichen Atmosphäre bedürfen. Hierzu gehört beispielsweise das Schlafzimmer. Zudem sind familiäre Räume erforderlich, die ebenfalls einen privaten Charakter besitzen, welcher jedoch auf die Privatsphäre der ganzen Familie und ihrer engen Freunde bezogen ist. Andere Räume dienen dem sozialen Aspekt des Lebens und stehen für den Kontakt mit Gästen, Bekannten und Geschäftspartnern zur Verfügung. Hierzu gehören Empfangsräume, Konferenzsäle, Gästezimmer, Foyers, Eingangshallen usw.

Der Küche kommt im Vastu eine besondere Rolle zu. Ihr Charakter ist eher privat. Sie sollte der Öffentlichkeit nicht zugänglich sein. Wichtig für die Küche ist, dass sie eine hohe Energie besitzt, um die Speisen energetisieren zu können und so die Gesundheit der Bewohner zu fördern.

Andere Räume dienen der Entspannung oder dem Studium. Sie sind Zonen der Ruhe, in denen eine sehr leichte Energie herrschen sollte, die geistige Aktivitäten und Ruhe fördert. Hierzu gehören auch Meditationszimmer, Ateliers und Lesezimmer.

Ein Haus besitzt im Allgemeinen Räume unterschiedlicher Qualität, doch auch ein einzelner Raum kann so gestaltet werden, dass sich in seinem Inneren Zonen unterschiedlicher Qualitäten bilden, die sich wiederum für verschiedene Tätigkeiten und Zwecke eignen. So lässt sich beispielsweise eine Einzimmerwohnung den Prinzipien des Vastu entsprechend gestalten, indem man einen Bereich hoher Energie als Kochecke einrichtet, während ein anderer Bereich mit leichten Energien zum Arbeiten und Lesen genutzt wird. Das Bett sollte an einem Ort guter Energie aufgestellt werden, die gleichzeitig nicht zu leicht sein darf, um einen ruhigen und erholsamen Schlaf zu fördern.

Um für jeden Zweck einen Raum passender Qualität schaffen beziehungsweise die Qualitäten bereits bestehender Räume wahrnehmen und verstehen zu können, muss man zunächst analysieren, welche Grundeinflüsse der Natur die Qualität der Räume bestimmen.

## Die Ebenen des Vastu

Der Raum im Inneren eines Hauses oder der Raum auf einem begrenzten Grundstück ist ein kleiner Teil des Universums, in dem sich alle Kräfte und Energien des gesamten Universums widerspiegeln. Dieser Raum ist ein Mikrokosmos, der die Energien der Natur und des Kosmos wie eine Linse auf seine Bewohner fokussiert. Hierdurch können, je nach der Konstruktion der Räume, positive Einflüsse verstärkt und negative vermindert werden oder umgekehrt. Durch die Anordnung der Räume eines Hauses und ihre individuelle Innengestaltung ergibt sich ein Zusammenwirken unterschiedlicher Energien. Diese Kombinationen mögen für die Bewohner des Hauses förderlich sein, können jedoch auch eine negative Wirkung entfalten. Dabei ist zu beachten, dass sich Vastu-Einflüsse auf unterschiedlichen Ebenen manifestieren können:

*Die sinnliche Ebene:* Auf der sinnlichen Ebene der direkten Wahrnehmung lässt sich ohne tiefer gehende Analyse feststellen, dass Räume eine unterschiedliche Qualität haben. Häufig betritt man einen Raum und nimmt direkt wahr, dass sich dieser Raum von seiner Qualität her gut als Schlaf- oder Arbeitszimmer eignen würde. An-

Um die Qualität der Raumenergien angemessen zu beschreiben, verwenden wir Begriffe wie leicht, schwer, hoch, abbauend. Diese Adjektive sind als Metaphern zu verstehen, die auf die Wirkung der jeweiligen Energieform auf die Bewohner des Raumes hindeuten.

Die verwendeten Begriffe lassen sich wie folgt erklären:

*Leichte Energie:* Eine erhebende Energie, die die Konzentration auf geistige Tätigkeiten erleichtert. Zum Schlafen sind Bereiche leichter Energie nicht geeignet. Sie sollten besser zum Lesen, Meditieren, Studieren oder zum Einrichten eines Wohnzimmers genutzt werden. Diese Energie ist mit hellen Farben und den oberen Energiezentren des menschlichen Körpers (Chakren) assoziiert.

*Schwere Energie:* Eine Energieform, die sich gut zum Schlafen eignet. Sie unterstützt körperliche Tätigkeiten und verleiht Gewicht, eignet sich jedoch nicht so gut für geistige und intellektuelle Tätigkeiten. Auch die Meditation fällt in solchen Bereichen schwer. Diese Energie ist mit dunklen Farben und den unteren Energiezentren des menschlichen Körpers (Chakren) assoziiert.

*Hohe Energie:* Bereiche hoher Energie energetisieren alles, was sich in ihnen befindet. Sie geben Energie ab und eignen sich daher sehr gut zum Kochen und für andere Tätigkeiten, die sehr viel Energie benötigen. Zum Schlafen, Entspannen oder Meditieren eignen sich solche Bereiche dagegen weniger gut.

dere Räume erscheinen einem vielleicht eher als Abstellkammer oder als Garderobe passend. Faktoren, die eine solche spontane Festlegung der Raumnutzung beeinflussen, sind neben Größe, Form und Helligkeit eines Raumes seine farbliche Gestaltung und das verwendete Baumaterial.

*Die energetische Ebene:* Auf der energetischen Ebene unterscheiden sich die Räume durch eine unterschiedliche Prägung der in ihnen zirkulierenden Lebensenergie. Diese Energie wird im Sanskrit als Prana bezeichnet und ist besonders für die physische und psychische Gesundheit von Bedeutung. Vor allem schärft sie die Sinne und stärkt den Antrieb der Bewohner des Hauses. Die Dynamik der Lebensenergie hängt von verschiedenen Faktoren ab. Die Geometrie der Räume, die Stellung der Möbelstücke, die Verwendung von Naturelementen wie Erde, Wasser, Feuer und Luft und die relative Lage von Fenstern und Türen wirken sich auf die Qualität der Lebensenergie innerhalb des Hauses aus. Ist ihre Dynamik gestört, fühlen sich die Bewohner unwohl und unmotiviert – alles fällt ihnen schwer.

*Die karmische Ebene:* Neben der sinnlichen und der energetischen Ebene berücksichtigt Vastu den Bereich der kausalen Wirkungen auf das Leben der Bewohner eines Hauses. Hierzu bedarf es einer genauen Analyse astrologisch wirksamer Komponenten. Das Karma der Menschen spiegelt sich im Einfluss der neun Planeten wider, die ein Ausdruck der Qualität der Zeit sind. Die Bewegung der Planeten definiert auf der kosmischen Ebene der Zeitskala die Zyklen der Zeit und damit ihr Maß. Ihre jeweiligen astrologischen Eigenschaften geben den Phasen der Zeitzyklen ihre jeweilige Qualität. Die räumliche Stellung der Planeten zueinander ändert sich mit der Zeit und ist daher für jeden Zeitpunkt charakteristisch. Man kann einen Zeitpunkt genau angeben, indem man die zu dieser Zeit herrschende Planetenkonstellation beschreibt. In alten Kulturen wie der vedischen wurden auf diese Weise exakte Zeitangaben gemacht, die über Jahrtausende nachvollziehbar sind. Die spezifische Wirkung der Planeten auf die Ereignisse des jeweiligen Zeitpunktes besteht in ihrer räumlichen Konstellation. Auf dieser Ebene verbindet sich die Raumqualität mit der Zeitqualität. Karma entsteht aus der komplexen Symbiose zeitlicher und räumlicher Gesetzmäßigkeiten. Der Raum speichert alle Handlungen und Gedanken, die in ihm geschehen, und die Zeit lässt sie in der Zukunft auf ihre Urheber zurückkommen. Die Planeten sind hierbei wichtige Mittler, da sie die Dynamik der Zeit in vollkommener Weise ausdrücken. Den Planeten kann sich kein Gegenstand und kein Wesen dieser materiellen Welt entziehen, da ihre feinen Schwingungen selbst auf der atomaren Ebene einen Einfluss ausüben.

Im Vastu wirken Planeteneinflüsse in jedem Aspekt des Hauses, in jedem Raum, jeder Farbe, jedem Material, jeder Himmelsrichtung. Interpretiert man die Kombination dieser Einflüsse, die in einer konkreten Wohnsituation auftreten, so lassen sich wichtige Schlussfolgerungen für das Schicksal der Hausbewohner ableiten, die aus dem Geburtshoroskop nicht oder nicht so leicht zu erkennen sind.

Aus diesem Grunde heißt es in den Vastu-Schriften, dass man in einer bescheidenen Hütte, die nach Vastu errichtet wurde, glücklicher leben könne als in einem Palast, der den Prinzipien des Vastu widerspricht.

Diesen verschiedenen Ebenen entsprechend lässt sich Vastu auf drei Niveaus unterschiedlicher Tiefe praktizieren. In Entsprechung zur sinnlichen Ebene kann man die gesamte Wissenschaft des Vastu auf den physikalischen Grundeinflüssen aufbauen und daraus die Raumqualitäten und ihre Gesetze ableiten. Hierzu betrachtet man den Einfluss des Magnetfeldes der Erde und ihre Gravitation, den Lauf der Sonne und des Mondes sowie die klimatischen Einflüsse. Man argumentiert auf der Ebene

*Abbauende Energie:* Bereiche abbauender Energie stehen mit verbrauchten, wertlosen und ausgesonderten Dingen in Beziehung. Diese Bereiche sollte man im Haus sehr vorsichtig platzieren (im Südwesten, Westen oder Süden).

♃

*Astrologisches Zeichen des Jupiters*

Der Jupiter beherrscht beispielsweise den Nordosten. Treten in einem Haus Vastu-Defekte im Nordosten auf, so können diejenigen Lebensaspekte der Bewohner in Mitleidenschaft gezogen werden, die mit dem Planeten Jupiter in Beziehung stehen.

Da ein schlecht gestellter Jupiter im Körper für die Entstehung von Tumoren verantwortlich ist, kann ein Vastu-Defekt im Nordosten in Verbindung mit anderen Faktoren im schlimmsten Fall die Entstehung von Krebs fördern (siehe Kapitel 11, Seite 198, die Ausführungen zur vedischen Astrologie).

elektromagnetischer Felder und ihrer biologischen Wirkung und versucht auf diese Weise, die Qualität der Räume zu begründen.

Geht man einen Schritt weiter, kann man die Ebene der feinstofflichen Energien mit einbeziehen. Hieraus ergeben sich wichtige Schlussfolgerungen für die Qualitäten der Himmelsrichtungen. Bereits auf dieser Ebene lässt sich die vollständige Wissenschaft des Vastu aus Naturgesetzen ableiten.

Möchte man den karmischen Bereich ebenfalls mit einbeziehen, so verbindet man Vastu und Astrologie miteinander. Dieser Zugang führt zu den gleichen Schlussfolgerungen für den Bau eines Hauses und die Qualität von Wohnräumen wie der physikalische und der feinstoffliche Zugang. Zusätzlich bietet er jedoch einen weitaus tieferen Einblick in das Schicksal der Menschen und deren Beziehung zu ihrer Wohnsituation.

## Der Raum als Spiegel des Bewusstseins

Aus diesen Betrachtungen ergibt sich die Frage, ob es möglich ist, durch Änderungen und Korrekturen des Wohnraums das Bewusstsein und vielleicht sogar das Schicksal der Bewohner zu beeinflussen. Ebenso liegt es nahe zu fragen, inwiefern man seine Wohnsituation für Fehlschläge und andere Probleme in seinem Leben verantwortlich machen kann.

Die Antwort, die die vedische Philosophie gibt: Die äußere Situation, der man in seinem Leben begegnet, ist ein Spiegel des eigenen Bewusstseins. Die Dinge, die in unserem Leben geschehen, und dazu gehört auch das Finden oder Aufgeben einer Wohnung, spiegeln unsere geistige Haltung sowie unsere aktuellen Wünsche und Ziele. Unsere Lebenssituation ist eine manifestierte Form der Lernaufgaben, die uns das Leben stellt, was auch immer die Verantwortung für die Handlungen unserer Vergangenheit mit einbezieht. Demzufolge hängt unsere jeweilige Wohnsituation mit den Aufgaben unserer derzeitigen Lebenssituation zusammen. Sie zeigt uns aus der Sicht des Vastu unsere Chancen und Probleme.

Ein geschulter Experte des Vastu liest eine Wohnsituation wie ein Horoskop. Er kann anhand einer solchen Analyse Rückschlüsse auf die Persönlichkeit der Bewohner ziehen. Er kann ihnen vor allem zeigen, wo sie Möglichkeiten zur Verbesserung besitzen. Diese Möglichkeiten zu nutzen, ist die eigentliche Herausforderung der Arbeit mit Vastu. Diese Herausforderung besteht sowohl im Inneren auf der Bewusstseinsebene als auch im Äußeren auf der Handlungsebene. Im Äußeren mag man aufgefordert sein, mit dem Raum zu kommunizieren und seine Eigenschaften entsprechend zu ändern. Sehr häufig sind jedoch die äußeren Veränderungen im Rahmen einer Vastu-Korrektur nur Begleiterscheinungen der inneren Veränderungen der Menschen. Es ist daher nicht sinnvoll zu fragen, ob allein die Wohnsituation die Ursache für Probleme sein könnte. Sowohl die Wohnsituation als auch die Lebensprobleme sind Ausdruck einer Bewusstseinshaltung und einer zu bewältigenden Aufgabe. Die Lösung erfolgt immer auf beiden Ebenen: sowohl außen als auch innen.

Ein Vastu-Experte wird daher nicht einfach mechanisch die wesentlichen Defekte der Wohnsituation beseitigen, sondern auch darauf hinweisen, dass sich, ohne eine bewusste Auseinandersetzung mit den jeweiligen Veränderungen, die erwünschte Wirkung nicht einstellen wird.

Diese Überlegungen zeigen, dass Vastu in einem größeren Zusammenhang zu sehen ist: In der vedischen Kultur waren die Vastu-Experten auch Astrologen, Ayurveda-Ärzte und Weise, die sich sowohl mit Philosophie und Psychologie als auch mit praktischer Spiritualität auskannten. Vastu ist eine ganzheitliche Wissenschaft, die alle Aspekte des Lebens mit einschließt.

Für viele Menschen beginnt die Beschäftigung mit Vastu in einer Situation, in der sie Schwierigkeiten mit ihren gegenwärtigen Wohn- und Lebensumständen haben.

In meinem eigenen Leben begann ich mich beispielsweise ernsthaft für Vastu zu interessieren, nachdem eine kräftige Gasexplosion die Küche unserer Wohnung zerstört hatte. Im Nachhinein erkannte ich, dass dieses Ereignis aus der Sicht des Vastu vorprogrammiert war. Die Küche wurde nämlich von den meisten Besuchern und Bewohnern des Hauses als Eingang benutzt, was nach Vastu Streit sowie Probleme mit Feuer mit sich bringen kann.

## Die natürlichen Grundeinflüsse des Vastu

Die Qualität eines Raumes wird durch eine Vielzahl natürlicher Gegebenheiten geprägt. Die im Folgenden aufgeführten Einflüsse sind von besonderer Bedeutung und sollen hier eingehender betrachtet werden:

- die Bahn der Sonne und des Mondes
- klimatische Einflüsse
- das Magnetfeld der Erde
- gravitative Einflüsse
- der Einfluss kosmischer Strahlung
- die Energiegitternetze der Erde
- der Einfluss der fünf Elemente
- feinstoffliche Energieströme
- der Einfluss der neun Planeten
- der Einfluss der 27 Sterne
- Einflüsse höherer Wesenheiten (Götter)

Häufig wird die Frage gestellt, ob die Prinzipien des Vastu auch auf der südlichen Hemisphäre der Erde gelten. Nach Ansicht gelehrter Vastu-Experten entsprechen die Qualitäten der Himmelsrichtungen und die Verteilung der Elemente im Mandala auf der südlichen Halbkugel denen der nördlichen. Lediglich der Lauf der Sonne bringt eine Variation. Sie läuft auf der südlichen Halbkugel von Osten über den Norden in den Westen. Dadurch gewinnt der Norden durch die Strahlung der Mittagssonne zusätzlich an Bedeutung. Die Forderung des Vastu, den Süden weitgehend zu schließen, lässt sich in diesem Fall leichter umsetzen als in unseren Breitengraden.

Diese Liste ließe sich noch beliebig ergänzen, sie enthält jedoch die wichtigsten Faktoren, mit deren Hilfe man die Qualitäten des Raumes bestimmen kann.

Im Vastu unterteilt man den Raum in acht Bereiche, die den acht Himmelsrichtungen entsprechen. Die Haupthimmelsrichtungen Norden und Süden sind durch das Magnetfeld der Erde festgelegt, dessen Feldlinien in dieser Richtung verlaufen. Die magnetische Ost-West-Achse verläuft senkrecht dazu. Die Ost-West-Richtung, die man auf diese Weise mit Hilfe eines Kompasses bestimmt, weicht um einige Grad von der geografischen Ost-Richtung ab, die sich über den Verlauf der Sonne ermitteln lässt. Materiell orientierte Projekte sollten sich nach dem magnetischen Osten ausrichten, während sich spirituelle Projekte an dem geografischen Osten orientieren sollten.

Die vier Haupthimmelsrichtungen können weiter unterteilt werden, indem auch die Nebenhimmelsrichtungen Nordosten, Südosten, Südwesten und Nordwesten hinzugenommen werden. Damit ergibt sich ein System von acht Richtungen, die im gleichen Abstand zueinander liegen.

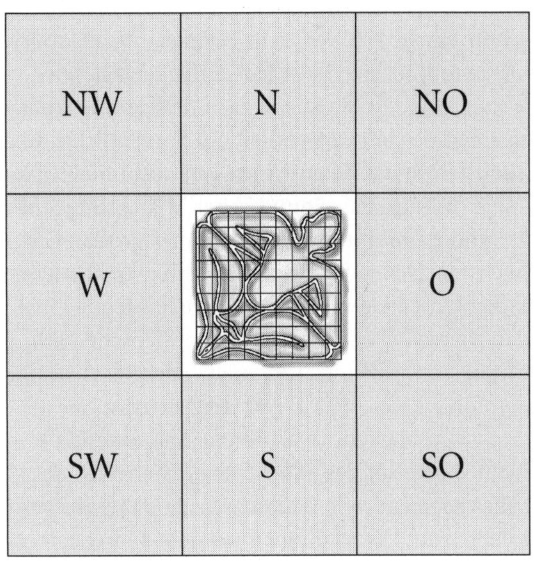

*Die achtfache Unterteilung des Raumes.*

Die Zahl acht spielt in der Philosophie des Vastu bei der Aufteilung des Raumes eine entscheidende Rolle. Das gesamte Maßsystem des Vastu berechnet sich mit Hilfe eines einfachen Achtersystems. Diesem Thema ist ein eigenes Kapitel über Maße und Proportionen gewidmet. Die Aufteilung des Raumes in acht gleich große Bereiche, die den acht Himmelsrichtungen entsprechen, ist ein natürliches Ordnungssystem, das für die meisten Zwecke des Vastu ausreichend genau ist. Dieser Aufteilung entsprechen die acht äußeren Quadrate des Vastupurusha-Mandalas, das insgesamt neun Zellen besitzt. Im Zentrum residiert Brahma, der Schöpfer des Universums.

Die Aufteilung des Raumes in Quadrate erfolgt im Einklang mit dem Grundverständnis des Vastu, dass das Quadrat die Urform des Raumes sei. Um den Raum noch feiner zu gliedern, vergrößert man einfach die Zellenzahl des Quadratgitters. Die geläufigsten feineren Unterteilungen sind das 8 x 8-Gitter und das 9 x 9-Gitter. Diese Systeme werden im Kapitel 3, Seite 55, über das Vastupurusha-Mandala im Detail erläutert.

Den natürlichen Einflüssen entsprechend werden jedem dieser Quadranten bestimmte Eigenschaften zugeordnet. Diese Zuordnung bildet den Schlüssel zum Verständnis des Vastu. In den folgenden Abschnitten werden die Zusammenhänge zwischen Einflüssen und Eigenschaften eines Quadranten verdeutlicht.

## Die Bahn der Sonne und des Mondes

Sonne und Mond legen durch ihre Bewegung die wichtigsten Zeitzyklen des menschlichen Lebens fest. Der Tag wird durch die Eigendrehung der Erde und ihrer relativen Lage bezüglich der Sonne bestimmt. Der Monat ergibt sich durch die Bewegung des Mondes, während die Dauer eines Jahres durch die Bahn der Erde um die Sonne festgelegt wird. Aus der relativen Lage dieser drei Himmelskörper zueinander lassen sich bereits wichtige Schlussfolgerungen für die Qualitäten der Himmelsrichtungen ableiten.

Licht ist für den Menschen ebenso wichtig wie Nahrung und Atemluft. Seine Zellen speichern mit Hilfe ihrer DNS- und DNA-Moleküle Photonen, die durch die Augen und die Haut aufgenommen werden. Diese Biophotonen haben die Qualität biologischen Laserlichts und dienen unter anderem zur Zellkommunikation. Wird diese Lichtkommunikation durch mangelndes Licht oder durch Vergiftungen gestört, so kann Krebs die Folge sein, da die Zellkommunikation und der natürliche Selbstreparatur-Mechanismus der Zellkerne gestört wird.

Die im Osten aufgehende Sonne verleiht dieser Richtung die Kraft des Neubeginns. Das Licht der frühen Morgensonne hat eine besonders frische Kraft und einen hohen ultravioletten Anteil. Eine gewisse tägliche Dosis ultravioletten Lichts ist für den Menschen ebenso lebenswichtig wie eine ausreichende Versorgung mit Vitamin C. Die indische Naturheilkunde Ayurveda empfiehlt deshalb, jeden Morgen kurz nach Sonnenaufgang für eine kurze Zeit in die Sonne zu schauen. Dies ist für kurze Zeit ohne Schädigung der Netzhaut möglich und versorgt alle Zellen des Körpers mit hochwertigen Informationen und Energien. Es stärkt gleichzeitig die Sehkraft. Aus diesem Grunde ist der Osten nicht nur mit der Sonne, sondern auch mit den Augen und der Sehkraft des Menschen verbunden.

Im Laufe des Jahres wandert der Ort des Sonnenaufgangs um ein paar Grad um die exakte Ostrichtung herum. Im Sommer geht die Sonne weiter im Nordosten auf, was dem Nordosten im Sommer einen stärkeren Einfluss verleiht. Im Winter verlagert sich der Punkt des Sonnenaufganges weiter nach Südosten.

Erwähnenswert ist in diesem Zusammenhang, dass die Kraft der Sonne sogar schon einige Zeit vor dem Sonnenaufgang spürbar ist und den Nordosten und Osten mit hochwertigen feinstofflichen Energien versorgt.

Wandert die Sonne nach dem Sonnenaufgang weiter in Richtung Südosten, so steigt der infrarote Anteil des Sonnenlichts an. Die Strahlung wird wärmer. Im Südosten ist das Feuerelement ansässig und erfüllt diesen mit Wärme und Energie.

Wandert die Sonne weiter in Richtung Süden, so wird ihr Einstrahlungswinkel und damit ihre Intensität immer größer. Gegen Mittag steht sie im Süden am höchsten. Der Süden bekommt damit vor allem im Sommer eine verbrennende und in heißen Ländern sogar lebensgefährdende Qualität. Obwohl die Wärme des Südens berechtigterweise von vielen Menschen sehr geschätzt wird, nimmt die heiße Mittagssonne dem Körper mehr Energie, als sie ihm gibt. Daher wird im Ayurveda empfohlen, sich nicht direkt der Mittagssonne auszusetzen.

Das Licht der Nachmittagssonne besitzt keine hohe Qualität mehr und sollte nicht direkt auf das Haus fallen. Es erreicht das Grundstück aus dem Südwesten. Schatten spendende Bäume werden daher im Vastu vor allem im Südwesten empfohlen. Laut Vastu kommen aus dem Südwesten eher negative Energien, sodass dieser möglichst stark und geschlossen gehalten werden sollte.

Hinsichtlich der Bewertung des Sonnenlichts kann es, oberflächlich betrachtet, zu Widersprüchen zwischen den Aussagen des Vastu und der modernen westlichen Bau- und Lebensweise kommen. Während ein offener Südwesten von den meisten berufstätigen Menschen heutzutage gewünscht wird, da sie erst nach der Arbeit am Nachmittag oder frühen Abend die Sonne auf der Terrasse genießen können, gilt es im Vastu als vorteilhaft, den Südwesten zu schließen. An dieser Stelle gilt es, eine Kompromisslösung zwischen Qualität und Quantität zu finden. Mit der Öffnung des Südwestens bekommt man zwar die Quantität der Wärme und des Sonnenlichtes, vermindert jedoch gleichzeitig die Qualität des gesamten Biofeldes des Hauses und des Grundstücks. Es ist die Aufgabe eines erfahrenen Vastu-Experten, solche Prinzipien im Einzelfall abzuwägen. Wichtig ist es jedoch in jedem Fall, als Ausgleich für einen schwachen Südwesten die frischen Energien des Ostens zu nutzen.

Die untergehende Sonne im Westen bringt den Tag zum Abschluss und lässt Ruhe im Haus einkehren. Der Westen verkörpert daher den Aspekt der Ruhe, der förderlich ist, wenn es darum geht, Dinge zu Ende zu bringen. Er eignet sich dementsprechend nicht für Tätigkeiten, die sehr viel physische Energie erfordern.

Der Nordwesten und der Nordosten werden in unseren Breitengraden durch die Bahn der Sonne am Rande berührt. Vor allem im Sommer weitet die Sonne ihren Einfluss zur Zeit ihres Auf- und Untergangs auf diese Richtungen aus. Der Norden wird von ihr jedoch nicht direkt berührt. Das Licht des Nordens wird besonders von Künstlern geschätzt, die auf eine gleichmäßige Lichtqualität Wert legen. Räume in nördlicher Richtung eignen sich daher besonders gut für Ateliers, Ausstellungshallen von Museen und ähnliche Zwecke.

Schon aus diesen einfachen Überlegungen zum Verlauf der Sonne gewinnt man wertvolle Hinweise für die Bewertung der Himmelsrichtungsqualitäten. Durch die Betrachtung der anderen natürlichen Einflüsse werden diese weiter differenziert.

In unseren Breitengraden ist es notwendig, einen Kompromiss zwischen der Qualität und der Quantität der Energie zu schließen. Öffnet man den Süden vollständig und schließt den Norden ganz, hat man die maximale Energiemenge im Haus, muss jedoch ein krankmachendes feinstoffliches Energiefeld in Kauf nehmen. Macht man es umgekehrt, so ist die Qualität der Energien im Haus groß, doch fehlt es dem Haus an der Wärme der Südsonne.

Daher sollte man in diesem Zusammenhang den Weg der goldenen Mitte gehen und für die vorsichtige Öffnung des Hauses in Richtung Süden einen entsprechenden Ausgleich im Norden in Form von Fenstern und Türen schaffen. Am wichtigsten ist hierbei, den Nordosten offen und den Südwesten geschlossen zu halten.

## Klimatische Einflüsse

Die jeweiligen klimatischen Bedingungen eines Landes stellen unterschiedliche Anforderungen an die Behandlung der acht Himmelsrichtungs-Quadranten. In unseren Breitengraden wird der Süden von der Kraft der Mittagssonne geprägt. Im Winter beschränkt sich die Sonnenseite fast vollständig auf den Süden, und der Einfallswinkel der Sonne ist niedrig. Im Sommer umfasst die Sonnenseite sogar den Osten und Westen und besitzt einen deutlich größeren Einfallswinkel. Baut man im Süden des Hauses ein vorgezogenes Dach über einer sich dort befindlichen Terrasse, so kann dieses Dach die Strahlen der hoch stehenden Sommersonne abhalten, während die Strahlen der zur Mittagszeit niedriger stehenden Wintersonne auf die Terrasse fallen. Mit Hilfe solch einfacher Überlegungen lässt sich die Form des Hauses den natürlichen Gegebenheiten entsprechend optimieren.

Im Norden liegt die kalte Windseite, die im Winter die Heizkosten erhöht, während sie im Sommer Erfrischung und Kühlung spendet. In modernen Niedrigenergiehäusern schließt man daher die Nordseite so weit es geht. Hierdurch spart man zwar Energie, doch man verliert auch einen großen Teil der lebenswichtigen Energien des Nordens. Hierauf wird in weiteren Kapiteln (vor allem in den Kapiteln 1 und 15) ausführlich eingegangen. Auch an dieser Stelle ist der erfahrene Vastu-Experte gefordert, einen geeigneten Kompromiss zwischen Qualität und Quantität zu finden.

Im Westen und vor allem im Nordwesten befindet sich sowohl im Winter als auch im Sommer die Wetterseite des Hauses. Hierdurch wird dem Nordwesten jedoch auch die besondere Qualität der Bewegung und des Wechsels zugewiesen, die er im Vastu repräsentiert. Auch hier muss ein Kompromiss zwischen Offenheit und Beweglichkeit und Geschlossenheit und Schutz gefunden werden.

Das folgende Diagramm fasst diese Überlegungen in Bezug auf die acht Himmelsrichtungen zusammen:

| | | |
|---|---|---|
| Wetterseite, Richtung der Bewegung und des Wechsels | Richtung mit besonderer Lichtqualität, kalte Windseite, bringt im Sommer Erfrischung und im Winter kalte Winde, geeignet für Museen und Ateliers | Die Richtung, in der die feinstoffliche Kraft der Sonne vor und während des Sonnenaufganges am stärksten ist, Richtung hoher und leichter Energien |
| Richtung des Sonnenuntergangs, bringt Ruhe und Entspannung, führt Dinge zum Abschluss, Wetterseite | 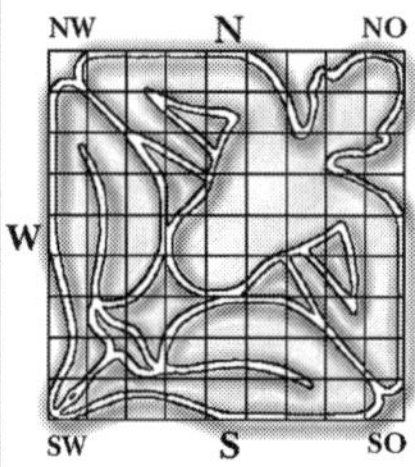 | Die Kraft der aufgehenden Morgensonne, hoher UV-Anteil des Lichtes, stärkt die Sehkraft und Gesundheit der Zellen |
| Negative Einflüsse, Sonnenlicht hat geringere Qualität, eher geschlossen zu halten | Verbrennende Qualität, Strenge und Härte | Infraroter Anteil des Sonnenlichtes größer, Wärme und Energie |

*Der Einfluss der Sonne und des Wetters in den acht Himmelsrichtungen.*

Da die klimatischen Verhältnisse von Land zu Land sehr unterschiedlich sein können, bedarf auch die Wissenschaft des Vastu einer Abstimmung auf das jeweilige geografische Gebiet seiner Anwendung. Hierbei unterscheidet man zwischen den Prinzipien des Vastu, die universelle Gültigkeit besitzen, und denen, die von den lokalen klimatischen und kulturellen Gegebenheiten geprägt sind.

In Indien ist beispielsweise die Sommersonne so heiß und brennend, dass dort die Südseite zumeist ganz geschlossen wird. In Europa ist eine offene Südseite jedoch sehr beliebt, dort befinden sich bei den meisten Häusern große Fensterflächen, Balkone und Terrassen. Unabhängig von der Intensität der Sonneneinstrahlung gilt jedoch für beide Fälle, dass die Qualität der feinstofflichen Energien im Süden niedrig ist und seine Energien eher schwer sind. Trotzdem sieht der Grundriss eines indischen Vastu-Hauses anders aus als der eines europäischen.

Das Magnetfeld der Erde und seine Wechselwirkung mit den Energien des Raumes und des Menschen ist für Vastu von besonderer Bedeutung, da magnetische Felder eng mit dem Fluss feinstofflicher Energien verbunden sind.

Der Mensch ist für solche Felder sehr sensibel. Der russische Parapsychologe Oleg Lohnes hat gezeigt, dass jeder Mensch es lernen kann, die Polarität eines 20 m entfernten kleinen Permanentmagneten mit der Hand zu fühlen.

## Das Magnetfeld der Erde

Das Magnetfeld der Erde ist für die Bewertung des Wohnraumes ebenfalls von Bedeutung, da auch der menschliche Körper ein solches Magnetfeld besitzt. Dieses resultiert aus der schnellen Bewegung von Flüssigkeiten innerhalb des Körpers. Das Blut beispielsweise transportiert geladene Teilchen (Ionen), durch deren Bewegung ein Magnetfeld erzeugt wird. Der Nordpol dieses körpereigenen Magnetfeldes befindet sich beim Kopf des Menschen, während seine Füße den Südpol bilden. Dadurch ist der Mensch wie ein Stabmagnet, der sich im überall gegenwärtigen Magnetfeld der Erde befindet und mit diesem in dauernder Wechselwirkung steht.

Insbesondere beim Schlafen ist die Wechselwirkung der beiden Magnetfelder am stärksten, da der Körper sich dabei in einer vertikalen Lage befindet. Seine Achse liegt dann in der gleichen Ebene, in der die Feldlinien des Erdmagnetfeldes verlaufen, sodass die gegenseitige Beeinflussung am größten ist.

Im Vastu wird der Süden als Schlafrichtung für den Kopf bevorzugt. Der Osten gilt ebenfalls als vorteilhaft, der Westen dagegen ist akzeptabel. Lediglich der Norden kommt im Vastu und im Ayurveda als Schlafrichtung nicht in Frage, da es sonst zu Kreislaufstörungen, einem unruhigen Schlaf, schlechten Träumen und anderen physischen und mentalen Störungen kommen kann. Die folgende Abbildung fasst diese Informationen zusammen. Sie bezieht sich hier nur auf die Richtungen im Allgemeinen und nicht auf die Quadranten des Grundrisses.

Magnetfelder besitzen eine Eigenschaft, die sie für Vastu besonders wichtig macht:

Sie können Informationen übertragen, ohne dafür Energie zu verbrauchen. Daher können sie direkt an feinstoffliche Felder ankoppeln.

Der slowenische Physiker Andrej Detela benutzte dieses Prinzip, um eine einfache Versuchsanordnung zur Gewinnung freier Energie zu konstruieren.

| | | |
|---|---|---|
| Keine gute Schlafrichtung | Verbotene Schlafrichtung, verursacht Kreislaufprobleme, Schlafstörungen und eine schlechte Gesundheit | Keine gute Schlafrichtung |
| Akzeptable Schlafrichtung, fördert Ruhm und Wohlstand | 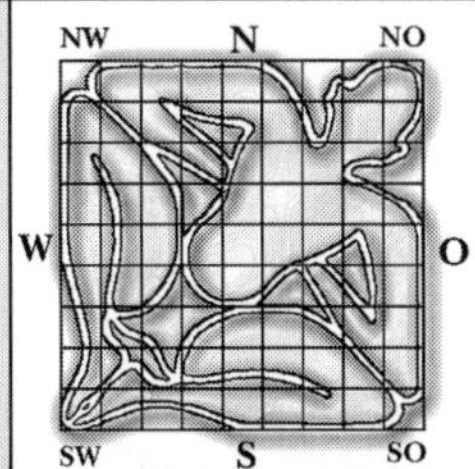  | Sehr gute Schlafrichtung, fördert Weisheit und spirituelle Wahrnehmung |
| Akzeptable Schlafrichtung, falls das Haus diagonal zu den Hauptrichtungen liegt | Sehr gute Schlafrichtung, fördert den Kreislauf und die Gesundheit | Gute Schlafrichtung, falls das Haus diagonal zu den Hauptrichtungen liegt |

*Bewertung der acht Himmelsrichtungen als Schlafrichtungen für den Kopf.*

## Gravitative Einflüsse

Die Gravitation ist eine wichtige Kraft in der Natur, die auch im Vastu berücksichtigt wird. Viele moderne physikalische Theorien halten sie für die ursprüngliche Wechselwirkung der Materie. Sie ist von allen physikalischen Kräften am engsten mit der Struktur und der Geometrie des Raumes verbunden. In der allgemeinen Relativitätstheorie Albert Einsteins sind die Krümmung des Raumes und die Gravitation gleichwertig. Die Gravitation einer schweren Masse führt dazu, dass der Raum in ihrer Umgebung verzerrt beziehungsweise gekrümmt wird. Nach modernen Gravitationstheorien steht die Gravitation mit der Quantenphysik in enger Beziehung. Das bedeutet, dass die Steuerung energetischer Prozesse durch die Gravitation erfolgt.

Je leichter der Nordosten und je schwerer der Südwesten eines Hauses oder Raumes gestaltet wird, desto harmonischer ist sein Energiefeld.

Im Vastu spielt daher die Massenverteilung in der Umgebung und auch innerhalb des Hauses eine wichtige Rolle. Hierbei gilt die allgemeine Regel, dass sich schwere und große Gegenstände eher im Westen und Süden befinden sollten als im Norden und Osten. Vor allem das Zentrum der Räume sollte nicht mit großen oder schweren Dingen belastet werden. Sowohl außerhalb als auch innerhalb des Hauses sollte der Südwesten den schwersten Punkt bilden. Eine solche Massenverteilung fördert die harmonische Dynamik der Energien im Raum. Der Nordosten sollte möglichst leicht und offen gehalten werden, um die dort eintreffenden positiven Energien nicht zu behindern.

## Die Energiegitternetze der Erde

Die Erde wird von regelmäßigen und unregelmäßigen Energielinien überzogen. Auch sie beeinflussen die Qualität des Raumes und sollten bei der Planung eines Hauses unbedingt berücksichtigt werden.

Von besonderer Bedeutung ist hierbei das Hartmann-Gitter, das in exakter Nord-Süd- beziehungsweise West-Ost-Richtung verläuft. Es besitzt in Nord-Süd-Richtung einen Gitterlinienabstand von 1,95 Meter und in Ost-West-Richtung von 2,45 Meter. Diese engmaschige Geometrie macht es für den Wohnraum so wichtig. Insbesondere die Kreuzungspunkte des Gitters gelten als geopathogene Störstellen, auf denen ein Mensch im Allgemeinen weder schlafen noch längere Zeit sitzen sollte. Ein Grundriss wird am besten so geplant, dass innerhalb des Hauses möglichst große störungsfreie Bereiche entstehen. Das ist gewährleistet, wenn die Wände des Hauses parallel zu den Gitterlinien liegen, sodass sich die 2,45 Meter × 1,95 Meter großen Freibereiche parallel zu den Wänden innerhalb der Räume befinden. Ein solcher Freibereich ist gerade groß genug, um ein Doppelbett aufzustellen. Insbesondere für Betten sind solche Bereiche wichtig.

Die Entdeckung des deutschen Physikers Hartmann bestätigt die Grundregel des Vastu, dass ein Grundstück beziehungsweise ein Haus am besten parallel zu den Haupthimmelsrichtungen ausgerichtet wird. Auf diese Weise harmoniert es am besten mit den magnetischen Feldlinien der Erde, den feinstofflichen Energieflüssen und dem Verlauf der Energie-Gitternetze. Bei dieser Beobachtung bestätigen moderne wissenschaftliche Erkenntnisse einmal mehr die Regeln des Vastu.

Entlang der Linien des Hartmann-Gitters bilden sich elektromagnetische Felder, die mehrmals am Tag ihre Polarität ändern. Werden die Gebäude nicht parallel zu diesen Linien errichtet, so wird ihre elektromagnetische Energie gestört, was die Gesundheit der Bewohner negativ beeinflussen kann, auch wenn diese sich nicht auf den Knotenpunkten des Gitters aufhalten. Daher ist die exakte Ausrichtung des Hauses entlang der Haupthimmelsrichtungen im Vastu sehr wichtig.

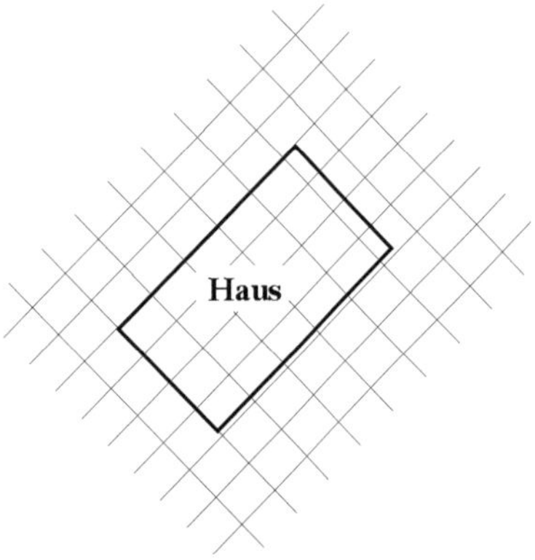


*Links: Haus parallel zum Energiegitter, wie es die Vastu-Regeln empfehlen.*

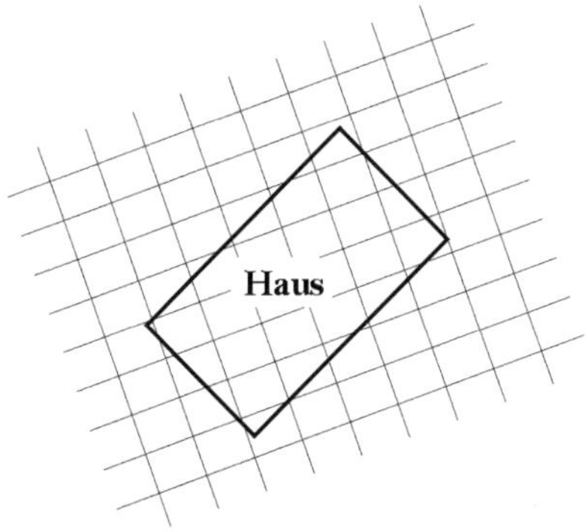


*Rechts: Dieses Haus liegt nicht parallel zu den Energielinien des Hartmann-Gitters, sodass innerhalb des Hauses die störungsfreien Bereiche schräg zu den Räumen liegen. Außerdem befinden sich einige Kreuzungspunkte des Gitters innerhalb der Wände, was sich ebenfalls negativ auswirken kann.*



## Der Einfluss der fünf Elemente

Die fünf Elemente der klassischen griechischen und indischen Lehre der Elemente fassen eine Vielzahl natürlicher Einflüsse zusammen, deren Zusammenspiel auf analytische Weise kaum nachvollziehbar wäre. Sie bilden ein einfaches und praktisches System, mit dessen Hilfe man die qualitativen Wirkungen der Wirklichkeit beschreiben kann.

In der vedischen Metaphysik wird die gesamte materielle Schöpfung als aus diesen Elementen bestehend betrachtet. Sie stehen in einer kausalen Entwicklungsfolge, in der sich unter dem Einfluss der Zeit das Gröbere aus dem Feineren entwickelt.

Am Anfang dieser Folge steht das Materie-Bewusstseins-Feld (Mahat-Tattva). Das ist ein komplexer Raum, in dem Bewusstsein und Materie nicht voneinander getrennt sind. Diese Trennung wird erst durch die Schöpfung des Ego vollzogen, indem innere und äußere Räume voneinander getrennt werden. Der äußere Raum wird dann unter dem Einfluss der Zeit einer Evolution unterzogen, an der die fünf Elemente als Stufen der Transformation und auch als Produkte des gesamten Schöpfungsprozesses teilhaben. Parallel hierzu findet eine Entwicklung im inneren Raum statt, der die den fünf Elementen entsprechenden Sinneswahrnehmungen hervorbringt.

Als Erstes entsteht aus dem Materie-Bewusstseins-Feld der Klang. Klang steht im Äußeren für das physikalische Phänomen der Schwingung, im Inneren für die Sinneswahrnehmung, die im hörbaren Bereich von physikalischen Schwingungen hervorgerufen wird.

Diese Schwingungen erzeugen komplexe Raumstrukturen, die mit den Raummustern vergleichbar sind, die durch stehende Wellen in einer Flüssigkeit erzeugt werden. Diese komplexen Raumstrukturen bilden das Element Äther, den reinen Raum, der noch keine materiellen Manifestationsformen enthält. Im Äther bestehen innere und äußere Räume parallel zueinander. Sie sind voneinander getrennt und berühren einander. Dieses Wechselspiel von Trennung und Berührung macht die Struktur des Äthers aus. An der Berührungsstelle zwischen den inneren und äußeren Räumen begegnen sich Geist und Materie. In dieser Berührung findet der Austausch von Informationen statt.

Das Element Luft ist nach dem Äther das zweite Element. Ihm ist die Sinneswahrnehmung des Tastens zugeordnet. Das Luftelement ist die grobstoffliche Form der Berührung. In der Luft, die mit Hilfe des Tastsinns wahrnehmbar ist, breitet sich der Klang aus. Alle anderen Sinnesqualitäten sind in der Luft noch nicht manifestiert. Der Geruch, den die Luft transportiert, ist keine Eigenschaft der Luft selbst, sondern eine Beimischung von Partikeln des Elements Erde.

Die Luft ist die Ursache aller Arten von Bewegung. Daher wird das Luftelement vor allem mit dem Bewegungsprinzip und dem Informationsaustausch identifiziert. Kommunikation, Austausch, Veränderung und Bewegung sind die wichtigsten Eigenschaften des Luftelements.

Erst im nächsten Transformationsschritt findet der Übergang zur sichtbaren dreidimensionalen Materie statt. Aus dem Quantenprinzip des Luftelements entsteht das Prinzip der Form, das dem Element Feuer zugeordnet ist und durch den Sehsinn wahrgenommen wird. Feuer wird durch eine nach außen wirkende, explosive, erwärmende und Unordnung schaffende Dynamik charakterisiert. Es repräsentiert alle Arten von Energie, die sich nicht in Bewegung äußern, sondern im Inneren verborgen sind. Ein Beispiel hierfür ist die Wärme eines Gegenstandes, die nach außen hin nicht sichtbar, jedoch sehr wohl spürbar ist. Im Gegensatz dazu umfasst das Luftelement die Energieformen, die sich in Bewegung ausdrücken.

Als Nächstes manifestieren sich die zusätzliche Sinnesqualität des Geschmacks und das grobstoffliche Element Wasser. Erst mit der Manifestation des Geruchs und des Elements Erde ist die Evolution der grobstofflichen Materie und der sie begleitenden Sinnesqualitäten abgeschlossen. Das Element Erde enthält alle fünf Sinnesqualitäten. Es repräsentiert die vollständige Manifestationsstufe der groben Materie, die durch Klang, Berührung, Form, Geschmack und Geruch wahrnehmbar ist.

Das Mahat-Tattva ist der Bereich der Schöpfung, der von den Mystikern wahrgenommen wird, wenn sie die Einheit von Geist und Materie und die Auflösung der Individualität erfahren. Es ist der Urgrund der materiellen Schöpfung und gleichzeitig ihr Gesamtbewusstsein. Es liegt zwischen der materiellen und der spirituellen Wirklichkeit.

Eine stehende Welle entsteht als Interferenzmuster zweier einander überlagernder Wellenzüge. Obwohl sich die Wellen selbst ständig bewegen, steht ihr Interferenzmuster scheinbar unbeweglich an einem Ort.

Der britische Physiker F. David Peat schreibt in seinem Buch »Synchronität, die verborgene Ordnung«: »In diesem Jahrhundert scheint die tiefste Ebene der Natur die Raumzeit und die unendliche Energie des Quantenfeldes zu sein. Es gibt aber keinen Grund anzunehmen, dass dort der Urgrund der Realität liegt und dass es nicht noch unzählige subtilere Ebenen zu entdecken gibt. Es ist tatsächlich möglich, dass die Naturwissenschaft entdecken wird, dass die Ebenen des Geistes und der Materie aus einem gemeinsamen Urgrund entstehen.«

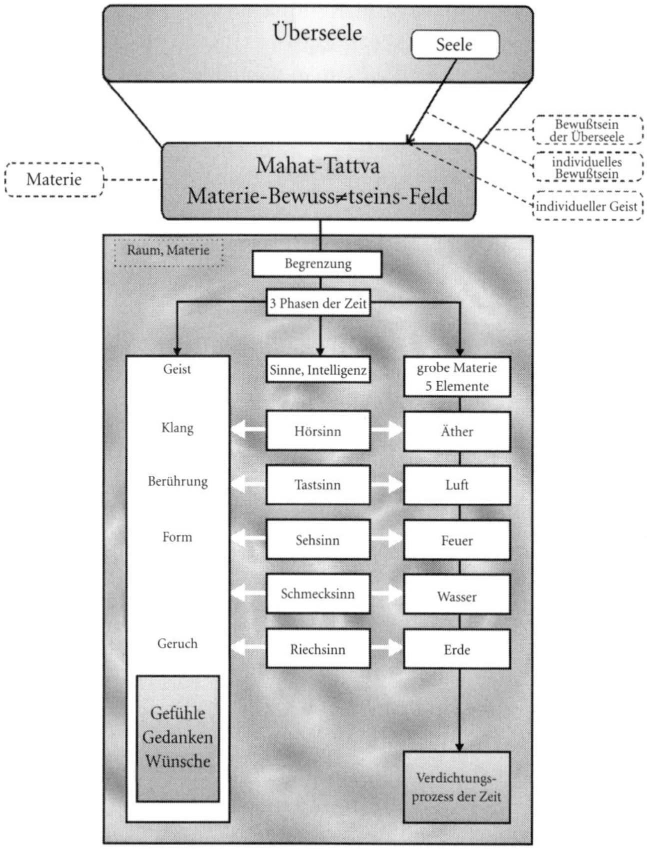


*Die Evolution der Elemente.*

Das Element Feuer im Südosten eines Raumes kann durch einen Kamin, eine Heizung, eine Kerze, durch rote Farben und durch spitze Formen unterstützt werden. Hierdurch wird die energetische Ausstrahlung des gesamten Raumes gestärkt.

Das Element Luft im Nordwesten eines Raumes kann durch Windspiele, physische Übungen, Atemübungen und ausreichendes Lüften dieses Bereichs gestärkt werden.

Schwere Gegenstände, Holz und große Pflanzen im Südwesten stärken dort die Präsenz des Erdelements.

**Die Elemente und die Nebenhimmelsrichtungen** |
*Feuer im Südosten und Luft im Nordwesten* | Die fünf Elemente lassen sich auch den Eigenschaften des Raumes in den unterschiedlichen Himmelsrichtungen zuordnen. Der Raum ist der Ursprung aller Elemente und trägt daher ihre Eigenschaften in latenter Form in sich. Der Südosten ist hierbei dem Element Feuer zugeordnet. Seine Qualität ist mit der Energie und Ausstrahlung des gesamten Energiefeldes des Raumes verbunden. Dem Südosten auf der Diagonalen gegenüberliegend befindet sich der Nordwesten, der dem Element Luft zugeordnet ist. Beide Richtungen enthalten Energie. Im Südosten kommt sie im Inneren als Wärme und Feuer zum Ausdruck, während sie sich im Nordwesten im Äußeren als Bewegung und Austausch manifestiert.

*Erde im Südwesten* | Die Energie des Südwestens ist schwer und träge und entspricht daher in erster Linie dem Element Erde. Die Struktur und Stabilität des Energiefeldes eines Raumes ist eng mit seinen Eigenschaften im Südwesten verbunden. Alles was sich im Südwesten eines Energiefeldes befindet, bekommt zusätzliches Gewicht und gewinnt an Bedeutung. Gleichzeitig sollte die Stabilität des Energiefeldes unterstützt werden, indem man gewichtige Dinge im Südwesten platziert.

*Wasser im Nordosten* | Auf der Diagonalen liegt dem Südwesten der Nordosten gegenüber. Seine Eigenschaften sind leicht, rein und von hoher energetischer Qualität. Dem entspricht in erster Linie das Element Äther. Gleichzeitig sind die Eigenschaften des Nordostens eng mit dem Element Wasser verbunden, weil reines Wasser die Eigenschaften dieser Richtung optimal unterstützt. Bringt man Wasser in den

*Das Element Wasser kann im Nordosten eines Raumes durch einen Behälter mit Trinkwasser, blaue Farben oder mit geschwungenen Formen unterstützt werden.*

Nordosten, so nimmt es die reinen Energien dieser Himmelsrichtung auf und verstärkt sie.

*Äther im Zentrum* | In der Mitte des Energiefeldes des Raumes sind die Energien leicht und tauschen sich zwischen oben und unten aus. In ihr kommen die Gegensätze der Diagonalen und Achsen des Raumes zum Ausgleich. Die Mitte repräsentiert den Raum an sich und verbindet alle umliegenden Bereiche miteinander. Daher ist sie dem Element Äther zugeordnet und sollte ebenso wie der Nordosten leicht, offen und rein gehalten werden.

*Bilder fließenden Wassers können im Norden, Osten und Nordosten zur Vitalisierung der Energien beitragen.*

**Die Elemente und die Haupthimmelsrichtungen** | In den Nebenhimmelsrichtungen ist die Zuordnung der Elemente zu den Himmelsrichtungen eindeutig. Die Eigenschaften der Haupthimmelsrichtungen sind nicht so eindeutig ausgeprägt, denn in ihnen verbinden sich die Eigenschaften der Nebenhimmelsrichtungen.

Im Osten ist sowohl das Element Feuer durch die Präsenz der Sonne als auch das Element Äther gegenwärtig, das den Nordosten charakterisiert. Raum und Energie verbinden sich im Osten und machen diesen zur ersten der Himmelsrichtungen.

Der Süden wird durch das Feuer der heißen Mittagssonne im Südosten und die Schwere des Südwestens geprägt. In ihm verbinden sich die Eigenschaften der Erde und des Feuers. Der Süden eignet sich daher sowohl für schwere Gegenstände als auch für harte körperliche Arbeit und Anstrengungen.

Im Westen ist ebenfalls noch die Schwere des Südwestens spürbar. Zusätzlich sind dort die Elemente Luft (Nordwesten) und Wasser präsent. Der viele Regen des Westens erklärt die Beziehung dieser Himmelsrichtung zum Wasserelement. Ansonsten ist der Westen nicht der ideale Ort für größere Wassermengen.

Im Norden ist sowohl das Wasserelement des Nordostens als auch die Beweglichkeit des Luftelements des Nordwestens wirksam. Der Norden fördert und nährt das Leben. Die Qualität seiner Energie ist mit der des Ostens vergleichbar.

## Die Präsenz der Elemente in der Architektur und ihre Eigenschaften

Eine der wichtigsten Fähigkeiten im Vastu besteht darin, die Gegenwart der Elemente in der Architektur wahrzunehmen und ihre Verteilung im Raum harmonisch zu gestalten. Hierzu ist es wichtig zu wissen, in welchen Bereichen der Architektur und Natur die Elemente vertreten sind und an welchen Eigenschaften man sie erkennt.

Die Eigenschaften des Nordostens entsprechen in erster Linie denen des Elements Äther (Raum, Leichtigkeit, Offenheit). Die Gegenwart von Wasser im Nordosten wirkt sich jedoch so positiv aus, dass ihm auch das Element Wasser zugeordnet wird.

**Erde** | Erde ist das schwerste Element. Sie besitzt die meisten Ausdrucksmöglichkeiten und ist beliebig formbar. Erde ist schwer, träge und durch ihren Geruch charakterisiert. Sie vereinigt die Eigenschaften und Sinnesqualitäten aller Elemente in sich und besitzt zusätzlich noch die Eigenschaft des Geruchs. In der Physik repräsentiert sie Masse, Ladung und Gravitation. Auch das Magnetfeld ist mit dem Element Erde verbunden, da auch sie eine doppelt spiralförmige innere Dynamik aufweist.

Das Element Erde drückt sich durch das Viereck aus. Alle viereckigen und kubischen Formen der Natur repräsentieren die Erde. Ihre Farbe ist braun.

Auch die Gestaltung der Landschaft und der Pflanzenwelt ist mit der Erde verbunden. Die Struktur und Stabilität des Gebäudes ist einer seiner erdhaften Aspekte. Schwere Möbelstücke und Gegenstände, Formen mit rechten Winkeln, Erdfarben und Gerüche sind dem Erdelement zugeordnet.

Die innere Dynamik der fünf Elemente wird im Kapitel über vedische Physik im Buch »Das Lebensfeld« ausführlich beschrieben. Demnach besitzt das Element Feuer einen linearen inneren Energiefluss, während dem Element Wasser ein nach innen drehender Spiralfluss in der Ebene entspricht. Das Element Erde entsteht aus einem doppelt spiralförmigen Energiefluss.

Die Elemente untereinander gehen förderliche oder schwächende Verbindungen ein. So hat die Erde beispielsweise die Luft zum Feind, während sie mit dem Feuer eine freundliche Beziehung unterhält. Sie nährt das Feuer und geht auch mit dem Wasserelement vielfältige positive Verbindungen ein. Die meisten Baustoffe im Haus sind entweder eine Verbindung aus Erde, Wasser und Feuer (gebrannte Ziegel) oder aus Erde und Wasser (Lehm). Auch im Holz sind sowohl Erde, Wasser als auch Feuer vertreten. Das Luftelement ist in allen atmenden Baustoffen gegenwärtig. Hierzu gehören beispielsweise Lehm, Holz und Naturstein.

Es ist wichtig, sich bei den verwendeten Baumaterialien im Haus die Präsenz der Elemente bewusst zu machen. Holz und Lehm etwa bilden eine ideale Kombination. Nimmt das Holz zu viel Feuchtigkeit auf, so kann der Lehm diese aufsaugen und damit das Faulen des Holzes verhindern. Auch das Austrocknen des Holzes lässt sich durch den Lehm verhindern, der seine Feuchtigkeit jederzeit abgeben kann. Bei der Renovierung alter Fachwerkhäuser, die bereits Hunderte von Jahren alt sind, wird häufig der Fehler gemacht, den Lehm durch moderne Baustoffe zu ersetzen. Häufig verfaulen nach solchen so genannten Restaurierungen die Holzbalken innerhalb von wenigen Jahren, sodass das Haus abgerissen werden muss. Das liegt zumeist nicht am Alter der Häuser, sondern vor allem an der Unwissenheit der Restauratoren.

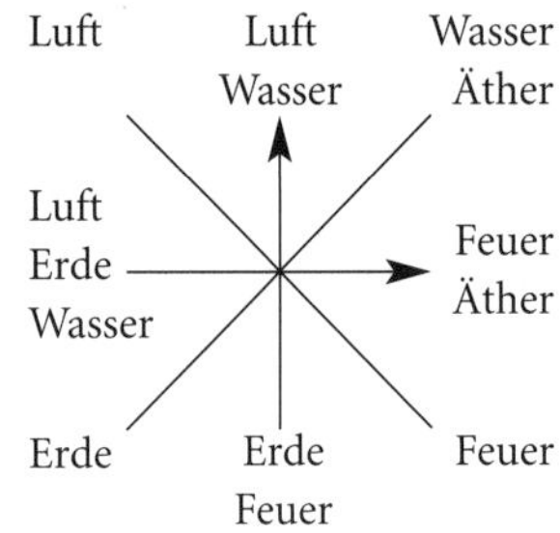


*Diese Grafik zeigt die Zuordnung der fünf Elemente zu den acht Himmelsrichtungen.*

**Wasser** | Das Element Wasser ist ebenfalls von größter Bedeutung. Alle Lebewesen auf unserem Planeten bestehen zu einem großen Prozentsatz aus Wasser. Es ist die Grundlage des Lebens und besitzt seine eigene Dynamik. In der Misshandlung des Wasserelements hat unsere Zivilisation in diesem Jahrhundert alle Grenzen überschritten. Die naturrichtige Dynamik des Wassers ist für jeden lebendigen Organismus von grundlegender Bedeutung. Viktor Schauberger hat das Wasser als das Blut der Erde bezeichnet und die Flüsse und Bäche als ihre Adern. Durch die Begradigung vieler Flussläufe und vielfältige Eingriffe in die natürlichen Kreisläufe des Wassers droht der Mensch sich sehr bald seiner eigenen Existenzgrundlage zu berauben.

Der österreichische Förster und Naturforscher Viktor Schauberger hat sich um die Erforschung des Wasserelements sehr verdient gemacht. Er nannte es die Erstgeburt des Lebens und wies die enge Beziehung zwischen Wasser und feinstofflichen Energien nach. Wird das Wasser richtig bewegt (auf zentripetalen, also nach innen drehenden spiralförmigen Raumkurven), so reichert es sich mit hochwertigen feinstofflichen Energien an. Das Gleiche geschieht, wenn Wasser im Nordosten eines Raumes oder Hauses aufbewahrt wird oder fließt.

Auch im Haus gibt es eine Vielzahl von Wasserkreisläufen. Einige sind von Menschen bewusst geschaffen worden wie die Wasserversorgung und der Abwasserkreislauf, während andere in der natürlichen Feuchtigkeit der Räume und Baustoffe begründet sind. So wie das Haus atmet, muss es Feuchtigkeit von den Räumen aufnehmen und wieder abgeben können. Die Heizung, die Lüftung, die Materialien und die Isolierung müssen so aufeinander abgestimmt werden, dass der natürliche Feuchtigkeitsaustausch nicht gestört wird.

Das Element Wasser kommt nicht nur in allen Flüssigkeiten zum Ausdruck, sondern auch in der Ästhetik des Hauses, in allen schwingenden, fließenden Formen, in allen blauen Farbtönen und fließenden Übergängen. Auch die Energie unterirdischer Wasseradern steht mit dem Element Wasser in Beziehung. Wasser repräsentiert außerdem die Gefühle und den fließenden Aspekt der Zeit.

Man kann Wasser im Haus ganz gezielt einsetzen, um die Balance der Elemente wieder herzustellen. Wasser hat die Eigenschaft, Energien aufzunehmen, zu speichern und später wieder abzugeben. Es ist ein äußerst sensibles Medium vor allem für feinstoffliche Energien. Daher findet es beispielsweise auch in der Homöopathie Anwendung.

Wasser sollte vor allem in Bereichen positiver Energien eingesetzt werden, damit diese verstärkt und gespeichert werden. Daher sind der Norden, Nordosten und Osten die besten Plätze für Trinkwasserbehälter und andere Wasserreservoirs. Der Westen, Süden und Südwesten eigenen sich nicht so gut zur Aufbewahrung von Wasser, weil dadurch schwere und auch negative Energien gestärkt und gespeichert würden. Häufig lässt sich die Energie eines Raumes verbessern, indem man einfach im Nordosten ein Gefäß mit frischem Wasser aufstellt. Im Südosten sollte man mit

Wasser vorsichtig umgehen, da es dort mit dem Feuerelement in Konflikt gerät. Feuer ist der Feind des Wassers, während Luft sein Freund ist. Wasser befeuchtet die Luft und schließt diese in Form winziger Bläschen in sich ein. Ebenso verbindet es sich zum Vorteil beider Elemente mit der Erde und fördert so das Wachstum lebender Organismen.

Der Platz des Wasserelements ist im Nordosten. Der Westen, in dem viel Regen fällt, steht vor allem durch diesen Niederschlag mit dem Wasser in Beziehung.

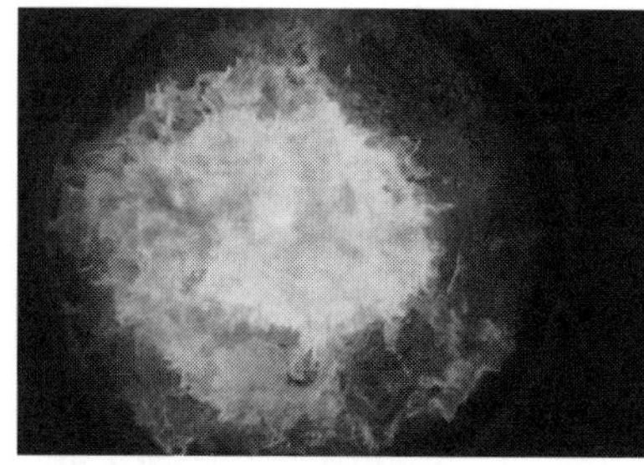

Die meisten Menschen und die meisten von Menschen geschaffenen Systeme leiden unter einer einseitigen Störung des Feuerelements. Die Überbetonung des Feuerelements und seiner zentrifugalen Dynamik in der modernen Explosionstechnologie führt zu einer ständigen Aufheizung der Umwelt und zur Zerstörung organisch gewachsener Strukturen. Daher sind viele der auftretenden Zivilisationskrankheiten typische Feuerkrankheiten. Hierzu gehören etwa Leber- und Krebserkrankungen.

**Feuer** | Feuer kommt in allen heißen Energieformen zum Ausdruck und ist für die Dynamik der Kreislaufsysteme im Haus verantwortlich. Es zeigt sich jedoch auch in der Beleuchtung und starken visuellen Eindrücken. Ist das Feuerelement in einem Gebäude beeinträchtigt, so verliert sein gesamter Raum an Ausstrahlung und Energie.

Das Feuer hat seinen Platz im Südosten und sollte in diesem Bereich des Raumes auch äußerlich betont werden. Die Küche, die Heizung, offenes Feuer, der Kamin, rote Farben, spitze Formen und Pflanzen mit spitzen Blättern, nach oben weisende Dreiecke und scharfe Gewürze wie Chili und Pfeffer vergegenwärtigen die Energie des Feuerelements.

Feuer gilt als das reinste aller Elemente und besitzt auch eine stark reinigende Kraft. In der vedischen Kultur gilt das Feuer als die Zunge Gottes und wird vielfältig zu religiösen Zwecken verwendet. In vielen Häusern der vedischen Kultur wurde jeden Tag in den frühen Morgenstunden ein Opferfeuer entzündet, um die Götter zufrieden zu stellen. Da sich diese Opferaltäre zumeist im Südosten des Hauses befanden, wurde auch die Gegenwart des Feuerelements im Haus gestärkt.

Die Elemente Feuer und Wasser stehen in einer feindlichen Beziehung zueinander, während die Erde der Freund des Feuers ist. Auch die beiden Elemente Luft und Feuer unterstützen einander. Beide sind dynamische Elemente. Daher sind der Nordwesten und der Südosten des Raumes eng miteinander verbunden. Von ihrem Zustand hängt die Dynamik des Energiefeldes des Hauses ab.

**Luft** | Luft ist für das Leben ebenso wichtig wie Wasser. Ohne Atmung stirbt der Mensch innerhalb von wenigen Minuten. Auch das Haus muss atmen, damit der Raum nicht erstickt. Die Qualität und Dynamik der Atemluft innerhalb des Hauses trägt maßgeblich zur Gesundheit seiner Bewohner bei.

Studien haben gezeigt, dass in den meisten modernen Wohnhäusern die Qualität der Raumluft schlechter ist als an Kreuzungen viel befahrener Autostraßen. Die Ursache liegt vor allem in der Verwendung giftiger Baustoffe und einer schlechten Lüftung. Natürliche Baustoffe wie Lehm, Holz und Natursteine atmen und reinigen von selbst die Luft, die sich in den Räumen befindet. Auch geben sie keine giftigen Gase ab wie die meisten modernen Baustoffe.

Das Luftelement steht in der Architektur mit dem Wechsel der klimatischen Bedingungen und des Wetters in Beziehung. Es repräsentiert alles im Haus, was mit Bewegung, Austausch, Kommunikation, Veränderung und Wachstum in Beziehung steht. Auch die Oberflächenqualität der verwendeten Materialien hängt mit dem Luftelement zusammen, da die Berührung die der Luft entsprechende Sinnesqualität ist.

Ist das Luftelement im Haus in seiner Dynamik gestört, so mag sich dies in Bewegungseinschränkungen der Hausbewohner und in Kommunikationsstörungen ausdrücken. Auf der körperlichen Ebene kann eine solche Störung Gelenk- oder Atembeschwerden und Wachstumsstörungen hervorrufen.

Die Dynamik des Luftelementes hängt auch eng mit der Beweglichkeit der Energie im Haus zusammen. Nicht zufällig wird die Lebensenergie (Chi oder Prana) auch als Lebensluft bezeichnet.

Lehm und Holz sind zwei natürliche Baustoffe, die in dieser Kombination seit Jahrtausenden von Menschen zum Bauen von Häusern verwendet werden. Die Verknüpfung dieser Baustoffe verbindet alle Elemente in vollkommener gegenseitiger Abstimmung miteinander. Der natürliche Wasseraustauch zwischen Lehm und Holz beispielsweise führt dazu, dass die Wände des Hauses nie zu nass oder zu trocken sind. Damit ist auch ein angemessener Wassergehalt in der Luft der Innenräume garantiert.

Im Haus wird das Luftelement durch alle beweglichen Systeme, Windspiele, die Lüftung, Fenster, Gästezimmer, Kommunikationseinrichtungen und Zonen der Bewegung repräsentiert. Es sorgt für Frische im Haus, insbesondere, wenn es mit dem Element Wasser in Verbindung kommt. In Verbindung mit dem Element Feuer sorgt es für die Energetik und Dynamik des Raumes, während es dem Element Erde feindlich gesonnen ist.

Eine der wichtigsten Aufgaben des Vastu besteht darin, den Raum selbst zur Geltung zu bringen. Hierzu ist es notwendig, das Bewusstsein von den Gegenständen im Raum auf die Qualität des Raumes zu richten, der ihnen Platz gewährt. Der Raum ist von feinsten Schwingungen erfüllt, die alles speichern, was von außen und durch Gedanken in ihn hinein getragen wird.

**Äther** | Der Äther ist das feinste aller Elemente. Es ist der Raum selbst, der mit feinstofflichen Energien und Formen erfüllt ist. Da seine Sinnesqualität der Klang ist, steht auch die Geräuschkulisse eines Hauses mit dem Element Äther in Beziehung. Schrille, übermäßig laute und unangenehme Geräusche wie das Knarren oder Knallen einer Tür können Störungen des Äther-Elements im Haus verursachen. Die Qualität des Äthers kann jedoch auch positiv beeinflusst werden, indem wohltuende Klänge erzeugt werden und harmonische Musik gespielt wird.

Der Äther steht auch mit den geistigen Konzepten und Ideen der Menschen in Zusammenhang. Deshalb beginnen alle Bauvorhaben automatisch auf der ätherischen Ebene, indem sie zunächst als Pläne und Ideen in den Köpfen der Menschen existieren.

Da der Raum das Hauptelement in der Architektur ist, kommt dem Element Äther eine ganz besonders wichtige Rolle zu. Die anderen Elemente werden in der Architektur eingesetzt, um den Raum zu gestalten.

Im Haus wird das Element Äther vor allem durch Räume der Stille, aber auch durch Zonen der Kommunikation repräsentiert. Die Qualität des Äthers wird vor allem durch Meditation und positive Gedanken verbessert. Helle Farben, spiegelnde oder metallische Oberflächen und die Offenheit des Raumes stärken die Präsenz des Äthers ebenso wie eine spirituelle und geistig offene Atmosphäre. Das Design ist ebenfalls ein Aspekt des Äthers.

Der Äther symbolisiert den gesamten Raum und ist daher in allen Himmelsrichtungen gegenwärtig. Insbesondere ist seine Gegenwart jedoch im Nordosten und im Zentrum wahrnehmbar. Daher sollten diese beiden Bereiche möglichst offen, hell und rein gehalten werden.

| | Klang | Berührung | Form/Farbe | Geschmack | Geruch |
|---|---|---|---|---|---|
| Äther | × | | | | |
| Luft | × | × | | | |
| Feuer | × | × | × | | |
| Wasser | × | × | × | × | |
| Erde | × | × | × | × | × |
| Sinnesorgan | Gehörsinn | Tastsinn | Sehsinn | Geschmacks-sinn | Geruchssinn |

*Eigenschaften der fünf Elemente.*

Ein sehr wichtiger Aspekt natürlicher Einflüsse auf das Energiefeld des Raumes besteht in den feinstofflichen Energieströmen, die von außen auf das Grundstück und das Haus treffen. Dieser Punkt ist ein so zentrales Thema für die Wissenschaft des Vastu, dass ihm an dieser Stelle ein eigenes Kapitel gewidmet werden soll.

*Kapitel 1*

# Das bioenergetische Feld des Raumes

## Die energetischen Grundprinzipien des Vastu

Am besten lässt sich die Einschätzung energetischer Einflüsse im Vastu verdeutlichen, wenn man sie mit der Interpretation eines Horoskops vergleicht. Astrologie macht Voraussagen über die Zukunft eines Menschen, indem sie die Einflüsse der Planeten auf den Körper und das Bewusstsein eines Menschen bezieht und auf diese Weise das vereinte Kraftfeld der Planeten auf das gemeinsame Feld von Körper und Bewusstsein anwendet. Planeten haben einen spezifischen Einfluss auf das Schicksal, den Charakter und die Lebensumstände eines Menschen, der auch von der Himmelsrichtung abhängt, in der sie stehen.

Auf ähnliche Weise wirken die Energiefelder der Planeten auf das Energiefeld eines Hauses, das wiederum mit den Energiefeldern seiner Bewohner in Wechselwirkung steht. Abgesehen von Sonne und Mond sind die Einflüsse der anderen Planeten so klein, dass sie auf der groben physikalischen Ebene nicht zum Tragen kommen. Daher werden diese Einflüsse von der modernen materialistischen Wissenschaft nicht anerkannt. Ihre Wirkung ist jedoch viel feiner und tief gehender. Die Planeten haben einen bestimmenden Einfluss auf der Ebene der Information und der Subquantenfelder, die dem physischen und mentalen Geschehen im bioenergetischen Feld eines Menschen zu Grunde liegen. (Subquantenfelder steuern die Entstehung, Umwandlung und Vernichtung von Elementarteilchen in der Physik.) Diese subtilen planetaren Einflüsse mit den handfesten erdhaften Einflüssen unserer direkten Umgebung in Beziehung zu setzen, ist die zentrale Aufgabe einer Vastu-Analyse und bildet die Grundlage des Vastu.

Von besonderer Wichtigkeit für die energetische Situation, die sich direkt und ohne zeitliche Verzögerung auf das Wohlbefinden der Bewohner auswirkt, sind die Einflüsse, die von den elektromagnetischen, gravitativen und feinstofflichen Kräften der Erde ausgehen.

## Das Energiefeld des Vastu

Das Energiefeld eines Hauses oder eines Grundstücks wird als »vastu« bezeichnet. Es unterliegt in erster Linie zwei Energieströmen unterschiedlicher Herkunft, die man Prana und Jiva nennt. Der Ursprung der Prana-Energie liegt in der Sonne und anderen Himmelskörpern, die in der vedischen Weltsicht als Wesenheiten angesehen werden. Sie kann auch als kosmische oder solare Energie verstanden werden, während die Jiva-Energie organischen Ursprungs ist. Dieser Energiefluss besitzt einen elektromagnetischen Anteil, der vor allem im elektromagnetischen Körper des Menschen und im Biofeld des Hauses spürbar ist. Die Prana-Energie entspricht einem dynamischen Vektor, dessen Richtung sich mit der relativen Position der Erde zur Sonne verändert. Die organische Kraft fließt aus dem Norden in Richtung Süden und hat ihren Ursprung in den organischen Kräften der Erde.

Die energetische Situation eines Hauses hängt stark von der dynamischen Beziehung dieser beiden Kräfte zueinander ab. Fließen sie harmonisch und in einem ausgewogenen Verhältnis zusammen, so entsteht ein Energiefeld, das die Lebensprozesse fördert, während diese Prozesse gestört werden, wenn Prana- und Jiva-Energien gegeneinander wirken oder sich in einem starken Ungleichgewicht befin-

Aus dem Norden erreicht uns die Energie des Lebens und aus dem Osten die Energie der Sonne und des Kosmos. Beide müssen in einem ausgewogenen Verhältnis zueinander stehen und unbehindert in Haus und Grundstück einströmen, um Gesundheit und Vitalität zu fördern.

Urja, Prana und Jiva sind drei Sanskritworte für Lebensenergien. In diesem Zusammenhang kann man Urja mit Kraft, Prana mit Energie und Jiva mit Leben übersetzen.

den. Das Zusammenfließen der Jiva- und Prana-Energien kann sowohl auf harmonische als auch auf disharmonische Weise erfolgen. Im ersten Fall verstärken die beiden Flüsse einander, während sie sich im zweiten Fall gegenseitig auslöschen oder stören und zu einem turbulenten und chaotischen Energiefeld führen. Die Einheit von Prana und Jiva ist Leben, während eine Störung ihrer Beziehung zu Schmerz, Schwierigkeiten und Trauer führt.

## Die Wechselwirkung von Prana und Jiva

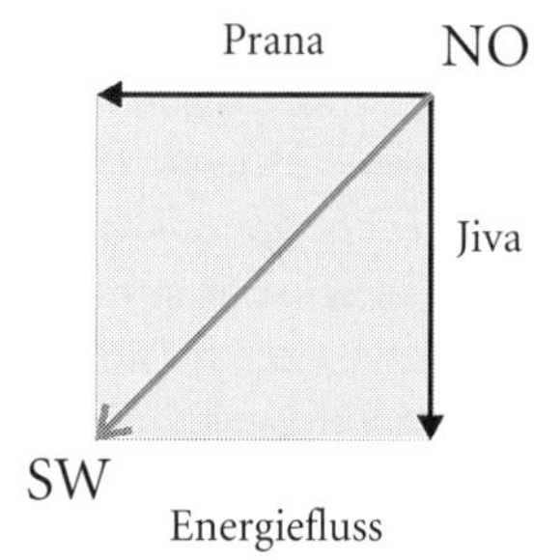


*Die Addition des Jiva- und des Prana-Vektors ergibt einen Energieflussvektor aus dem Nordosten in Richtung Südwesten.*

Die organische Jiva-Energie, ein geomagnetischer Fluss, der aus dem Norden in Richtung Süden strömt, orientiert und zentriert die elektromagnetischen Energien innerhalb der Lebewesen auf dem Planeten Erde. Seine Wirkungsweise ist vor allem auf der zellulären Ebene spürbar, auf der er mit dem Biophotonenfeld des Menschen in Wechselwirkung tritt. Das Feld der Biophotonen besteht aus dem Licht, das in den Biomolekülen der Zellkerne erzeugt wird (biologisches Laserlicht). Es dient zur Kommunikation der Moleküle innerhalb der Zellen und auch der Zellen untereinander. Als den ganzen Körper durchdringendes elektromagnetisches Feld ist es eine sehr sensible Antenne sowohl für elektromagnetische als auch feinstoffliche Energien.

Die Prana-Energie entspricht dem Energiefluss der Sonne zur Erde, dessen Intensität von der relativen Lage von Sonne und Erde abhängt. Der resultierende Vektor des solaren Energieflusses weist aus dem Osten in Richtung Westen.

In den verschiedenen Richtungen des Energiefeldes eines Hauses wirken diese beiden Kräfte auf unterschiedliche Weise aufeinander ein, sodass die einzelnen Bereiche eines solchen Energiefeldes unterschiedliche energetische Qualitäten entwickeln. Die Ursache für diese dynamischen Unterschiede liegt in der täglichen Bewegung der Sonne aus dem Osten in Richtung Westen.

Der Nordosten ist die Quelle aller Lebensenergie, da sich dort der Fluss von Prana und Jiva optimal verstärkt. Der Nordosten gilt als die Quelle aller Energie, da die positiven Energien als Kombination des nordsüdlichen Jiva-Flusses und des ostwestlichen Prana-Flusses dort in das Energiefeld einfließen. Als Resultat beider Energien weist der energetische Hauptflussvektor aus dem Nordosten in Richtung Südwesten. Diese Diagonale gilt daher als die Lebensachse oder Energiediagonale des Vastu.

## Die Dynamik der Lebensenergie

*Der Nordosten ist das Tor der feinstofflichen Energien zum Haus und zum Grundstück.*

Beide Ströme zusammengenommen ergeben einen Strom von Lebensenergie, der das gesamte biologische Spektrum umfasst. Er tritt somit im Nordosten in das Grundstück ein und fließt von dort aus in Richtung Südwesten.

Der menschliche Körper bedarf beider Teile, um ein ausgewogenes Biofeld aufzubauen. Der nährende organische Energiestrom der Erde, der aus dem Norden kommt, ist notwendig, um dem Körper Substanz, Festigkeit und Ordnung zu verleihen, während die solaren Anteile aus dem Osten ihn mit der nötigen Energie und Vitalität versorgen.

Diese beiden Ströme der Lebensenergie fließen senkrecht zueinander, ebenso wie die Energielinien des Hartmann-Gitternetzes senkrecht zueinander längs der magnetischen Meridiane verlaufen. Das Hartmann-Gitter der Erde steht mit den beiden Energieströmen des Prana in engem Zusammenhang.

Betrachten wir der Einfachheit halber zunächst ein quadratisches Grundstück. Die aus dem Nordosten einströmende Lebensenergie fließt in zwei Hauptströmen um das Zentrum herum in Richtung Südwesten. Im Zentrum ist die Flussdichte der Lebensenergie am geringsten, und die Energien des Grundstücks sind am intensivsten. Ein dynamischer Austausch findet dort jedoch hauptsächlich zwischen oben und unten statt. Dieser Austausch vollzieht sich in spiralförmigen Bewegungen und ist für die Energetik des gesamten Grundstücks von großer Bedeutung. Das Zentrum eines Grundstücks oder Hauses sollte daher nicht verbaut oder mit schweren Gegenständen belastet werden. Am besten befindet sich in der Mitte eines Hauses oder Grundstücks ein nach oben hin offener Platz, der dem gesamten Raum Energie zukommen lässt.

Die beiden Energieströme aus dem Nordosten fließen über den Nordwesten und den Südosten in den Südwesten. In der nordwestlichen und südöstlichen Ecke werden sie umgepolt. Das gesamte Energiefeld ist in zwei dreieckige Bereiche unterteilt. Die nordöstliche Hälfte besitzt positive Polarität, während der südwestliche Bereich negative Polarität aufweist.

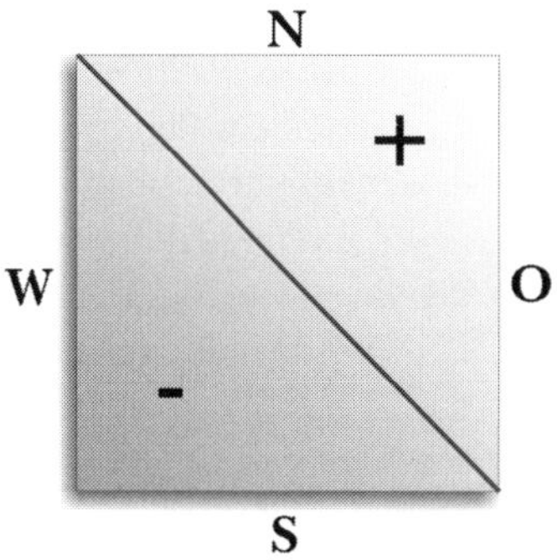


*Positiver und negativer Bereich des Vastu-Energiefeldes.*

Die beiden Bereiche berühren einander entlang der Diagonalen, während ihre energetische Wechselwirkung im Südosten und Nordwesten am stärksten ist. Dort findet eine Umwandlung von Energie positiver Polarität in Energie negativer Polarität statt. Hierbei wird in beiden Ecken Energie freigesetzt, die im Südosten in Wärmepotenzial und im Nordwesten in Bewegungspotenzial umgewandelt wird. Im Südosten des Feldes ist daher das Element Feuer präsent, während in der nordwestlichen Ecke das Luftelement vertreten ist. Im Südosten eines Hauses, Grundstücks oder Raumes sollten sich daher all die Dinge befinden, die mit Feuer, Elektrizität oder Hitze verbunden sind. Dazu gehören sowohl die Küche als auch die Heizung und elektrische Geräte. Der Nordwesten eignet sich hingegen hervorragend für alles, was in Bewegung ist und mit Austausch, Kommunikation und Beziehungen in Zusammenhang steht.

Im Nordwesten und Südosten wird feinstoffliche Energie in die dynamische Energie von Feuer (Südosten) und Luft (Nordwesten) umgewandelt.

## Grundregeln der Bioenergetik

Für den horizontalen Energiefluss gelten die folgenden einfachen Regeln:

- Das Energiepotenzial eines bestimmten Sektors wird durch eine Vertiefung vergrößert. Das bedeutet, dass sowohl die negativen als auch die positiven Energien des jeweiligen Sektors verstärkt werden.
- Das Energiepotenzial eines Sektors verringert sich, wenn dieser mit schweren Gegenständen belastet wird.
- Eine Wasserquelle in einem Sektor positiver Energie erhöht dessen positives Energiepotenzial, während eine solche Quelle in einem Sektor negativer Energie das negative Potenzial dieses Sektors erhöht.
- Je mehr ein bestimmter Sektor durch ein Dach bedeckt wird, desto mehr wird sein Potenzial verringert. Je höher dieses Dach liegt, desto stärker wird das Potenzial dieses Sektors verringert.
- Je offener ein bestimmter Sektor ist, desto mehr wird sein jeweiliges Potenzial verstärkt, sei dieses positiv oder negativ.

Wasser verstärkt die Energien des Ortes, an dem es sich befindet. Daher sollte man Wasser an Orte positiver Energien bringen. Hierzu gehören im Allgemeinen der Norden, Osten und Nordosten eines Grundstücks.

Die nebenstehende Abbildung zeigt die ideale Situation: Der Schwerpunkt des bebauten Bereichs ist möglichst weit in Richtung Südwesten verlagert. So wird ein großer Teil des Bereichs negativer Energien bedeckt und beschwert, wodurch sich dessen negatives Energiepotenzial verringert.

Im Idealfall liegt der Nordosten niedriger als der Südwesten. Hierdurch werden die positiven Energien im Nordosten weiter erhöht. Das hat zur Folge, dass der Fluss positiver Energien aus dem Nordosten in Richtung Südwesten verstärkt wird. Dieser positive Energiefluss findet im Bereich negativer Polarität kein starkes Feld zur Kompensation vor, sodass die positiven Energien das gesamte Grundstück beherrschen. Das resultierende positive Energiefeld fördert die Freude, Harmonie, den Schutz und den Wohlstand der Bewohner eines solchen Grundstücks. In diesem Fall wird selbst die südwestliche Ecke des Grundstücks von positiver Energie erfüllt, in der Grafik durch das mittelgraue Dreieck dargestellt. Ist das Grundstück nicht nach den Prinzipien des Vastu gestaltet, so wird dieser dreieckige Bereich von verbrauchter, negativer Energie erfüllt und beeinflusst das gesamte Energiefeld negativ.

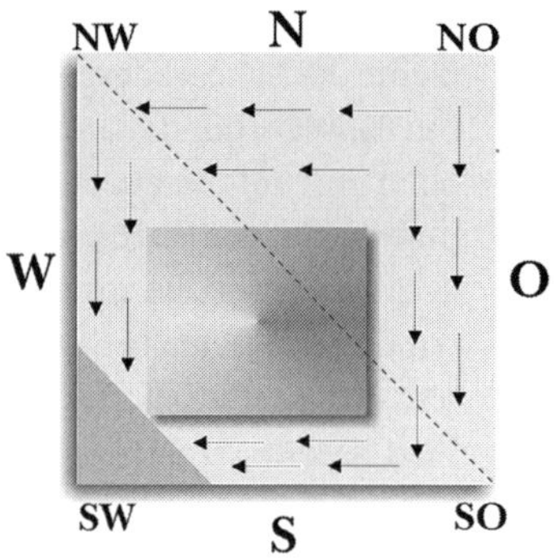


*Energiefluss auf einem nach Vastu-Grundsätzen bebauten Grundstück.*

Aus diesen allgemein gültigen Überlegungen lassen sich wichtige Schlussfolgerungen für die naturrichtige Gestaltung eines Grundstücks und seiner Gebäude ableiten:

- Schwere Gegenstände und Gebäudeteile im Südwesten verringern die Intensität der negativen Energien in diesem Bereich.
- Ebenso wird die Intensität der negativen Felder reduziert, wenn der südwestliche Teil des Grundstücks bedeckt wird. Daher sollten die Gebäude möglichst in den Südwesten gelegt werden. Je höher und schwerer die Gebäude in diesem Bereich gebaut sind, desto stärker reduziert sich das negative Energiepotenzial des südwestlichen Bereichs.
- Der offene und unbebaute Raum im Nordosten fördert die positiven Energien dieses Bereiches. Dieses Prinzip gilt für das Grundstück, das Haus und alle Räume.
- Fenster im Norden und Osten verstärken den Einfluss lebensfördernder Energien im Haus, während große Fenster im Süden und Westen Energien geringerer Qualität fördern.
- Wasserquellen und Wasserbehälter im Nordosten erhöhen die Absorptionsfähigkeit positiver Energien aus der Atmosphäre. Daher sind Wasserinstallationen, Teiche und Brunnen im Nordosten empfohlen.
- Im Zentrum des Grundstücks sollten sich ebenfalls keine schweren Gebäudeteile befinden. Am besten gestaltet man diesen Bereich nach oben offen.

Bildhaft gesprochen befindet sich im Südwesten eines Grundstücks oder Raumes ein Dämon, der mit Hilfe von schweren Gewichten und großen Gegenständen am Boden gehalten werden muss. Auf diese Weise kann er kein Unheil anrichten.

Erdvertiefungen, insbesondere wenn sie mit Wasser gefüllt sind, verstärken die Energien des jeweiligen Bereiches. Daher sollten sie sich nur im Norden, Osten oder Nordosten befinden. Im Südwesten können sie verheerend wirken.

## Beispiele für die Dynamik des energetischen Feldes

Wenn man ein Haus plant, renoviert oder verändert, sollte man darauf achten, dass man die Bereiche positiver Energien stärkt und die Bereiche negativer Energien schwächt. Zwei drastische Beispiele zeigen die Wichtigkeit dieses Prinzips:

Wir betrachten ein Grundstück im Südwesten eines größeren Wohngebiets. Sein Bodenniveau lag rund 180 Zentimeter höher als die Straße. Der Bauherr begann damit, die Erde abzutragen, um das Grundstück der Höhe der Straße anzugleichen. Er begann hiermit im Südwesten des Grundstücks. Während diese Arbeit voranschritt, nahm die Energie des negativen Feldes ständig zu, da sein Potenzial beim Ausschachten erhöht wurde. Als die westliche Hälfte der Erde entfernt war, sah sich der ansonsten gesunde Bauherr mit ernsthaften Herzproblemen konfrontiert.

Dieses Beispiel soll zeigen, dass nicht nur das letztlich fertig gestellte Haus nach den Kriterien des Vastu errichtet sein sollte, sondern dass auch die dynamische

Entwicklung des gesamten Vorhabens den gleichen Gesetzmäßigkeiten unterliegt. Häufig wird beobachtet, dass Bauvorhaben sich zeitlich sehr stark verzögern oder sogar ganz zum Stillstand kommen, weil entweder die finanziellen Mittel ausgehen oder andere Probleme auftreten. Nicht selten sind die Fehler darin zu suchen, dass die Konstruktionsarbeiten das negative Feld zu stark werden lassen und das positive Feld schwächen.

Im zweiten Beispiel erwarben zwei junge Geschäftsleute ein Grundstück, um Granit abzubauen. Das Grundstück wurde mit einem Zaun begrenzt. Auf dem Nachbargrundstück befand sich eine Pumpstation, die direkt im Nordosten der zukünftigen Granitmine lag. Auch hier begannen die Besitzer damit, im Südwesten die Erde zu entfernen, um dort Platz für einen unterirdischen Abwassertank zu schaffen, der direkt auf der Nordost-Südwest-Diagonale lag. Kurz bevor die Mine fertig gestellt war, erlitten die beiden Besitzer des Grundstücks einen Autounfall.

Im Nachhinein wurde festgestellt, dass das Gewicht der entfernten Erde im Südwesten genau dem Gewicht der Pumpstation im Nordosten entsprach. Diese Feststellung entspricht dem Prinzip, dass sich ein Vastu-Defekt im Allgemeinen erst dann auswirkt, wenn er in einem anderen Bereich, vor allem im entgegengesetzten Quadranten des Grundstücks, einen entsprechenden, das heißt verstärkenden Defekt findet.

Eine wichtige Regel des Vastu besagt, dass sich der Besitzer eines Grundstücks oder eines Hauses möglichst vor Ort befinden sollte, wenn im Südwesten größere Veränderungen vorgenommen werden. Ansonsten erhöht sich in dieser Zeit die Gefahr für einen Unfall oder andere schwerwiegende Ereignisse. Im Südwesten sollte, selbst für kurze Zeit, keine Verstärkung des negativen Feldes erfolgen, ohne dass für einen angemessenen Ausgleich im Nordosten gesorgt wird.

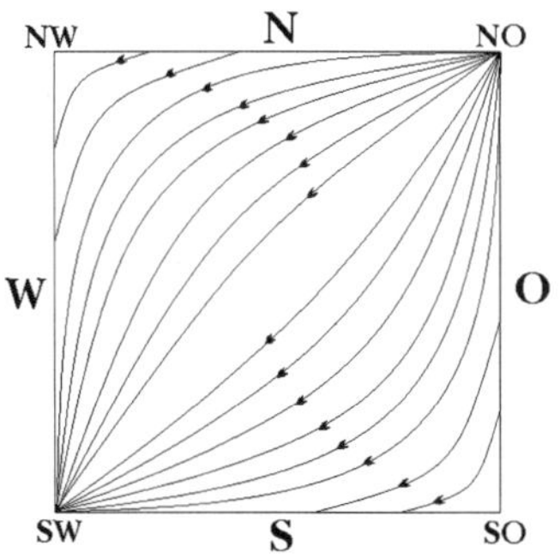


*Der Energiefluss auf einem quadratischen Grundstück.*

Die Prinzipien des Vastu sollten zu jedem Zeitpunkt der Bauarbeiten befolgt werden. Selbst ein nur vorübergehend bestehender Vastu-Defekt kann großen Schaden anrichten. So sollte beispielsweise der Süden einer Baustelle nicht als Hauptzugang genutzt werden, selbst wenn Tor und Haupteingang des fertigen Hauses im Osten oder Norden liegen werden.

Kapitel 2

# Die Qualität und Nutzung der Himmelsrichtungen

## Die Form im Vastu

Form, Orientierung, Maß, Rhythmus und Energie sind die wichtigsten Grundbegriffe des Vastu. Unter diesen Begriffen ist wiederum die Form am grundlegendsten. Erst wenn die Energien des Raumes in Form gebracht sind, können sie sich orientieren, ein Maß annehmen und einen Rhythmus ausbilden. Das Prinzip der Form sollte daher näher betrachtet werden.

Das Quadrat gilt als die Urform des Vastu in der Fläche. Es bildet das einfachste Ordnungsmuster des Raumes, das jedoch zu komplexen Quadratgittern in der Fläche erweitert werden kann. Auf der Grundlage dieser komplexeren Quadratgitter werden im Vastu die Grundrisse geplant.

Im Raum wird das Quadrat zum Würfel ergänzt, der aus der Sicht des Vastu den vollkommenen Raum bildet. In einem Würfel kann sich ein absolut harmonisches Energiefeld ausbilden, das alle Energiequalitäten des Kosmos im Gleichgewicht hält. Setzen wir Räume in geordneter Form aus solchen Würfelelementen zusammen, so schaffen wir einen harmonischen Mikrokosmos, der mit dem Makrokosmos und seinen Energien in Resonanz steht.

*Der Würfel ist im Vastu das Grundelement des Raumes.*

Durch Streckung des Quadrates längs einer seiner Seiten entsteht ein Rechteck, das ebenso wie das Quadrat vier rechte Winkel besitzt. Hierdurch kann sich auch in einem Rechteck oder in dem aus ihm gebildeten Quader ein ähnlich harmonisches Energiefeld ausbilden, dessen Qualität stark von seinen jeweiligen Proportionen abhängt. Das Verhältnis eins zu eins des Quadrates steht für das vollkommene Gleichgewicht aller Energien, während andere harmonische Proportionen die eine oder andere Energiequalität unterstützen. In einem späteren Kapitel werden diese Zusammenhänge näher erläutert.

Die Energiequalität eines Rechtecks hängt nicht nur von seinen Proportionen, sondern ebenso von seiner Ausrichtung im Raum ab. Ein vollständiges Gleichgewicht der Energien innerhalb eines Raumes kann sich nur in einem Rechteck ausbilden, das parallel zu den Haupthimmelsrichtungen liegt. Der Grund hierfür besteht darin, dass die Hauptenergien des Raumes auf der Erde parallel zu den Haupthimmelsrichtungen fließen. Auf diese Weise fügt sich ein Raum mit einer rechteckigen Grundfläche und geeigneten Proportionen harmonisch in den Energiefluss des Raumes auf der Erde ein. In seinem Inneren kann in einem solchen Fall jede einzelne Himmelsrichtung ihre positiven Eigenschaften und Energien optimal entfalten. Die vier Hauptelemente Erde, Wasser, Feuer und Luft bilden ihr jeweiliges Energiefeld in den vier Ecken eines solchen Raumes aus und unterstützen sich gegenseitig in ihrer Funktion. Durch die Fenster und Öffnungen eines solchen Raumes können die positiven Energieströme der Umgebung aus dem Osten und Norden am effektivsten einströmen.

In der Praxis finden wir jedoch selten einen vollkommen quadratischen oder rechteckigen Raum. Zumeist besitzt ein Haus Abweichungen, Erweiterungen oder Fehlbereiche, durch die das Energiefeld verzerrt wird. Die Wirkung solcher Abweichungen auf die Bewohner eines Raumes wird später ausführlich behandelt.

Neben rechteckigen Grundrissformen gibt es auch andere harmonische Formen, die sich als Grundfläche für einen Wohnraum eignen. Hierzu gehören das Achteck und der Kreis, während dreieckige, fünfeckige und andere unregelmäßige

Formen zu vermeiden sind.

Daraus ergibt sich, dass man für den Grundriss eines Gebäudes im Vastu vorzugsweise rechteckige Formen mit harmonischen Maßen und Proportionen wählen sollte, die exakt nach den Himmelsrichtungen ausgerichtet sind. Erweiterungen solcher Grundformen sollten nur in bestimmten Richtungen erfolgen und ebenfalls regelmäßige Formen besitzen.

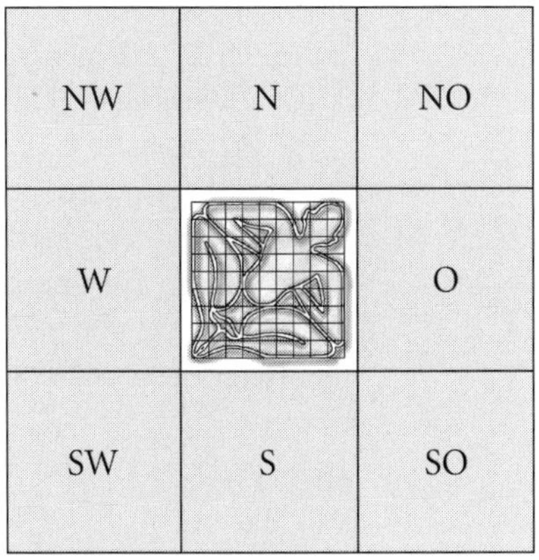


*Die Aufteilung der Fläche in acht Himmelsrichtungen und neun Quadrate ergibt das magische Symbol des Vastu.*

## Die Aufteilung des Raumes

Den Qualitäten der Himmelsrichtungen entsprechend sollte der Grundriss eines Hauses auf der Grundlage des Vastupurusha-Mandalas entwickelt werden. Um den Überblick zu erleichtern, arbeitet man hierzu mit einem quadratischen 3¥3-Diagramm, das für jede Himmelsrichtung ein quadratisches Feld besitzt. Hierbei sollten die acht Himmelsrichtungen den im Folgenden beschriebenen Eigenschaften entsprechend genutzt werden:

### Osten |

*Die Qualität des Ostens* | Da im Osten die Sonne aufgeht, steht er ganz und gar unter dem Zeichen der Sonne, deren Kraft und Energie in dieser Richtung gegenwärtig ist (siehe auch Seite 201). Aus dem Osten strömt auch die solare Lebensenergie in das Grundstück hinein. Seine Eigenschaften sind warm, leuchtend, strahlend, Glück verheißend und aufbauend. Er steht für Karriere, Wille, Macht, Kraft, Sieg, Stärke und Erleuchtung.

Dem Osten sind männliche Angelegenheiten zugeordnet. Eine Nutzung des Ostens steigert die Lebensqualität und sorgt für finanziellen Aufschwung, während eine Missachtung des Ostens die Lebensqualität drastisch vermindern kann. Finden Verletzungen der Vastu-Prinzipien im Osten statt, so kann die Gesundheit negativ beeinflusst werden. Hoher Blutdruck und Kreislaufbeschwerden können die Folge sein.

Jede Himmelsrichtung wird auf drei Ebenen von höheren Wesenheiten beherrscht.

1. Kosmische Ebene: der beherrschende Halbgott
2. Planetare Ebene: der beherrschende Planet
3. Spirituelle Ebene: eine Inkarnation Vishnus, der höchsten vedischen Gottheit, die die spirituelle Energie des jeweiligen Planeten verkörpert.

Nach vedischer Auffassung ist Indra Deva, der König unter den Halbgöttern, der beherrschende Halbgott im Osten. Es steht in seiner Macht, Dunkelheit zu zerstören, Trockenheit zu beseitigen und die Atmosphäre von Verschmutzungen zu befreien. Er kann nach seinem eigenen Willen jede beliebige Form und Größe annehmen. Der Regen wird ebenfalls von Indra Deva kontrolliert, sodass die Fruchtbarkeit der Erde und damit die Gesundheit der Lebewesen und deren Lebensdauer von ihm abhängen. Mit Indra sind die drei Prinzipien Raum, Feuer und Sonne verbunden.

Neben Indra Deva residiert auch der Sonnengott Surya im Osten. Auf Grund der großen Bedeutung dieser Gottheiten, kommt dem Osten im Vastu die vorrangige Rolle zu. Der östliche Teil des Grundstücks und der Gebäude sollte daher offen, rein und harmonisch gestaltet und mit Respekt für diese Gottheiten behandelt werden, damit dort eine Atmosphäre herrscht, die den Geist erfreut und belebt.

Diejenigen, die ein hohes Ziel im Leben erreichen möchten, die eine führende Position in der Gesellschaft oder im Geschäftsleben erlangen wollen oder nach Geld, Reichtum und Macht streben, sollten den Osten niemals vernachlässigen und bei möglichst vielen Glück verheißenden Tätigkeiten nach Osten gerichtet arbeiten. Dem Osten entspricht auch das Prinzip der Zuversicht und der Sicherheit, dass sich die eigenen Pläne und Wünsche erfüllen werden.

*Räumliche Nutzung des Ostens im Haus* | Auf Grund seiner hohen Qualität kann der Osten für viele anspruchsvolle Zwecke genutzt werden. Seine Energien sind für ein Studierzimmer, ein Büro, einen Meditationsraum, ein Wohnzimmer und einen großen Eingangsbereich förderlich. Auch ein Bad profitiert im Osten von den Strahlen der Morgensonne. Es sollte sich in einem solchen Bad jedoch keine Toilette befinden, da die abbauenden Energien einer Toilette in dieser Richtung besonders negative Auswirkungen haben.

Auf keinen Fall sollte man Abstellraum, Müllraum oder ein Lager für schwere Dinge im Osten unterbringen, denn diese Räume besitzen schwere oder abbauende Energien, die den Zufluss der Lebensenergie aus dem Osten behindern oder belasten. Die Energien des Ostens sind auch ungünstig zum Schlafen; dafür sind sie zu leicht und besitzen zu viel Feuer und Bewegung. Schlafzimmer sollten nie im Osten liegen, weder für Kinder noch für Erwachsene.

Die ersten beiden Ebenen werden jeweils im Haupttext angeführt, während die dritte Ebene für alle Himmelsrichtungen in den Marginalien ergänzt wird.

*Generelle Prinzipien für Haus und Grundstück* | Der Osten sollte nicht mit schweren Dingen, mit Müll oder Unordnung belastet werden. In dieser Richtung sollte das Grundstück niedriger liegen als im Westen, sodass ein Gefälle in Richtung Osten entsteht. Zudem sollte im Osten mehr Platz auf dem Grundstück sein als im Westen. Sind diese drei Voraussetzungen gegeben, so können die positiven Energien der Sonne vom Osten aus das gesamte Energiefeld des Grundstücks mit Kraft und Ausstrahlung versorgen.

Es empfiehlt sich, möglichst viele anspruchsvolle Tätigkeiten im Osten auszuführen und auch geistige und intellektuelle Arbeiten in diesen Bereich des Hauses zu verlegen. Außerdem ist der Osten die Richtung, in die man beim Lesen, Studieren, Kochen, Verkaufen und bei anderen Tätigkeiten schauen sollte. Die Sitzgelegenheiten im Haus sollten so arrangiert werden, dass man Gäste immer in Richtung Osten schauend empfängt. Auf diese Weise besitzt man selbst den größtmöglichen energetischen Schutz und kann seinen eigenen Standpunkt am besten vertreten.

Der Osten ist ein guter Ort für Wasser. Sowohl im Haus als auch auf dem Grundstück ist Wasser für das Energiefeld des Hauses sehr förderlich. Hohe Bäume oder andere hohe Gegenstände oder Gebäudeteile im Osten des Hauses sollten unbedingt vermieden werden, da sie dort sowohl die Sonne als auch den Zustrom der solaren Lebensenergie blockieren. Auch die Gebäude selbst sollten im Osten niedriger sein als in den anderen Himmelsrichtungen mit Ausnahme des Nordostens, der noch niedriger sein darf als der Osten. Insbesondere dürfen die Gebäude im Osten nicht höher sein als im Westen. Diese Prinzipien gelten auch in einer dicht besiedelten Stadt.

*Shri-Ramacandra-Yantra*

Der Osten wird von Ramacandra Deva beherrscht, einer Inkarnation Vishnus als göttlicher König. Das hier abgebildete Yantra kann zum Ausgleich von Vastu-Defekten im Osten an der entsprechenden Wand aufgehängt werden. Es verkörpert auch die Kraft der Sonne.

**Westen** |

*Die Qualität des Westens* | Dem Osten gegenüber liegt der Westen als die Himmelsrichtung der Dunkelheit. Wenn die Sonne untergeht, reduzieren sich im Allgemeinen die Aktivitäten der Menschen. Zum Zeitpunkt des Sonnenunterganges, wenn die Sonne im Westen steht, wird sich der Mensch bewusst, dass ihn die Tätigkeiten des Tages erschöpft haben. Der Körper verlangt nach Ruhe und Entspannung. Der moderne Lebenswandel stellt sich gegen diesen natürlichen, durch den Lauf der Sonne vorgegebenen Tagesablauf und verlängert die Tätigkeiten vieler Menschen bis spät in die Nacht hinein. Dadurch wird jedoch weder der spirituellen Entwicklung noch der Gesundheit der Menschen gedient.

Während der Osten die Entwicklung von Dingen und Projekten fördert und den Horizont der Dinge erweitert, können Tätigkeiten, die im Westen ausgeführt werden, nicht mit der gleichen Unterstützung rechnen. Fortschritt ist in diesem Bereich nicht so leicht zu erzielen.

Unter den Halbgöttern repräsentiert Varuna, der Gott des Meeres, den Westen. Astrologisch gesehen, wird der Westen von Saturn beherrscht (siehe auch Seite 207), dessen Einfluss häufig darin besteht, Dinge zu begrenzen und Hindernisse zu schaffen, an denen der Mensch reifen kann. Der Saturn kann aber auch Ursache von Krankheiten und Verzögerungen sein. Er hindert uns daran, Zufriedenheit zu erlangen und verbindet alle Bemühungen mit einem harten Kampf um Fortschritt und Erfolg. Der Westen steht auch für die Möglichkeit, sein Karma abzutragen.

Wichtige Tätigkeiten sollten zwischen Sonnenaufgang und Sonnenuntergang am besten im Osten ausgeführt werden, während sie zwischen Sonnenuntergang und Sonnenaufgang besser im Westen stattfinden.

Eigenschaften, die der Westen verstärkt, sind im negativen Fall Lethargie, Traurigkeit und Ängste. Beim richtigen Umgang mit den Herausforderungen aber auch Ruhm, Wohlstand und Tiefgründigkeit.

Krankheiten, die durch Defekte im Westen ausgelöst werden können, sind Konzentrationsschwäche, Verstopfung, schwache Knochen und Zähne. Auf der psychosomatischen Ebene kann es zu Stimmungsschwankungen, Depressionen und Ängsten kommen.

*Shri-Kurma-Yantra*

Der Westen wird auf der spirituellen Ebene von Shri Kurma Deva beherrscht, der Inkarnation Vishnus als gigantische Schildkröte. Kurma Deva ist der spirituelle Herrscher des Planeten Saturn. Das Kurma-Yantra kann bei Defekten im Westen oder Problemen mit den Saturnaspekten im Haus an der entsprechenden Wand aufgehängt werden.

Saturnaspekte im Haus sind der Essraum, die Speisekammer, der Abstell- und der Müllraum.

*Die räumliche Nutzung des Westens* | Die Energien des Westens sind mit denen des Ostens verbunden, da diese beiden Richtungen durch den Lauf der Sonne in einem engen Zusammenhang stehen. Obwohl die Energien des Westens schwerer sind als die des Ostens, eignet sich auch der Westen für eine Vielzahl anspruchsvoller Tätigkeiten. Kaum einer anderen Himmelsrichtung kommt im Vastu eine so vielseitige Verwendung zu wie dem Westen.

Ein Studierzimmer findet im Westen ebenso einen guten Ort wie ein Kinderzimmer oder das Atelier eines Künstlers. Wegen des Saturneinflusses eignet sich der Westen auch vorzüglich für alle Dinge, die mit Essen verbunden sind. Ein Esszimmer kann dort ebenso eingerichtet werden wie eine Speisekammer.

Die Qualität des Westens fördert die Popularität und die äußere Wirkung der Tätigkeiten, die dort ausgeführt werden. Auch für Treffen und Konferenzen ist der Westen der richtige Ort.

Die schweren Energien des Westens erlauben es im Gegensatz zum Osten, dort einen Bereich als Lager oder Abstellraum einzurichten. Auch ein Bad kann sich im Westen befinden, doch sollte es wie im Osten keine Toilette beinhalten. Die Toilette bringt man am besten neben dem Bad zwischen Nordwesten und Westen oder zwischen Südwesten und Westen unter.

Da der Westen das Prinzip der Ruhe verkörpert, eignet er sich auch für Schlafzimmer. Besonders geeignet ist er für Kinder, während sich ein Schlafzimmer für Paare im Westen unter bestimmten astrologischen Umständen negativ auf die Beziehung auswirken kann (siehe Kapitel 12, Seite 229).

*Generelle Prinzipien für Haus und Grundstück* | Die Energien des Westens sind schwer und besitzen trotzdem Beweglichkeit. Hier treffen sich die Eigenschaften der beiden feindlichen Elemente Luft und Erde. Dies erklärt, warum im Westen sehr unterschiedliche Raumfunktionen ihren Platz finden. Generell darf man den Westen nicht so stark öffnen wie den Osten. Mit Fenstern sollte man daher eher sparsam umgehen. Als Ort für den Haupteingang steht der Westen nach dem Osten und Norden an dritter Stelle. Ein Haupteingang im Westen wirkt sich vor allem auf die Bekanntheit und Beliebtheit eines Hauses und seiner Bewohner positiv aus.

Der Westen sollte schwer gehalten werden. Die Mauern im Westen sind mit Vorteil stärker und höher als die im Osten. Das Grundstück sollte im Westen höher liegen als im Osten und Nordwesten. Lediglich der Südwesten sollte ein noch höheres Bodenniveau aufweisen als der Westen. Viel Platz auf dem Grundstück ist im Westen zu vermeiden, da sich dort sonst die negativen Energien des Südwestens ausbreiten können. Wasser ist im Westen nicht unbedingt erwünscht, wirkt sich dort jedoch im Gegensatz zum Süden und Südwesten nicht schädlich aus.

**Norden** |

*Die Qualität des Nordens* | Neben dem Osten ist der Norden die zweite Himmelsrichtung, die mit reinen und vitalisierenden Energien verbunden ist. Der Norden verkörpert die Chancen und Möglichkeiten des Lebens, verschafft materiellen und finanziellen Wohlstand, fördert die Stabilität der Gesundheit und verschafft Erfolg und Freude. Er ist mit Medizin und Medikamenten verbunden und die Quelle von Bequemlichkeit und Luxus. Er gibt die Richtung der Heilung an, da aus dem Norden die organischen, erdhaften Anteile der Lebensenergie ins Grundstück und ins Haus einfließen. Ein geschlossener und blockierter Norden spielt bei vielen Krankheiten, die in unseren Breitengraden auftreten (Parkinson, Krebs), eine große Rolle, da der Norden im Allgemeinen eher geschlossen gehalten wird, um den Süden zur Sonne hin zu öffnen.

Während der Osten mit männlichen Themen verbunden ist, steht der Norden für das weibliche Prinzip. Er repräsentiert die Mutter und damit auch die Geburt. Diese lebensspendende Eigenschaft steht mit den organischen Lebensenergien in Beziehung, die aus dem Norden einströmen. Die Qualität der Gestaltung des Nordens eines Hauses ist häufig ein Maß für die Präsenz des weiblichen Prinzips und die Beziehung der Bewohner zu ihren Müttern.

Daher sollte der Norden ebenso wie der Osten attraktiv gestaltet und sauber gehalten werden, um eine förderliche Atmosphäre zu schaffen. Wird diesem Prinzip widersprochen, durch Abfall, Toiletten, schwere Gegenstände, vernachlässigte Dinge oder dornige Büsche in diesem Bereich, können Verlust des Reichtums, der Gesundheit und der geistigen Ausgeglichenheit die Folge sein.

Auch Krankheiten, die durch den negativen Einfluss des Merkurs verursacht werden (Hautkrankheiten und mangelnde Widerstandsfähigkeit), sind bei einem vernachlässigten Norden zu erwarten, desgleichen Fehlschläge im Leben und Diffamierungen.

Um Reichtum zu erlangen, sollte man unbedingt den Norden angemessen gestalten und so seinen Herrscher, Kuvera, den Schatzmeister der Halbgötter, zufrieden stellen.

Ein vernachlässigter Norden kann zu Unfruchtbarkeit oder Impotenz führen und einen Zustand der Schutzlosigkeit bewirken. In diesem Fall kann einem auch der eigene Wohnraum keinen Schutz bieten.

Astrologisch gesehen wird der Norden vom Planeten Merkur beherrscht (siehe auch Seite 205). Die Belange des menschlichen Lebens, die von Merkur repräsentiert werden, stehen daher auch mit dem Norden in Beziehung. Hierzu gehören Reichtum, Beweglichkeit, Kommunikation und Intelligenz.

*Die räumliche Nutzung des Nordens* | Der Norden eignet sich ebenso wie der Osten für eine große Zahl anspruchsvoller Zwecke. Er ist ein guter Ort zum Studieren; auch zur Einrichtung eines Ateliers oder für andere künstlerische Zwecke eignet er sich hervorragend. Die Qualität des Lichtes im Norden ist für Bibliotheken und Ausstellungen ideal. Zudem beleben seine Energien den musischen Bereich. Auch der kulturelle Aspekt findet hier Unterstützung. Daher hat nach Vastu das Wohnzimmer im Norden ebenfalls seine Berechtigung.

Der Norden ist der beste Ort im Haus für den Safe. Er eignet sich ferner gut für einen großzügigen Eingangsbereich. Ein Meditationszimmer findet dort die Unterstützung der heilenden und kühlenden Energie des Nordens.

*Generelle Prinzipien für Haus und Grundstück* | Der Norden sollte ebenso wie der Osten nicht mit abbauenden Energien oder schweren und hohen Dingen belastet werden. Daher sind in dieser Richtung im Haus Abstell- oder Müllräume und Toiletten streng verboten; auf dem Grundstück sollten hier nicht die Mülltonnen

*Shri-Buddha-Yantra*

Der Norden wird auf der spirituellen Eben von Shri Buddha Deva beherrscht, der Inkarnation Vishnus als ein großer Weiser und Religionslehrer. Buddha ist der Herrscher des Planeten Merkur und steht für Frieden, Weisheit, Gewaltlosigkeit, innere Ruhe und Meditation.

Das Buddha-Yantra kann verwendet werden, um Defekte des Nordens und der Merkuraspekte im Haus zu korrigieren. Hierzu gehören die Gästebereiche, alle grünen Bereiche, Geschäftsräume, der Safe usw.

stehen. Ebenso sind hier Geräteschuppen, hohe Bäume, verwilderte Gartenbereiche von Nachteil.

Das Bodenniveau sollte im Norden niedriger liegen als im Süden und Nordwesten. Lediglich der Nordosten darf tiefer liegen als der Norden. Wasser ist in dieser Richtung willkommen, da es die positiven Energien des Nordens verstärkt. Aus dem gleichen Grund ist es vorteilhaft, auf dem Grundstück möglichst viel Platz im Norden – auf jeden Fall mehr Platz als im Süden – zu haben, um energetische Probleme zu vermeiden. Die Gebäude sollten im Norden niedriger sein als im Süden oder Nordwesten.

*Shri-Narasimha-Yantra*

Shri Narasimha Deva ist halb Mensch, halb Löwe und eine Inkarnation Vishnus. Er beherrscht den Planeten Mars auf der spirituellen Ebene. Shri Narasimha Deva ist eine Inkarnation göttlichen Zorns und immer zur Stelle, um einen Gottgeweihten vor den Angriffen dämonischer Wesen zu beschützen. Das Narasimha-Yantra ist daher ein hervorragendes Schutz-Yantra und kann verwendet werden, um Vastu-Defekte im Süden zu korrigieren. Auch gestörte Marsaspekte des Hauses können mit seiner Hilfe ausgeglichen werden. Hierzu gehören die Küche, Feuer sowie männliche Angelegenheiten.

**Süden** |

*Die Qualität des Südens* | Der Süden wird von Yamaraja, dem Herrn des Todes und Zerstörer alles Materiellen, beherrscht. Er ist jedoch auch die Quelle und der Erhalter von religiösen Gesetzen und Verhaltensregeln. Wenn er erfreut wird, entfaltet er ein barmherziges Wesen. Der Süden ist die Richtung des Todes und des Lebenssinns. Daher sollte der Süden nicht nur negativ bewertet werden. Tod und Leben, Sinn und Zerstörung sind eng miteinander verbunden. Der Süden konfrontiert uns mit der Vergänglichkeit und Sinnlosigkeit des materiellen Daseins und richtet das Bewusstsein auf die Bedeutung der Sinnfrage und des spirituellen Lebens. Er repräsentiert das Gesetz und die Religion und damit die Strenge und Gerechtigkeit des Lebens, an der jeder gemessen wird. Auch Zielstrebigkeit und Freundschaften können durch den positiven Einfluss aus dem Süden gefördert werden, wenn den Prinzipien der Religion Genüge getan wird.

Glück verheißende Zeremonien und Tätigkeiten sollten nicht im Süden ausgeführt werden. Tote sollten mit den Füßen nach Süden aus dem Haus getragen werden. Riten zur Beisetzung von Toten sollten im Westen ausgeführt werden.

Die Lebensdauer eines Menschen hängt unter anderem von den Vastu-Eigenschaften im Süden ab. Der Süden sollte nicht zu weit geöffnet werden und möglichst kein Wasser beherbergen. Auch sollte er hoch liegen, um den negativen Energien wenig Raum zu gewähren.

Vastu-Defekte im Süden können sich in Form von Aggressionen bei den Bewohnern, durch zu viel oder zu wenig Feuer und durch Verdauungsprobleme äußern, die durch ein zu schwaches Verdauungsfeuer hervorgerufen werden.

In astrologischer Hinsicht wird der Süden durch den Planeten Mars beherrscht, was seine Eigenschaften maßgeblich mitbestimmt (siehe auch Seite 203). Der Süden kann seinen Bewohnern Entschlossenheit, Durchsetzungsvermögen, körperliche Kraft und Kampfgeist verleihen, wenn er den Vastu-Prinzipien entsprechend gestaltet wird.

*Die räumliche Nutzung des Südens* | Der Süden wird in unseren Breitengraden bevorzugt für Wohnzimmer mit großen Fenstern, Terrassen und Balkone genutzt. Die Nutzung des Südens als Wohnzimmer ist auch im Vastu nicht verboten. Man sollte jedoch darauf achten, nicht den gesamten Süden einschließlich des Südostens und Südwestens dafür zu verwenden, sondern wenigstens eine der Nebenhimmelsrichtungen aussparen.

Bei großen Fenstern versieht sollte man zumindest im Südwesten einen geschlossenen Bereich haben, der die negativen Energien dieser Richtung zurückhält. Außerdem ist es im Falle eines geöffneten Südens wichtig, einen entsprechenden Ausgleich im Norden zu schaffen.

Der Süden eignet sich perfekt als Schlafzimmer für Erwachsene und Kinder. Seine schweren Energien sind für einen ruhigen und erholsamen Schlaf sehr gut, es sei denn, das Haus ist durch gravierende Vastu-Defekte belastet. In einem solchen Fall mögen die Energien des Südens zu schwer werden.

Auch ein Abstellraum oder Lager kann im Süden eingerichtet werden, um diese Richtung maximal zu beschweren. Lebensmittel können ebenfalls hier gelagert werden. Ein Treppenhaus im Südbereich ist möglich. Der Eingang selbst sollte jedoch im Osten, Norden oder Westen liegen.

Weniger gut eignen sich die Energien des Südens für ein Büro, ein Studierzimmer oder zur Meditation. Anspruchsvolle geistige und intellektuelle Tätigkeiten finden in dieser Richtung wenig Unterstützung.

*Generelle Prinzipien für Haus und Grundstück* | Der Süden wird im Vastu möglichst schwer und geschlossen gehalten. Große Fenster im Süden sind zu vermeiden. Falls man im Süden eine Terrasse mit großen Fenstern wünscht, sollte man dafür unbedingt einen Ausgleich im Norden schaffen.

Im Süden lässt man auf dem Grundstück möglichst wenig Platz. Auf jeden Fall sollte der Norden geräumiger sein als der Süden. Auch liegt das Bodenniveau im Süden am besten höher als im Norden. Lediglich der Südwesten kann ein höheres Bodenniveau besitzen als der Süden.

Die Gebäude sollten im Süden höher sein als im Norden. Wasser und Erdvertiefungen vermeidet man im Süden ebenso wie im Südwesten. Die negativen Energien des Südwestens sind auch im Süden noch spürbar. Daher sollte in diesem Bereich nicht zu viel Raum für deren Ausbreitung zur Verfügung stehen.

**Südosten** |

*Die Qualität des Südostens* | Der Südosten wird von Agni Deva, dem Gott des Feuers, beherrscht, der für die Energie und Ausstrahlung des Energiefeldes der Gebäude und seiner Bewohner verantwortlich ist.

Im Südosten regiert der Planet Venus, der für Liebe, Ästhetik und Genuss, aber auch für beruflichen Erfolg steht (siehe auch Seite 207). Als Ort des Feuers beeinflusst der Zustand des Südostens auch die Qualität des Verdauungsfeuers und damit der Gesundheit der Bewohner allgemein. Als idealer Platz für die Küche wird der Südosten zu einem wichtigen Ort im Haus.

Ist der Südosten gestört, können Allergien, Leberprobleme und Asthma die Folge sein, aber auch Partnerschaftsprobleme und Neid.

Die Qualität eines Vastu-Energiefeldes hängt besonders von seiner Helligkeit und Ausstrahlung ab. Durch eine angemessene Gestaltung des Südostens wird die Ausstrahlung des Energiefeldes des gesamten Gebäudes sichergestellt.

Jedes Feuer, das im Südosten eines Vastu-Energiefeldes entzündet wird, trägt dazu bei, die Ausstrahlung und Energetik des gesamten Feldes zu verbessern. Wird der Südosten vom Osten oder Süden her geschwächt, so wirkt sich dies entweder auf die Hausherrin (Süden) oder den Hausherrn (Osten) negativ aus. Um negativen Effekten von Südosten her entgegenzuwirken, ist es von Vorteil, dort Tag und Nacht eine kleine Öllampe, ein Windlicht oder eine Kerze brennen zu lassen. Dann ist der beschützende Einfluss des Feuerelements im Südosten gewährleistet.

Elektronische Geräte sollten im Südosten zu betrieben werden, jedoch nicht Tag und Nacht arbeiten. Die elektromagnetischen Felder, die dabei erzeugt werden, sind zwar von feuriger Natur, üben aber auch einen negativen Einfluss aus, der den Südosten bei übermäßiger Beeinflussung schwächen kann.

*Die räumliche Nutzung des Südostens* | Der Südosten eignet sich am besten für die Küche. Alle anderen Richtungen sind für die Küche deutlich schlechter geeignet. Die Kombination Feuer und Venus, die den Südosten charakterisiert, fördert das Kochen und die Gesundheit. Ansonsten sollten auch die Heizung und die wichtigsten elektrischen Installationen im Südosten platziert werden. Kamine und alles, was mit dem Element Feuer in Zusammenhang steht, finden im Südosten den besten Platz.

*Shri-Parashurama-Yantra*

Shri Parashurama ist der spirituelle Herrscher des Südostens und des Planeten Venus. Er ist eine Inkarnation Vishnus als Krieger, der erschien, um den Stolz des überheblichen Adelsstandes zu brechen.

Das Parashurama-Yantra kann angewandt werden, um Defekte des Südens und von Venusaspekten im Haus zu korrigieren. Zu den Venusaspekten gehören das Schlafzimmer, die Küche und alle gemütlichen Bereiche, die mit Luxus, Schönheit und Reichtum ausgestattet sind.

In der indischen Kultur hat der Südosten eine starke religiöse oder spirituelle Bedeutung. Er gewährt den Bewohnern des Hauses Schutz und Unterstützung, wenn im Haus regelmäßig Feueropfer ausgeführt werden. Das Feuer wird in der vedischen Kultur als die Zunge Gottes angesehen und gleichzeitig als das reinste Element verehrt. Das Element Feuer und damit sein Ort, der Südosten, ist auch mit dem Planeten Sonne, dem Sonnengott und dem Himmel verbunden. Diese Zusammenhänge machen die große Bedeutung des Südostens für die Gesundheit und ein langes Leben deutlich.

Für ein Schlafzimmer ist der Südosten nicht geeignet, da die Energie des Feuers für den Schlafenden zu stark und zu heiß ist. Generell sollte bei jeder Nutzung des Südostens überprüft werden, ob die Präsenz des Feuerelements dadurch gefördert wird und wie das Feuerelement die jeweilige Nutzung beeinflusst. Vor allem für Kinder ist die Energie des Südostens häufig zu intensiv.

*Generelle Prinzipien für Haus und Grundstück* | Die Präsenz des Feuerelements prägt die Eigenschaften des Südostens. Man sollte dort mit Wasser sehr vorsichtig umgehen und aufpassen, die südöstliche Ecke in den Räumen oder im Haus nicht abzuschneiden, da es sonst zu energetischen Engpässen kommen kann. Schwere Gewichte in diesem Bereich können das Feuerelement ebenso unterdrücken wie ein Bad oder ein Eingang im Südosten.

**Südwesten** |
*Die Qualität des Südwestens* | Der Südwesten wird von Nirriti, dem Herrn der Dämonen, und Pitri, dem Herrn der Ahnen, beherrscht. Das Schicksal der Menschen und ihre Lebensdauer hängen vor allem von der Gestaltung des Südwestens ab. Typische Qualitäten sind hier Schwere, Starrheit und Struktur.

Durch den dort herrschenden astrologischen Einfluss des Planeten Rahu (siehe auch Seite 209) kommen noch Eigenschaften wie Dunkelheit und Geräumigkeit hinzu. Rahu steht außerdem für Expansion, Intensität, harte Arbeit, materiellen Gewinn und oft damit verbundene Gier und Gewalt.

Der Südwesten ist der Wohnort negativer Einflüsse und böser Geister. Aus diesem Grund wird es im Vastu empfohlen, den Südwesten möglichst geschlossen und beschwert zu halten, um den entsprechenden Einflüssen Einhalt zu gebieten. Er eignet sich nicht für Glück verheißende Tätigkeiten.

Auf der anderen Seite fördert der Südwesten Standhaftigkeit, Durchsetzungskraft und die Fähigkeit, Vorhaben und Pläne zu realisieren. Er verleiht allem, was sich dort befindet, Gewicht und Bedeutung.

Das Schicksal des Hausbesitzers hängt stark von der Gestaltung des Südwestens ab. Jeder Freiraum oder jede Vertiefung, die im Südwesten besteht, wird von negativen Energien oder Wesenheiten genutzt. Daher sollten solche Bereiche auf ein Minimum reduziert werden.

Der Südwesten fördert Gier und bewirkt, dass harte Arbeit nicht das gewünschte Ergebnis bringt. Außerdem verursacht er Sorgen und Schwierigkeiten.

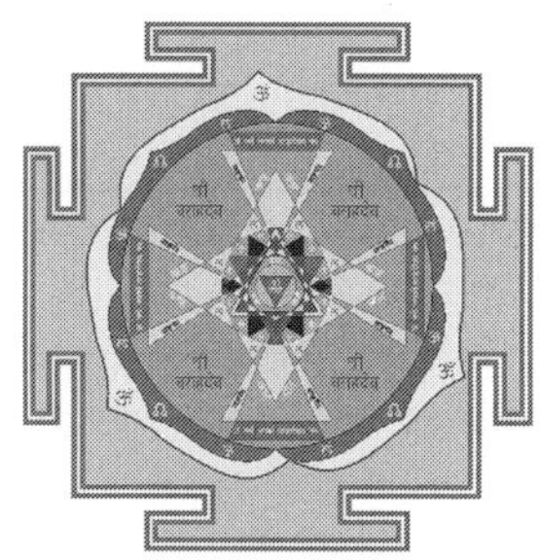

*Shri-Varaha-Yantra*

Varaha Deva ist die Inkarnation Vishnus als Wildeber. In dieser Form rettete er einst die Erde aus den Händen eines Dämons und setzte sie in ihre ursprüngliche Umlaufbahn zurück. Er ist der spirituelle Herrscher des Südwestens und des Planeten Rahu. Das Varaha-Yantra kann verwendet werden, um Defekte des Südwestens und der Rahuaspekte im Haus auszugleichen. Hierzu gehören alle großen und dunklen Räume sowie der Haupteingang des Hauses.

*Die räumliche Nutzung des Südwestens* | Bei der räumlichen Nutzung des Südwestens sollte man versuchen, die dort gegenwärtigen schweren Energien zu binden. Dies ist möglich durch Lager-, Abstell- und Müllräume. Der Südwesten ist der ideale Ort für alle Räume mit abbauenden Energien im Haus mit Ausnahme der Toilette, da sich im Südwesten kein Wasser und keine unterirdischen Installationen befinden sollten.

Die Energien des Südwestens eignen sich im Allgemeinen sehr gut für das Elternschlafzimmer. Kinder sollten dort nicht schlafen, da sie sonst leicht die Familie tyrannisieren könnten. Das Büro des Chefs liegt im Südwesten günstig, da Dinge im Südwesten in ihrem Gewicht und in ihrem Einfluss unterstützt werden. Ansonsten ist der Südwesten für anspruchsvolle intellektuelle und geistige Tätigkeiten nicht gut geeignet.

*Generelle Prinzipien für Haus und Grundstück* | Der Südwesten sollte in erster Linie geschlossen und schwer gehalten werden. Daher sind große Fenster in dieser Himmelsrichtung verboten, ebenso ein Eingang oder alle Arten von Wasserinstallationen. Besondere Vorsicht ist im Südwesten mit allen Dingen geboten, die sich unterhalb der Erdoberfläche befinden. Man sollte im Südwesten keine unterirdischen Hohlräume schaffen. Daher sollte dieser Bereich des Hauses nicht unterkellert sein und keine unterirdischen Tanks, Behälter oder Klärgruben enthalten. Falls sich dort solche Installationen befinden, empfiehlt es sich, sie zu entfernen oder zuzuschütten.

Generell ist Wasser im Südwesten zu vermeiden, insbesondere unterirdisches Wasser wirkt sich negativ aus. Daher ist beispielsweise ein Teich im Südwesten in doppelter Hinsicht fehlplatziert.

Im Südwesten sollte auf dem Grundstück möglichst wenig Platz sein, vor allem aber weniger als im Nordosten. Im Südwesten sind hohe Bäume und generell große schwere Objekte vorteilhaft.

**Nordwesten |**

*Die Qualität des Nordwestens* | Die Bedeutung des Nordwestens im Leben eines Menschen liegt darin, die Beweglichkeit sowohl im Inneren als auch im Äußeren sicherzustellen. Als Ort Vayus, des Halbgottes der Luft, fördert er den Fluss aller Arten von Energie, Beziehungen zu anderen Menschen, Handel und Freundschaft. Der im astrologischen Sinne herrschende Planet dieser Richtung ist der Mond. Auch er sorgt für Bewegung und Veränderung (siehe auch Seite 202).

Geschäftliche Erfolge hängen immer von den Vastu-Qualitäten eines Gebäudes im Nordwesten ab, weil der Fluss des Geldes sowie Austausch und Handel von der Beweglichkeit des Luftelementes abhängig sind.

Auch Beziehungen und Freundschaften sind auf einen störungsfreien Nordwesten angewiesen, um reibungslos funktionieren zu können. Abbauende Energien einer Toilette würden sich beispielsweise daher sowohl auf die Beziehungen als auch auf das Geschäft negativ auswirken.

Defekte im Nordwesten können durch die Beeinträchtigung der Lebensluft sowohl physische als auch psychische Probleme hervorrufen. Insbesondere Atembeschwerden, Probleme im zentralen Nervensystem, Kopfschmerzen und Migräne haben ihre Ursache häufig in einem gestörten Nordwesten.

*Die räumliche Nutzung des Nordwestens* | Der Nordwesten eignet sich gut für ein Gästezimmer, ein Büro oder eine Speisekammer. Auch Bad und Toilette können dort untergebracht werden, wobei die Toilette nicht direkt in der nordwestlichen Ecke liegen darf, sondern etwas in den Norden oder Westen versetzt sein sollte.

Das Wohnzimmer kann ebenfalls im Nordwesten liegen, während dort alle sehr schweren, trägen und unbeweglichen Dinge zu vermeiden sind. Für ein Schlafzimmer sind die Energien des Nordwestens im Allgemeinen zu beweglich und wechselhaft, was einen unruhigen Schlaf bewirken könnte. Der Nordwesten eignet sich hingegen gut für das Unterbringen von Fahrzeugen aller Art und auch für die Haltung von Tieren. Ein Kinderspielplatz ist im Nordwesten ebenso gut platziert wie ein Kräutergarten oder ein Parkplatz.

*Generelle Prinzipien für Haus und Grundstück* | Der Nordwesten sollte mit möglichst viel Bewegung erfüllt werden. Allzu schwere und träge Gegenstände im Nordwesten stören die Beweglichkeit im Haus. Er sollte höher liegen als der Norden und niedriger als der Westen. Im Nordwesten sollte genügend Raum für die Energie des Luftelements zur Verfügung stehen. Zu viel Platz in dieser Richtung kann jedoch zu Instabilität und mentaler Unruhe führen. Der Nordwesten sollte ein goldenes Mittelmaß zwischen dem Norden und dem Westen bilden.

Hohe Bäume und andere Hindernisse wirken im Nordwesten eher störend und sollten auf ein Mindestmaß beschränkt werden. Richtet man dort ein Lager ein, so sollte es für Dinge bestimmt sein, die bald wieder benutzt werden.

*Shri-Krishna-Yantra*

Shri Krishna gilt in Indien als die neunte Inkarnation Vishnus, die laut vedischer Überlieferung vor rund 5000 Jahren auf der Erde weilte. Das Bhagavatpurana beschreibt Krishna jedoch als die höchste vedische Gottheit selbst. Als Flöte spielender Kuhhirte eroberte er sich die Herzen der Menschen ebenso wie durch die Weisheit der von ihm gesprochenen Bhagavatgita, dem wichtigsten spirituellen Grundlagenwerk des Yoga und des Hinduismus.

Shri Krishna beherrscht sowohl den spirituellen Aspekt des Mondes als auch des Nordwestens. Vastu-Defekte, die im Nordwesten oder in den vom Mond beherrschten Aspekten des Hauses auftreten, können durch das Krishna-Yantra ausgeglichen werden. Hierzu gehören das Bad und die Mondfenster.

**Nordosten |**

*Die Qualität des Nordostens* | Von allen acht Himmelsrichtungen ist der Nordosten von größter Bedeutung. Er wird von Ishan, dem höchsten Gott, persönlich beherrscht. Aus der Reihe der Planeten regiert ihn kein Geringerer als der strahlende, Glück verheißende Jupiter, der als Gott auch bei den Griechen die Götterriege des Olymps anführte. Daher findet man hier Eigenschaften wie Intelligenz, Harmonie, Kompetenz, Schnelligkeit, Beweglichkeit, Entscheidungsfähigkeit und Planung, aber auch Reinheit und spirituelle Wahrnehmung. Der Nordosten steht auch mit Hingabe und Liebe zu Gott, Ruhm und Reichtum, Glück und Schicksal und insbesondere mit der Nachkommenschaft in Beziehung. Neben Jupiter macht auch der Schattenplanet Ketu (siehe auch Seite 210) in dieser Richtung seinen Einfluss geltend.

Da sich im Nordosten der Kopf des Vastupurusha befindet, kann er auch mit dem Geist und der Steuerung des Vastu-Energiefeldes in Beziehung gesetzt werden. Die Ordnung des gesamten Energiefeldes hängt von der positiven Gestaltung des Nordostens ab. Ist dieser vernachlässigt, indem er geschlossen, blockiert, unsauber oder verstellt ist, so wird das ganze Energiefeld in einen chaotischen Zustand versetzt. Die Dinge und Tätigkeiten geraten außer Kontrolle und bilden kein harmonisches Ganzes mehr.

Auf der gesundheitlichen Ebene können sich Defekte des Nordostens sehr negativ auswirken. Die Zellkommunikation, ja sogar das Erbgut der Bewohner können im schlimmsten Fall Schaden nehmen. Auch ein geschwächtes Immunsystem kann die Folge sein, ebenso Lernschwächen und der Verlust der sprachlichen Gewandtheit.

Im Nordosten sollten möglichst spirituelle Tätigkeiten ausgeführt werden. Ein Hausaltar kann dort eingerichtet werden, aber auch Meditation, Gebete und spirituelles Studium finden im Nordosten einen idealen Ort. Solche Tätigkeiten beeinflussen das gesamte Energiefeld in positiver Weise.

Was immer sich im Nordosten befindet oder dort getan wird, wirkt auf das ganz Energiefeld, da die Energien im Nordosten ins Grundstück und ins Haus eintreten und sich von dort aus über den gesamten Raum verbreiten.

*Die räumliche Nutzung des Nordostens* | Den Nordosten nutzt man im Haus am besten als Ort der Harmonie für möglichst anspruchsvolle Tätigkeiten. Stress und Hektik sollten dort unbedingt vermieden werden. Das Gleiche gilt für abbauende Energien wie die einer Toilette, eines Abstell- oder eines Müllraumes. Auch zum Schlafen eignet er sich nicht.

Der Nordosten wird als Platz für ein Wohnzimmer, einen Meditationsraum oder einen Raum zum Studieren und Lesen empfohlen. Ein ruhiges Büro ist dort ebenso gut untergebracht wie ein großer Eingangsbereich oder ein Salon.

*Generelle Prinzipien für Haus und Grundstück* | Die Grundprinzipien des Nordostens sind Reinheit, Offenheit, Ordnung und Leichtigkeit. Daher ist es wichtig, in dieser Richtung keine schweren Gegenstände aufzustellen, weder im Haus noch außerhalb. Das Haus sollte in dieser Richtung möglichst große Öffnungen wie Fenster und Türen besitzen. Je mehr Platz das Grundstück im Nordosten hat, desto hochwertiger sind seine Energien. Vor allem sollte dort mehr Platz sein als im Südwesten.

Das Gefälle des gesamten Grundstücks verläuft idealerweise in Richtung Nordosten, sodass dieser den niedrigsten Punkt bildet.

Wasser wirkt sich im Nordosten generell positiv aus. Er ist der beste Platz für Teiche, Brunnen, Zierbäche und Trinkwasserreservoirs. Ein erstklassiges Grundstück nach Vastu besitzt ein stehendes oder fließendes Gewässer im Nordosten, Norden oder Osten. Auch Seen und Flüsse in der Nähe des Grundstücks haben in diesen Richtungen eine günstige Wirkung.

Hanuman, der Sohn des Windgottes Vayu, ist die beliebteste und am häufigsten verehrte Gottheit in Indien. In Form eines Affen wurde er als der treuste Diener des Gottkönigs Ramacandra berühmt. Er war für seine Schnelligkeit, Beweglichkeit und außergewöhnliche Kraft bekannt und gilt auch als Schutzpatron gegen Geister und schwarze Magie. Es ist hilfreich, Hanuman im Nordwesten zu verehren.

*Shri-Vamana-Yantra*

Shri Vamana Deva ist die Inkarnation Vishnus als Zwergen-Brahmana. In dieser Form entriss er den Dämonen mit Hilfe eines Tricks das zu der Zeit von ihnen beherrschte Universum. Trotz seiner geringen äußeren Größe durchmaß er mit drei Schritten das gesamte Universum. Auf der spirituellen Ebene beherrscht er sowohl den Planeten Jupiter als auch den Nordosten.

Vastu-Defekte, die im Nordosten von Haus und Grundstück und in deren Jupiteraspekten auftreten, können mit Hilfe dieses Yantras ausgeglichen werden.

Hohe Gebäudeteile sind im Nordosten zu vermeiden. Die Gebäude sollten im Südwesten unbedingt höher als im Nordosten sein. Hohe Bäume, hohe Mauern oder Zäune gehören nicht in den Nordosten, da er das Tor für alle guten Energien zum Grundstück und zum Haus darstellt.

*Shri-Matsya-Yantra*

Shri Matsya Deva ist die Inkarnation Vishnus als ein gewaltiger Fisch. In dieser Form rettete er einst die Überlebenden einer großen Sintflut vor dem Ertrinken.

Er ist der spirituelle Herrscher des Planten Ketu, der neben Jupiter im Nordosten herrscht. Daher kann das Matsya-Yantra zur Korrektur von Vastu-Defekten im Nordosten verwendet werden.

**Das Zentrum des Hauses |**

*Die Qualität des Zentrums* | Im Zentrum residiert Brahma, der Schöpfer und Architekt des Universums. Daher wird der zentrale Punkt des Mandalas als Nabel Brahmas bezeichnet. An dieser Stelle befindet sich auch der Nabel des Vastupurusha. Die Mitte ist ein sehr sensibles Energiezentrum mit besonders leichten Energien. Von dort aus verteilen sich die Energien in alle Bereiche eines Grundstücks oder Hauses. Während der Nordosten das Tor der Energien zum Raum darstellt, bildet das Zentrum den Ort, über den alle anderen Bereiche energetisch zueinander in Wechselbeziehung stehen und sich gegenseitig beeinflussen. Im Zentrum kommen die Gegensätze und Polaritäten zum Ausgleich, die auf den Diagonalen und Achsen ausgeprägt sind. Ideal ist es, wenn die Energien der einander gegenüberliegenden Himmelsrichtungen im Vastupurusha-Mandala ausgewogen sind. Ansonsten kommt es im Zentrum zu energetischen Spannungen, die die Dynamik des gesamten Energiefeldes stören.

Die Energieflussdichte des Energiestroms, der aus dem Nordosten des Grundstücks in Richtung Südwesten fließt, ist im Zentrum am geringsten. Die Energien fließen nicht horizontal, vielmehr findet der Energieaustausch vor allem in vertikaler Richtung statt. Im Zentrum gibt es eine dynamische Brücke zwischen den Energien von Himmel und Erde. Dieser Energiefluss hat die Form einer rechtsdrehenden Spirale.

*Die räumliche Nutzung des Zentrums* | Im Zentrum sollte man keine der alltäglichen Wohnfunktionen platzieren, denn die Energien des Zentrums sind zum Wohnen für den Menschen zu stark. Man kann diesen Bereich jedoch nutzen, um sich zu regenerieren, Energie aufzutanken oder zu meditieren. Das Zentrum eignet sich weder als Schlafbereich noch als Küche oder Bad. Besonders ungünstig wären hier eine Toilette oder ein Abstellraum. Das Zentrum sollte von allen schweren Dingen freigehalten werden. Abbauende Energien wirken sich von dort aus negativ auf das gesamte Energiefeld aus.

Ein Meditationsraum oder ein Bereich zur Verehrung Gottes finden im quadratischen Bereich um das Zentrum (Brahmasthana), einen idealen Ort. In den traditionellen Vastu-Tempeln befindet sich hier der heiligste Bereich des Altarraumes.

Das Zentrum sollte als offener Bereich gestaltet werden, den man freiwillig aufsucht und nicht, weil man eine bestimmte Sache zu erledigen hat. Bei der Planung eines Hauses sollte man darauf achten, dass im Zentrum des Hauses keine Mauern, Treppen, Säulen oder Pfeiler errichtet werden. Am besten plant man dort einen offenen Lichthof, der mit einer Glaspyramide überdacht ist. In indischen Vastu-Häusern ist dieser Bereich häufig nach oben hin offen und dient vielfältigen, sozialen und religiösen Zwecken.

*Generelle Prinzipien für Haus und Grundstück* | Am wichtigsten ist es, den zentralen Bereich des Hauses leicht, rein und offen zu halten. Er sollte gut beleuchtet, ausreichend gelüftet und farblich hell und einladend sein. Man kann dort einen Platz einrichten, an dem leichte Stühle zur Entspannung oder zum Lesen einladen.

Auf dem Grundstück stellt das Zentrum ebenfalls einen kraftvollen Energiepunkt dar. Da die meisten Baugrundstücke in der heutigen Zeit relativ klein sind, befindet sich in den meisten Fällen der Mittelpunkt des Grundstücks innerhalb des Hauses. Für diesen Punkt gelten innerhalb des Hauses die gleichen Regeln, die auf den Mittelpunkt des Hauses selbst anzuwenden sind. Eine unsachgemäße Gestaltung dieses Zentrums wirkt sich jedoch nicht so stark aus wie eine vergleichbare Missachtung des Brahmasthana des Hauses selbst.

Befindet sich das Zentrum des Grundstücks außerhalb des Hauses, so gilt ebenfalls das Prinzip, diesen Ort möglichst leicht und frei zu gestalten. Eine ansprechend gestaltete Sitzecke wirkt sich dort ebenso förderlich aus wie eine freie Rasenfläche oder ein gepflegtes Blumenbeet. Wasser sollte sich an diesem Ort auf keinen Fall befinden, da sonst negative Einflüsse auf die Familientradition zu erwarten sind.

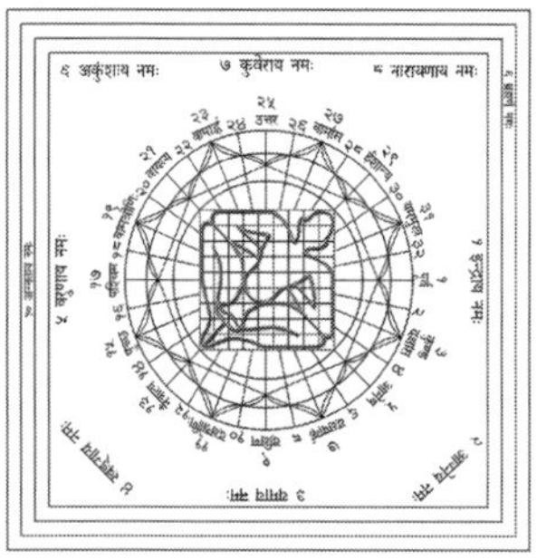

*Vastupurusha-Mandala*

Das obige Yantra ist eine spezielle Variante des Vastupurusha-Mandalas, das die Fehler aller Himmelsrichtungen ausgleichen kann. Es eignet sich besonders für das Zentrum des Hauses, das Zentrum von Räumen und den Eingangsbereich. Es kann beispielsweise unter der Decke im Zentrum eines Raumes oder über einer Tür oder dem Haupteingang angebracht werden.

## Überblick über Qualitäten und Nutzung der Himmelsrichtungen

Die folgenden Diagramme geben einen schnellen Überblick über die wichtigsten Eigenschaften und Möglichkeiten, die acht Himmelsrichtungen im Einklang mit den Prinzipien des Vastu zu nutzen. Auch enthalten sie die Zuordnung der einzelnen Himmelsrichtungen zu verschiedenen Aspekten des menschlichen Lebens:

| | | |
|---|---|---|
| Mentales Befinden<br>Bewegung<br>Austausch<br>Beziehungen<br>Kommunikation | Frieden<br>Geburt<br>Fruchtbarkeit<br>Gewinn<br>Heilung<br>Magie | Energie<br>Spiritualität<br>Vergeistigung<br>Ordnung<br>Reinheit<br>Kohärenz |
| Befreiung<br>Ruhe<br>Abschluss<br>Ruhm<br>Stolz | 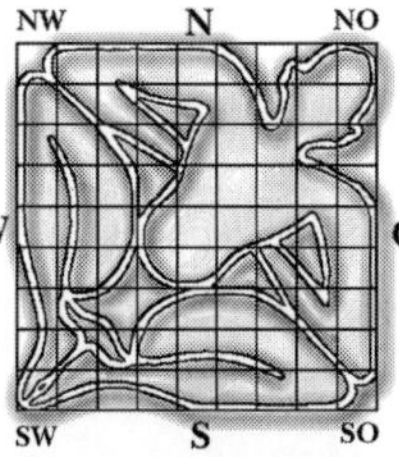  | Leben<br>Vitalität<br>Neubeginn<br>Kraft<br>Macht<br>Inspiration<br>Antrieb |
| Sorge<br>Bemühung<br>Gewicht<br>Einfluss<br>Ausdehnung<br>Geschlossenheit | Schwierigkeiten<br>Tod<br>Verlust<br>Vergänglichkeit<br>Gesetz<br>Gerechtigkeit<br>Sinn des Lebens | Feuer<br>Beschleunigung<br>Energetisierung<br>Ausstrahlung<br>Gesundheit |

Dieses Diagramm enthält die wichtigsten generellen Eigenschaften der einzelnen Himmelsrichtungen. Mit diesen Themen werden die Bewohner eines Hauses in den einzelnen Richtungen konfrontiert. Auch können diese Aspekte betroffen sein, wenn es in einem bestimmten Bereich des Hauses Vastu-Defekte oder besonders gute Vastu-Eigenschaften gibt.

Vastu-Defekte im Süden können beispielsweise die Lebensdauer verkürzen oder Hindernisse und Schwierigkeiten in allen Lebensbereichen verursachen, während Defekte im Nordwesten das mentale Wohlbefinden und die Beziehungen zwischen den Bewohnern des Hauses beeinträchtigen.

Eine Toilette im Nordwesten wirkt sich negativ auf die Beziehungen unter den Hausbewohnern aus.

Ein Abstellraum im Osten beeinflusst die Gesundheit des Hausherrn negativ.

Ein Defekt im Süden erhöht die Gefahr eines Brandes und die Streitbereitschaft.

Defekte im Süden und Südwesten erhöhen die Unfallgefahr und können gar die Lebensdauer der Hausbewohner verkürzen.

Das folgende Diagramm ordnet den acht Himmelsrichtungen die Personen zu, mit deren Energie sie vorrangig verbunden sind. Vastu-Defekte in den einzelnen Richtungen betreffen in erster Linie diese Personen oder wirken durch diese Personen hindurch auch auf andere Bewohner des Hauses.

*Ein Neubau in Westbengalen, der entgegen den Hinweisen des Vastu-Beraters mit einem Turm im Osten konstruiert wurde.*

| | | |
|---|---|---|
| Mutter<br>1. Sohn | Frauen<br>Töchter | Vater<br>Söhne |
| Söhne | 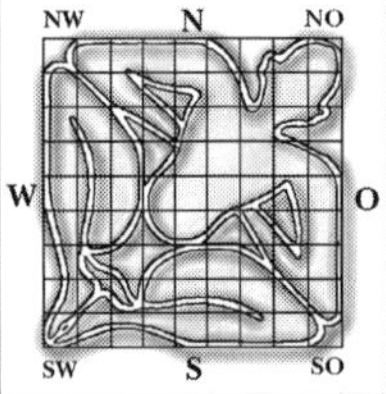 | Söhne |
| Vater<br>Mutter<br>1. Sohn | Frauen<br>Töchter | Frauen<br>Kinder<br>2. Sohn |

Ist der Osten eines Gebäudes besonders hoch, so könnten darunter die Söhne im Haus leiden. Dies kann sich jedoch im übertragenen Sinne auch auf Anhänger, Nachfolger oder geistige Söhne beziehen.

Das nächste Diagramm enthält eine Zusammenstellung der wichtigsten Nutzungsmöglichkeiten der einzelnen Himmelsrichtungen nach Vastu.

| | | |
|---|---|---|
| Gästezimmer<br>Büro<br>Bad<br>Speisekammer<br>Wohnzimmer<br>Sportraum | Wohnzimmer<br>Studierzimmer<br>Safe<br>Atelier<br>Meditationsraum<br>Musikzimmer<br>Ausstellungen<br>Eingang | Meditationsraum<br>Wohnzimmer<br>Studierzimmer<br>Offener Raum<br>Eingang |
| Esszimmer<br>Studierzimmer<br>Atelier<br>Kinderzimmer<br>Bad<br>Abstellkammer<br>Konferenzraum | 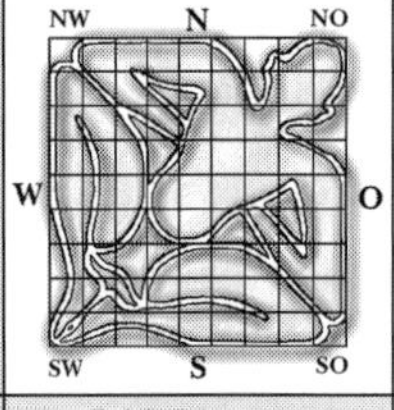 | Wohnzimmer<br>Meditationszimmer<br>Esszimmer<br>Bad (ohne Toilette)<br>Eingang |
| Elternschlafzimmer<br>Abstellraum<br>Müllraum<br>Lager<br>Speicher | Schlafzimmer<br>Abstellraum<br>Lager<br>Speisekammer<br>Treppenhaus<br>Salon<br>Wohnzimmer | Kuche<br>Heizung<br>Elektrische Installationen<br>Sauna |

Im nebenstehenden Diagramm wird die Toilette nicht erwähnt, weil man sie am besten zwischen Norden und Nordwesten, zwischen Nordwesten und Westen, zwischen Westen und Südwesten oder zwischen Süden und Südwesten platziert. Direkt in den acht Himmelsrichtungen sollte man die Toilette nicht unterbringen.

Das folgende Diagramm enthält die wichtigsten Informationen, die nach Vastu für die einzelnen Himmelsrichtungen zur Gestaltung des Grundstücks und des Hauses von Bedeutung sind.

| | | |
|---|---|---|
| Parkplatz<br>Garage<br>Spielplatz<br>Kräutergarten<br>Viehstall<br>Fahrräder | Garten<br>Wasser<br>Terrasse<br>Freier Platz<br>Keine hohen Bäume<br>Keller<br>Grundstückstor | Wasser<br>Garten<br>Keine Bäume<br>Garten<br>Freier Platz<br>Keller |
| Wenig freier Platz<br>Bäume<br>Hohe Mauern<br>Hügel | 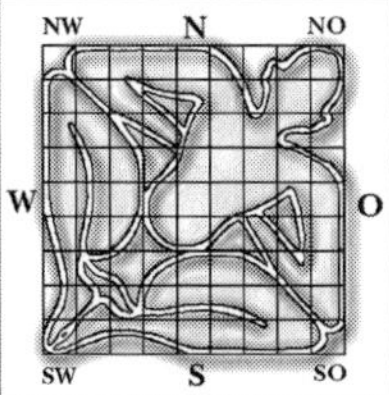 | Garten<br>Terrasse<br>Wasser<br>Freier Platz<br>Grundstückstor |
| Berge<br>Hohe Bäume<br>Nebengebäude<br>Hohe Mauern<br>Schwere Gegenstände<br>Steingarten<br>Kein Wasser | Schwere Gegenstände<br>Wenig Platz<br>Bäume<br>Hohe Mauern<br>Kein Wasser<br>Hügel | Elektrische<br>Maschinen<br>Feuer im Garten<br>Kein Wasser |

Das nachfolgende Diagramm fasst Wesenheiten, Elemente und Planeten zusammen, die in den acht Himmelsrichtungen präsent sind. Zuletzt wird jeweils die spirituelle Persönlichkeit genannt, die die jeweilige Himmelsrichtung beherrscht. Dieses Wissen ist für den spirituellen Aspekt der Vastu-Arbeit mit Korrektur-Yantras sehr wichtig.

| | | |
|---|---|---|
| Mond<br>Luft<br>Vayu<br><br>Krishna | Merkur<br>Luft/Wasser<br>Kuvera<br><br>Buddha | Jupiter/Ketu<br>Wasser/Äther<br>Ishan<br><br>Vamana/Matsya |
| Saturn<br>Erde/Wasser/Luft<br>Varuna<br><br>Kurma | 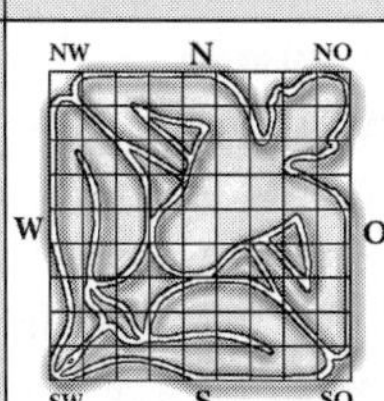 | Sonne<br>Feuer/Äther<br>Indra<br><br>Rama |
| Rahu<br>Erde<br>Nairutya<br><br>Varaha | Mars<br>Feuer/Erde<br>Yamaraja<br><br>Narasimha | Venus<br>Feuer<br>Agni<br><br>Parashurama |

Matsya, Kurma, Varaha, Narasimha, Vamana, Parashurama, Rama, Krishna, Buddha und Kalki gelten als die zehn wichtigsten Inkarnationen Vishnus. Sie verkörpern die zehn spirituellen Kräfte, die sich in der Evolution materieller Formen manifestieren.

Der im vorigen Abschnitt nicht erwähnte Kalki ist die letzte Inkarnation Vishnus im gegenwärtigen Weltzeitalter (Yuga). Die vedischen Texte sagen sein Erscheinen am Ende des gegenwärtigen Yugas voraus (in rund 427 000 Jahren).

## Die Inneneinrichtung der einzelnen Räume

Die gleichen Prinzipien, die für die Aufteilung und Gestaltung des Grundstücks und des Hauses gelten, kommen auch wieder bei der Einrichtung jedes einzelnen Raumes zur Anwendung. So wie die einzelnen Elemente und Planeten in den verschiedenen Bereichen des Hauses den einzelnen Himmelsrichtungen zugeordnet sind, so finden sich die Elemente und Planeteneinflüsse auch in den acht Bereichen eines jeden Raumes wieder.

Generell sollten die einzelnen Räume die Türen vorzugsweise im Bereich des Nordens und Ostens besitzen. Insbesondere der Nordosten eignet sich gut für Türen. Jeder Tür sollte entweder ein Fenster oder eine zweite Tür gegenüberliegen. Auf diese Weise bleiben die Energien im Haus in Bewegung.

Der Nordosten der einzelnen Räume sollte wiederum weitestgehend frei, leicht, hell und ordentlich sein. Je mehr Raum man dort frei lässt, desto besser können sich die positiven Energien im Raum entfalten. Schwere Gegenstände gehören auch innerhalb der einzelnen Räume vorzugsweise in den Südwesten. Für schwere Schränke, Kommoden, Klaviere und andere sperrige Gegenstände eignen sich die Wände im Süden und Westen der Räume. Der Schwerpunkt aller Einrichtungsgegenstände eines Raumes sollte möglichst weit im Südwesten liegen. Auf diese Weise kommen die Elemente Äther im Nordosten und Erde im Südwesten optimal zur Geltung.

Das Feuerelement im Südosten sollte mit Hilfe elektrischer Geräte, mit Kerzen oder einem Kamin gestärkt werden. Hierzu können auch rote Farben oder spitze Formen zur Anwendung kommen.

Das Luftelement im Nordwesten verlangt nach Bewegung. Sie können dort einen freien Raum für körperliche Bewegung oder zur Kommunikation einrichten. Alle beweglichen Teile gehören in den Nordwesten. Das Gleiche gilt für Dinge, die in Bewegung bleiben sollen.

Vermeiden Sie es, die nördlichen und östlichen Wände mit Möbeln zu verstellen, um die positiven Energien dieser Richtungen nicht zu behindern. Die nördlichen und östlichen Wände sind jedoch die geeigneten Orte für Waschbecken und Spiegel. Durch Spiegel kann in diesen Richtungen der Raum optisch erweitert werden, was sich dort energetisch positiv auswirken kann.

Man sollte bei der Einrichtung auch darauf achten, dass die Mitte eines jeden Raumes frei bleibt. Je mehr freier Raum dort geschaffen wird, desto besser können sich die Energien im Raum bewegen. Dabei ist es nötig auf die Decke zu achten, denn eine schwere Deckenlampe in der Mitte eines Raumes wirkt beim Energieaustausch störend. Eine Lampe sollte möglichst um 30 bis 60 Zentimeter in Richtung Westen oder Süden verschoben werden.

Es ist empfehlenswert, im Nordosten der Räume ein Gefäß mit frischem Wasser aufzustellen, um die Frische der Energien im Raum zu verbessern, denn Wasser wird im Nordosten automatisch energetisiert. Schreibtische sollten generell so gestellt werden, dass man in Richtung Osten arbeitet. Für ein Studierzimmer ist daher ein Fenster im Osten von Vorteil. Die farbliche Gestaltung der einzelnen Räume sollte im Einklang mit den bevorzugten Farben der Bewohner, der Qualität der jeweiligen Himmelsrichtung, den Ansprüchen der jeweiligen Raumfunktion und unter Berücksichtigung astrologischer Gesichtspunkte geschehen. Die den Planeten zugeordneten Farben werden im Kapitel 11 über die Grundlagen der vedischen Astrologie, Seite 198, aufgeführt.

Die folgenden Diagramme fassen die Einrichtung verschiedener Räume nach Vastu zusammen, um einen ersten Überblick zu geben.

Jeder begrenzte Raum bildet ein eigenes Energiefeld, das für sich genommen nach Vastu beurteilt und gestaltet werden sollte. Hierbei bestimmt man zuerst für jeden Raum einzeln das Zentrum, um von dort aus die Himmelsrichtungen für den jeweiligen Raum festzulegen.

Spiegel sollten gemäß Vastu nur im Norden, Osten und Nordosten zur Erweiterung des Raumes aufgehängt oder aufgestellt werden.

Die Vastu-Eigenschaften eines Hauses stehen mit denen seiner Räume in Beziehung. Ist beispielsweise der Nordosten eines Hauses fensterlos und mit schweren Gegenständen belastet, so sollte man darauf achten, den Nordosten der einzelnen Räume möglichst frei und offen zu gestalten. Hierdurch kann der Defekt im Nordosten des Hauses teilweise kompensiert werden.

| | | |
|---|---|---|
| Kühlschrank | Waschbecken | Waschbecken<br>Trinkwasserbehälter |
| Küchenschränke<br>Esstisch | 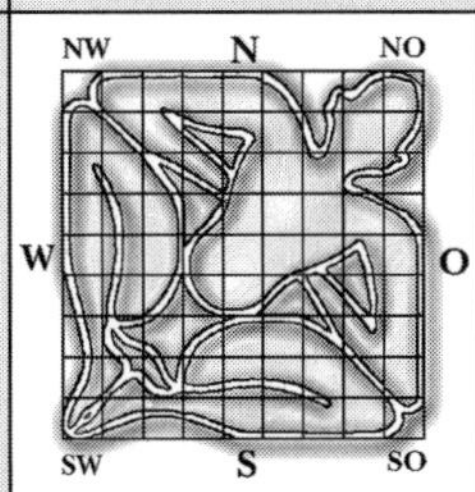  | Waschbecken |
| Küchenschränke<br>Lager für kurzfristige Vorräte | Küchenschränke | Herd<br>Feuerstelle<br>Gewürze<br>Hefe |

*Die Einrichtung einer Küche nach Vastu.*

Eine Küche sollte sich möglichst im privaten Bereich des Hauses befinden und fremden Besuchern weder sichtbar noch zugänglich sein. Am besten trennt man Küche und Essbereich voneinander, da soziale Aspekte in der Küche leicht zu Streit führen.

Der Herd der Küche sollte nicht direkt gegenüber der Küchentür liegen, sonst steigt die Unfallgefahr.

Falls der Haupteingang im Süden des Hauses liegt, gehört die Küche in den nordwestlichen Bereich. Ansonsten ist der Südosten der beste Ort für die Küche.

| | | |
|---|---|---|
| Schaukelstuhl | Aquarium<br>Offener Platz<br>Spiegel<br>Pflanzen<br>Kunst | Offener Platz<br>Wasserspiel<br>Spiegel |
| Esstisch<br>Schwere Schränke<br>Regale | 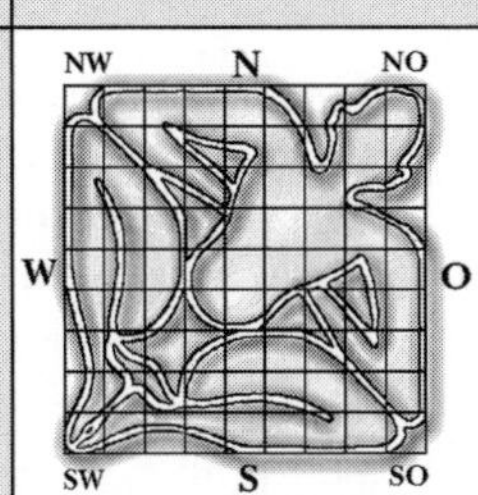  | Offener Platz<br>Esstisch<br>Spiegel |
| Schwere Sitzecke<br>Schwere Schränke<br>Regale | Wohnzimmerschrank<br>Schwere Sitzecke<br>Regale | Fernseher<br>Kamin<br>Kerzen<br>Stereoanlage<br>Heizung |

*Die Einrichtung eines Wohnzimmers nach Vastu.*

Das Schlafzimmer und das Kinderzimmer werden an dieser Stelle detaillierter

| | | |
|---|---|---|
| Leichte Gegenstände<br>Tägliche Vorräte, die schnell verbraucht werden<br>Fahrzeuge, Fahrräder und alles, was in Bewegung bleiben soll | Wasser, Flüssigkeiten, leichte Gegenstände mit Mindestabstand von 30 cm zur Wand | Freier Bereich<br>Ein Behälter mit frischem Wasser für die Energie im Raum<br>Lagerung von Flüssigkeiten (kein Alkohol) |
| Nahrungsmittel<br>Mittelschwere Gegenstände | 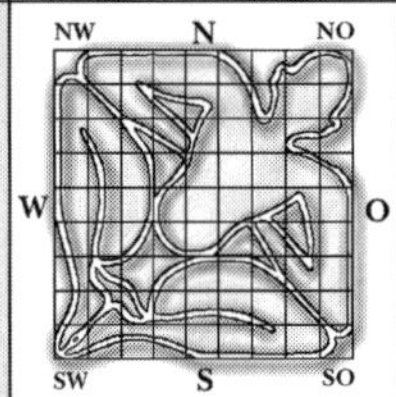 | Offener, freier und leichter Korridor<br>Eingang |
| Schwere Gegenstände<br>Jahresvorräte<br>Dinge, die selten benötigt werden<br>Keine Flüssigkeiten | Schwere bis mittelschwere Gegenstände | Brennbare Materialien wie Öle, Fette, Gas usw.<br>Gewürze, Hefe und Alkohol<br>(Abstand von mindestens 60 cm zu den Wänden) |

*Die Einrichtung eines Lagerraumes nach Vastu.*

betrachtet, da ihre Einrichtung für andere Räume hinsichtlich der Anordnung der Möbelstücke in den acht Himmelsrichtungen exemplarisch ist. Die Einrichtung des Kinderzimmers beeinflusst die Entwicklung des Kindes maßgeblich, da Kinder für die Energien ihrer Umgebung sehr sensibel sind. Auch ein Schlafzimmer sollte sehr sorgsam nach den Vastu-Prinzipien gestaltet werden, da man dort viele Stunden verbringt.

**Schlafzimmer** | Die folgende Tabelle beschreibt die verschiedenen Wirkungen eines Schlafzimmers auf seine Bewohner, wenn es in einer der acht Himmelsrichtungen liegt. Diese Beschreibungen sind sehr allgemein und müssen mit den astrologischen Bestimmungen der Himmelsrichtungsqualitäten im individuellen Fall abgestimmt werden.

Bei der Auswahl der Himmelsrichtung für das Schlafzimmer sollte unbedingt die je eigene Richtung der betreffenden Personen astrologisch bestimmt werden. (Siehe dazu M. Schmieke, Das Vastu-Praxisbuch.)

| Richtung | Wirkung |
|---|---|
| Osten | Gesundheitliche Probleme |
| Südosten | Streitereien, Schlafstörungen, partnerschaftliche Probleme |
| Süden | In jeder Hinsicht empfehlenswert |
| Südwesten | Besonders empfehlenswert für die Familienoberhäupter, für Kinder nicht empfohlen |
| Westen | Zu empfehlen, vor allem für Kinder und Jugendliche |
| Nordwesten | Zu empfehlen für Gäste, zu viel Bewegung und Austausch zum Schlafen, führt zu häufigen Auseinandersetzungen unter den Bewohnern |
| Norden | Innere Unruhe, Nervosität und finanzielle Verluste |
| Nordosten | Zu vermeiden, emotionale und gesundheitliche Probleme |

Bei der Einrichtung des Schlafzimmers ist darauf zu achten, dass das Bett nicht direkt in der Mitte steht, da es sonst die Energien des Zentrums blockieren würde. Ist das Zimmer sehr klein, lässt sich dies wohl nicht vermeiden. Der beste Platz für das Bett ist der Südwesten des Raumes. Doch selbst dort sollte das Bett nicht direkt an die Zimmerwände angrenzen, sondern zumindest einen Abstand von rund 20 Zentimetern von den Wänden haben. Dadurch vermeidet man den Bereich negativer Energien entlang der südlichen und westlichen Außenwände.

Sind die Energien eines Hauses oder eines Raumes sehr schwer oder belastet, kann der Südwesten eines Raumes zu schwere und zu negative Energien aufweisen. In einem solchen Fall wäre der Südwesten als Schlafbereich zu vermeiden. Wenn man das Bett umstellt, sollte man die nordöstliche Ecke des Zimmers aussparen und auch zu östlichen und nördlichen Wänden Abstand wahren.

Das Bett steht am besten parallel zu den Wänden. Auch sollte man mit dem Kopf oder dem Herzen nicht auf den Diagonalen eines Raumes schlafen. Kann man mit dem Kopf nicht in Richtung Osten oder Süden liegen, weil das Haus nicht parallel zu den Haupthimmelsrichtungen gebaut ist, so eignen sich auch der Südosten oder Südwesten als Schlafrichtungen. Der Nordwesten und Nordosten sollten jedoch vermieden werden, um keine ungünstige Kombination der Magnetfelder von Mensch und Erde herbeizuführen.

Schlafrichtung Süden (mit dem Kopf) ist für die Gesundheit am förderlichsten, da man so im Einklang mit dem magnetischen Feld der Erde schläft. Die folgende Tabelle fasst die Wirkungen der verschiedenen Schlafrichtungen zusammen:

Die indische Naturheilkunde Ayurveda empfiehlt vor allem die Stunden vor Mitternacht zum Schlafen. Ihr Erholungswert gilt als doppelt so hoch wie derjenige der Stunden nach Mitternacht. Der Grund dafür: Mit dem Fortschreiten der Nacht nimmt der Gehalt der Atmosphäre an solarer Lebensenergie rapide ab.

In der Zeit direkt nach Sonnenaufgang sollte man nicht mehr schlafen, da man sonst seine Gesundheit und Vitalität schwächt.

| **Schlafrichtung** | **Wirkung** |
|---|---|
| Osten | Fördert Intelligenz, geistige Fähigkeiten und die spirituelle Entwicklung |
| Südosten | Fördert Gesundheit und Weisheit |
| Süden | Stärkt die Gesundheit, die Finanzkraft und die Zufriedenheit, bringt einen guten und tiefen Schlaf |
| Südwesten | Bringt mittelmäßigen bis ausreichenden Schlaf |
| Westen | mittelmäßiger Schlaf, Reichtum |
| Nordwesten | Schlechte Schlafrichtung, bringt unregelmäßigen Schlaf, Schlafstörungen und wenig Erholung |
| Norden | Albträume, Schlafstörungen, Anfälligkeit für Krankheiten, geschwächtes Immunsystem, Kreislaufstörungen |
| Nordosten | Zu vermeiden, emotionale und gesundheitliche Probleme |

Die folgenden Abschnitte fassen allgemeine Hinweise für Schlafzimmer zusammen:

Über dem Schlafenden sollte sich kein Balken oder Dachsparren befinden. Besonders negativ wirken sich Metallträger oder ähnliche Metallgegenstände oberhalb des Bettes aus. Auch sollte man im Schlafzimmer Spiegel vermeiden, die die Schlafenden reflektieren, weil dadurch die verbrauchten und negativen Energien, die man während des Schlafes abstrahlt, auf den Körper zurückgeworfen werden. Spiegel sollten nur im Osten oder Norden des Schlafzimmers aufgehängt werden und vom Bett aus nicht sichtbar sein.

Die Kombination von Schlafzimmer und Wasser ist prinzipiell ungünstig. Ein Waschbecken sollte deshalb dort vermieden werden. Möchte man trotzdem ein Waschbecken im Schlafzimmer, sollte man es an der Nord- oder Ostwand anbringen, und zwar so, dass es vom Bett aus nicht sichtbar ist.

Die Vastu-Texte besagen, dass man beim Aufstehen nicht zuerst auf Wasser schauen sollte. Ein Teich, See oder Fluss vor dem Schlafzimmerfenster sind daher ungünstig. Lässt sich das nicht vermeiden, so sollte man wenigstens nach dem Aufstehen nicht gleich aus dem betreffenden Fenster schauen. Am besten blickt man morgens nach dem Aufstehen zuerst in Richtung Norden, Osten oder Nordosten. Das Gleiche gilt für die ersten Schritte, die ganz bewusst in eine dieser Richtungen getan werden sollten. Das ergibt sich ganz natürlich, wenn das Bett im Südwesten des Raumes steht, die Tür dagegen im Nordosten des Schlafzimmers ist. Man steht in diesem Fall auch automatisch mit dem rechten Fuß zuerst auf.

Der Kleiderschrank sollte möglichst im Westen oder Süden des Schlafzimmers platziert werden und kann dort die Wände berühren. Es kommt jedoch sehr darauf an, was man in diesem Schrank aufbewahrt. Sind all die Kleider darin notwendig und gefallen sie den Personen, die dort schlafen, noch? Ist dies nicht der Fall, kann der Schrank die Energien des Raumes in Beziehung zu den dort lebenden Personen negativ beeinflussen. Der negative Einfluss eines Möbelstücks mag nicht nur auf Grund von dessen falscher Platzierung gegeben sein, sondern seine Ursache auch in dessen Geschichte oder Inhalt haben. Unter diesem Aspekt sollte man alle Gegenstände prüfen, mit denen man sich umgibt und seine energetische Umwelt frei von Spannungen und Belastungen halten. Elektrische Geräte sollten im Schlafzimmer in möglichst großer Entfernung zum Bett stehen, um die Schlafzone so weit wie möglich störungsfrei zu halten.

Die Proportionierung des Bettes sollte ebenfalls nach den Grundprinzipien des Vastu erfolgen. Hierbei wird insbesondere das Verhältnis 3 zu 5 und 5 zu 3 zwischen Länge und Breite des Bettes empfohlen.

Für eine an das Schlafzimmer anschließende Toilette eignet sich am besten der Nordwesten beziehungsweise der Südosten. Als Wandfarben empfiehlt Vastu für das Schlafzimmer die ganze Palette der Grün- oder Blautöne, durch welche Ruhe und Entspannung gefördert werden. Die Farbauswahl ist jedoch individuell, von astrologischen Aspekten abhängig und lässt viel Spielraum für den individuellen Geschmack.

Auch die Bilder, die man in seinen Wohnräumen aufhängt, beeinflussen die Energien und die Wirkung der Räume. Generell sollte man keine aggressiven, dunklen, negativen und Unglück verheißenden Bilder wählen.

Vor allem im Schlafzimmer sollten nur positive Bilder hängen, die Ruhe, Entspannung und Schönheit ausstrahlen. Auf Bildern im Schlafzimmer sollten keine Gewässer abgebildet sein.

Die Stimmung einer Person beim Malen eines Bildes fließt mit in das Gemälde ein. Daher strahlt es diese Energie später ständig aus. Sensible Personen nehmen diese Energien wahr.

*Schematische Darstellung eines Schlafzimmers nach Vastu.*

**Kinderzimmer** | Ein Kinderzimmer verbindet verschiedene Funktionen miteinander. Es dient als Schlafzimmer und ist für die Kinder, wenn sie älter werden und zur Schule gehen, meistens gleichzeitig Spielzimmer, Wohnzimmer und Lernbereich. Am besten eignet sich der Westen für das Kinderzimmer. Er fördert die Kreativität und Intelligenz und ist ein guter Ort zum Schlafen. Er fördert die Ruhe, aber auch die Entwicklung von Verantwortungsbewusstsein und Konzentration.

| Kinderzimmer | Wirkung |
|---|---|
| Osten | Gut für Studium, nicht gut zum Schlafen, da Energien zu leicht und zu kraftvoll, daher als Kinderzimmer nicht so gut geeignet |
| Südosten | Verstärkt Streit und macht die Kinder zu hitzig |
| Süden | Gut zum Schlafen, jedoch nicht so gut für die Entwicklung der Kinder und das Lernen, als Kinderzimmer nur bedingt geeignet |
| Südwesten | Zu schwer und gewichtig für Kinder, sie neigen dazu, zu beherrschend zu werden, Entwicklung und Wachstum der Kinder werden nicht gefördert |
| Westen | Die beste Richtung für Kinder |
| Nordwesten | Fördert Bewegung, Wachstum und Kommunikationsverhalten der Kinder, unter Umständen zu viel Bewegung und Unstetigkeit für Kinder |
| Norden | Zu kalt für Kinder, als Schlafzimmer für Kinder nicht so gut geeignet |
| Nordosten | Eher nicht zu empfehlen, Energien sind zum Schlafen zu leicht |

Neben der richtigen Wahl der Himmelsrichtung sind auch beim Kinderzimmer hinsichtlich der Einrichtung einige Punkte zu beachten. Ideal ist es, wenn sich die Tür im Nordosten des Raumes befindet und das Bett im Südwesten steht. Die Gründe sind die gleichen, die wir schon beim Schlafzimmer für Erwachsene erklärt haben. Auch hier sollte das Bett nicht die Wand berühren.

Den Schreibtisch platziert man am besten im Osten oder Norden des Raumes, sodass die Kinder in Richtung Osten oder Norden arbeiten.

Der Nordosten und der Nordwesten sollten am besten frei bleiben. Der Nordwesten ist für das Wachstum und die Beweglichkeit der Kinder wichtig, während der Nordosten mit der intellektuellen Entwicklung und Bildung der Kinder in Zusammenhang steht. Um den Nordosten, die Wissensecke, zu stärken, können dort Spiegel angebracht werden, die den Raum in dieser wichtigen Richtung optisch erweitern.

Die besten Farben zur Gestaltung eines Kinderzimmers sind zarte Grüntöne, die die Intelligenz und Konzentrationsfähigkeit fördern. Hierbei kommt es jedoch auf den Charakter des Kindes und sein Lebensalter an.

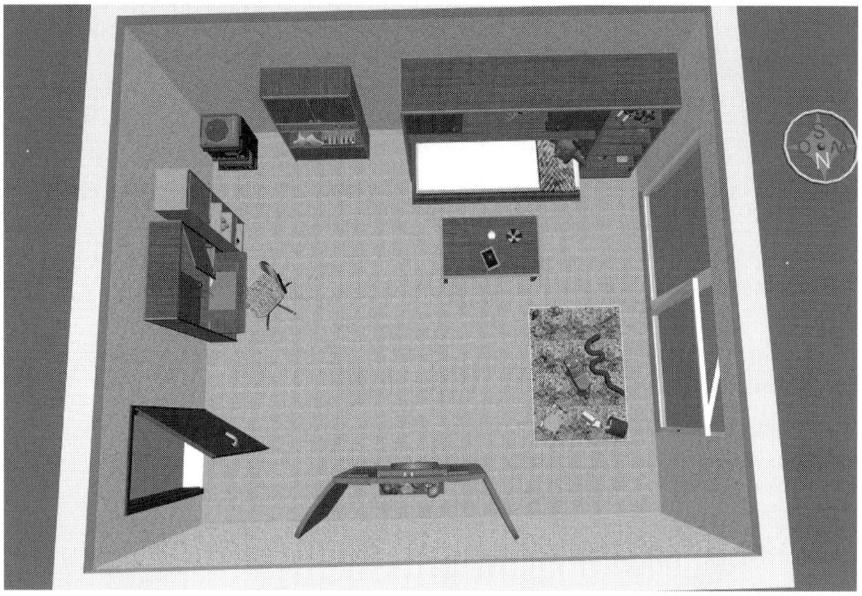

*Das Kinderzimmer aus der Vogelperspektive.*

*Das Kinderzimmer aus dem Nordwesten betrachtet.*

*Kapitel 3*

# Das Vastupurusha-Mandala und seine Bedeutung in der Praxis

Das Vastupurusha-Mandala ist die geometrische Matrix, die allen Räumen zu Grunde liegt. Es symbolisiert den lebendigen kosmischen Raum, der durch die Architektur auf der Erde manifestiert wird.

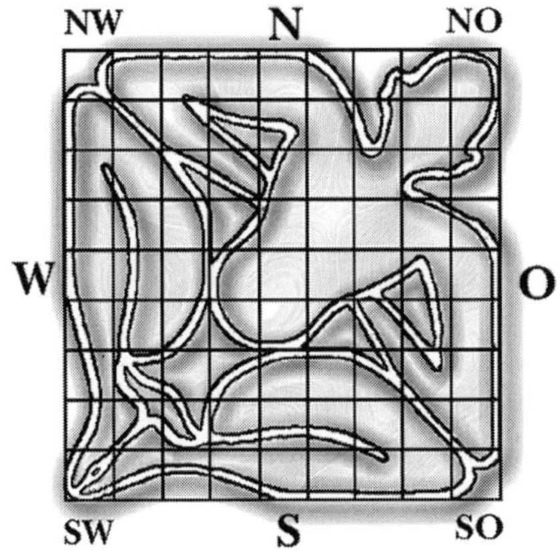


*Vastupurusha-Mandala.*

Das Vastupurusha-Mandala setzt sich aus zwei Hauptbestandteilen zusammen: zum einen aus dem Quadratgitter und zum anderen aus der Darstellung des Vastupurusha. Dabei symbolisiert das Quadrat gleichzeitig die Urform des manifestierten und unmanifestierten Raumes. Es steht auch für das unermesslich große Energiepotenzial des Raumes. Das quadratische Urgitter repräsentiert die feinstofflichen Energien des kosmischen Raumes in ihrer vollkommenen, unveränderlichen Symmetrie und Ausgeglichenheit

Der Vastupurusha verkörpert das lebendige Bewusstsein des Raumes. Er ist im Mandala nur entlang einer Spiegelgeraden symmetrisch, und selbst diese Symmetrie der Form wird durch seine innere Anatomie durchbrochen. Ferner sind seine Energien je nach Körperpartie von unterschiedlicher Qualität. Im Gegensatz zur homogenen Energieverteilung im Quadratgitter, weist der Vastupurusha eine heterogene energetische Zusammensetzung auf. Der Vastupurusha begründet damit die Möglichkeit zu Veränderung und Entwicklung im Leben. Auch die Tatsache, dass er in allen organischen und anorganischen sowie in allen manifestierten und unmanifestierten Dingen dieses Universums das Bewusstsein repräsentiert, verdeutlicht seine ursächliche Beteiligung an den Prozessen des Lebens.

Der Vastupurusha, der vedische Halbgott und auserkorene Herrscher über die Schöpfungen der Architektur, ist im Vastupurusha-Mandala als Umrisszeichnung wiedergegeben. Er liegt mit seitlich abgewinkelten Armen und Beinen flach auf dem Bauch und ist exakt in das Quadrat eingepasst, sodass sein Kopf und seine Füße sowie seine Ellbogen und Knie jeweils mit den Ecken abschließen.

Wie in der Einleitung (Seite 10f.) erwähnt, wurde der Vastupurusha der Legende nach vor Urzeiten als Raum verschlingender Dämon von den Halbgöttern des Kosmos zu Boden gerungen. Diese Halbgötter stehen für die verschiedenen Aspekte der in der Natur wirkenden Kräfte und Elemente wie beispielsweise Gravitation, Magnetismus, Feuer und Wasser. Man muss sich vorstellen, dass diese Gottheiten auf dem Kopf, dem Oberkörper, dem Rumpf, den Armen und Beinen des Vastupurusha sitzen, um ihn in dieser Position festzuhalten.

Bei der Arbeit mit dem Vastupurusha-Mandala wird die Darstellung des Vastupurusha zunächst in zweifacher Hinsicht für die Interpretation herangezogen. Einerseits ergibt sich die Bedeutung bestimmter Bereiche des Mandalas durch die Eigenschaften der auf ihnen residierenden Gottheiten. So belegt beispielsweise Ishan (Ishan ist einer der vielen Namen der höchsten vedischen Gottheit) das Feld im Kopfbereich des Vastupurusha. Dadurch erhält das Mandala hier die Qualitäten Spiritualität und absolute Reinheit. Andererseits hängen die Eigenschaften eines Mandala-Abschnitts von der Funktion des Körperteils des Vastupurusha ab, der darin abgebildet ist. Somit bekommt in diesem Beispiel der Kopfbereich zusätzlich Qualitäten wie Intelligenz und Planungsfähigkeit.

Das Quadratgitter seinerseits dient außerdem der Gliederung und Orientie-

In Nordindien wird der Vastupurusha mit dem Bauch zur Erde dargestellt, während er in Südindien eher auf dem Rücken liegend abgebildet wird. Der Grund hierfür besteht darin, dass die nordindische Vastu-Schule vom Architekten der Halbgötter, Vishvakarma, gegründet wurde, während die südindische Schule auf den Architekten der Dämonen, Maya Danava, zurückgeht. Die Halbgötter sehen den Vastupurusha von oben, während die Dämonen ihn von unten betrachten.

Beide Schulen vermitteln das gleiche Vastu-Wissen, ohne einander in wesentlichen Punkten zu widersprechen. Dieses Buch präsentiert eine auf europäische Verhältnisse anwendbare Synthese beider Schulen.

rung. Indem es den Körper des Vastupurusha in Abschnitte aufteilt, begrenzt es exakt die Herrschaftsbereiche der einzelnen Halbgötter. Ferner werden geometrische Aspekte wie Achsen, Diagonalen und Schnittpunkte hinsichtlich ihrer Lage auf dem Körper des Vastupurusha ebenfalls für die Bestimmung der Qualitäten bestimmter Mandala-Bereiche analysiert.

Das Quadratgitter wird zum Werkzeug der Orientierung, indem man die Himmelsrichtungen mit bestimmten Kardinalpunkten des Gitters verbindet. Die Haupthimmelsrichtungen fallen auf die Mitte der Seiten des Außenquadrates, die Nebenhimmelsrichtungen auf seine Ecken. Durch die Zuweisung zu den Himmelsrichtungen ergeben sich weitere Aspekte für die Interpretation, da man nun auch die spezifischen Einwirkungen des Sonnenlichts, des Energieflusses und der Planeten auf einen Bereich des Mandalas bestimmen kann.

Das resultierende Mandala ist die Grundmatrix aller räumlichen Anordnungen vom winzigen Detail bis zu kontinentalen Landzügen. Seine genaue Analyse bildet daher die Grundlage allen Designs im Vastu.

Im Sanskrit sind die Nebenhimmelsrichtungen nach ihren jeweiligen Beherrschern benannt:

Der Nordosten heißt Ishanneya (Gott selbst).

Der Südosten heißt Agneya (der Gott des Feuers).

Der Südwesten heißt Nairuttya (der König der Dämonen).

Der Nordwesten heißt Vayavya (der Gott des Windes).

## Zusammenfassende Beschreibung des Vastupurusha-Mandalas

Der folgende Abschnitt vermittelt einen einführenden Überblick über Elemente und Anwendungsmöglichkeiten des Vastupurusha-Mandalas in der Praxis. Der an weiteren Details interessierte Leser sollte hierzu den Anhang zu Kapitel 3, Seite 333, lesen, der eine ausführliche Darstellung dazu enthält.

Das Vastupurusha-Mandala besteht aus den folgenden geometrischen Elementen:

*Punkte:* Der zentrale Punkt des Mandalas wird als Brahmanabhi bezeichnet. Dieser Punkt ist sehr sensibel und sollte auf jeden Fall frei und offen gestaltet werden. Weitere sensible Punkte sind die Marmas, die auf den Kreuzungspunkten von horizontalen und vertikalen sowie diagonalen Linien liegen. Diese Punkte sollten bei der Konstruktion des Hauses freigelassen und später auch nicht mit schweren Möbeln verstellt werden.

*Linien:* Die Nord-Süd- und die Ost-West-Achsen sind ebenso wie die Diagonalen von besonderer energetischer Bedeutung. Ihre Gestaltung im Gebäude beeinflusst dessen energetische Gesamtsituation wesentlich. Die rechtwinkligen Unterteilungen des Mandalas (senkrechte und waagerechte Linien des Quadratgitters, Nadis genannt) stellen die Energiemeridiane des Raumes dar.

*Zellen (Padas):* Die senkrechten und waagrechten Linien unterteilen das Mandala in eine quadratische Anzahl von Zellen (Padas). Das Vastupurusha-Mandala besitzt $9 \times 9 = 81$ solcher Zellen. Jede einzelne Zelle wird von einem bestimmten Halbgott sowie einem Stern beherrscht und besitzt dementsprechend eine individuelle Qualität und Nutzung.

*Schalen (Vithis):* Um das Zentrum herum besitzt das Vastupurusha-Mandala vier Schalen von Zellen (Vithis). Sie umgeben das Zentrum des Mandalas wie die Schalen einer Zwiebel. Von diesen Schalen sind nur die mittleren beiden zur Bebauung geeignet. An der Stelle der innersten Schale (Brahmavithi) sollte sich ein Lichthof oder ein offener, freier Bereich befinden, während im Bereich der äußersten Schale (Pishachavithi) das Vordach, Balkone, Terrassen und die Eingänge platziert werden können.

Die zwölf Tierkreiszeichen sind auf folgende Weise den zwölf Padas zugeordnet, die direkt, Seite an Seite, ans Brahmasthana angrenzen:

Norden (Bhudhara): Löwe, Krebs und Zwillinge

Osten (Aryaka): Stier, Widder und Fische

Süden (Vivasvan): Wassermann, Steinbock und Schütze

Westen (Mitra): Skorpion, Waage und Jungfrau

(Die Zuordnung erfolgt im Uhrzeigersinn.)

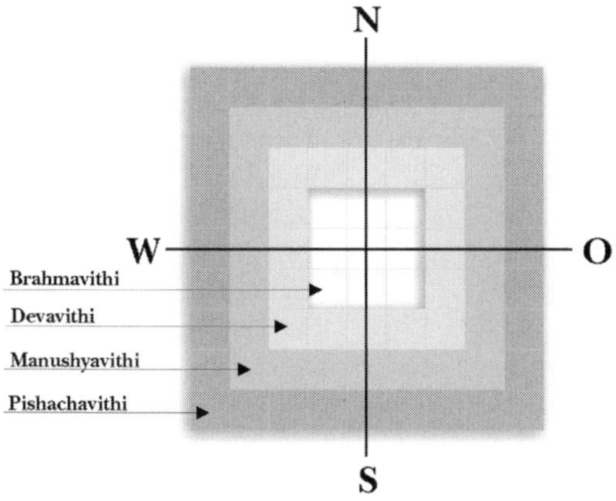


*Die vier Vithis des Vastupurusha-Mandalas.*

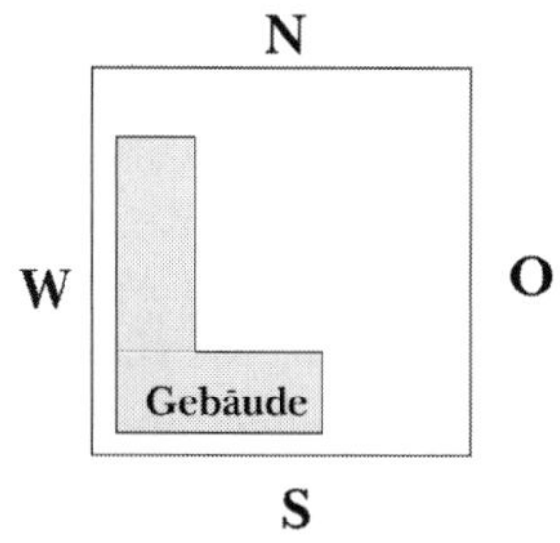


*L-förmiges Gebäude, das Gebäudeteile im Süden und Westen besitzt.*

Traditionelle vedische Gebäude bestehen aus einer unterschiedlichen Anzahl von Gebäudeteilen, die jeweils im Bereich der zweiten und dritten Schale (Devavithi und Manushyavithi) in den Haupthimmelsrichtungen um einen zentralen Hof herum gebaut werden.

Gebäudeteile im Süden und Westen werden hierbei gegenüber solchen im Norden und Osten vorgezogen, da letztere den Fluss der Lebensenergie blockieren.

Von diesen traditionellen Formen leiten sich einige moderne Gebäudetypen ab, die als L- und U-Formen bezeichnet werden können. Ihre energetische Bewertung hängt davon ab, in welchen Himmelsrichtungen ihre Gebäudeteile liegen.

Das in der Randspalte abgebildete L-förmige Gebäude besitzt günstige energetische Eigenschaften, da seine Gebäudeteile im Süden und Westen liegen, sodass der Osten, Norden und Nordosten des Grundstücks und Hofes offen sind. Alle anderen Anordnungen von zwei Gebäudeteilen gelten als ungünstig.

Bei der Anordnung von drei Gebäudeteilen um einen zentralen Hof entsteht eine U-Form (Trishala). Ein solches Gebäude gilt als günstig, wenn der Norden oder Osten geöffnet sind.

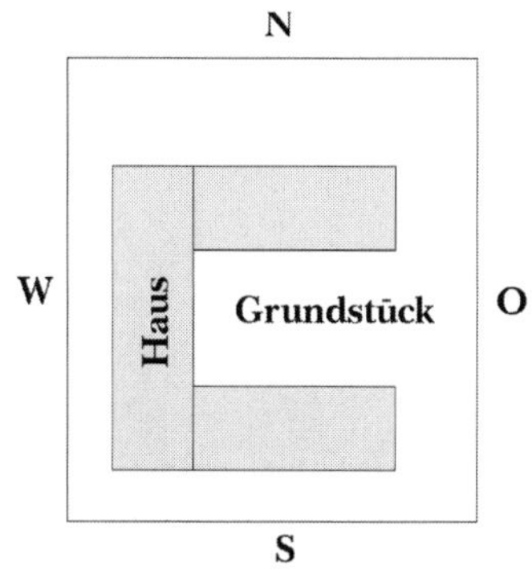


*Günstige U-Form mit geöffnetem Osten.*

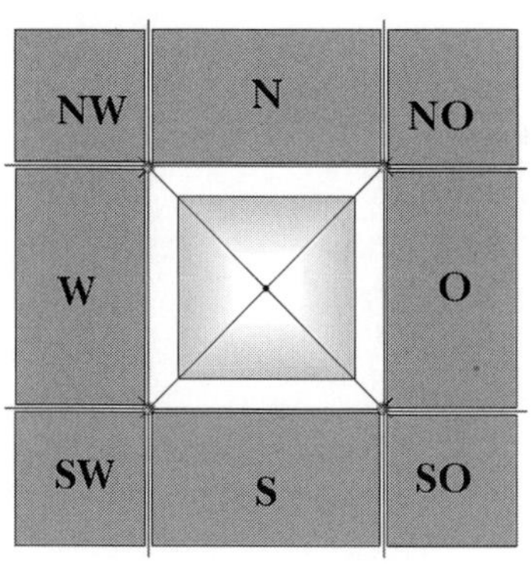


*Das traditionelle vedische Haus mit Gebäudeteilen in allen vier Himmelsrichtungen.*

Der folgende Abschnitt enthält zwei Beispiele, in denen die Vastu-Prinzipien zur Anwendung gebracht werden. Das erste Beispiel basiert auf dem Vastupurusha-Mandala, während das zweite Beispiel durch die starke Drehung der Hauptachse des Hauses (unregelmäßiges Grundstück) und den Anbau des großen Wintergartens eine Annäherung an die Vastu-Prinzipien zeigt.

## Musterhaus nach Vastu mit zwei Etagen

Das im Folgenden abgebildete Einfamilienhaus wurde auf der Grundlage des Vastupurusha-Mandalas entworfen. Sein Eingang liegt im Osten, während der Südwesten für ein großes Wohnzimmer genutzt wird, das den quadratischen Bereich um das Zentrum des Hauses herum mit einbezieht. Im Südosten befindet sich die Küche, die durch eine Schiebetür mit dem Essbereich im Süden des Hauses verbunden ist.

Dieser Grundriss stellt einen Kompromiss zwischen den Forderungen des Vastu und den mitteleuropäischen Sonnenverhältnissen dar. Alle Richtungen sind mit ausreichend Fenstern versehen, der Süden und der Westen besitzen jedoch ebenso viel Fensterfläche wie der Norden und Osten. Auch die Terrasse wurde in den Südwesten gelegt, um dort die späte Nachmittagssonne nutzen zu können.

Wichtig ist, dass der Balkon den Nordosten mit einschließt und im Norden, Osten und Nordosten auf dem Grundstück ausreichend Platz ist. Dieses Haus besitzt ein sehr starkes Energiefeld.

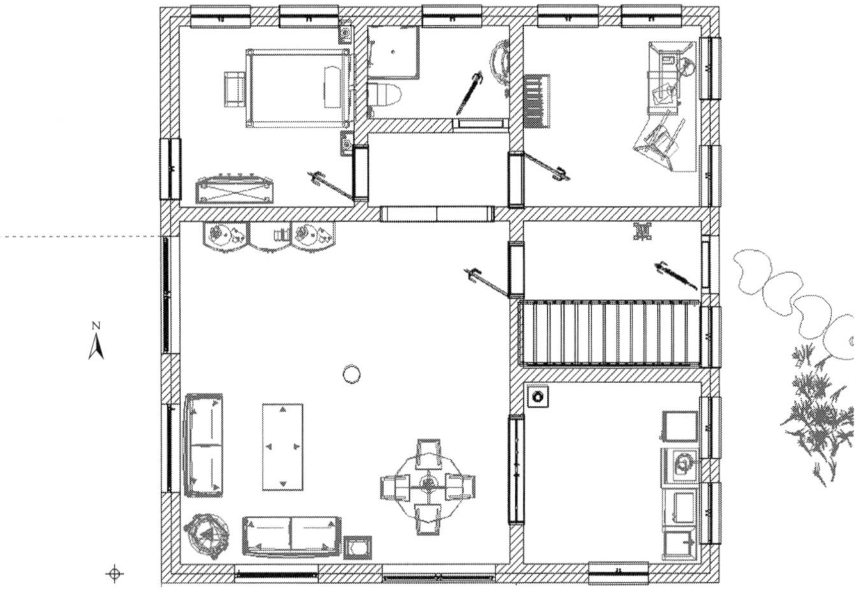


*Grundriss des Erdgeschosses.*

Der Norden des Erdgeschosses wird als privater Bereich genutzt. Im Nordwesten liegt ein Raum, der als Schlafzimmer, Gästezimmer oder Büro verwendet werden kann. Der Raum im Nordosten kann als Büro oder Meditationszimmer genutzt werden. Der private Bereich ist vom Zentrum aus durch einen großen Bogen zu erreichen und kann mit Hilfe eines Vorhanges verdeckt werden. Sowohl der Grundriss des gesamten Hauses als auch die wichtigsten Räume des Hauses sind als Quadrate angelegt, wobei die drei Eckräume die gleichen Maße besitzen.

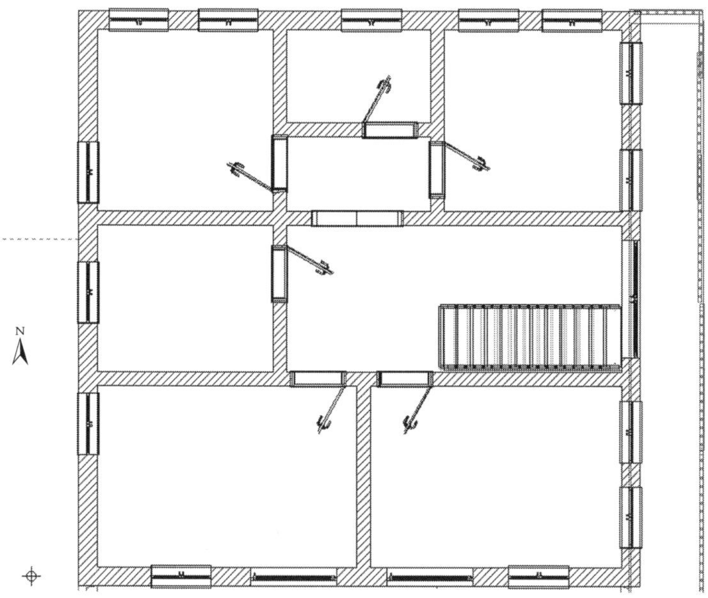

*Grundriss der ersten Etage.*

*Das Erdgeschoss von oben betrachtet.*

Der Grundriss des Erdgeschosses wurde im ersten Stock im Norden übernommen. Diese Räume können auf ähnliche Weise genutzt werden, wie die des Erdgeschosses. Im Westen wurde ein separater Raum geschaffen, der als großes Badezimmer eingerichtet werden kann. Das quadratische Zentrum ist mit dem Treppenhaus verbunden und besitzt ein großes Fenster im Osten, das zu dem im Süden und Osten umlaufenden Balkon führt. Die beiden größeren Zimmer im Südwesten und Südosten können als Schlafzimmer genutzt werden und besitzen jeweils eine Tür zum Balkon.

*Das Haus von vorne betrachtet.*

*Das gleiche Haus mit Balkon aus dem Südosten betrachtet.*

Die Terrasse ist im Südwesten des Hauses vorgesehen. Eine solche Lage entspricht nicht dem Ideal des Vastu, sondern stellt einen vertretbaren Kompromiss mit den klimatischen Verhältnissen in Mitteleuropa und unserem Wunsch nach Sonne und Wärme dar. Ebenso wurden im Süden und Westen große Fenster geplant, die dem Sonnenlicht auch am Nachmittag und am Abend Einlass ins Wohnzimmer gewähren. Diese kleinen Vastu-Sünden werden jedoch durch ausreichende Fensterflächen im Osten und Norden ausgeglichen.

*Blick auf den zentralen Bereich des Erdgeschosses.*

*Ansicht aus dem Südwesten.*

## Mehrfamilienhaus mit Wintergarten

Das im Folgenden abgebildete Haus wurde als Mehrfamilienhaus mit drei Stockwerken konzipiert. Im Nordosten liegt ein riesiger Wintergarten, der von den im Erdgeschoss lebenden Hausbesitzern genutzt wird. Die Hauptachse des mit dem Haupteingang in Richtung Norden weisenden Hauses ist auf Grund der vorgegebenen Grundstückslage um 20° in Richtung Nordwesten gedreht, was sich als positiv erweist (siehe Kapitel 8 über semidiagonale Häuser, Seite 156). Der Wintergarten bildet eine Erweiterung des Gebäudes vor allem im Osten und Nordosten des Hauses, was als äußerst vorteilhaft anzusehen ist. Auch das Haus selbst besitzt durch den Erker im Nordosten eine sehr günstige Erweiterung, die als Teil des Wohnzimmers genutzt wird. Die Küche liegt den Vastu-Prinzipien entsprechend im Südosten. Der private Bereich der Wohnung liegt im Südwesten und umfasst das Bad in Richtung Westsüdwest, das Schlafzimmer der Eltern im Süden und das Kinderzimmer im Westen.

*Ausschnitt aus dem Wohnzimmer mit Erkerbereich.*

*Grundriss des Erdgeschosses mit Wintergarten.*

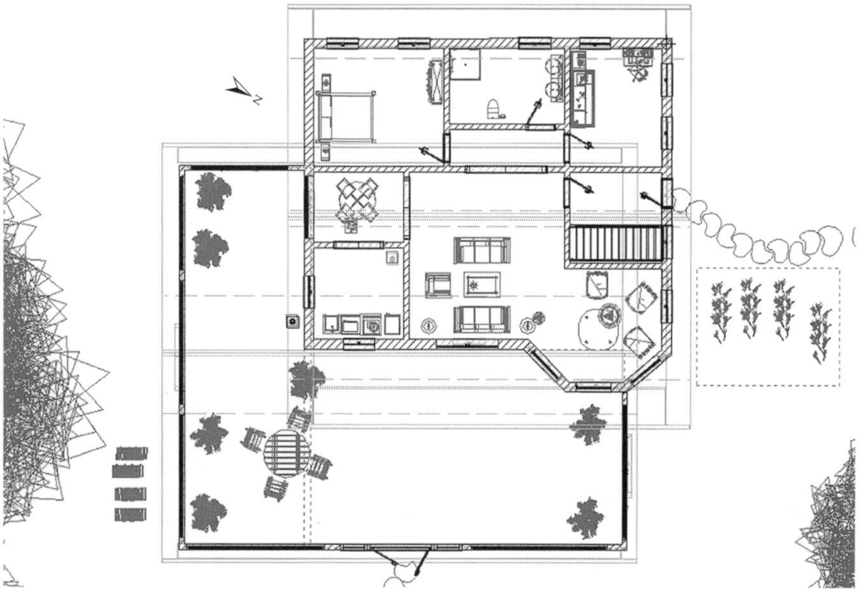

*Blick aus Nordosten.*

Ansicht von Südosten.

Blick in den Wintergarten.

## Beispiel eines vastugerechten Einfamilienhauses

Die folgenden Grundrisse liegen der Planung eines Einfamilienhauses in Süddeutschland zu Grunde, das auf einem rund 600 Quadratmeter großen Grundstück errichtet werden sollte. Die längere Achse des rechteckigen Grundstücks ist gegenüber dem Norden nur um etwa 5° gedreht. Das ermöglicht eine recht genaue Ausrichtung des Hauses in Richtung Norden, wo auch die Straße verläuft. Im Süden des Grundstücks liegt ein trockenes Biotop, das in Richtung Süden und Südwesten ansteigt, was auf dem Grundstück zu einem leichten Gefälle in Richtung Norden und Osten führt.

Durch den strengen Bebauungsplan waren die äußere Form des Hauses, die Lage der Garage im Westen und die Lage des Hauses auf dem Grundstück bereits festgelegt. Nun galt es, das Innere des Hauses mit Kellergeschoss und Dachgeschoss für eine Familie mit zwei Kindern nach den Prinzipien des Vastu zu planen.

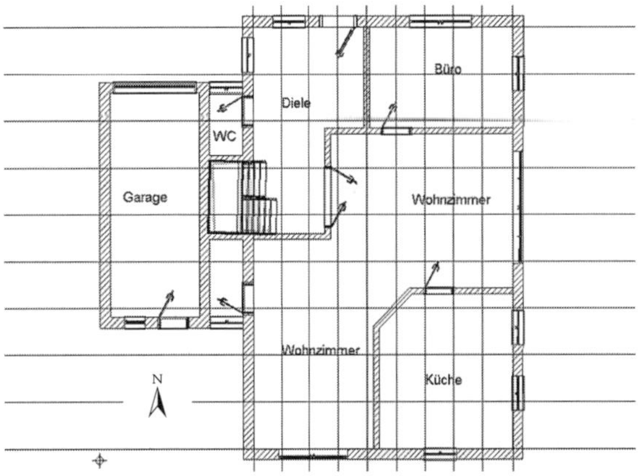



Grundriss des Erdgeschosses.

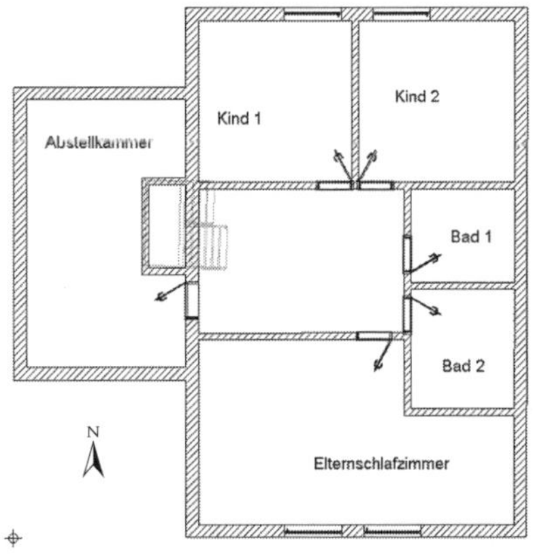



Grundriss des Dachgeschosses.

Dem Grundriss wurde ein rechteckiges 9 × 9-Gitter zu Grunde gelegt, das den Innenraum des gesamten Wohnhauses abdeckt, nicht aber die angebaute Garage. Wichtige Kriterien, die bei der Planung berücksichtigt werden mussten, waren die Lage der einzelnen Räume bezüglich der Himmelsrichtungen, die Offenheit des Zentrums und die Nichtverletzung der sensiblen Kreuzungspunkte. Die Proportionen wurden streng nach den in Kapitel 4 (Seite 64) dieses Buches vorgestellten Prinzipien bestimmt.

Im Zentrum des Daches wurden zwei Fenster geplant, die das Zentrum des ersten Stocks nach oben hin öffnen. Diese einfache Maßnahme verbessert die Energien des gesamten Hauses wesentlich. Auch in dem hier nicht abgebildeten Kellergeschoss wurde das Zentrum frei gehalten, um einen durch das ganze Haus strömenden Energiefluss zu ermöglichen. Da das Haus mit lebendigen Baumaterialien (Holz) errichtet werden sollte, wirkten sich solche Eigenschaften des Raumes um so stärker aus (siehe dazu auch Kapitel 17, Seite 312).

*Links: Das Einfamilienhaus aus dem Südwesten betrachtet. Rechts: Die Frontseite des Hauses aus dem Nordwesten betrachtet.*

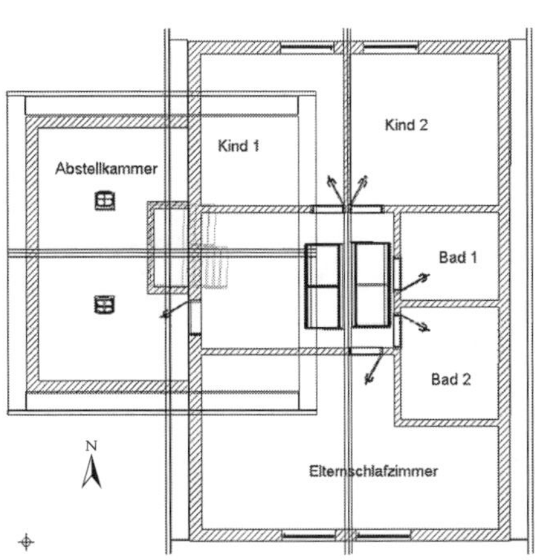


*Dachgeschoss mit Dachfenstern und Dachstrukturen.*

# *Kapitel 4*

# Raum und Zeit im Vastu: Maße und Proportionen

## Die Metaphysik des Raumes

Das metaphysische Grundverständnis des Vastu kommt im Sanskrit in dem Vers »Vastureva Vaastu« (»Es ist der Raum selbst, der sich in die Materie wandelt«) zum Ausdruck. Das bedeutet, dass es der Raum selbst (*vastu*) ist, der sich in Form (*vaastu*) umwandelt. Der Raum lässt sich mit dem Gold in einer Goldmine vergleichen, das durch den Goldschmied in Schmuckstücke verwandelt wird. Dabei ist der Baumeister der Goldschmied, der den absoluten Raum durch die Kunst der Architektur konkrete Form annehmen lässt.

वस्तु

*Vastu mit kurzem a im Sanskrit geschrieben.*

Die Manifestation der Form aus dem unmanifestierten Raum geschieht durch die Wirkung der absoluten Zeit, die als selbsterregte Schwingung des Raumes in Erscheinung tritt. Als Raum wird in diesem Zusammenhang nicht nur der äußere Raum betrachtet, den wir mit unseren äußeren Sinnen wahrnehmen, sondern auch der innere Raum des Bewusstseins. Beide werden durch den Fluss der Zeit verwandelt. Aus dem äußeren Raum wird die Welt der materiellen Manifestationen, darunter die der Architektur, aus dem inneren Raum entsteht die Welt der Wahrnehmungen und inneren Bilder, die der äußeren Wirklichkeit wie ein Spiegelbild gegenübersteht. Nach einem höheren metaphysischen Verständnis sind der äußere und innere Raum nicht voneinander zu trennen. Sie finden ihre Einheit im Materie-Bewusstseins-Feld (Mahat Tattva).

Das Wort Vastu gibt es im Sanskrit sowohl mit einem kurzen a (*vastu*) als auch mit einem langen a (*vaastu* oder *vāstu*). Mit einem kurzen a geschrieben und gesprochen bedeutet es Raum und Grundstück, während das gleiche Wort mit einem langen a ein Gebäude bezeichnet. In seiner Bedeutung als Wissenschaft der Architektur wird es mit langem a geschrieben. In diesem Buch verwenden wir es hauptsächlich in diesem Zusammenhang, verzichten jedoch auf den Strich über dem a. Falls explizit die Form des Wortes mit einem langen a herausgestellt werden soll, verwenden wir die Schreibweise mit einem doppelten a: *vaastu*.

Aber auch auf der physikalischen Ebene lassen sich Zusammenhänge verdeutlichen. Die ursprüngliche, selbsterregte Vibration des Raumes kommt in der manifestierten Welt in zwei Formen direkt zum Ausdruck. In der Form von Klang schwingt sie in den niedrigen Frequenzen, die für das menschliche Ohr hörbar sind, während sie in der Form des Lichtes in viel höheren Frequenzen schwingt, die im elektromagnetischen Bereich durch die Augen wahrgenommen werden können. In diesen zwei Formen ist die ursprüngliche bewegende Kraft der ewigen Zeit direkt durch unsere Sinne wahrnehmbar. Daher spielt der Klang in der vedischen Wissenskultur eine zentrale Rolle, während das Licht bei der Offenbarung spiritueller Inhalte in allen Kulturen von Bedeutung ist.

Unter Vastu versteht man die unmanifestierte feinstoffliche Energie, die alldurchdringend im Raum gegenwärtig ist und eines ständigen zeitlichen Prozesses bedarf, um in den Formen der Wirklichkeit sichtbar zu werden. Diese feinstoffliche Energie tritt in Gestalt des Vastupurusha in Erscheinung, dieses kosmischen Wesens, das die gebändigte chaotische Form der göttlichen Energie verkörpert. Alle verkörperten organischen Wesen sind ebenso wie Bauwerke oder anorganische Formen der Natur manifestierter Ausdruck des Vastu und werden als Vaastu bezeichnet.

वास्तु

*Vastu mit langem a im Sanskrit geschrieben.*

Raum ist die ursprüngliche Form des Universums. Aus dem vibrierenden feinstofflichen Raum, der sowohl in den Veden als auch in der westlichen Physik als Äther bezeichnet wird, gehen die Berührung und das Element Luft hervor, das die Quanten- und Subquantenprozesse umfasst, welche der physikalischen Welt angehören, deren Größenordnung noch unterhalb der Elementarteilchen liegt. Auch im Weltbild der modernen Physik wird der Raum als die ursprüngliche Form der Materie angesehen. Albert Einstein hat in seiner allgemeinen Relativitätstheorie die Materie und ihre Kräfte als Deformierungen des Raumes bezeichnet. Der Göttinger Physiker Burkhard Heim hat die Einsteinsche Theorie der Geometrisierung aller

Elementarkräfte konsequent zu Ende gedacht und in seiner einheitlichen Feldtheorie umgesetzt. Heim stellt letztlich alle materiellen Wechselwirkungen und Formen als komplexe, dynamische Raumverzerrungsmuster dar und kann auf diese Weise die Massen und Lebensdauer aller bisher bekannten Elementarteilchen bis über die Messgenauigkeit hinausgehend theoretisch bestimmen, was bisher keiner anderen physikalischen Theorie gelungen ist.

Nach der Heimschen Theorie bildet das Quadrat die Urform des Raumes. Er bezeichnet es als Metron und bestimmt dessen Größe auf $6{,}125 \times 10^{-70}$ $m^2$. Dieses vibrierende Urelement des Raumes kann bewegt und verformt werden, wodurch sich die manifestierten Formen der Materie bilden.

In ähnlicher Weise wird im Vastu das Quadrat als die zweidimensionale Urform des Raumes betrachtet. Dreidimensional tritt es als Würfel in Erscheinung. Es ist eine schwingende, klingende und leuchtende Form, die sich als geometrischer Archetyp hinter den Gegenständen der Erscheinungswelt verbirgt. Das Wesen des Vastu besteht darin, diese subtile Wirklichkeit in allen Dingen wahrzunehmen und deren ursprünglich reine und harmonische Eigenschaften auch in der manifestierten Wirklichkeit zum Vorschein zu bringen. Vastu lehrt, die Ganzheit und Harmonie der kosmischen Urform und Urschwingung in dem geschaffenen Raum zu manifestieren. Auf diese Weise schafft Vastu heilige Räume, die in Resonanz zu einem entsprechend geläuterten Bewusstsein stehen. Es strebt die Verbindung und positive Resonanz zwischen dem äußeren und dem inneren Raum an. Der Raum ist ein hochsensibles Medium, das sowohl die Eigenschaften der Gegenstände als auch die des Bewusstseins widerspiegelt.

Der Raum hat ein unbegrenztes energetisches Potenzial in sich, um seine energetischen Eigenschaften zu manifestieren. In der modernen Physik wurde dieses energetische Potenzial als die Nullpunktenergie des Vakuums oder die Energie des Subquantenfeldes identifiziert. Theoretischen Berechnungen zufolge enthält das Vakuum mehr Energie als die gesamte manifestierte Materie.

Die Zeit manifestiert die Energie des Raumes in der Wirklichkeit. Diese manifestierten Energien zeigen in vielen Bereichen die Einwirkung der Zeit in Form von Rhythmus (Tala). Am deutlichsten wird dies in der Musik. Ein Lied, ein Tanz oder ein Orchesterstück verwirklichen sich im Voranschreiten der Zeit, die durch den Rhythmus gegliedert wird.

Die Formen der Architektur, insbesondere der Tempelbauten, bringen den Rhythmus des Lebens ebenso zum Ausdruck wie der Tanz. In der vedischen Kultur werden in diesem Zusammenhang vier Wissensbereiche gelehrt: Tanz (Natya-Veda), Musik (Gandharva-Veda), die Wissenschaft des Klangs und der Mantren (Shabdha-Veda), Architektur, Vastu (Stapathya-Veda).

In der Architektur kommt der Rhythmus der zu Grunde liegenden Schwingung in der rhythmischen Gestaltung des Raumes zum Ausdruck. Ein Bauwerk ist sozusagen gefrorene Musik. Es besitzt ebenso viel Rhythmus wie eine Symphonie. In seinen sichtbaren Formen scheint die Zeit stillzustehen, und doch erzeugen sie im Bewusstsein den Eindruck eines musikalischen, rhythmischen Geschehens. Auf diese Weise wird für den Betrachter die subtile Gegenwart des schwingenden Raumes und der dynamischen Zeit in der Architektur erfahrbar. Die Aufgabe des Vastu besteht nun darin, einen möglichst harmonischen und erhebenden Klang und Rhythmus in einem Gebäude zu manifestieren, sodass das Bewusstsein der Bewohner dieses Raumes in entsprechender Weise beeinflusst wird.

Rhythmus, Maße, Formen und Proportionen leiten sich im Vastu vom Tanz der Gottheit Shiva ab, ähnlich wie sich die Zuordnung der Elemente und Raumfunktionen zu den Himmelsrichtungen auf die Anatomie des Vastupurusha abstützt. Shiva verkörpert die vollkommene, harmonische Organisation von Raum und Zeit, deren Manifestation als Bauwerk das Ziel des Vastu darstellt. Die Grammatik dieser rhythmischen, räumlichen Formen wird in den jahrtausendealten vedischen Schriften über Architektur wiedergegeben. Die Muster, denen entsprechend sich die Zeit und ihre Rhythmen im Raum manifestieren, lassen sich als mathematische, nummerische Formeln darstellen, die den Schwingungsgleichungen der modernen Physik ähneln. Aus dieser überraschenden Analogie wird deutlich, dass hinter den Prinzipien des Vastu und den Formeln der modernen Physik die gleichen verborgenen Naturgesetze stehen.

## Das Tala-System für räumliche Maße

Maß und Bewegung sind untrennbar miteinander verknüpft. In der modernen Physik wird die Zeit mit Hilfe der Zeitspanne bestimmt, die das Licht benötigt, um eine bestimmte Distanz zurückzulegen. Ebenso werden Grundmaße als die Distanz bestimmt, die das Licht innerhalb einer bestimmten Zeit zurücklegt. Hierbei wird die Tatsache genutzt, dass die Geschwindigkeit des Lichts eine wohl bekannte Konstante der Natur ist. Auf diese Weise hat sich die Definition der grundlegenden Raum- und Zeitmaße in der modernen Naturwissenschaft von der ursprünglichen Festlegung über die Bewegung der Sonne und den Umfang der Erde gelöst, da sie weniger exakt ist und Schwankungen unterliegt. Die Physik nutzt die enge mathematische und metaphysische Beziehung zwischen Raum, Zeit und Licht, die Einstein in seiner Relativitätstheorie treffend dargelegt hat. Im Vastu wird der gleiche Zusammenhang erkannt. Die Schwingungen des Raumes, die die Zeit hervorbringt, treten als Klang und Licht in Erscheinung.

Shiva ist neben Brahma und Vishnu eine der drei wichtigsten Gottheiten des Hinduismus. Sein kosmischer Tanz leitet die Auflösung des Universums ein. Die Proportionen der Gliedmaßen des tanzenden Shiva entsprechen denen des vollkommenen Raumes. An ihnen orientiert sich die Proportionenlehre des Vastu.

In der vedischen Tradition des Vastu wird metaphysisch zwischen zwei Arten der Zeit unterschieden. Es gibt die wirkliche oder relative Zeit, die von der relativen Geschwindigkeit von Bewegungen abhängt, während die absolute Zeit als Ursache aller Bewegung und Transformationen dieser Welt angesehen wird. Die zweite Form gilt als Repräsentation Gottes.

Diese Form der Zeit manifestiert aus dem feinstofflichen Raum heraus die Formen der materiellen Welt und die Formen des Lebens. Bei diesem Manifestationsprozess verwandelt sich die Zeit in das Maß der Formen. Die Zeit wird selbst zum Maß und erzeugt auf diese Weise die Form des Lebendigen.

Die vedischen Maße für Zeit und Raum leiten sich von den Rhythmen der kosmischen Urschwingung ab. Das Atom schwingt ebenso, wie der Kosmos sich zyklisch manifestiert und wieder zurückzieht. Diese Kenntnisse, über die die vedische Kultur seit Tausenden von Jahren verfügt, wurden von der modernen Naturwissenschaft bestätigt. Die Maße der Zeit leiten sich von den Schwingungen des kosmischen Raumes ab.

Die Qualität der Zeit drückt sich in einem komplexen System ineinander verschachtelt liegender Zyklen aus, die sich zu jedem Zeitpunkt überlagern und dadurch der Gegenwart ihre jeweils charakteristische einmalige Qualität geben. Die Qualität der Gegenwart leitet sich somit von den Phasen der einander überlagernden Zeitzyklen ab.

Diese Schwingung der relativen Zeit, die insbesondere in den Umlaufzyklen der Planeten, der Sterne, der Sonne und des Mondes zum Ausdruck kommt, bestimmt zum Zeitpunkt der Geburt eines Lebewesens in dieser Welt die Qualität oder Schwingung seines inneren Raumes. Obwohl der innere Raum ein Teil des äußeren Raumes ist, behält ein Lebewesen während seiner Lebenszeit seine im Moment der Geburt bestimmten Schwingungen bei, während sich die Schwingungen des äußeren Raumes mit der Zeit ständig verändern. Daher stehen die Schwingungen des inneren und des äußeren Raums im Allgemeinen nicht in einem harmonischen Verhältnis zueinander. Sie können Disharmonien ausbilden. Die vedische Astronomie und Astrologie (Jyotish) bilden zusammengenommen die Wissenschaft dieser Überlagerung von Raumschwingungsqualitäten.

Diese Wissenschaft lässt sich nicht nur auf Lebewesen, sondern auch auf Räume anwenden. Jeder Raum ist ein Bewusstseinsraum und daher auch lebendig.

Die Schwingung des äußeren Raumes zur Zeit seiner Erbauung oder zur Zeit seiner Konzeption werden in ihm für die gesamte Dauer seiner Existenz konserviert und treten in Interferenz mit den sich ständig wandelnden Schwingungen, die von außen und innen in ihn hinein getragen werden. Daher spielt die Astrologie auch für den Bau eines Hauses eine große Rolle; unter anderem ist der Zeitpunkt des Baubeginns oder des Einzugs entscheidend für die Raumqualität.

Einen ebenso wichtigen Aspekt bilden die Proportionen des Raumes, die durch das Verhältnis seiner Maße in den verschiedenen Dimensionen festgelegt sind. Die Qualitäten eines Raumes lassen sich im Vastu nummerisch mit Hilfe mathematischer Formeln berechnen, wobei die Bewertung der Raumqualität über zeitliche und astrologische Schlüssel erfolgt. Die Lehre der Maße und Proportionen nimmt im Vastu eine wichtige Stellung ein und wird im weiteren Verlauf dieses Kapitels ausführlich behandelt.

Der fundamentale Rhythmus, durch den die Manifestation von Form aus der Schwingung des Raumes gesteuert wird, ist der Adi-Tala. Er wird in der vedischen Musikwissenschaft als die fundamentale Einheit des Rhythmus bezeichnet. Er ist auch der Rhythmus des Universums und wird von allen bewussten Wesen als der fundamentale innere Rhythmus erfahren. Der Adi-Tala ordnet einen Zeitabschnitt in acht Taktschläge und wird daher auch als Ashta-Tala (*ashta* steht im Sanskrit für die Zahl acht) bezeichnet. Daher sind die Maßsysteme des Vastu sowohl im zeitlichen als auch im räumlichen Sinne Achtersysteme, bei denen die nächst kleinere Einheit immer durch eine feinere achtfache Unterteilung des vorhergehenden Intervalls gewonnen wird. Die vielfache Variation dieses Urrhythmus führt zur Vielfalt der Formen im räumlichen Bereich.

**Die Struktur verschachtelter kosmologischer Zeitzyklen** | Die Erde befindet sich in einem Sonnensystem, das sich wiederum auf einem Arm unserer Galaxie um das Zentrum dieser Galaxie herum bewegt. Hierbei schwingt die Position unseres Sonnensystems in bestimmten Zyklen um die zentrale Achse unseres galaktischen Arms herum. Diese periodische Annäherung und Entfernung unseres Sonnensystems von der zentralen Bewegungsachse wirkt sich auf den Aufstieg und Verfall der großen Hochkulturen und ihre Jahrtausende umspannenden historischen Zyklen aus. Seine Schwingungsdauer liegt im Bereich von Zehntausenden von Jahren.

Gleichzeitig schwingt auch der gesamte Galaxiearm bei seiner Drehung um das Zentrum der Galaxie. Die Schwingungsdauer liegt in der Größenordnung von Millionen von Jahren. Durch diese Schwingung werden die großen Weltzeitalter (Yugas) auch auf der Erde bestimmt. Der kürzeste Zyklus (Divya-Yuga) währt 4 320 000 Jahre. Er enthält vier Teilabschnitte. Der kürzeste Abschnitt (Kali-Yuga) zählt 432 000 Jahre. Die Abfolge dieser Zyklen bestimmt neben dem Grad der Bewusstseinsentwicklung auch die Eigenschaften der Materie auf unserem Planeten. Die vedische Literatur enthält detaillierte Beschreibungen über die Qualität dieser Zeitzyklen.

Der südindische Vastu-Meister Dr. Ganapati Sthapathi fasst das bisher dargelegte Verständnis von Raum und Zeit folgendermaßen zusammen: »Wird ein Teil des alldurchdringenden Raumes isoliert und von einer vierwändigen Struktur begrenzt (einem Gebäude), so wird aus ihm ein lebendiger Organismus und er pulsiert in einer bestimmten Ordnung. Ebenso sendet ein Mensch Energiewellen aus, die aus dem Raum im Inneren seines Körper und seines Geistes hervorgehen. Das Universum entspricht einer mathematischen Formel und die Architektur ist eine weitere Manifestation dieser Formel.«

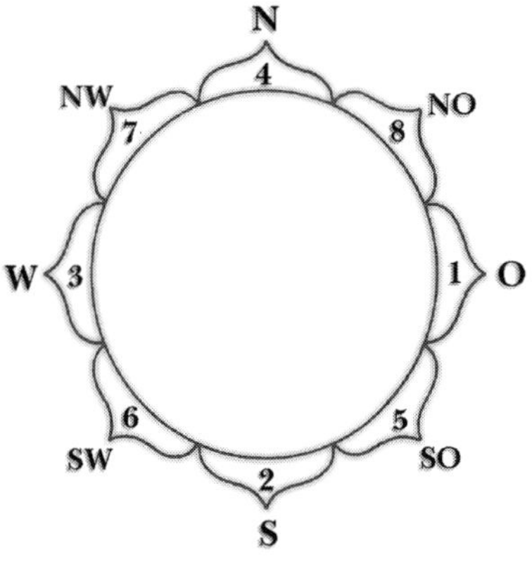

*Der achtblättrige Lotus ist das Symbol des achtfachen Lebensrhythmus und der Aufteilung des Raumes in acht Himmelsrichtungen. Sowohl die Zeit als auch der Raum sind über die Zahl acht strukturiert.*

Der Vastu-Architekt, der in diesem Wissen geschult ist, entwirft den Raum so, dass die in seinem Inneren herrschenden Vibrationen, die auch aus der Hauptöffnung des Raumes austreten, mit dem Bewohner oder den Bewohnern des Raumes nummerisch übereinstimmen. Die Schwingung des Raumes sollte der Schwingung seiner Bewohner entsprechen. Diese Entsprechung wird durch eine kombinierte Anwendung von Astrologie und Proportionenlehre des Vastu erreicht.

Die räumlichen und zeitlichen Maßsysteme des Vastu sind Achtersysteme, die zusammengenommen die universale Ordnung und den universalen Rhythmus strukturieren. In der Architektur findet sich die kosmische Oktave in den Maßstäben der Baumeister wieder.

Auch der menschliche Körper spiegelt den achtfachen Rhythmus, da er aus einer Urzelle hervorgeht, die im Achterrhythmus wächst. Das Symbol dieses achtfachen Lebensrhythmus ist der achtblättrige Lotus, der den heiligen Sitz einer Vielzahl von symbolischen Darstellungen der göttlichen Energie (Yantras) bildet. Das zweidimensionale Yantra als äußere Erscheinung des inneren Bildes repräsentiert den Raum und seine Energien. Die achtfache Unterteilung der Urenergien kommt im Yoni-Konzept des Vastu zum Ausdruck, das im folgenden Kapitel beschrieben wird.

Der menschliche Körper wird in acht Abschnitte unterteilt, die wiederum in vier Gruppen zusammengefasst sind. Das Gesicht bildet einen Abschnitt, der Oberkörper drei, die Oberschenkel zwei und die Unterschenkel ebenfalls zwei. Das zu Grunde liegende Maß (Talam) findet sich auch in der Spannweite einer vollständig geöffneten Hand wieder, die beim Menschen ungefähr der Länge des Gesichts entspricht.

Gemäß Vastu repräsentiert der Achterrhythmus die feinstoffliche Form, während der Neunerrhythmus die manifestierte grobstoffliche Form darstellt, wie sie von der materiellen Natur realisiert wird. Der Übergang von der achtfachen Unterteilung des Raumes zur neunfachen Unterteilung entspricht damit dem Prozess der Manifestation aus dem Feinstofflichen (*vastu*) ins Grobstoffliche (*vaastu*).

Der feinstoffliche Raum wird auch als Energie- oder Lichtraum bezeichnet. Er entsteht aus dem Uratom und manifestiert sich als ein Gitter von acht mal acht Quadraten. Das gesamte Gitter besitzt somit 64 Quadrate und wird als Manduka-Mandala bezeichnet. Es repräsentiert den feinstofflichen Raum, aus dem die Schöpfung hervorgeht, und kann deshalb auch als Grundlage für Tempelbauten benutzt werden.

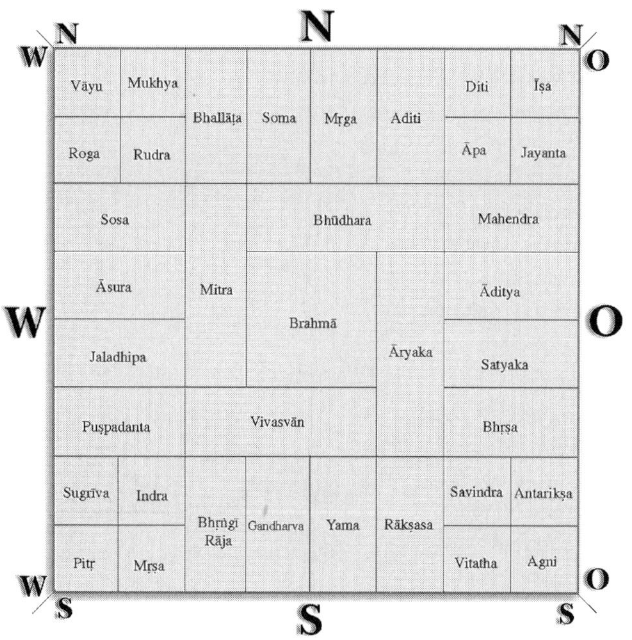


*Manduka-Mandala.*

Bei der achtfachen Unterteilung des menschlichen Körpers sind einige Teile nicht in Betracht gezogen worden (siehe Abbildung). Hierzu gehören der Haaransatz, der Hals, die Knie und die Füße. Jeder dieser vier Teile misst ein Viertel Talam. Zusammen ergibt das einen Talam, womit der vervollständigte menschliche Körper als Neunerrhythmus dargestellt werden kann. Der Unterschied zwischen Achterrhythmus und Neunerrhythmus liegt darin, dass der Achterrhythmus einen idealisierten Zustand widerspiegelt, während der Neunerrhythmus den in der Natur verwirklichten Zustand darstellt.

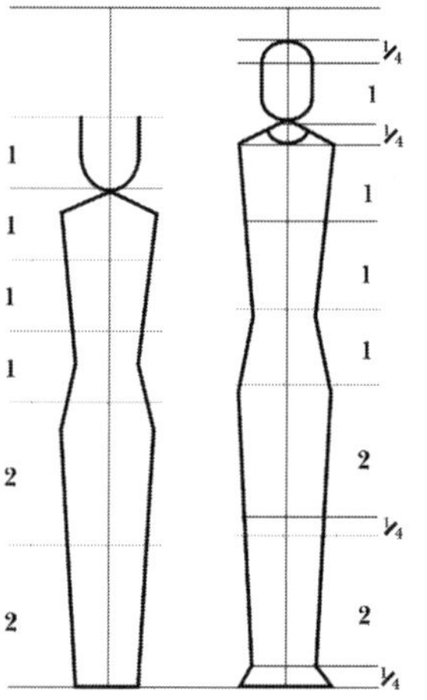


*Achterrhythmus und Neunerrhythmus am Beispiel des menschlichen Körpers.*

*Achterrhythmus (Ashtatala):* Der menschliche Körper kann vertikal in acht gleich große Teile gegliedert werden, von denen die Ober- und Unterschenkel je zwei, der Rumpf drei und der Kopf einen Teil ausmachen.

*Neunerrhythmus (Navatala):* Berücksichtigt man auch die Füße, die Knie, den Hals und den Haarschopf, ergibt sich eine Aufteilung in acht Teile und vier Viertel.

## Der Übergang von der Acht zur Neun

Der manifestierte Raum und die in ihm befindlichen Formen werden als Vaastu bezeichnet und durch ein neunfaches Mandala repräsentiert. Daher besitzt das Vastupurusha-Mandala neun mal neun Quadrate. Es bildet die Grundmatrix für den Bau aller Arten von Gebäuden. Der Übergang von der Oktave zum Neunerrhythmus steht allgemein für die Manifestation des Feinstofflichen im Grobstofflichen.

Wie bereits angedeutet, ist die individuelle Schwingung jedes Menschen zumeist nicht mit der vorherrschenden kosmischen Schwingung in Harmonie. Der Vastu-Architekt hat nun zwei Aufgaben: Zum einen sollte er den individuellen Rhythmus in Einklang mit dem kosmischen Rhythmus bringen. Zum anderen sollte er einen Raum kreieren, der mit dem individuellen Rhythmus der Bewohner in positiver Resonanz steht. Damit kommt ihm sowohl eine spirituelle als auch eine architektonische Aufgabe zu.

Die zweite Aufgabe ist einfacher und fordert in erster Linie den Vastu-Experten oder Architekten, der den äußeren Raum schafft, während die erste Aufgabe mit dem spirituellen Wachstum der Bewohner zusammenhängt. Die Veränderung der Schwingung ist in erster Linie eine Änderung des Bewusstseins und kann durch eine verfeinerte Wahrnehmung der Energien des Raumes und seiner spirituellen Aspekte sowie durch gezielte Yoga-Praxis erreicht werden. Zu diesem Prozess der Verfeinerung der Wahrnehmung und des Bewusstseins können Musik, Tanz, Poesie, Kunst und Architektur in dem Maße beitragen, wie sie selbst vom kosmischen Rhythmus getragen werden. In einem traditionellen vedischen Tempel werden daher all diese Künste unter einem Dach vereint und zur Verehrung Gottes und zur Erhebung des Bewusstseins angewandt.

Dr. V. Ganapati Sthapati ist ein international anerkannter Architekt, Baumeister und Bildhauer. Er stammt aus einer traditionsreichen Familie von Vastu-Architekten, die schon seit mehr als tausend Jahren Tempel und andere Bauwerke nach Vastu errichten. Die von ihm verfassten Werke über Vastu sind sehr empfehlenswert, insbesondere sein Buch »Vaastu Shastra – re-defined and re-interpreted«.

Die folgende Zusammenfassung über Zeit, Raum und Form stammt von Dr. Ganapati Sthapati (»Vaastu Shastra«):

- Es gibt zwei Arten energetischer Räume: den inneren und den äußeren Raum.
- Der innere Raum ist das ursprüngliche kreative Zentrum. Er erfährt (er hat also Bewusstsein und nimmt bewusst wahr), vibriert und transformiert sich in die Objekte des Universums.
- Auch der äußere Raum erfährt, vibriert und transformiert sich in die Objekte des Universums.
- Die Schwingung des Raumes verwirklicht sich als Zeit. Die Zeit ist dem ursprünglichen Raum immanent. Zeit ist die antreibende Energie, die mit dem Bewusstsein zusammen ins Dasein tritt. Sie wird nur dann wahrgenommen, wenn der bewusste Raum seine Erfahrung zum Ausdruck bringt.
- Die als Schwingung in Erscheinung tretende Zeit ist nummerisch in einem Maßsystem als mathematische Ordnung dargestellt. Durch die Zeit treten diese Zahlen wiederum in eine räumliche materielle Ordnung. Auf diese Weise ist die Zeit der Schöpfer, das Geschaffene und die Substanz der Schöpfung. Die Zeit ist nicht nur die Ursache materieller Formen, sondern auch die Ursache für deren Wachstum und Manifestation. Zeit ist absolut und nicht von physikalischen Vorgängen abhängig. Sie ist die unpersönliche Form Gottes in der materiellen Welt.
- Für den Künstler stellt der Rhythmus (Talam) die Ordnung der Zeit dar. Der Rhythmus ist die innewohnende Eigenschaft des Mikro- und des Makroraumes.
- Zeit und Raum sind nicht voneinander verschieden, da es die Zeit ist, die zum Raum wird. Rhythmus wird als Zeitmaß in der Dichtkunst, Musik und im Tanz verwendet, während er in der Architektur und Bildhauerei als Raummaß zur Anwendung kommt.

- Architektur ist gefrorene Musik.
- Der Vastu-Architekt schafft Form durch die Grammatik des Rhythmus. Es ist die gleiche Grammatik, nach deren Regeln das Universum geschaffen wurde.
- Der Vastu-Architekt manifestiert seine inneren Formen auf zwei Weisen: in Klang und in sichtbarer Form. Ebenso wie sich das Schöpferische und Göttliche in zweifacher Form als spiritueller Klang (Naada-Brahman) und als alldurchdringende Ursubstanz (Vastu-Brahman) manifestiert, obwohl es eins ist, tut dies auch der Vastu-Meister mittels Sprache und Tat.
- Die Grammatik des menschlichen Vastu-Meisters ist die gleiche, die der göttliche Baumeister für seine Schöpfung verwendet. Daher residiert der göttliche Baumeister in den Schöpfungen des menschlichen Baumeisters. Sie sind die Form des göttlichen Baumeisters, aus dessen eigenem Material und nach dessen Maß geformt.
- Der Vastu-Meister betrachtet daher seine Schöpfungen als göttlich und spirituell. Er bringt sie zu den Menschen und erweckt in diesen die gleiche Schwingung, die gleiche Erfahrung und die gleiche Freude.
- Der Bau eines Hauses oder Tempels ist eine musikalische Form, ein lebendiger Organismus, sagt Maya Danava, der Autor der »Mayamatam Vaastushastra« und des »Surya Siddhanta«.

Die mittelamerikanischen Pyramiden der Mayas wurden ebenso wie die Stadt Guatemala den Grundlagen des Vastupurusha-Mandalas entsprechend errichtet. Die Maße der Pyramiden orientieren sich an einer Elle von 33 Inch, die sowohl bei den Mayas als auch in Südindien als Kishku-Elle bekannt ist und in Südindien ebenfalls ein Standardmaß darstellt.

Dr. Ganapati Sthapati überzeugte sich von den Parallelen der Bauweise der Mayas und des Vastu während seiner Forschungsreise im Jahre 1995.

## Maße und Proportionen im Vastu

Das Maßsystem des Vastu orientiert sich an den natürlichen Maßen des menschlichen Körpers. Die wichtigsten Maße sind hierbei die Spannweite der ausgestreckten Arme (Vyama), die Länge des Fußes (Pada), der Fingerbreit (Angula) und die Länge eines Gerstenkorns (Yava). Diese vier Grundmaße gehen jeweils durch Multiplikation mit der Zahl Acht auseinander hervor:

| | | |
|---|---|---|
| 1 Vyama | = | 8 Pada |
| 1 Pada | = | 8 Angula |
| 1 Angula | = | 8 Yava |

In der modernen Anwendung des Vastu verwendet man anstatt der individuellen Körpermaße des einzelnen Menschen Standardmaße, die sich an einer Spannweite der Arme von 192 Zentimetern orientieren. Damit ergibt sich:

| | | |
|---|---|---|
| 1 Vyama | = | 192 cm |
| 1 Pada | = | 24 cm |
| 1 Angula | = | 3 cm |
| 1 Yava | = | 3,75 mm |

Obwohl dieses System auf den ersten Blick ungewohnt und umständlich erscheint, erweist es sich für die Berechnung von Maßen und Proportionen im Vastu als unumgänglich, da es den natürlichen Resonanzgesetzen entspricht. Mit seiner Hilfe lässt sich die Raumqualität eines rechteckigen Raumes aus seinen Maßen bestimmen. Hierzu ist es notwendig, die Länge, Breite und Höhe des Raumes in den erwähnten Vastu-Maßen auszudrücken.

In der modernen Vastu-Praxis wird häufig generell das Pada-Maß für alle größeren Längen im Haus verwendet. Hierzu gehören sowohl der Umfang und die Seitenlängen des Hauses als auch die der einzelnen Räume. Kleinere Komponenten werden hierbei in Angula bemessen. Beide Systeme sind in der Tradition des Vastu begründet.

**Das Yoni-Prinzip** | Mit der folgenden einfachen Formel lässt sich die Qualität eines Raumes berechnen: Man teile den in Pada ausgedrückten Umfang eines Raumes oder Hauses durch acht und bestimme den Rest. Dieser ist eine ganze Zahl zwischen null und sieben. Sie wird als die Yoni-Zahl des Raumes bezeichnet und repräsentiert dessen Qualität. Die folgende Tabelle ordnet den acht Yoni-Zahlen jeweils eine Himmelsrichtung und eine Qualität zu:

Die Yoni-Zahl kann man auch bestimmen, indem man nach, der Festlegung der angemessenen Dimension, die Länge des Raumes in der um das Achtfache größeren Dimension (beispielsweise Vyama) ausdrückt und den Rest in dem jeweils angemessenen Maß (beispielsweise Pada). Die Anzahl der Padas entspricht dann genau dem Rest und wird als Yoni bezeichnet. Die jeweils angemessene Dimension entnimmt man der nebenstehenden Tabelle.

| Yoni-Zahl | Yoni-Name | Orientierung | Charakteristische Eigenschaft | Weitere Eigenschaften |
|---|---|---|---|---|
| 1 | Flagge (Dhwaja) | Osten | Gewünschtes Ergebnis | Lehrer, Priester, gut für alle Vastus in allen Richtungen |
| 2 | Rauch (Dhumra) | Südosten | Furcht | |
| 3 | Löwe (Simha) | Süden | Wohlstand | Krieger, Regierende |
| 4 | Hund (Kukkura) | Südwesten | Streit | |
| 5 | Stier (Vrishaba) | Westen | Reichtum | Arbeiter, Dienstleistende |
| 6 | Esel (Khara) | Nordwesten | Unstetigkeit | |
| 7 | Elefant (Gaja) | Norden | Wohlergehen | Händler, Bauern |
| 8 oder 0 | Krähe (Vayasa) | Nordosten | Probleme mit der Familie | |

Yoni bezieht sich auf die Energie der Mutter, deren Wärme ein neues Leben hervorbringt. Es ist die Quelle des Lebens.

Aus der Tabelle ist ersichtlich, dass die den Haupthimmelsrichtungen zugeordneten ungeraden Yoni-Zahlen gegenüber den geraden Zahlen vorzuziehen sind.

Es gilt die Regel, dass ein Haus, das sich vom Zentrum des Grundstücks aus betrachtet in einer bestimmen Haupthimmelsrichtung befindet, mit der Yoni-Zahl bemessen werden sollte, die dieser Himmelsrichtung entspricht. Häuser, die in den Nebenhimmelsrichtungen gebaut werden, sollten mit Hilfe der Yoni-Zahl der im Uhrzeigersinn folgenden Haupthimmelsrichtung bemessen werden.

*Beispiel:* Ein Haus mit dem Umfang von 48,24 Metern (201 Pada) besitzt die Yoni-Zahl 1.
201 : 8 = 25 Rest 1; folglich ist die Yoni-Zahl 1.
Dieses Haus sollte im Osten des Grundstücks errichtet werden.

*Die Yoni-Zahl 3 repräsentiert die Macht und Würde des Löwen. Sie steht für Wohlstand.*

*Die Yoni-Zahl 6 repräsentiert die Unstetigkeit des Esels.*

*Die Yoni-Zahl 7 repräsentiert die Stärke des Elefanten. Sie steht für Glück und Wohlergehen.*

Im Manushyalaya Chandrika heißt es: »Yoni bildet das Leben und die Seele einer jeden Struktur und eines jeden Gebäudes.«

Im Vastu werden sechs solcher einfacher Formeln (Ayadi-Berechnungen) verwendet, um günstige Maße für den Bau eines Hauses und seiner Räume zu finden.

Zusätzlich zur Berechnung der Maße werden im Vastu auch die Proportionen der Räume und Gebäude so gewählt, dass sich ein harmonisches Energiefeld ausbilden kann (Gunamsa-Prinzip, siehe Anhang, Seite 358).

Dem an weiteren Einzelheiten über die Bestimmung geeigneter Maße und Proportionen interessierten Leser sei das Studium des Anhangs, Seite 347ff., empfohlen.

# Kapitel 5

# Die Wirkung und das Zusammenspiel von Vastu-Defekten

Das vorangegangene Kapitel ist schwerpunktmäßig für den Neubau eines Hauses relevant. Dieses Kapitel befasst sich nun vor allem mit der Bewertung schon bestehender Wohnsituationen hinsichtlich ihrer positiven und negativen Vastu-Aspekte.

Hierzu ist es zunächst einmal wichtig, sich näher mit dem Wesen und der Klassifikation von Vastu-Defekten zu befassen. Es geht auch darum, zu verstehen, auf welche Weise sich ein Vastu-Defekt auswirkt und durch welchen Mechanismus er ausgelöst wird.

In Europa wurden in den letzten Jahrhunderten die meisten Häuser ohne Wissen der Prinzipien des Vastu erbaut. Ein großer Teil dieser Gebäude entspricht nicht den Normen des Vastu und es ist leicht, Verstöße gegen die Vastu-Prinzipien in ihrem Aufbau und ihrer Einrichtung auszumachen. Trotzdem stehen viele dieser Häuser bereits seit Jahrhunderten und haben sowohl glückliche als auch unglückliche Schicksale ihrer Bewohner gesehen. In den meisten Häusern dieser Art bestehen Lebenssituationen, die von gemischten positiven und negativen Ereignissen, Gefühlen und Lebensschicksalen geprägt sind. Einige dieser Häuser waren Zeuge, wie ganze Generationen ihrer Bewohner großes Unglück erlebten, vertrieben oder sogar getötet wurden. Die wenigsten von ihnen sind ein Ort, an dem für viele Generationen ein ständiger Zuwachs von Reichtum, Bildung, Ansehen, Glück und Zufriedenheit der Familien stattfand.

Inwiefern Zusammenhänge zwischen diesen Lebensbereichen, ihrer Förderung oder Beeinträchtigung und den baulichen Begebenheiten bestehen können, soll im Folgenden veranschaulicht werden.

Das Haus, in dem dieses Werk entstand, wurde um die Jahrhundertwende erbaut und besitzt gemischte Vastu-Eigenschaften. Man sieht hier die schattige Südwestseite des großen Hauses. Die nicht sichtbare Nordostseite ist ganz frei und fällt zur Elbe hin stark ab.

Diesen positiven Eigenschaften stehen die unregelmäßige Grundstücksform, ein abgeschnittener Nordwesten und ein fehlplatzierter Haupteingang gegenüber, sodass insgesamt ein positives, aber spannungsgeladenes Energiefeld entsteht.

Der erfahrene Wissenschaftler und Vastu-Experte A. R. Hari listet die wichtigsten Beobachtungen auf, die sich mit der Manifestation von Vastu-Defekten beschäftigen:

- Es ist äußerst schwierig, wenn nicht sogar unmöglich, ein Gebäude zu hundert Prozent entsprechend den Vastu-Prinzipien zu bauen.
- Selbst wenn ein Gebäude Defekte aufweist, müssen sich diese nicht manifestieren, wenn es ein starkes Energiefeld besitzt und der energetische Fluss ungestört verläuft.
- Jeder Vastu-Defekt hat seinen eigenen Zeitplan. Die Art des Defekts bestimmt, wie lange es dauert, bis er für die Bewohner spürbar wird. Wirkungen auf die Bewohner eines Hauses in verschiedenen Bereichen ihres Lebens stellen sich ebenfalls in unterschiedlichen Zeitmaßstäben ein. Auswirkungen im finanziellen Bereich sind im Allgemeinen schneller zu beobachten (innerhalb von Tagen und Wochen) als Auswirkungen im gesundheitlichen Bereich (innerhalb von Jahren).
- Selbst wenn ein gravierender Defekt besteht, jedoch keiner der Bewohner mit diesem Defekt in Resonanz tritt, also nicht für die Auswirkungen des Defekts empfänglich ist, dann wird er sich nicht auswirken.
- Die Zeitspanne, in welcher sich ein Vastu-Defekt manifestiert, hängt von der Widerstandsfähigkeit der Bewohner und der Schwere des Defekts ab.

Das bedeutet, dass Vastu-Defekte sehr spezifisch untersucht werden müssen und unter Umständen eine latente Wirkung haben können, die sich nicht manifestiert, wenn die Bewohner dafür nicht empfänglich sind, etwa auf Grund ihres Alters, Geschlechts oder Lebensplans.

Die folgenden Beispiele sollen diesen Punkt illustrieren:

Im Nordosten eines Hauses befindet sich außerhalb ein Bad, das die nordöstliche Ecke des Grundstücks blockiert. Dies ist ein typisch indisches Beispiel, da in Indien die Toiletten häufig außerhalb des Hauses liegen. Ein solcher Defekt wirkt sich in erster Linie auf die männlichen Nachkommen des Hauses aus, insbesondere auf deren Erziehung und Bildung. Er beeinflusst auch die Karriere des Hausherrn negativ.

Lebt in diesem Haus jedoch ein pensionierter und kinderloser Beamter, so kann sich der Defekt nicht direkt auswirken. Der Beamte mag dort glücklich und zufrieden leben, da er weder männliche Nachkommen hat, noch im Berufsleben steht. Das Gleiche gilt, wenn in einem solchen Haus eine kinderlose Witwe lebt, die ebenfalls nicht mehr im Berufsleben steht. Sie ist für die Auswirkungen des bestehenden Defekts nicht direkt empfänglich.

Ein anderes Beispiel aus meiner eigenen Praxis illustriert diesen Punkt ebenfalls anschaulich. In einem Richtung Südwesten weisenden Haus mit Küche im Süden und Eingang in der Mitte des Südwestens besitzt die Küche ein Fenster auf der Frontseite des Hauses. Dieses Fenster befindet sich links vom Haupteingang (von innen betrachtet) und ist daher ein so genanntes Mondfenster. Dadurch entsteht die ungünstige Kombination von Mars (der die Küche und den Süden beherrscht) und Mond (der die Fenster links vom Haupteingang beherrscht), wodurch die weiblichen Bewohnerinnen des Hauses gesundheitlich in Mitleidenschaft gezogen werden (da die Mondfenster weibliche Bewohnerinnen und Energien repräsentieren). In dem betroffenen Haus lebte lediglich ein Paar. Um zu verhindern, dass sich dieser Defekt weiter auswirkte, beschloss man, dass diese Frau im Haus nicht mehr kochen sollte. Auf diese Weise konnte der Defekt der Küche sie nicht mehr direkt beeinflussen. Die Arbeit des Kochens übernahm künftig der Ehemann.

- Die Empfindlichkeit eines Ortes, an dem ein bestimmter Defekt existiert, ist ebenfalls für dessen Auswirkung auf die Bewohner entscheidend. Orte wie der Nordosten, das Zentrum des Hauses, die Schnittpunkte (Marmas) und andere energetische Schlüsselpunkte sind sehr empfindliche Bereiche.
- Die Stärke beziehungsweise das Ausmaß eines Defektes entscheidet ebenfalls darüber, wie schnell und mit welcher Kraft er sich auswirken kann. So ist beispielsweise eine Senke im Südwesten ein schwerwiegender Defekt. Seine Wirkung hängt jedoch von der Tiefe und Größe der Senke ab. Je tiefer sie ist und je mehr Raum sie einnimmt, desto stärker und schneller kann die Gesundheit der Bewohner des Hauses in Mitleidenschaft gezogen werden.
- Die Dynamik eines individuellen Defekts wird auch durch die Dynamik des gesamten Energieflusses im Haus beeinflusst. Es ist zu prüfen, ob die energetische Gesamtsituation stark positiv, neutral oder eher negativ ist.
- Die Manifestation der Wirkung eines einzelnen Defekts hängt auch von seiner Wechselwirkung mit anderen bestehenden Defekten ab.
- Bestehende Vastu-Defekte können durch andere positive Eigenschaften eines Hauses oder Grundstücks kompensiert werden, sodass sie sich nicht oder nur in abgeschwächter Form auswirken.

All diese Punkte müssen bei einer Vastu-Analyse in Betracht gezogen werden. Häufig ziehen Menschen einen Vastu-Berater hinzu, weil sich in ihrem Haus die Probleme häufen oder zuspitzen. Zumeist gibt es ein besonders gravierendes Pro-

Die Küche ist ein empfindlicher Ort im Haus, da dort die Nahrung energetisiert wird und durch Defekte in der Küche die Gesundheit der Bewohner betroffen ist.

Daher benötigt eine Küche ausgewogene Energien. Die Energien des Ostens sind für eine Küche zu männlich, während der Süden vom Planeten Mars beherrscht wird, was einen zu starken Einfluss dieses Planeten ergibt. In beiden Fällen sind die Frauen in der Küche benachteiligt. Der Südosten ist der ideale Ort für die Küche, da sich dort der Venus-Einfluss mit der Energie des Feuers verbindet.

In der Küche sollte man auf eine ausgeglichene Verteilung aller Elemente achten.

blem. Man sollte als Erstes untersuchen, ob die bestehenden Probleme auf Vastu-Defekte zurückgehen oder ob es andere Gründe für sie gibt, die sich nicht direkt in den Vastu-Eigenschaften widerspiegeln.

Wenn beispielsweise ein junger Mann, der sich mit einer bestimmten Dienstleistung selbstständig macht, nicht erfolgreich ist, weil er sich nicht genügend bemüht oder seine Kunden nachlässig und unfreundlich behandelt, so ist es nicht weiter notwendig, die Ursache seines Misserfolges in Vastu-Defekten zu suchen. In einem solchen Fall ist die Ursache klar. Auf der anderen Seite mögen sich natürlich die charakterlichen Schwächen, die sich hinter solchen Nachlässigkeiten verbergen, durchaus in den Vastu-Eigenschaften des Hauses widerspiegeln. Ein indisches Sprichwort sagt: Es ist leichter, einen Berg zu bewegen als einen Charakter zu verändern.

Ist der gleiche Jungunternehmer fleißig und gewissenhaft in seinen Bemühungen, und es stellt sich trotzdem nur Misserfolg ein, so sollte man die Ursache dafür in Vastu-Defekten suchen. Insbesondere wenn der Misserfolg durch unvorhersehbare Ereignisse und trotz idealer äußerer Umstände eintritt, kann man vermuten, dass die Ursache im Vastu liegt. Vastu spiegelt das Karma der Menschen wider, daher sind vor allem karmische Aspekte des Lebens mit den Vastu-Eigenschaften eines Hauses verbunden. Wann immer wir sagen müssen, an dieser Stelle seien das Schicksal, das Karma oder einfach höhere Gewalt im Spiel, so sollte man nach den Vastu-Ursachen der Ereignisse suchen.

Die folgende Liste enthält Ereignisse oder Umstände, die auf Vastu-Defekte zurückzuführen sein können. Prinzipiell sollte man ein besonderes Augenmerk auf Probleme richten, die wiederholt auftreten und lange anhalten: wiederholte Unfälle, wiederholte Operationen, vorzeitiger Tod, Tod durch Unfall, Raubüberfall, Diebstahl, Feuer, Mord, Selbstmord, wiederholte Krankheitsfälle, Unfruchtbarkeit, psychische Probleme, chronische Krankheiten (keine Erbkrankheiten), Geburt geistig oder körperlich behinderter Kinder.

Ein wirksamer Vastu-Defekt mag auch vorliegen, wenn die folgenden allgemeineren Probleme auftreten: Probleme in der Karriere, ungehorsame und schwierige Kinder, eine gestörte Atmosphäre im Haus, Eheprobleme, finanzielle Probleme, finanzielle Verluste, Betrug.

Beispiel für das Zusammenspiel von Defekten:

Ein Fehlbereich im Nordwesten eines Hauses mag als Hauptdefekt gewertet werden. Ein Schlafzimmer im Südosten bildet hierzu einen entsprechenden Diagonaldefekt, durch den die Energiedynamik des Hauses aus dem Gleichgewicht kommt. Ist zusätzlich der Süden des Hauses sehr offen und gibt es keine ausreichenden Fensterflächen im Norden als Kompensation, so ist ein verstärkender Defekt, ohne entsprechende Kompensation, gegeben.

Eine solche Kombination von Defekten kann zu einer Kettenreaktion führen, die sich negativ auf die Bewohner auswirkt. In diesem Fall könnten gesundheitliche Probleme insbesondere Infektionen (Südosten), Lungenkrankheiten und psychische Schwierigkeiten (Nordwesten) oder mangelnde Vitalität (Norden) auftreten.

## Das Zusammenspiel von Vastu-Eigenschaften

Vastu-Defekte und -Eigenschaften können folgendermaßen klassifiziert werden:
1) Hauptdefekt
2) Diagonaldefekt
3) Verstärkender Defekt
4) Kompensierender Umstand

Auf diese Weise sollte jeder Vastu-Defekt mit anderen Umständen in Beziehung gesetzt werden.

Ein Hauptdefekt ist ein gravierender Vastu-Defekt, dessen Manifestation zunächst untersucht werden soll. Zur Identifikation von Diagonaldefekten prüft man die auf der Diagonalen dem Hauptdefekt gegenüberliegenden Bereiche des Hauses beziehungsweise der Umgebung des Hauses. Wenn dort Vastu-Defekte auftreten, verstärken sie den Hauptdefekt, da sie das Gleichgewicht der betroffenen Diagonalen weiter stören.

Die Diagonalen sind wichtige Systeme, auf denen sich Polaritäten ausbilden, welche die Energetik des gesamten Energiefeldes steuern. Befindet sich der Hauptdefekt beispielsweise im Nordosten, so sollte man nach den Diagonaldefekten im

Südwesten suchen. Liegt der Hauptdefekt im Süden, so sollte man ebenfalls auf der gegenüberliegenden Seite im Norden nach einem weiteren Defekt suchen. Ein solcher Defekt wird dann ebenfalls als Diagonaldefekt bezeichnet, auch wenn er sich nicht auf der Diagonale, sondern auf der Achse gegenüber dem Hauptdefekt befindet. Das entscheidende Kriterium ist, wie der im Haus oder Grundstück jeweils gegenüberliegende Bereich beschaffen ist.

Besteht ein Hauptdefekt ohne einen Diagonaldefekt, so dauert es längere Zeit, bis sich der Hauptdefekt manifestieren kann.

Verstärkende Defekte sind alle anderen Vastu-Defekte, die die Manifestation der Wirkung des Hauptdefekts unterstützen, ohne aus dem gegenüberliegenden Bereich zu stammen.

Kompensierende Umstände sind positive Vastu-Eigenschaften, die direkt mit dem bestehenden Hauptdefekt in Beziehung stehen. Sie können den Hauptdefekt kompensieren, abschwächen oder seine Manifestation verzögern.

In diesem Beispiel verbinden sich drei einander sehr ähnliche Defekte zu einem schwerwiegenden energetischen Problem:

Die Küche befindet sich zusammen mit dem Kamin und dem Fernseher im Norden eines Hauses. Dadurch ist die Präsenz des Feuerelements im Norden so stark, dass dessen Energien im übertragenen Sinne verbrannt werden.

So wird die organische Lebensenergie des Nordens beeinträchtigt, was gesundheitliche Probleme zur Folge haben kann. Auch der finanzielle Bereich könnte von Risiken und Verlusten betroffen sein.

Diesen Zusammenhang illustrieren die folgenden Beispiele:

*Beispiel 1:* Im Nordosten eines Hauses befindet sich eine Toilette. Dieser Umstand kann als Hauptdefekt betrachtet werden. Befindet sich im gegenüberliegenden Südwesten des Hauses eine größere Menge Wasser oder ist der Südwesten weit geöffnet, so liegen damit Diagonaldefekte vor, die den Hauptdefekt verstärken. Als verstärkende Faktoren wären ein ungünstiges Gefälle aus dem Norden in Richtung Süden oder eine ungünstige Gewichtsverteilung innerhalb des Hauses zu werten. Auch eine ungünstige Platzierung der Heizung wäre ein verstärkender Defekt, vor allem wenn sie auf der Südwest-Nordost-Diagonalen liegt.

*Beispiel 2:* Im Nordosten eines Hauses liegt eine Küche, was als Hauptdefekt gewertet werden kann. Falls sich jedoch im Nordosten des Grundstücks eine Wasserpumpe, ein Brunnen oder ein Teich befindet, wird dieser Defekt abgeschwächt. Die Kompensation ist umso größer, je näher der Hauptdefekt und der kompensierende Faktor räumlich zueinander liegen.

## Die Bewertung von Vastu-Defekten

Vastu-Defekte werden auf Grund ihrer Bedeutung als schwerwiegender, mittlerer und geringer Defekt bezeichnet. Defekte lassen sich auf einer Skala von 0 bis 8 bewerten, je nachdem, wie schwerwiegend sie sind. Auf einer solchen Skala bekäme beispielsweise eine Toilette im Nordosten die Wertung 8, eine Küche im Nordosten die Wertung 4 und ein Treppe mit gerader Stufenzahl die Wertung 1.

Diese Bewertungs-Skala soll verhindern, dass eventuell am falschen Ort nach Ursachen gesucht wird. In einem Haus, das einen vollständig blockierten Osten besitzt (Wertung 8) ist es nicht sinnvoll, die Anzahl der Fenster oder Stufen für einen Defekt verantwortlich zu machen und zu korrigieren (Wertung 1). Erst müssen die schwerwiegenden Defekte betrachtet werden und dann die Details.

Schwerwiegende Defekte liegen in der Skala bei den Werten 7 und 8, mittlere Defekte bei 4, 5 und 6, leichte Defekte bei 1, 2 und 3.

Diese Bewertung von Vastu-Defekten sagt nichts über deren quantitative Stärke aus. Die Beurteilung der quantitativen Stärke muss unabhängig von der qualitativen Bewertung vorgenommen werden und bezieht die folgenden Faktoren mit ein:

- Die Fläche des betroffenen Bereiches.
- Die Entfernung des Defektes vom Hauptaufenthaltsort der Personen, auf die er sich auswirkt.
- Der Grad, in welchem der Defekt vorliegt. Beispielsweise ist es ein Defekt, wenn

der Osten eines Grundstücks höher liegt als der Westen. Der Grad dieses Defekts besteht in dem tatsächlichen Höhenunterschied. Ein paar Zentimeter wirken sich lange nicht so stark aus wie eine Differenz von einigen Metern.

Bei der Beurteilung, wie schwerwiegend ein Vastu-Defekt ist, sollten Sie die folgende wichtige Regel anwenden: Die Manifestation der Wirkung eines Vastu-Defektes und seine Stärke hängen davon ab, in welcher Entfernung der Defekt vom Haus beziehungsweise Wohnort der einzelnen Personen auftritt.

Das folgende Beispiel soll diese Regel illustrieren: Auf einem Grundstück, dessen Nordosten abgeschnitten ist, haben vor allem die in diesem Haus geborenen Kinder zu leiden. Ein solcher Defekt wirkt sich in erster Linie im genetischen Bereich aus. Es besteht die Gefahr, dass die Kinder Schwierigkeiten mit dem Hören und Sprechen haben und sogar in ihrer geistigen und körperlichen Entwicklung beeinträchtigt werden. Die Wahrscheinlichkeit und Schwere einer solchen Auswirkung hängt davon ab, wie lange die Eltern bereits auf diesem Grundstück leben. Es ist auch von Bedeutung, wie weit das Haus von der abgeschnittenen Ecke im Nordosten entfernt ist. Je näher die Eltern eines zukünftigen Kindes an dem defekten Nordosten des Grundstücks wohnen, desto stärker ist der Einfluss auf dessen Erbgut.

Die folgende Tabelle enthält Beispiele für die Bewertung von Vastu-Defekten auf einer Skala von 0 bis 8:

| Bewertung | Beispiele für Defekte |
|---|---|
| 8 | Toilette im Nordosten, unterirdischer Wasserspeicher im Südwesten |
| 7 | Südwesten offen und leicht, Nordosten geschlossen und schwer, Wasserabfluss in Richtung Südwesten |
| 6 | Hohe Bäume im Nordosten, Kopf beim Schlafen in Richtung Norden |
| 5 | Schlafzimmer im Nordosten, Schlafzimmer im Südosten |
| 4 | Küche befindet sich hinter dem Mondfenster, die Morgensonne wird im Haus nicht genutzt |
| 3 | Zentrum eines Raumes blockiert, Veranda im Nordosten höher als der Fußboden des Hauses |
| 2 | Waschbecken im Süden oder Westen des Bades, Spiegel im Süden oder Westen, Wasser im Schlafzimmer |
| 1 | Uhr im Süden, Bücher im Südwesten, gerade Anzahl von Treppenstufen |

Die schwersten Vastu-Defekte, die als Erstes behoben oder kompensiert werden sollten, sind:

- Toilette im Nordosten
- Abstellraum im Nordosten
- Abstellraum im Osten
- Müll im Nordosten
- Müll im Osten
- Haupteingang im Südwesten
- Senke im Südwesten des Grundstücks
- Unterirdisches Wasser im Südwesten
- Norden fensterlos oder blockiert
- Osten fensterlos oder blockiert
- Süden oder Südwesten niedriger als Norden oder Nordosten
- Toilette im Zentrum des Hauses

## Wirkungen von Vastu-Defekten

Die folgende Liste ordnet den Hauptdefekten die jeweils möglichen Wirkungen auf die Bewohner zu, ohne dabei auf zusätzliche Diagonaldefekte und verstärkende Defekte einzugehen. Jeder dieser Defekte wird erst dann die beschriebene Wirkung manifestieren können, wenn er von Diagonaldefekten und verstärkenden Defekten begleitet wird und nicht ausreichend kompensiert ist.

Falls Sie in Ihrem Haus oder anderen Gebäuden diese Defekte finden, sollten Sie entweder selbst eine detaillierte Analyse durchführen oder im Zweifelsfall einen erfahrenen Vastu-Berater konsultieren, um mögliche Korrekturen durchzuführen.

Wenn man die Formulierungen in der Spalte der möglichen Folgen liest, mag man zunächst schockiert sein oder ihre Richtigkeit anzweifeln. Hierbei gilt es zu bedenken, dass diese Begriffe Entwicklungstendenzen zusammenfassen und dass ein einzelner Defekt keine direkte Auswirkung hat. Er muss vielmehr in der Zusammenschau aller Aspekte eines Vastu-Gefüges gewichtet und interpretiert werden.

| Hauptdefekt und verstärkende Defekte | Mögliche Folgen |
|---|---|
| Nordosten des Grundstücks erhöht | Armut, kein wirtschaftlicher Fortschritt, Ausbildung der Kinder wird betroffen |
| Nordosten abgerundet | Mentale Krankheiten |
| Nordosten abgeschnitten | Geistige oder körperliche Behinderung bei Nachkommen möglich |
| Nordosten niedriger als der Südwesten, aber weniger Platz als im Südwesten | Finanzieller Fortschritt blockiert |
| Nordosten offen, aber Nordosten des Hauses abgerundet | Anziehung zwischen den Familienmitgliedern nimmt ab |
| Nordosten offen, aber mit schweren Gewichten beladen | Unfallgefahr steigt |
| Nordosten geschlossen, schlecht gelüftetes Schlafzimmer im Nordosten | Probleme für neugeborene Söhne |
| Boden des Hauses im Nordosten am höchsten | Herzprobleme |
| Boden im Nordosten des Hauses in Ordnung, aber Dach im Nordosten erhöht | Söhne haben Schwierigkeiten mit Ausbildung und Studium und verlassen das Zuhause frühzeitig |
| Nordosten des Grundstücks mit Toilette blockiert und geschlossen | Karriere behindert, Ansehen gefährdet, Streit zwischen den Familienmitgliedern, Bildung der Söhne gefährdet |
| Nordosten des Grundstücks mit Toilette blockiert und geschlossen, zusätzlich Osten erhöht und Westen niedriger | Die Kinder wenden sich gegen die Eltern, fehlendes Mitleid, kein Fortschritt in der Ausbildung, Familie erfährt kein Glück |
| Küche im Nordosten, Osten höher als der Fußboden des Hauses und Westen niedriger als der Fußboden | Gefahr für Unfälle steigt für Frauen, Probleme im Hals- und Kopfbereich, Probleme für weibliche Kinder, Kinder haben wenig Zuneigung für ihre Eltern, Probleme in der Beziehung zwischen Mann und Frau, kein Frieden im Haus |
| Küche im Nordosten, im Westen mehr Platz als im Osten, niedriger Süden | Unfälle, die Operationen nach sich ziehen, ständige Krankheit, kein Frieden im Haus |
| Nordosten mit Toilette blockiert | Armut, Geschäfte gehen schief, finanzielle Probleme |
| Nordosten mit Schlafzimmer blockiert, auf dem Grundstück mehr offener Raum im Süden als im Norden | Unfruchtbare Frauen, keine Nachkommen, obwohl die medizinischen Tests keine organische Unfruchtbarkeit nachweisen |
| Nordosten in Ordnung, Straße stark in Richtung Süden oder Westen geneigt, Nordwesten geschlossen, Nordosten des Hauses abgerundet | Söhne wenden sich gegen die Eltern, obwohl sie gut situiert und gebildet sind |
| Nordosten mit Garage blockiert und geschlossen, Grundstück weist Richtung Westen, Eingang vom Süden des Südwestens oder Norden des Nordwestens oder Osten des Südostens | Gefahr für den Sohn vor dessen Heirat |

Eine Uhr hängt man am besten im Norden oder Osten auf. Auch eine westliche Wand kommt dafür in Frage. Südliche Wände sind jedoch zu vermeiden, da die Zeit dort von der Qualität des Südens beeinflusst wird. Der Süden konfrontiert mit der Vergänglichkeit des Seins, der Härte des Lebens und dem Tod.

Eine Uhr im Osten fördert den dynamischen Aspekt der Zeit, während eine Uhr im Westen die Zeitqualität des Zu-Ende-Bringens unterstützt. Eine Uhr im Norden bringt Frieden und Gelassenheit beim Umgang mit der Zeit.

Im Südosten aufgehängt mögen durch eine solche Uhr Hektik und Stress gefördert werden, während sie im Nordwesten dafür verantwortlich sein könnte, dass die Zeit wie im Flug zu vergehen scheint. Im Südwesten kann eine Uhr zu Verzögerungen und Trägheit führen, während sie im Nordosten ein Fenster zur Zeitlosigkeit öffnet.

| Hauptdefekt und verstärkende Defekte | Mögliche Folgen |
|---|---|
| Osten höher als Westen | Die Ausbildung der männlichen Kinder leidet |
| Schwere Konstruktion im Osten, Treppen in der ersten Hälfte des Ostens, Wassertank auf dem Dach im Osten, Raum im Osten, in dem ältere Personen schlafen, TV-Antenne über diesem Raum | Gefahr für ältere Bewohner des Hauses, an einem Herzinfarkt zu sterben |
| Weniger Platz im Osten des Grundstücks als im Westen, Osten des Grundstücks höher als der Westen | Die männlichen Bewohner meiden das Haus und geben ihr Geld außerhalb aus |
| Grundstück weist mit seiner Frontseite in Richtung Westen, Eingang im Südwesten, im Osten und Norden weniger Platz als im Süden und Westen, Wasserpumpe im Nordwesten, TV-Antenne im Osten | Männliche Bewohner leiden unter Herz- und Verdauungsproblemen, Organe oberhalb des Nabels sind in Mitleidenschaft gezogen, Geldsorgen |
| Grundstück weist mit seiner Frontseite in Richtung Osten, Eingang im Osten des Südostens, Tor im Osten des Südostens, im Nordosten wenig Platz | Diebstahl, Unfälle, Mädchen heiraten gegen den Willen ihrer Eltern, finanzielle Verluste |
| Schlafzimmer im Südosten | Unruhiger Schlaf, Pläne und Ziele von Jungen, die in einem solchen Zimmer schlafen und studieren, werden nicht erfüllt, übereilte Entscheidungen werden getroffen |
| Brunnen oder Wasser im Süden, mehr offener Raum im Süden, schwerer Norden oder Nordosten | Gefahr für Frau oder Mann, an Herz- und Kreislaufproblemen zu sterben |
| Haus weist Richtung Norden, Eingang im Osten des Südostens, Süden zur Hälfte erniedrigt, erster Stock nur in der nördlichen Hälfte des Hauses errichtet, wobei der Süden offen bleibt | Gefahr des vorzeitigen Todes des ältesten Mitgliedes der Familie |
| Grundstück im Südosten erweitert | Ruhelose Familie, Arbeitsprobleme, Unfallgefahr durch Feuer, männliche Bewohner irritiert |
| Offener Nordwesten, Tor im Norden des Nordwestens, Wasserpumpe im Westen des Südwestens | Nervenprobleme |
| Erniedrigter Nordwesten, Garage direkt an Hauptgebäude angebaut, keine ausreichende Luftzirkulation | Asthma |
| Grundstück weist nach Westen, Wasserpumpe im Nordwesten, Eingang im Norden des Nordwestens, Ausgang im Süden des Südwestens, Garage öffnet sich in Richtung Norden | Gefahr eines vorzeitigen Todes |
| Brunnen oder Wasserpumpe im Süden des Südwestens oder Westen des Südwestens | Gesundheitsprobleme für die erwachsenen und älteren Bewohner |
| Grundstück weist in Richtung Westen, Eingang im Süden des Südwestens, geschlossener Nordosten, Wasserpumpe im Südwesten | Gefahr des vorzeitigen Todes des Ehemanns, kein finanzieller Fortschritt in der zweiten Generation |

Ein Ventilator sollte am besten vom Nordwesten aus arbeiten. Dort stärkt er die Bewegung im Energiefeld, während er im Südwesten und Nordosten zu viel Bewegung verursacht. Auch der Südosten eignet sich für einen solchen Zweck nicht.

In den Haupthimmelsrichtungen kann ein Ventilator generell aufgestellt werden.

| Hauptdefekt und verstärkende Defekte | Mögliche Folgen |
|---|---|
| Spitzer Winkel im Nordwesten (Erweiterung), Wasser im Süden des Südwestens | Schwierigkeiten, besonders psychischer Art, für weibliche Kinder |
| Süden offener als Norden | Töchter verlieren nach der Heirat die Anhänglichkeit an ihre Eltern |
| Westen offener als der Osten | Söhne verlieren nach der Heirat ihre Anhänglichkeit an ihre Eltern |
| Eingang im Osten des Südostens, Süden sehr offen | Probleme mit den Organen des Bauches |

Waschbecken sollten generell an östlichen oder nördlichen Wänden installiert werden. Am besten eignet sich der Nordosten der Küche für eine Spüle. Im Südosten löscht das Wasser das Feuer, während es im Südwesten negative Energien verstärkt. Im Nordwesten kann ein Spülbecken ebenfalls ohne Nachteile installiert werden.

## Positive Auswirkungen der Vastu-Prinzipien

Die folgenden Effekte stellen sich ein, wenn die beschriebenen guten Aspekte nach Vastu verwirklicht sind und das Haus sonst keine wesentlichen Defekte aufweist:

| Eigenschaft | Wirkung |
|---|---|
| 1) Nordosten offen und niedrig, Wasser im Nordosten | Gesundheit, gesunde Kinder, keine Unfälle, keine schweren Krankheiten, Leben geht gut voran, Bewohner sind glücklich und entfalten ihren guten Charakter |
| 2) Osten offen und frei, Nordosten in Ordnung, leichter Anstieg aus dem Norden in Richtung Süden (Bedingung 1 ebenfalls erfüllt) | Söhne sind gehorsam und intelligent, sie machen ihren Eltern keine Sorgen und werden erfolgreich in Studium und Beruf |
| 3) Norden offen, sanfter Anstieg aus dem Osten in Richtung Westen, Nordwesten und Südosten auf gleichem Höhenniveau (Bedingungen 1 und 2 ebenfalls erfüllt) | Finanzielles Wachstum |
| 4) Küche im Südosten (Bedingungen 1, 2 und 3 ebenfalls erfüllt) | Frauen gesund und glücklich, kein Streit unter den Frauen, gute Beziehung zwischen Mann und Frau |
| 5) Zimmer im Süden für Mädchen (Bedingungen 1, 2, 3 und 4 ebenfalls erfüllt) | Mädchen in der Familie sind gesund und fröhlich und lieben ihre Eltern auch nach einer allfälligen Heirat, sie erzielen schulische und akademische Erfolge und sind künstlerisch begabt |
| 6) Süden wenig Platz und hoch gelegen (Bedingungen 1 bis 5 ebenfalls erfüllt) | Keine Schwierigkeiten, keine Geldsorgen, langes Leben |
| 7) Im Westen wenig Platz und hoch (Bedingungen 1 bis 6 ebenfalls erfüllt) | Söhne machen Karriere und sind gesund, Harmonie zwischen Söhnen und Eltern |
| 8) Schlafzimmer der Eltern im Südwesten (Bedingungen 1 bis 7 ebenfalls erfüllt) | Ehepaar gesund, langes Leben, vital und arbeitsfreudig |
| 9) Nordwesten mit Garage blockiert, die das Gebäude nicht berührt (Bedingungen 1 bis 8 ebenfalls erfüllt) | Gute Nerven, keine Spannungen im Leben, starker Wille und starker Geist, keine rechtlichen Probleme |

Die Lage des Grundstückstors und des Haupteingangs des Hauses trägt stark zur Gesamtbewertung des Energiefeldes nach Vastu bei. Es ist wichtig, die Lage der Fenster und Türen innerhalb der Gebäude den Prinzipien des Vastu entsprechend aufeinander abzustimmen.

*Oben: Dieser See liegt in dem berühmten Menakshi-Tempelkomplex in Südindien. Im Brahmasthana des Sees befindet sich ein kleiner Tempel. (Foto: Ernö Peic)*

*Unten: Die Lotusblume gilt in der indischen Kunst als der Inbegriff vollendeter Schönheit. Daher wird auch in der indischen Architektur die Form des Lotusblattes als gestalterisches Element verwendet. (Foto: Sibylla Huy)*

*Besonders historische Bauwerke bestechen häufig durch die ausgewogene rhythmische Verteilung der Fenster, Eingänge und Ornamente und verwirklichen dadurch ein typisches vastugerechtes Gliederungsprinzip. (Foto: Sibylla Huy)*

*Links: Die traditionelle Kombination und Verarbeitung natürlicher Baumaterialien wie Holz und Lehm bei alten Fachwerkhäusern sichern deren Bestand über Jahrhunderte. Werden solche Gebäude mit Hilfe moderner Bautechniken und Isolationsmaterialien restauriert, verfaulen sie häufig schon nach wenigen Jahren. (Foto: Michael Nothelfer)*

*Rechts: Diese zweiflüglige Eingangstüre zeigt, dass es auch in unserem Kulturkreis üblich war, Glück verheißende Symbole oder Segenssprüche am Haupteingang anzubringen. Hierauf wird im Vastu grosser Wert gelegt. (Foto: zVg)*

*Oben: Dieser Eingang führt in ein nach den Prinzipien des Vastu eingerichtetes Haus. Es besitzt je ein Sonnen- und Mondfenster in gutem Zustand, so dass die männlichen und weiblichen Energien in einem ausgeglichenen Verhältnis stehen. (Foto: Sibylla Huy)*

*Unten: Dieses Haus besitzt einen ansprechend gestalteten Eingangsbereich, doch stehen den Mondfenstern auf der rechten Seite keine Sonnenfenster auf der linken Seite des Eingangs gegenüber, so dass mit einer stärkeren Präsenz der weiblichen Energien im Haus zu rechnen ist. (Foto: Sibylla Huy)*

*Oben: Große Fensterflächen im Osten tragen wesentlich zur Vitalität der Energien im Haus bei. Sie fördern die Gesundheit, die Karriere und die Lebenskraft der Bewohner des Hauses. (Foto: Sibylla Huy)*

*Unten: Das Brahmasthana dieses Hauses ist mit einer Glaspyramide nach oben hin geöffnet. Dadurch besitzt das Zentrum des Hauses starke Energien, die sich von dort aus im ganzen Wohnbereich verteilen können. (Foto: Sibylla Huy)*

*Rhythmische Strukturierung großer und kleiner Bauelemente ist ein wichtiges Prinzip des Vastu. Im Rhythmus kommt die innere Schwingung eines Gebäudes zum Ausdruck und setzt diese mit der Umgebung in Beziehung. Die Glasfassade dieses modernen Gebäudes entspricht mit ihrer klaren rhythmischen Struktur dieser Anforderung. (Foto: Sibylla Huy)*

*Oben: Diese Sitzgruppe verbindet europäische Wohnkultur mit exotischen indischen Elementen. (Foto: Sibylla Huy)*

*Unten: Im Bad sollte sich wie auf diesem Bild das Waschbecken idealerweise im Norden befinden, während im Osten ein Fenster den reinigenden und vitalisierenden Energien der Sonne Einlass gewährt. (Foto: Sibylla Huy)*

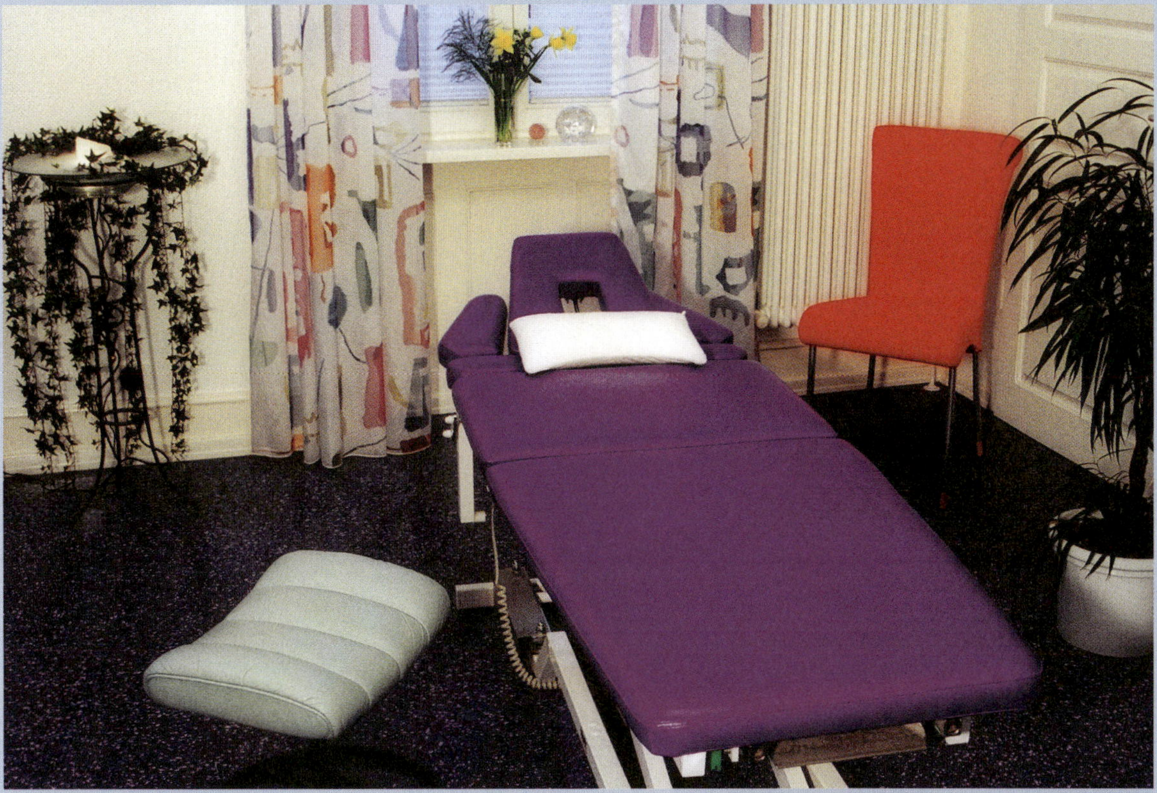

*Oben: In diesem Behandlungszimmer eines Heilpraktikers wurden verschiedene gestalterische Mittel angewandt, um die Präsenz der fünf Elemente für den Patienten zu nutzen. Das Fenster im Hintergrund befindet sich im Osten, so dass die Kraft der Sonne in dem Raum gegenwärtig ist. Der Patient liegt auf der Massagebank mit dem Kopf in Richtung Osten, was ebenfalls den Prinzipien des Vastu entspricht. Im Nordosten des Raumes befindet sich ein kleiner Brunnen, der frisches Wasser verdampft. Dies stärkt die heilenden Energien des Nordostens. Im Südosten des Raumes steht der rote Stuhl, der das Feuerelement repräsentiert, während im Südwesten des Raumes ein schwerer Schrank steht, der auf dem Foto nicht sichtbar ist. (Foto: Sibylla Huy)*

*Unten: Dieses Atelier im Norden des Hauses profitiert von den stabilen Lichtverhältnissen durch die Fensterfront im Norden und den kreativen Energien dieser Richtung. (Foto: Sibylla Huy)*

*Oben: Gerade in Etagenwohnungen spielt der Balkon eine wichtige Rolle. Er kann wie in diesem Fall durch eine geeignete Gestaltung mit Pflanzen eine Brücke zwischen dem Wohnraum und der Natur bilden. (Foto: Sibylla Huy)*

*Unten: Farbiges Glas in Türen innerhalb des Hauses kann die Qualität der Raumenergie stark beeinflussen. Die grüne Farbe stärkt in diesem Durchgang die förderlichen Energien des Nordens und des Merkurs. (Foto: Sibylla Huy)*

*Dieser Esstisch befindet sich im Osten eines großen Holzgebäudes, so dass auf ihn am frühen Morgen die ersten Sonnenstrahlen fallen. Die energetische Qualität des Wohnraums wird durch ein solch großzügiges Fenster um die reinigende und inspirierende Kraft der frühen Morgensonne bereichert. Ein Essbereich im Osten gilt im Vastu als günstig. Insbesondere beim Frühstück wirkt sich die Sonne positiv aus. (Foto: Birgit Demel)*

*Oben: Die Kombination von Holz und Lehm wirkt sich insbesondere in der Küche förderlich auf die Luft- und Raumqualität aus. Lehm und Holz sind lebendige und atmende Materialien, durch die die Luft ständig gefiltert und erneuert wird. Koch- und Essensgerüche werden auf diese Weise schnell beseitigt und können sich nicht im ganzen Haus ausbreiten. (Foto: Michael Nothelfer)*

*Unten: Dieser Fußboden aus Kirschholz verstärkt die warme, lebenslustige Atmosphäre, die der Kamin verbreitet. Vor dem Kamin befindet sich eine sternförmige Einlegearbeit aus Bergahorn, die einen kühlenden kontrastreichen Akzent setzt und so eine Balance schafft. (Foto: Erwin Thoma)*

*Dieser Stuhlkreis besteht aus vierzehn Stühlen, von denen jeder einzelne aus dem Holz eines anderen Baumes gefertigt ist. Dieses Arrangement zeigt eine mögliche Umsetzung des Vasati-Baumkreises. (Foto: Erwin Thoma)*

*Oben: Dieses Modell eines Entwicklungsprojektes für Kinder in Peru wurde von Michael Nothelfer nach den einheimischen Prinzipien überlieferter Baukunst geplant. Das Ergebnis entspricht in vielen Aspekten den Forderungen des Vastu: Beispielsweise sind die Gebäude exakt parallel zu den Himmelsrichtungen angeordnet und um einen offenen Innenhof gruppiert und so mit einer Catusshala vergleichbar. (Foto: Michael Nothelfer)*

*Unten: Dieses Gebäude aus Lehm und Holz fällt nicht nur durch seine konsequent biologische Bauweise auf, sondern auch durch seine außergewöhnliche Architektur. An das im Halbkreis gebaute Hauptgebäude ist auf der Südwestseite eine Glaspyramide als Wintergarten angebaut, die dort nicht nur die Wärme der Sonne, sondern auch feinstoffliche Energien konzentriert. Eine solche Erweiterung im Südwesten ist nach Vastu nicht empfohlen, da die dort akkumulierten Energien von geringerer Qualität sind. (Foto: zVg)*

*Oben: Das Forschungszentrum für Naturholzverarbeitung in Goldegg (siehe Kapitel 17) besteht aus einem rechteckigen Zentralbau, um den herum sich spiralartig kleinere Seitenflügel gruppieren. (Foto: Erwin Thoma)*

*Unten: Diese frei im Raum konstruierte Wendeltreppe im Forschungszentrum Goldegg zeigt die Möglichkeit hoch entwickelten Holzhandwerks. (Foto: Birgit Demel)*

# दिग्दोषनाशकयन्त्र

**oṁ mahābhāgavatāya vāstupuruṣāya svāhā**



*Vasati-Richtungsyantra: Dieses Yantra eignet sich zur Korrektur energetischer Vastu-Defekte. Es wirkt insbesondere hilfreich, wenn sich Räume in einer falschen Himmelsrichtung befinden. In diesem Fall kann man das Richtungsyantra über der Tür des jeweiligen Raumes oder einfach in dem betroffenen Bereich aufhängen.*

*Das Yantra wirkt über vier Prinzipien auf die energetische Struktur des Raumes ein: seine Geometrie, seine Farben, die Symbole und die enthaltenen Mantras (hier als Schriftzeichen im Sanskrit). In seinem Zentrum befindet sich der Vastupurusha, umgeben von einem komplexen geometrischen System, das 32 Himmelsrichtungen kennzeichnet. Im äußeren Bereich befinden sich Mantras (Anrufungen) der acht Halbgötter, die die acht Himmelsrichtungen beherrschen.*

**oṁ namo bhagavate vāmana-devāya namaḥ**



*Vamana-Yantra: Dieses Yantra ist eines der neun spirituellen Yantras, die den neun Planeten und damit auch den acht Himmelsrichtungen zugeordnet sind. Es repräsentiert Vamana Deva, der in den vedischen Schriften als eine Inkarnation Vishnus (Gottes) in Form eines zwerghaften Weisen beschrieben wird. Vamana Deva ist der spirituelle Herrscher des Planeten Jupiter, der wiederum den Nordosten beherrscht. Bei Vastu-Defekten im Nordosten kann man daher diese Yantra in dem betreffenden Bereich aufhängen, um einen energetischen Ausgleich zu schaffen.*

*Diese Vasati-Pyramide wurde speziell für den Zweck konstruiert, Vasati-Defekte innerhalb eines Gebäudes auszugleichen. Sie besteht aus einer dreidimensionalen Anordnung von insgesamt 10 Yantras, deren Wirkung durch acht Bergkristallpyramiden und eine Glaspyramide verstärkt wird. Entscheidend ist hierbei die räumliche Anordnung der Yantras und Pyramiden auf einem quadratischen Grundmandala. In den meisten Fällen wird die Vasati-Pyramide im Zentrum eines Gebäudes oder auf einem seiner energetischen Schlüsselpunkte (Marmas) aufgestellt. Die Pyramide ist bei der Veden-Akademie erhältlich.*

*Kapitel 6*

# Fenster und Türen im Vastu

Fenster und Türen sind für ein Haus ebenso wichtig wie der Mund, die Augen, die Ohren und die Nasenlöcher für den menschlichen Körper. Durch sie gelangen Energien aller Art in das Haus und verlassen es wieder. Die Lage und relative Anordnung von Fenstern und Türen prägen daher die Energien des Hauses maßgeblich. Dieses Kapitel behandelt die wichtigsten Aspekte dieses komplexen Themas.

Der Haupteingang ist einer der wichtigsten Aspekte der vedischen Baukunst. Bei vedischen Tempeln ist der Eingang häufig aufwändiger und beeindruckender konstruiert als das Tempelgebäude selbst. Neben der Lage des Haupteingangs sind vor allem auch seine Gestaltung und sein Umfeld von Bedeutung.

## Die Lage des Hauptzugangs zum Grundstück

Durch das Haupttor des Grundstücks finden die wichtigsten Energien Einlass. Es steht für die ankommenden Energien und ist damit auch mit dem finanziellen Einkommen verbunden. Das bioenergetische Feld des Grundstücks wird maßgeblich von der Lage des Hauptzugangs zum Grundstück geprägt. Hierbei ist der Osten die beste, der Norden die zweitbeste, der Westen die drittbeste und der Süden im Allgemeinen die schlechteste Richtung für den Eingang.

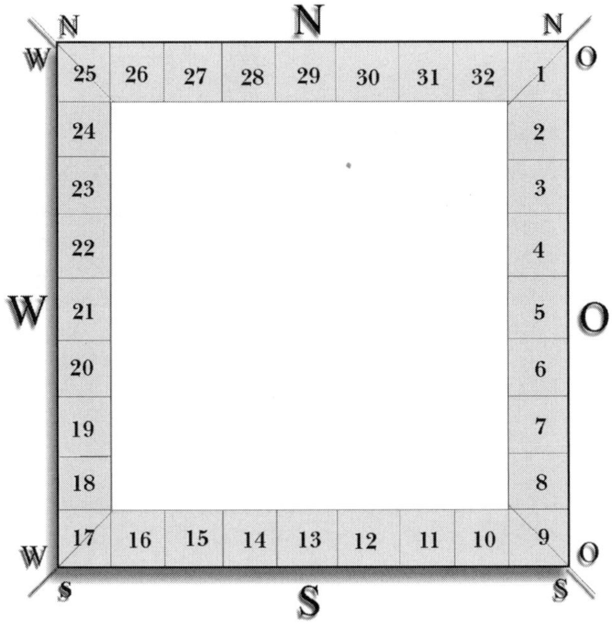


*Die 32 möglichen Positionen des Grundstückstors.*

Nummeriert man die 32 äußeren Felder des Vastupurusha-Mandalas vom Nordosten ausgehend im Uhrzeigersinn, so kann man der folgenden Tabelle entnehmen, welche Folgen ein in dem jeweiligen Feld platzierter Eingang haben kann.

Auch hier sollte man bedenken, dass die genannten Resultate Tendenzen ausdrücken, die zusammen mit anderen Aspekten in die Gesamtbeurteilung des Hauses und Grundstücks einfließen, also verstärkt oder abgeschwächt werden können.

Diese Tabelle kann auch für die Bewertung des Haupteingangs des Hauses eingesetzt werden.

| Feld-Nr. | Richtung | Resultat |
|---|---|---|
| 1 | Nordosten | Brandgefahr und Elend |
| 2 | Osten | Elend und Schmerz für Frauen |
| 3 | Osten | Reichtum, Gewinn, Ruhm und Fortschritt |
| 4 | Osten | Erfolg in Regierungsdiensten, Erfolg und Wohlstand durch den Vater |
| 5 | Osten | Sorgen, Schmerzen |
| 6 | Osten | Schwierigkeiten für weibliche Kinder |
| 7 | Osten | Mentale Unruhe und Furcht vor Feinden |
| 8 | Osten | Probleme mit Diebstahl, Dinge verschwinden unerklärlicher weise |
| 9 | Südosten | Probleme für männliche Kinder, finanzielle Verluste, Probleme durch Feuer und Sonne |
| 10 | Süden | Schwierigkeiten für Kinder und Angehörige |
| 11 | Süden | Glück verheißend, vorteilhaft |
| 12 | Süden | Geburt eines Sohnes, finanzielle Gewinne |
| 13 | Süden | Tendenz zu vorzeitigem Tod |
| 14 | Süden | Verlust der Selbstachtung und des Ruhms |
| 15 | Süden | Angst vor Diebstahl und Verlusten |
| 16 | Süden | Schwierigkeiten für die Kinder, Hindernisse im Allgemeinen |
| 17 | Südwesten | Ausgaben sind höher als die Einnahmen, Schwierigkeiten mit der Entbindung |
| 18 | Westen | Taubheit, Diebstahl, Feinde |
| 19 | Westen | Schmerzen, Geldschwierigkeiten |
| 20 | Westen | Mentales Glück, Fortschritt |
| 21 | Westen | Gute Gesundheit, Frieden, Komfort, Wohlergehen |
| 22 | Westen | Verluste durch den Staat |
| 23 | Westen | Finanzielle Verluste |
| 24 | Westen | Mentale und physische Probleme |
| 25 | Nordwesten | Plötzliche Krankheiten und Tod, Elend, Sorgen |
| 26 | Norden | Feindschaft wird verstärkt |
| 27 | Norden | Gute Kinder, Frieden und Wohlstand |
| 28 | Norden | Fortschritt, finanzieller Gewinn |
| 29 | Norden | Wohlstand und Reichtum |
| 30 | Norden | Probleme mit Kindern und anderen Familienmitgliedern |
| 31 | Norden | Schwierigkeiten für die weiblichen Bewohner des Hauses |
| 32 | Norden | Schwierigkeiten, Hindernisse und Verzögerung bei allen Tätigkeiten, Frustration, Fehlschläge |

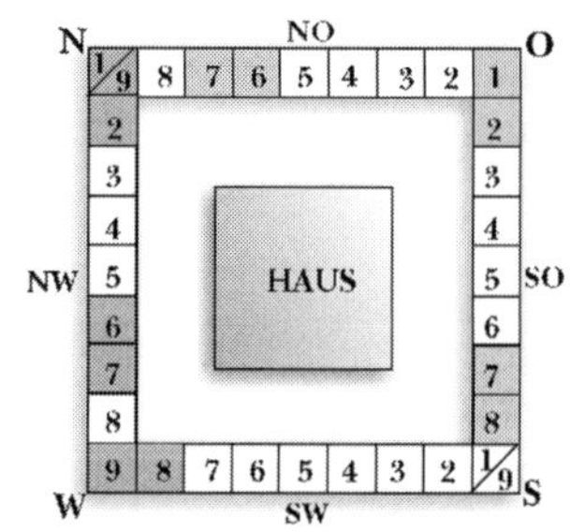


Für Diagonalhäuser, also Häuser, deren Ecken in den Haupthimmelsrichtungen liegen, gelten die in dieser Grafik gekennzeichneten Orte als günstig für den Haupteingang des Grundstücks.

## Die Lage des Haupteingangs des Hauses

Die folgende Tabelle nennt die möglichen Lagen des Haupteinganges eines Hauses und ordnet diesen die zu erwartenden Auswirkungen zu. Hierbei wird jede Himmelsrichtung in zwei Bereiche unterteilt, die unterschiedlich bewertet werden. Alternativ kann für die Bewertung bzw. die Platzierung des Haupteingangs des Hauses jedoch auch die detailliertere Tabelle auf Seite 98 herangezogen werden. Die im Folgenden dargestellte Aufteilung kann außerdem genutzt werden, um die Lage von Zimmertüren zu optimieren.

| Lage des Eingangs zum Haus | Auswirkungen |
|---|---|
| Norden des Nordostens<br>Felder 29, 30, 31, 32, 1 | Vorteilhaft, vor allem für den Besitzer, finanzielle Vorteile |
| Osten des Nordostens<br>Felder 1, 2, 3, 4, 5 | Vorteilhaft, fördert Intelligenz, Weisheit und Gelehrsamkeit |
| Osten des Südostens<br>Felder 6, 7, 8, 9 | Die schlechteste Möglichkeit, negative Ergebnisse, häufige Gerichtsfälle und Meinungsverschiedenheiten |
| Süden des Südostens<br>9, 10, 11, 12, 13 | Fruchtbare Ergebnisse, Erfolg, Gesundheit |
| Süden des Südwestens<br>14, 15, 16, 17 | Geringe Qualität, führt zu Verlust des Wohlstandes und zu Krankheiten für die weiblichen Bewohner des Hauses |
| Westen des Südwestens<br>17, 18, 19, 20, 21 | Geringe Qualität, führt zu Verlust des Geldes und Verlust der Position für den Besitzer des Hauses, berufliche und private Probleme |
| Westen des Nordwestens<br>22, 23, 24, 25 | Hohe Qualität, Glück und Erfolg, beruflicher Erfolg |
| Norden des Nordwestens<br>25, 26, 27, 28 | Geringe Qualität, führt zu Unruhe und Unstetigkeit des Geistes, innere Unruhe |

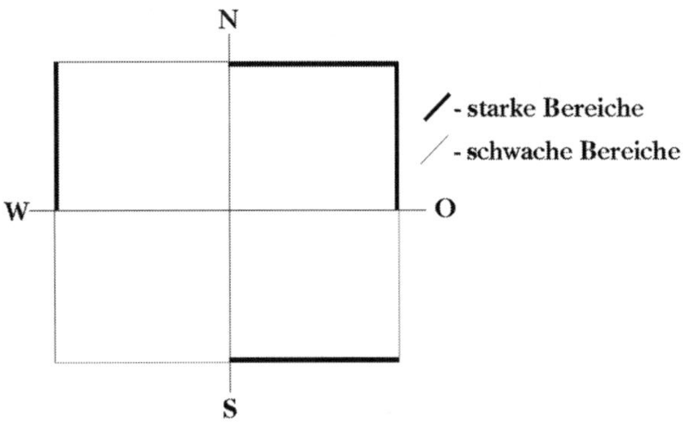


In dieser Grafik sind die starken und schwachen Bereiche der einzelnen Himmelsrichtungen gekennzeichnet. Diese Bereiche eignen sich besonders für den Haupteingang des Hauses. Generell sind dies die bevorzugten Bereiche für Türen und Fenster.

Das Grundprinzip hinter dieser Auflistung besteht darin, dass jede Seite des Vastupurusha-Mandalas in eine starke und eine schwache Hälfte unterteilt ist. Hierbei gilt die folgende Regel:

- Der östliche beziehungsweise nördliche Bereich einer Seite des Vastupurusha-Mandalas bildet die starke Hälfte, der südliche und westliche Bereich dagegen die schwache Hälfte.
- Die Eingangstür des Hauses sollte möglichst in einem starken Bereich liegen.

Im Osten und Westen des Mandalas ist jeweils die nördliche Hälfte der starke Bereich. Im Süden und Norden des Mandalas ist jeweils die östliche Hälfte der starke Bereich.

**Die Lage des Haupteingangs in Abhängigkeit von der Straßenlage** | Die folgende Auflistung gibt die optimale Lage des Haupteingangs in Abhängigkeit von der Straßenlage an:
*Straßen im Norden und Osten:* Haupteingang im Osten
*Straßen im Norden und Westen:* Haupteingang im Westen
*Straßen im Süden und Osten:* Haupteingang im Osten
*Straßen im Süden und Westen:* Haupteingang im Westen
*Straßen im Norden und Süden:* Haupteingang im Norden
*Straßen im Osten und Westen:* Haupteingang im Osten

Für den Fall, dass das Haus nur an einer Straße liegt, so ist im Allgemeinen die Lage des Haupteingangs durch die Straßenlage vorgegeben. Bei einer Straßenlage im Süden sollte man es jedoch vermeiden, den Haupteingang zur Straße in Richtung Süden zu legen. In diesem Fall kann der Osten oder der Norden als Ort für den Haupteingang des Hauses gewählt werden. Liegt die Straße im Westen des Hauses, kann der Haupteingang des Hauses im Norden gebaut werden.

Ist ein Haus in drei oder vier Richtungen von Straßen umgeben, so sollte der Haupteingang des Hauses möglichst in Richtung Osten oder Norden angelegt werden. Besitzt ein solches Haus einen Eingang im Süden oder Westen, so sollte es zumindest einen weiteren Eingang im Osten oder Norden haben.

Die Frontseite eines Hauses repräsentiert sein Gesicht. Die Tür ist der Mund, während die Fenster links und rechts seine Augen darstellen.

Die Fenster rechts von der Tür (von außen betrachtet) werden als Mondfenster bezeichnet. Sie repräsentieren die weiblichen Bewohner des Hauses und werden vom Mond beherrscht.

Die Fenster links von der Tür (von außen betrachtet) werden als Sonnenfenster bezeichnet. Sie repräsentieren die männlichen Bewohner und werden von der Sonne beherrscht.

**Wichtige Regeln für den Haupteingang** | Außerdem gelten für den Hauseingang die folgenden Punkte:

- Ein Haus mit Haupteingang im Süden sollte auch einen Nebeneingang im Norden besitzen.
- Ein Haus mit Haupteingang im Westen sollte auch einen Nebeneingang im Osten besitzen.
- In einem Haus mit östlichem Eingang sollte dieser möglichst in dem am weitesten im Osten gelegenen Raum gebaut werden. Er befindet sich am besten in der nördlichen Hälfte dieses Raumes. Dadurch wird der Wohlstand der Familie gefördert.
- In einem Haus mit nördlichem Eingang sollte sich dieser in dem am weitesten im Norden gelegenen Raum befinden. Er liegt am besten in der östlichen Hälfte dieses Raumes.
- Ecken von Gebäuden, Brunnen, Bäume, Säulen, Masten usw. sollten sich nicht vor dem Eingang befinden oder auf diesen gerichtet sein.
- Türen sollten sich nicht in der Mitte eines Hauses befinden, damit das Zentrum des Hauses vom Eingang aus nicht direkt sichtbar ist.
- Türen sollten beim Öffnen und Schließen keine Geräusche machen.
- Zum Anfertigen einer Tür sollte man kein altes Baumaterial oder bereits gebrauchtes Holz verwenden.
- Es wird empfohlen, die Haupteingänge reich zu verzieren und mit Glück verheißenden Symbolen und Zeichen zu besetzen.
- Das Haupttor besteht am besten aus zwei Flügeln, die sich nach innen öffnen.
- Der Haupteingang sollte immer etwas höher liegen als die restlichen Türen des Hauses und sich nur nach innen öffnen lassen. Da das Gebäude etwas höher liegen sollte als das Grundstück, sind daher ein paar Treppen angeraten, die zum Haupteingang führen. Die Anzahl der Treppenstufen sollte ungerade sein (1, 3, 5, 7…).
- Innerhalb des Hauses sollte sich gegenüber dem Haupteingang keine Wand befinden. Dadurch würden die positiven Energien, die durch den Haupteingang

eintreten, behindert. Am günstigsten ist es, wenn gegenüber dem Eingang eine Tür liegt, die zum nächsten Raum führt.

- Eine Ausnahme bilden die Fälle, in denen sich der Haupteingang an einem Unglück verheißenden Ort befindet.
- In der vedischen Tradition gilt es als vorteilhaft, den Fußboden vor dem Haupteingang früh morgens mit frischem Wasser zu besprenkeln.
- Türen, Fenster und Schränke sollten einander gegenüberliegen.

*Häuser und Räume mit einer Tür:* Diese sollte sich im Osten oder Norden befinden, jedoch nicht im Süden oder Westen. Das Gleiche gilt für Räume.

*Häuser und Räume mit zwei Türen:* Es sollten keine zwei Türen im Süden und Westen errichtet werden. Eine der beiden Türen sollte sich zumindest im Osten oder Norden befinden. Ein Raum im Südwesten sollte eine Tür im östlichen Nordosten und eine Tür im nördlichen Nordosten besitzen.

*Häuser und Räume mit drei Türen:* Plant man ein Haus mit Türen in drei Richtungen, so sollte man dabei nicht den Osten oder Norden auslassen. Türen im Osten, Norden und Westen sind sehr vorteilhaft. Das Gleiche gilt für Türen in den Richtungen Osten, Norden und Süden. Der Raum im Südwesten sollte keine drei Türen besitzen.

*Häuser mit vier Türen:* Nur Häuser, die parallel zu den Haupthimmelsrichtungen orientiert sind, sollten Eingänge in allen vier Richtungen besitzen.

Diese Mondfenster des gleichen Hauses befinden sich in einem ungünstigen Zustand. Hinter dem ersten Fenster rechts von der Tür ist die Treppe zum Keller, während sich hinter dem zweiten Fenster die Küche befindet. Diese Kombination von Mars (Küche) und Mond (2. Mond- fenster) wirkt sich für die Frauen negativ aus. Das dritte Mondfenster ist zugemauert, was ebenfalls die weiblichen Energien des Hauses schwächt. (Auf dieser Abbildung sind nur das zweite und dritte Fenster zu sehen.)

## Die Beziehung zwischen der Haustür und dem Grundstückstor

Die äußere Tür führt von der Straße in das Grundstück hinein, während die innere Tür vom Grundstück in das Haus hineinführt. Es gibt vier Möglichkeiten, wie diese beiden Türen relativ zueinander angeordnet sein können:

1) Der äußere und der innere Eingang liegen in der gleichen Richtung und einander gegenüber. Dieser Fall ist der beste.
2) Befindet sich der äußere Eingang von dem inneren Eingang aus gesehen auf der linken Seite, so bewegen sich die Energien im Uhrzeigersinn in das Haus hinein. Dieses gilt als Glück verheißend.
3) Befindet sich der äußere Eingang von dem inneren Eingang aus gesehen auf der rechten Seite, so bewegen sich die Energien entgegen dem Uhrzeigersinn in das Haus hinein. Dieses gilt als Unglück verheißend.
4) Liegen der innere und der äußere Eingang auf einander gegenüberliegenden Seiten des Hauses, so ist der Energiefluss ins Haus sehr gering. Dieses gilt ebenfalls als Unglück verheißend.

## Türen innerhalb der Räume

Zimmertüren sollten sich innerhalb der Räume eines Hauses möglichst im nördlichen oder östlichen Bereich des Nordostens befinden. Dadurch bleibt der Nordosten automatisch frei von Möbelstücken, der Süden und Westen stehen für die Möblierung zur Verfügung. Türen in südlichen und westlichen Wänden sollten möglichst vermieden werden.

Alternativ können Türen im Westen des Nordwestens und im Süden des Südostens gebaut werden. Türen sollten sich nicht in der Mitte von Wänden befinden und auch nicht direkt an die Ecke eines Raumes angrenzen.

Zimmertüren können im südlichen und westlichen Bereich des Hauses größer sein als im Norden und Osten. Im Allgemeinen sollten sie im ganzen Haus die gleiche Größe besitzen und aus derselben Holzart bestehen. Türen und Fenster sollten einander gegenüberliegen.

Die Gesamtanzahl der Türen im Haus sollte gerade sein und nicht mit einer Null enden. Wie für den Hauseingang gilt für Zimmertüren, dass sie sich möglichst in den starken Bereichen der Räume befinden sollten.

## Fenster

Fenster sollten sich wie die Türen in den starken Bereichen des Hauses und der einzelnen Räume des Hauses befinden. Dies sind: Norden und Osten des Nordostens, Süden des Südostens, Westen des Nordwestens.

Die Fenster eines Hauses sollten generell in wiederkehrende Formate geteilt sein. Die Summe der Fenster in einem Haus sollte gerade sein, jedoch nicht mit einer Null enden. Es gilt als vorteilhaft, wenn sich links und rechts von der Eingangstür Fenster in einer symmetrischen Anordnung befinden.

Die folgende Auflistung zeigt, was unterschiedliche Verteilungen von Fenstern und Türen im Haus bewirken können:

| **Verteilung der Hausöffnungen** | **Ergebnis** |
|---|---|
| Norden und Osten offen | Gesundheit und Wohlstand |
| Alle Seiten gleichmäßig offen | Ausgeglichenheit |
| Osten offen, Norden geschlossen | Krankheit, Verlust, Armut |
| Norden offen, Osten geschlossen | Fehlende Weisheit, energetische Probleme, fehlende Kraft, Gier |
| Norden und Osten geschlossen | Krankheit, Gefahr von Krebs |
| Norden, Osten und Westen offen | Gesundheit und materieller Wohlstand, Popularität |
| Norden, Süden und Osten offen | Materieller und geistiger Reichtum |

Vor allem im Norden und Osten des Hauses ist es wichtig, dass dem auf die Fenster fallenden Licht keine Hindernisse im Weg stehen.

Efeu, das die gesamte Wand überwuchert, absorbiert einen Teil der auf die Wand treffenden Energien und sollte daher vor allem im Nordosten vermieden werden. Im Südwesten kann der Efeu hingegen eine energetische Stärkung bewirken.

## Anordnung der Türen im Haus

In diesem Abschnitt werden verschiedene Kombinationen von Türen innerhalb eines Gebäudes mit drei Zimmern untersucht. Die Beispiele sind schematisch und geben keine realistischen Wohnsituationen wieder. Ein wichtiger Aspekt bei der Beurteilung ist die Richtung, in der die Energien durch das Haus fließen. Die Lage der Fenster wurde hierbei nicht berücksichtigt.

*1. Beispiel* | Es ist sehr vorteilhaft, wenn ein Gebäude Türen in allen vier Himmelsrichtungen besitzt. Auf diese Weise erfährt man die positiven Energien aller Richtungen. Die Türen im Westen und Süden sollten kleiner sein als die im Norden und Osten. Die Türen sind in der ersten Skizze in der Mitte der Wände platziert. Sie sollten jeweils in die Richtung des starken Bereichs verschoben werden, um eine optimale Situation zu erreichen. Andernfalls wird es schwierig sein, in diesem Haus Energien festzuhalten.

Türen und Fenster in einer geradlinigen Reihe sind günstig, wenn sie in einem energetisch starkean Bereich des Hauses liegen. Ansonsten führen sie zu einem ständigen Energieverlust.

Die Grafik rechts zeigt, wie dieses Beispiel verbessert werden sollte:

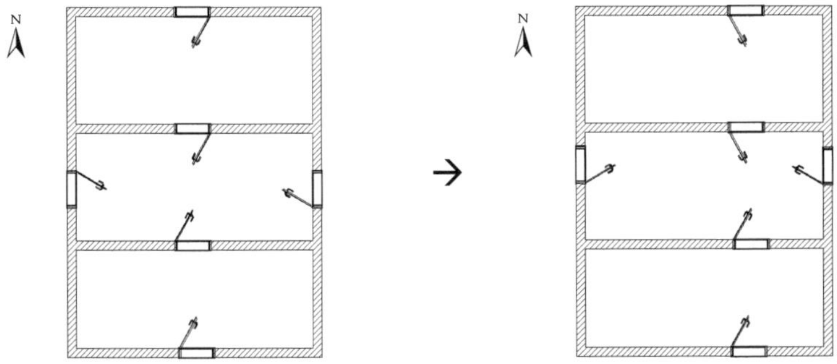


*2. Beispiel* | Besitzt ein Haus eine Tür im Osten, so ist im Westen ein Ausgang empfohlen. Eine weitere Tür im Norden steigert die Qualität des Gebäudes. Auch ein großes Fenster im Norden würde diesen Zweck erfüllen. Die folgende Abbildung zeigt den korrigierten Grundriss, wobei die Türen wiederum in die starken Bereiche verlegt wurden:

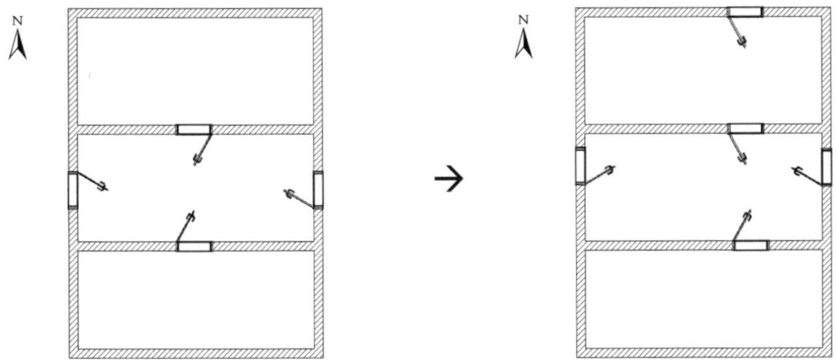


*3. Beispiel* | In dieser Skizze liegen alle vier Türen in einer geraden Linie zwischen dem Norden und Süden des Hauses. Die Folge einer solchen Türlage ist, dass viel Geld verdient (Tür im Norden), aber ebenso viel auch wieder ausgegeben wird (Tür im Süden). Es bleibt also nichts übrig. Dieser Fall ist ungünstig, besonders weil hier alle Türen in der Mitte der Wände liegen. Zumindest die Tür im Süden sollte ein Stück in Richtung Osten verrückt werden.

Die Abbildung rechts zeigt den korrigierten Grundriss:

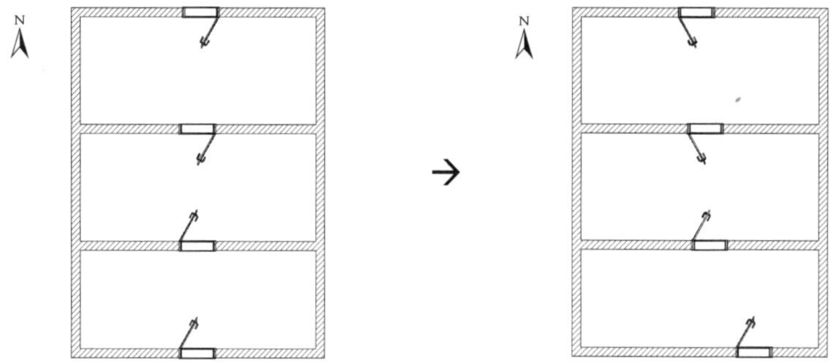

Ein Fenster gegenüber einem Eingang oder einer Tür im Haus fördert nach Vastu den Energiefluss. Solche offenen Linien sind die Energiemeridiane des Hauses.

*4. Beispiel* | Dieses Beispiel ist sehr vorteilhaft. Beide Türen liegen sich in starken Bereichen gegenüber. Die Türen der anderen Räume wurden hierbei nicht berücksichtigt.

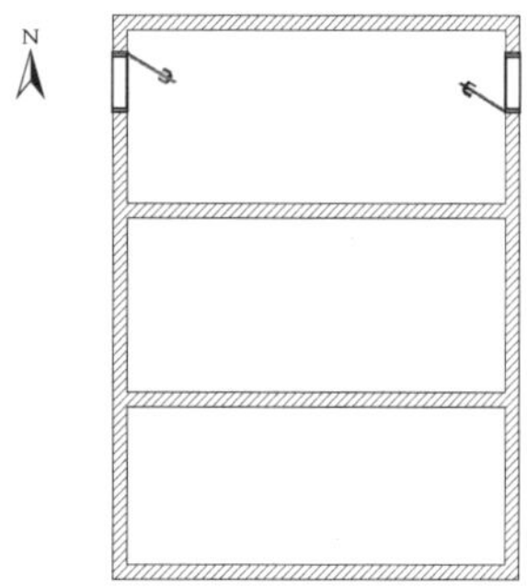


*5. Beispiel* | Die Türen auf der Nord-Süd-Linie liegen in starken Bereichen. Die beiden Türen im Osten und Westen müssten in die starken Bereiche verschoben werden. Dann wäre diese Situation sehr vorteilhaft. Sie führt zu Wohlstand.

Die Abbildung rechts zeigt den verbesserten Grundriss:

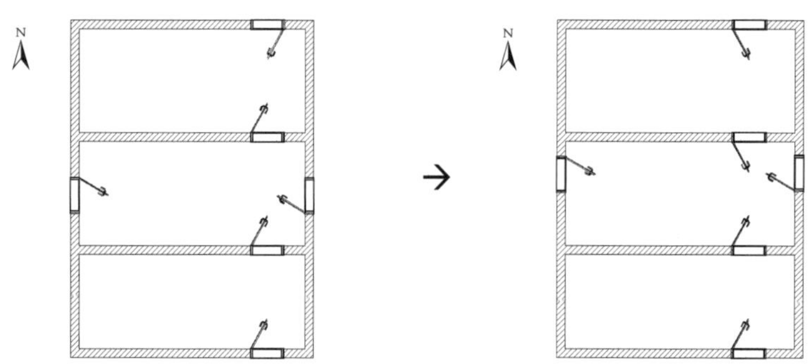


Der Zustand und die Umgebung der Sonnenfenster links vom Haupteingang (von außen betrachtet) beeinflussen vor allem die männlichen Bewohner des Hauses.

Die folgenden Räumlichkeiten wirken sich hinter Sonnenfenstern positiv aus: Bad, Büro, Gästezimmer, Empfang, Meditationsraum.

Eine neutrale Wirkung haben dort: Esszimmer, Speisezimmer.

Negativ wirken sich hinter den Sonnenfenstern aus: Küche, Schlafzimmer, Abstellkammer, Wohnzimmer.

Fehlen solche Fenster vollständig, sind sie dunkel oder geschlossen oder gibt es in ihrer Umgebung Risse in der Wand, so werden alle Bewohner des Hauses, insbesondere die Männer und Söhne, negativ beeinflusst.

*6. Beispiel* | Dieser Fall ist ungünstig, da eine Bewegung zwischen dem Nordwesten und dem Südosten nicht empfohlen ist. Die Haustür im Nord-Nordwesten sollte geschlossen werden. Stattdessen sollte eine Tür im Norden oder Osten gebaut werden.

Die Grafik rechts zeigt die verbesserte Situation:

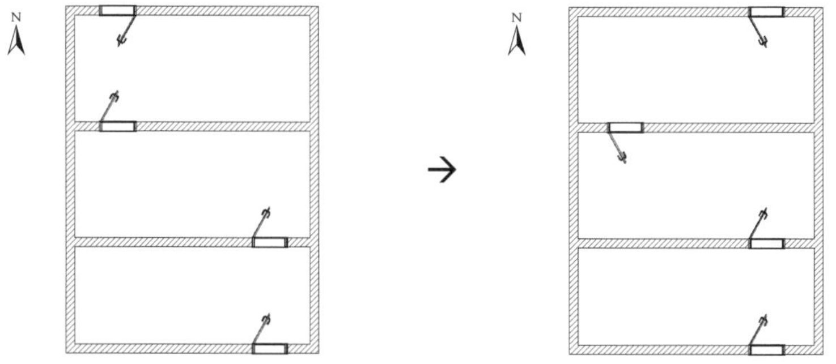


*7. Beispiel* | Auch in diesem Beispiel ist die Bewegung aus dem Nordwesten in Richtung Südosten ungünstig. Die Tür im Südosten sollte geschlossen und zugemauert werden. Stattdessen sollte im mittleren Raum eine Tür entweder im Westen (a) oder im Osten (b) gebaut werden.

Die Abbildungen rechts und unten zeigen Möglichkeiten der Verbesserung:

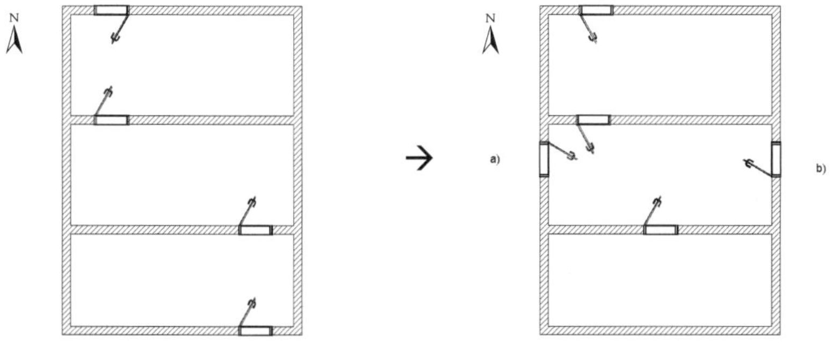


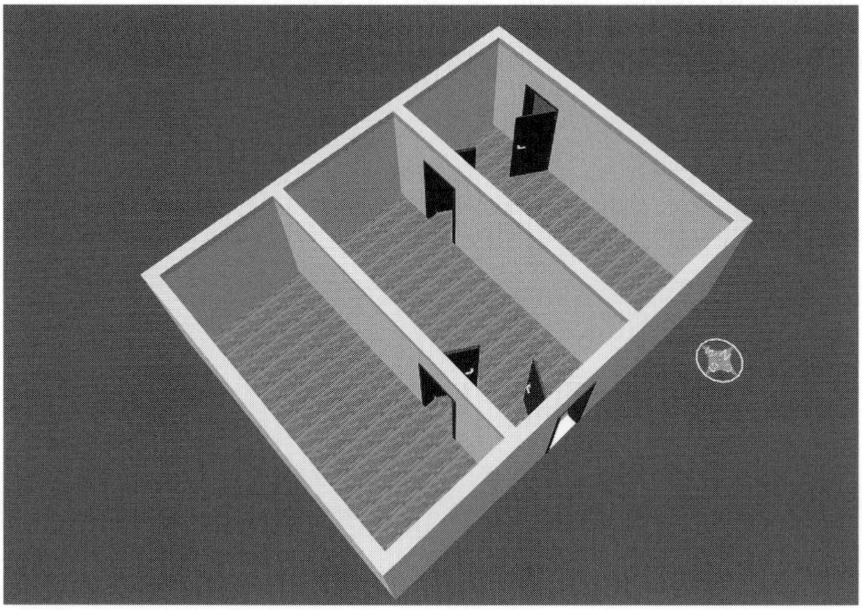

*Die Tür im Südosten wurde geschlossen und durch eine Tür im Osten ersetzt.*

Der Zustand und die Umgebung der Mondfenster (Fenster rechts vom Haupteingang von außen betrachtet) beeinflussen vor allem die weiblichen Bewohner des Hauses.

Ein Bad und ein Meditationszimmer hinter Mondfenstern wirken sich positiv aus.

Wohnzimmer, Büro, Gästezimmer und Schlafzimmer haben dort eine neutrale Wirkung.

Küche, Esszimmer, Speisekammer und Abstellkammer sollten hinter Mondfenstern vermieden werden.

Risse in der Wand bei den Mondfenstern oder dunkle und geschlossene Fenster wirken sich ebenso negativ aus wie ein Mast oder eine Laterne vor einem Mondfenster.

Gelangen durch eine bestimmte Tür negative Energien in das Haus oder auf das Grundstück, so kann man auf dieser Tür ein bestimmtes Mandala oder Yantra befestigen. Auf die abgebildete Gartentür wurde das Schutz-Yantra direkt aufgemalt. Zum Schutz eignet sich insbesondere das im Kapitel 2 abgebildete Narasimha-Yantra.

*8. Beispiel* | In diesem Beispiel findet die Bewegung aus dem Nordwesten in Richtung Ost-Südosten statt, was unvorteilhaft ist. Die Tür im Osten des Südostens sollte in den östlichen Teil des mittleren Raumes verlegt werden.

Die Grafik rechts zeigt die verbesserte Situation:

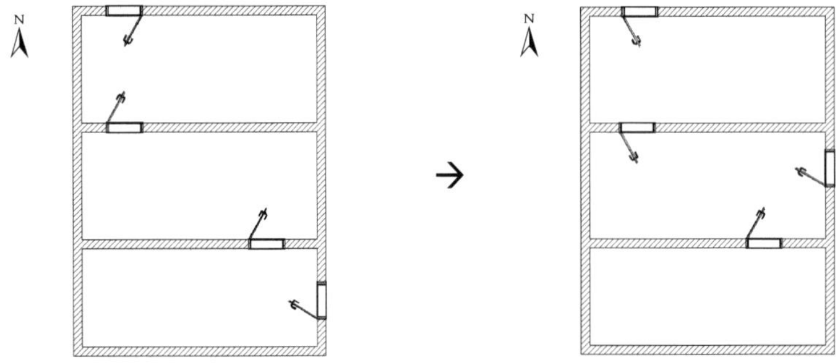


*9. Beispiel* | In diesem Fall findet die Bewegung aus dem Nordosten in Richtung Südwesten und Süden statt, was ebenfalls nicht gut ist. Um die Situation zu verbessern, sollten die Türen im Südwesten und Süden geschlossen und eine Tür im Osten des mittleren Raumes errichtet werden.

Die Abbildung rechts zeigt den verbesserten Grundriss:

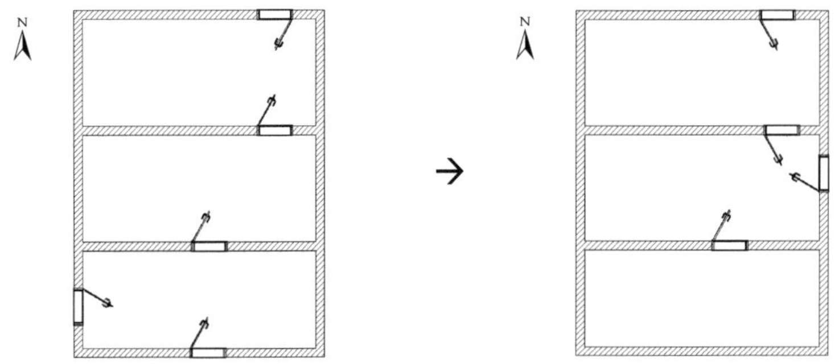


*10. Beispiel* | Dieser Fall ist von mittlerer Qualität und kann verbessert werden, indem die Tür im Süden des Ostens geschlossen wird. Eine neue Tür im Osten des mittleren Zimmers wäre vorteilhaft. Auch sollten die Türen im Norden in den starken Bereich verlegt werden.

Die Abbildung rechts zeigt die verbesserte Situation:

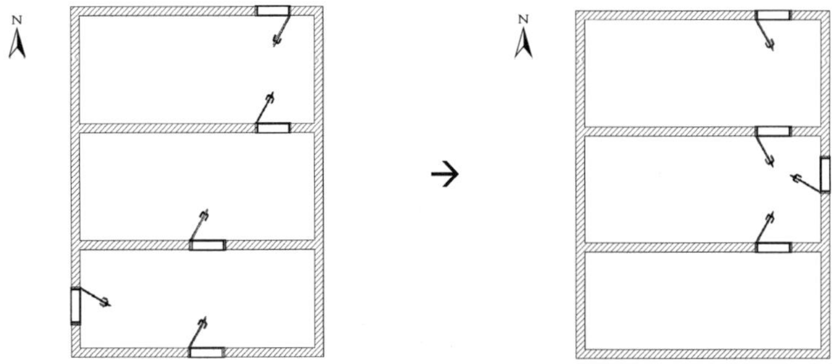


Die Tür des Haupteingangs sollte am besten zwei Flügel besitzen und sich nach innen öffnen lassen. Die Klinke befindet sich von innen aus betrachtet am besten auf der linken Seite. Die Tür des Haupteinganges sollte möglichst solide sein und keine größeren Öffnungen besitzen. Eine Tür aus Glas kann daher ihren Zweck nicht erfüllen.

*11. Beispiel* | Dieser Fall ist weder besonders gut noch besonders schlecht. Die Lage verbessert sich, wenn man die Tür im Süden schließt, die Türen im Norden in den starken Bereich verschiebt und eine Tür im Osten des mittleren Raumes baut. Die korrigierte Form sieht genauso aus wie in den vorangehenden beiden Beispielen.

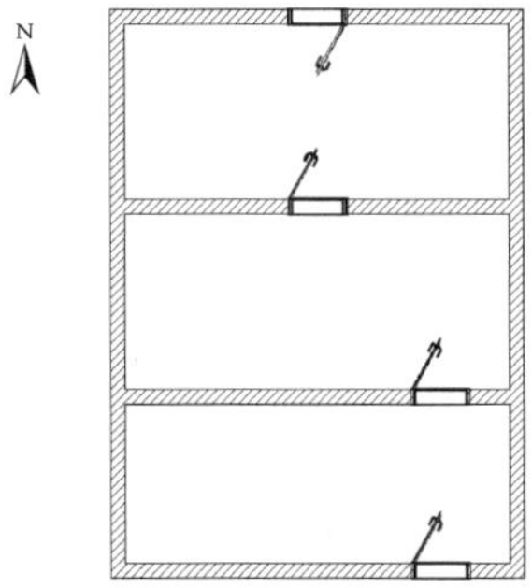


Der Haupteingang sollte größer sein als alle anderen Türen des Hauses, und es sollte unbedingt auch einen Nebeneingang geben, der dann für die Energien als Ausgang zu bewerten ist, auch wenn er in beiden Richtungen benutzt wird. Grund: Die austretenden Energien dürfen nicht größer sein als die ankommenden.

*12. Beispiel* | Dieser Fall ist sehr vorteilhaft, allerdings sollte die Korrektur der Türen unter Berücksichtigung der starken und schwachen Bereiche vorgenommen werden. Im Süden sollte sich zumindest ein kleines Fenster befinden, um die Energien auf der Nord-Süd-Achse nicht zu blockieren.

Die Abbildung rechts zeigt die verbesserte Situation:

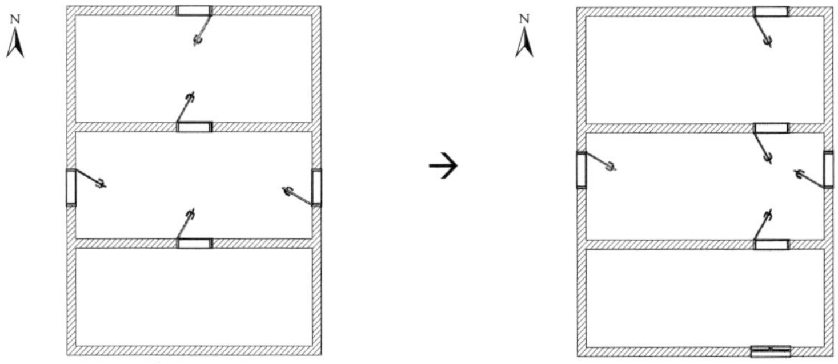

*Astrologisches Zeichen des Planeten Rahu*

Der Eingangsbereich sollte möglichst hell gestaltet werden, damit dort nicht der Einfluss des Planeten Rahu überhand nimmt. Rahu beherrscht sowohl den Haupteingang des Hauses als auch die großen und dunklen Bereiche. Ein zu großer Einfluss des Planeten Rahu bringt Gefahren mit sich.

*13. Beispiel* | Die in diesem Beispiel dargestellte Situation ist sehr vorteilhaft, wenn die Türen in den starken Bereich in Richtung Norden verschoben werden. Eine zusätzliche Tür im Norden des mittleren Raumes brächte eine weitere Verbesserung.

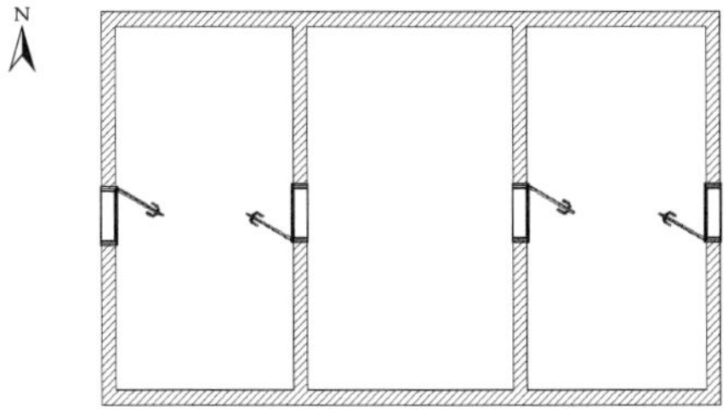

Die folgende Grafik zeigt den verbesserten Grundriss:

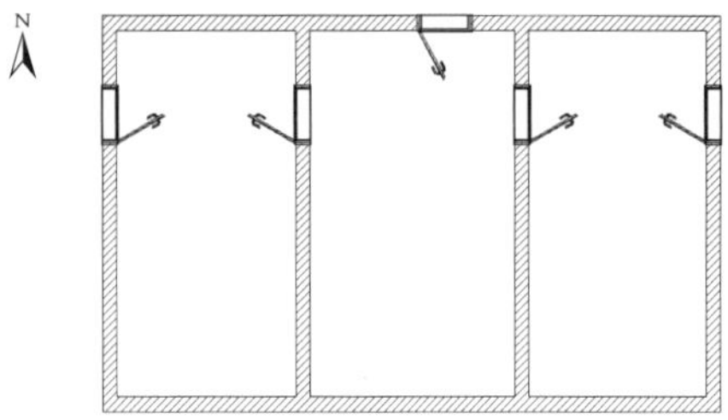

Der Hauptzugang zu diesem Tempel in Vrindavana, einer kleinen Stadt zwischen Agra und Delhi, ist besonders schön und einladend. Der Weg durch das Haupttor führt durch mehrere Tore direkt vor den Altar im Zentrum (Brahmasthana) des Komplexes.

*14. Beispiel* | Auch diese Situation wird vorteilhaft, wenn die Korrektur unter Berücksichtigung der starken und schwachen Bereiche durchgeführt wird. Belässt man die Türen jedoch in der Mitte der Wände, ist ein Energieverlust auf den Hauptachsen zu verzeichnen.

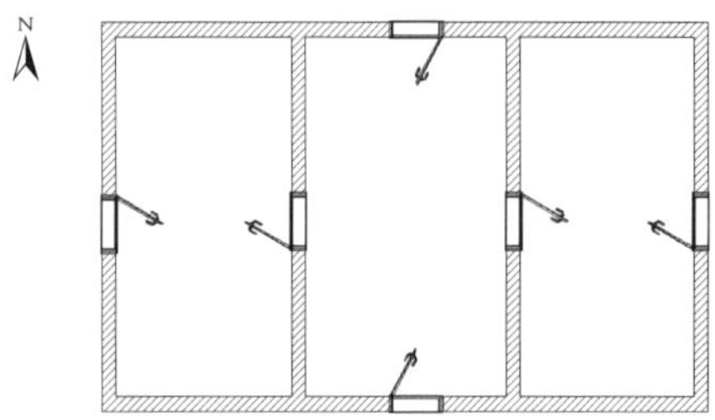


Die folgende Grafik zeigt die korrigierte Situation:

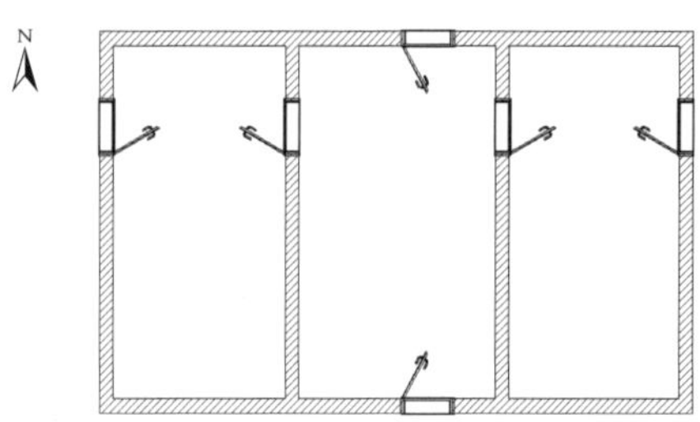


*15. Beispiel* | Dieser Fall ist sehr vorteilhaft. Die Türen befinden sich im starken Bereich des Westens beziehungsweise Ostens.

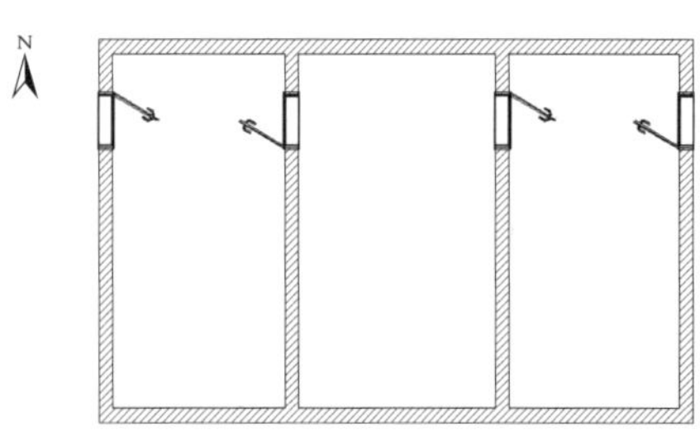


Es ist empfohlen, jede Tür, insbesondere den Haupteingang, mit einer ausreichend hohen Schwelle zu versehen. Dadurch werden die eintretenden Energien reguliert.

Alle Türen des Hauses sollten möglichst aus der gleichen Holzart gefertigt werden. Die Anzahl der Türen in einem Haus oder einer Wohnung sollte gerade sein. Hierbei sind jedoch die glatten Zehnerzahlen wie 10, 20, 30 und so weiter zu vermeiden. Das Gleiche gilt für die Fenster.

*16. Beispiel* | Mit den Türen im schwachen Bereich des Ostens und Westens ist dieser Fall sehr gefährlich. Als Korrekturmaßnahme sollte die Tür im westlichen Südwesten permanent geschlossen werden. Ein zusätzlicher Eingang im Norden oder Osten könnte weitere Erleichterung schaffen.

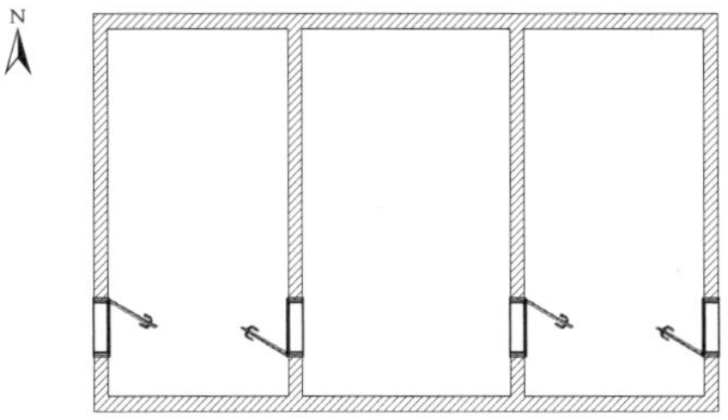


Die folgende Grafik zeigt die korrigierte Situation:

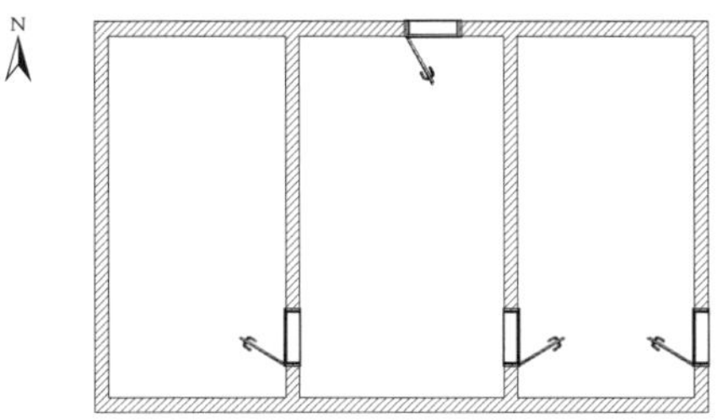


*17. Beispiel* | Obwohl sich die Türen im Nordwesten in starken Bereichen befinden, ist dieser Fall unvorteilhaft, da die Türen im Osten des Südostens im schwachen Bereich liegen und damit eine ungünstige Bewegung aus dem Südosten in Richtung Nordwesten zustande kommt. Die Situation kann verbessert werden, indem man die Tür im Osten des Südostens schließt und eine zusätzliche Tür im Osten (a) oder Norden (b) einbaut.

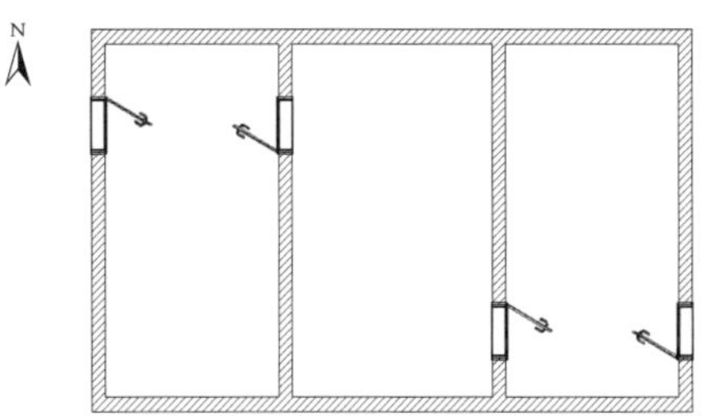


Die folgende Grafik zeigt die korrigierte Situation:

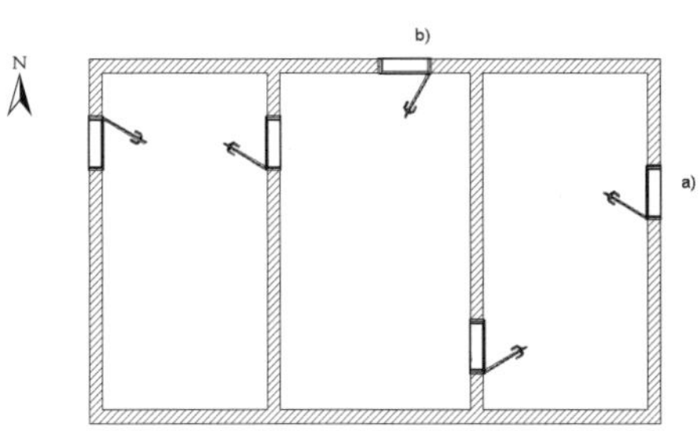


Türen sollten sich weder in der Mitte noch direkt am Rand einer Wand befinden. Fenster sollten nicht in einer Ecke geplant werden. Sie können aber ohne Nachteile im Zentrum einer Wand platziert sein.

Als Gopurams werden die Tore der südindischen Tempelanlagen bezeichnet. Große Tempel besitzen solche Tore in allen vier Haupthimmelsrichtungen, während sich der Haupteingang zumeist im Osten befindet.

Ein solches pyramidenartiges Tempeltor besitzt Türen auf 14 übereinander liegenden Ebenen, damit neben den Menschen auch die Bewohner der insgesamt 14 Planetensysteme der vedischen Kosmogonie in den Tempel eintreten können. Von den Bewohnern all dieser Planeten benutzen nur die Menschen den Eingang zu ebener Erde. Alle anderen treten, ihrer Stellung entsprechend, durch höher liegende Eingänge ein.

*18. Beispiel* | Diese Situation ist bereits günstig. Sie verbessert sich weiter, wenn ein Fenster oder eine zusätzliche Tür im Norden eingerichtet wird.

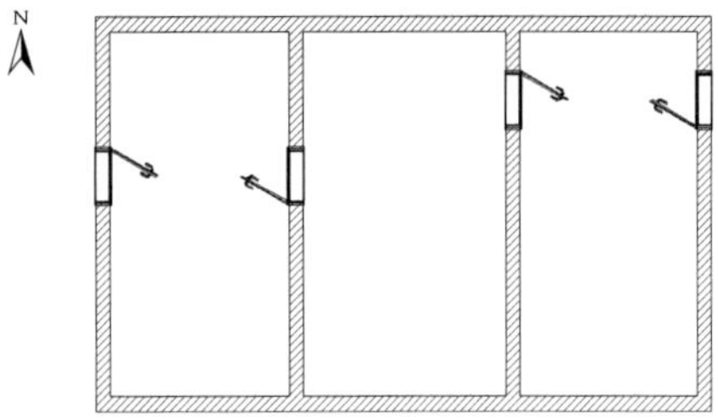


Die folgende Grafik zeigt die verbesserte Situation:

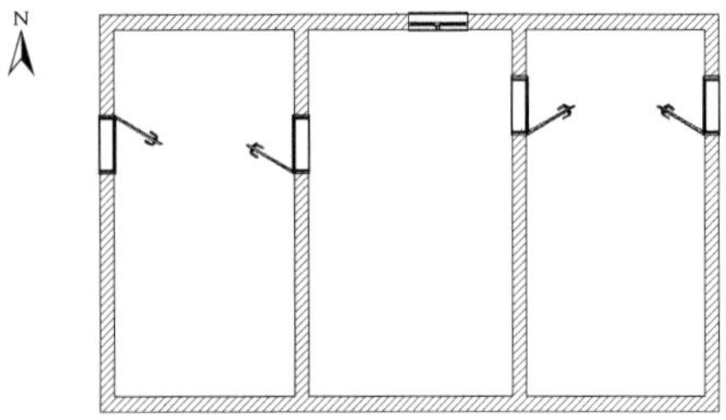


*19. Beispiel* | Ein weiteres unvorteilhaftes Beispiel. Es kann korrigiert werden, indem die Tür im Südwesten geschlossen und eine weitere Tür im Nordwesten (a) oder Norden (b) eingerichtet wird.

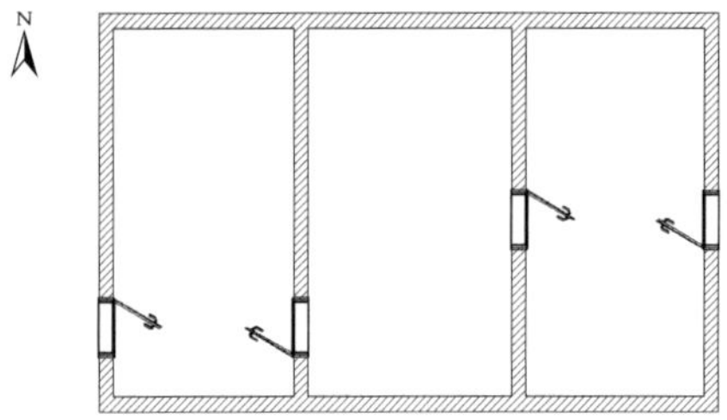


Die folgende Grafik zeigt die korrigierte Situation:

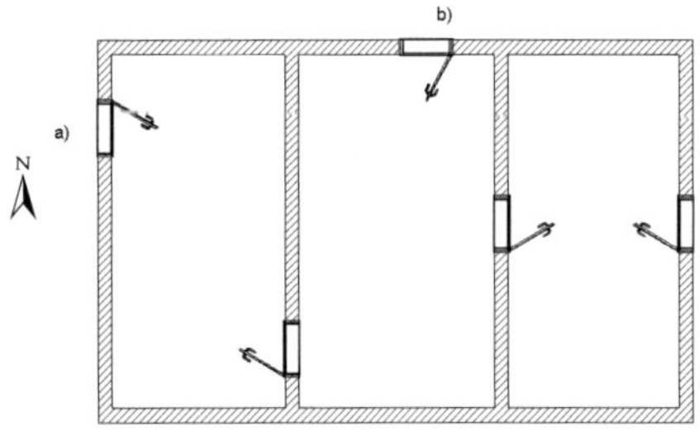

*20. Beispiel* | Auch hier befinden sich die Türen im Westen im schwachen Bereich und dadurch ist die Bewegungsrichtung der Energien im Haus ungünstig. Die notwendigen Korrekturen sind ähnlich wie im vorangehenden Beispiel.

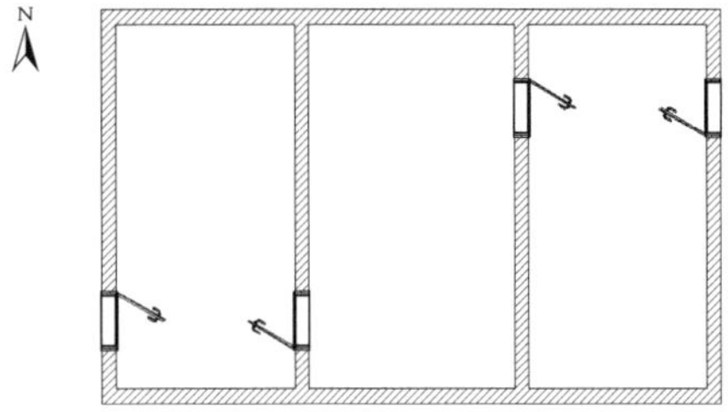


Ein Haupteingang im Südosten (im Osten des Südostens) kann Streit oder häufige Gerichtsfälle und (im Süden des Südostens) gesundheitliche oder finanzielle Probleme verursachen.

Im Südosten sollte sich aber zumindest ein kleines Fenster befinden, da es sonst zu Verzögerungen wichtiger Angelegenheiten im Haus kommen kann.

## Zusammenfassung

Die genannten Beispiele veranschaulichen die folgenden allgemeinen Prinzipien für die relative Lage von Türen innerhalb eines Gebäudes:

Türen im Norden oder Osten eines Hauses beziehungsweise eines Raumes sind gegenüber Türen im Westen oder Süden generell vorzuziehen. Zudem sollten sich Türen möglichst in den starken Bereichen der Räume oder des Hauses befinden. Liegen Türen in starken Bereichen eines Hauses, das parallel zu den Haupthimmelsrichtungen orientiert ist, so ist es vorteilhaft, mehrere Türen in einer Reihe zu platzieren. Dadurch gelangen positive Energien in das Haus. In einem solchen Fall können die einfließenden Energien im Haus genutzt werden.

Befindet sich eine solche Reihe von einander gegenüberliegenden Türen jedoch in einem schwachen Bereich, so gelangen negative Energien in das Haus. Solche Türreihen sollten möglichst unterbrochen werden, indem man eine der Türen dauerhaft schließt oder Hindernisse zwischen ihnen aufstellt.

Liegen die Türen einer Reihe im mittleren Bereich der Wand, so sind ebenfalls negative Ergebnisse zu erwarten. Die Energien, die in das Haus einfließen, verlassen das Haus wieder, ohne eine positive Wirkung zu entfalten.

Eine Reihe von Türen in einem starken Bereich sollte möglichst durch das ganze Haus fortgesetzt werden. Ist dies nicht mit Türen zu realisieren, so können in den Außenwänden Fenster platziert werden, die den Energiefluss zwischen außen und innen gewährleisten.

Bei einem Haus, das nicht parallel zu den Haupthimmelsrichtungen liegt, ist die Situation deutlich komplizierter. Für Diagonalhäuser, bei denen die Haupthimmelsrichtungen in den Ecken liegen, sollte man es generell vermeiden, Türen und Fenster in einer durchgehenden Reihe anzuordnen, da man sonst eine Bewegung der Energien aus dem Südwesten in Richtung Nordosten oder aus dem Südosten in Richtung Nordwesten fördert, was als ungünstig zu bewerten ist.

Ist ein Gebäude gegenüber den Haupthimmelsrichtungen nur leicht verdreht (rund 10 bis 20°; bei geringeren Abweichungen wird das Haus noch als Parallelhaus gewertet), so sollte zunächst untersucht werden, ob die Drehung das Energiefeld fördert oder ob die Energien dadurch geschwächt werden. Diese Analyse geschieht in Analogie zum Abschnitt über semidiagonale Häuser (siehe Kapitel 8, Seite 156). Ist die Drehung förderlich, so können die Türen und Fenster innerhalb des Hauses in einer Reihe angeordnet werden. Ist die Drehung hingegen nicht förderlich, so sollte man solche Energiebahnen innerhalb des Hauses eher vermeiden.

Vastu empfiehlt, auf Eingangstüren oder oberhalb davon Glück verheißende Symbole anzubringen. Hierzu gehören das Om, das Sudarshana Chakra und Swastika oder in unseren Breitengraden ein schwarzes Hufeisen. Dadurch werden alle schlechten Einflüsse von Rahu und Saturn neutralisiert.

Reihen aus Türen und Fenstern, die eine Bewegung der Energien im Haus parallel zu den Haupthimmelsrichtungen fördern, sind als positiv zu bewerten, wenn sie in den starken Bereichen liegen, während eine solche Bewegung in den Diagonalen (Nordost-Südwest und Nordwest-Südost) zu vermeiden ist.

Türen in allen vier Richtungen sind im Allgemeinen vorteilhaft. Lediglich im Südwesten sollte ein Raum maximal drei Türen besitzen.

**Fenster und Türen** | Auch für die Kombination von Fenstern und Türen im Haus gibt es im Vastu einige Vorschriften. Die relative Lage der Fenster und Türen zueinander beeinflusst die energetische Situation im Haus besonders stark, da dadurch die Dynamik des Energieflusses bestimmt wird. Neben der Lage der einzelnen Fenster und Türen ist vor allem die resultierende Bewegung der Energie innerhalb der einzelnen Räume und auch zwischen den verschiedenen Zimmern eines Hauses von Bedeutung. Je mehr Fenster und Türen sich in den starken Bereichen des Hauses und der Räume befinden, desto stärker wird das resultierende Energiefeld.

- Es wird im Vastu begrüßt, wenn sich links und rechts vom Haupteingang je zwei Fenster befinden. Als Mond- und Sonnenfenster repräsentieren sie die männlichen und weiblichen Bewohner (rechts Vater und Sohn, links Mutter und Tochter, von innen aus betrachtet) und sorgen auf diese Weise für eine ausgewogene Verteilung der männlichen und weiblichen Energien im Haus.
- Liegt die Tür eines Hauses im starken Bereich des Ostens, so sollte sich südlich davon ein Fenster befinden.
- Liegt die Tür im starken Bereich des Südens, so kann ein Fenster westlich davon liegen.
- Eine Tür im starken Bereich des Westens sollte von einem Fenster südlich davon begleitet werden.
- Eine Tür im starken Bereich des Nordens eines Raumes sollte von einem Fenster westlich davon begleitet werden.
- Eine Tür im starken Bereich des Süd-Südostens sollte von einer zweiten Tür im Norden begleitet werden. Ein Fenster im Norden ist nicht ausreichend.
- Eine Tür im starken Bereich des Westens sollte auf ähnliche Weise von einer Tür im Osten begleitet werden. Auch in diesem Fall ist ein Fenster im Osten allein nicht ausreichend.
- Gibt es eine Reihe von linear angeordneten Türen im starken Bereich des Ostens des Hauses, so sollte eine Tür oder ein Fenster im Westen diese Reihe vervollständigen.
- Das Gleiche gilt für eine Reihe von Türen im starken Bereich des Nordostens des Hauses. Im südlichsten Raum sollte sich am anderen Ende ebenfalls eine Tür oder zumindest ein Fenster befinden.
- Falls ein Haus in Richtung Osten weist und der Westen durch ein Nachbarhaus verbaut ist, so hat ein Fenster im Westen keinen großen Nutzen. Das Gleiche gilt, wenn das Haus Richtung Norden weist und das Nachbarhaus direkt im Süden an das Haus angrenzt.
- Können in einem Raum die Türen nicht so arrangiert werden, dass sie einander gegenüberliegen, so sollten ihnen Fenster gegenüberliegen.
- Fenster können auch im Zentrum der Wände liegen, doch sollte man die schwachen Bereiche vermeiden.
- Zwei Fenster in einer Himmelsrichtung können so arrangiert werden, dass sich eines im schwachen und eines im starken Bereich befindet.

**Die Öffnungsrichtung der Türen**

Die folgenden Skizzen zeigen, in welchen Richtungen sich die Türen in den unterschiedlichen Lagen öffnen sollten.

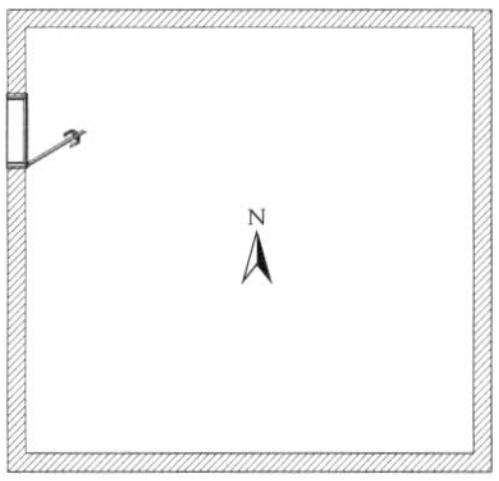


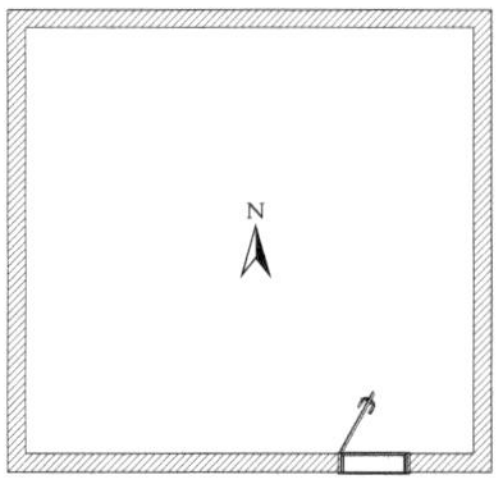


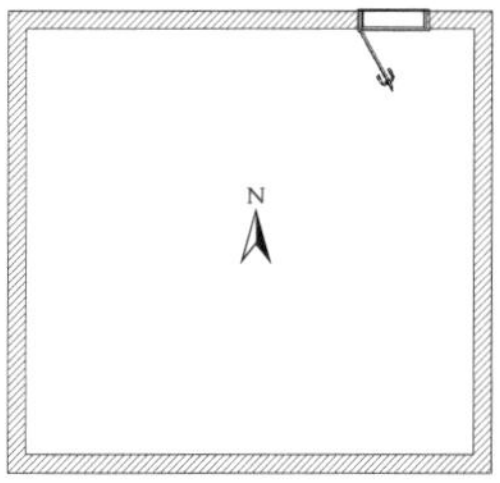


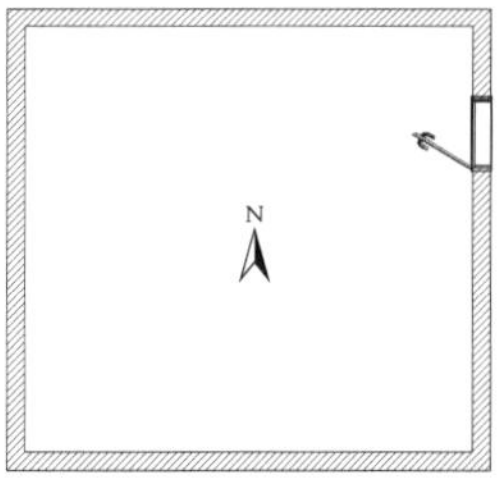


Aus diesen vier Beispielen lässt sich die allgemeine Regel ableiten, dass sich eine Tür möglichst in Richtung Westen oder Süden öffnen sollte. Hierdurch öffnet sie den Norden beziehungsweise Osten und gibt diesem mehr Raum, während der Raum im Süden beziehungsweise Westen gleichsam verdrängt wird.

## Proportionen von Türen

Die Maße und Proportionen von Türen sind im Vastu besonders wichtig, weil sie die Qualität der Energie prägen, die durch die Türen ins Haus gelangt.

Die Qualität der Türen, die sich aus den Maßen errechnen lässt, sollte mit dem Yoni des gesamten Hauses übereinstimmen. Bei der Bestimmung der Türmaße sollten neben dem Yoni auch das Einkommen, die Ausgaben und das Alter berücksichtigt werden. Als Maßeinheit sollte Angula verwendet werden. Auch die anderen astrologischen Faktoren der Maße sollten Glück verheißend sein. Insbesondere besteht die Möglichkeit, das Sternbild (Nakshatra) des Hausherrn und der Türmaße aufeinander abzustimmen.

Die folgende Tabelle gibt einige Glück verheißende Maße für Türen und Fenster nach Vastu an. Die jeweiligen Maße müssen dem gewünschten Yoni entsprechend um einige Angulas beziehungsweise Bruchteile von Angulas modifiziert werden, um Glück verheißende Proportionen herbeizuführen. In der Tabelle sind die Innenmaße aufgeführt.

| Kategorie | Höhe in H A | Höhe in cm | Breite in H A | Breite in cm |
|---|---|---|---|---|
| Haupttür | 2–16 | 192 | 1–4 | 84 |
| Haupttür | 2–14 | 186 | 1–6 | 90 |
| Nebentür | 2–10 | 174 | 1–2 | 78 |
| Großes Fenster | 1–16 | 120 | 2–4 | 156 |
| Fenster | 1–22 | 138 | 1–14 | 114 |
| Kleines Fenster | 1–18 | 126 | 1–2 | 78 |
| Kleines Fenster | 1–10 | 102 | 1–2 | 78 |
| Öffnung | 0–14 | 42 | 1–6 | 90 |
| Öffnung | 0–12 | 36 | 1–0 | 72 |

*(Die Abkürzungen H und A bedeuten Hasta und Angula; 2–16 bedeutet 2 Hasta 16 Angula. 1 Angula = 3 cm; 1 Hasta = 72 cm und 1 Hasta = 24 Angula)*

## Fehlerquellen vor der Tür und im Außenbereich

**Beeinträchtigungen vor dem Haupteingang** | Der Haupteingang ist eine wichtige Schaltstelle für den Energiefluss innerhalb des Hauses oder des Grundstücks. Beachtet man bei seiner Gestaltung und bei der Anlage seiner näheren Umgebung die Vastu-Prinzipien, so ist dies für die Bewohner von großem Nutzen.

Entsprechend schmerzlich macht es sich bemerkbar, wenn diese Prinzipien verletzt werden. Die beiden folgenden Tabellen listen Fehler sowohl im direkten Umfeld des Eingangs als auch bei der Platzierung und Beschaffenheit des Eingangstors selbst auf.

Beispiel für die Maße einer Tür:

Die Maße eines Haupteingangs sollen ungefähr 90 cm × 186 cm betragen. Diese Maße ergeben Yoni 8, was nicht Glück verheißend ist. Sie müssen normalisiert werden.

Für ein Haus in östlicher Richtung mit Haupteingang im Westen sollte Yoni 1 realisiert werden. Hierzu sollte zur Höhe und zur Breite jeweils ¼ Angula (0,75 cm) addiert werden. Dadurch erfüllen Höhe und Breite das Padayoni-Prinzip:

186,75 cm × 4 = 747 cm (Umfang des Quadrats mit Seitenlänge 186,75 cm)

747 cm : 3 cm = 249 Angula

249 : 8 = 31 Rest 1 (Dhwaja-Padayoni)

Das Gleiche gilt für die Breite:

90,75 cm × 4 = 393 cm (Umfang des Quadrats mit Seitenlänge 90,75 cm)

363 cm : 3 cm = 121 Angula

121 : 8 = 15 Rest 1 (Dhwaja-Padayoni)

Für den Umfang der Tür gilt:

U = 2 × (186,75 cm + 90,75 cm) = 555 cm

555 cm : 3 cm = 185 Angula

185 : 8 = 23 Rest 1 (Dhwaja-Yoni)

*Hindernisse vor dem Haupteingang des Hauses oder Grundstücks* | Beeinträchtigung vor dem Haupteingang bezieht sich auf Fehlerquellen, die sich vor der Tür oder dem Tor befinden und sich negativ auf die Bewohner des Hauses auswirken. Die folgende Auflistung beschreibt einige mögliche Hindernisse und ihre Folgen für die Hausbewohner.

| Hindernis vor der Tür | Folge |
|---|---|
| Der Weg oder eine Straße zielt direkt auf das Tor | Nachteilig für den Besitzer |
| Große Bäume | Nachteilig für die Kinder |
| Ständig schlammige Erde mit Löchern | Nachteilig für die Familie |
| Ständiger Wasserfluss | Verschwendung des Geldes |
| Brunnen | Krankheiten für die Familie |
| Tempel oder Kirche | Das Gebäude leidet |

Ist der Abstand zwischen dem Hindernis und dem Haus größer als die doppelte Höhe des Hauses und größer als die doppelte Höhe des Hindernisses, so wirkt sich das Hindernis nicht negativ aus. Falls das Hindernis wie ein Teich oder eine Grube keine Höhe besitzt, ist die doppelte Höhe des Hauses als Abstand maßgeblich. Das gleiche gilt, wenn sich zwischen dem Hindernis und der Tür ein Fluss, ein Bach oder eine große Straße befindet.

Dieses Foto zeigt ein besonders extremes Beispiel einer Beeinträchtigung des Haupteingangs, die sich vor allem auf Kinder negativ auswirkt. Dieser Fehler ist besonders nachteilig, weil es sich um das Haus einer bengalischen Schulsiedlung handelt.

*Weitere Fehlerquellen vor dem Haupteingang des Hauses und des Grundstücks* | Da durch den Haupteingang die Energien des gesamten Hauses geprägt werden, sollte man sorgsam darauf achten, solche Hindernisse zu vermeiden. Die folgende Tabelle listet die wichtigsten Fehlerquellen auf, die in den Originaltexten des Vastu erwähnt werden, und beschreibt ihre möglichen Folgen für die Hausbewohner:

| Name | Hindernis | Mögliche Folgen |
|---|---|---|
| *Swara-Vedha* | Tür macht Geräusche beim Öffnen und Schließen | Unglück verheißende Ereignisse werden angezogen |
| *Kupa-Vedha* | Abwassertank, Klärgrube, unterirdische Kanalisation oder Grube vor dem Haupteingang | Verlust des Reichtums |
| *Brahma-Vedha* | Maschine, Mühle oder Ähnliches vor der Haustür oder dem Grundstückstor | Das Leben wird unstabil, und in der Familie gibt es Spannungen und Streit |
| *Kila-Vedha* | Ein Platz zum Anbinden von Hunden vor dem Haupteingang | Behindert den Fortschritt |
| *Stumbha-Vedha* | Mast, Pfeiler, Säule vor dem Haupteingang | Meinungsverschiedenheiten in der Familie oder unter Geschäftspartnern, die zu Streit führen und den Fortschritt behindern |
| *Vastu-Vedha* | Lager, Garage, Gartenhaus, Wächterbaracke oder Ähnliches vor dem Haupteingang | Verlust des Besitzes |

| Name | Hindernis | Mögliche Folgen |
| --- | --- | --- |
| | Haupteingang in der Mitte der Wand | Energetische Probleme |
| | Wasseransammlung vor dem Haupteingang | Schwierigkeiten für die Kinder |
| | Berg von Steinen, Abfall, Erde oder Baumaterialien vor dem Haupteingang | Behindert den Fortschritt |
| | Das Tor ist höher als die Begrenzungsmauer des Grundstücks | Der Fortschritt des Hausbesitzers wird behindert |
| | Gemeinsamer Eingang für zwei Häuser | Zorn und Streit |
| | Abbruchreifes oder baufälliges Haus vor dem Tor des Grundstücks | Tägliche Verluste, schlecht fürs Geschäft |

Das nächste Kapitel beschäftigt sich mit dem näheren Umfeld des Hauses, indem es die verschiedenen Straßenlagen und die Eigenschaften des Grundstücks untersucht.

*Kapitel 7*

# Form und Lage des Grundstücks und der Gebäude

## Die Lage des Grundstücks und der Straßen

Straßen und Wege stellen Energiekanäle dar, deshalb beeinflusst ihre Lage das energetische Feld eines Grundstücks. Dort, wo Straßen und Grundstücke Kontakt haben, kommt es zu einem energetischen Austausch, dessen spezifische Wirkung von der jeweiligen Himmelsrichtung abhängt, in der dieser Austausch geschieht.

Zunächst unterscheidet man Straßen, die entlang der Grundstücksgrenze verlaufen und solche, die direkt auf das Grundstück zuführen. Grundsätzlich gilt, dass Straßen, die auf ein Grundstück zuführen, sein Energiefeld stärker beeinflussen, da ihre Energien direkt hineinfließen können, während Straßen, die entlang des Grundstücks verlaufen, einen großen Teil ihrer Energien vorbeiströmen lassen.

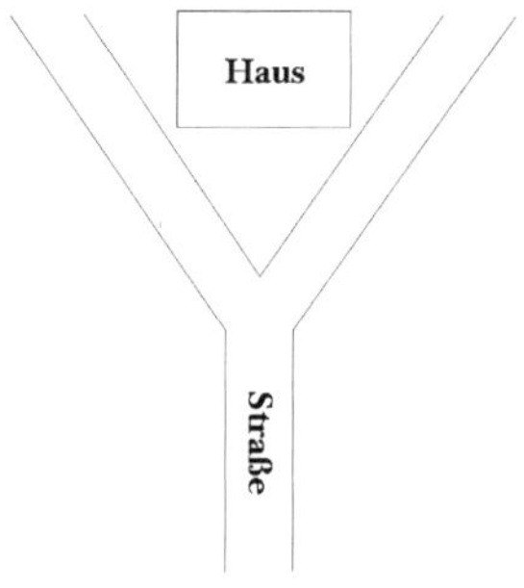


*Häuser an solchen Y-Kreuzungen gelten als ungünstig. In ihnen herrscht häufig Zwietracht.*

Für die Lage der Straßen gelten die gleichen Regeln, die für die Lage von Türen und Fenstern erläutert wurden (siehe Seite 97). Norden und Osten zählen zu den günstigen Bereichen, Süden und Westen werden als schwache, weniger förderliche Richtungen eingestuft.

Ein Grundstück mit einer einzigen Straße im Süden ist problematisch und sollte sorgsam nach Vastu gestaltet werden, um nachteiligen Folgen vorzubeugen. Werden beim Bau des Hauses auf einem solchen Grundstück die Vastu-Prinzipien berücksichtigt, kann sich trotzdem ein positives Energiefeld aufbauen. Liegen bei einem solchen Haus jedoch weitere Vastu-Defekte vor, so mag eine solche Kombination ungünstiger Umstände in Form von erhöhter Unfallgefahr, finanziellen Schwierigkeiten oder in gesundheitlichen Problemen zum Ausdruck kommen.

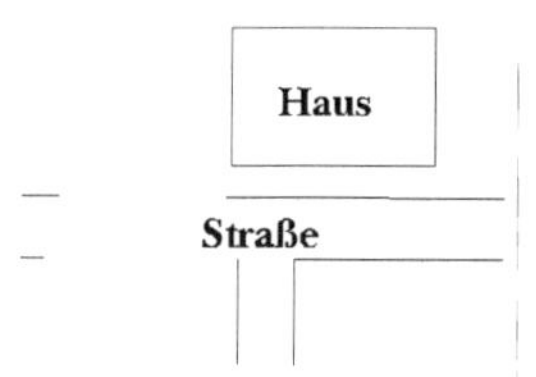


*In einem solchen Haus an einer T-Kreuzung geht gemäß Vastu vieles entzwei.*

Ein Grundstück, das genau eine Straße im Westen besitzt, ist vom energetischen Standpunkt aus betrachtet weniger problematisch. Solche Grundstücke fördern die Popularität ihrer Bewohner und eignen sich daher gut für Politiker, Parteibüros, Marketing- und Werbefirmen oder Schauspieler. Falls keine schwerwiegenden Vastu-Defekte vorliegen, sind sie auch für Wohnhäuser geeignet. Vastu-Defekte könnten nämlich dazu führen, dass die Bewohner unter Beziehungs- oder Eheproblemen leiden und sich viele Dinge in dem Haus verzögern.

Grundstücke mit einer einzigen Straße im Norden oder Osten gelten als vorteilhaft. Die auf ihnen errichteten Gebäude sollten den Haupteingang zur Straße hin haben. Für die südliche und westliche Straßenlage bietet es sich an, den Haupteingang des Hauses jeweils in den Osten beziehungsweise Norden zu legen.

Eine weitere Grundregel bezieht sich auf den Höhenunterschied von Straße und Grundstück. Demnach sollten Straßen im Norden und Osten generell etwas niedriger liegen als das Grundstück, während für Straßen im Süden und Westen genau das Gegenteil gilt.

Als weiterer allgemeiner Punkt findet im Vastu auch das Gefälle der Straßen Beachtung: Straßen in Ost-West-Richtung werden als günstig bewertet, wenn sie nach Osten hin abfallen; Straßen in Nord-Süd-Richtung sind förderlich, wenn sie nach Norden hin abfallen. Straßen in den Nebenhimmelsrichtungen sollten ein Gefälle in Richtung Nordosten beziehungsweise Nordwesten haben.

Die Beurteilung von Straßen, die gegenüber den Haupt- beziehungsweise Nebenhimmelsrichtungen um mehr als 10° abweichen, erfolgt nach dem gleichen Muster, das für die Bewertung semidiagonaler Häuser gilt. Dieses Bewertungsverfahren wird im Kapitel 8 über Häuser unterschiedlicher Ausrichtung vorgestellt (siehe Seite 136).

Bei einem idealen Vastu-Grundstück verlaufen die Grundstücksseiten und damit die daran entlangführenden Straßen parallel zu den Haupthimmelsrichtungen.

Problematische Straßenlagen sind T-Kreuzungen, bei denen eine Straße direkt auf ein Haus oder Grundstück zuläuft und sich dann entweder in zwei Straßen teilt oder dort auf eine parallel zum Grundstück verlaufende Straße trifft. In diesen Fällen besteht die Gefahr, dass es in dem Haus zu Zwietracht und unerwünschten Trennungen kommt.

Straßen, die im Bogen um ein Grundstück herumführen, sind generell als positiv zu bewerten, während Straßen, die auf ein Grundstück zulaufen, um dann in einem gewissen Abstand vor Erreichen des Grundstücks abzubiegen, negativ wirken. Sie entziehen dem Grundstück Energie.

Der Energiefluss der Straßen hat indirekt auch einen Einfluss auf die optimale Position des Haupteingangs. Die folgende Tabelle fasst die Bewertungsprinzipien bezüglich der erwähnten Aspekte zusammen:

| Anzahl der dem Grundstück entlang laufenden Straßen | Himmelsrichtungen | Bewertung | Eingang | Gefälle |
|---|---|---|---|---|
| 1 | N | + + + | N | Richtung O |
| 1 | O | + + + | O | Richtung N |
| 1 | S | – – | S oder O | Richtung O |
| 1 | W | + – | W | Richtung N |
| 1 | NO | + + | NNO, ONO | Eben |
| 1 | SW | – | WSW | Eben |
| 1 | SO | + – | OSO | Richtung NO |
| 1 | NW | + – | WNW, NNW | Richtung NO |
| 2 | N und O | + + + + | O | Richtung O und Richtung N |
| 2 | O und S | + | O | Richtung N und Richtung O |
| 2 | N und W | + | N | Richtung O und Richtung N |
| 2 | W und S | – | W | Richtung N und Richtung O |
| 2 | W und O | + | O | Richtung N und Richtung N |
| 2 | N und S | + | N | Richtung O und Richtung O |
| 3 | W, N und O | + + + | N | Richtung N, Richtung O und Richtung N |
| 3 | N, O und S | + + | O | Richtung O, Richtung N und Richtung O |
| 3 | W, S und O | + (Geschäft) | O | Richtung N, Richtung O und Richtung N |
| 3 | N, W und S | + – | N | Richtung O, Richtung N und Richtung O |
| 4 | N, O, S und W | + + + + | | Richtung NO |

**Straßen und Wege, die direkt auf das Grundstück zulaufen** | Dieser Abschnitt untersucht die Wirkung von Straßen, die direkt auf das Grundstück treffen, ohne von dort aus weiterzuführen. Wenn eine oder mehrere Straßen in dieser Weise auf ein Grundstück zuführen, spricht man von einer Vithishula. Auch bei diesen am Grundstück endenden Zufahrten hängt die Bewertung von ihrer relativen Lage zum Grundstück ab, also von der Himmelsrichtung und der Qualität des Bereichs an der Stelle, wo sie auf das Grundstück treffen.

Trifft die Straße auf einen starken Bereich des Grundstücks, also eher im nördlichen oder östlichen Teil einer Grundstücksseite, so liegt ein Glück verheißendes Vithishula vor. In diesem Fall gelangen durch die Zufahrt generell positive Energien in das Grundstück hinein.

Trifft die Straße auf einen schwachen Bereich des Grundstücks, kann dies Unglück verheißen. Diese Bereiche sind der Osten des Südostens, der Süden des Südwestens, der Westen des Südwestens und der Norden des Nordwestens. Diese Fälle sollten vermieden werden, da die ankommenden Energien einer solchen Straße wie eine Erweiterung des jeweiligen Bereichs wirken und ein energetisches Ungleichgewicht schaffen.

Unglück verheißende Zufahrten lassen sich jedoch korrigieren oder abschwächen, indem man die folgenden Punkte beachtet:

1) Die Zufahrt zum Grundstück sollte nicht an der Stelle sein, wo die Straße auf das Grundstück trifft.
2) An der Kontaktstelle sollte eine hohe Grundstücksmauer gebaut werden, für deren Außenanstrich die Farbe Grau empfohlen wird.
3) Eine Unglück verheißende Zufahrt kann man abschirmen, indem man an der betreffenden Stelle eine C-förmige Mauer baut, die mindestens 60 cm hoch ist.
4) Man kann auch mit Hilfe von rechtwinklig verlaufenden Mauern den Bereich des Grundstücks abtrennen, auf den die Straße trifft und diesen für einen gesonderten Zweck verwenden, der sich auf die Eigenschaften der jeweiligen Himmelsrichtung bezieht.

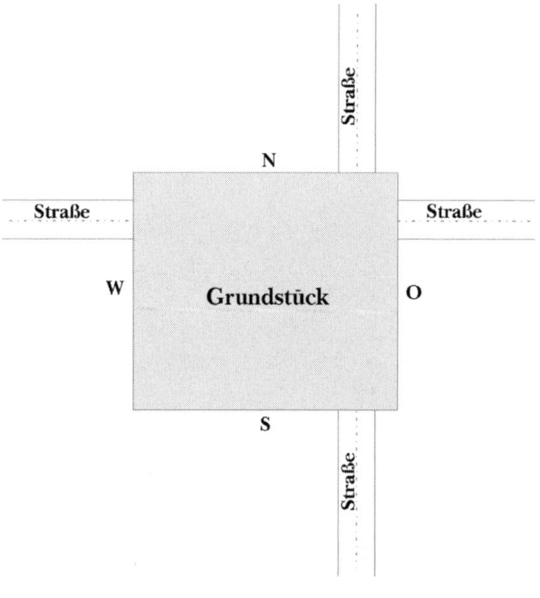


*Diese Grafik zeigt die vier Möglichkeiten rein positiver Zufahrten im Norden des Nordostens, Osten des Nordostens, Osten des Südostens und Norden des Nordwestens.*

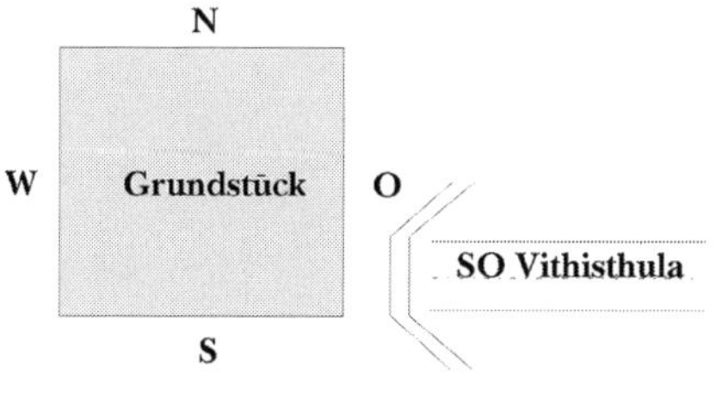


*Mit Hife einer C-förmigen Mauer abgeschirmte ungünstige Zufahrt.*

Die folgenden Beispiele verdeutlichen diese Methode:

4a) *Zufahrt im Osten des Südostens:* Befindet sich die Zufahrt im Osten des Südostens, so kann dieser Bereich abgetrennt werden. Das abgetrennte Grundstück (in der nebenstehenden Grafik mit P gekennzeichnet) eignet sich zum Errichten eines kleinen Geschäftes. Es kann dort jedoch auch ein Parkplatz eingerichtet oder eine Garage gebaut werden. Für das verbleibende Grundstück eignet sich ein Tor im Osten des Nordostens. Auch das Haus sollte im Osten des Nordostens seinen Haupteingang besitzen.

4b) *Zufahrt im Norden des Nordwestens:* Befindet sich die Zufahrt im Norden des Nordwestens, so sollte dieser Bereich ebenfalls abgetrennt und für Parkplätze, eine Garage oder ein kleines Geschäft verwendet werden. Das Tor des Grundstücks sollte im Norden des Nordostens liegen. Das Gleiche gilt für das Haus.

4c) *Zufahrt im Westen des Südwestens:* Liegt die Zufahrt im Westen des Südwestens, also im doppelt schwachen Bereich, so sollte dieser Bereich ebenfalls abgetrennt werden. Er kann als Garage oder Lagerplatz verwendet werden. Das Grundstückstor sollte im Westen des Nordwestens liegen, was auch für das Haus gilt.

4d) *Zufahrt im Süden des Südwestens:* Befindet sich die Zufahrt im Süden des Südwestens, liegt sie auch im doppelt schwachen Bereich. Der südwestliche Teil sollte daher abgetrennt werden. Es kann dort eine Garage oder ein Lager gebaut werden. Das Tor des Grundstücks sollte im Süden des Südostens liegen, während das Haus zusätzlich zu seinem Südeingang auch einen Eingang im Osten besitzen sollte.

Es wird dringend empfohlen, solche Korrekturen im Falle ungünstiger Zufahrten durchzuführen, da ihre Nachteile gravierend sein können. Trifft die Straße genau in der Mitte auf ein Grundstück, so ist eine solche Korrektur nicht möglich. In diesem Fall besteht die Gefahr, dass es leicht zu Streit und Trennung kommt. Auch bestehen Häuser auf solchen Grundstücken in der Regel nicht sehr lange.

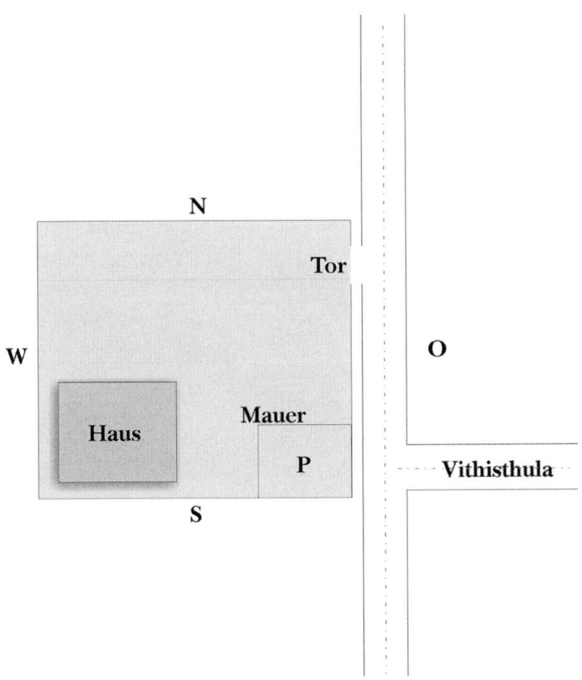


*Eine andere Möglichkeit, eine Zufahrt abzuschirmen.*

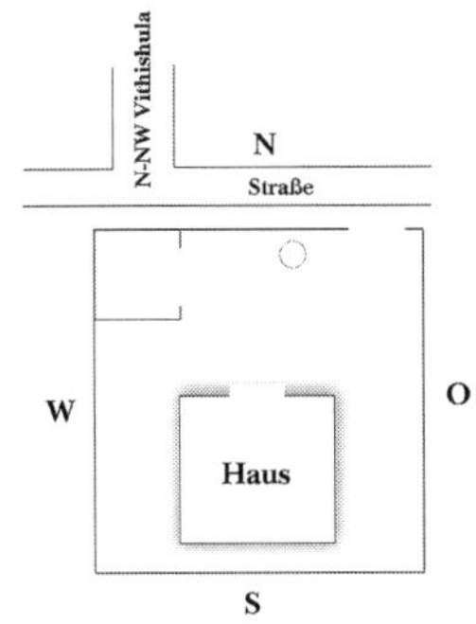


*Zufahrt im Norden des Nordwestens.*

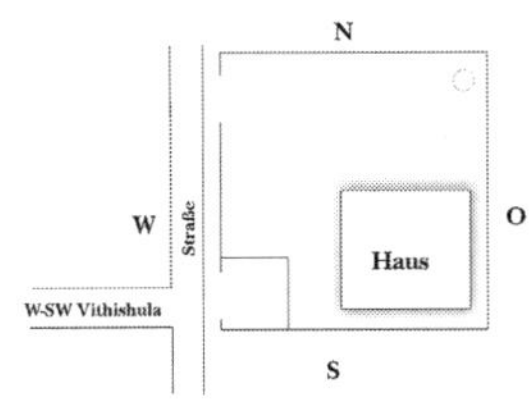


*Zufahrt im Westen des Südwestens.*

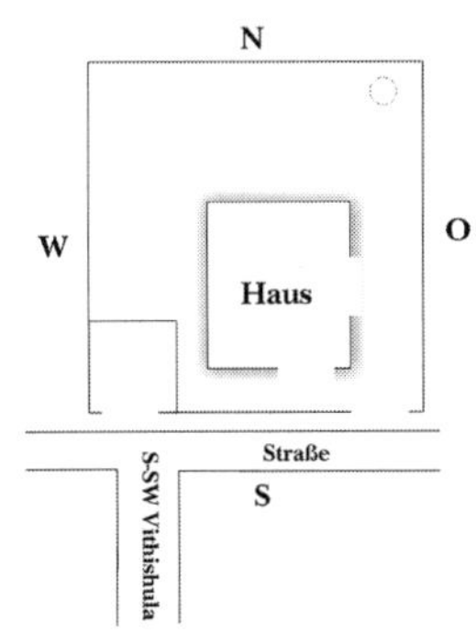


*Zufahrt im Süden des Südwestens.*

## Geschäftslagen

Der Erfolg eines Geschäftes hängt nicht unerheblich von dessen Lage bezüglich der Himmelsrichtungen und Straßen ab. Um die unterschiedlichen Möglichkeiten zusammenzufassen, geht man von einem neunfach unterteilten Block aus, der auf allen vier Seiten von Straßen umgeben ist. Die folgende Tabelle gibt für jeden Bereich des Blocks an, welche Geschäfte dort florieren könnten:

| | | |
|---|---|---|
| NW-Block | Block im Norden | NO-Block |
| Block im Westen | | Block im Osten |
| SW-Block | Block im Süden | SO-Block |

Unterteilung eines Gebäudeblocks, der auf allen vier Seiten von Straßen umgeben ist.

| Bereich des Blocks | Geschäftstyp |
|---|---|
| Osten | Kleidung für Herren, Milchprodukte, Fotolabor, Apotheke |
| Osten des Südostens | Fotostudio, Fotolabor, Milchprodukte, Süßigkeiten |
| Süden des Südostens | Kleidergeschäft für Frauen, Schönheitsartikel, Kosmetiksalon, Friseur, Rundfunk- und Fernsehgeschäft, Elektronikhandel |
| Süden | Rundfunk und Fernsehgeräte, Reifenhandel, Computergeschäfte, Restaurant |
| Süden des Südwestens | Bar, Restaurant, Computergeschäft, Garagen, Reifengeschäft |
| Westen des Südwestens | Hotel, Bar, Geschäft für sanitäre Einrichtungen, Geschäft für Artikel aus Kunststoff, Computerfirma |
| Westen | Hotel, medizinischer Fachhandel, Fahrzeughandel, Handel mit sanitären Einrichtungen |
| Westen des Nordwestens | Reisebüro, Fahrzeughandel, medizinischer Fachhandel, Fluggesellschaften |
| Norden des Nordwestens | Service-Center, Bauträger, Hotel, Finanzen, Presse |
| Norden | Finanzen, Banken, Immobilienmakler, Marketing, Öffentlichkeitsarbeit |
| Norden des Nordostens | Publicity, Eis, Banken, Anwaltspraxis |
| Osten des Nordostens | Apotheke, Buchhandlung, Kleidergeschäft |

## Unregelmäßige Grundstücksformen

Wie bereits dargelegt, sind nach Vastu das Quadrat und das Rechteck die idealen Grundstücksformen. Ein solches Grundstück ist jedoch nicht immer erhältlich. Die meisten Grundstücke besitzen eine unregelmäßige Form und sind nicht exakt nach den Haupthimmelsrichtungen orientiert. Der folgende Abschnitt untersucht Grundstucke, die zwar parallel zu den Haupthimmelsrichtungen liegen, deren Form jedoch von einem Rechteck oder Quadrat abweicht.

Andere unregelmäßige Grundstücksformen wie Dreiecke, Fünfecke oder völlig unregelmäßige Formen sind zu vermeiden. Falls man dennoch auf einem solchen Grundstück bauen möchte, sollte man die Form korrigieren, indem man einen regelmäßigen, möglichst rechteckigen Bereich auswählt und die übrigen Bereiche mit Hilfe von Zäunen, Hecken oder Mauern abtrennt. Die abgetrennten Bereiche können in einem solchen Fall für sekundäre Zwecke genutzt werden, indem dort beispielsweise ein Parkplatz, ein Nebengebäude oder ein separater Garten geplant wird. Auch kann ein unregelmäßig geformtes Grundstück in mehrere einander berührende Rechtecke oder Quadrate unterteilt werden, wobei jeder Bereich für sich nach den Prinzipien des Vastu geplant wird.

**L-förmige Grundstücke** | L-förmige Grundstücke sind an sich nicht günstig und führen zu problematischen Energien, da in jedem Fall ein Teil des Energiefeldes abgetrennt ist. Es ist daher besonders wichtig, in diesen Fällen die notwendigen Korrekturen durchzuführen und die Prinzipien des Vastu strikt einzuhalten. Dann kann sich ein L-förmiges Grundstück als sehr günstig herausstellen.

L-Formen lassen sich prinzipiell in zwei Kategorien unterteilen:

- Grundstücke, bei denen ein Eckbereich fehlt (Fehlbereich).
- Grundstück mit Erweiterung in einer der Ecken.

Um entscheiden zu können, ob es sich um einen Fehlbereich oder eine Erweiterung handelt, muss man die Größe des Fehlbereiches beziehungsweise der Erweiterung gegeneinander abschätzen. Sind Fehlbereich und Erweiterung gleich groß, liegt ein Fehlbereich vor.

Erweiterung bedeutet, dass weniger hinzukäme als fehlen würde, wenn man die Grundstücksform zu einem Rechteck ergänzen wollte.

Um Fehlbereiche handelt es sich, wenn weniger fehlt als hinzukäme, beziehungsweise wenn beide Bereiche gleich groß sind.

Im Folgenden werden die unterschiedlichen Möglichkeiten der Verteilung von Fehlbereichen und Erweiterungen behandelt.

**Grundstücke mit Fehlbereich im Südosten** | Durch diesen Fehlbereich erscheint das Grundstück in Richtung Osten erweitert, was günstig ist, doch gleichzeitig sind auch negative Folgen zu erwarten, da der Südosten fehlt. Es besteht zumeist ein Mangel an der notwendigen Energie, um die guten Ergebnisse, die der erweiterte Osten verspricht, erreichen zu können. Das Grundstück kann korrigiert werden, indem der östliche Bereich durch eine mindestens 60 Zentimeter hohe Mauer vom Hauptbereich des Grundstücks abgetrennt wird. Den abgetrennten Bereich sollte man nicht überbauen, sondern als Parkplatz oder Garten verwenden.

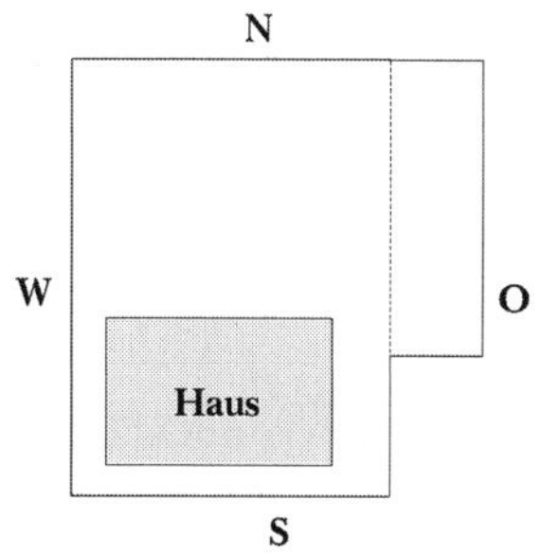


*Fehlbereich im Südosten.*

**Grundstücke mit erweitertem Südosten im Osten** | Die Erweiterung im Südosten ist ungünstig, da durch sie der Osten verkürzt erscheint. Als negative Folgen können Gerichtsfälle, Gesundheitsprobleme oder Probleme mit Frauen auftreten. Die Erweiterung sollte mit einer mindestens 60 Zentimeter hohen Mauer abgetrennt werden. Man kann dort ein kleines Gebäude für elektrische Anlagen, Transformatoren oder Geräte bauen. Auch als Parkplatz ist dieser Ort geeignet.

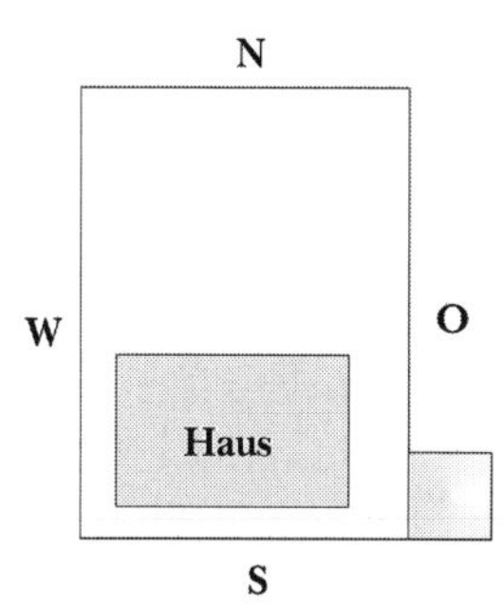


*Erweiterung im östlichen Südosten.*

**Grundstücke mit erweitertem Südosten im Süden** | Diese Erweiterung des Südostens lässt den Süden des Grundstücks reduziert erscheinen, was an sich vorteilhaft ist. Trotzdem mag die Erweiterung zu Problemen wie Streit, dem Abbruch der Ausbildung und wirtschaftlichen Verlusten führen. Um diesen Folgen aus dem Weg zu gehen, sollte die Erweiterung durch eine mindestens 60 Zentimeter hohe Mauer abgetrennt werden. Der Bereich kann wie im vorangehenden Beispiel genutzt werden.

**Grundstücke mit Fehlbereich im Nordosten** | Ein Fehlbereich im Nordosten wirkt sich äußerst negativ aus. Er verursacht vielerlei Hindernisse für den Fortschritt der Bewohner des Hauses. Auch fehlender Nachwuchs, Demütigung, Verlust des Ansehens und Schande mögen die Folge sein. Man sollte diesen Umstand ausgleichen, indem man den Ostbereich beziehungsweise den Nordbereich mit Hilfe einer mindestens 60 Zentimeter hohen Mauer abtrennt. Obwohl eine solche Barriere die förderlichen Energien mindert, die aus dem Osten oder Norden zu erwarten sind, werden dadurch keine Verluste auftreten. Auf dem abgetrennten Teil des Grundstücks sollte jedoch nichts gebaut werden. Man kann diesen Bereich in einen Garten verwandeln oder als Parkplatz nutzen. Jeweils der Nordosten des abgetrennten Bereichs eignet sich für einen Brunnen, Swimmingpool, Teich oder Wassertank.

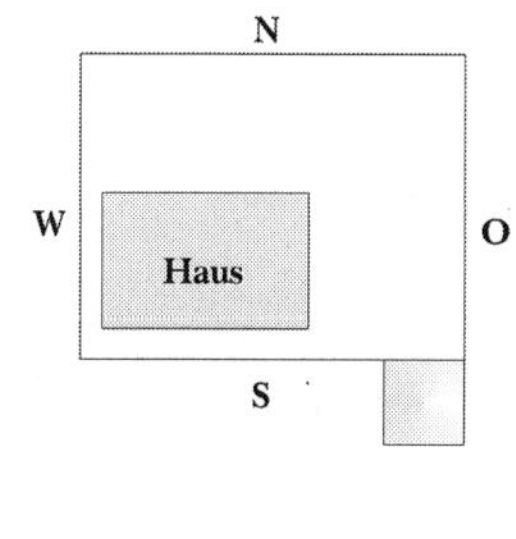


*Erweiterung im südlichen Südosten.*

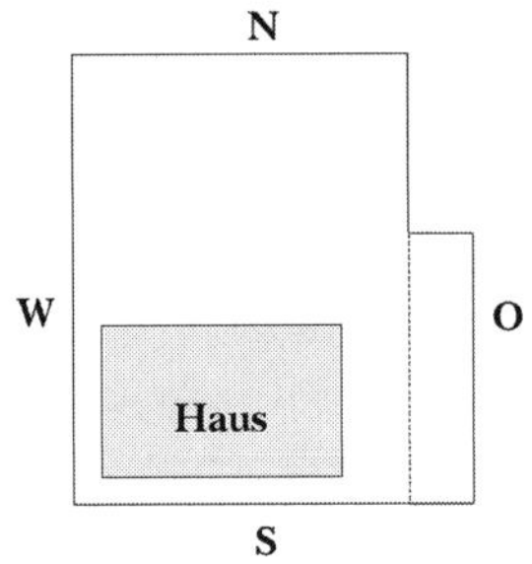


*Fehlbereich im Osten des Nordostens.*

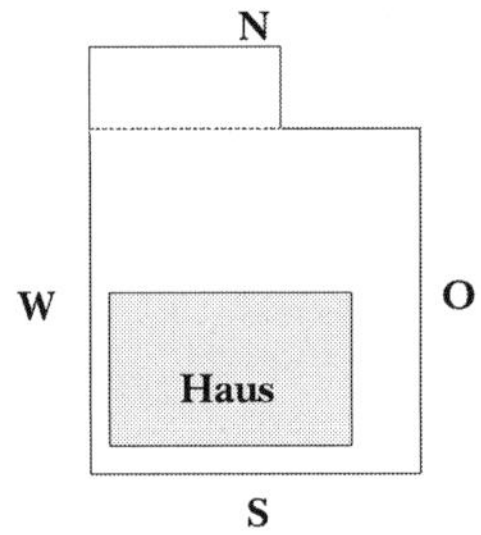


*Fehlbereich im Norden des Nordostens.*

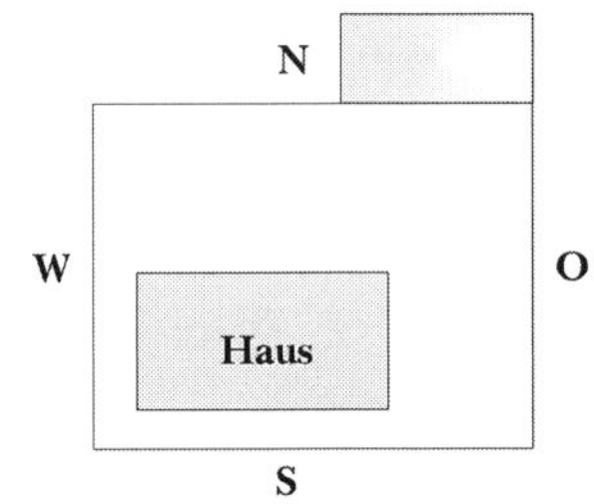


*Erweiterung im Norden des Nordostens.*

**Grundstücke mit Erweiterung im Osten des Nordostens** | Eine Erweiterung im Nordosten bringt exzellente Ergebnisse, die Wohlstand, Fortschritt, Glück, höhere Bildung und Ruhm mit einschließen. Die Erweiterung sollte auf keinen Fall vom Grundstück abgetrennt werden.

**Grundstücke mit Erweiterung im Norden des Nordostens** | Auch diese Erweiterung ist sehr günstig und sollte nicht abgetrennt werden. Die Erweiterung sollte als Garten oder für die Anlage eines Brunnens, Teiches oder Swimmingpools verwendet werden. Es kann sich dort in Richtung Norden oder Osten auch das Grundstückstor befinden. Durch diese Erweiterung genießen die Bewohner Reichtum, einen guten Ruf und Wohlstand.

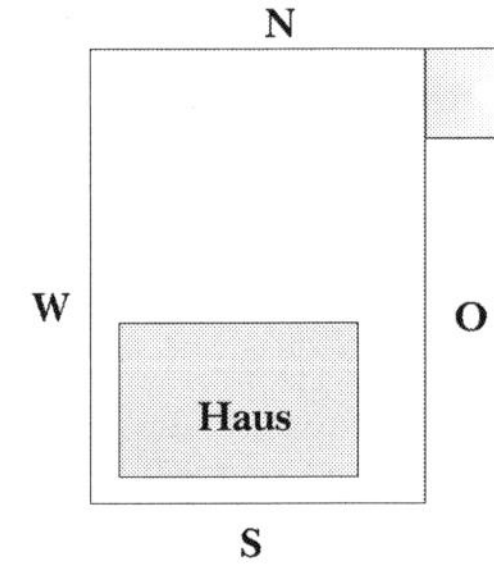


*Erweiterung im Osten des Nordostens.*

**Grundstücke mit Fehlbereich im Norden des Nordwestens** | Liegt ein Fehlbereich im Nordwesten, so gilt der Norden als erweitert, was von Vorteil ist. Dieser förderliche Umstand wird in seiner Wirkung jedoch durch die fehlende Energie des Nordwestens eingeschränkt, sodass Krankheiten und Feindschaften mit Freunden und der Familie die Folge sein können. Um den bestehenden Defekt auszugleichen, sollte der Norden jedoch nicht mit einer Mauer abgetrennt werden. Stattdessen sorgt ein Regenwasserbehälter, ein Teich oder ein Brunnen im Nordosten für die nötige Balance. Am besten wählt man dort den Norden des Nordostens für den Hauptzugang zum Grundstück. Durch diese Maßnahmen wird dem fehlenden Nordwesten entgegengewirkt.

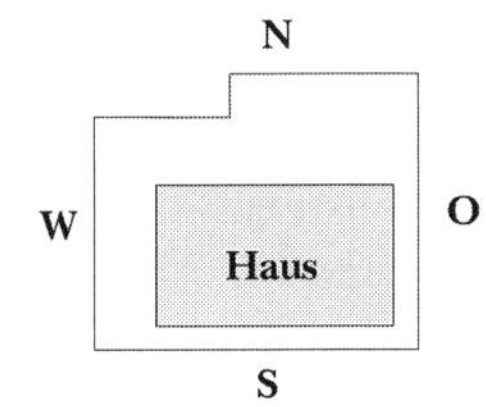


*Fehlbereich im Norden des Nordwestens.*

**Grundstücke mit erweitertem Norden des Nordwestens** | Ist diese Ecke erweitert, so entsteht eine Schwächung im Nordosten, und die Gesamtlage wird sehr ungünstig beeinflusst. Dadurch mag es zu ungewollter Feindschaft, fehlendem Nachwuchs und zweifelhaften Geschäften kommen. Die erweiterte Ecke sollte mit Hilfe einer mindestens 60 Zentimeter hohen Mauer abgetrennt werden. Der abgetrennte Bereich sollte als Speicher, Materiallager, Stall, Hundezwinger, Garten oder Parkplatz genutzt werden. Wichtig bei Gebäuden in diesem Bereich ist, dass man nicht direkt an die Grundstücksmauern heranbaut.

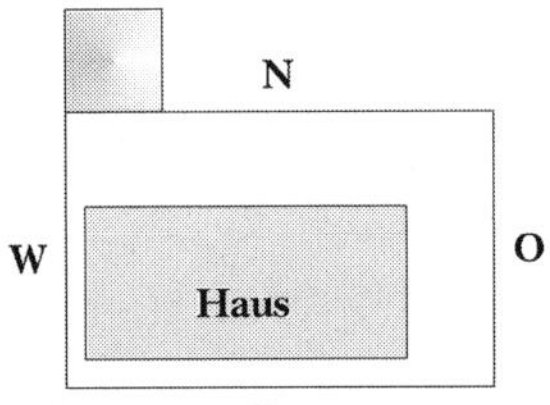


*Erweiterung im Norden des Nordwestens.*

**Grundstücke mit Fehlbereich im Westen des Nordwestens** | In diesem Fall erscheinen sowohl die westliche als auch die nördliche Seite erweitert zu sein. Dadurch sind vorteilhafte Ergebnisse aus Norden und Westen zu erwarten. Da jedoch gleichzeitig der südwestliche Bereich erweitert ist, erweist sich das Gesamtbild als ungünstig. Es besteht die Tendenz zu Unfällen, Familienstreit und Verlust des Ansehens. Man sollte den westlichen Bereich mit einer mindestens 60 Zentimeter hohen Mauer abtrennen, um eine regelmäßige Form zu erhalten.

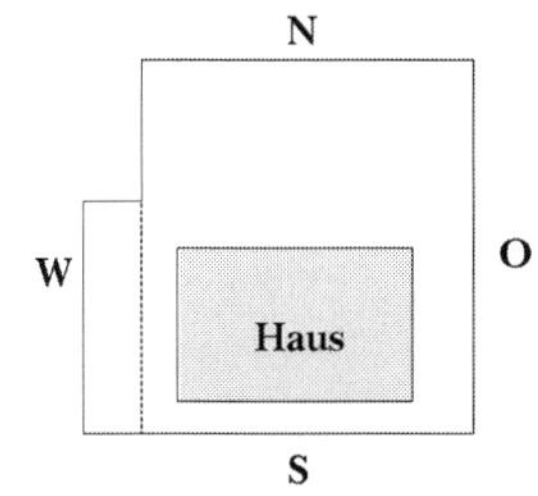


*Fehlbereich im Westen des Nordwestens.*

**Grundstücke mit Erweiterung im Westen des Nordwestens** | Diese Erweiterung verlängert die nördliche Seite, lässt jedoch die westliche Seite vermindert erscheinen. Dieser Aspekt ist zunächst Glück verheißend. Die Bewohner können mit der Möglichkeit rechnen, viele Reisen zu unternehmen und Erfolg in der Politik zu haben. Die Nachteile dieser verstärkten Nordwest-Energien liegen jedoch darin, dass die Neigung zu Hautkrankheiten und mentalen Störungen und Spannungen zunimmt. Daher erweist sich auch in diesem Fall die Abtrennung der Erweiterung mit Hilfe einer niedrigen Mauer als günstig. Das Hauptgebäude sollte im Südwesten des verbleibenden Grundstücks gebaut werden, um die fehlende Stabilität auszugleichen.

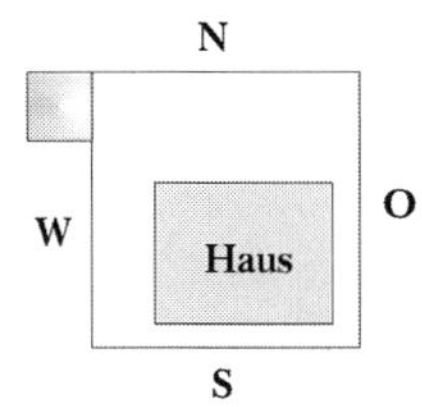


*Erweiterung im Westen des Nordwestens. Hier sollte das Gebäude in Richtung Südwesten verschoben werden.*

**Grundstücke mit Fehlbereich im Westen des Südwestens** | Wird der erweiterte Bereich des Westens mit einer mindestens 60 Zentimeter hohen Mauer abgetrennt, so erweist sich das Grundstück als günstig, wenn darauf ein Gebäude nach Vastu errichtet wird. Auf dem abgetrennten Bereich kann ein Gartenhaus, ein Lager oder eine Garage errichtet werden. Geschieht die Abtrennung nicht, so mögen sich gehäuft Unfälle und wirtschaftliche Verluste ereignen und mentale Ruhelosigkeit auftreten.

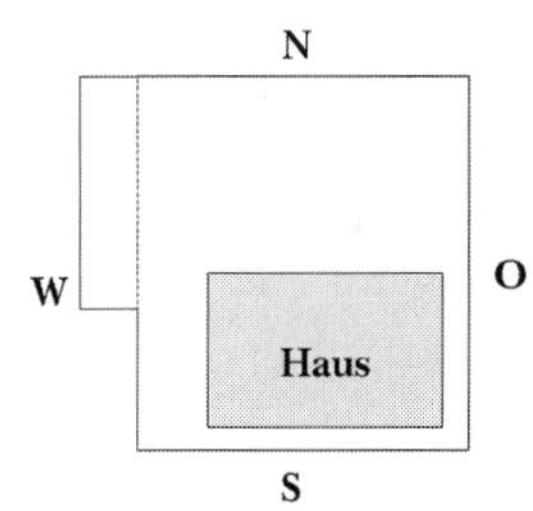


*Fehlbereich im Westen des Südwestens.*

**Grundstücke mit Erweiterung im Westen des Südwestens** | Eine Erweiterung im Südwesten ist extrem ungünstig. Sie mag rheumatische Erkrankungen fördern, verursacht mentale Unruhe und steigert die Unfallgefahr. Der erweiterte Bereich sollte unbedingt mit Hilfe einer mindestens 60 Zentimeter hohen Mauer abgetrennt werden und für ein Lager oder einen Geräteschuppen genutzt werden. Man kann den abgetrennten Bereich auch unbebaut belassen. Mit Erweiterungen im Südwesten sollte sehr vorsichtig umgegangen werden, da der zusätzliche offene Raum im Südwesten den negativen Energien des Grundstücks die Möglichkeit gibt, sich zu entfalten und die Bewohner zu schädigen. Sie stärken den negativen Einfluss des Planeten Rahu, der zu Gier, Gewalt und erdrückender Expansion führen kann.

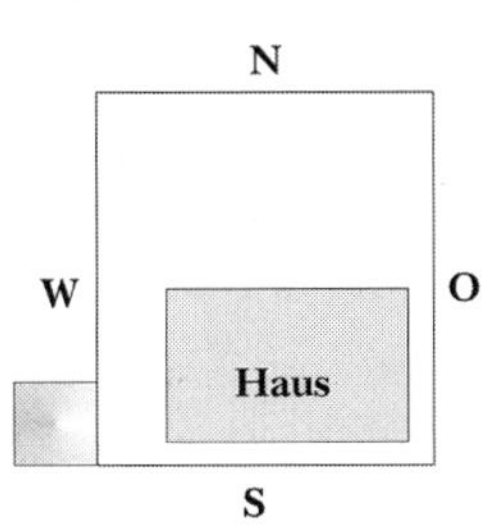


*Erweiterung im Westen des Südwestens.*

**Grundstücke mit Fehlbereich im Süden des Südwestens** | Dieser Fehlbereich im Südwesten bewirkt eine scheinbare Erweiterung des Südens, wodurch negative Ergebnisse erzielt werden. Es mögen sich gehäuft Unfälle ereignen, die Frauen können an mentalen Störungen leiden, und gerichtliche Schwierigkeiten sind zu erwarten. Um diesen Folgen entgegenzuwirken, sollte der erweiterte Teil mit einer mindestens 60 Zentimeter hohen Mauer abgetrennt werden. Auf dem abgetrennten Bereich kann ein Lager oder ein Gartenhaus errichtet werden. Auch hohe Bäume erweisen sich dort als vorteilhaft.

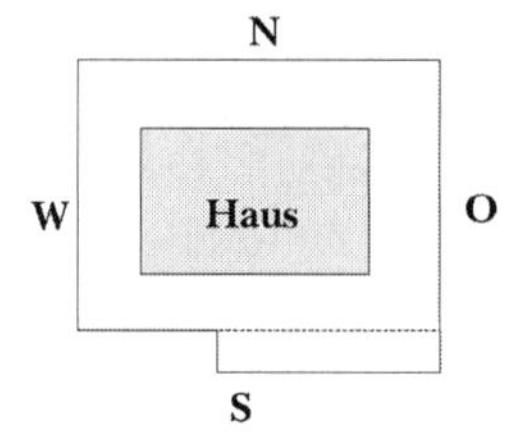

*Fehlbereich im Süden des Südwestens.*

**Grundstücke mit erweitertem Südwesten im Süden** | Diese Erweiterung ist genau wie die Erweiterung im Westen des Südwestens extrem negativ. Sie mag zu tödlichen Unfällen, dem Verlust von Familienangehörigen, wirtschaftlichen Misserfolgen und Verstrickungen in Gerichtsfälle führen. Der Bereich muss mit einer kleinen Mauer abgetrennt werden, die mindestens 60 Zentimeter hoch ist. Er sollte durch ein Gebäude beschwert sein, das jedoch nicht zum Wohnen genutzt wird.

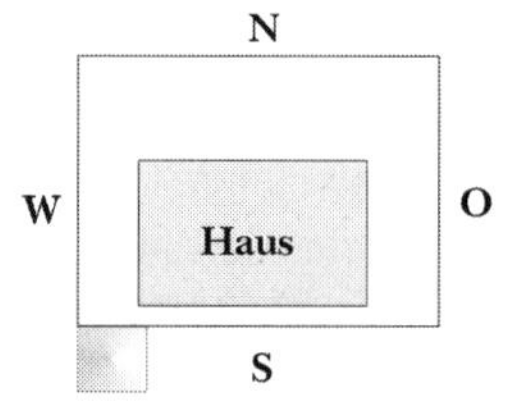

*Erweiterung im Süden des Südwestens.*

## Das Gefälle des Grundstücks

Neben der Form des Grundstücks ist vor allem dessen Gefälle von großer Bedeutung. Generell sollten der Süden und der Westen gegenüber dem Norden und Osten erhöht sein. Dabei sollte der Südwesten am höchsten liegen, während der Nordosten den niedrigsten Punkt bildet. Zumeist liegen jedoch komplexere Gefällemuster vor. Die folgende Tabelle beschreibt die Auswirkungen von Gefällen in unterschiedlichen Richtungen.

| Himmelsrichtung | Steigung in dieser Richtung | Gefälle in dieser Richtung |
|---|---|---|
| Osten | Familiäre Probleme, Karriereprobleme | Körperliche und geistige Gesundheit, Erfolg, Kraft |
| Süden | Gesundheit, Wohlstand, Erfolg | Ständig gesundheitliche und finanzielle Probleme |
| Westen | Ruhm und Familienglück | Häufige Krankheiten, finanzielle Schwäche, Probleme in Erziehung und Ausbildung |
| Norden | Finanzielle und gesundheitliche Probleme | Allgemeiner und besonders finanzieller Erfolg, gute Gesundheit |
| Südosten | Materieller Wohlstand (falls der Südosten niedriger liegt als der Südwesten) | Meinungsverschiedenheiten, Streit, Gefahr von Hausbränden |
| Südwesten | Gesundheit und Erfolg | Krankheiten und körperliche Beschwerden |
| Nordwesten | Wohlbefinden und Zufriedenheit (falls der Nordwesten nicht höher liegt als der Südwesten) | Gesundheitliche Probleme (falls er höher liegt als der Südwesten) und Kommunikationsschwierigkeiten |
| Nordosten | Schlechte Gesundheit und finanzielle Probleme, Probleme mit Nachwuchs | Stabile Gesundheit und Erfolg, spiritueller Fortschritt, Planungsfähigkeit |

*Ein rundes Grundstück eignet sich zum Erbauen eines runden Gebäudes.*

*Diese Grundstücksform ist ungünstig. Sie mag zu Armut und anderen Problemen führen.*

Die folgende Tabelle gibt detailliertere Informationen über komplexere Gefällemuster und deren Auswirkungen auf die Bewohner.

| Name | Beschreibung | Wirkung |
|---|---|---|
| Govithi (Kuh) | Westen erhöht und Gefälle in Richtung Osten | Gut für den Nachwuchs, vermehrt den Nachwuchs |
| Jalvithi (Wasser) | Osten erhöht und Gefälle in Richtung Westen | Schlecht für den Nachwuchs oder kein Nachwuchs |
| Yamavithi (Tod) | Norden erhöht und Gefälle in Richtung Süden | Gesundheit schwindet |
| Ganavithi (Elefant) | Süden erhöht und Gefälle in Richtung Norden | Gute Gesundheit |
| Bhutavithi (Geister) | Nordosten erhöht und Gefälle in Richtung Südwesten | Finanzielle und gesundheitliche Sorgen |
| Nagavithi (Schlange) | Erhöht im Südosten und Gefälle in Richtung Nordwesten | Zuwachs von Landbesitz |
| Yaishvaner Vithi | Nordwesten erhöht und Gefälle in Richtung Südosten | Verlust von Landbesitz |
| Dhanavithi (Reichtum) | Erhöht im Südwesten und Gefälle in Richtung Nordosten | Zuwachs an Geld und Besitz |
| Pitamaha Vastu (Großvater) | Osten und Südosten erniedrigt und Westen und Südwesten erhöht | Glück |
| Supatha Vastu | Südosten und Süden erhöht und Nordwesten und Norden erniedrigt | Gut für alle Zwecke, fördert alle Bereiche |
| Dirghayu Vastu | Norden und Nordosten erniedrigt, Südwesten und Süden erhöht | Günstig für Nachwuchs, bringt Erfolg und stabile Gesundheit |
| Punyak Vastu | Südwesten und Westen erhöht, Osten und Nordosten erniedrigt | Gut für die höheren Gesellschaftsschichten |
| Apatha Vastu | Westen und Nordwesten erhöht, Osten und Südosten erniedrigt | Zieht Krankheiten an |
| Rogka Vastu (Krankheit) | Nordwesten und Norden erhöht, Südosten und Süden erniedrigt | Krankheiten, Streit |
| Argal Vastu | Nordosten und Norden erhöht, Süden und Südwesten erniedrigt | Schlechter Lebenswandel wird gefördert, Instabilität und Tendenz zu Unfällen |
| Shmashan Vastu | Nordosten und Norden erhöht, Westen und Südwesten erniedrigt | Gefährdet die Familie des Besitzers, schwächt alle Lebensbereiche |
| Shyanek Vastu | Südwesten, Nordosten und Nordwesten erhöht, Südosten erniedrigt | Starke Spannungen, gefährdet das Leben des Besitzers |

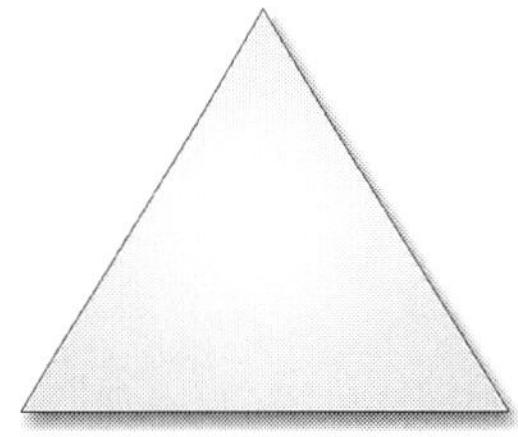

*Eine dreieckige Grundstücksform behindert den Fortschritt und mag Probleme mit der Regierung verursachen.*

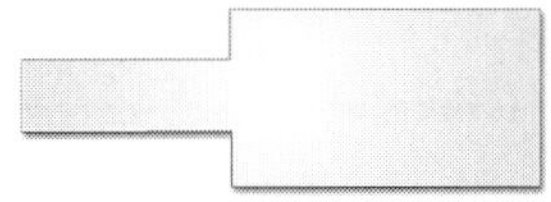

*Eine solches Grundstück ist ebenfalls ungünstig und sollte korrigiert werden, indem die Erweiterung abgetrennt wird.*

*Ein Rechteck mit ungünstigen Proportionen (Länge mehr als doppelte Breite) wirkt sich ungünstig aus.*

| Name | Beschreibung | Wirkung |
|---|---|---|
| Brahma Vastu | Südwesten, Südosten und Nordosten erhöht, Nordwesten erniedrigt | Starke Spannungen, Kommunikation, Nachwuchs, Erfolg und geistiger Fortschritt werden stark behindert |
| Sthavar Vastu | Südosten und Südwesten erhöht, Nordosten und Nordwesten erniedrigt | Glück verheißend, vorteilhaft |
| Sthandil Vastu | Südwesten erhöht, Südosten, Nordwesten und Nordosten erniedrigt | Für alle Bewohner Glück verheißend |
| Shandul Vastu | Nordosten erhöht, Südosten, Südwesten und Nordwesten erniedrigt | Ungünstig für alle Lebensbereiche |
| Gajprishth | Südwesten, Westen und Nordwesten erhöht | Steigert den Besitz, den Reichtum und die Lebensdauer der Bewohner |
| Koormaprishtha | Mitte erhöht und in allen Richtungen abfallend | Gut für Wohnzwecke, fördert Mut, Glück und Besitz |
| Daitya Prishtha | Nordosten, Osten und Südosten erhöht, Westen erniedrigt | Verlust von Wohlstand und Reichtum, schwächt den Nachwuchs |
| Nagaprishtha | Südosten erhöht, Ost-West-Achse ist länger als Nord-Süd-Achse | Starke Spannungen, Tendenz zu Feindschaften, vorzeitigem Tod und finanziellen Verlusten |
| Susthan Vastu | Südwesten und Nordosten erhöht, Nordwesten erniedrigt | Vorteilhaft für Lehrer und Priester |
| Sutal Vastu | Südwesten, Nordwesten und Westen erhöht, Osten erniedrigt | Vorteilhaft für Regierung, Militär, Polizei |
| Char Vastu | Norden, Nordosten und Nordwesten erhöht, Süden erniedrigt | Sehr vorteilhaft für Händler und Bauern |
| Shwamukh Vastu | Nordosten, Osten und Südosten erhöht, Westen erniedrigt | Vorteilhaft für Arbeiter und Dienstleistende |

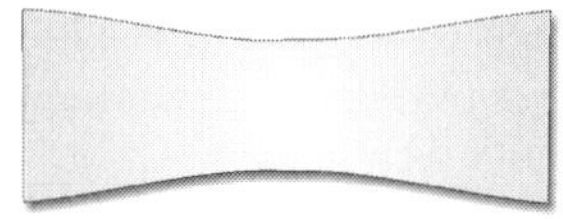

*Ein in der Mitte verengtes Grundstück mag die Augen seiner Bewohner negativ beeinflussen.*

*Ein trapezförmiges Grundstück mag die Gesundheit seiner Bewohner negativ beeinflussen und sie in rechtliche Schwierigkeiten bringen.*

## Charakteristische Gebäudeformen

Die Regeln für die Formen von Grundstücken, die im vorhergehenden Abschnitt formuliert wurden, gelten im Wesentlichen auch für die Grundfläche von Gebäuden. Gebäude besitzen jedoch noch die zusätzliche Dimension der Höhe.

Die Grundfläche eines Gebäudes wird ebenfalls am besten quadratisch oder rechteckig geplant. So wie sich ein solcher regelmäßiger Grundriss mit Quadraten beziehungsweise Rechtecken, den 81 Zellen des Vastupurusha-Mandalas, ausfüllen lässt, so sollte sich der dreidimensionale Innenraum eines Gebäudes im Vastu mit Würfeln oder Quadern der gleichen Größe ausfüllen lassen. Jeder dieser Quader sollte vorteilhafte Proportionen besitzen. Alle Teilbereiche eines nach Vastu errichteten Gebäudes sind auch für sich genommen wieder vollkommene Räume.

Die Höhe eines Gebäudes sollte zu seiner Breite in einem harmonischen Verhältnis stehen, damit es einen Resonanzraum für harmonische Schwingungen darstellt. Folgende Verhältnisse werden im Vastu bevorzugt angewandt. Sie werden eingesetzt, um einem Gebäude durch die zugeordnete Eigenschaft das entsprechende Hauptgepräge zu verleihen.

| | |
|---|---|
| H : B = 1 | Friede |
| H : B = 1,25 | Stärke, Perfektion, Reichtum |
| H : B = 1,5 | Freude |
| H : B = 1,75 | Gesundheit |
| H : B = 2 | großartiger Eindruck |

Besitzt ein Haus mehrere Stockwerke, so sollte die Deckenhöhe der einzelnen Stockwerke nach oben hin pro Stockwerk jeweils um ein Zwölftel abnehmen. Dadurch wird gewährleistet, dass, wie bei einem guten Saiteninstrument, bei dem der Abstand der Metallbünde nach oben reduziert wird, ein harmonischer Schwingraum entsteht.

Für die relative Höhe der einzelnen Gebäudeteile gelten wiederum die gleichen Regeln wie für Grundstücke. Ein späterer Abschnitt wird sich eingehender mit diesem Thema beschäftigen.

Die Höhe eines Gebäudes sollte möglichst nach dem so genannten Padayoni-Prinzip ermittelt werden. Um eine perfekte Abstimmung aller geometrischen Elemente, Flächen und Räume zu erzielen, kann das Padayoni-Prinzip neben den linearen Elementen und Flächen auch auf die Volumina innerhalb der Räume angewandt werden. Hierzu ist der Rauminhalt eines Gebäudes oder Zimmers in Kubik-Pada auszudrücken. Durch acht geteilt ergibt sich die Padayoni-Zahl des Raumes in Beziehung zu seinem Volumen als der Rest der Division. Auch in diesem Fall gelten die ungeraden Yoni-Zahlen als vorteilhaft und die geraden als ungünstig.

Der Raum eines Gebäudes ist der Resonanzraum der energetischen Schwingung, die seine Bewohner erzeugen. Auch wird er durch die Schwingungen der Umwelt und des Kosmos in Vibration versetzt. Die vollkommene Vermittlung zwischen den Energien des Innen- und Außenraums leistet die Architektur der vedischen Tempel. Ihre Form gleicht derjenigen hoch angeregter Atom-Schwingungsformen, wie sie von der modernen Hochenergie-Physik mit Hilfe eines Computers sichtbar gemacht werden. Sowohl die vertikale als auch die horizontale Gliederung dieser Tempel folgt komplexen mathematischen Gesetzen, die in ähnlicher Form sowohl in der Quantenphysik der Elementarteilchen als auch in der Astrophysik der Galaxien Anwendung finden.

Für Wohnhäuser ist es nicht notwendig, eine solch exakte Feinabstimmung der Form mit dem Makro- und Mikrokosmos vorzunehmen, da sie eine ganz andere Funktion haben als Tempel. In den vedischen Texten heißt es, dass das Universum in

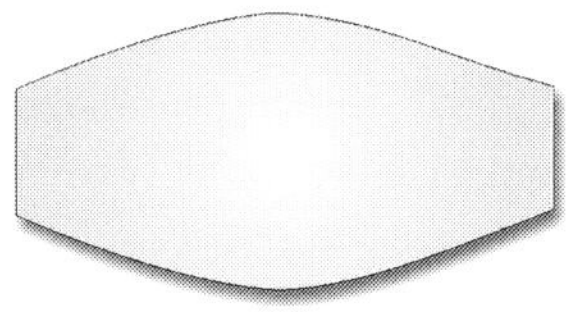

*Eine solche Grundstücksform, die einer Trommel ähnelt, beeinflusst vor allem seine weiblichen Bewohner negativ.*

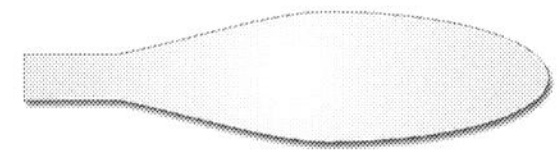

*Diese unregelmäßige Grundstücksform mag seinen Besitzer und dessen Familie in Schwierigkeiten bringen. Es besteht die Tendenz zu vorzeitigem Tod und Gefangenschaft.*

*Auf einem solchen Grundstück ist es schwierig, seelischen Frieden zu finden. Auch droht den Bewohnern Armut.*

Ordnung ist, wenn die Maße der Tempel stimmen. Wohnhäuser sollten hingegen lediglich an den grundlegenden Gesetzmäßigkeiten des Yoni-Prinzips und der Proportionenlehre des Vastu gemessen werden. Vollkommene Harmonie und Resonanz ist im Leben weder möglich noch erstrebenswert, da es im Leben um Entwicklung geht. Der Wohnraum der Menschen muss daher Spannungen und Abweichungen von der Harmonie zulassen, um Wachstumsprozesse zu ermöglichen.

*Diese Grundstücksform kann sich negativ auf Freundschaften auswirken und Feinde schaffen.*

Generell sind für die Gestaltung der Form eines Wohnhauses die folgenden Punkte zu beachten:

- Der Grundriss sollte möglichst rechteckig sein. Für die Bewertung von Erweiterungen oder Fehlbereichen gelten die gleichen Beurteilungskriterien wie für Grundstücke.
- Die Wände der Gebäude sollten möglichst parallel zu den Haupthimmelsrichtungen liegen.
- Die Proportionen der Gebäude und der einzelnen Räume sollten mittels des Yoni-Prinzips auf die Orientierung des Grundrisses abgestimmt sein.
- Die Ayadi-Formeln (Proportionenlehre) sollten auf den Umfang aller Räume angewandt werden.
- Die wichtigsten Längen, Breiten und Höhen innerhalb der Gebäude sollten mit Hilfe des Padayoni-Prinzips auf die Orientierung des Hauses abgestimmt werden.
- Die Höhe der einzelnen Etagen sollte bei einem mehrstöckigen Haus nach oben hin jeweils um ein Zwölftel abnehmen.
- Die Gliederung durch räumliche Formelemente sollte einem erkennbaren und harmonischen Rhythmus folgen.

*Ein sechseckiges Grundstück fördert den Fortschritt der ganzen Familie und des Geschäfts.*

*Diese ungünstige Grundstücksform mag zu Verlusten in vielen Bereichen führen.*

## Garage oder andere Nebengebäude auf dem Grundstück

Möchte man zusätzlich zum Hauptgebäude Nebengebäude auf dem gleichen Grundstück bauen, so sollte man hier ebenso die Prinzipien des Vastu zur Anwendung bringen. Ein Nebengebäude kann beispielsweise eine Garage, ein Lager, ein Gartenhaus, ein Schuppen oder ein Pavillon sein. Ein solches vergleichsweise kleines Gebäude kann die Energetik des gesamten Grundstücks und all seiner Gebäude entscheidend beeinflussen.

Daher sollten beim Errichten von Nebengebäuden die folgenden Punkte genau beachtet werden:

- Vom Südwesten abgesehen, sollte man keine der Grundstücksecken (Nebenhimmelsrichtungen) blockieren, indem man dort ein Nebengebäude direkt an die Grundstücksbegrenzungen heranbaut. Geschieht dies trotzdem, so wird das Biofeld des Grundstücks in Mitleidenschaft gezogen. Besonders betroffen ist dabei die Energie des Elementes, das der jeweiligen Ecke zugeordnet ist. Eine Garage im Südosten des Grundstücks vermindert beispielsweise die Energie des Feuers und beeinträchtigt damit die Gesundheit der Bewohner. Ein Gartenhaus im Nordwesten blockiert die Energien des Luftelementes, wodurch es Bewegungseinschränkungen und Kommunikationsprobleme verursachen kann.
- Wird ein Nebengebäude im Südosten direkt an die Begrenzungen des Grundstücks gebaut, so können neben chronischen Krankheiten Schwierigkeiten wie wirtschaftliche Verluste oder Konkurse auftreten. Lässt es sich nicht vermeiden, in dieser Richtung ein Gebäude zu errichten, so sollte mindestens ein Abstand von 60 Zentimetern in allen Richtungen bis zur Grenze des Grundstücks gewahrt bleiben. Ein solches Nebengebäude sollte Türen im Osten oder Norden haben. Ein Dach sollte in der Richtung der Eingangstür niedriger liegen als in

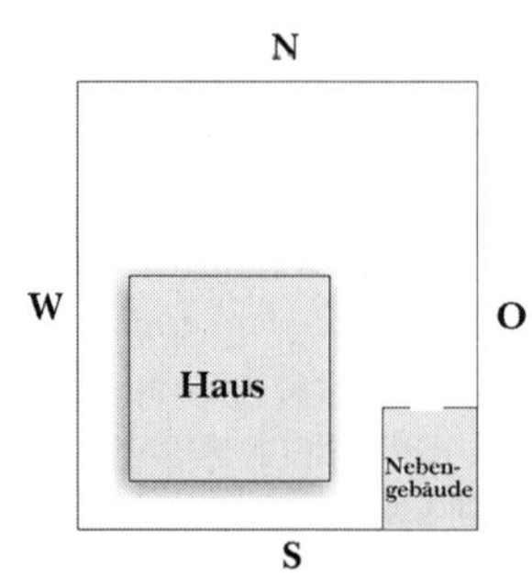


*Ein Nebengebäude im Südosten blockiert das Element Feuer.*

der entgegengesetzten Richtung. Es ist jedoch nach Vastu auch möglich, das Dach symmetrisch zu gestalten. Diese Option gilt auch für die nachfolgenden Fälle, bei denen Aussagen über die vorzuziehende Asymmetrie des Daches gemacht werden.

- Im Nordosten des Grundstücks sollte unter keinen Umständen ein Nebengebäude errichtet werden, weil hierdurch die wesentlichen Energieströme behindert werden. Sie werden vom Nebengebäude aufgefangen und damit dem Hauptgebäude entzogen. In dieser Richtung reicht es auch nicht aus, das Gebäude in einem gewissen kleinen Abstand (rund 60 Zentimeter) zu den Grundstücksgrenzen zu bauen. Ein bestehendes Nebengebäude im Nordosten sollte am besten abgerissen werden. Die negativen Auswirkungen zeigen sich in dieser Himmelsrichtung in Form von Schwierigkeiten für den Nachwuchs und wirtschaftlichen Verlusten.

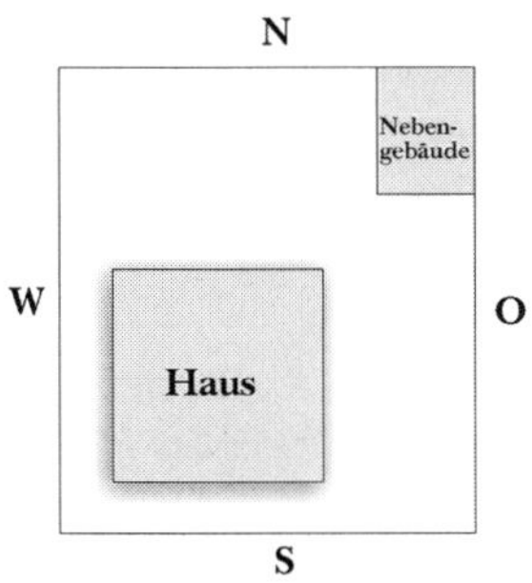


*Nebengebäude im Nordosten blockieren die Elemente Wasser und Äther.*

- Ein Gebäudeteil, der den Nordwesten des Grundstücks blockiert, wirkt sich ebenfalls negativ auf die Bewohner der Hauptgebäude aus. Diese mögen unnötige Feindschaften, Diebstahl und Kommunikationsprobleme zu erleiden haben. Lässt sich ein Nebengebäude in dieser Richtung nicht vermeiden, so sollte es einen Mindestabstand von 60 Zentimetern zu den Grundstücksbegrenzungen aufweisen. Sein Eingang und auch der niedrigere Teil seines Daches sollten im Osten liegen.

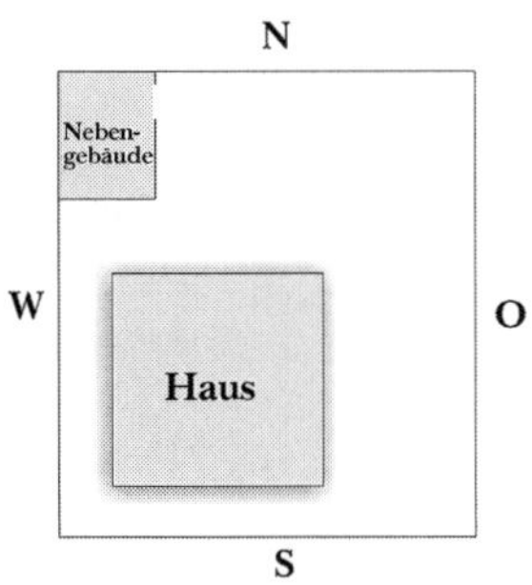


*Nebengebäude im Nordwesten blockieren das Luftelement.*

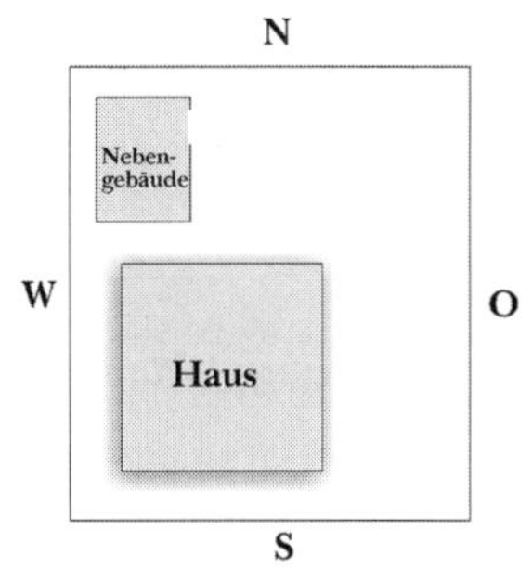


*Akzeptable Lösung mit Abstand zu den Grundstücksgrenzen.*

- Nur im Südwesten ist es zulässig, ein Neben- oder auch ein Hauptgebäude direkt an die Begrenzungsmauern des Grundstücks anzubauen oder sogar die Begrenzungsmauern in die Konstruktion des Gebäudes mit einzubeziehen. Hier ist es nicht notwendig, einen Abstand zu den Grenzen zu wahren. Ein Nebengebäude im Südwesten sollte jedoch nicht zum Wohnen benutzt werden, da sonst für den Hausbesitzer Schwierigkeiten entstehen. Auch eignet es sich nicht zum Abstellen von Fahrzeugen. Es kann jedoch gut als Lagerraum, als Schuppen oder als Mülllager genutzt werden. Sein Eingang sollte im Osten liegen. Für den Dachfirst wird eine leicht nach Osten abfallende Schräge empfohlen.

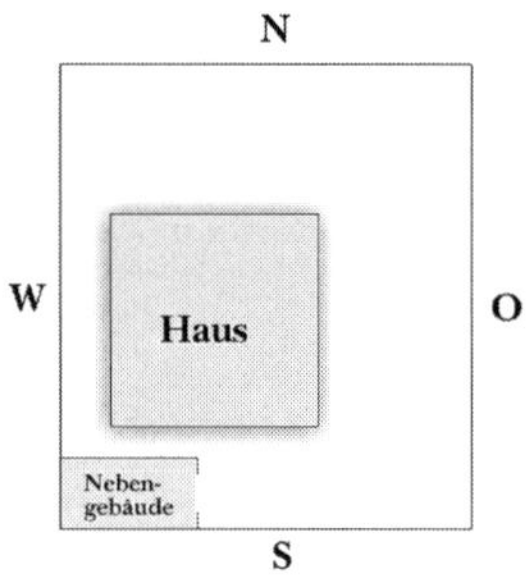


*Nebengebäude im Südwesten sind akzeptabel.*

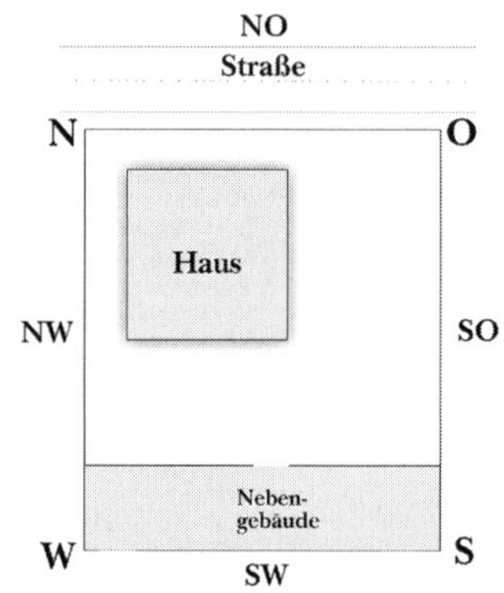


*Dieser Fall ist ungünstig, da der Süden und der Westen blockiert sind.*

- Bei Diagonalgrundstücken liegen die Haupthimmelsrichtungen in den Ecken. Keine dieser Ecken sollte durch ein Gebäude oder Nebengebäude zugebaut werden. In jedem Fall sollte hier ein Abstand von 60 Zentimetern zu den Grenzen des Grundstücks gewahrt bleiben. Bei solchen Grundstücken sollte lediglich auf der Südwestseite direkt an die Grundstücksgrenze gebaut werden. Die beiden Ecken im Süden und Westen sollten jedoch ausgespart bleiben.
- Im Parallelfall und im Diagonalfall ist es ungünstig, Nebengebäude entlang einer ganzen Seite oder ganzer Seiten des Grundstücks zu bauen. Solche Gebäudeteile, die eine gesamte Seite abdecken, haben die folgenden Wirkungen auf die Bewohner des Hauses:

| Bebaute Richtung | Auswirkung auf die Bewohner |
|---|---|
| Norden | Wirtschaftliche Verluste für den Besitzer, Zunahme der Ausgaben, der Lebensdruck steigt |
| Osten | Behindert den Fortschritt des Hausbesitzers, Prestigeverlust |
| Süden | Kummer vor allem für die weiblichen Bewohner, wirtschaftliche Verluste |
| Westen | Fehlschläge, unerwünschte Feindschaften für den Hausbesitzer, Instabilität und Unstetigkeit |

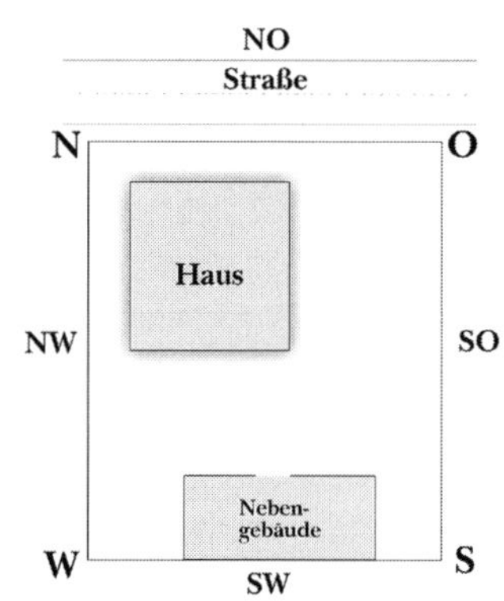


*Die Haupthimmelsrichtungen sollten wie in diesem Fall frei bleiben.*

## Mehrstöckige Wohnhäuser

Bei mehrstöckigen Wohnhäusern und komplexeren Gebäudeblöcken treten häufig, innerhalb eines zusammenhangenden Gebaudekomplexes, Höhenunterschiede der einzelnen Gebäudeteile auf. In der folgenden Tabelle wird die relative Höhe in den einzelnen Himmelsrichtungen den jeweiligen Auswirkungen auf die Bewohner der Gebäude zugeordnet.

| Richtung | Erhöht | Erniedrigt |
|---|---|---|
| Norden | Verluste aller Art | Günstig, bringt Wohlstand und Glück |
| Nordosten | Armut | Wohlstand und Reichtum |
| Osten | Schwächung der Kinder | Vitalität, Reichtum, Erfolg und Fortschritt |
| Südosten | Schlecht, falls höher als Südwesten; vermehrt Reichtum, falls höher als Nordwesten und Nordosten | Gut, falls niedriger als Südwesten, andernfalls Gefahr für Familie durch Feuer, Feinde usw. |
| Süden | Finanzielles Wachstum, hohe Lebensdauer und gute Gesundheit | Krankheiten und finanzielle Schwierigkeiten |
| Südwesten | Wohlstand und gute Gesundheit | Krankheiten und Tendenz zu vorzeitigem Tod |
| Westen | Entwicklung der Kinder, Ruhm und Ehre | Krankheiten, Schwächung der Kinder und Verlust von Reichtum |
| Nordwesten | Vermehrt Reichtum, falls höher als Nordosten; ungünstig, falls höher als Südwesten und Südosten | Krankheiten und schwache Gesundheit, falls niedriger als Nordosten; günstig und gute Ergebnisse, falls niedriger als Südwesten und Südosten |

Für ein Gebäude mit mehreren Stockwerken gelten die folgenden Regeln:

- Bei mehrstöckigen Gebäuden ist es besonders wichtig, dass sie auf einem rechteckigen Grundstück stehen, damit harmonische Energieverhältnisse hergestellt werden können.
- Das Grundstück sollte insbesondere im Südosten keine Erweiterung besitzen. Eine solche Erweiterung ist unter allen Umständen abzutrennen.
- Das Grundstück sollte Straßen im Osten und/oder Norden besitzen. Eine Straße im Westen ist ebenfalls akzeptabel. Eine Straße im Süden ist ungünstig. Falls sich dies nicht vermeiden lässt, sollten die Eingänge zu Grundstück und Gebäude im Süden des Südostens liegen.
- Besitzt das Grundstück Straßen im Süden und Norden, so sollte die nördliche Straße niedriger liegen. Besitzt es Straßen im Osten und Westen, so sollte die östliche Straße niedriger liegen.
- Im Süden sollte möglichst wenig freier Raum sein. Am meisten Platz sollte sich im Osten und Norden befinden.
- Häufig tritt bei der Beurteilung von Wohnungen in einem größeren mehrstöckigen Gebäudekomplex die Frage auf, welche Vastu-Eigenschaften sich auf die Bewohner der einzelnen Wohnungen oder Apartments beziehen. Sind es die Eigenschaften des gesamten Gebäudes, oder wird jede Partei nur von den Eigenschaften ihrer eigenen Wohnung betroffen?

*Bei diesem Doppelhaus ist der Norden des südlichen Hauses blockiert.*

Prinzipiell gilt, dass die Bewohner am stärksten durch die Vastu-Eigenschaften ihrer eigenen Wohnung beeinflusst werden. Die Eigenschaften des Gebäudes und des Grundstücks im Allgemeinen wirken vor allem auf den Hausbesitzer.

*Individuell:* Bei der Wohnungsanalyse zählt als Haupteingang der Wohnungseingang. Die Lage des Haupteinganges des gesamten Gebäudekomplexes betrifft wiederum in erster Linie den Besitzer des Gebäudes. Natürlich wird auch die Gesamtenergie des Gebäudes durch seine Lage beeinflusst. Wichtiger ist jedoch die Lage der individuellen Eingänge.

*Allgemein:* Installationen und Einrichtungen, die mehrere Parteien eines größeren Gebäudes betreffen wie etwa Heizungsanlage, Trinkwasser, Abwasser, Speicher oder Keller sollten zur Beurteilung ihrer Lage zunächst auf das Gesamtgebäude bezogen werden und erst in zweiter Linie auf die einzelnen Parteien.

*Werden die beiden Häuser auf diese Weise voneinander getrennt gebaut, so besitzt auch das südliche Haus einen offenen Norden.*

Die Wohnungen im Nordosten, Norden und Osten eines größeren Gebäudes weisen im Allgemeinen die besten Vastu-Eigenschaften auf. Wohnungen im Südwesten können keine Fenster im Norden und Osten haben. Sie besitzen daher im Allgemeinen sehr problematische Energien. Bei solchen Wohnungen kommt es besonders auf die richtige Nutzung des Nordostens an. Falls dieser mit abbauenden Energien belastet ist, durch die Einrichtung zu schwer oder zu geschlossen gestaltet wird, so ist mit ernsthaften energetischen Probleme zu rechnen. Auch das Immunsystem der Bewohner mag in Mitleidenschaft gezogen werden.

- Türen sollten sich sowohl innerhalb als auch außerhalb der Wohnungen immer in Richtung Süden oder Westen öffnen. Die Türen sollten sich nicht direkt in den Ecken befinden. Ein Mindestabstand von 60 Zentimetern ist empfohlen. Für Haupteingänge sind Türen mit zwei Flügeln vorzuziehen.

## Doppelhäuser

Doppelhäuser stellen im Allgemeinen einen komplizierten Fall dar. Häufig weist eines der beiden Häuser sehr gute und das andere recht schlechte Eigenschaften nach Vastu auf. Auf Grund der gemeinsamen Nutzung von Wänden lässt sich ein solches Ungleichgewicht kaum umgehen. Diese Wände sind fensterlos und stellen in dem Fall, dass die Häuser parallel zu den Haupthimmelsrichtungen liegen, für eine der beiden Parteien die Ost- beziehungsweise Nord-Wand dar. Damit besitzt diese Partei einen blockierten Norden oder Nordosten.

Dieses Problem lässt sich nur dadurch umgehen, dass die Front- beziehungsweise Rückseite des Doppelhauses in Richtung Nordosten ausgerichtet wird. In diesem Fall sind beide Häuser Diagonalhäuser, die eine gemeinsame Wand besitzen, die für das nordwestliche Haus im Südosten und für das andere Haus im Nordwesten liegt. Mit einem Haupteingang im Nordosten ist ein solcher Fall als positiv zu bewerten.

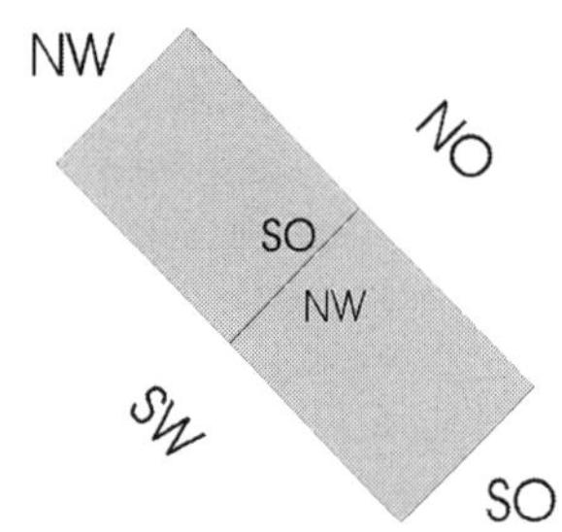


*Doppelhaus mit Längsseite in Richtung Nordosten. Dieser Fall ist vorteilhaft.*

Aus der Sicht des Vastu sind daher Reihen- und Doppelhäuser möglichst zu vermeiden. Es ist besser, einen kleinen Abstand zwischen den Häusern zu belassen. Dadurch geht zwar ein wenig Land verloren, und die Baukosten steigen ebenfalls um einen geringen Prozentsatz. Im Allgemeinen wiegt jedoch die gewonnene Wohnraumqualität dieses Opfer auf.

## Gebäude auf Hügeln

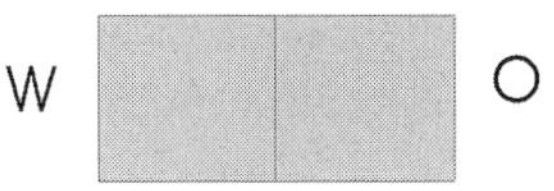


*In diesem Fall ist der Osten des westlichen Hauses blockiert.*

*Auf diese Weise kommt auch das westliche Haus in den Genuss der Energien des Ostens.*

Für Häuser und andere Gebäude in hügeligen Landschaften gelten die gleichen Vastu-Prinzipien wie im Flachland.

Es gibt jedoch einige spezielle Punkte zu beachten:

- Man sollte nicht auf einem Hügel oder Berg ein Gebäude errichten, der sich im Nordosten, Norden oder Osten einer Stadt befindet. Durch einen solchen Bau würde der Fortschritt für den Besitzer des Hauses in vielen Bereichen stark erschwert werden. Berge im Süden, Westen oder Südwesten einer Stadt eignen sich gut zur Bebauung.
- Es wird empfohlen, die Gebäude auf der in Richtung Norden, Osten oder Nordosten abfallenden Seite des Hügels zu bauen. Am Süd-, West- oder Südwesthang sind erhebliche Schwierigkeiten zu erwarten.
- Es ist günstig, ein Haus auf einem Hügel zu bauen, der in allen vier Richtungen gleichmäßig abfällt. Der Zugang zum Haus sollte möglichst aus dem Norden oder Osten erfolgen.
- Beim Bau eines Hauses auf einem Hügel ist es ratsam, das gesamte Grundstück mit einer Mauer zu umgeben. Dadurch werden die Energien auf dem Grundstück gehalten.
- Ein Haupttor im Süden sollte auf Hügeln möglichst vermieden werden.
- Ein Grundstück mit Tor im Osten sollte kein Tor im Westen haben.
- Ein Grundstück mit Tor im Norden sollte kein Tor im Süden besitzen.
- Hügel eignen sich besonders gut zum Errichten eines Tempels, einer Kirche oder einer Kapelle.
- Im Norden, Osten oder Nordosten sollten sich möglichst keine größeren Hügel oder Berge befinden. Im Süden, Westen oder Südwesten ist dieses hingegen erwünscht.
- Unterkellerung der Gebäude auf einem Hügel sollte möglichst vermieden werden. Vor allem sollte man darauf achten, im Südwesten, Süden und Westen kein Untergeschoss zu bauen.

## Die Beziehung zwischen Haus und Gewässern

Im Allgemeinen ist Wasser in der Nähe eines Hauses als Glück verheißend einzustufen. Im Vastu kommt es jedoch vor allem darauf an, in welcher Himmelsrichtung sich das Gewässer befindet und in welcher Richtung sich das Wasser bewegt.

Die folgenden Punkte sollten hierbei Beachtung finden:

- Wasser sollte sich im Norden, Osten und Nordosten des Grundstücks befinden, jedoch nicht in dessen Westen, Süden oder Südwesten.
- Wasser im Norden des Grundstücks sollte in Richtung Westen fließen, während sich solches im Osten in Richtung Norden bewegen sollte.
- Befindet sich Wasser in größerer Entfernung des Hauses, jedoch in der angemessenen Himmelsrichtung (Norden, Osten oder Nordosten), so kann man versuchen, einen Spiegel, der einem Fenster gegenüberliegt, so aufzustellen, dass er das Wasser reflektiert. Auf diese Weise kommen dem Haus die positiven Energien des Wassers zugute.
- Fließt ein Fluss oder Bach um das Haus herum, sodass das Haus in einer Mäanderschleife des Flusses liegt, sind im Allgemeinen positive Einflüsse zu erwarten. In diesem Fall erscheint es so, als ginge vom Haus eine Art gravitativer Anzie-

hung auf das Wasser aus. Dies gilt um so mehr, wenn die Mäanderschleife im Norden oder Osten des Hauses liegt und der Fluss in Richtung Osten beziehungsweise Norden fließt. Liegt die Schleife jedoch im Süden, Südwesten und Westen oder fließt der Fluss in eine ungünstige Richtung, so werden die positiven Einflüsse vermindert oder können sich sogar ins Negative umkehren.

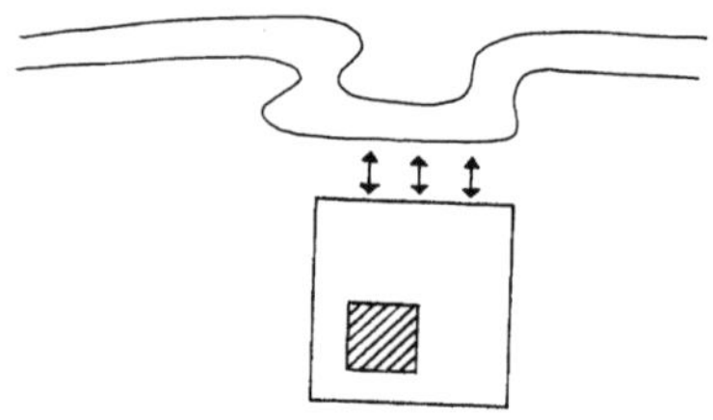

*In diesem Fall erscheint es, als würde das Wasser zwar zunächst auf das Haus zufließen, dann jedoch von ihm abgestoßen werden. Dieser Fall gilt nicht als günstig.*

- Der umgekehrte Fall, wenn die Flussschleife zum Haus weist, ohne dieses zu umschlingen, gilt als ungünstig. Es scheint, als würde der Fluss vom Haus abgestoßen werden. Das Wasser fließt auf das Haus zu, dreht dann jedoch wieder ab und trägt die Früchte fort. Das Leben wird den Bewohnern eines solchen Hauses viele Wechsel und Veränderungen bringen sowie (zumeist trügerische) Verlockungen anbieten, um Wohlstand zu erlangen.
- Als Korrekturmaßnahme sollte ein Spiegel aufgestellt werden, der das reflektierte Wasser ins Haus hineinholt. Dadurch werden die Energien, die der Fluss des Lebens mit sich bringt, im Haus gehalten und daran gehindert, gleich wieder abzufließen.
- Wasser vor einem Haus gilt im Allgemeinen als Glück verheißend. Es mag sich dabei um einen Springbrunnen, einen Teich oder einen Fluss handeln, sollte sich jedoch nicht direkt vor dem Haupteingang befinden. Zu berücksichtigen ist auch, ob es sich in einer für Wasser günstigen Richtung (Norden, Nordosten und Osten) befindet. Ansonsten sind gemischte bis negative Ergebnisse zu erwarten.

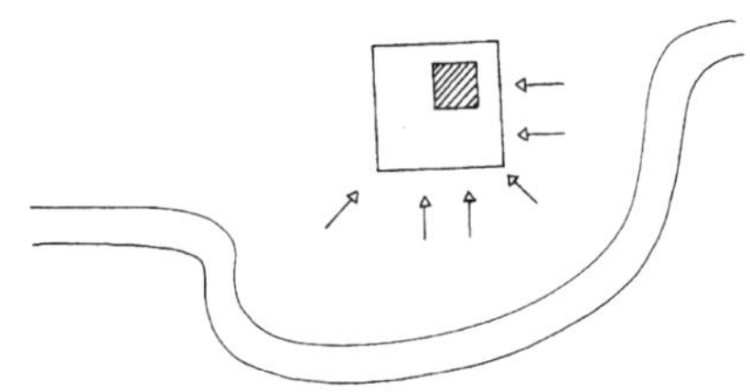

*In diesem Fall scheint das Wasser von dem Haus angezogen zu werden, was als vorteilhaft bewertet wird.*

- Fließt Wasser auf den Haupteingang des Hauses zu, so sind günstige Einflüsse zu erwarten. Fließt ein Bach oder Fluss jedoch auf solche Weise, dass sich sein Wasser vom Haupteingang entfernt, so sind negative Einflüsse zu erwarten. Der Fluss trägt in diesem Fall positive Energien des Hauses fort, ohne seine eigenen positiven Energien in das Energiefeld des Hauses mit einzubringen.
- Ein Haus, das von Wasser umgeben ist, kann mit positiven Einflüssen rechnen.
- Befindet sich neben einem Wasserreservoir oder Fluss auch ein Berg oder Hügel direkt vor dem Haupteingang, so ist mit ungünstigen Einflüssen zu rechnen.
- Wasser, das auf das Haus zufließt, ist Glück verheißend.
- Gewässer sollten sich jedoch nicht zu dicht am Haus befinden. Liegt ein Swimmingpool oder See zu nahe am Haus, so sollten zum Ausgleich in der entgegengesetzten Richtung in gleichem Abstand Bäume gepflanzt werden. Auch in diesem Fall muss auf die spezifischen Erfordernisse der einzelnen Himmelsrichtungen geachtet werden. Im Nordosten sollten beispielsweise keine hohen Bäume gepflanzt werden.
- Bei der Konstruktion eines Swimmingpools sollte man darauf achten, dass keine Ecke des Beckens auf das Haus weist.
- Befinden sich zwei Teiche auf dem Grundstück eines Hauses, so sollten sie möglichst von gleicher Größe sein.
- Auch die Krümmung der Uferlinie eines Teichs oder Sees in der Nähe eines Hauses oder auf dem Grundstück selbst sollte so sein, dass das Haus sich in die Rundung des Gewässers einfügt und nicht von dessen Form abgestoßen wird.

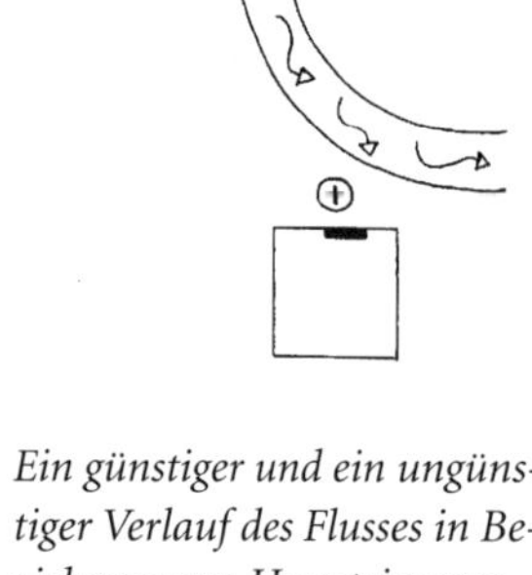

*Ein günstiger und ein ungünstiger Verlauf des Flusses in Beziehung zum Haupteingang.*

## Fehler, die durch Schatten verursacht werden

Auch Schatten, die auf das Haus fallen, können eine Bedeutung haben. Probleme, die dadurch möglicherweise verursacht werden, sind in der folgenden Tabelle aufgelistet:

| Name | Hindernis | Wirkung |
|---|---|---|
| Tempel Chaya-Vedha | Der Schatten einer Kirche oder eines Tempels fällt zwischen 10 und 15 Uhr auf das Gebäude. | Der Frieden geht verloren, schlecht fürs Geschäft, Fortschritt wird verhindert |
| Dhvaja Chaya-Vedha | Der Schatten einer Flagge, einer Säule oder eines Mastes fällt auf das Gebäude. | Schlechte Gesundheit |
| Parvata Chaya-Vedha | Der Schatten eines Berges fällt im Osten auf das Gebäude. | Hindernisse im Leben, der Name wird ruiniert |
| Vriksha Chaya-Vedha | Der Schatten eines großen Baumes fällt zwischen 10 und 15 Uhr auf das Gebäude. | Behindert den Fortschritt |
| Bhavana Chaya Kupa-Vedha | Der Schatten eines anderen Gebäudes fällt auf einen Brunnen. | Verlust von Geld |

## Fehler, die durch die Ecken von Häusern verursacht werden

Ein Vastu-Defekt besteht auch dann, wenn die Ecke eines anderen Hauses sich direkt vor dem eigenen Haus befindet, beziehungsweise wenn eine solche Ecke auf das eigene Haus gerichtet ist. Eine bewährte Korrekturmethode besteht darin, Bäume zwischen das Haus und die projizierende Ecke zu pflanzen oder diese mit Hilfe eines Spiegels zu reflektieren. Die folgenden Zeichnungen stellen diese beiden Fälle dar:

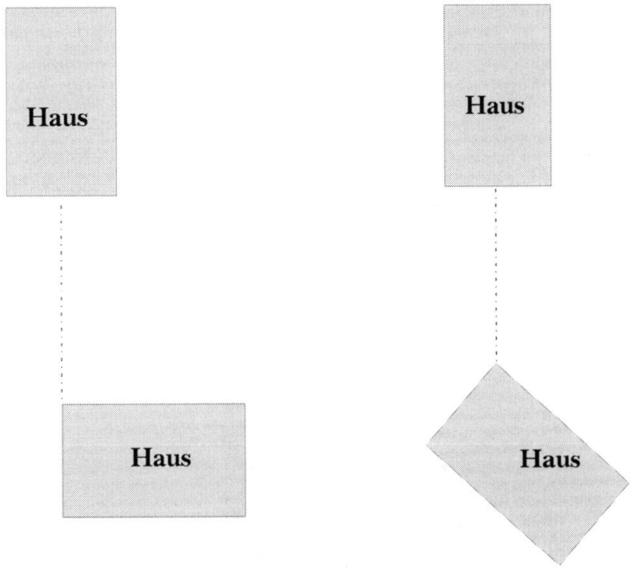


*Zwei Arten von Fehlern, die durch die Ecken von Häusern verursacht werden.*

*Kapitel 8*

# Häuser mit unterschiedlichen Ausrichtungen

Nachdem in den vorangehenden Kapiteln die Bedeutung der Form und Maße des Grundstücks und der Gebäude sowie die Wirkung von Straßen, Gefälle, Hügeln und Wasser in der Umgebung beschrieben wurden, soll es in diesem Kapitel um die Ausrichtung der Häuser gehen. Kenntnisse über die Ausrichtung von Häusern in Beziehung zu den Himmelsrichtungen stellen ein weiteres Instrument zur Feinabstimmung der Energien dar.

In diesem Abschnitt werden Häuser entsprechend ihrer Ausrichtung in einer der vier Haupthimmelsrichtungen betrachtet. Man spricht beispielsweise von einem Haus mit östlicher Ausrichtung, wenn sein Haupteingang an der östlichen Seite liegt, wenn im Osten eine Straße am Grundstück entlangführt und wenn sich dort auch das Haupttor befindet. Dies wäre ein reiner Osttyp. Selbstverständlich gibt es Mischtypen, die nicht alle drei Kriterien gleichzeitig erfüllen. Analog verhält es sich mit den übrigen Himmelsrichtungen.

Bei Mischtypen ist es erforderlich, die Eigenschaften der beteiligten Richtungen gegeneinander abzuwägen.

Für jede einzelne Ausrichtung gibt es spezifische Aspekte, die man beachten sollte. Diese werden im Folgenden als typische, positive und negative Eigenschaften gesondert aufgeführt.

Die Auflistungen zu den einzelnen Haustypen enthalten eine Vielzahl von Eigenschaften, die generell in jedem Haus für die betroffenen Himmelsrichtungen gelten. Es werden bei jedem Haustyp jedoch vor allem die generellen Prinzipien erwähnt, die für den jeweiligen Fall besonders wichtig sind.

*Schloss Weißenstein bei Göppingen ist in Richtung Osten ausgerichtet (auf dem Foto sichtbare Seite). Die ursprünglich aus dem 11. Jahrhundert stammende Burganlage entsprach den Prinzipien des Vastu. Die meisten An- und Umbauten, die in den letzten drei Jahrhunderten erfolgten, widersprechen diesen jedoch. So wurde beispielsweise im Norden des Schlosses ein hoher Seitenflügel errichtet (rechts auf dem Bild), der heute den höchsten Bereich des Schlosses bildet.*

## Häuser mit östlicher Ausrichtung

Die positiven beziehungsweise negativen Effekte eines solchen Hauses betreffen vor allem die männlichen Kinder. Auch die Karriere und die Vitalität der Hausbewohner werden in einem solchen Haus besonders stark durch die jeweiligen Vastu-Eigenschaften beeinflusst. Der Besitzer des Hauses sollte an einem höher gelegenen Ort im Haus wohnen als die übrigen Bewohner des Hauses, falls er im gleichen Haus lebt. Der Haupteingang des Hauses sollte von der Straße aus sichtbar sein.

*Positive Eigenschaften eines Hauses mit östlicher Ausrichtung* |

- Befindet sich im Osten des Nordostens des Grundstücks viel offener Raum, so besitzt dieser Ort die guten Energien des Prana-Stroms, der ungehindert in das Grundstück einfließen kann. Dieser Vorteil wirkt vielen möglicherweise bestehenden Vastu-Defekten entgegen.
- Baut der Nachbar im Osten des Grundstücks direkt an die Grundstücksgrenze, so sollte man dort eine rund 1,2 Meter hohe Mauer mit einer minimalen Breite von 12 Zentimetern errichten, die sich mindestens 10 Zentimeter von der Konstruktion des Nachbarn entfernt befindet.
- In einem Ost-Haus wirken sich Eingänge und Türen in östlicher Richtung besonders vorteilhaft aus, da sie den Prana-Strom im Haus zusätzlich verstärken und so die Vitalität der Bewohner fördern.
- Ist das Innere eines Hauses, dessen Haupteingang sich im Osten befindet, nach Vastu gestaltet, so sind selbst dann positive Resultate zu erwarten, wenn im Norden des Grundstücks kein freier Raum existiert. Je offener der Osten eines solchen Grundstücks ist, desto mehr nehmen Beliebtheit und Ruhm des Hauseigentümers zu.
- Ist der Boden im Osten des Grundstücks niedriger als der Fußboden des Hauses, so werden in diesem Haus Frieden und Glück unterstützt.
- Eine Veranda im Osten sollte ein leichtes Gefälle in Richtung Nordosten besitzen, um den Bewohnern zu Gesundheit und Ruhm zu verhelfen.
- Das Abwasser sollte in Richtung Osten abfließen, um die gute Gesundheit der Bewohner zu stärken.
- Die Begrenzungsmauer im Osten sollte niedriger sein, als die im Westen. Dadurch wird der Nachwuchs gefördert.
- Wasserbehälter und Brunnen im Osten des Hauses sind Glück verheißend, da sie die positiven Energien der Morgensonne speichern.
- Besitzt eine Haus mit östlicher Ausrichtung viel freien Platz sowohl im Norden als auch im Osten, so erfreuen sich die Bewohner im Allgemeinen sehr guter Gesundheit.

*Ein Balkon oder eine Veranda in östlicher Richtung stärkt Vitalität, Gesundheit und die Karriere der Bewohner.*

*Negative Effekte eines Hauses mit östlicher Ausrichtung* |

- Ist der Boden des Grundstücks im Osten höher als im Westen, so mag der Hauseigentümer verarmen und die Nachkommenschaft in ihrer Entwicklung behindert werden.
- Wird im Osten kein Platz auf dem Grundstück gelassen, ist besonders die Entwicklung der männlichen Kinder betroffen.
- Weist der Haupteingang im Osten in Richtung Südosten, können Armut, Diebstahl, Rechtsstreit und Schäden durch Feuer die Folge sein.
- Liegt der Fußboden des Hauses im Osten höher als der Fußboden im Zentrum des Hauses, können wirtschaftliche Schwierigkeiten und gesundheitliche Störungen nicht ausgeschlossen werden.
- Verluste sind zu erwarten, wenn Müll, Berge von Steinen oder Erdhügel im Osten zu finden sind.

## Häuser mit westlicher Ausrichtung

Auch bei Häusern mit westlicher Ausrichtung wirken sich Vastu-Eigenschaften vor allem auf die männlichen Nachkommen des Hausbesitzers aus. Positive Vastu-Eigenschaften fördern insbesondere die Popularität ihrer Bewohner und deren Stellung in der Gesellschaft. In Westhäusern besteht jedoch eine Tendenz zu Schwierigkeiten in der Ehe.

- Ein zusätzliches Haus oder Grundstück westlich von einem bereits in Besitz befindlichen Grundstück sollte auf keinen Fall erworben werden. Falls dies geschieht, sollte das vorherige Haus zunächst verkauft oder abgerissen werden, bevor das neue Haus bezogen wird.
- Das Regenwasser sollte in Richtung Osten abfließen. Ist dies nicht möglich, so sollte der Nordosten als Abflussrichtung gewählt werden. Von dort aus kann das Wasser in Richtung Nordwesten abgeleitet werden, falls sich die Kanalisation mit der Straße im Westen befindet.
- Falls im Westen des Hauses eine Veranda gewünscht wird, so sollte auch im Osten eine etwa gleich große gebaut werden. Diese sollte möglichst ein Gefälle in Richtung Osten besitzen.
- Befindet sich eine Veranda im Westen des Hauses und liegt auch der Haupteingang im Westen, so sollte im Westen zur Straße hin eine mindestens 90 Zentimeter hohe Mauer errichtet werden. Dadurch wird die Bewegung in Ost-West-Richtung blockiert, sodass Nordwesten und Südwesten stabilisiert werden. Befindet sich im Osten des West-Hauses eine Veranda, die niedriger liegt als das Haus, so fördert diese Wohlstand und Gesundheit der Bewohner.
- Der Haupteingang im Westen sollte genau in Richtung Westen weisen.

*Positive Eigenschaften eines Hauses mit westlicher Ausrichtung* |

- Wenn der Fußboden im Westen des Hauses höher liegt als im Zentrum des Hauses, so fördert dies die wirtschaftliche Entwicklung, Ruhm und Anerkennung.
- Eine Mauer im Westen, die mindestens 90 Zentimeter hoch ist, bringt ebenfalls gute Resultate in diesen Bereichen.
- Hohe Bäume und Pflanzen im Westen wirken sich sehr positiv aus.
- Gerümpel, sogar Müll kann im Westen ohne nachteilige Wirkung gelagert werden.
- Steine und andere schwere Gegenstände entsprechen den schweren Energien des Westens und helfen, die finanziellen Verhältnisse zu stabilisieren.

Ein Haus mit westlicher Ausrichtung sollte möglichst einen weiteren Eingang im Osten besitzen. Ist dies nicht möglich, so sollte zumindest im Norden ein zweiter Eingang gebaut werden.

*Negative Eigenschaften eines Hauses mit westlicher Ausrichtung* |

- Liegt der Fußboden im Westen des Hauses niedriger als der im Zentrum oder Osten des Hauses, so sind Verlust von Geld und Ansehen die Folge.
- Falls der Haupteingang oder andere Tore im Westen in Richtung Südwesten weisen, sind chronische Krankheiten und ökonomische Schwierigkeiten zu erwarten. Falls die Tür in Richtung Nordwesten weist, können ebenfalls der Verlust von Geld und Gerichtshändel auftreten.
- Fließt das Wasser im Westen ab, so sind die männlichen Bewohner des Hauses anfällig für chronische Krankheiten.

## Häuser mit nördlicher Ausrichtung

Die Vastu-Eigenschaften des Nordens beeinflussen vor allem die Frauen und den Wohlstand des Hauses. Die Energien von Nordhäusern sind zumeist mütterlich beschützend, heilend und nährend, wenn sie im Einklang mit den Prinzipien des Vastu erbaut wurden.

- Die Höhe des Fußbodens sollte im Norden niedriger sein als im übrigen Haus.
- Auch die Veranda sollte im Norden niedriger liegen als der Fußboden des Hauses.
- Befindet sich im Osten eines Nordhauses wenig freier Raum, so ist die nordöstliche Ecke des Grundstücks von großer Bedeutung und sollte genaustens nach den Vastu-Prinzipien behandelt werden.
- Die Küche darf auf keinen Fall im Norden des Hauses liegen. Auch der Nordwesten eignet sich in diesem Fall nicht für die Küche, da die Küche prinzipiell nicht im vorderen Teil des Hauses liegen sollte.
- Befindet sich im Süden eine Veranda, so sollte sie höher liegen als das Bodenniveau des Grundstücks im Norden des Hauses.
- Befindet sich im Norden des Hauses ein freies Grundstück, so sollte es selbst für einen hohen Preis erworben werden und mit dem bereits in Besitz befindlichen Grundstück verbunden werden.

»Man sollte ein Haus auf einem guten Grundstück errichten (...), es sollte nach Osten oder Norden ausgerichtet und geräumig sein und ein hohes Dach haben (...), seine Wände sollten dick sein, und es sollte zu allen Jahreszeiten gut darin zu leben sein. Es sollte frei von unangenehmen Geräuschen, hell und angenehm für das Gemüt sein.«

(Aus: »Caraka Samhita«, Kap.1, Vers 18)

*Positive Eigenschaften eines Hauses mit nördlicher Ausrichtung* |

- Wenn das Grundstück im Norden niedriger liegt als eine im Norden befindliche Veranda und diese niedriger als die nördlichen Räume des Hauses, welche wiederum niedriger liegen als der Rest des Hauses, so wird sich der Reichtum des Hauses vermehren, und die Frauen erfahren Glück und Wohlstand.
- Wenn im Norden mehr Platz ist als im Süden genießen alle Bewohner des Hauses Glück und Reichtum.
- Regenwasser sollte über den nördlichen Teil des Grundstücks durch die nordöstliche Ecke abfließen. Dadurch wird das bioenergetische Feld des Grundstücks gestärkt.
- Die Veranda im Norden sollte ein Gefälle in Richtung Norden besitzen. Dies ist förderlich für die Gesundheit und Fruchtbarkeit der Frauen.

*Negative Eigenschaften eines Hauses mit nördlicher Ausrichtung* |

- Der Besitz der Familie ist bedroht, und die Gesundheit der Frauen im Hause wird geschwächt, wenn der Norden deutlich erhöht ist.
- Befindet sich im Norden kein Platz, während der Süden offen und weiträumig ist, mag das Haus sogar verloren gehen oder unbewohnt bleiben.
- Wenn sich im Norden des Hauses oder des Grundstücks nutzlose Dinge oder Müll befinden, wird das Erhalten von Besitz erschwert.
- Ist die Eingangstür im Norden in Richtung Nordwesten gedreht, so ist der Besitz durch Diebstahl, Betrug oder Feuer gefährdet.

**Beispiel eines Hauses mit Eingang im Norden** | Um die Theorie etwas zu beleben, soll ein konkretes Beispiel zeigen, wie die hier erwähnten Eigenschaften untersucht und interpretiert werden können. Das Haus mit Haupteingang im Norden besitzt recht gute Vastu-Eigenschaften.

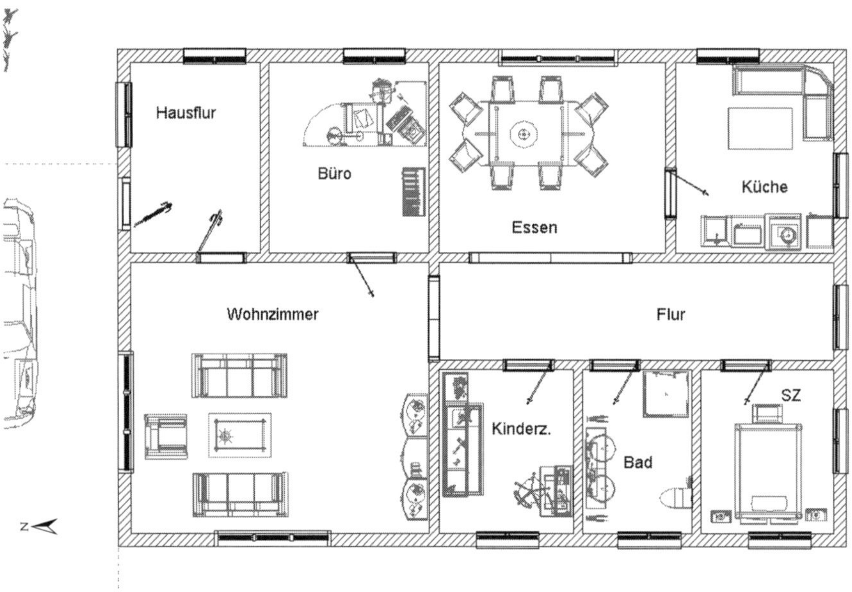


*Grundrissskizze des Hauses mit Eingang und Straße im Norden.*

*Blick durch den zentralen Flur des Hauses, der gleichzeitig die zentrale Energie- und Bewegungsachse des Hauses bildet.*

*Blick vom Wohnzimmer durch die Bogen in Richtung Speisezimmer.*

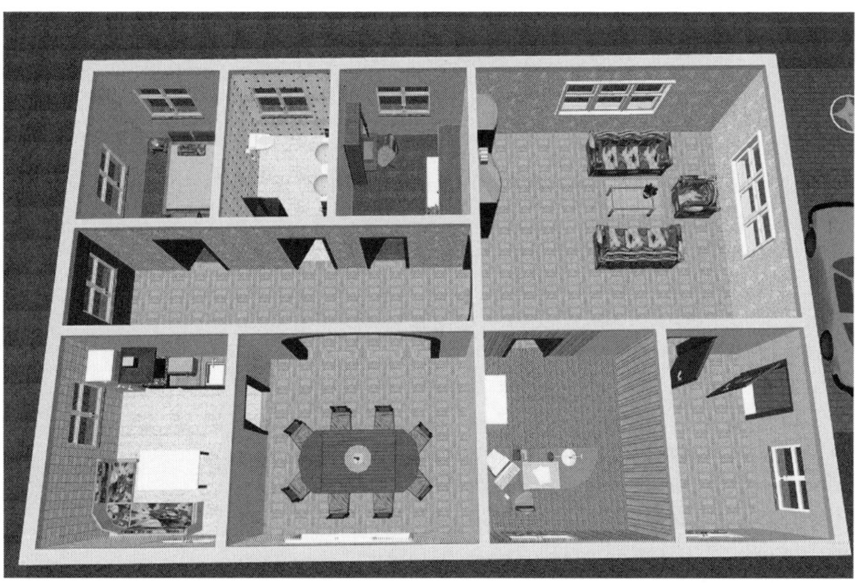

*Ansicht von oben aus dem Osten.*



Das Haus wurde exakt parallel zu den Haupthimmelsrichtungen gebaut. Der Haupteingang liegt im starken Bereich des Nordens (Nordosten). Der Hausflur im Nordosten des Hauses sollte stets sauber und ordentlich gehalten werden, um die reinen Energien dieser Richtung zu erhalten. Sowohl der Norden als auch der Osten besitzen eine ausreichende Anzahl von Fenstern, sodass das Gebäude mit Lebensenergie versorgt wird.

Diese positive energetische Gesamtsituation wird durch die vastugerechte Aufteilung der Raumfunktionen innerhalb des Hauses unterstützt. Die Küche liegt ideal im Südosten, auch der Speiseraum im Osten ist gut platziert, was der Gesundheit der Bewohner und ihrem allgemeinen Wohlbefinden zuträglich ist. Das Elternschlafzimmer im Südwesten mit einem benachbarten Bad in Richtung West-Südwest entspricht ebenfalls dem Ideal des Vastu. Das Gleiche gilt für das Kinderzimmer im Westen, das die Entwicklung der Kinder, ihre Kreativität und ihre Ausbildung fördert. Das Büro im nördlichen Bereich der Ostseite des Hauses schafft ideale Voraussetzungen für konzentriertes und inspiriertes Arbeiten.

Die energetische Hauptachse des Hauses verläuft mit dem länglichen Flur in Richtung Nord-Süd, wodurch es im Haus zu einem dynamischen Energiefluss in dieser Richtung kommt.

## Häuser mit südlicher Ausrichtung

Bei Defekten und positiven Eigenschaften eines Hauses mit südlicher Ausrichtung sind vor allem die weiblichen Bewohner von den Resultaten betroffen. Eine starke Verbindung besteht auch zum Bauherrn selbst.

*Positive Eigenschaften eines Hauses mit südlicher Ausrichtung* |

- Der Süden sollte hoch liegen, damit die Bewohner des Hauses Gesundheit und Wohlstand erfahren.
- Dinge, die nicht mehr gebraucht werden, sollten im Süden des Hauses beziehungsweise Grundstücks aufbewahrt werden. Dadurch werden die hochwertigen Bereiche des Hauses (Norden, Osten, Nordosten, Nordwesten, Südosten, Zentrum) von abbauenden Energien freigehalten.
- Die Tür im Süden sollte exakt in Richtung Süden weisen.
- Der Süden des Hauses sollte höher liegen als das Zentrum.
- Wasser sollte in Richtung Norden aus dem Haus und vom Grundstück abfließen.
- Falls das Wasser nicht in Richtung Norden abfließen kann, so sollte es in Richtung Osten abfließen. Dadurch wird die Gesundheit der männlichen Bewohner des Hauses gefördert.
- Wenn es sich nicht vermeiden lässt, dass das Wasser in die im Süden gelegene Kanalisation abfließt, so sollte es auf dem Grundstück erst in Richtung Nordosten abfließen und von dort aus entlang der Grundstücksbegrenzung im Osten in Richtung Süden abgeleitet werden. Das gilt sowohl für Regenwasser als auch für Abwasser.

Über einem südlichen Haupteingang kann man zum Schutz vor negativen Energien das hier abgebildete Narasimha-Schutz-Yantra aufhängen. Es eignet sich auch dafür, feinstofflichen Störungen durch negative Wesenheiten und den negativen Wirkungen von Wasseradern und Energiegitterkreuzungspunkten entgegenzuwirken.

*Negative Eigenschaften eines Hauses mit südlicher Ausrichtung* |

- Die Gesundheit der Frauen wird geschwächt, und es können wirtschaftliche Probleme auftreten, wenn im Süden viel offener Raum ist, sich dort der Hof des Hauses befindet und wenn die Veranda im Süden niedriger als der Fußboden des Hauses liegt.
- Ein Brunnen oder ein Teich in südlicher Richtung verstärkt die Tendenz zu finanziellen Verlusten und Unfällen.
- Falls die Begrenzungsmauer im Süden niedriger ist als im Norden, nimmt die Wahrscheinlichkeit zu, dass schwerwiegende Probleme auftreten.
- Falls die Tür im Süden in Richtung Südosten weist, drohen Feuer, Streit oder gerichtliche Auseinandersetzungen.
- Ist die südliche Eingangstür in Richtung Nordwesten geneigt, so besteht die Tendenz zu Krankheiten, Feindschaft, Furcht, psychischen Störungen und vorzeitigem Tod.

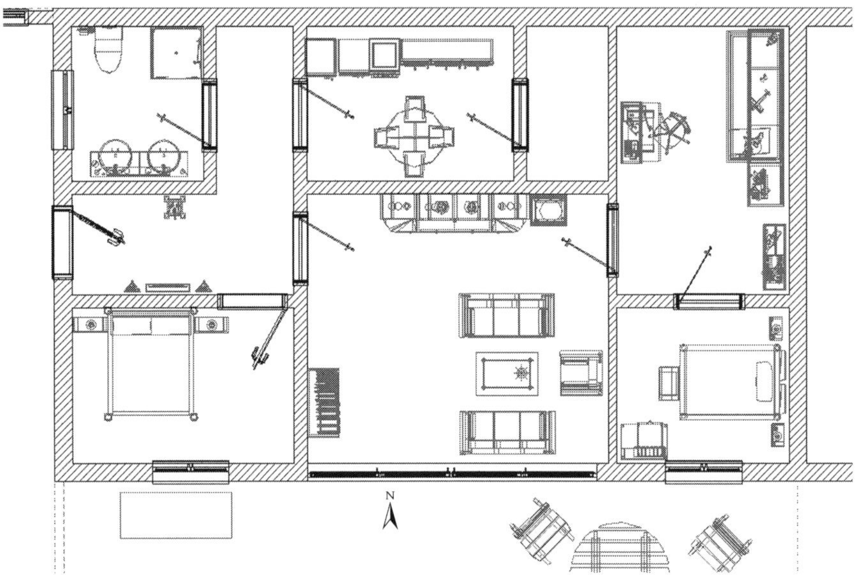


*Der Grundriss des Einfamilienhauses.*

*Das Reihenhaus mit der weitläufigen Rasenfläche im Süden – aus dem Süden betrachtet.*

Dieses Reihenhaus enthält eine ganze Reihe interessanter Vastu-Eigenschaften, die sich deutlich auf seine Bewohner auswirkten. In dem Haus lebte ein Ehepaar mit zwei Kindern. Das Ehepaar schlief im Südwesten, die kleine Tochter verbrachte die ersten zwölf Jahre ihres Lebens im nordöstlichen Zimmer des Hauses, das als einziges Fenster eine Dachluke besitzt. Im Südosten lebte der zwei Jahre ältere Bruder. Die Küche im Norden besitzt ebenfalls nur eine Dachluke. Das kleine Zimmer rechts von der Küche im Norden ist ein Abstellraum. Hinter dem Haus im Norden befindet sich der Bauhof einer Baufirma, die dort ihre Maschinen und Baumaterialien abstellte, während im Osten direkt ein weiteres Reihenhaus anschließt.

Beginnt man die Wohnsituation nach Vastu zu analysieren, fallen zunächst der geschlossene Norden und der blockierte Osten auf. Im Norden gibt es weder freien Raum auf dem Grundstück noch Fenster, was sich nach Vastu negativ auf die Gesundheit der Bewohner auswirkt. Dieser Einfluss wird durch den weit geöffneten Süden mit Terrasse weiter verstärkt. Der Garten liegt vollständig im Süden, wodurch das negative Energiefeld zusätzlich belastet wird. Der Haupteingang liegt im Westen, was bei Kombination mit den weiteren Vastu-Defekten zu Problemen in den Beziehungen zwischen den Hausbewohnern führen kann. Insbesondere die Ehebeziehung könnte darunter leiden. Neben der Eingangstür gibt es lediglich im Norden ein Sonnenfenster, hinter dem sich das Bad befindet. Diese Kombination ist vorteilhaft für die männlichen Bewohner des Hauses. Südlich des Eingangs besitzt das Haus auf der Westseite jedoch keine weiteren Fenster. Das vollständige Fehlen der Mondfenster wirkt sich negativ auf die weiblichen Bewohner des Hauses aus.

Innerhalb des Hauses befindet sich im Nordwesten das Badezimmer. In der nordwestlichen Ecke des Badezimmers liegt die Toilette. Da der Nordwesten die Beziehungen repräsentiert, sind diese hierdurch einem weiteren negativen Einfluss ausgesetzt. Das Schlafzimmer der Eltern im Südwesten ist gut platziert, doch die Kinderzimmer im fensterlosen Osten besitzen beide problematische Eigenschaften. Der Sohn schläft im Südosten, der für Kinder als Schlafzimmer auf Grund des starken Feuers ungeeignet ist. Die Folge hiervon könnte eine hitzige Natur und eine Tendenz zu Streit und übereilten Entscheidungen sein.

Die Tochter schläft in diesem Haus im Nordosten, das außer einer größeren Dachluke keine Fenster besitzt. Dieser Umstand führte zu gesundheitlichen Komplikationen. Als weitere Vastu-Defekte sind die Platzierung der Küche im Norden und die Lage des Abstellraums zwischen dem Norden und Nordosten zu nennen.

Die Kombination dieser Defekte führte für die Bewohner zu vielfältigen Auswirkungen. Schwierigkeiten im beruflichen und finanziellen Bereich wurden von Beziehungsproblemen, Streit und gesundheitlichen Rückschlägen begleitet. Auch die Kinder, die rund zwölf Jahre ihrer Kindheit in diesem Haus verbrachten, litten unter den Folgen der Vastu-Defekte.

*Das gleiche Haus von oben betrachtet.*

## Häuser innerhalb eines bebauten Areals

Häuser und Grundstücke, die in den Eckbereichen einer Siedlung, eines Stadtviertels oder eines Häuserblocks liegen, werden im Vastu gesondert betrachtet. Wie sich der Einfluss der Nebenhimmelsrichtungen und der damit verbundenen Elemente Äther (NO), Wasser (NO), Erde (SW), Feuer (SO) und Luft (NW) im Einzelnen auswirkt, zeigt die folgende Zusammenstellung.

**Häuser im Nordosten** | Der Nordosten ist in jedem Gebäude von herausragender Bedeutung. Noch wichtiger wird er in Häusern, die im nordöstlichen Block einer bebauten Fläche liegen. Selbst wenn alle anderen Richtungen im Haus gemäß Vastu gestaltet sind und nur im Nordosten schwerwiegende Fehler auftreten, ist das gesamte Projekt gefährdet.

- Liegt das Land niedriger als die östliche Straße, so sollte sich die Zufahrt zum Grundstück im Osten befinden und in Richtung Osten ausgerichtet sein.
- Ist die östliche Seite des Grundstücks jedoch um mehr als 20° in Richtung Südosten gedreht, so sollte sich ein Tor im Osten des Nordostens befinden, das Haupttor dagegen sollte im Norden liegen.
- Liegt die Straße im Norden niedriger als die Straße im Osten, so sollte sich die Hauptzufahrt im Norden befinden.

- Ist die nördliche Seite jedoch um mehr als 10° in Richtung Nordwesten gedreht, so sollte eine Zufahrt im Norden des Nordostens ermöglicht werden, während das Haupttor im Osten gebaut wird.
- Der Haupteingang des Hauses sollte im Nordosten der Seite des Hauses liegen, auf der sich der Zugang zum Grundstück befindet.
- Der nordöstlichste Raum des Gebäudes sollte eine Tür (einen Ausgang) im Osten des Nordostens besitzen, falls es dort Eingänge im Süden und Westen gibt. Andernfalls wird der Nordosten als geschlossen oder blockiert betrachtet.
- Man sollte den Nordosten des Grundstücks nicht verkaufen oder baulich abtrennen.
- Im Norden oder Osten des Hauses sollte kein Vordach errichtet werden, weil auf diese Weise der Nordwesten und der Nordosten beziehungsweise der Nordosten und der Südosten als abgeschnitten betrachtet werden. Ein solches Vordach sollte in jedem Fall bis in den Bereich des Nordostens verlängert werden.
- Im Nordosten sollte die Ecke des Hauses und des Grundstücks nicht abgerundet werden.

| | | |
|---|---|---|
| NW-Block | Block im Norden | NO-Block |
| Block im Westen | | Block im Osten |
| SW-Block | Block im Süden | SO-Block |

Diese Übersicht zeigt das Areal parallel zu den Haupthimmelsrichtungen. Es ist an allen vier Seiten von Straßen umgeben. Dieser Abschnitt bezieht sich zunächst nur auf Grundstücke mit einer solchen Parallelausrichtung.

*Positive Eigenschaften von Häusern im Nordosten* |

- Mehr Platz im Osten als im Westen und im Norden als im Süden und ein niedriger Norden und Osten bringen den Bewohnern Wohlstand, Glück und Gesundheit, wenn der Nordosten des Grundstücks und des Hauses richtig genutzt wird. Dieser Zusammenhang gilt im Allgemeinen, fällt jedoch bei Häusern im Nordosten besonders positiv ins Gewicht. Das Gleiche gilt für die folgenden Punkte.
- Ist der Nordosten in Richtung Norden erweitert, so fördert dies Reichtum und Wohlstand.
- Ist der Nordosten in Richtung Osten erweitert, so wird Wohlstand bewahrt und zusätzlich der Aspekt der Religiosität und der spirituellen Entwicklung gestärkt.
- Ist der Nordosten der niedrigste Teil des Grundstücks und auch des Hauses, so profitieren alle Bewohner davon, insbesondere, wenn sich im Nordosten ein Brunnen oder Teich befindet.
- Das Wasser sollte durch den Nordosten aus den Räumen, aus dem Haus und vom Grundstück abfließen. Dadurch wird die geistige und intellektuelle Entwicklung der Nachkommenschaft des Hauses begünstigt.

*Negative Eigenschaften von Häusern im Nordosten* |

- Wird das Haus bis an die Grundstücksbegrenzungen im Norden gebaut, so sind die Frauen im Haus anfällig für Krankheiten oder werden mit wirtschaftlichen Schwierigkeiten konfrontiert.
- Geschieht das Gleiche im Osten, so betreffen die negativen Auswirkungen vor allem den Besitzer und den ältesten Sohn des Hauses.
- Befindet sich das Haus am äußersten Ende des Nordostens und gibt es im Südwesten Erdvertiefungen, so sind negative Ergebnisse für den Besitzer zu erwarten.
- Falls die Türen im Norden höher liegen als im Süden und die Türen im Osten höher als die im Westen, so sind die Bereiche Vitalität, Karriere und Finanzen betroffen.
- Falls der Nordosten abgeschnitten oder blockiert ist, ist es unwahrscheinlich, dass in einem solchen Haus ein männliches Kind geboren wird. Wenn dies doch geschieht, so besteht die Gefahr, dass das Kind mit Behinderungen zur Welt kommt. Auch seine geistige Entfaltung ist gefährdet.
- Steinhaufen, Müll und nutzlose Dinge im Nordosten verstärken die Tendenz zu Feindschaften und beeinträchtigen die Lebensdauer.

- Befindet sich die Küche im Nordosten des Hauses, werden Streit und mentale Unruhe forciert.
- Selbst wenn das Haus nach Vastu konstruiert ist, jedoch die Straßen im Norden und Osten höher liegen als der Fußboden des Hauses, müssen die Bewohner des Hauses mit Hindernissen rechnen.
- Eine Toilette im Süden des Südostens ist akzeptabel, doch sollte die Ableitung des Abwassers nicht in Richtung Südosten erfolgen.

**Häuser im Südosten** | Die Auswirkungen von Vastu-Eigenschaften eines Hauses im südöstlichen Block eines Wohnareals betreffen vor allem die Frauen, Kinder und den zweiten Sohn des Hauses. Vastu-Eigenschaften haben in diesem Bereich im Allgemeinen einen geringeren Einfluss als in den anderen drei Ecken. Man sollte trotzdem sehr umsichtig versuchen, Vastu-Defekte zu vermeiden.

- Liegt die südliche Straße niedriger als die Straße im Osten, so sollte die Zufahrt zum Grundstück von der östlichen Seite her ermöglicht werden.
- Die Haustür kann im südlichen Teil des Südostens liegen.
- Hohe Bäume können zwischen dem Südwesten und dem Südosten des Grundstücks gepflanzt werden.
- Das Abwasser des Hauses sollte nicht in den südöstlichen Bereich des Grundstücks abfließen.
- Im Südosten darf die Ecke der Grundstücksbegrenzung abgerundet sein.
- Elektrische Installationen sollten im Südosten des Grundstücks mindestens einen Abstand von 1 Meter von der östlichen Grundstücksbegrenzung haben.

Bei Häusern im Südosten sollte man darauf achten, dass das Feuerelement nicht zu stark wird. Das ist gewährleistet, indem vor allem der Norden und der Nordosten den Vastu-Prinzipien entsprechend gestaltet, der Haupteingang im starken Bereich des Ostens gebaut und die Küche im Nordwesten eingerichtet wird.

*Positive Eigenschaften von Häusern im Südosten* | Der südöstliche Block eines Wohngebiets ist für den Bau eines Hauses weniger vorteilhaft als die anderen Eckbereiche.

Sollte dort jedoch trotzdem gebaut werden, kann möglichen Problemen entgegengewirkt werden, wenn die folgenden Regeln strikt umgesetzt werden:

- Der Nordosten dieses Blocks sollte möglichst frei und leicht gestaltet werden.
- Im Norden sollte mehr Platz sein als im Süden.
- Im Osten sollte mehr Platz sein als im Westen.
- Die Türen sollten in starken Bereichen platziert werden.
- Der Nordosten sollte niedrig liegen, das Wasser in Richtung Nordosten ablaufen.
- Es sollte keine Erweiterungen in den Ecken des Südwestens, Nordwestens und Südostens geben.
- Im Südosten sollte das Land niedriger liegen als im Süden und Südwesten. Dadurch wird die Ausstrahlung und Kraft des bioenergetischen Feldes gestärkt.
- Befindet sich der Haupteingang im Süden, so sollte im Westen kein freier Platz sein, damit Wohlstand vermehrt werden kann.
- Freier Platz im Norden und Osten und das richtige Gefälle fördern Vitalität und unterstützen die Karriere.
- Die Küche sollte sich im Südosten des Hauses befinden. Dies stärkt ebenfalls die Gesundheit und begünstigt Luxus.

*Negative Eigenschaften von Häusern im Südosten* |

- Erweiterung im Südosten, Brunnen oder Teich im Südosten, kein freier Platz im Norden, Tor im Südwesten oder im Osten des Südostens oder mehr Platz im Westen als im Osten bringen den Hauseigentümer in eine missliche Lage.
- Befindet sich das Tor im Süden und bildet die Grundstücksgrenze im Nordosten die Begrenzung des Hauses, so mag der Hausbesitzer unter chronischen Krankheiten leiden oder den Tod in der Mitte seines Lebens finden.

- Befindet sich zusätzlich dazu ein Ausgang im Osten des Südostens des Grundstücks, so wird der zweitälteste Sohn in negativer Weise davon betroffen.
- Die gleiche Situation mit einer Veranda im Süden, die in Richtung Süden oder Westen abfällt, benachteiligt die Frau des Hauses.
- Falls das Tor im Süden liegt und der Nordosten durch das Gebäude blockiert wird, kann es zu frühen unheilbaren Erkrankungen des Eigentümers kommen, falls zusätzlich der Westen mehr Platz hat als der Osten und sich im Westen ein Brunnen befindet.
- Befindet sich das Tor im Osten, wobei im Süden viel freier Platz ist und das Haus im Norden an die Begrenzung des Grundstücks gebaut wurde, mag die Frau des Hauses einen schweren Unfall erleiden, wenn zusätzlich ein Brunnen im Südosten liegt.
- Ein Tor im Osten und kein freier Platz im Norden und Nordosten erhöhen die Gefahr für den Hausbesitzer, einen unnatürlichen Tod zu erleiden.
- Ein Tor im Osten, ein blockierter Nordosten und offener Platz im Südwesten führen zu Spannungen und Feindschaft zwischen Mann und Frau und beeinträchtigen die Intelligenz der Kinder.
- Ein Tor im Osten, im Norden kein freier Platz, ein offener Platz im Süden und eine Erweiterung im Südwesten erhöhen die Wahrscheinlichkeit, dass die Frauen des Hauses einen Unfall haben.
- Im südöstlichen Teil des Hauses sollte im Osten eine Tür sein. Sonst steigt die Gefahr von Diebstahl, Streit und Feuer.
- Eine Erweiterung des Grundstücks im Osten des Südostens mag zu Schwierigkeiten mit den männlichen Kindern führen.
- Eine Erweiterung des Südostens im Süden mag zu Streit unter den Frauen und zur Schwächung ihrer Gesundheit führen.
- Ein niedriger Südosten, ein hoher Nordwesten und Norden bewirken, dass die Bewohner des Hauses sich verschulden und keinen Frieden finden.
- Ist der Südosten niedrig und sind Südwesten, Nordwesten und Nordosten erhöht, so mögen Armut und Krankheit die Folge sein.
- Ist der Südosten erhöht und liegen Südwesten, Nordwesten und Nordosten niedriger, so sind Niederlagen für den Besitzer des Hauses zu erwarten.

Bei Südosthäusern sollte man das Element Wasser sorgsam platzieren, um keine allzu dynamischen Wechselwirkungen zwischen Feuer und Wasser herbeizuführen. Eine ausbalancierte harmonische Verteilung der Elemente ist in einem solchen Haus sehr wichtig.

**Häuser im Südwesten** | Die Glück verheißenden und Unglück verheißenden Umstände in Häusern des Südwestblocks betreffen vor allem den Hausbesitzer, seine Frau und den ältesten Sohn. Die Auswirkungen von Vastu-Defekten dieser Himmelsrichtung sind jedoch unter Umständen sehr stark und können in unerwarteten Todesfällen, Selbstmorden und anderen Katastrophen zum Ausdruck kommen. Daher ist es in einem solchen Haus besonders wichtig, die Vastu-Prinzipien strikt zu befolgen. Wird dies getan, kann sich ein Grundstück im Südwesten positiver auswirken als in allen anderen Richtungen.

- Der Südwesten und der Nordosten sind Rivalen. Sie sollten einander immer die Balance halten. Der Südwesten sollte in dem Maße erhöht sein, wie der Nordosten erniedrigt ist. In dem Maße wie der Südwesten bedeckt ist, sollte der Nordosten offen und frei sein. Ebenso verhält es sich mit der Gewichtsverteilung.
- Die Gebäude können im Südwesten an die Begrenzung des Grundstücks heran gebaut werden.
- Es sollte im Südwesten keinen Teich, Brunnen oder sonstige Vertiefungen geben.
- Der Südwesten sollte nicht unterkellert werden, da er sonst Raum für negative Energien besitzt.
- Wasser, das im Haus benutzt wurde, sollte nicht in Richtung Südwesten abfließen.

Bei Häusern im Südwesten besteht die Tendenz zu Starrheit, Trägheit und übermäßiger Machtausübung. Diesen Tendenzen sollte man sorgsam entgegenwirken, indem man den Nordosten leicht und offen gestaltet, dort Wasserreservoirs schafft und den Haupteingang möglichst im starken Bereich des Westens baut.

- Alle Konstruktionen im Südwesten sollten stark und schwer sein.
- Liegt der Westen tiefer als der Süden, so sollte das Haupttor im Süden gebaut werden.
- Ist der Süden in Richtung Südosten gedreht, so sollte es sowohl im Süden des Südostens als auch im Osten ein Tor geben.
- Liegt der Süden niedriger als der Westen, so sollte das Haupttor im Westen gebaut werden.
- Im Südwesten sollte um keinen Preis Land hinzu erworben werden.
- Konstruktionen im Südwesten sollten nicht aufgeschoben oder verzögert werden. Ein kleiner Fehler kann dort verheerende Folgen haben. Ein Raum im Südwesten sollte als Erstes fertig gestellt werden. Während der Bauarbeiten sollte sich der Besitzer nicht auf Reisen begeben.
- Der Südosten sollte niedriger liegen als der Südwesten, und der Nordwesten sollte wiederum niedriger sein als der Südosten. Am niedrigsten sollte der Nordosten gelegen sein.
- Falls die Küche nicht im Südosten eingerichtet werden kann, so sollte sie im Südosten des Nordwestens oder Südwestens platziert werden.
- Eine Veranda im Südwesten sollte kein Gefälle haben.
- In südwestlicher Richtung sollte es möglichst keine Fenster geben. Lässt sich das nicht vermeiden, so sollte es auch im Nordosten Fenster geben.

*Positive Eigenschaften von Häusern im Südwesten* |
- Erhöhung des Westens, Südens und Südwestens bringen den Bewohnern Reichtum und Wohlstand. Hierdurch werden ihr Einfluss und ihre Stabilität gefördert.
- Ein großer Raum im Südwesten wirkt sich positiv aus.

*Negative Eigenschaften von Häusern im Südwesten* |
- Ist der Südwesten im Westen erweitert, sind die männlichen Bewohner betroffen. Bei Erweiterung des Südwestens im Süden sind die weiblichen Bewohner betroffen. Liegen die Erweiterungen in beiden Richtungen vor, müssen sowohl die männlichen als auch die weiblichen Bewohner mit Schwierigkeiten rechnen.
- Besitzt die Veranda im Südwesten ein Gefälle in Richtung Westen, so haben die männlichen Bewohner des Hauses mit wirtschaftlichen Schwierigkeiten zu rechnen, während die Frauen davon betroffen sind, wenn ein Gefälle in Richtung Süden besteht.
- Es sollte nur in einer der beiden Richtungen Süden und Westen ein Tor oder eine Tür zum Haus beziehungsweise Grundstück geben. Gibt es Türen in beiden Richtungen, so verstärkt man die Tendenz zu Feindschaften und Verschuldung.
- Besitzt ein Haus im Südwesten mehr Platz als im Nordosten, ist mit negativen Konsequenzen zu rechnen. Ist der Platz im Süden des Südwestens größer, haben vor allem die Frauen zu leiden, ist der Westen des Südwestens größer, betrifft es vor allem die Männer.
- Die Söhne des Hauses werden negativ beeinflusst, wenn im Südwesten viel freier Platz ist, während das Haus im Nordosten direkt an die Begrenzung des Grundstücks heranreicht.
- Manchmal mag ein Fall, in dem der Südwesten viel Platz hat, während der Nordosten blockiert oder abgeschnitten ist, oberflächlich betrachtet vorteilhaft für die Bewohner erscheinen. Dies mag zwar im wirtschaftlichen Sinne zu Erfolg und Reichtum führen, doch häufig manifestieren sich dabei Probleme auf der menschlichen und charakterlichen Ebene, da Südwestdefekte die Neigung zu Gier und Betrug stärken und zu einer Überbetonung des Materiellen führen.

**Häuser im Nordwesten** | Die Erfahrung mit Vastu hat gezeigt, dass Häuser im nordwestlichen Block ihre Besitzer beziehungsweise Bewohner zu Ministern machen, sie jedoch auch ruinieren können. Bei schwerwiegenden Vastu-Defekten sind die Bewohner solcher Häuser häufig Anfeindungen und gerichtlichen Auseinandersetzungen ausgesetzt, denn im Nordwesten regiert das Luftelement, das Beziehungen und Kommunikation sowohl im privaten als auch im geschäftlichen Bereich prägt. Es ist sehr schwierig, in einem solchen Haus dauerhafte stabile Situationen zu schaffen oder zu erhalten, da alles stets in Bewegung ist. Die Vastu-Eigenschaften wirken hierbei vor allem auf die Frau des Hauses und den drittältesten Sohn.

- Unter den vier Eckblocks ist der nordwestliche der Drittbeste.
- Der Nordwesten sollte niedriger liegen als der Südosten, niedriger als der Südwesten und höher als der Nordosten.
- Im Nordwesten sollte es weder Brunnen, Löcher noch Teiche geben.
- Durch den Norden des Nordwestens sollte kein Abwasser abfließen.
- Liegt die westliche Straße tiefer als die Straße im Norden, so sollte das Eingangstor im Norden liegen. Ist der Norden jedoch um mehr als 10° in Richtung Nordwesten gedreht, so sollte das Tor im Nordosten liegen, während sich für die Eingangstür des Hauses der Osten am besten eignet.
- Schon ein geringer Fehler im Nordwesten kann lebenslange Feindschaften begründen. Daher sollte der Nordwesten mit größter Vorsicht behandelt werden.

Häuser im Nordwesten besitzen sehr dynamische Energien mit der Tendenz zu Unstabilität und Wechselhaftigkeit. Der Haupteingang sollte möglichst im starken Bereich des Nordens (Nordnordost) liegen. Die nordwestliche Ecke des Hauses und des Grundstücks sollte keine Defekte aufweisen und nicht zu offen gestaltet werden. Die Küche sollte nicht im Nordwesten liegen.

*Positive Eigenschaften von Häusern im Nordwesten* |

- Ist die westliche Straße in Richtung Nordwesten geneigt und die nördliche Straße in Richtung Nordosten, sollte die Haustür im Westen liegen. Ein solches Haus bringt gute Ergebnisse hinsichtlich Wohlstand und Prestige.
- Der Nordwesten sollte nicht vollständig und unnötig bedeckt oder verstellt werden. Wenn er tiefer als der Südwesten liegt, sind gute Ergebnisse in Bezug auf private und geschäftliche Beziehungen zu erwarten.
- Wird die Küche im Nordwesten eingerichtet, so sollte sie sich im Südosten des nordwestlichsten Bereiches befinden. Auch hier stärkt sie die Gesundheit und Vitalität der Bewohner.

*Negative Eigenschaften von nordwestlichen Häusern* |

- Ist der Nordwesten im Norden erweitert, so mögen die Bewohner unter Diebstahl, Feuer und rechtlichen Auseinandersetzungen zu leiden haben.
- Liegt der Nordwesten niedriger als der Nordosten und befindet sich dort ein Brunnen, so können neben gerichtlichen Schwierigkeiten auch Krankheiten die Folge sein.
- Ist die nördliche Seite des Nordwestens höher als das Zentrum des Hauses, werden die Bewohnerinnen benachteiligt, und der Besitzer des Hauses mag sich verschulden.
- Die Küche sollte sich nicht im Nordwesten befinden. In einem Nordwesthaus gehört sie ganz besonders in den Südosten.
- Liegt die Haustür im Norden und das Tor zum Grundstück im Nordwesten an einer niedrigen Stelle, so sind keine positiven Ergebnisse zu erwarten.
- Befindet sich die Vorderseite des Hauses im Westen und grenzt das Haus im Nordosten an die Grundstücksgrenzen an, so mögen Schulden und Bankrott die Folge sein.
- Große Schwierigkeiten in Bezug auf Fruchtbarkeit und Bewahren des Reichtums sind auch in der folgenden Situation zu erwarten: Haupteingang im Norden, kein freier Platz im Norden, das Haus befindet sich dicht bei anderen Häusern, und der offene Platz im Süden ist größer als im Norden.
- Wie auch im Südwesten mögen Fälle auftreten, in denen die Bewohner trotz sol-

cher Vastu-Defekte im Nordwesten Reichtum und Erfolg verzeichnen können. Die negativen Konsequenzen mögen aber auf der charakterlichen Seite in Form von Unehrlichkeit, Opportunismus und einer Überbetonung des Spiels um Macht sichtbar werden.

- Häuser, die einer Versteigerung zum Opfer fallen, weisen häufig die folgenden Defekte auf: Erweiterung im Norden des Nordwestens, Brunnen oder Abfallgrube im Nordwesten, Nordwesten höher als Südwesten oder Nordwesten vollständig bedeckt beziehungsweise blockiert.
- Häuser, in denen Schäden durch Feuer beklagt werden, besitzen im Nordosten und Südwesten häufig kleinere Winkel als im Nordwesten und Südosten.

## Gedrehte Häusertypen: Diagonalhäuser

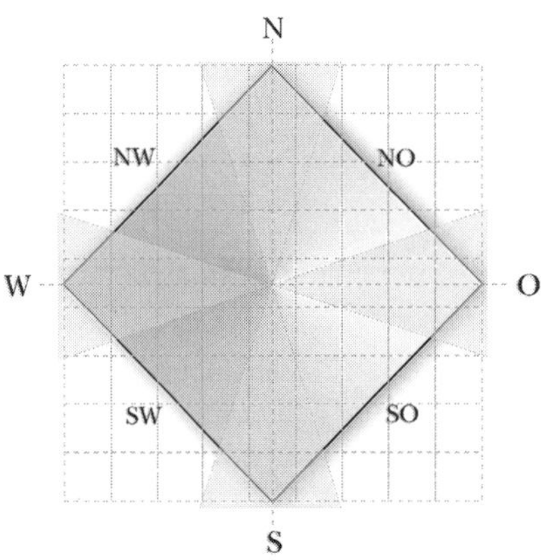


Dieses Diagramm zeigt die Aufteilung des Raumes in acht Himmelsrichtungen im Diagonalfall. Von den neun Abschnitten jeder Seite umfassen die Nebenhimmelsrichtungen jeweils vier Abschnitte, sodass den Haupthimmelsrichtungen in den Ecken jeweils zweieinhalb Abschnitte zukommen. Die Energien und Eigenschaften der Nebenhimmelsrichtungen können sich daher in solchen Grundstücken und Häusern, im Vergleich zu denen der Hauptrichtungen, viel stärker bemerkbar machen als im Parallelfall. Sie beherrschen das Energiefeld des Hauses.

Die Prinzipien der vorangehenden Kapitel lassen sich sehr leicht auf Häuser und Wohnungen anwenden, deren Außenwände parallel zu den Haupthimmelsrichtungen liegen. Solche Parallelhäuser sind nach Vastu der Idealfall, doch viele der Häuser und Wohnungen hierzulande sind nicht exakt nach den Haupthimmelsrichtungen ausgerichtet.

Dieser Abschnitt beschäftigt sich daher mit den so genannten Diagonalhäusern, das heißt Häusern, deren Ecken nicht in den Nebenhimmelsrichtungen liegen, sondern in den Haupthimmelsrichtungen. Es wird auch um Grundstücke und Häuser gehen, deren Ecken weder in den Haupt- noch in den Nebenhimmelsrichtungen liegen, sondern dazwischen. Diese detaillierte Beschäftigung mit unterschiedlichen Ausrichtungen ist notwendig, da der Idealfall der perfekten Ausrichtung nach den Haupthimmelsrichtungen recht selten anzutreffen ist.

Zunächst wird beschrieben, wie man die Ausrichtung eines Grundstücks oder Hauses bestimmt. Betrachten Sie die Hauptachse des Hauses, die durch seine Mitte geht und senkrecht aus der Vorderseite des Hauses austritt (die der Straße zugewandte Seite, an der sich im Allgemeinen auch der Haupteingang befindet).

Im exakten Parallelfall fällt diese Achse direkt mit einer der Haupthimmelsrichtungen zusammen. Man spricht in einem solchen Fall von einem Ost-, Nord-, West- beziehungsweise Südhaus. Man kann aber auch dann noch von einer solchen Ausrichtung sprechen, wenn die Achse in einem Toleranzbereich von +/– 10° von den Haupthimmelsrichtungen abweicht.

Als Diagonalfall werden solche Grundstücke beziehungsweise Häuser bezeichnet, deren Hauptachse mit einer der Nebenhimmelsrichtungen zusammenfällt. Man spricht dann von einem Nordost-, Südost-, Südwest- beziehungsweise Nordwesthaus. Man spricht auch hier noch von einer solchen Ausrichtung, wenn die Achse in einem Toleranzbereich von +/–10° von den Nebenhimmelsrichtungen abweicht.

Eine weitere Kategorie von Häusern beziehungsweise Grundstücken besitzt eine Hauptachse, die rund 10 bis 20° von den Haupthimmelsrichtungen abweicht. Es gibt acht verschiedene Varianten solcher Häuser. Sie werden entsprechend der Drehrichtung ihrer Abweichung als semidiagonale Nordnordost-, Nordnordwest-, Ostnordost-, Ostsüdost-, Südsüdost-, Südsüdwest-, Westsüdwest- beziehungsweise Westnordwesthäuser bezeichnet.

Das folgende Diagramm zeigt grob die Unterteilung des Hauses in neun Quadranten und die Verteilung der Räume im Haus.

| | | |
|---|---|---|
| **Norden**<br>Wohnzimmer<br>Safe | **Nordosten**<br>Meditation<br>Wohnzimmer | **Osten**<br>Studierzimmer<br>Bad<br>Eingang |
| **Nordwesten**<br>Esszimmer<br>Arbeitszimmer | Freier Innenraum<br>Wohnzimmer | **Südosten**<br>Küche<br>Heizung |
| **Westen**<br>Schlafzimmer<br>Kinderzimmer<br>Studierzimmer | **Südwesten**<br>Abstellkammer<br>Schlafzimmer<br>Treppen | **Süden**<br>Schlafzimmer<br>Wohnzimmer<br>Abstellkammer |

*Raumaufteilung eines Diagonalhauses.*

**Aufteilung der Räume auf vier Quadranten** | Die folgenden Diagramme zeigen, in welchen Vierteln des Hauses sich im Diagonalfall die verschiedenen Räume befinden sollten und in welchen nicht. Die Prozentzahlen geben an, wie hoch der Nutzen einer jeweiligen Platzierung ist (eine fehlende Prozentangabe bedeutet, dass der Bereich für den jeweiligen Raum verboten ist).

Das erste Diagramm zeigt die Zuordnung der vier Quadranten zu den acht Himmelsrichtungen.

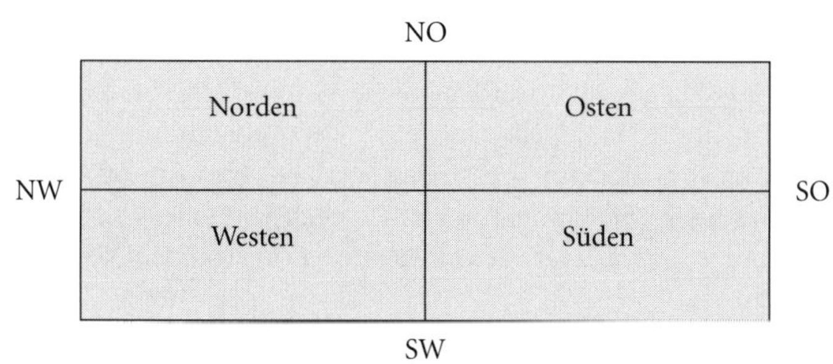

*Keller* | Auf Grund der allgemeinen energetischen Spannungen sollten Keller in Diagonalhäusern nicht als Wohnraum genutzt werden. Sie eignen sich nur als Lager und Abstellräume. Doch auch zu diesem Zweck sollte nur die nordöstliche Hälfte des Hauses unterkellert werden. Die Unterkellerung der südwestlichen Seite würde die negativen Energien verstärken. Am besten verzichtet man in einem Diagonalhaus ganz auf einen Keller.

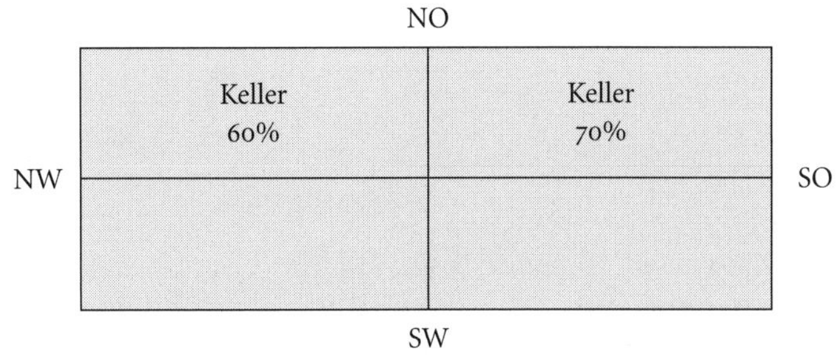


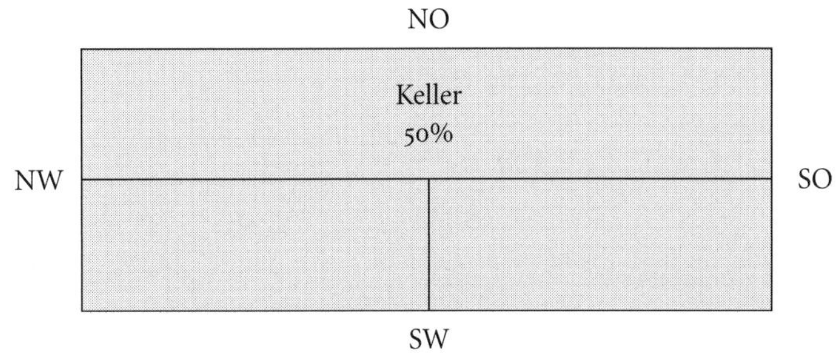


*Küche* | Der östliche Quadrant eignet sich am besten für eine Küche. In der Küche sollte der Herd in Richtung Südosten gestellt werden.

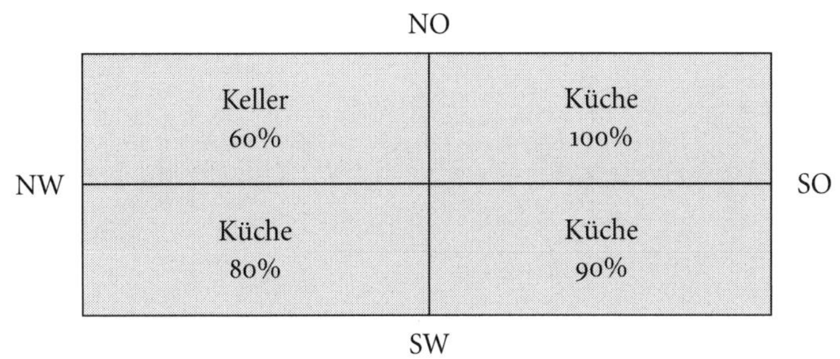


*Bäder* | Bäder ohne Toilette platziert man am besten im Nordquadranten. Wenn sie mit einer Toilette ausgerüstet sind, sollten sie im Westen liegen. Der südliche Quadrant ist in jedem Fall zu vermeiden.

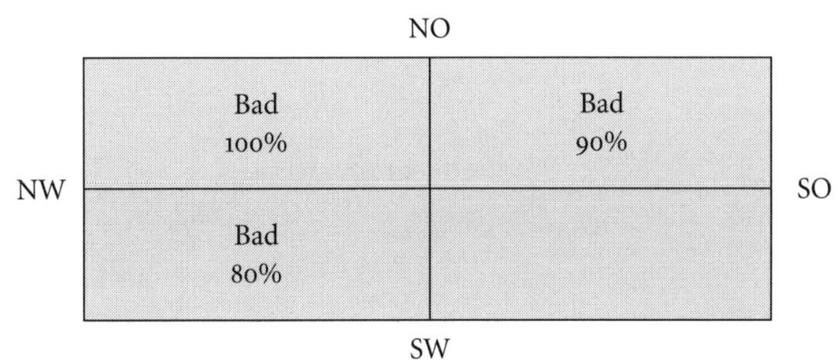

*Toilette* | Für die Toilette sind der nördliche und der östliche Block und das Zentrum verboten.

NO

| | |
|---|---|
| | |
| Toilette<br>100% | Toilette<br>100% |

NW — SO

SW

*Meditationsraum* | In Indien besitzt fast jedes Haus einen Raum, der ausschließlich zur Verehrung Gottes (Puja) reserviert ist. In unseren Breitengraden wird an die Stelle des Puja-Raumes eher ein Meditationsraum treten.

NO

| | |
|---|---|
| Puja<br>90% | Puja<br>100% |
| | |

NW — SO

SW

*Wohnzimmer* | Falls sich das Wohnzimmer im südlichen Block befindet, werden Tendenzen zu Spannungen und Streit verstärkt.

NO

| | |
|---|---|
| Wohnzimmer<br>100% | Wohnzimmer<br>90% |
| Wohnzimmer<br>80% | |

NW — SO

SW

*Schlafzimmer* | Die Schlafräume der Eltern liegen idealerweise in der südwestlichen Hälfte des Hauses, während Jungen im Norden und Mädchen im Osten schlafen sollten.

NO

| | |
|---|---|
| Jungen | Mädchen |
| Eltern<br>100% | Eltern<br>90% |

NW — SO

SW

*Studierzimmer* | Ein Studierzimmer sollte nicht im Süden eines Diagonalhauses eingerichtet werden, da weder das Feuerelement noch die schweren Energien des Südens das Studium fördern.

NO

| NW | | | SO |
|---|---|---|---|
| | Studium 90% | Studium 80% | |
| | Studium 100% | | |

SW

*Esszimmer* | Auch zum Essen ist der Süden in Diagonalhäusern nicht geeignet.

NO

| NW | | | SO |
|---|---|---|---|
| | Essen 90% | Essen 80% | |
| | Essen 100% | | |

SW

*Safe* | Der Safe sollte an der westlichen Wand aufgestellt werden und sich in Richtung Norden öffnen lassen. Der Abstand zur Wand sollte mindestens 30 Zentimeter betragen.

NO

| NW | | | SO |
|---|---|---|---|
| | Safe 100% | | |
| | Safe 90% | Safe 80% | |

SW

*Speisekammer* |

NO

| NW | | | SO |
|---|---|---|---|
| | Speisekammer 80% | | |
| | Speisekammer 100% | Safe 80% | |

SW

*Abstellraum* | Falls sich der Abstellraum im Norden oder Osten befindet, sind hohe finanzielle Verluste (Norden) aber auch gesundheitliche Schwierigkeiten (Osten) zu erwarten. Innerhalb eines Abstellraums sollten im Norden und Osten freie Flächen gelassen werden.

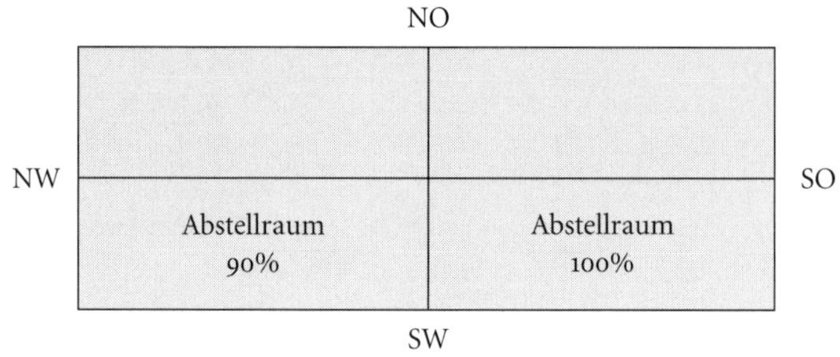


*Treppenhaus* | Das Treppenhaus sollte im Diagonalfall nicht im Norden oder Osten liegen, da sonst die Stabilität der Bewohner und der Reichtum des Hauses gefährdet sind. Das Geschäft wird in solchen Fällen nicht blühen. Am besten geeignet für Treppen sind die Eckbereiche oder der Südwesten.

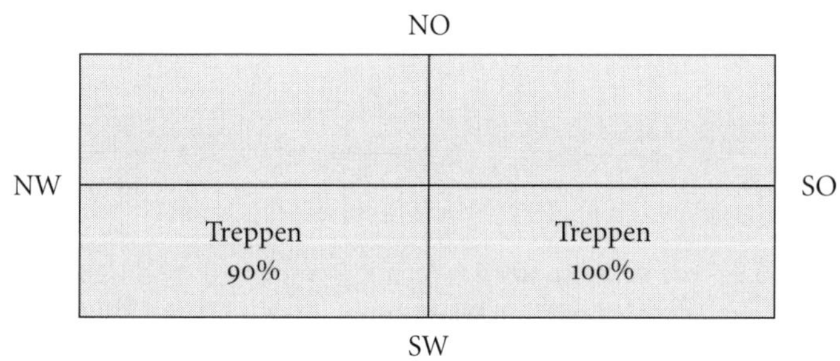


Generell gilt für die Diagonalhäuser die Regel, dass keiner der vier Eckbereiche des Grundstücks, in denen sich die vier Haupthimmelsrichtungen befinden, geschlossen oder zugebaut werden sollte. Im Parallelfall gilt das Gleiche für die Ecken mit Ausnahme des Südwestens. Da der Südwesten im Diagonalfall jedoch in der Mitte einer Seite liegt, sollten alle Ecken offen und frei sein. Eine Gebäudemauer, die im Südwesten mit der Grundstücksbegrenzung zusammentrifft, sollte nicht mehr als $4/9$ der südwestlichen Seite einnehmen.

Eine Veranda liegt am besten im Nordosten des Hauses. Sie sollte nicht um die Ecke des Hauses gebaut werden.

Man sollte im Nordosten oder im Nordwesten eines Diagonalgrundstücks Land hinzu erwerben, wenn es sich anbietet. Dadurch werden Reichtum und Wohlstand gefördert. Land im Südwesten eines Diagonalgrundstücks sollte man nicht einmal dann annehmen, wenn es einem kostenlos angeboten wird. Es verursacht wirtschaftliche Verluste und schafft existenzielle Schwierigkeiten. Auch Land, das im Südosten des Grundstücks liegt, sollte nicht erworben werden.

**Winkel im Diagonalfall** | Besonders wichtig ist im Diagonalfall, dass die Ecken des Grundstücks im Süden und Westen einen exakten rechten Winkel aufweisen. Jede Abweichung von 90° in diesen empfindlichen Richtungen bewirkt eine starke Störung des Energiefeldes.

In den Richtungen Norden und Osten kann der Winkel leicht (um rund 5°) von 90° abweichen, ohne einen negativen Effekt zu erzeugen. Wird der Winkel im Osten vergrößert, wird Ruhm gefördert, während die Einnahmen begrenzt bleiben. Wird der Winkel im Norden auf leicht über 90° vergrößert, sodass der Winkel im Osten kleiner wird, so werden Ruhm und Popularität gefördert, während Geld, das verdient wird, schnell wieder ausgegeben wird oder verloren geht.

Durch eine Vergrößerung des Winkels sowohl im Osten als auch im Norden, bei 90°-Winkel im Südwesten und Südosten, entsteht ein fünfeckiges Grundstück (siehe Randspalte). Die Bewohner eines solchen Grundstücks entwickeln die Neigung zur Instabilität. Sie wechseln häufig ihre Berufe und Ziele, Geld, das verdient wird, bleibt nicht lange in ihren Händen. Ein solches Grundstück sollte korrigiert werden, indem der unregelmäßige Teil im Nordosten abgetrennt wird.

Eine noch schlechtere Situation entsteht, wenn die Winkel im Norden und Osten etwas kleiner sind als 90°. Dadurch entsteht eine Einbuchtung im Nordosten, die ebenfalls korrigiert werden sollte, um negative Resultate zu vermeiden.

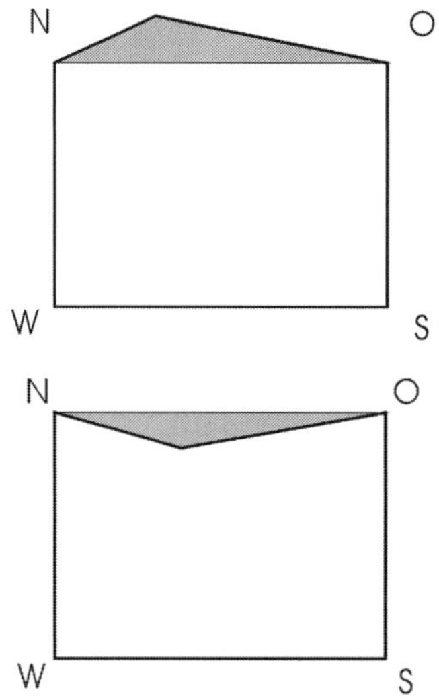


*Die beiden im Text beschriebenen Möglichkeiten, die Winkel sowohl im Norden als auch im Osten um einen geringen Betrag zu verändern.*

**Brunnen und Teiche im Diagonalfall** | Auch bei Diagonal-Grundstücken liegt der ideale Platz für Brunnen, Teiche, Zierbäche oder Trinkwasserreservoirs im Nordosten. Ein Brunnen sollte sich im Nordosten des Grundstücks befinden, jedoch nicht vor dem Eingang des Grundstücks. Der Norden und der Osten sind ebenfalls günstige Orte für den Brunnen und bewahren (verglichen mit dem Nordosten) rund 90 Prozent des Nutzens. Brunnen in anderen Richtungen wirken sich nachteilig aus und sollten aufgefüllt werden.

**Der Haupteingang im Diagonalfall** | Die Lage der vorteilhaften Zugänge zu Haus und Grundstück ergibt sich aus der nebenstehenden Grafik, wenn man jede Seite des Grundstücks oder Hauses in neun Quadranten teilt oder bei rechteckigen Grundstücken in neun gleich große Rechtecke. Der Südwesten eignet sich generell nicht so gut für Haupteingänge.

Das Hauptgebäude sollte im Süden und Westen eines Diagonalgrundstücks liegen. Der Norden und Osten sollten möglichst offen und frei gehalten werden. Am meisten Platz sollte es im Nordosten des Grundstücks geben.

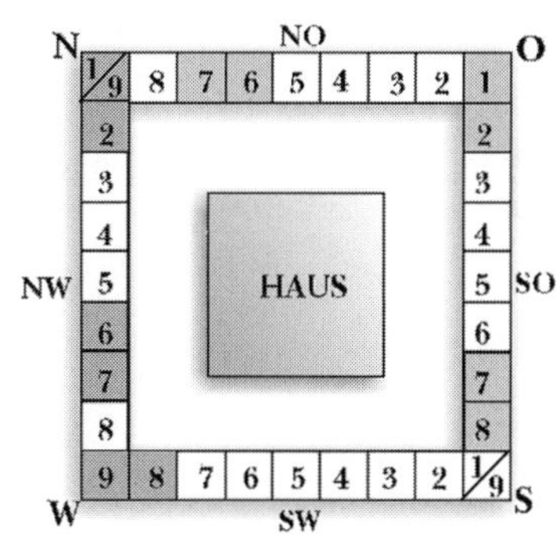


*Bei einem Diagonalhaus sollte der Haupteingang an den markierten Stellen liegen.*

**Straßen im Diagonalfall** | Ein Diagonalgrundstück mit einer Straße im Nordosten gilt als sehr vorteilhaft. Straßen im Nordwesten und Südosten sind von mittlerer Qualität, während eine Straße im Südwesten zwar für verschiedene geschäftliche oder industrielle Zwecke vorteilhaft, für Wohnhäuser jedoch ungünstig ist.

Die folgende Tabelle zeigt, für welche Zwecke sich die vier Straßenlagen eines Diagonalgrundstücks eignen. Ein Gebäude sollte auf einem Diagonalgrundstück immer exakt parallel zu den Grundstücksbegrenzungen errichtet werden, während für ein Gebäude, das auf einem Grundstück mit idealer Ausrichtung steht, eine Abweichungstoleranz von 10° besteht.

| Straßenlage | Gut für folgende Zwecke |
|---|---|
| Nordosten | Wohnhaus, Gotteshaus, Schule, Bibliothek, Geschäft |
| Nordwesten | Wohnhaus, Landwirtschaft, Fahrzeuge, Parkplätze, Garagen |
| Südosten | Wohnhaus, Hotel, Gericht, Geschäfte (besonders solche, die von Frauen geführt werden) |
| Südwesten | Computer-Hardware, Unfallkrankenhaus, Orthopädie, Schwerindustrie |

## Semidiagonale Grundstücke und Häuser

Semidiagonale Grundstücke müssen vom Standpunkt des Vastu aus sehr sorgsam behandelt werden. Die Gebäude sollten wie im Diagonalfall parallel zu den Grundstücksbegrenzungen gebaut und nicht den Himmelsrichtungen angepasst werden.

Die folgende Tabelle zeigt, für welche Zwecke solche Grundstücke besonders geeignet sind und welche besonderen Auswirkungen auf die Bewohner des Hauses zukommen können.

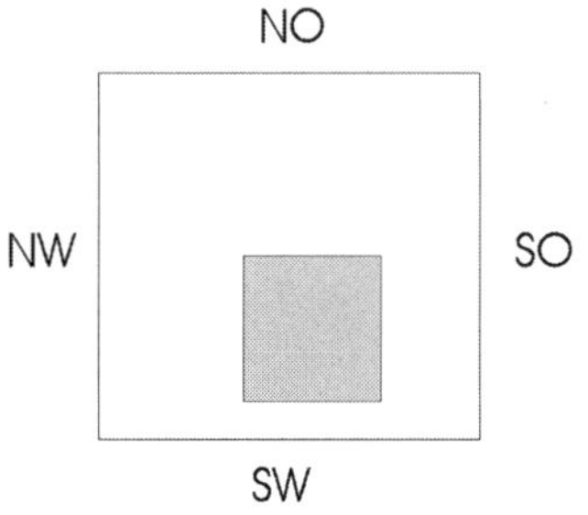


*Das Haus sollte parallel zu den Grundstücksbegrenzungen gebaut werden, wobei im Nordosten am meisten Platz sein sollte. Im Nordwesten sollte es mindestens 60 Zentimeter mehr Platz haben als im Südosten und im Südwesten, damit das Luftelement dort genügend Bewegungsraum besitzt.*

| Haustyp | Speziell geeignet für | Besondere Eigenschaften |
|---|---|---|
| Südsüdwest | Handel mit Artikeln für Frauen, Kosmetiksalon, Schmuckgeschäfte, Elektroartikel, Hotels | Frauen sind dominant |
| Ostnordost | Hotels, Fabriken | Weiblicher Aspekt ist stärker vertreten, Streit unter den Bewohnern, fehlende Lebensenergie, mentale Probleme |
| Ostsüdost | Wohnung | Männlicher Aspekt ist dominant, Ansehen in der Gesellschaft, Ruhm und Erfolg, wirtschaftlicher Erfolg ist mittelmäßig |
| Nordnordwest | Wohnung | Ausgeglichene männliche und weibliche Energien, Männer im Haus erlangen Ruhm und Reichtum, Frauen sind respektiert, Gesundheit, viel Arbeit, Innovation, Religion |
| Nordnordost | | Unnötige Reisen, hohe Ausgaben, Feindschaft, Krankheiten |
| Westsüdwest | Politiker, Parteien | Kein Geschäftserfolg, Streit, Betrug |
| Westnordwest | | Wohlstand, Reichtum, Macht über andere, Frauen sind sehr aktiv |
| Südsüdost | Kaserne | Revolution, physische Stärke, Grausamkeit, Kampf, Mut, Gewalt, Trauer für Frauen |

Die Aspekte und Eigenschaften, die hier aufgelistet sind, sollen nur Tendenzen aufzeigen.

Die bezeichnende Himmelsrichtung (beispielsweise Nordnordost) gibt darüber Auskunft, in welcher Richtung die Achse des Hauses beziehungsweise des Grundstücks gedreht ist, die aus der Vorderseite des Hauses senkrecht austritt und zur Straße einen rechten Winkel bildet, wenn das Haus parallel zu den Grundstücksgrenzen gebaut ist.

Die Zuordnung der aufgelisteten Qualitäten zu den einzelnen Häusertypen ergibt sich einerseits aus den Erfahrungen der Vastu-Praxis, andererseits folgt sie einer Logik, die davon ausgeht, in welcher Himmelsrichtung eine Erweiterung entsteht, wenn die Hauptachse gegenüber den Haupthimmelsrichtungen gedreht wird.

Die folgenden beiden Grafiken stellen zwei Fälle dar, in denen die Hauptachse jeweils um 19° von den Haupthimmelsrichtungen abweicht.

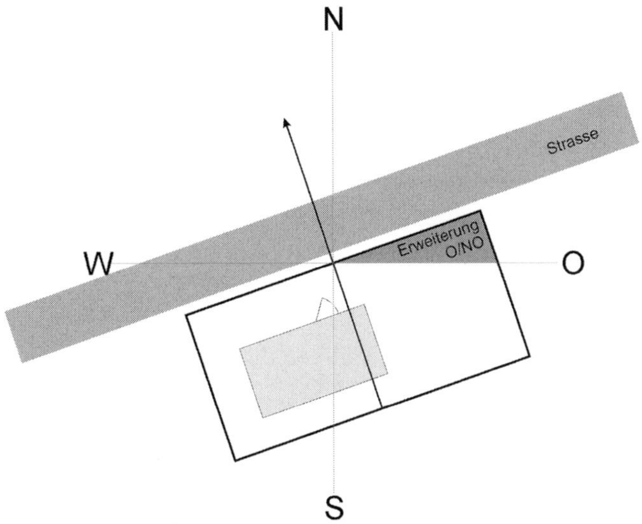


*Haus vom Typ Nordnordwest mit Erweiterung in Ostnordost.*

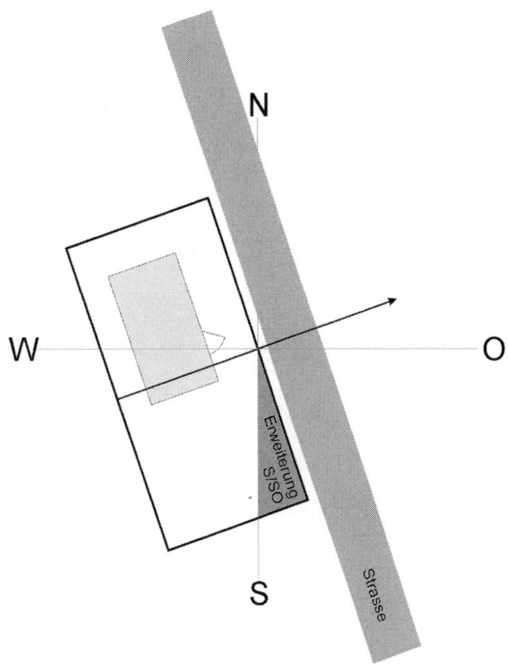


*Haus vom Typ Ostnordost mit Erweiterung in Südsüdost.*

## Bewertung der Raumaufteilung im Parallelfall

Die folgenden Diagramme geben Aufschluss darüber, welche Qualität die Platzierung der einzelnen Räumlichkeiten in den acht Himmelsrichtungen jeweils besitzt. Hierbei werden Bewertungen zwischen 0 und 100 Prozent vergeben. Die Skala ist nach den folgenden Vorgaben zu deuten:

0%: sollte hier auf keinen Fall platziert werden
10%: diese Platzierung hat stark negative Folgen
30%: diese Platzierung hat negative Folgen
50%: diese Platzierung ist von neutraler Qualität
70%: diese Platzierung hat gute Folgen
90%: diese Platzierung hat sehr gute Folgen
100%: das ist die ideale Platzierung

| | | |
|---|---|---|
| 60% | 100% | 100% |
| 50% | 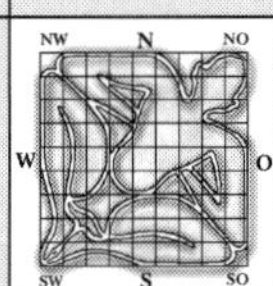 | 100% |
| 50% | 60% | 50% |

**Das Wohnzimmer** | *Beurteilung der Platzierung eines Wohnzimmers in den acht Himmelsrichtungen.*

| | | |
|---|---|---|
| 70% | 30% | 40% |
| 40% | 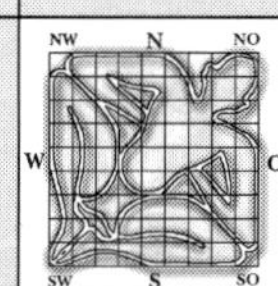 | 60% |
| 20% | 50% | 100% |

**Die Küche** | *Beurteilung der Platzierung einer Küche in den acht Himmelsrichtungen.*

| | | |
|---|---|---|
| 50% | 30% | 10% |
| 60% | 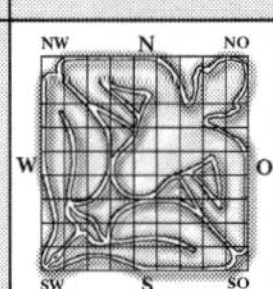 | 30% |
| 100% | 100% | 30% |

**Schlafzimmer der Eltern** | *Beurteilung der Platzierung eines Elternschlafzimmers in den acht Himmelsrichtungen.*

| | | |
|---|---|---|
| 60% | 50% | 50% |
| 100% | 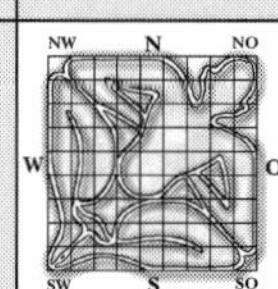 | 60% |
| 40% | 60% | 20% |

**Das Kinderzimmer** | *Beurteilung der Platzierung eines Kinderzimmers in den acht Himmelsrichtungen.*

| | | |
|---|---|---|
| 60% | 10% | 0% |
| 80% | 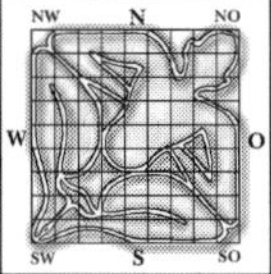 | 0% |
| 100% | 90% | 60% |

**Der Abstellraum** | *Beurteilung der Platzierung eines Abstellraumes in den acht Himmelsrichtungen.*

| | | |
|---|---|---|
| 90% | 100% | 80% |
| 70% | 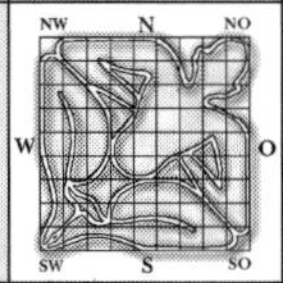 | 90% |
| 50% | 30% | 70% |

**Das Arbeitszimmer/Büro** | *Beurteilung der Platzierung eines Arbeitszimmers in den acht Himmelsrichtungen.*

| | | |
|---|---|---|
| 80% | 80% | 0% |
| 80% | 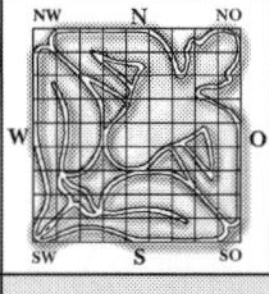 | 100% |
| 20% | 50% | 20% |

**Das Bad** | *Beurteilung der Platzierung eines Bades in den acht Himmelsrichtungen.*

| | | |
|---|---|---|
| 100% | 50% | 20% |
| 80% | 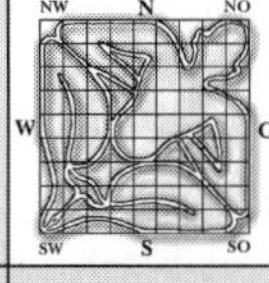 | 60% |
| 50% | 70% | 30% |

**Die Speisekammer** | *Beurteilung der Platzierung einer Speisekammer in den acht Himmelsrichtungen.*

| | | |
|---|---|---|
| 70% | 50% | 50% |
| 100% | 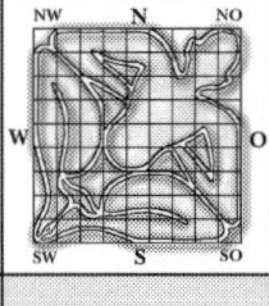 | 80% |
| 40% | 60% | 50% |

**Das Esszimmer** | *Beurteilung der Platzierung eines Esszimmers in den acht Himmelsrichtungen.*

| | | |
|---|---|---|
| 80% | 100% | 100% |
| 100% | 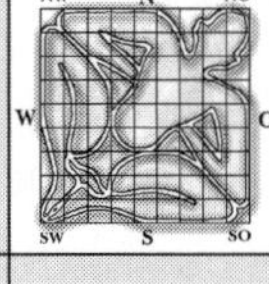 | 100% |
| 40% | 40% | 50% |

**Das Studier- und Lesezimmer** | *Beurteilung der Platzierung eines Studierzimmers in den acht Himmelsrichtungen.*

In den verschiedenen Himmelsrichtungen besitzt die Energie des Wohnzimmers unterschiedliche Qualitäten:

*Norden:* Luxus, Geborgenheit, Mütterlichkeit

*Nordosten:* Ruhe, Entspannung, Geistigkeit

*Osten:* Vitalität, frische Kraft

*Südosten:* Genuss, Luxus, Lebensfreude

*Süden:* Wärme, Aktivität

*Südwesten:* konservativer Lebensstil

*Westen:* Ruhe, Harmonie

*Nordwesten:* Bewegung, beziehungsorientierte Kommunikation

# Kapitel 9

# Die Dynamik der Geldenergie

Vastu gründet auf der engen Beziehung zwischen Raum und Bewusstsein. Raum und Energie sind ebenfalls zwei eng miteinander verknüpfte Begriffe, denn wenn die Zeit den Raum in Schwingung versetzt, verwandelt sich der Raum in ein dynamisches Energiefeld, dessen Schwingungen als Licht, Klang und Bewusstsein wahrgenommen werden. Im Vastu lässt sich somit auch das Energiefeld des Geldes in seiner räumlichen Struktur und Dynamik verstehen. Dieser räumlichen Struktur der Geldenergie entspricht wiederum seine Beziehung zu den Bewusstseinsqualitäten, die durch die Himmelsrichtungen verkörpert werden.

Geldscheine und -münzen sind nur der sichtbare Ausdruck des Energiefeldes des Geldes. Sie tragen dessen Informationen und Qualitäten mit sich. Jedem Schein haftet seine Geschichte an.

## Das Wesen der Geldenergie

Geld stellt derzeit eine der Hauptmotivationsquelle für die Tätigkeiten der Menschen dar. Ein erwachsener Mensch arbeitet durchschnittlich acht bis zehn Stunden am Tag, um das Geld zu verdienen, mit dem er sich seine Wünsche erfüllen und seinen Lebensunterhalt sichern kann. Es ist damit zu einem Hauptregulator menschlicher Tätigkeiten geworden, der seine eigene Dynamik entwickelt hat. Ist das Geld zunächst nichts weiter als ein Ersatzwert, so wird es doch für viele Menschen mehr und mehr zum Wert an sich. Geld verkörpert Macht, Genuss, Freiheit und Sicherheit. Es wird damit zu einer Energie, einem Potenzial, durch das Dinge bewegt werden können: Es werden Regierungen gestürzt, Revolutionen gemacht, Kriege geführt und die Schicksale von Millionen von Menschen entschieden.

Gegenwärtig nimmt das Geld global gesehen einen solch hohen Stellenwert ein, dass die soziale, wirtschaftliche und politische Situation von seiner Dynamik abhängig ist. Kommt der Fluss des Geldes zum Stocken, sind viele der lebensnotwendigen Einrichtungen zur Versorgung der modernen Massengesellschaften vom Zusammenbruch bedroht. So kann man durchaus die Schlussfolgerung ziehen, dass das Geld eine Art virtuelle Lebensenergie der menschlichen Gesellschaft darstellt.

Dies lässt sich verdeutlichen, wenn man die Funktion der Lebensenergie im menschlichen Körper betrachtet. Lebensenergie (Prana) wird vom Körper benötigt, um seine physischen, psychischen und auch geistigen Tätigkeiten aufrechtzuerhalten. Kommt sie zum Stocken oder wird sie blockiert, so fallen bestimmte Funktionen von Geist und Körper aus. Sie stellt einerseits einen Energiefluss dar, dessen Potenzial die Kraft für die konkrete Ausführung von Tätigkeiten bildet, andererseits ist sie aber auch ein Informationsfluss, durch den diese Tätigkeiten koordiniert und mit den Gedanken und Wünschen des Menschen verbunden werden. Der Informationsfluss der Lebensenergie des Menschen hängt eng mit dem elektromagnetischen Informationsfluss seines zentralen Nervensystems zusammen. Dieser wird im Wesentlichen durch kohärente Quantenfelder realisiert, auf deren Ebene die energetischen und informativen Prozesse in einer engen Beziehung zueinander stehen.

Analog dazu wird das Geld an sich in unserer Zeit mehr und mehr von einem greifbaren Ersatzwert zu einem virtuellen Informationsfluss, der über elektronische Medien wie das Internet und andere computergesteuerte Kommunikationssysteme ausgetauscht wird. Bargeld spielt im internationalen Devisenverkehr schon lange keine Rolle mehr. Der internationale und auch der individuelle Geldverkehr spielen sich zunehmend rein auf der Informationsebene ab.

Hierbei ist das Prinzip der Kontrolle und des kontrollierten Zugriffs auf diese Informationen von äußerster Bedeutung. Zehntausend Tonnen Getreide lassen sich beispielsweise nicht so leicht bewegen, verstecken oder verschieben, während ihr Gegenwert in Form des virtuellen Geldes durch bewusste Manipulation verändert werden oder durch einen einfachen Computerfehler sogar verloren gehen kann. Je komplexer dieses System wird, desto leichter lässt es sich manipulieren und desto empfindlicher wird es gegenüber Störungen oder einem möglichen Totalzusammenbruch. Diese Tatsache drückt sich in den unvorhersehbaren Schwankungen der Börsenkurse aus. Um möglichst präzise Voraussagen machen zu können, wird zur Bewertung der Börsenkurse mit den Methoden der Chaosmathematik gearbeitet, was zeigt, mit was für einem sensiblen System man es zu tun hat.

Als Lebensenergie der globalen Industriegesellschaft ist das Geld tatsächlich eine Energieform. Es geht hierbei weniger um den sichtbaren Ausdruck des Geldes in Form von Münzen, Banknoten, Kontoauszügen, Wertbriefen und Aktien, sondern um das all diesen Ausdrucksformen zu Grunde liegende feinstoffliche Energiefeld des Geldes als Ersatzwert für alles, was von den Menschen als wertvoll erachtet wird. An dieser Stelle ist es wichtig, sich über das Wesen der Geldenergie Gedanken zu machen.

Das für sich genommen wertlose Geld wird erst dadurch zu einem Wert, dass es von einer Gruppe von Menschen als Ersatzwert für die natürlichen Werte des menschlichen Lebens angesehen wird. Die natürlichen Werte sind die Arbeitskraft der Menschen, Lebensmittel, Rohstoffe usw. Indem sich eine Gesellschaft auf einen Ersatzwert einigt, bekommt dieser seinen Wert. Der Wert des Geldes und damit die Substanz der Geldenergie hängt von der Übereinkunft der Menschen ab und wird durch ihre Gedanken, Wünsche und Projektionen bestimmt. Das Wesen dieser Energie liegt in der Beziehung der Menschen zum Geld. Ihre Qualität spiegelt das Wertesystem der Menschen wider.

## Geld und Karma

Auf der Handlungsebene ist die Geldenergie eng mit dem Karma des Menschen verbunden, denn jede Aktion bedingt eine gleichwertige Reaktion in der Zukunft. Ebenso trägt das Geld, das durch eine bestimmte Tätigkeit verdient wurde, die gleiche energetische Qualität wie diese Tätigkeit selbst. Es wird dadurch zu einer Art karmischen Pfandes. Dass man auch im Alltag solche energetischen Qualitätsunterschiede sehr wohl wahrnimmt, wird durch den geläufigen Ausdruck »schmutziges Geld« als Bezeichnung für illegal verdientes Geld deutlich. Darin klingt die Vorstellung an, dass diesem Geld die karmische Energie der unmoralischen Handlung anhängt.

Nimmt man von einer Person Geld an, beispielsweise als Geschenk, Vorschuss, Miete oder Kredit, so verpflichtet man sich auch auf der karmischen Ebene zu einer entsprechenden Gegenleistung, es sei denn, dieser Austausch habe durch Arbeit bereits stattgefunden. Geld wird damit auch zum äußerlich sichtbaren Regulator des karmischen Austausches zwischen den Menschen.

Hierdurch wird deutlich, dass das Geld in energetischer Form die Last seiner eigenen Geschichte mit sich trägt. Die Qualität seiner Energie hängt damit zusammen, mit welchen Motivationen, Tätigkeiten oder Wünschen es in Berührung gekommen ist.

Das Gesetz des Karma besagt, dass jeder Aktion eine gleich große, entgegengesetzte Reaktion folgt. Der vedischen Auffassung entsprechend kann diese Kausalbeziehung sowohl innerhalb eines einzelnen Lebens als auch über mehrere Leben hinweg wirken.

Die karmische Last, sei sie positiv oder negativ, lässt sich mit einem Bankkonto vergleichen, das ebenfalls im Plus oder im Minus sein kann. Jede Handlung verändert unser Handlungspotenzial für die Zukunft.

Das Energiefeld des Geldes und seine Dynamik werden über das Bewusstsein der Menschen im individuellen und kollektiven Sinn gesteuert und hängen so mit dem Karma zusammen. Um ein tieferes Verständnis für das Wesen der Geldenergie und ihren spirituellen Aspekt zu bekommen und um zu verstehen, wie das Geld seinen heutigen Stellenwert erreicht hat, ist es sinnvoll, einen Blick auf die Geschichte zu werfen.

## Die geschichtliche Entwicklung des Geldes

Der vedischen Geschichtsauffassung liegt ein zyklisches Verständnis des Zeitbegriffes zu Grunde. Die Menschheitsgeschichte wird in große Weltzeitalter unterteilt, die als Divya-Yugas bezeichnet werden. Zu Beginn eines solchen Weltzeitalters sind die Tätigkeiten der Menschen selbstlos und nur durch Liebe zu Gott beziehungsweise Liebe zu den Mitgeschöpfen motiviert. Diese Energie der Liebe zu Gott ist die ursprüngliche Freudenenergie Gottes und der Seele. Der Austausch unter den Menschen war durch den Austausch dieser Energie geprägt. Es war ein Dienst, der keinerlei Gegenleistung erwartete. Eine solche Haltung ist nur dann möglich, wenn die Menschen losgelöst und frei von falschem Ego und selbstsüchtiger Motivation sind.

Mit dem Fortschreiten der Zeitalter wurden die Menschen mehr und mehr von der materiellen Atmosphäre verunreinigt, sodass der selbstlose Dienst in den Hintergrund trat. An seine Stelle trat zunächst das System der Opfer. Wissend, dass der Mensch die Lebensnotwendigkeiten und seine Reichtümer von der Natur und den sie beherrschenden Wesen erhält, beschreiben die Veden ein komplexes System, wie der Mensch mittels Opfer und Entsagung mit diesen Wesen in Kontakt tritt. Wenn er etwas von ihnen nimmt, muss er ihnen seinerseits etwas geben. Dieses Verständnis gab es in allen alten Hochkulturen, und es ist selbst heute noch in einigen Naturvölkern vorhanden. Die Schamanen und Indianer wissen auch heutzutage, dass man der Erde etwas geben sollte, wenn man ihre Geschenke annimmt. Das Nehmen sollte nicht selbstverständlich sein, sondern vom wechselseitigen Geben begleitet werden. In diesem Entwicklungsstadium ist das Bewusstsein der Menschen auf den Ursprung der Reichtümer des Lebens gerichtet und wird noch von der Dankbarkeit für das Leben geprägt.

In dem Maße, wie die Zeitalter weiter voranschritten, richtete sich das Bewusstsein mehr und mehr auf die Dinge an sich und weniger auf deren göttlichen Ursprung. Die Menschen betrachteten die Dinge als ihr Eigentum; das Besitzdenken drängte sich in ihr Bewusstsein. In dieser Zeit begann ein reger Handel zwischen den Menschen. Da die Menschen die tieferen Zusammenhänge hinter den Dingen nicht mehr verstanden, verloren sie auch das Wissen darum, wie man mit Hilfe von Opfern auf rechtmäßige Weise die Reichtümer der Natur erhält. An Stelle dieses Verständnisses trat die eigene Bemühung und die Entwicklung materieller Techniken, um Waren zu erzeugen und mittels Handel gegeneinander zu tauschen. In dieser Zeit wurde Wert gegen Wert getauscht, sodass das Bewusstsein der Menschen auf die Werte an sich gerichtet wurde.

Der Reichtum und die Kontrolle über diesen Reichtum waren jedoch begrenzt. Für einen Händler ist es nicht sinnvoll, unbegrenzte Mengen von Lebensmitteln, Seide, Holz oder anderen Waren anzuhäufen. Um eine weitere Ausrichtung des Bewusstseins auf die Materie zu verstärken, wurde das Gold als Ersatzwert eingeführt. Gold lässt sich in großen Mengen ansammeln und lagern und kann jederzeit gegen andere Dinge eingetauscht werden. Es ist ein natürlicher Wert, der in enger Beziehung zur Sonne steht. Gold ist eine Art materialisierter Sonnenenergie und von großer Reinheit. Es ist mit der Lebensenergie und Kraft der Sonne verbunden und für viele Aspekte der vedischen Kultur von großer Bedeutung. Mit Gold als

Nach vedischer Zeitauffassung verläuft die Zeit in Zyklen, in denen sich die vier Weltzeitalter abwechseln. Ein solcher Zyklus heißt Divya-Yuga und setzt sich folgendermaßen zusammen:

*Goldenes Zeitalter (Satya-Yuga):* 1 728 000 Jahre

*Silbernes Zeitalter (Treta-Yuga):* 1 296 000 Jahre

*Bronzenes Zeitalter (Dwapara-Yuga):* 864 000 Jahre

*Eisernes Zeitalter (Kali-Yuga):* 432 000 Jahre

Ein Zyklus (Divya-Yuga) dauert 4 320 000 Jahre. Tausend solcher Zyklen ergeben ein Kalpa, das einem Tag im Leben Brahmas entspricht (4 320 000 000 Jahre). Seine Nacht währt ebenso lange.

Hieraus ergibt sich nach vedischer Auffassung das Alter des Universums aus folgender Hochrechnung:

Brahmas Leben dauerte 100 Jahre à 360 Tage und 360 Nächte à 4 320 000 000 Menschenjahre.

Resultat: Die Gesamtdauer des Universums beträgt 3 110 400 000 000 Jahre.

Ersatzwert konnten der Handel und das Bemühen um materielle Güter und Reichtümer neue Dimensionen erreichen.

Doch auch dieses natürliche System hat seine Grenzen. Gold lässt sich nicht in beliebiger Menge produzieren. Es ist in einer begrenzten Menge in der Erde enthalten und kann nur zu einem gewissen Preis aus der Erde geholt werden. Die Energie des Goldes ist in der Erde ebenso notwendig für die Stabilität des Planeten wie die Präsenz des Öls oder anderer Rohstoffe. Der Mensch zahlt die Ausbeutung dieser Rohstoffe mit seiner eigenen Lebensenergie. Um sich weiter von diesem natürlichen Energiesystem und der Kraft der Sonne und der Erde abzukoppeln, wurde das Gold Schritt für Schritt durch weniger edle Metalle und Gegenstände, später sogar durch Papiergeld ersetzt. Zunächst musste dem gedruckten Papiergeld ein gewisses Maß an Goldreserven gegenüberstehen, um das wirtschaftliche Gleichgewicht nicht aus der Balance zu bringen, doch auch diese Bindung ging mit der Zeit mehr und mehr verloren.

Gegenwärtig löst sich das Geld zunehmend von seiner Bindung an die träge, grobstoffliche Materie. Es wird vorrangig auf der virtuellen Ebene ausgetauscht. Dadurch ist die Kontrolle und Regulierung der Motivation, der Lebensenergie und der Arbeit der Menschen am einfachsten geworden – und ihr Bewusstsein am leichtesten manipulierbar. Das Geld und das mit ihm verbundene subtile Energiefeld werden zu Trägern unzähliger Bewusstseins- und Lebensaspekte des modernen Menschen, die zuvor freier, persönlicher und kreativer waren. Das Energiefeld des Geldes wird zum zentralen Bewusstseinsfeld der Industriegesellschaft.

**Die Struktur der menschlichen Gesellschaft** | Die im vorangehenden Abschnitt gezeichnete historische Entwicklung von der ursprünglichen spirituellen Energie zum kontrollierenden Energiefeld des Geldes findet sich auch in der Struktur der menschlichen Gesellschaftsordnung wieder. Die vedische Kultur unterteilt die menschliche Gesellschaft in vier Schichten. Diese Unterteilung erfolgt entsprechend der spirituellen Entwicklung, der Eigenschaften und Tätigkeiten der Menschen.

Den Kopf der Gesellschaft bilden die Lehrer und Priester (Brahmanen), die sich auf der Ebene selbstlosen Handelns oder Dienstes befinden. Ihre Aufgabe besteht darin, spirituelles Wissen zu kultivieren und es zu lehren. Auch führen sie Opferhandlungen aus, in die sie die Mitglieder der anderen Gesellschaftsschichten mit einbeziehen. Sie leben von Spenden, von denen sie den Teil, den sie nicht selbst benötigen, weitergeben. Ein Brahmane ist bemüht, unter allen Lebensumständen zufrieden zu sein und nicht unnötig nach materiellen Gütern zu streben. Unter den Brahmanen gibt es eine besondere Gruppe von Gottgeweihten (Vaishnavas), deren Motivation reine Liebe zu Gott ist. Ihr Ziel ist es, immer zum Wohl aller Lebewesen zu handeln, sie sind ständig im Dienst Gottes beschäftigt.

Die zweite Schicht der vedischen Gesellschaftsordnung bilden die Regierenden, Verwalter und Armeeangehörigen (Kshatriyas), deren Pflicht darin besteht, das gesamte System in seiner Struktur zu erhalten. Ihnen obliegt die Regierung und die Organisation des Staates sowie dessen Verteidigung. Sie haben die göttliche Ordnung (Dharma) in allen Aspekten der menschlichen Gesellschaft zu beschützen.

Die dritte Gruppe der vedischen Gesellschaftspyramide sind die Händler und Bauern (Vaishiyas). Ihr Bewusstsein erfasst nicht die gesamte göttliche und menschliche Ordnung, sondern konzentriert sich vor allem auf die Werte an sich. Sie sorgen durch ihre Arbeit hauptsächlich für die Ernährung der menschlichen Gesellschaft und sind für den Schutz der Kühe verantwortlich.

Die vierte Gesellschaftsschicht ist die Dienste verrichtende Klasse (Shudras), die gegen Bezahlung alle Arten von Diensten leistet und sich auf diese Weise ihren Lebensunterhalt verdient. Auf dieser Stufe befindet sich ein Großteil der heutigen

Die vedische Gesellschaftsordnung ist in vier soziale Schichten unterteilt, die nach den Eigenschaften und den Tätigkeiten der Menschen unterscheiden:

*Brahmanen* (Kopf der Gesellschaft): Lehrer, Priester und Gelehrte, die in keinem finanziellen Abhängigkeitsverhältnis stehen.

*Kshatriyas* (Arme der Gesellschaft): die regierende, verwaltende und beschützende Schicht, also Adel, Militär, Polizei, Regierungsbeamte usw.

*Vaishiyas* (Bauch der Gesellschaft): treiben selbstständig Handel und Landwirtschaft und sind für die Ernährung der Gesellschaft verantwortlich.

*Shudras* (Beine der Gesellschaft): in finanzieller Abhängigkeit, also gegen Lohn Beschäftigte, insbesondere Arbeiter und Handwerker.

Gesellschaft, da fast jeder seine Arbeit für Bezahlung und in Abhängigkeit verrichtet. Das Motiv auf dieser Ebene ist vor allem die Befriedigung der Sinne. Zu diesem Zweck dient das Geld, das übrig bleibt, nachdem für die Lebensnotwendigkeiten gesorgt wurde. Da auf dieser Bewusstseinsstufe der Blick für die wahren Werte, die göttliche Ordnung und den selbstlosen Dienst fehlt, kann eine auf diesem Prinzip beruhende Gesellschaft nicht dauerhaft existieren. Sie wird sich ihre eigene Existenzgrundlage zerstören, da der eigene Vorteil fast immer auf Kosten anderer Lebewesen realisiert wird.

Die vier Klassen der vedischen Gesellschaftsordnung verkörpern auf diese Weise die verschiedenen Schritte, die vom selbstlosen Dienst zum Geldbewusstsein beziehungsweise Geldfixiertsein geführt haben. Tatsächlich finden wir diese unterschiedlichen Bewusstseinsstufen auch in jedem Menschen wieder. Das bedeutet, dass jeder Mensch bei jeder Tätigkeit neu entscheiden kann, auf welchem Bewusstseinsniveau diese angesiedelt werden soll.

**Die Präsenz der Entwicklungsstufen im Individuum** | Jeder Mensch handelt während seines Lebens auf verschiedenen Bewusstseinsstufen. Einige seiner Tätigkeiten führt er selbstlos zum Nutzen anderer aus. Diese Dinge tut er aus Liebe zu Menschen, die ihm nahe stehen, aus Idealismus oder religiöser Überzeugung. Andere Dinge tut er für seine eigene Sinnesbefriedigung oder um Ansehen oder Macht zu erlangen.

Begibt sich ein Mensch auf den spirituellen Weg, so wird er versuchen, mehr und mehr Tätigkeiten als selbstlosen Dienst auszuführen und seine materiell oder selbstsüchtig motivierten Tätigkeiten auf ein Minimum zu beschränken und letztlich auf Null zu reduzieren. Auf diese Weise befreit er seine auf die materielle Zufriedenstellung ausgerichtete Liebe und richtet sie auf Gott und die spirituelle Seele.

## Die räumlichen Eigenschaften der Geldenergie

Alle Qualitäten des Raumes sind, wie in den vorhergehenden Kapiteln dargestellt, den Himmelsrichtungen entsprechend in spezifischer Weise geordnet. Ebenso spiegeln sich die verschiedenen Aspekte des Geldes in den Himmelsrichtungen des Raumes wider. Hier werden zunächst die in den einzelnen Richtungen lokalisierten Aspekte des Geldes vorgestellt. Danach folgt ein Überblick über ihr dynamisches Zusammenspiel.

**Die Nebenhimmelsrichtungen** |
*Die Bedeutung des Südostens für das Energiefeld des Geldes* | Der Südosten ist dem Element Feuer zugeordnet und repräsentiert das Risiko. Er steht für Beschleunigung und Erhitzung. Auf das Geld bezogen, erhöht er das Risiko und hängt mit der Bemühung zusammen, das Geld in kurzer Zeit stark zu vermehren. Dem Südosten ist die Börse und der gesamte Bereich der Spekulation zugeordnet. Dies betrifft sowohl Aktien- als auch Immobilien- oder Devisenspekulationen. Geld wird im Südosten zu Risikokapital, und es besteht immer die Gefahr eines Totalverlustes des Einsatzes. Bei einer übermäßigen Betonung dieses Aspektes ohne ein genügendes Gegengewicht in den anderen Richtungen mag es leicht zu Streit und übermäßiger Gier kommen.

Auf der anderen Seite ist ein überschaubares Risiko ein grundlegender Aspekt jedes Geschäfts. Man sollte bei der Nutzung des Südostens jedoch immer darauf achten, die Feuerenergie nicht zu stark werden zu lassen. Die Schlussfolgerung lautet: Sowohl ein Fehlbereich oder Defekt im Südosten als auch eine übermäßige Nutzung des Südostens können für Geldangelegenheiten zu einem Problem

Geld als Energie Gottes: Reichtum oder Geld unterstehen in der vedischen Kultur der Göttin Lakshmi oder Shri. Sie ist die ursprüngliche weibliche Energie Gottes und die Gemahlin Vishnus. Lakshmi ist immer an der Seite Vishnus. Der Versuch, sie von Gott zu trennen, transformiert sie, die eine göttliche Energie verkörpert, in Maya, die illusionierende Energie. Der Versuch, die göttliche Energie unabhängig vom Dienst an Gott für die eigenen Zwecke zu gebrauchen, führt dazu, dass die gleiche Glück verheißende Energie als ein das Bewusstsein bedeckender Schleier erscheint und das Lebewesen mehr und mehr in das materielle Dasein verstrickt.

Um Geld oder Reichtum zu erlangen, verehrt man daher in der vedischen Tradition Lakshmi oder Shri im Bewusstsein, dass sie immer an der Seite Vishnus bleibt und niemals von Gott getrennt werden sollte.

*Das Shri-Yantra verkörpert die Glücksgöttin Lakshmi. In Form dieses spirituellen Symbols kann Lakshmi verehrt werden. Auch im Vastu wird das Shri-Yantra auf vielfältige Weise zur Korrektur energetischer Defekte eingesetzt.*

werden. Im Fall der Vernachlässigung fehlen Mut und Einsatz, im Fall der Überbetonung mögen Risiko und unkontrollierte Beschleunigung die gesamte Struktur gefährden.

*Die Bedeutung des Südwestens für das Energiefeld des Geldes* | Im Südwesten wird der Fluss des Geldes blockiert, da dort die Dynamik der Energien am schwächsten ist. Der Einfluss des Planeten Rahu im Südwesten bewirkt eine Vermehrung des Geldes auf eine Art und Weise, die letztlich problematisch ist. Dem Südwesten ist das Zinsprinzip zugeordnet, das derzeit weltweit große Probleme verursacht. Es führt dazu, dass das Geld an den Orten, wo es bereits in großen Mengen vorhanden ist, immer mehr wird und somit der natürliche Fluss der Geldenergie blockiert wird. Die Zinsspirale muss in regelmäßigen Abständen zwangsläufig zum Zusammenbruch des gesamten Systems führen, was sich in periodischen Wirtschaftskriegen, Wirtschaftskrisen und Staatsverschuldungen ausdrückt. Das Prinzip des Sparens ist ebenfalls dem Südwesten zugeordnet. Es resultiert meistens aus der Sorge um die Zukunft, für die man Geld zurücklegen möchte, und ist daher mit der Angst um die Zukunft verbunden. Insbesondere die Angst, das gesparte Geld verlieren zu können, ist eine Qualität des Südwestens.

Für die Geldenergie ist Bewegung und Flexibilität von großer Bedeutung. Daher ist der Südwesten hinsichtlich des Geldflusses ebenfalls problematisch. Fehlbereiche und Defekte im Südwesten sind gefährlich, weil dadurch die Stabilität und der Schutz vor negativen Energien und Einflüssen verloren gehen können. Ein starker Südwesten ist für jedes Geschäft wichtig, doch sollten Dinge, die in Bewegung bleiben müssen, nicht im Südwesten platziert werden.

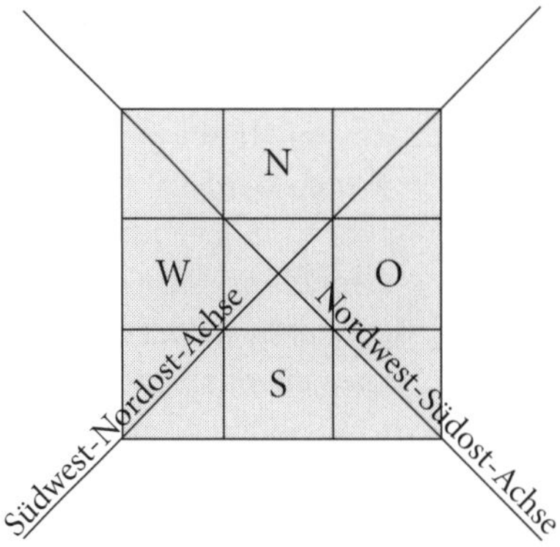


*Die beiden Hauptdiagonalen des Himmelsrichtungsquadrats spielen für die Dynamik der Geldenergie eine besonders wichtige Rolle.*

*Die Bedeutung des Nordwestens für das Energiefeld des Geldes* | Im Gegensatz zum Südwesten wird der Nordwesten von äußerster Beweglichkeit und einer ständigen Neigung zum Wechsel charakterisiert. Dinge, die dort platziert werden, bleiben nicht lange wo und was sie sind, sondern bewegen sich weiter, wachsen, vergehen oder erfahren irgendeine andere Veränderung. Diese durch das Luftelement bewirkte Beweglichkeit mag für den Fluss der Geldenergie ebenfalls Probleme verursachen, da sie übergroße Ausgaben und mangelnde Stabilität verursachen kann. Die für ein solides Unternehmen notwendige Sicherheit und Verläßlichkeit kann der Nordwesten alleine nicht gewährleisten. Daher sollten Dinge, die dieser Eigenschaften bedürfen, nicht im Nordwesten platziert werden; zumindest brauchen sie ein ausreichendes Gegengewicht in den anderen Richtungen.

Auf der anderen Seite fördert der Nordwesten neben Beweglichkeit und Wechsel vor allem die Kommunikation, die für Unternehmen und Geschäfte von großer Bedeutung ist. Ein Fehlbereich im Nordwesten wäre daher für ein wirtschaftlich orientiertes Unternehmen von großem Nachteil. Der Nordwesten repräsentiert auch die Beziehungen und Freundschaften auf allen Ebenen. Daher ist die Pflege des Nordwestens unerläßlich, um gute Geschäftsbeziehungen zu unterhalten.

*Im Nordwesten bewirkt das Luftelement, dass das Geld ständig in Bewegung ist. Bei Überbetonung des Nordwestens kann das Geld buchstäblich zum Fenster hinaus fliegen.*

*Die Bedeutung des Nordostens für das Energiefeld des Geldes* | Die vierte Nebenhimmelsrichtung ist wie die drei anderen für die Geldenergie nicht unproblematisch. Der Nordosten steht für die Reinigung und die Vergeistigung. Dieser Aspekt ist in Beziehung zum Geld sehr wichtig. Wie bereits beschrieben, ist das Geld im Allgemeinen stark durch seine Vorgeschichte belastet. Die meisten Menschen nehmen Geld gerne entgegen, geben es jedoch nur mit Vorbehalt oder ungerne weiter. All diese Gefühle und Projektionen haften dem Geld an und machen es schwer. Im Nordosten kann das Geld von diesen Dingen gereinigt und seiner spirituellen Bestimmung zugeführt werden. Die Geldenergie kann wieder in den Dienst der spirituellen Entwicklung des Menschen gestellt werden und so den Menschen von seiner

Bindung an das Materielle befreien. Eben aus diesem Grund ist der Nordosten für die meisten Unternehmen problematisch, besonders wenn sie rein Profit orientiert arbeiten. In solchen Fällen sollte der Nordosten für stark belastete Dinge besser vermieden werden.

Ein Fehlbereich im Nordosten wie ein Defekt oder eine Blockade ist jedoch ebenfalls problematisch, da der Nordosten die Intelligenz und den Kopf des gesamten Energiefeldes darstellt. Ohne intelligente Steuerung gerät das Energiefeld in einen chaotischen Zustand und verliert seine Kohärenz. Geschieht dies in einem lebenden Organismus wie dem menschlichen Körper, so kann Krebs die Folge sein. Auf ähnliche Weise kann das Chaos in einem Unternehmen überhand nehmen, wenn der Nordosten vernachlässigt oder blockiert wird.

**Die Haupthimmelsrichtungen** |
*Die Bedeutung des Nordens und Südens für das Energiefeld des Geldes* | Bei allen vier Nebenhimmelsrichtungen hat sich gezeigt, dass sie für die Dynamik der Geldenergie sowohl günstige Möglichkeiten als auch problematische Einflüsse beinhalten. Jedes Unternehmen muss sorgsam darauf achten, Blockaden, Fehlbereiche und Defekte in diesen Richtungen zu vermeiden, um keine extremen Störungen im finanziellen Bereich hervorzurufen.

Die Haupthimmelsrichtungen hingegen sind für das Geld weniger problematisch. Hierbei bewegt sich die Geldenergie auf zwei wichtigen Achsen. Die Ostwestachse ist die männliche Achse, die Nordsüdachse die weibliche.

Auf der Nordsüdachse stehen sich zwei duale Pole gegenüber. Während der Süden für das Vergängliche, den Tod und den Verlust steht, repräsentiert der Norden das Ewige, die Geburt und den Gewinn. Aus dem Norden strömen lebensfördernde Energien in das Geldenergiefeld hinein, die aus dem Osten mit kosmischer und solarer Kraft sowie Intelligenz versorgt werden. Arbeiten, die auf der Nordsüdachse verrichtet werden, sollten daher in Richtung Norden ausgeführt werden, um den positiven Einfluss der nördlichen Energien zu nutzen. Der Norden ist die Richtung des Reichtums, des Geldes und des Bewahrens des Wohlstands und eignet sich daher zum Aufbewahren von Geld und anderen wertvollen Dingen. Der Süden sollte als Richtung und Ort zum Ausführen von finanziellen Transaktionen unbedingt vermieden werden, da man diese sonst mit dem Prinzip des Verlustes in Resonanz setzt. Wichtige finanzielle Tätigkeiten oder Transaktionen sollten daher weder im Süden noch in Richtung Süden ausgeführt werden.

*Die Bedeutung des Ostens und Westens für das Energiefeld des Geldes* | Auf der männlichen Ostwestachse besteht ebenfalls eine ausgeprägte Polarität. Der Osten besitzt die Kraft des Neubeginns und des Sieges, während der Westen mehr den passiven Pol der Ruhe und des Abschlusses bildet. Als Richtung für anspruchsvolle Tätigkeiten im finanziellen Bereich ist der Osten dem Westen vorzuziehen, wenn auch auf dieser Achse die Polarität nicht so stark ausgeprägt ist wie in Richtung Nord-Süd.

Wichtige Tätigkeiten wie Verkaufen, Abschluss von Verträgen und Ähnliches sollten möglichst in Richtung Osten ausgeführt werden. Ebenso ist der Osten selbst ein guter Ort für solche Tätigkeiten. In Beziehung zu dieser Achse ist jedoch die Richtung, in die eine bestimmte Tätigkeit ausgeführt wird, wichtiger als der Ort, an dem sie getan wird.

Der Schreibtisch sollte möglichst so gestellt werden, dass man mit dem Kopf in Richtung Osten arbeitet. Wissenschaftliche Untersuchungen haben gezeigt, dass das Gehirn in dieser Richtung am besten funktioniert.

Man sollte daher beispielsweise den Safe an der südlichen Wand des nördlichsten Zimmers aufstellen, sodass er sich in Richtung Norden öffnen lässt. Das Gleiche gilt für den Schreibtisch, der durchaus im Westen stehen darf. Man sollte jedoch möglichst in Richtung Osten arbeiten, denken und schreiben.

Der Westen steht auch für die Popularität, den Ruhm und die Bekanntheit einer Person oder eines bestimmten Projekts. Daher ist eine Ausrichtung bestimmter Tätigkeiten, die auf Popularität abzielen, in Richtung Westen zu empfehlen. Hierbei ist es jedoch wichtig, dass man bei der Richtung exakt den Westen trifft und sich nicht mehr als 10° in Richtung Nordwesten oder Südwesten dreht, da sonst starke negative Einflüsse zu erwarten sind.

*Das Zusammenwirken der Himmelsrichtungsqualitäten im Energiefeld des Geldes* | Insgesamt gesehen besitzt das Energiefeld des Geldes zwei Hauptachsen in den Haupthimmelsrichtungen, in denen der Fluss des Geldes vorteilhaft ist. Die Nordsüdrichtung ist die Richtung des Gewinns und des Reichtums, während die Ostwestrichtung die der Kraft, des Neubeginns und der Kreativität ist.

Die in einem Unternehmen oder Büro vor sich gehenden Abläufe und Tätigkeiten sollten vor allem auf diesen beiden Achsen geschehen, wobei die eine Achse immer der Unterstützung der anderen bedarf.

Verkauft jemand beispielsweise in Richtung Osten, so steht sein Verkaufstresen eher im Westen, wobei sich hinter seinem Rücken möglicherweise eine Präsentationswand befindet. Senkrecht zu dieser Aktivitätsrichtung fließt ihm aus dem Norden organische Lebensenergie zu, die den Erfolg seiner in Richtung Osten ausgeführten Tätigkeiten unterstützt. Daher ist die Offenheit des Nordens in diesem Fall ebenfalls von großer Bedeutung. Das Gleiche gilt für Tätigkeiten, die in Richtung Norden ausgeführt werden. Sie werden von den aus dem Osten einfließenden Energien unterstützt.

Diese beiden Haupttätigkeitsachsen im Energiefeld des Geldes stehen im Spannungsfeld der beiden anderen Hauptdiagonalen Südwest-Nordost und Südost-Nordwest. Die Südost-Nordwest-Diagonale bestimmt die Dynamik des Geldflusses, während die Südwest-Nordost-Diagonale seine Ordnungsqualität festlegt. Die Energien sollten gleichmäßig zwischen dem Nordwesten und dem Südosten verteilt sein, sodass im Zentrum eine ausgeglichene positive Energie vorherrscht. Damit wird gewährleistet, dass die zur Verfügung stehende Energie nicht durch unnötige Reibung und übermäßige Erhitzung verbraucht wird. Die Gesamtenergie sollte gleichmäßig im Inneren und im Äußeren wirksam sein. Der Nordwesten regelt die äußere Bewegung und der Südosten die innere Energie oder Wärme. Die Steuerung dieser wichtigen Energiediagonale erfolgt wiederum aus der Richtung des Nordostens, der die Ordnung des Energiefeldes bestimmt. Sind auf der Südost-Nordwest-Diagonale die Voraussetzungen für eine balancierte Dynamik vorhanden, so muss die Steuerung dieses Zusammenspiels durch einen offenen und defektfreien Nordosten unterstützt werden, sonst geht das Gleichgewicht bei der geringsten Herausforderung oder Störung verloren. In den beiden Richtungen Nordwest und Südost sollten jedoch keine wichtigen Tätigkeiten wie Vertragsverhandlungen, Verkäufe oder Planungsarbeiten ausgeführt werden, da dadurch die zwischen ihnen notwendige Balance gestört würde und entweder Streit, Erhitzung und unüberschaubares Risiko (Südosten) oder zu hohe Ausgaben, Instabilität und Unzuverlässigkeit (Nordwesten) auftreten könnten.

| Nordwesten | Norden | Nordosten |
|---|---|---|
| Übergroße Ausgaben, mangelnde Stabilität, gute Geschäftsbeziehungen | Gewinn, Schutz, Reichtum | Reinigung der Geldenergie von materialistischen Zwecken, wenig profitträchtig |
| **Westen** | **Zentrum** | **Osten** |
| Vertragsabschluss, Ansehen, Popularität | | Neubeginn, Kreativität, Kraft, Innovationen, neue Geschäftsideen |
| **Südwesten** | **Süden** | **Südosten** |
| Zinsprinzip, Sparen, Horten, Angst, Geld zu verlieren, übermäßige Vermehrung, Blockierung des Geldflusses | Verlust, harte Arbeit | Risiko, Börse, Spekulation, positiv: schneller Geldzuwachs, negativ: Gefahr von Totalverlust |

*Die räumliche Aufteilung des Energiefeldes des Geldes.*

Die Südwest-Nordost-Diagonale ist deutlich polarisiert. Es sollten keine wichtigen Tätigkeiten oder Abläufe in Richtung Südwesten ausgeführt werden, während der Südwesten selbst jedoch eine hervorragende Basis für wichtige und gewichtige Prozesse oder Tätigkeiten ist. Im Vastupurusha-Mandala befinden sich dort die Füße des Vastupurusha, die Basis für große Sprünge und die Stütze für schwere Lasten. Daher können gewichtige Projekte und wichtige Personen im Südwesten platziert werden, um ihren Einfluss zu stärken, doch sollte der Blick in diesem Falle in Richtung Nordosten, Osten oder Norden weisen. Auf diese Weise ist sowohl für die notwendige Stabilität und Rückendeckung aus dem Südwesten gesorgt als auch für die Verbindung mit den lebensspendenden Energien des Nordostens, Ostens und Nordens. Tätigkeiten, die in dieser Diagonalen ausgeführt werden, haben die Unterstützung der Energien des Südostens und Nordwestens, um ausreichend Energie zur Verfügung zu haben (Südosten) und eine gute Beweglichkeit und Kommunikation zu besitzen (Nordwesten).

Mit diesen wichtigen Zusammenhängen vor Augen, können sehr viele Aussagen über einzelne Aspekte eines Unternehmens oder anderer geschäftlicher Tätigkeiten gemacht werden.



## Die Gestaltung von Geschäftsräumen nach Vastu

**Die Drehrichtung von Arbeitsprozessen innerhalb eines Unternehmens** | Innerhalb eines Raumes sollten Prozesse, die mehrere Einzelschritte umfassen, die von verschiedenen Personen oder an verschiedenen Orten ausgeführt werden, im Uhrzeigersinn vonstatten gehen. Dadurch wird die natürliche rechtsdrehende Spiraldynamik des harmonischen Energiefeldes eines Raumes um das Zentrum dieses Raumes herum unterstützt. Mit anderen Worten: Der Arbeitsprozess erfährt aus dieser Dynamik seine Unterstützung.

Jeder Prozess hat die beiden folgenden Aspekte: Einerseits sollte er von den Energien des Raumes unterstützt werden und damit in Einklang mit der Dynamik des Raumes ablaufen. Andererseits sollten die ausgeführten Tätigkeiten die natürliche Ordnung und Dynamik des Raumes unterstützen, sodass sich Raum und Aktivitäten ständig gegenseitig aufbauen.

Besteht eine solche Resonanz, so schöpft man unbegrenzt freie Energie, die sich in Leichtigkeit, Erfolg und Freude ausdrückt. Arbeitet man gegen den Rhythmus des Raumes oder ist dieser nicht in Einklang mit den Prinzipien des Vastu organisiert, so fallen alle Tätigkeiten schwer und werden ohne Freude und Inspiration ausgeführt.

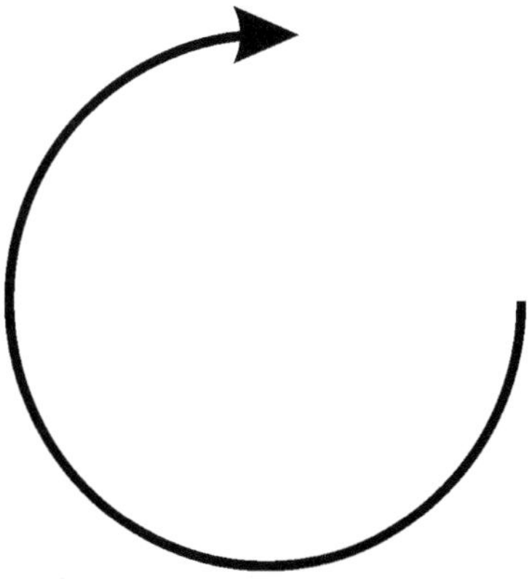

*Arbeitsprozesse sollten möglichst im Osten beginnen und im Uhrzeigersinn ausgeführt werden.*

Die Reihenfolge der Tätigkeiten beziehungsweise Abläufe kann sowohl im zeitlichen als auch im logischen Sinne verstanden werden. Auch Vorgänge, die im logischen Sinne aufeinander aufbauen, jedoch nicht in einer strengen zeitlichen Ordnung ablaufen, sollten im Uhrzeigersinn angeordnet werden.

Für solche Gesamtprozesse sollte das Zusammenspiel der Tätigkeiten in den einzelnen Himmelsrichtungen sehr fein aufeinander abgestimmt werden. Norden, Osten und Nordosten eignen sich besser für intellektuelle, planerische, kreative und steuernde Funktionen, während der Südosten, Süden, Südwesten, Westen und Nordwesten sich für die eigentlichen Produktionsprozesse eignen. Die bedeutsameren und anspruchsvolleren Tätigkeiten sollten immer weiter in Richtung Nordosten verlagert werden, während die weniger anspruchsvollen Abläufe eher in Richtung Südwesten gehören.

Im Osten nehmen die Dinge ihren Anfang und erhalten im Südosten die Energie, um vollständig in Bewegung zu kommen. Der Süden und Südwesten stehen für die harte Arbeit des eigentlichen Produktionsprozesses zur Verfügung. Im Westen kann die Qualitätskontrolle und das Testen der fertigen Produkte erfolgen, die danach im Nordwesten gelagert und für den Verkauf oder die Auslieferung bereitgestellt werden können. Der Westen sowie der Nordwesten eignen sich sehr gut für Versammlungen und Konferenzen.

Teure Experten, Spezialisten und Planer sollten im Nordosten des Nordens ihr Büro haben, um ihre wertvolle Zeit und Intelligenz am besten nutzen zu können.

Im folgenden Kapitel über die Anordnung und Planung industrieller Produktionsprozesse werden diese Zusammenhänge weiter vertieft. An dieser Stelle geben sie uns einen Einblick in die Organisation des Raumes hinsichtlich der Stationen, die zeitlich nacheinander durchlaufen werden. Auch für die Einrichtung eines Büros oder Arbeitsraumes sind sie von Bedeutung.

**Der Verkauf** | Die beste Richtung zum Verkauf ist der Osten. Man sollte die Produkte in Richtung Osten anbieten und bei Verkaufsgesprächen möglichst in Richtung Osten schauen. Das bedeutet natürlich, dass man selbst im Westen steht oder sitzt, während der Kunde im Osten sitzt und in Richtung Westen schaut. Ein Geschäft ist daher am besten in Richtung Osten ausgerichtet, sodass die Kunden den Verkaufsraum in Richtung Westen betreten und direkt auf den im Westen platzierten Verkaufstresen schauen und zugehen. Ein solcher Raum hat die Eingangstür im Osten, was nach Vastu besonders vorteilhaft ist, da die durch den Osten repräsentierte Sonne auch das Geschäft fördert.

Ein nach Norden ausgerichtetes Geschäft ist ebenfalls empfehlenswert, da ein nördlicher Eingang auch positive Energien bringt, die neben der Gesundheit die finanzielle Seite fördern (der Norden wird von Kuvera, dem Schatzmeister der Halbgötter, beherrscht). Doch auch in einem solchen Raum sollte der Verkauf möglichst in Richtung Osten erfolgen.

Handelt es sich um ein kleines Geschäft, in dem der Filialleiter oder Ladenbesitzer selbst verkauft, so platziert sich dieser am besten im Südwesten des Raumes, um den gesamten Raum gut zu überblicken und in Richtung Osten verkaufen zu können. Hierdurch hat er zusätzlich das notwendige Gewicht und die entsprechende Bedeutung, die dem Südwesten eigen sind.

**Schneller Verkauf** | Dinge, die schnell verkauft werden sollen, gehören in den Nordwesten des Raumes oder Lagers, da das große Bewegungspotenzial des Nordwestens den schnellen Verkauf der Waren fördert. Befindet sich ein großes schweres Warenlager im Südwesten, so sollte jedoch zumindest eine gewisse Menge der zu verkaufenden Produkte im Nordwesten gelagert werden, und es ist darauf zu achten, dass sich dieser Bestand im Nordwesten niemals ganz leert. Um den Fluss der Energien aufrecht zu halten, sollte ein Lager niemals ganz leer werden.

Schwere Dinge sollten generell im Südwesten gelagert werden. Sind sie jedoch für einen schnellen Verkauf oder eine schnelle Auslieferung vorgesehen, ist der Nordwesten der ideale Zwischenlagerplatz.

**Lager** | Lager für schwere Produkte richtet man am besten im Süden und vor allem im Südwesten ein. Auch solche Lager sollten niemals ganz leer werden, um den Südwesten möglichst schwer zu halten. Das dort befindliche Gewicht kommt dem gesamten Projekt beziehungsweise Gebäude zugute.

Bei der Lagerung von Gegenständen kommt es natürlich auch auf die Art der gelagerten Waren an. Scharfe, feurige, brennbare und explosive Materialien sollten im Südosten des Lagers platziert werden, während eher erdhafte, schwere, unbewegliche Gegenstände in den Südwesten gehören. Der Nordwesten des Lagers eignet sich für alles Bewegliche wie Fahrzeuge und die täglichen Vorräte, während der Nordosten sich zur Lagerung von Wasser anbietet. Die Mitte eines Raumes oder eines Lagers sollte niemals vollständig zugestellt werden. Das Zentrum sollte möglichst frei sein und die Energien verteilen können.

In Lagern lässt man am besten im Nordosten freien Raum und schafft auf der östlichen Seite einen freien Korridor, der den Zugang zu den gelagerten Waren ermöglicht. Im Südosten, Nordosten und Osten sollten die Waren die Wände nicht direkt berühren, sondern möglichst im Abstand von 30 bis 60 Zentimetern aufgestellt werden. Das Gleiche gilt für den Norden eines Lagers.

Der Westen eignet sich gut zur Lagerung von Teilen, die noch in einem weiteren Arbeitsprozess zusammengesetzt werden müssen. Auch das Zusammensetzen kann im Westen erfolgen, sodass die fertigen Produkte dort getestet werden können, um dann im Nordwesten gelagert und ausgeliefert zu werden.

**Buchführung** | Die Buchführung lässt sich in die tägliche und die jährliche Buchführung unterteilen. Die tägliche Buchführung enthält die offenen Rechnungen und Mahnungen. Diese Dinge sollten möglichst schnell erledigt werden, daher gehören sie in den Nordwesten. Die alten Akten, in der die Buchführung der vergangenen Quartale und Jahre festgehalten ist, sollten im Südwesten gelagert werden, da sie dort am sichersten aufbewahrt werden.

Wichtige Akten und Unterlagen werden am besten im Südwesten gelagert, obwohl es hierbei auch stark auf den Verwendungszweck ankommt. Ausnahmen bilden Unterlagen von Rechtsstreitigkeiten, Schecks, Wertpapiere und Ähnliches.



**Der Safe** | Der Safe sollte im Norden eines Geschäftshauses oder Hauses aufgestellt werden. Wichtig ist jedoch auch die Öffnungsrichtung der Tür. Er sollte sich vorzugsweise in Richtung Norden öffnen, doch auch der Osten kommt als Öffnungsrichtung in Frage.

Damit der Safe sich in Richtung Norden öffnen kann, muss er im nördlichsten Zimmer an der südlichen Wand platziert werden. Er sollte diese Wand nicht direkt berühren, sondern mindestens einen Abstand von 3 Zentimetern von ihr besitzen. Auch sollte er nicht direkt auf dem Boden stehen, sondern auf einem Sockel. Im Safe darf nichts aufbewahrt werden, was mit der Geldenergie eine problematische Wechselwirkung eingehen könnte. Schmutzige, gebrauchte Dinge oder Ähnliches sind im Safe ebenso zu vermeiden wie Unterlagen von Rechtsstreitigkeiten. Er sollte ausschließlich für Wertgegenstände, Geld, Wertpapiere und Ähnliches genutzt werden.

Der Norden ist der beste Platz, um Bargeld und Schätze aufzubewahren. Ein Safe sollte ebenfalls im Norden des Gebäudes stehen, jedoch an einer südlichen Wand, damit er in Richtung Norden geöffnet werden kann.

Der Safe sollte nicht in den Nebenhimmelsrichtungen aufgestellt werden. Denn im Nordwesten würden die Ausgaben zu groß, im Südwesten das Geld zu träge, im Südosten wäre das Risiko zu groß, und der Nordosten sollte nicht mit Geld belastet werden. Auf diese Weise bleiben bloß der Süden und Westen übrig, damit sich der Safe in Richtung Norden oder Osten öffnen kann.

Der Raum, in dem der Safe steht, sollte ebenfalls bestimmte Eigenschaften aufweisen. Am besten besitzt er Türen in nördlicher oder östlicher Richtung, wobei der Safe sich nicht direkt gegenüber der Tür befinden sollte. Im Südosten, Südwesten, Nordwesten oder Süden sollte der Raum auf keinen Fall Türen besitzen.

Die Form des Raumes ist vorzugsweise rechteckig und seine Proportionen sollten unbedingt eine positive Einnahmen-Ausgaben-Bilanz aufweisen (vergleiche dazu Kapitel 4, Seite 64). Ist dies nicht der Fall, lohnt sich eine Korrektur der Raumdimensionen mit Hilfe vorgezogener Wände oder mit Hilfe von Yantras.

Fenster im Norden und Osten des Raumes gelten als vorteilhaft. Außerdem sollte der Saferaum nicht niedriger sein als die anderen Räume.

**Der Eingang** | Die Eingangstür zu Geschäftsräumen sollte sich möglichst nach innen öffnen. Dadurch fließt mehr Geldenergie in das Geschäft hinein als heraus.

Der Haupteingang eines Geschäftes oder Hotels sollte möglichst groß und einladend wirken. Dabei ist es wichtig, vorteilhafte Proportionen für den Türrahmen zu verwenden.

Direkt vor dem Eingang eines Geschäftes sollte sich keine Säule oder Werbetafel befinden. Solche Gegenstände werden am besten links oder rechts neben der Eingangstür angebracht.

**Unterlagen von Rechtsstreitigkeiten** | Gerichtsunterlagen, Akten und Briefwechsel, die sich auf rechtliche Streitereien beziehen, sollten sehr sorgsam untergebracht werden. Liegen sie im Südosten, so mag der Streit weiter angefacht werden und eskalieren. Werden solche Unterlagen im Süden platziert, so besteht die Gefahr, den Gerichtsfall zu verlieren. Unter keinen Umständen sollten solche Papiere im Safe oder mit Geld und Schecks zusammen gelagert werden, da sonst die Geldenergie negativ beeinflusst wird und der Gerichtsfall größere Ausgaben verursachen könnte. Am besten bewahrt man solche Unterlagen im Nordosten des Ostens zusammen mit einem Yantra von Sri Narasimhadeva auf.

Das Narasimha-Schutz-Yantra kann in Verbindung mit Unterlagen von Rechtsstreitigkeiten eingesetzt werden.

**Die Position des Telefons** | Das Telefon bedient sich zur Kommunikation elektromagnetischer Signale und funktioniert daher am besten im Südosten, doch auch der Nordwesten und der Osten sind hierfür geeignet. Man sollte sehr vorsichtig damit sein, Wasser in die Nähe eines Telefons zu bringen. Durch die Nähe von Wasser und Feuer können sowohl technische als auch andere Störungen in der Telekommunikation auftreten.

**Computer** | Computer sind ebenfalls dem Feuerelement zugeordnet und sollten daher vorwiegend im Südosten aufgestellt werden. Um möglichst wenig von den negativen Strahlen des Computerbildschirms beeinflusst zu werden, sollte man beim Arbeiten am Computer in Richtung Osten schauen. Im Umfeld des Computers sollte kein Wasser aufbewahrt werden, und der Computer sollte nicht in der Nähe von Wasserleitungen stehen. Andernfalls könnten technische und gesundheitliche Störungen auftreten.

**Werbung und Public Relations** | Da der Westen eng mit dem Prinzip der Bekanntheit und des Ruhms in Beziehung steht, ist er ein guter Ort für alles, was mit Werbung, Öffentlichkeitsarbeit und Public Relation zusammenhängt. Werden hiermit verbundene Tätigkeiten im Westen in Richtung Osten ausgeführt, werden sowohl die Kreativität als auch die Wirksamkeit der daraus resultierenden Maßnahmen gefördert.

Man sollte im Westen des Büros ein Fach oder eine Ablage für Dinge einrichten, die die Öffentlichkeit erreichen sollen. Werbeschriften, Rundbriefe und vergleichbare Dinge gehören an diesen Ort.

Die belastende Strahlung des Computers sollte mit Hilfe eines Rosenquarzes oder einer geeigneten Pyramide vermindert beziehungsweise umgewandelt werden.

Der Computer sollte nicht auf einem geomantischen Störpunkt aufgestellt werden; das würde die Datensicherheit gefährden.

**Trinkwasser im Büro** | Es ist sehr empfehlenswert, im Nordosten der Büro- oder Geschäftsräume Vorrichtungen zur Trinkwasserversorgung zu installieren oder dort einfach eine Karaffe mit frischem Quellwasser aufzustellen. Das fördert sowohl die Raumqualität als auch die Energie des aufgestellten Wassers. Man sollte hierbei jedoch streng darauf achten, dass dieser Bereich frei von elektrischen Geräten ist, um unliebsame Wechselwirkungen zwischen dem Wasser und den entsprechenden Geräten zu vermeiden. Auch ist es angeraten, die elektromagnetische und geomantische Belastung der Orte zu überprüfen, an denen man das Trinkwasser aufbewahrt, da diese Informationen und Energien über das Wasser vom Menschen aufgenommen werden, wenn er es trinkt.

**Der Schreibtisch** | Der Schreibtisch sollte so gestellt werden, dass man in Richtung Osten arbeiten kann. Hierzu steht er am besten im Westen oder Südwesten eines Raumes. Bei der Bestimmung des geeigneten Arbeitsplatzes sollte jedoch unbedingt die eigene Richtung der Person, die dort arbeiten wird, bestimmt und auch berücksichtigt werden.

Die eigene Richtung wird mit Hilfe des Mond-Nakshatras (siehe Kapitel 10) der betroffenen Person bestimmt. Aus ihm lässt sich die individuelle Wirkung der acht Himmelsrichtungen auf die jeweilige Person ableiten. (Siehe M. Schmieke, Vastu-Praxisbuch.)

Sehr wichtig ist auch, dass der Ort, an dem der Schreibtischstuhl steht, nicht mit einem Hartmann-Gitter-Schnittpunkt oder einer anderen Störstelle zusammenfällt. Er sollte möglichst anregende und erfrischende, leichte Energien aufweisen, um das Arbeiten und Denken zu erleichtern.

Auch der Schreibtisch selbst kann so gestaltet werden, dass er ein positives, mit dem dynamischen Raum in Resonanz stehendes Energiefeld bildet. Hierzu kann man im Nordosten des Schreibtischs ein Gefäß mit Trinkwasser aufstellen und im Südosten mit dem Computer, dem Telefon, einer Kerze oder etwas Ähnlichem das Feuerelement vergegenwärtigen. Im Südwesten könnte ein schwerer Kristall aufgestellt werden, während der Nordwesten für bewegliche leichte Dinge genutzt werden sollte. Der Nordwesten stellt auch die Kommunikationsecke des Schreibtisches dar und kann als Ablage für Briefe und Ähnliches dienen.

Der Computerbildschirm steht am besten im Südosten des Schreibtisches. Das Gleiche gilt für andere technische Geräte, die unter oder auf dem Schreibtisch benötigt werden.



**Der Chef** | Der Chef oder die Chefin sollte generell im Südwesten eines Geschäftshauses oder Büros arbeiten, um seine (ihre) Durchsetzungskraft zu stärken. Von dort aus kann er den gesamten Raum besser kontrollieren. Indem er von dort aus in Richtung Norden, Osten oder Nordosten blickt und handelt, kann er alle Bereiche des Raumes beziehungsweise der Gebäude beeinflussen. Im Südwesten hat er damit den besten und effektivsten Zugriff auf das gesamte Energiefeld des Raumes. Eine andere Möglichkeit besteht darin, den Chef im Südosten zu platzieren, der Energie und Durchsetzungsvermögen verleiht. Die Entscheidung, welche Richtung angemessen ist, muss im Einzelfall unter Berücksichtigung der jeweiligen Person und ihrer Bedürfnisse entschieden werden. Auch hierbei darf vor allem die eigene Richtung der betreffenden Person nicht außer Acht gelassen werden.

## Die Einrichtung von Geschäftsräumen oder Büros in Abhängigkeit von ihrer Ausrichtung

**Osten** | Ist der Geschäftsraum nach Osten ausgerichtet, so sollte der Boden ein leichtes Gefälle von Westen in Richtung Osten aufweisen. Es sollte auch ein schwaches Gefälle vom Süden in Richtung Norden bestehen.

In diesem Fall sitzt der Chef oder Besitzer (oder die Chefin, sämtliche Berufsbezeichnungen beziehen sich natürlich auf beide Geschlechter) am besten im Südosten, wobei er einen gewissen Abstand zur östlichen Wand halten sollte. Mit der südlichen Wand im Rücken sollte er in Richtung Norden arbeiten. Schränke mit wichtigen Unterlagen und die Kasse sollten sich zu seiner Linken befinden.

Zieht er es jedoch vor, in Richtung Osten zu arbeiten, sollte sich sein Arbeitsplatz im Südwesten befinden. Die Kasse ist dann zu seiner Rechten zu platzieren, ebenso wie ein Schrank für wichtige Dokumente und Unterlagen.

Der Nordosten und Nordwesten des Raumes sollten möglichst frei gehalten werden. Weder Tische, Schränke noch Stühle gehören dort hin.

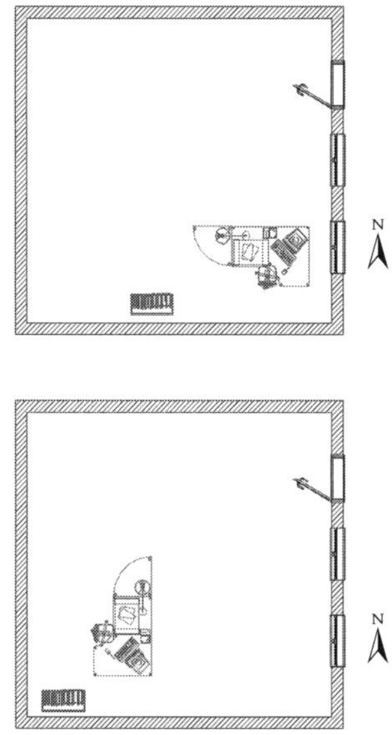


Die beiden Möglichkeiten, einen Geschäftsraum mit östlicher Ausrichtung einzurichten. Der Chef kann entweder im Südwesten (unten) oder im Südosten (oben) sitzen. Außerdem ist ein Schrank mit wichtigen Unterlagen eingezeichnet.

**Süden** | Weisen die Geschäftsräume in Richtung Süden, sollte der Boden ebenfalls ein leichtes Gefälle in Richtung Norden und Osten besitzen. Der Chef oder Geschäftsmann sitzt am besten im Südwesten und arbeitet in Richtung Osten. Die Kasse sollte sich zu seiner Rechten befinden. Arbeitet er am gleichen Platz jedoch in Richtung Norden, so gehört die Kasse auf seine linke Seite. Auf keinen Fall sollte er im Südosten, Nordwesten oder Nordosten sitzen und arbeiten.

**Westen** | Das gleiche Gefälle sollte für in Richtung Westen weisende Geschäftsräume gewählt werden. Auch in diesem Fall ist der Südwesten der geeignete Ort für den Chef. Arbeitet er in Richtung Norden, so sollten sich die Kasse und wichtige Schränke zu seiner Linken befinden, während diese Dinge auf seine rechte Seite gehören, wenn er in Richtung Osten arbeitet.

Auch hier sollte der Besitzer niemals im Südosten, Nordwesten oder Nordosten sitzen.

**Norden** | Auch in diesem Fall ist es vorteilhaft, ein Gefälle in Richtung Nordosten zu schaffen. Der Besitzer beziehungsweise Geschäftsmann sollte im Nordwesten des Raumes sitzen und in Richtung Osten arbeiten. Dabei sollte er einen gewissen Abstand zur Nordwand halten. Die Kasse gehört auf seine rechte Seite.

Bei dieser Geschäftslage kann der Geschäftsmann, Verkäufer oder Chef auch im Südwesten platziert werden. Der Nordosten und Südosten sind jedoch zu vermeiden.

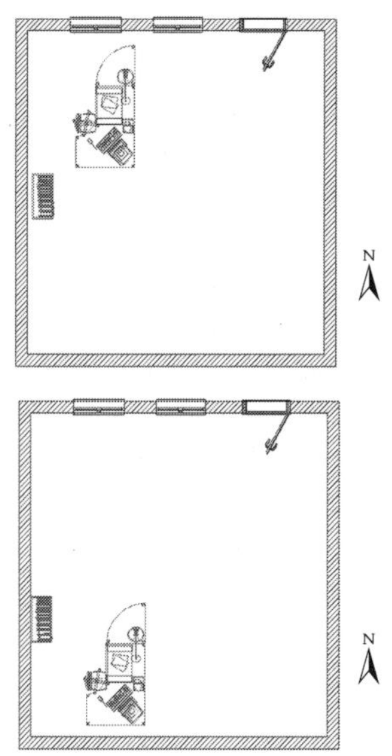


Die beiden Möglichkeiten, einen Geschäftsraum mit nördlicher Ausrichtung einzurichten. Der Chef kann entweder im Südwesten (unten) oder im Nordwesten (oben) sitzen. Außerdem ist ein Schrank mit wichtigen Unterlagen eingezeichnet.

Generell ist es für alle Geschäftslagen vorteilhaft, wenn die Ostseite etwas länger ist als die Westseite oder die Nordseite etwas länger als die Südseite.

## Vastu im Gesundheitswesen

Im Vastu findet man ebenfalls detailliertes Wissen über den Bau und die Einrichtung von Krankenhäusern und Arztpraxen. Die enge Verwandtschaft zwischen Vastu und Ayurveda kann für die Erhaltung und Wiederherstellung der Gesundheit der Menschen genutzt werden, da die Vastu-Eigenschaften eines Gebäudes die Gesundheit seiner Bewohner nachhaltig beeinflussen. Nicht zuletzt hängt auch der wirtschaftliche Erfolg eines Gesundheitsinstitutes von den Vastu-Eigenschaften seiner Gebäude ab.

Die indische Naturheilkunde Ayurveda bedeutet übersetzt Wissenschaft des langen Lebens. Sie gründet ebenso wie Vastu auf den Schriften des Atharva-Veda.

Beim Bau eines Krankenhauses sollte ganz besonders auf die Einhaltung der Vastu-Prinzipien geachtet werden. Insbesondere ist es hierbei wichtig, das Gebäude exakt nach den magnetischen Feldlinien auszurichten und eine möglichst regelmäßige Grundstücks- und Gebäudeform zu verwenden. Hierbei kann man auf rechteckige Formen geeigneter Proportionen oder die quadratische Form zurückgreifen.

Für Krankenhäuser und Praxen von Ärzten und Heilpraktikern ist das Befolgen der Vastu-Prinzipien besonders wichtig, um heilende Energien zu gewährleisten. Es sollte hierbei unbedingt auf die folgenden Aspekte geachtet werden:

- offener Norden und Osten
- Behandlungsräume im Norden, Osten und Nordosten
- Labors für Blutuntersuchungen und elektronische Geräte im Südosten
- Küche im Südosten

Wichtig ist vor allem die Offenheit des Ostens und des Nordens, um den für die Heilung so wichtigen Lebensenergien aus diesen Richtungen Einlass zu gewähren. Aus dem gleichen Grunde sollte man im Osten und Norden auf dem Grundstück mehr Raum lassen als im Westen und Süden. Dadurch baut sich auf dem Grundstück und in den Gebäuden ein positives Energiefeld auf, das die Heilung der Patienten günstig beeinflusst.

Haupteingang, Empfang und Foyer sollten am besten im Osten, Norden oder Nordosten der Gebäude liegen, um den Einlass der heilenden Energien weiter zu fördern. Im Nordosten ist es hilfreich, Räume für Meditation, Entspannung und Yoga bereitzustellen.

Besprechungs- und Konferenzzimmer können sowohl im Nordwesten als auch im Nordosten eingerichtet werden, wobei sich der Nordosten auch sehr gut für die Verwaltung des Krankenhauses eignet. Der Chefarzt kann sein Büro ebenfalls im Nordosten haben, doch auch der Südwesten ist dafür geeignet.

Die positiven Energien des Nordostens sollten unbedingt auch zur Behandlung der Patienten genutzt werden. Behandlungszimmer und Operationsräume können von diesen Energien im Nordosten profitieren. Auch im Osten werden diese Räume mit Vorteil untergebracht.

Der Osten eignet sich auch besonders gut für Bäder und einen Trockenraum für Kräuter, die als Medikamente verabreicht werden. Das Trocknen von Kräutern spielt vor allem in ayurvedischen Kliniken, die ihre Medikamente selbst herstellen, eine große Rolle.

Die Behandlungszimmer oder Sprechzimmer werden am besten im Norden und Nordosten eingerichtet.

Der Südosten eignet sich auch bei Krankenhäusern gut für Heizungsräume und die elektrische Versorgung. Selbstverständlich sollte auch die Küche im Südosten eingerichtet werden. Therapien, die Hitze erfordern, wie Schwitztherapien, Saunen und Behandlungen mit Fangopackungen, sollten ebenfalls im Südosten durchgeführt werden. Das Gleiche gilt für die Herstellung von Medikamenten, die mit Feuer oder Chemikalien produziert werden.

Der Süden eignet sich nicht für anspruchsvolle medizinische Tätigkeiten, doch kann dort die Physiotherapie durchgeführt werden. Auch der Westen und Nordwesten eignen sich für die Physiotherapie, während der Südwesten hierfür nicht in Frage kommt. Das Treppenhaus wird am besten im Süden platziert, auch Ruhe- und Schlafräume gehören dorthin. Der Süden sollte ebenso wie der Südwesten als Lager für schwere Gegenstände genutzt werden. Im Südwesten kann sich das Zimmer oder Verwaltungsbüro des Chefarztes und der Krankenhausleitung befinden, da von dort aus der Einfluss am größten ist.

Im Westen können sich sanitäre Einrichtungen befinden, wobei die Toiletten etwas in Richtung Nordwesten oder Südwesten verschoben sein sollten. Die Toiletten befinden sich idealerweise genau zwischen dem Westen und dem Nordwesten beziehungsweise Südwesten. Sie sollten auf keinen Fall im Nordosten liegen. Auch im Westen können Schlafräume und vor allem Räume und Schlafräume für Kinder untergebracht werden.

Der Nordwesten ist für die ambulante Behandlung, die Apotheke und die Medikamentenausgabe geeignet. Es können dort auch leicht verderbliche Güter wie Lebensmittel und leichtes Material wie Wäsche und Verbandszeug gelagert werden. Vor allem die Nahrungsvorräte gehören in den Nordwesten des Krankenhauses.

**Die Behandlung des Patienten** | Auch bei der Behandlung der Patienten spielen die Himmelsrichtungen eine Rolle. Der Patient sollte bei einer ambulanten Behandlung mit dem Gesicht in Richtung Osten sitzen oder liegen, während der Arzt immer in Richtung Norden sitzen oder behandeln sollte. Beim Gespräch mit Patienten sollte der Arzt in Richtung Norden schauen.

Bei einer Operation sollte der Patient mit dem Kopf in Richtung Süden liegen, damit eine optimale Entlastung seines Kreislaufsystems erreicht wird.

Räume, in denen wichtige Tätigkeiten ausgeführt werden, sollten die Türen vorwiegend im Nordosten, Norden oder Osten besitzen. Unter anderem findet die Forschungsabteilung eines Krankenhauses hier die besten Voraussetzungen, um neue und tiefe Einsichten zu gewinnen.

Das folgende Diagramm fasst noch einmal die wichtigsten Einrichtungen eines Krankenhauses zusammen:

| | | |
|---|---|---|
| **Nordwesten**<br>Ambulante Behandlung, Apotheke und Medikamentenausgabe, Lager (leicht verderbliche Güter), ToilettenBewegungstherapie und Physiotherapie | **Norden**<br>Eingang, Arztzimmer, Wartezimmer, Wasserbecken, Heilkräutergarten, Trockenraum für Kräuter | **Nordosten**<br>Empfang und Foyer, Konferenzraum, Meditations- und Yogaraum, Forschungsabteilung, Arztzimmer, Wintergarten und Terrasse, Verwaltung |
| **Westen**<br>Physiotherapie, sanitäre Einrichtungen, Studierzimmer, Schlafräume vor allem für Kinder | **Zentrum**<br>Offener Innenhof, Lichthof | **Osten**<br>Empfang und Foyer, Behandlungszimmer, Operationsräume, Verwaltung, Meditationsraum, Bad (ohne Toilette), Trockenraum für Kräuter |
| **Südwesten**<br>Chefarztzimmer, Krankenhausleitung, Chirurgie, Unfallabteilung | **Süden**<br>Physiotherapie, Ruheraum, Schlafzimmer, Lager, Treppenhaus | **Südosten**<br>Küche, Heizung und elektrische Versorgung, Herstellung von Medikamenten (falls mit Feuer und Chemikalien verbunden), Wärme- und Schwitztherapien, Blutuntersuchungen |

*Aufteilung eines Krankenhauses oder Therapiezentrums.*

**Die Einrichtung einer Praxis für Heilberufe |**
Die gleichen Prinzipien können für die Einrichtung einer Arztpraxis oder der Praxis eines Heilpraktikers angewandt werden. Heilmethoden, die mit sehr feinen Schwingungen arbeiten, wie die Homöopathie, Spagyrik oder Bioresonanz-Therapie sollten im Nordosten ausgeführt werden. Auch die hierfür benötigten Medikamente sollten im Nordosten gelagert werden, wobei ganz besonders darauf zu achten ist, dass der gewählte Ort frei von Strahlenbelastungen ist.

Farbtherapien werden am besten im Osten durchgeführt, da dieser auf Grund seiner Beziehung zur Sonne die Wirkungsweise von Licht und die Funktion der Augen unterstützt. Behandlungen mit Lebensenergie werden optimal durch die heilenden Energien des Nordens unterstützt. Hierunter fallen Reiki-Behandlungen und alle Arten bioenergetischer Behandlungsmethoden, die ohne Geräte ausgeführt werden. Das folgende Diagramm ordnet die unterschiedlichen Behandlungsmethoden den Himmelsrichtungen zu, in denen sie optimale Unterstützung finden:

| | | |
|---|---|---|
| **Nordwesten**<br>Tanztherapie, Aromatherapie, Bachblüten, Bewegungstherapie, Massage, Physiotherapie, Atemübungen (Pranayama) und Atemtherapie, Kinesiologie, Gruppentherapien, Sport, Psychotherapie | **Norden**<br>Magnettherapie, Orgontherapie, Kräutertherapie, Reiki, Lebensenergiebehandlungen, bioenergetische Behandlungsmethoden, Heilbad, Kneippkuren, Fußbad | **Nordosten**<br>Ordnungstherapie, Yoga, Homöopathie, Spagyrik, Bioresonanz-Therapie, Biofeedback-Therapie, Klangtherapie, Radionik, geistiges Heilen, Informationsmedizin |
| **Westen**<br>Physiotherapie, Gesprächstherapien, Gruppentherapien | **Zentrum**<br>Meditation, Arbeit mit Pyramidenenergien | **Osten**<br>Augenarzt, Farbtherapie, Lasertherapie, Therapie mit Mandalas und Yantras, Bäder |
| **Südwesten**<br>Chirurgie, Knochentherapien, Zahnmedizin, Orthopädie | **Süden**<br>Physiotherapie, aktive Körperübungen, Neuraltherapie | **Südosten**<br>Wärme- und Schwitztherapien, Therapien mit elektronischen Geräten, Frauenheilkunde, Akupunktur, Eigenbluttherapie |

*Die optimale Lage von Heilmethoden.*

## Einrichtung eines Hotels

Die Prinzipien, die dem Bau und der Einrichtung eines Hotels zu Grunde liegen, entsprechen im Wesentlichen den Prinzipien für Wohnhäuser. Ein Hotel sollte schließlich für den Gast wie ein zweites Zuhause sein. Zusätzliche Aspekte ergeben sich vor allem aus der umfangreicheren Technik und Versorgungsstruktur und der vorwiegend kommerziellen Ausrichtung eines Hotelbetriebes. Zu berücksichtigen ist außerdem, dass in einem Hotel sehr viel mehr Bewegung herrscht, als in einem Privathaus, in dem für Jahre die gleichen Menschen leben. Daher spielt in Hotels der Nordwesten eine wichtige Rolle, da ihm die Beziehungen und Kommunikationsfähigkeit zugeordnet werden. Insbesondere die Beziehung zu Gästen wird vom Zustand des Nordwestens beeinflusst. Auch der Westen ist in diesem Zusammenhang von Bedeutung, da er mit der Popularität des Projektes in Beziehung steht, die für das Florieren eines Hotels von entscheidender Bedeutung ist.

Der Gast sollte sich im Hotel wohl fühlen, und zwar während des Schlafens, Wohnens, Essens, Arbeitens und Entspannens. Wenn er sich in einem nach Vastu errichteten Hotel wohler fühlt als in seinem eigenen Zuhause, wird man ihn als Stammgast gewinnen können.

Die beste Geschäftslage für ein Hotel ist gegeben, wenn sowohl in seinem Norden als auch in seinem Osten Straßen verlaufen. Auch für ein Hotel ist es wichtig, im Osten und Norden mehr Platz als im Süden und Westen und ein leichtes Gefälle in Richtung Norden und Osten zu haben. Auf dem Grundstück eignet sich der Nordwesten gut für einen Tennisplatz und andere Sporteinrichtungen, während ein Swimmingpool und unterirdische Wasserreservoirs am besten im Nordosten eingerichtet werden. Auf jeden Fall sollte sich im Nordosten des Grundstücks ein Teich, ein Springbrunnen oder eine andere Einrichtung mit frischem und sauberem Wasser befinden. Ideal ist dort ein ansprechender Garten oder Park, dessen Leichtigkeit und Schönheit zur Entspannung und Freude der Hotelgäste beiträgt. Falls das Hotel über eine Tiefgarage verfügt, so sollte diese ebenfalls im Nordosten liegen. Auf keinen Fall sollte sie im südlichen oder sogar südwestlichen Bereich des Grundstücks oder Hauses gebaut werden, da in diesen Richtungen Hohlräume unterhalb der Erde starke negative Energien erzeugen.

Der Haupteingang eines Hotels liegt mit Foyer und Empfang am besten im Norden oder Nordosten. Selbstverständlich ist auch der Osten für diesen Zweck gut geeignet. Wichtig ist, dass das Hotelpersonal an der Rezeption beim Empfang der Gäste in Richtung Osten oder Norden schaut. Der erste Eindruck ist häufig der entscheidende und daher sollte auf diesen Aspekt spezielle Sorgfalt verwendet werden.

Für ein Hotel ist die vastugerechte Gestaltung des Westens und des Nordwestens besonders wichtig, da diese vor allem mit der Popularität (Westen) und den Gästen (Nordwesten) in Beziehung stehen. Auch die Qualität des Südostens (Genuss und Lebenslust) ist für ein Hotelgewerbe wichtig. Das Zentrum des Hotels sollte als offener Treffpunkt gestaltet werden.

Besonders wichtig ist bei einem Hotel natürlich die Küche. Sie hat ihren idealen Ort im Südosten des Hauses, kann jedoch auch im Nordwesten untergebracht werden, falls der Südosten nicht zur Verfügung steht. In diesem Fall ist es jedoch sehr wichtig, den Herd und andere mit Feuer arbeitenden Geräte im Südosten der Küche zu platzieren, um keine zu großen Küchenausgaben zu verursachen.

Auch die wichtigsten elektrischen Versorgungsinstallationen sollten unbedingt im Südosten eingerichtet werden. Sie könnten in anderen Bereichen des Hotels das Wohlbefinden der Gäste stören, da das Element Feuer einen starken Einfluss auf Gesundheit und das allgemeine Befinden der Menschen hat. Insbesondere, wenn es im Nordosten, im Zentrum oder im Norden verstärkt präsent ist, ist zu erwarten, dass das harmonische energetische Gefüge und damit die Atmosphäre beeinträchtigt wird.

Treppen sollten im südlichen Bereich des Hotels gebaut werden, um das Gewicht der Inneneinrichtungen im Süden zu vergrößern. In der südwestlichen Ecke sollten sie jedoch nicht liegen. Der Süden ist auch für die Bar oder das Hotelrestaurant der geeignete Platz. Hierzu kann auch der Südosten des Hotels genutzt werden, falls dort, trotz Küche und elektrischen Installationen, noch Platz bleibt. Das Genussprinzip, das in solchen Räumen wichtig ist, wird durch den Einfluss der Venus im Südosten stark gefördert, während auch die Kombination Venus und Mars im Süden zu positiven Ergebnissen führt.

Der Frühstücksraum sollte sich im Osten des Hotels befinden und große Fenster in Richtung Osten aufweisen, um die Gäste in den Genuss der Morgensonne kommen zu lassen. Dadurch beginnt der Tag mit viel Kraft und Freude.

Im Westen des Erdgeschosses können sich Konferenzräume und Bankettsäle befinden, wobei für Konferenzen auch der Nordwesten geeignet ist. Im südlichen und südwestlichen Teil des Gebäudes können kleine Geschäfte wie ein Friseursalon und ähnliche Serviceeinrichtungen des Hotels liegen, die den Gästen den Aufenthalt bequemer und angenehmer machen.

Die Hotelleitung sollte am besten im Südwesten des ersten Stocks untergebracht werden. Dort können sich auch weitere Büroräume der Verwaltung befinden.

**Hotelzimmer** | Die Hotelzimmer sollten in den oberen Stockwerken des Hotels untergebracht werden und können sich in fast allen Richtungen befinden. Es ist jedoch sinnvoll, den Nordosten jedes Geschosses frei zu halten, um dort einen Raum zur Entspannung, zum Lesen oder zur Meditation einzurichten. Dieser Freiraum im Nordosten wird die Atmosphäre im gesamten Hotel verbessern und anheben, wenn er tatsächlich zur Entspannung und Besinnung verwendet wird. Dieses lässt sich durch die geeignete Einrichtung eines solchen Raumes fördern, indem dort entsprechende Bilder aufgehängt und anspruchsvolle Bücher zur Verfügung gestellt werden. Es kann auch ein Raum sein, in dem Musik gehört wird, deren Schwingung vom Nordosten aus das gesamte Gebäude positiv beeinflusst.

Von großer Bedeutung ist in den Hotelzimmern die Ausrichtung der Betten. Das Kopfende sollte sich am besten in Richtung Osten oder Süden, jedoch in keinem Fall in Richtung Norden befinden. Sensible Menschen werden sonst über einen schlechten Schlaf klagen. Die Betten selbst stehen am besten im Süden, Westen oder Südwesten der Räume, wo auch die Schränke platziert werden. Die nördlichen und östlichen Wände sollten möglichst frei bleiben oder nur leichten Möbelstücken und Sitzgelegenheiten Platz bieten. Das Bad sollte in östlicher Richtung eingerichtet werden. Waschbecken innerhalb des Zimmers werden nicht empfohlen, da Wasser im Schlafbereich zu energetischen Disharmonien führt.

Heizung, Minibar und Fernseher sind ideal im Südosten der Zimmer, ebenso wie das Telefon und andere elektrische Einrichtungen. Ansonsten gelten auch hier wieder die gleichen Prinzipien, wie sie für die Einrichtung von Wohnhäusern beschrieben wurden.

*Das Kopfende der Betten sollte in Richtung Osten oder Süden weisen. Der Norden sollte möglichst vermieden werden.*

Für Gäste, die längere Zeit in einem Hotel leben, sollte deren eigene Himmelsrichtung bestimmt werden, um für sie das richtige Zimmer zu ermitteln. Hierzu benötigt man allerdings die genauen Angaben zu Geburtszeit und -ort der Gäste.

Das Zentrum des Hotels und der einzelnen Stockwerke sollte nicht mit Toiletten, Aufzügen oder anderen Einrichtungen belegt werden. Am besten befindet sich dort ein durch mehrere Stockwerke hindurchgehender Lichthof. Falls sich dies nicht einrichten lässt, sollte dieser Raum in jedem Stockwerk als freier Bereich zur Kommunikation oder Entspannung zur Verfügung stehen. Dadurch wird die dynamische Verteilung der Lebensenergie im Gebäude optimal unterstützt.

**Verschiedene Straßenlagen von Hotels** | Die innere Gestaltung und Einrichtung von Hotels hängt wie bei allen Gebäuden von der Straßenlage und der Orientierung des Gebäudes ab. In diesem Abschnitt werden verschiedene Straßenlagen behandelt.

*Hotel mit Straßen im Osten und Norden* | Befindet sich ein Hotel in einem nordöstlichen Block, so sollten die folgenden Prinzipien beachtet werden:

Allgemeines
- Das Tor zum Grundstück sollte sich im Nordosten des Nordens oder im Nordosten des Ostens befinden. Es ist auch von Vorteil, an beiden Plätzen ein Tor zu besitzen.
- Der Haupteingang zum Hotel beziehungsweise Restaurant sollte sich ebenfalls an den entsprechenden Plätzen des Gebäudes befinden.
- Im Norden und Osten sollte mehr Platz sein als im Süden und Westen.
- Rezeption, Empfang und Foyer gehören in den Norden oder Nordosten.
- Innerhalb des Foyers sollte sich der Rezeptionsschalter im Südwesten befinden.
- Treppen, die zum ersten Stock führen, sollten im Nordwesten liegen.
- Auch der Speiseraum oder das Restaurant sollten am besten zwei Eingänge besitzen, und zwar ebenfalls im Nordosten des Nordens und Nordosten des Ostens.
- Die Küche sollte im Südosten liegen.
- Der Südwesten sollte ein erhöhtes Bodenniveau aufweisen; er eignet sich zur Einrichtung eines Lagerraums.
- Im Südwesten des Restaurants könnte sich die Kasse befinden.
- Die Toilette liegt am besten im Nordwesten des Restaurants.
- Parkplätze liegen am besten im Nordwesten, Norden und Osten des Grundstücks.

*Das Mandala des Nordwestens*

Für Hotelzimmer eignet sich das Mandala des Nordwestens. Es fördert das Wohlbefinden, gibt Freude und stärkt Kommunikation und gute Beziehungen.

Die Hotelzimmer
- Die Hotelzimmer sollten wenn möglich Türen im Nordosten des Nordens besitzen.
- Im Norden und Osten sollten sich Balkone befinden.
- Die Betten sollten im Süden der Zimmer stehen.
- Die Schränke sollten sich an den westlichen Wänden der Hotelzimmer befinden.

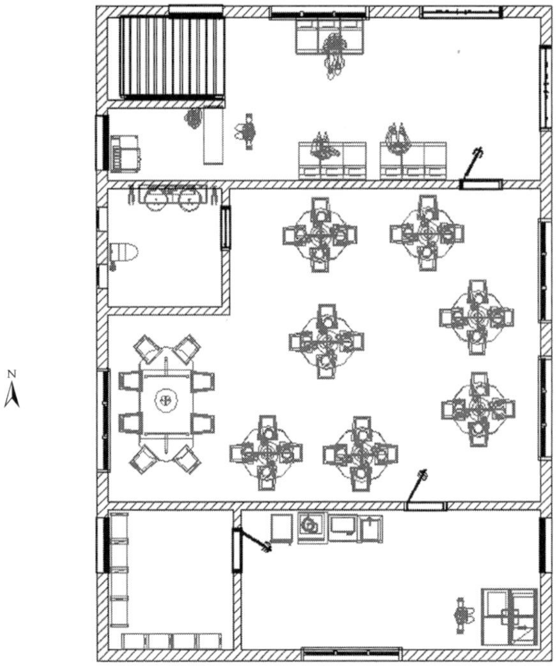



*Erdgeschoss eines nordöstlich gelegenen Hotels mit Küche, Lagerraum im Südwesten, Restaurant und Rezeption im Norden.*

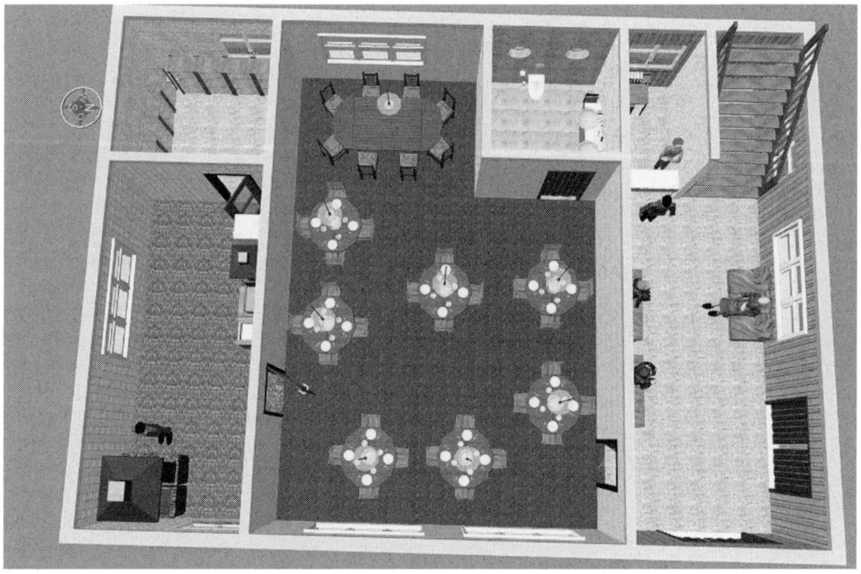

*Die gleiche Etage aus der Vogelperspektive.*

*Detailaufnahme im Speiseraum von der Tür aus gesehen.*

*Hotel mit Straße im Süden* | Besitzt ein Hotel eine Straße im Süden, so sollten die folgenden Prinzipien beachtet werden:

Allgemeines
- Das Tor zum Grundstück sollte sich im Südosten des Südens befinden.
- Der Haupteingang zum Hotel beziehungsweise Restaurant sollte sich ebenfalls an den entsprechenden Plätzen des Gebäudes befinden.
- Im Norden und Osten sollte mehr Platz sein als im Süden und Westen.
- Rezeption, Empfang und Foyer sollten sich im Süden befinden.
- Innerhalb des Foyers sollte sich der Rezeptionsschalter im Südwesten befinden.
- Treppen, die zum ersten Stock führen, sollten im Nordwesten des Foyers liegen.
- Auch der Speiseraum oder das Restaurant sollten ihren Eingang im Südosten des Südens besitzen. Vom Foyer aus gesehen liegt diese Tür im Nordosten des Nordens.
- Die Küche sollte im Nordwesten liegen.
- Ein Lagerraum für Lebensmittel und andere Dinge könnte sich im Südwesten des Restaurantbereiches befinden.
- Im Südwesten des Restaurants könnte sich die Kasse befinden.
- Das Restaurant sollte zusätzliche Eingänge im Nordosten besitzen.
- Die Toilette liegt am besten im Nordwesten des Restaurants.
- Parkplätze liegen am besten im Nordwesten, Südwesten oder Südosten des Grundstücks.

*Das Mandala des Südostens*

In der Küche eines Hotels oder Restaurants kann man das Südost-Mandala aufhängen. Es fördert die Gesundheit, den Genuss und die Lebenskraft.

Die Hotelzimmer
- Die Hotelzimmer sollten wenn möglich Türen im Nordosten des Nordens besitzen.
- Die Betten sollten im Süden der Zimmer stehen.
- Die Toiletten können im Südosten der Hotelzimmer liegen.
- Im Norden und Osten sollten sich Balkone befinden.
- Die Schränke sollten sich an den westlichen Wänden der Zimmer befinden.

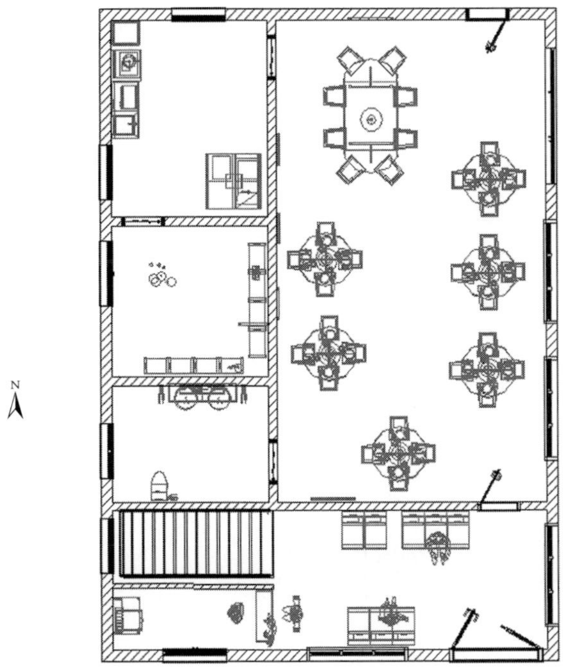


*Erdgeschoss eines südlich gelegenen Hotels mit Küche, Lagerraum im Südwesten, Restaurant und Rezeption.*

*Die gleiche Etage aus der Vogelperspektive.*

*Hotel mit Straße im Westen* | Besitzt ein Hotel eine Straße im Westen, so sollten die folgenden Prinzipien beachtet werden:

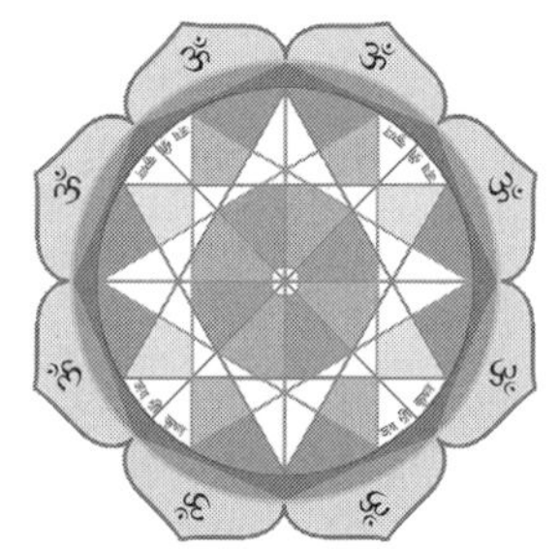

*Das Mandala des Nordnordwestens*

In Konferenzsälen kann das Nordnordwest-Mandala zum Einsatz kommen. Es fördert Kreativität und Kommunikation und verhilft damit Konferenzen und Seminaren zum Erfolg.

Allgemeines

- Das Tor zum Grundstück sollte sich im Nordwesten des Westens befinden.
- Der Haupteingang zum Hotel oder Restaurant sollte sich ebenfalls an den entsprechenden Plätzen des Gebäudes befinden.
- Im Norden und Osten sollte mehr Platz sein als im Süden und Westen.
- Rezeption, Empfang und Foyer sollten im Norden liegen.
- Innerhalb des Foyers sollte sich der Rezeptionsschalter im Südwesten befinden.
- Treppen, die zum ersten Stock führen, sollten im Südwesten des Foyers liegen.
- Der Speiseraum oder das Restaurant sollten den Eingang im Nordosten des Nordens und im Nordosten des Ostens besitzen.
- Das Foyer sollte Eingänge im Nordwesten und Nordosten besitzen. Der Durchgang zum Restaurant könnte im Südosten des Foyers liegen, was dem Nordosten des Restaurants entsprechen würde.
- Die Küche sollte im Südosten liegen.
- Ein Lagerraum für Lebensmittel und andere Dinge könnte sich im Südwesten des Restaurantbereiches befinden.
- Im Südwesten des Hotel-Restaurants könnte sich die Kasse befinden.
- Das Restaurant sollte zusätzliche Eingänge im Nordosten besitzen.
- Die Toilette liegt am besten zwischen Süden und Südwesten des Restaurants.
- Parkplätze liegen am besten im Südwesten oder Südosten des Grundstücks.

Die Hotelzimmer

- Die Hotelzimmer sollten Türen im Nordosten des Nordens besitzen, wenn es möglich ist.
- Die Betten sollten im Süden oder Westen der Zimmer stehen.
- Die Toiletten können im Südosten oder Nordwesten der Hotelzimmer liegen.
- Im Norden und Osten sollten sich wenn möglich Balkone befinden.
- Die Schränke sollten an den westlichen oder südlichen Wänden der Zimmer stehen.

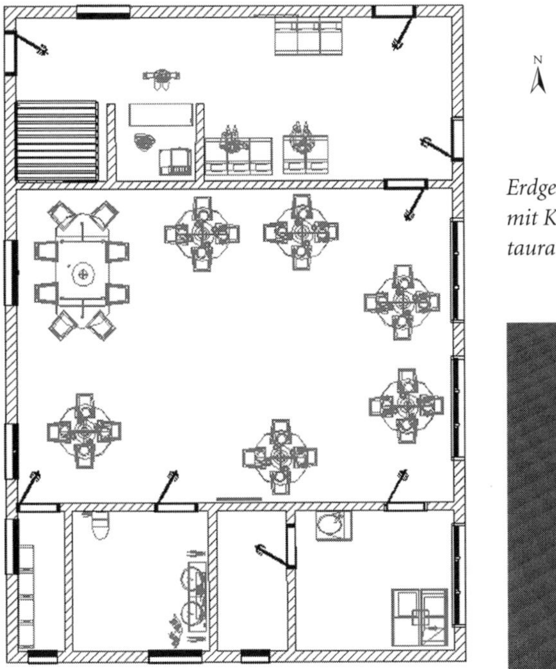


*Erdgeschoss eines westlich gelegenen Hotels mit Küche, Lagerraum im Südwesten, Restaurant und Rezeption.*

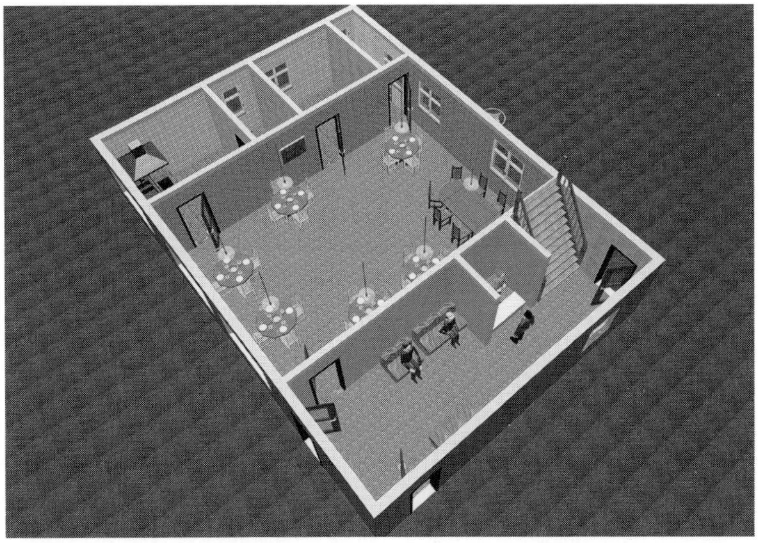

*Die gleiche Etage aus der Vogelperspektive.*

**Allgemeine Regeln für Hotels** |

- Das Grundstück sollte möglichst regelmäßig sein und sowohl im Südwesten als auch im Südosten rechte Winkel besitzen.
- Am besten ist ein Grundstück mit Straßen im Norden und Osten.
- Die zentrale Klimaanlage sollte im Südosten oder Nordwesten des Gebäudes untergebracht werden.
- In den Räumen kann eine Klimaanlage im Südosten, Südwesten oder Nordwesten eingebaut werden.
- Aufzüge gehören in den südlichen Bereich.
- Die Betten sollten niemals mit dem Kopf in Richtung Norden weisen.
- Die Garderobe befindet sich am besten auf der nördlichen Seite der Räume.
- Fernseher werden vorzugsweise im Südosten der Räume aufgestellt.
- Balkone liegen möglichst nur im Norden und Osten des Hotels.
- Der Empfang der Gäste erfolgt am besten in Richtung Osten oder Norden. Der Westen ist als Blickrichtung ebenfalls akzeptabel. Der Süden sollte hierfür strikt vermieden werden.
- Speiseräume und Restaurants befinden sich idealerweise im Westen der einzelnen Stockwerke.
- Die Hoteldirektion sollte ihre Büros im Südwesten des ersten oder zweiten Obergeschosses einrichten.
- Der Süden des Erdgeschosses eignet sich besonders für kleine Geschäfte innerhalb des Hotels.

*Das Mandala des Ostens*

Auch das Mandala des Ostens kann in Hotels zur Anwendung kommen. Es bringt neue Energien, Enthusiasmus und Leichtigkeit und fördert auf diese Weise das Erholungs- und Urlaubsempfinden der Gäste.

# Kapitel 10

# Anwendung von Vastu in der Industrie

Industrielle Produktionsprozesse folgen, wie schon im letzten Kapitel angedeutet, den allgemeinen Vastu-Prinzipien. Zusätzlich geht es bei solchen Prozessen jedoch um die räumliche und zeitliche Organisation komplexer Vorgänge, die eine Vielzahl verschiedener Arbeitsschritte umfassen. Zur räumlichen Organisation solcher Prozesse ist daher eine genaue Analyse des Vastupurusha-Mandalas hilfreich, wobei auch die Unterteilung in vier Vithis nützlich ist (siehe auch Seite 56f. sowie Anhang Seite 337ff).

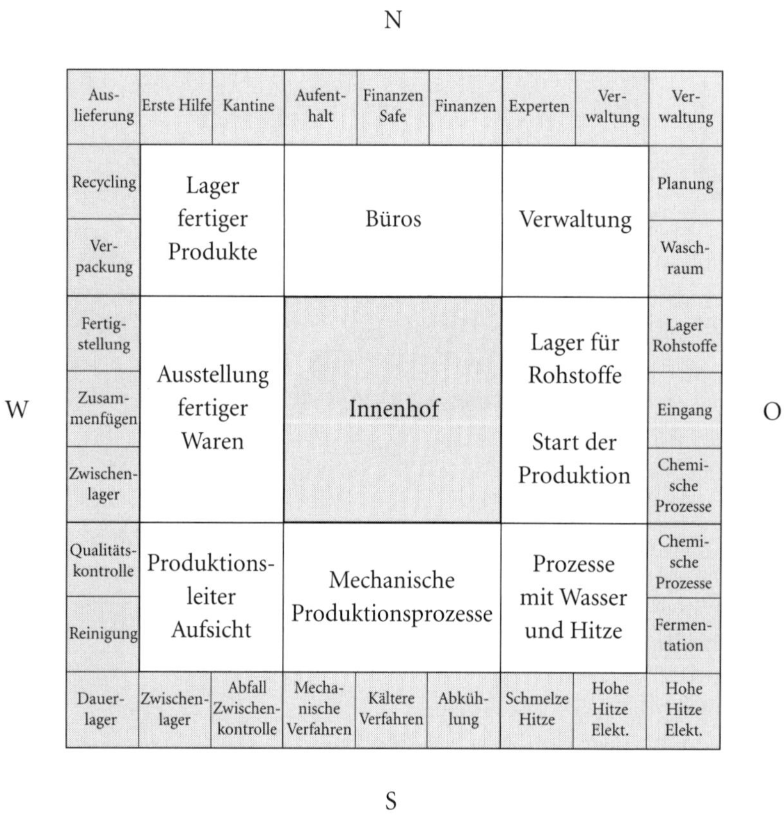


*Schematische Darstellung industrieller Produktionsprozesse auf der Grundlage des Vastupurusha-Mandalas.*

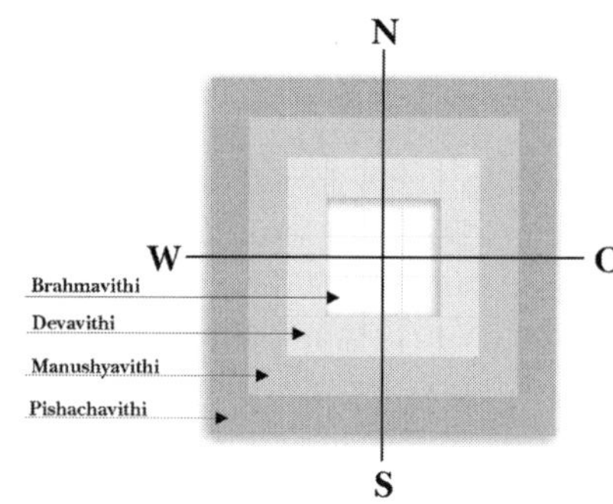


*Vastu-Mandala mit vier Vithis.*

Der Zyklus industrieller Produktionsprozesse beginnt im Osten, genauer gesagt im südsüdöstlichen Quadrat der äußersten Quadratreihe.

Vom Osten ausgehend schreiten solche Prozesse sowohl zeitlich als auch in ihrer logischen Abfolge im Uhrzeigersinn voran.

Industrielle Produktionsprozesse sollten grundsätzlich im Südosten ihren Anfang nehmen, während die vorbereitenden Arbeitsschritte, vor allem, wenn sie die Bereitstellung von Wasser oder Fermentation betreffen, bereits in Richtung Ostsüdost vorgenommen werden sollten. Zwischen dem Osten und Ostsüdosten können Rohstoffe gewogen und beurteilt werden. Auch die Trennung von brauchbaren und nicht brauchbaren Stoffen kann dort erfolgen. Dies bezieht sich beispielsweise auf chemische Prozesse, die die benötigten Stoffe aus komplexen Verbindungen herauslösen.

Der Hauptproduktionsprozess spielt sich zwischen dem Südosten und dem Südwesten ab. Die räumliche Aufteilung hängt ebenfalls von der Art des jeweiligen Arbeitsschrittes ab. »Feurige Prozesse« mit großer Hitze und Energieaufwand finden im Südosten statt, während die Kondensationsprozesse und Stabilisierungsvorgänge vom Südosten ausgehend in dieser Reihenfolge in Richtung Süden verlagert werden. Dinge, die im Südosten erhitzt, geschmolzen oder energetisiert wurden, können dann im Süden wieder abkühlen und weiterverarbeitet werden.

Im zentralen Süden können Vorgänge, die keine große Hitze erfordern, stattfinden, zum Beispiel Schneiden, Zerkleinern, Polieren, Hämmern.

*Das Mandala des Südens*

Das Mandala des Südens verkörpert die Kraft, Probleme zu bewältigen, und stärkt die Lebensenergie. Es eignet sich zur Anwendung in industriell genutzten Räumen.

Vom Osten über den Südosten zum Süden hin können also drei Produktionsschritte ausgeführt werden, die der Reihenfolge nach folgendermaßen bezeichnet werden:

- *Osten:* chemische Prozesse
- *Südosten:* Prozesse mit Verbrennung und Hitze
- *Süden:* kalte Produktionsprozesse

Weiter in Richtung Südwesten können die produzierten Zwischenprodukte inspiziert werden. Abfälle können zwischen dem Süden und Südwesten gelagert werden. Der südliche Bereich des Südwestens eignet sich vorrangig als Zwischenlager, während die südwestliche Ecke selbst am besten als Lagerplatz für schwere Werkzeuge und Maschinen genutzt wird. Für dynamische Prozesse und qualifizierte wichtige Abläufe ist der Südwesten nicht geeignet.

Vom Südwesten in drei Schritten in Richtung Westen sollte zunächst die Reinigung und dann die Qualitätskontrolle der Teile vorgenommen werden. Anschließend können Einzelteile zwischengelagert werden.

Der zentrale Westen ist der ideale Ort, um die Einzelteile nun zusammenzusetzen, sodass dort die Produkte fertig gestellt werden.

Der Produktionsprozess, der wie die aufgehende Sonne im Osten seinen Anfang nimmt, findet somit im Westen mit der untergehenden Sonne seinen Abschluss.

In vier Schritten findet dann vom zentralen Westen ausgehend in Richtung Nordwesten eine Entwicklung zur Auslieferung der fertigen Produkte statt. Im ersten Schritt werden die fertigen Produkte verpackt, in Richtung West-Nordwest kann eine weitere Entsorgung des Abfalls und eine Trennung der recycelbaren Abfälle erfolgen. Die fertigen Produkte können dann im westlichen Nordwesten gelagert werden, um im Nordwesten zur Auslieferung zu kommen.

In der nordwestlichen Ecke findet also der im Osten begonnene Produktionszyklus endgültig seinen Abschluss. Der gesamte Norden und der Nordosten sind für administrative Zwecke und für andere anspruchsvolle Tätigkeiten des Personals, der Arbeiter und der Experten reserviert.

Der Produktionsweg vom Südwesten bis zum Nordwesten kann folgendermaßen zusammengefasst werden:

- *Südwesten:* Lagerung unbeweglicher Teile, nicht benutzter Maschinen
- *Westen:* Zusammensetzung und Test der Produkte, Forschung
- *Nordwesten:* Lagerung und Auslieferung der fertigen Produkte, Ende des industriellen Prozesses



Im nördlichen Nordwesten befindet sich ein guter Ort für die erste Hilfe, während in Richtung Nordnordwest die Kantine und Räume für das Wohlergehen der Belegschaft eingerichtet werden sollten.

Der zentrale Norden eignet sich am besten für die Abwicklung der finanziellen Geschäfte. Dort sollten auch das Bargeld und andere Wertgegenstände gelagert werden. Der Safe gehört an diesen Ort.

In Richtung Nordnordost können die Arbeitsräume kostspieliger Experten und Spezialisten eingerichtet werden, während im nördlichen Nordosten die Administration einen guten Platz findet.

Im Nordosten sollte sich der Kopf der Verwaltung befinden. Von dort aus sollte der gesamte Betrieb geleitet und organisiert werden.

In Richtung Osten sollten dann das Planungsbüro, der Waschraum, ein Lager für leichte katalytische Rohstoffe und danach die Eingangshalle mit viel Licht und Frische eingerichtet werden.

Die Sicherheitszentrale und der Wachdienst können sich im zentralen Osten befinden.

Der Bereich zwischen Nordwesten und Osten kann folgendermaßen zusammengefasst werden:

- *Nördlicher Nordwesten:* Bereich für Personal (Kantine, Entspannung, Ruhe)
- *Norden:* Geld, Abrechnung
- *Nordosten:* Spezialisten, Verwaltung, Planung

Wieder im Osten angekommen, schließt sich damit der Kreislauf in der äußersten Schicht des Vastupurusha-Mandalas. Im Bereich der inneren beiden Schalen (Manushya- und Devavithi) befinden sich die geeigneten Orte für weitere wichtige Dinge:

- Im Nordosten der mittleren beiden Schichten kann die Verwaltung platziert werden.
- Im Osten dieser beiden Vithis kann Rohmaterial gelagert werden, das unmittelbar für den Start des Produktionsbeginns im Osten benötigt wird.
- Im Südosten sollten Prozesse stattfinden, die eine Kombination von Wasser und Hitze erfordern.
- Im Süden der beiden mittleren Vithis sollten mechanische Produktionsprozesse ablaufen.
- Im Südwesten dieser wichtigen Schalen sollte der Produktionsleiter beziehungsweise die Aufsicht der Produktion platziert sein.
- Im Westen können die fertigen Produkte ausgestellt werden.
- Der Nordwesten der mittleren Vithis steht voll und ganz zum Lagern der fertigen Produkte zur Verfügung.
- Im Norden dieses Bereiches können Büros eingerichtet werden, während das Zentrum als offener Innenhof genutzt werden sollte.

*Das Mandala des Nord-Nordostens*

Dieses Mandala fördert neue Ideen und Erfindungen. Es wirkt wie ein Initiator und kann in Forschungsabteilungen und Planungsbüros zum Einsatz kommen. Es verkörpert die Nordnordost-Energie.

## Allgemeine Prinzipien zur industriellen Anwendung

**Das Grundstück** |

- Straßen im Osten und Norden sind am günstigsten.
- Vertiefungen im Süden und Westen sollten durch Erdaufschüttungen ausgeglichen werden.
- Bei industriellen Bauten ist besonders darauf zu achten, dass das Regenwasser auf dem Grundstück in Richtung Nordosten abfließen kann.
- Das Grundstück sollte umzäunt oder von einer Mauer umgeben sein, die im Südwesten am stärksten und höchsten ist.
- Die Tore befinden sich am besten im nordöstlichen Teil des Nordens und Ostens.
- Ist das Grundstück unregelmäßig, so sollte es in mehrere Rechtecke unterteilt werden. Auf den einzelnen Grundstücken können dann separate Gebäude mit jeweils unterschiedlichen Funktionen wie Verwaltung, Produktion und Lage-

rung errichtet werden. In diesem Fall ist die relative Lage der einzelnen Aspekte zueinander nicht so bedeutsam wie in dem oben beschriebenen Fall, in dem sich alle Bereiche in einem Vastupurusha-Mandala befinden. Wichtig ist jedoch, eine möglichst regelmäßige Grundstücksform zu erhalten.

- Bei der Unterteilung des zur Verfügung stehenden Grundstücks geht es darum, die nutzbare Fläche zu maximieren und gleichzeitig möglichst regelmäßige Mandalas mit vorteilhaften Proportionen zu erhalten. Bereiche des Grundstücks, die außerhalb der definierten Mandalas liegen, sollten abgetrennt werden und als Gärten, Parkplätze oder Müllplätze genutzt werden.

*Das Mandala des Nordens*

Das Nord-Mandala verkörpert Ruhe, Frieden und Entspannung. Es eignet sich daher sehr gut für Räume, in denen man Energie auftankt, liest und studiert.

Auch in Räumen, in denen Geld aufbewahrt wird, und über Safes kann es zur Anwendung kommen.

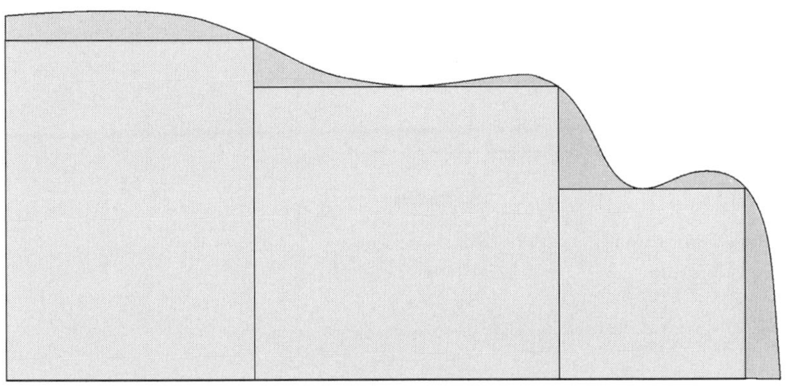

*Mehrere Vastupurusha-Mandalas in einem unregelmäßigen Grundstück.*

**Die Gebäude |**

- Besitzt die Produktionsstätte mehrere Gebäude, so sollte das Hauptfertigungsgebäude im Süden und Südwesten stehen, während das Verwaltungsgebäude im Norden stehen könnte. Im Osten oder Südosten sollten sich der Wachdienst und die Sicherheitsabteilung befinden, im Westen/Nordwesten dagegen die Gebäude zum Testen und Lagern oder zur Auslieferung der fertigen Produkte.
- Die höchsten Gebäude stehen im Süden und Westen des Grundstücks. Die Verwaltungsgebäude sollten niedriger sein als die Hauptfertigungsgebäude.
- Der Zentralbereich des Geländes sollte möglichst frei gelassen werden.
- Unterirdische Wassertanks gehören in den Nordosten. Oberirdische Wasserspeicher können zwischen dem Südwesten und dem Westen gelagert werden.
- Der Schornstein der Fabrik sollte im Südosten stehen.
- Sehr wichtig ist es, auf dem Gelände und in den Gebäuden den Schwerpunkt der Gegenstände und Gebäudeteile den Prinzipien des Vastu entsprechend zu gestalten.
- Nord- und Ostfassade sollten sich im rechten Winkel treffen. Der Nordostsektor sollte frei und offen gestaltet werden.
- Abgesehen vom Südwesten sollten die Gebäudeteile in den Nebenhimmelsrichtungen nicht die Grundstücksbegrenzungen berühren.

| Nordwesten | Norden | Nordosten |
|---|---|---|
| Auslieferung<br>Zwischenlager | Verwaltungsgebäude<br>Niedrige Gebäude | Verwaltungsgebäude<br>Unterirdische Wassertanks<br>Keller<br>Frei<br>Niedrigstes Gebäude |
| **Westen** | **Zentrum** | **Osten** |
| Gebäude fürs Testen und Zusammenfügen der Produkte<br>Oberirdischer Wassertank<br>Hohes Gebäude | Frei | Pförtnergebäude<br>Eingangsbereich<br>Anlieferung<br>Niedrige Gebäude |
| **Südwesten** | **Süden** | **Südosten** |
| Hauptfertigung<br>Hauptlager<br>Höchstes Gebäude | Gebäude für Hauptfertigung<br>Hohes Gebäude | Produktionsgebäude für heiße oder chemisch aktive Prozesse<br>Elektrische Versorgungseinheit |

*Die Aufteilung von Produktionsstätten mit mehreren Gebäuden.*

**Die Inneneinrichtung** |

- Konferenzsäle gehören in den Nordosten oder Nordwesten.
- Auch ein Pausenraum kann im Nordosten eingerichtet werden.
- Generatoren, Transformatoren, die Hauptsicherung und die elektrische Versorgung gehören in den Südosten.
- Die Rechnungsabteilung kann im Norden platziert werden.
- Ein Tor im Süden der Nordwestecke fördert den Absatz der fertigen Waren.
- Maschinen, die aus verschiedenen Rohmaterialien fertige Produkte herstellen, sollten so arrangiert werden, dass die Rohmaterialien aus dem Südwesten ankommen und die fertigen Produkte im Nordwesten abgegeben werden.
- Die Südostecke sollte für die Küche reserviert werden. Der nördliche Teil des Südostens könnte dann für die elektrische Versorgungseinheit zur Verfügung stehen.
- Der Chef sollte sein Büro im Südwesten der Verwaltungsgebäude beziehungsweise des Verwaltungstrakts haben.
- Waagen sollten nach Vastu am besten exakt im Norden oder Osten aufgestellt werden, um eine genaue Funktionsweise zu garantieren.
- Der Nordwesten steht für Pausen- und Aufenthaltsräume, Veranstaltungsräume, Toiletten, Umkleideräume und die Auslieferung der fertigen Produkte zur Verfügung.

*Das Mandala des Südwestens*

Das Südwest-Mandala verkörpert Stabilität, Kraft und Einfachheit. Es kann in Räumen angebracht werden, deren Qualität durch Schwere und das Element Erde geprägt ist wie etwa Schlafzimmer oder Lagerräume.

**Proportionen in industriellen Gebäuden** | In industriellen Gebäuden ist es empfohlen, für den gesamten Komplex Proportionen auf der Grundlage von Dvaja-Yoni zu wählen. Dem entspricht zum Beispiel eine Höhe von 5H 10A (3,9 m) oder 6H 2A (4,38 m) nach dem Padayoni-Prinzip. Die Höhe kann in Einheiten von 48 Zentimetern erhöht werden, wenn größere Höhen benötigt werden (vergleiche auch Kapitel 4, Seite 64, und Anhang, Seite 347).

Für Industriebauten oder industrielle Nutzungen sind vor allem die Länge-Breite-Verhältnisse zwischen 1,5 und 1,75 zu empfehlen.

## Die Lage von Produktionsstätten innerhalb einer Stadt

Eine Stadt kann nach dem Vastupurusha-Mandala grob in vier Vithis unterteilt werden. Diese bilden Zonen um das Zentrum herum.

Im Zentrum der Stadt (Brahmavithi) sollte sich keine Industrie befinden. Dieser Teil ist kulturellen Einrichtungen, Verwaltungsgebäuden und religiösen Stätten vorbehalten. Im zweiten Bereich um das Zentrum herum (Devavithi) können sich neben Wohnhäusern und Geschäften bereits Produktionsstätten für kleinste Produkte befinden. Diese Produktionsstätten sollten selbst auch nur einen bescheidenen Umfang besitzen und keine lauten Geräusche oder umfangreichen Abfallprodukte erzeugen.

Mittlere industrielle Unternehmen können sich in der dritten Zone (Manushyavithi) ansiedeln, während die Schwerindustrie in den äußersten Bereich (Pishachavithi) gehört.

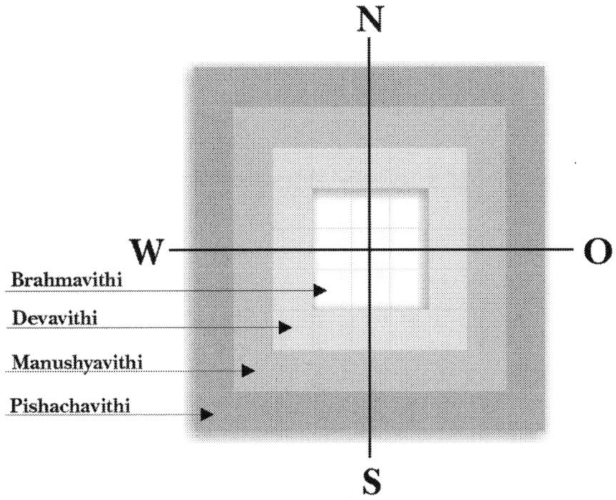

*Mandala in vier Vithis unterteilt.*

## Die räumliche Aufteilung verschiedener Produktionsprozesse

**Flughäfen und Produktion von Flugzeugen** | Bei der Planung eines Flughafens mit angegliederter Fertigung beziehungsweise Reparatur von Flugzeugen sind drei Bereiche voneinander zu trennen:

- Es ist günstig, wenn die Produktions- oder Reparaturstätten im Südwesten des gesamten Komplexes liegen, wobei die Produktionshallen in einem Rechteck untergebracht werden sollten, das seine lange Seite im Osten besitzt. Östlich von diesen Hallen befinden sich am besten die Elektronik und die Computeranlagen, während die Verwaltung idealerweise in der nordöstlichen Erweiterung dieses Bereiches untergebracht wird.
- Der Nordosten des gesamten Komplexes ist für die Flughafengebäude vorgesehen. Im Norden und Osten verlaufen idealerweise die Straßen. Der Haupteingang für abfliegende und ankommende Passagiere sollte sich im Osten der Gebäude befinden. Im Norden und Westen sollten sich die Ausgänge zu den Lande- und Startbahnen befinden. Im exakten Nordosten ist der beste Ort für die Verwaltung des Flughafens, während das Zentrum des Gebäudes möglichst frei und nach oben hin offen bleibt oder mit einem Glasdach abgeschlossen werden sollte. Der Nordwesten eignet sich gut für Wartehallen. Im Westen kann das Einchecken erfolgen, während sich der Süden gut für Hotels und Restaurants eignet. Schwere Gepäckstücke und andere Güter sollten im Südwesten des Gebäudekomplexes gelagert werden.
- Zwischen dem Komplex der Hauptgebäude im Nordosten und den Produktionshallen im Südwesten sollten sich die Start- und Landebahnen im Zentrum

der gesamten Anlage befinden. Hierbei sollten die Startbahnen so geplant werden, dass die Flugzeuge in Richtung Norden, Nordosten und Osten starten können. In Richtung Nordosten können die Flugzeuge rund um die Uhr starten, während sie in Richtung Osten nur nach Mittag starten sollten. Während des Vormittags und in der Nacht kann in Richtung Norden gestartet werden. Landende Flugzeuge sollten die Landebahnen zuerst im Westen oder Nordwesten berühren.

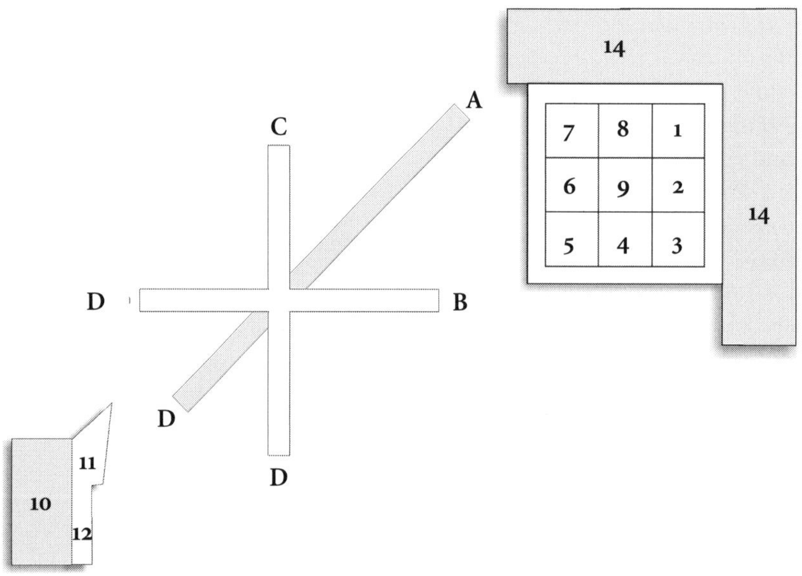


*Gesamtkomplex Flughafen.*

*1 Verwaltung*
*2 Foyer, Information, Flugschalter*
*3 Küche, Kantine, Computer*
*4 Warteräume, Toiletten*
*5 Flughafenleitung*
*6 Einchecken*
*7 Warteräume, Toiletten*
*8 Ausgang, Eingang*
*9 Nach oben offener Innenhof*
*10 Fertigungs- und Reparaturhallen*
*11 Verwaltung*
*12 Computer, Elektronik, Fertigung*
*13 Treibstofflager (südlich vom Hauptgebäude unter 4)*
*14 Straße*

*A Startbahn für 24 Stunden*
*B Startbahn für nachmittags, abends und nachts*
*C Startbahn für morgens und nachts*
*D Landebahn*

Die Flugzeuge sollten im Südwesten des Komplexes abgestellt werden. Sie sollten die Hallen im zentralen Osten verlassen. Bei der Produktion oder Reparatur sollten die Flugzeuge mit dem Cockpit in Richtung Norden oder Osten aufgestellt werden. Arbeiten sollten zuerst im vorderen Bereich des Flugzeuges und dann im hinteren Teil ausgeführt werden.

**Landwirtschaft** | Auch landwirtschaftliche Betriebe arbeiten nachweislich rentabler, wenn sie nach den Vastu-Prinzipien gestaltet werden. Hier spielen besonders die Vastu-Prinzipien eine Rolle, die mit den natürlichen Gegebenheiten in Zusammenhang stehen. Insbesondere die Elemente Erde und Wasser sind dabei von zentraler Bedeutung.

Das Grundstück sollte eine möglichst regelmäßige Form haben. Unregelmäßige Grundstücksgrenzen werden mit Vorteil begradigt. Besser, man tritt einen kleinen Teil des eigenen Landes an den Nachbarn ab, wenn man dadurch für beide Parteien eine regelmäßigere Landform herbeiführen kann, als nach dem Quantitätsprinzip auf einer möglichst großen Fläche zu bestehen.

Eine andere Möglichkeit besteht darin, unregelmäßige Landstücke mit Hilfe eines Zaunes abzutrennen und zum Anbau anderer landwirtschaftlicher Erzeugnisse zu verwenden als das Hauptland.

Da die Dynamik des Wasserelements in der Landwirtschaft von sehr großer Bedeutung ist, ist es hier noch wichtiger als beim Grundstück eines Wohnhauses, dass ein Gefälle von Südwesten nach Nordosten besteht.

Ebenso sollte man bei der Verteilung von Wasserflächen oder Wasserbehältern auf dem Land die Vastu-Prinzipien beachten. Vorrangig günstig sind dafür der Norden, Osten und Nordosten. Der Südosten ist unbedingt zu vermeiden.

Schwere Maschinen wie Traktoren, Pflüge und Mähdrescher sollten im Südwesten abgestellt werden, während sich Silos für Getreide am besten im Nordwesten befinden. Ebenso sollten landwirtschaftliche Produkte, die schnell verkauft oder ausgeliefert werden müssen, im Nordwesten gelagert werden. Der Nordwesten ist auch der ideale Ort für die Kuhställe.

Wird das Land mit Tieren gepflügt, so sollte man von Westen beginnend in Richtung Osten und von Süden beginnend in Richtung Norden arbeiten. Geschieht das Pflügen mit Hilfe von Maschinen, sollte man im Südwesten beginnen.

Das Aussäen sollte auf einem Feld im Südwesten beginnen und im Uhrzeigersinn voranschreiten. Hierbei wird Quadrant für Quadrant bearbeitet, wobei innerhalb jedes einzelnen Quadrants im Südwesten begonnen und im Uhrzeigersinn gearbeitet werden sollte. (Das Land wird in vier Quadranten aufgeteilt: Nordosten, Südosten, Südwesten und Nordwesten.) Die Ernte sollte im Nordosten beginnen und im Uhrzeigersinn vorgenommen werden.

Die Ernte sollte auf einem Feld im Nordosten begonnen werden. Hierbei sollte man zuerst im Nordost-Quadranten, dann im Nordwest-Quadranten, im Südost-Quadranten und schließlich im Südwest-Quadranten ernten. In jedem einzelnen Quadranten sollte im Uhrzeigersinn vorgegangen werden.

Das Bauernhaus und die anderen Gebäude sollten sich möglichst im Südwesten des Landes befinden. Es ist immer vorteilhaft, Land im Norden, Osten oder Nordosten hinzuzuerwerben, während man im Süden oder Südwesten kein Land kaufen sollte, selbst wenn es günstig angeboten oder sogar verschenkt wird. Damit würde man große Schwierigkeiten heraufbeschwören.

Steine, die auf dem Land gefunden werden, sollten in den Südwesten transportiert werden, um diesen Sektor maximal zu beschweren.

**Automobilindustrie** | Bei komplexen Vorgängen wie der Produktion von Autos ist vor allem bei drei Aspekten auf die Einhaltung der Vastu-Prinzipien zu achten:

- Die Verteilung der unterschiedlichen Einheiten und Produktionsschritte auf Grund ihres jeweiligen Gewichtes.
- Die Verteilung der einzelnen Produktionsschritte auf Grund der vorgegebenen Reihenfolge, sodass ein Material- und Energiefluss im Uhrzeigersinn entsteht.
- Unterteilung der Produktionsschritte nach Qualität und entsprechende Zuordnung zu den Himmelsrichtungen.

Es ist nicht einfach und bedarf komplexer Abstimmungen, um diese drei Kriterien in einer Planung gleichzeitig zu erfüllen.

Wichtig ist, die Mitte des Grundstücks und der Gebäude nicht zu verstellen und möglichst leicht zu halten. Die schweren Metalle, die zur Herstellung von Automobilen benötigt werden, sollten im Südwesten gelagert werden. Die Verarbeitung der Metalle, die große Hitze und hohe Spannungen erfordert, sollte im Südosten erfolgen, während mechanische Produktionsprozesse wie Schneiden, Stanzen, Biegen, Nieten und Hämmern von Metallen in den Süden gehören. Das Zusammensetzen der Einzelteile kann im Westen erfolgen, sodass die fertigen Autos auch im Westen getestet werden können.

Die Fließbänder, welche die Teile transportieren, sollten im Uhrzeigersinn laufen. Aluminiumteile sollten nicht im Norden, Osten oder Nordosten bearbeitet werden. Flüssigkeiten werden möglichst in Richtung Norden, Osten oder Nordosten geleitet.

Wenn möglich befinden sich im Südwesten die höchsten und schwersten Gebäudeteile, der Fußboden sollte im Südwesten ebenfalls erhöht sein. Die Anlieferung von Material mit LKWs, die eine erhöhte Anlieferungsplattform erfordert, sollte daher vor allem im Süden und Westen geschehen.

Im Norden und Osten der Fabrik sollte unbedingt mehr Platz gelassen werden als im Süden und Westen, sodass die intensiven Energien des Produktionsprozesses vom Raum kompensiert werden können.

Die Auslieferung der fertigen Autos kann sowohl im Nordwesten als auch im Nordosten erfolgen, je nachdem, in welcher Richtung sich die Straße befindet.

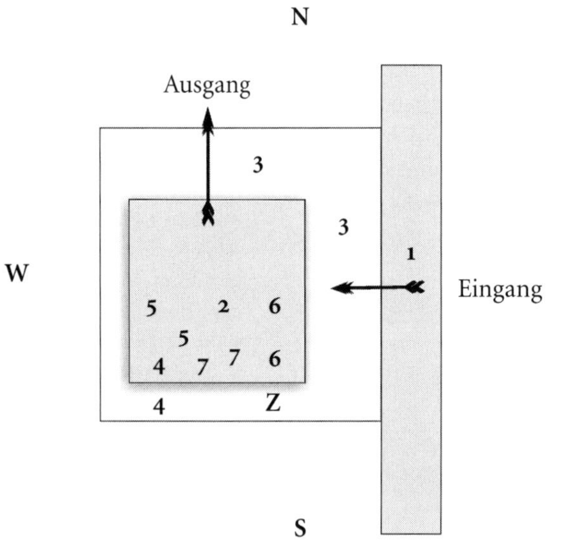


*1 Straße*
*2 Freies Zentrum*
*3 Eingang und Ausgang*
*4 Lager für schwerste Maschinen und Rohmaterialien*
*5 Zusammensetzung der Teile*
*6 Schmelzen und Schweißen von Metallen*
*7 Mechanische Verarbeitung von Metallen*
*Z Elektrische Versorgung (Transfomator)*

*Produktion von Automobilen.*

**Bäckerei** | In einer Bäckerei findet ein intensives Wechselspiel der vier Hauptelemente Erde, Wasser, Feuer und Luft statt. Daher sollten auch hier die verschiedenen Funktionen sorgfältig auf die Verteilung der Elemente im Raum und die Qualitäten der Himmelsrichtungen abgestimmt werden.

Getreide und Mehl sollten im Westen oder Nordwesten einer Bäckerei gelagert werden, während Hefe und Gewürze in den südöstlichen Bereich gehören. Das Backen selbst findet natürlich im Südosten statt, wobei der Bäcker in Richtung Osten schauen sollte. Die Zubereitung des Teigs erfolgt am besten im Süden oder Osten der Bäckerei.

Die fertigen Produkte sollten im Nordwesten gelagert werden, sodass sie möglichst schnell zur Auslieferung kommen. Die bewegliche Qualität des Luftelements im Nordwesten bewahrt auch die Frische der dort gelagerten Lebensmittel. Der Verkauf oder die Auslieferung der Backwaren sollte über den Norden oder Nordosten der Bäckerei erfolgen.

Die Lage der Verkaufstheke hängt von der Straßenlage der Bäckerei ab. Idealerweise erfolgt der Verkauf in einem nördlichen oder östlichen Raum mit Verkaufstheke in Richtung Norden oder Osten. Der Südwesten eignet sich auch hier wieder zur Lagerung schwerer Gegenstände und zur Entsorgung des Abfalls, doch sollten dort keine frischen Lebensmittel gelagert werden. Die Energien des Südwestens bauen die Qualität dieser Lebensmittel zu schnell ab. Behälter und Bleche aus Aluminium sollten nicht in nördlichen, östlichen und nordöstlichen Bereichen von Bäckereien verwendet werden.

Der Südwesten kann auch im Fall einer Bäckerei als Ort für das technische Kontrollbüro gewählt werden. Das geschäftliche Büro liegt jedoch besser im Nordosten oder in nördlichen beziehungsweise östlichen Bereichen der Bäckerei.

Der Haupteingang wird am besten im Osten platziert, ein Ausgang zur Auslieferung der Waren dagegen im Norden.

**Chemische Industrie** | Auf Grund der großen Unfallgefahr und der Genauigkeit, die bei chemischen Prozessen notwendig ist, sollten in der chemischen Industrie Vastu-Defekte sorgfältig vermieden werden. Von allen Prinzipien des Vastu ist es bei der chemischen Produktion am wichtigsten, die chemisch aktiven Prozesse auf den südöstlichen Quadranten zu beschränken. Insbesondere der nordöstliche Quadrant sollte nicht in chemisch aktive Prozesse mit einbezogen werden.

Chemisch aktive Rohmaterialien können im Süden und Osten gelagert werden, sollten aber im Osten nicht in den nordöstlichen Quadranten gelangen. Im Osten Richtung Südosten können bereits vorbereitende chemische Reaktionen erfolgen, durch die die notwendigen Chemikalien gewonnen werden, die für die Hauptreaktionen im Südosten benötigt werden.

Flüssige Chemikalien können im südwestlichen Bereich des südöstlichen Quadranten aufbewahrt werden, während die fertigen Produkte und Chemikalien in den Nordwesten des südöstlichen Quadranten gehören.

Der Nordosten kann für die Wasserversorgung verwendet werden. Werden hierzu Vorratsbehälter mit Wasser benötigt, so können sie im nordöstlichen Quadranten eingerichtet werden, während oberirdische Wassertanks auf dem Dach oder in den höheren Stockwerken im westlichen Südwesten untergebracht werden.

Bei energetisch äußerst sensiblen Produktionsprozessen, wie sie in der chemischen Industrie vorkommen, sollte man sehr auf die richtige Verteilung der Energien, auf das richtige Gefälle, ein freies Zentrum (Brahmasthana) und regelmäßige Formen der Räume achten. Schon kleine Ungleichgewichte können sich drastisch auswirken.

*Das Mandala des Westnordwestens*

Dieses Mandala ist ideal zum Einsatz in Arbeitszimmern, Büros und Geschäftsräumen. Es fördert intellektuelle Tätigkeiten, gibt geistige Kraft und stärkt den Willen.

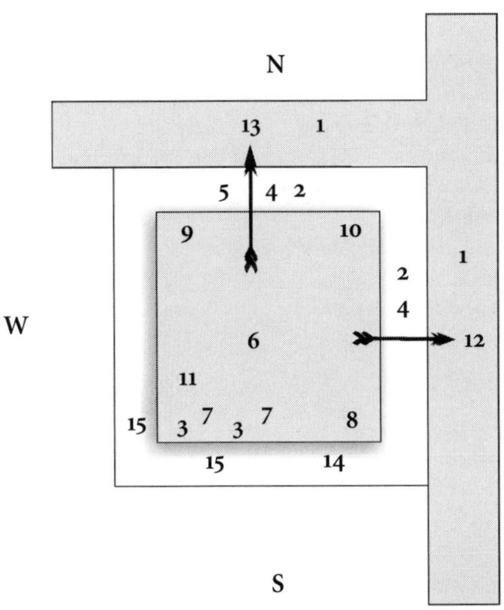


1 *Straße*
2 *Wasserversorgung*
3 *Wassertank auf dem Dach*
4 *Unterirdischer Wassertank*
5 *Medizinische Versorgung*
6 *Freies Zentrum*
7 *Chemisch aktive Rohmaterialien*
8 *Ort für chemische Produktionsprozesse*
9 *Fertige Chemikalien*
10 *Verwaltung*
11 *Büro des leitenden Ingenieurs*
12 *Haupteingang*
13 *Ausgang*
14 *Elektrische Versorgung (Transformator)*
15 *Parkplatz*

*Chemische Industrie.*

**Computerindustrie** | Bei der Herstellung von Computer-Hardware ist nicht nur eine unvorstellbar große Präzision erforderlich, es sind auch äußerst hohe Energien im Spiel. Auch hierbei sind alle vier Elemente in deutlicher Ausprägung vertreten und stehen miteinander in einer Wechselbeziehung, sodass die Einhaltung der Vastu-Prinzipien besonders wichtig ist.

Das Computer-Business ist in die Bereiche Hardware und Software unterteilt. Natürlicherweise gehört die Hardware eher in den südlichen und südöstlichen Bereich, während sich der Norden, Nordosten und Osten gut für die Entwicklung von Software eignen.

Die Produktion elektronischer und mikroelektronischer Bauelemente ist besonders energieaufwändig und arbeitet mit chemisch äußerst aktiven Stoffen. Daher sollte sie unbedingt im Südosten des Gebäudekomplexes erfolgen.

Die chemisch nicht aktiven Rohmaterialien sollten im Südwesten des Gebäudekomplexes gelagert werden, während die chemisch aktiven Stoffe im Südwesten des südöstlichen Quadranten untergebracht werden können. Diese Stoffe sollten im Osten dieses Quadranten auf den eigentlichen Produktionsprozess im Südosten vorbereitet werden.

Prozesse zur Herstellung von Mikrochips benötigen große Mengen von Wasser. Dieses Wasser sollte von hoch liegenden Speichern im westlichen Südwesten her bereitgestellt werden, um dann in Richtung Nordosten abzufließen. Unterirdische Wasserbehälter im Nordosten wirken sich vorteilhaft aus. Der gesamte Produktionsprozess sollte vom Südwesten her kontrolliert und gesteuert werden. Die Administration, Verwaltung, Entwicklungsabteilung und Softwareproduktion sollten sich im Norden und Nordosten des Gebäudekomplexes befinden. Fertige Produkte gehören in den Nordwesten.



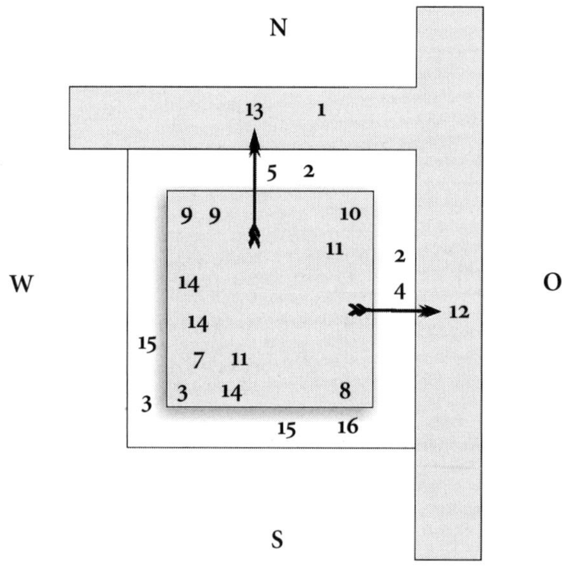


*1 Straße*
*2 Wasserversorgung*
*3 Wassertank auf dem Dach*
*4 Unterirdischer Wassertank*
*5 Medizinische Versorgung*
*6 Freies Zentrum*
*7 Chemisch inaktive Rohmaterialien*
*8 Ort für die Produktionsprozesse*
*9 Fertige Computer und Software*
*10 Verwaltung*
*11 Büro des leitenden Ingenieurs*
*12 Haupteingang*
*13 Ausgang*
*14 Schwere Maschinen*
*15 Parkplatz*
*16 Generator, Transformator, elektrische Versorgung*

*Computerindustrie.*

**Glasindustrie** | Glas ist ein besonders empfindliches und zerbrechliches Produkt. Daher sollte auch bei der Produktion von Glasgegenständen sorgfältig auf die Einhaltung der Vastu-Prinzipien geachtet werden.

Die Rohmaterialien sollten nach der Anlieferung ein paar Tage im Nordwesten zwischengelagert werden, um entweder direkt in die Produktion einzufließen oder in ein größeres Lager im Südwesten transportiert zu werden. Von dort aus können sie dem feurigen Prozess der Glasproduktion im Südosten zugeführt werden. Die Bearbeitung des geschmolzenen Glases geschieht am besten im Osten des Südostens. Die Gläser sollten dann im Nordwesten abkühlen.

Die Auslieferung erfolgt am besten über ein Tor im nördlichen Nordwesten. Die fertigen Gläser sind jedoch im Nordosten zu lagern. Das dadurch im Nordosten entstehende Gewicht sollte kompensiert werden, indem im Südwesten zumindest das dreifache Gewicht in Form von schweren Maschinen oder Rohstoffen gelagert wird.

Bei der Verarbeitung des empfindlichen Glases sollte grundsätzlich in Richtung Osten geschaut und gearbeitet werden. Ein Schornstein gehört in den Südosten des Gebäudes. Es ist auch vorteilhaft, den Boden im Nordosten des Gebäudes niedriger zu halten als in den anderen Bereichen

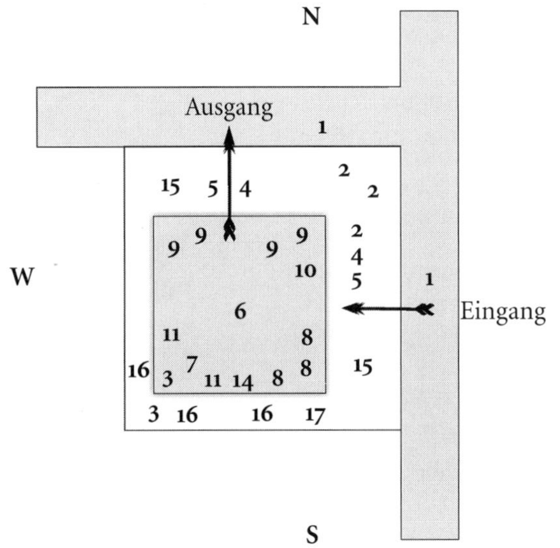


*Glasproduktion.*

*1 Straße*
*2 Wasserversorgung*
*3 Wassertank auf dem Dach*
*4 Unterirdischer Wassertank*
*5 Medizinische Versorgung*
*6 Freies Zentrum*
*7 Chemisch inaktive Rohmaterialien*
*8 Ort für die heißen Produktionsprozesse*
*9 Fertige Glasprodukte*
*10 Verwaltung*
*11 Büro des leitenden Ingenieurs*
*14 Schwere Maschinen*
*15 Vegetation*
*16 Parkplatz*
*17 Generator, Transformator, elektrische Versorgung*

## Verschiedene Industriezweige in Stichworten

### Textilindustrie |

- Es ist besonders auf eine regelmäßige Form des Grundstücks und der Gebäude zu achten.
- Ein großer Bereich im Nordwesten sollte zum Lagern der Rohmaterialien reserviert werden.
- Textilmühlen gehören vor allem an die westlichen Wände des Gebäudes.
- Die Webrichtung sollte der Osten sein, das heißt, die Fäden sollten sich beim Weben aus dem Westen in Richtung Osten bewegen.
- Der Fabrikleiter sitzt am besten im äußersten Südwesten und arbeitet in Richtung Norden.
- Der Fußboden sollte im Nordosten niedriger liegen als im übrigen Bereich des Gebäudes.

**Tagebau** |

- Beim Tagebau sollte unbedingt darauf geachtet werden, dass das Ausgraben im nordöstlichen Sektor des betreffenden Gebiets beginnt. Als zweiter sollte der nordwestliche, dann der südöstliche und zum Schluss der südwestliche Quadrant ausgegraben werden.
- Das Aufschütten von Landflächen erfolgt in umgekehrter Reihenfolge. Zuerst wird der Südwesten zugeschüttet, dann der Südosten, der Nordwesten und zum Schluss der Nordosten.
- Schon eine kleine Abweichung von der vorgeschriebenen Reihenfolge kann die Energien des Grundstücks aus der Balance bringen und schwerwiegende Konsequenzen für seinen Besitzer haben, vor allem wenn zu irgendeinem Zeitpunkt der Nordosten höher liegt als der Südwesten.

**Papierindustrie** |

- Die Rohmaterialien sollten im Nordwesten gelagert werden, da sie schnell verarbeitet werden müssen.
- Die Vorbereitung für die Weiterverarbeitung kann im Westen erfolgen.
- Die Weiterverarbeitung in einen dickflüssigen Brei sollte im Südosten geschehen.
- Das Walzen von dünnen Blättern erfolgt am besten in nördlichen Bereichen.
- Das fertige Papier sollte im Westen des Nordwestens gelagert und von dort aus ausgeliefert werden.

*Das Mandala des Westsüdwestens*

Dieses Mandala ist ideal für Geschäftsräume und Büros, da es eine realistische Sicht der Wirklichkeit vermittelt und Geschäft und Beruf fördert. Es hilft, Ideen zu realisieren.

**Pharmazeutische Industrie** |

- Einer der wichtigsten Aspekte bei der Herstellung von Medikamenten ist die angemessene Lagerung der vielfältigen chemischen und natürlichen Ausgangsmaterialien. Auf die richtige Verteilung der gelagerten Rohstoffe ist besonderen Wert zu legen.
- Trockene Rohstoffe sollten im Nordwesten oder Süden gelagert werden.
- Flüssige Rohstoffe sollten im Westen oder Süden gelagert werden.
- Die Produktion, bei der chemische Umwandlungen und ein hohes Energieaufkommen notwendig sind, sollte im Südosten erfolgen.
- Maschinen zur Produktion von festen Arzneien wie Tabletten, Dragees und Globuli sollten im Südwesten des südöstlichen Quadranten platziert, Produkte in östlicher Richtung ausgegeben werden.
- Wasserspeicher sind bei der Produktion von Arzneimitteln oft wichtig. Unterirdische Wasserbehälter gehören in den Nordosten, während sie oberirdisch im Südwesten untergebracht werden können.

**Zuckerproduktion** |

- Die Rohstoffe (Zuckerrohr, Zuckerrüben) sollten im Süden oder Westen der Fabrik gelagert werden. Die Anlieferung kann vom Westen her erfolgen. Die LKWs sollten ebenfalls im Westen geparkt werden.
- Die Säuberung der Rohstoffe erfolgt am besten im Süden.
- Der eigentliche Produktionsvorgang, der das Erhitzen der Rohstoffe mit einschließt, sollte im Südosten erfolgen.
- Der entstehende flüssige Zucker sollte in Richtung Nordnordwesten abfließen und im Nordwesten abkühlen und kristallisieren.
- Die Kristallisation verläuft am besten im Norden des Nordwestens.
- Die fertigen Zuckerprodukte sollten im Nordwesten gelagert und von dort aus ausgeliefert werden.
- Schwere Maschinen sollten längs der südlichen und westlichen Wände aufgestellt werden.

- Das Gewicht der im Südwesten gelagerten Rohmaterialien sollte stets größer sein als das Gewicht der im Nordwesten gelagerten fertigen Zuckerprodukte.

**Stahlproduktion** |

- Die Rohmaterialien sind ausschließlich im südwestlichen Quadranten zu lagern.
- Die Produktionstische sollten aus dem Süden in Richtung Norden verlaufen. Die bearbeiteten Materialien sollten in dieser Richtung bewegt werden.
- Schmelzöfen werden am besten im Südosten eingerichtet.
- Das flüssige Metall sollte zur Verarbeitung in Mühlen im Westen geleitet werden. Die Verarbeitung erfolgt aus dem Westen in Richtung Osten.
- Der fertige Stahl wird auf Grund seines hohen Gewichts ebenfalls am besten im Süden oder Westen gelagert.
- Im Osten des Grundstücks sollte sich ein großer Wasserbehälter oder eine Quelle befinden. Das ist sehr wichtig.
- Im Osten neben der Fabrik trägt eine blühende Vegetation zur Vitalität der Energien bei.

**Werften** |

- Die Produktionshallen liegen am besten im Südwesten des Hafens.
- Die gebauten oder reparierten Schiffe sollten mit dem Bug in Richtung Osten oder Norden weisen.
- Die Kontrollstation zur Steuerung der Hafenvorgänge oder der Schiffsproduktion liegt ebenfalls am besten im Südwesten. Hierbei sind der Osten oder der Norden als Blickrichtung empfohlen. Die Einhaltung dieser Forderungen hängt natürlich stark von den geografischen Gegebenheiten und der Lage des Wassers ab.
- Bei der Konstruktion eines Schiffes sollte zunächst die südwestliche Seite des Schiffes gebaut werden. Von dort aus sollte man sich in Richtung Norden und Nordosten vorarbeiten.

*Das Mandala des Südsüdostens*

Ebenfalls gut für Arbeitszimmer, Büros und Geschäftsräume geeignet ist dieses Mandala, das Enthusiasmus und positive Gedanken stärkt. Es hat die Kraft, Dinge in Bewegung zu bringen.

*Kapitel 11*

# Vastu und Astrologie

Über die Beziehung zwischen Astrologie (Jyotisha) und Vastu gibt es unter den gegenwärtigen Vastu-Spezialisten in Indien geteilte Meinungen. Einige Experten halten Vastu für eine Art auf das Haus und den Wohnraum bezogene und angewandte Art der Astrologie, während andere sich gegen derartige Verbindungen verwahren.

Die Wahrheit liegt wie so häufig in der Mitte. Man kann Vastu bis zu einem gewissen Grad ohne die Hilfe der vedischen Astrologie praktizieren und sehr gute Ergebnisse erzielen. In diesem Fall arbeitet man vor allem mit der Dynamik verschiedener Grundeinflüsse und Energien auf dem Grundstück und im Haus. Will man jedoch eine vollständige Koordination räumlicher und zeitlicher Aspekte erreichen, ist das Einbeziehen astrologischer Berechnungen unerlässlich.

Die vedische Astrologie unterscheidet sich wesentlich von der westlichen Astrologie, doch die Unterschiede herauszuarbeiten sprengt den Rahmen dieses Buches. Dieses Kapitel konzentriert sich auf die Aspekte der vedischen Astrologie, die sich direkt auf Vastu beziehen. Hierbei werden vor allem folgenden Themen behandelt:

- Die Bedeutung astrologischer Grundsysteme und ihr Einfluss auf das Haus und seine Bewohner:
  - Eigenschaften der Planeten
  - Eigenschaften der Sternbilder (Nakshatras)
  - Eigenschaften der Mondphasen (Tithis)
  - Eigenschaften der Tierkreiszeichen
  - Eigenschaften der Häuser
- Die Berechnung des richtigen Zeitpunktes für Bauvorhaben und damit verbundener Ereignisse
- Das Horoskop eines Hauses
- Die Bedeutung des Geburtshoroskops der Bewohner für deren Wohnsituation

Die in diesem Kapitel angeführten Informationen sind Grundlagen der vedischen Astrologie, die für verschiedenste Zwecke von Bedeutung sind. Ein Verständnis der Qualität der Sternbilder und Mondphasen ist im alltäglichen Leben sehr nützlich. In der vedischen Kultur werden die Ereignisse des Alltags vor allem anhand des Mondkalenders geplant. Hierbei ist die Phase des Mondes (Tithi), auch als Mondtag bezeichnet, am wichtigsten. Nach dem Neumond folgt eine Phase von vierzehn Tagen, an denen der Mond zunimmt. Am fünfzehnten Tag ist der Vollmond erreicht, woraufhin der Mond wieder abnimmt. Die zweite Hälfte des Monats ist daher durch die abnehmende Kraft des Mondes geprägt. Wichtige Ereignisse sollten im Allgemeinen vor allem in der Phase des zunehmenden Mondes begonnen werden, während es auch spezielle Dinge gibt, die in der Phase des abnehmenden Mondes getan werden sollten. Hierzu gehören etwa das Jäten von Unkraut und das Fällen von Bäumen zur Gewinnung von Bauholz (siehe Kapitel 17, Seite 312). Es ist vorteilhaft, sich jederzeit der gegenwärtigen Mondphase bewusst zu sein, genauso wie man ja den jeweiligen Sonnentag (Montag, Dienstag, Mittwoch usw.) kennt. Dieses Kapitel enthält eine Tabelle mit allen Mondphasen und ihren Eigenschaften, die über die jeweilige Qualität des Tages Auskunft geben. Für die Bestimmung des richtigen Zeitpunktes ist die Mondphase von großer Bedeutung. Bestimmte Mondphasen sind vorteilhaft, während andere zum Baubeginn nicht geeignet sind.

Die folgenden Ausdrücke sind zum Verständnis der nächsten drei Kapitel wichtig.

*Aspekt:* Beziehung eines bestimmten Planeten zu anderen Planeten, die mit ihm im Austausch stehen und ihn damit positiv unterstützen oder negativ beeinflussen.

*Bewegliches Zeichen:* Zwillinge, Jungfrau, Schütze, Fische.

*Duales Zeichen:* Siehe gewöhnliches Zeichen.

*Erdzeichen:* Stier, Jungfrau und Steinbock. In ihnen herrscht das Element Erde vor.

*Erhöht:* Die Planeten werden in bestimmten Sternzeichen gestärkt. In diesen Sternzeichen gelten sie als erhöht. In astrologischen Lehrbüchern findet man Listen, die angeben, welcher Planet in welchen Zeichen erhöht ist.

*Erniedrigt:* In anderen Sternzeichen ist ein bestimmter Planet geschwächt. Befindet sich ein bestimmter Planet in einem Zeichen, das ihn schwächt, so wird er als erniedrigt bezeichnet.

*Festes Zeichen:* Die festen Zeichen, auch unbewegliche Zeichen oder Fixzeichen genannt, sind: Stier, Löwe, Skorpion und Wassermann.

*Feuerzeichen:* In den Feuerzeichen ist das Element Feuer vorherrschend. Sie heißen: Widder, Löwe und Schütze.

*Gefallen:* Ebenso wie ein Planet in einem ungünstigen Zeichen als erniedrigt bezeichnet wird, gilt er als gefallen, wenn er sich in einem Haus befindet, das seine Stellung schwächt.

Doch auch für die räumliche Planung sind die Mondphasen im Vastu nützlich. Die Mondphase eines Raumes lässt sich aus seinem Umfang bestimmen (siehe Kapitel 4 über Maße und Proportionen, Seite 64).

Ähnliches gilt für das Sternbild (Nakshatra), in dem der Mond zu einem bestimmten Zeitpunkt steht. In der Zeit, in der der Mond dreißig Mondtage (einen Monat) durchläuft, durchschreitet er die 27 Sterne des Zodiaks. Diese besitzen ähnlich wie die Mondphasen individuelle Qualitäten, die für die Auswahl eines günstigen Termins für den Baubeginn von großer Bedeutung sind. Hierfür ist auch der Mond-Nakshatra im Geburtshoroskop des Bauherrn wichtig.

Außerdem lässt sich aus dem Mond-Nakshatra eines Menschen bestimmen, welche Himmelsrichtungen für ihn vorteilhaft sind und welche er vermeiden sollte. Diese individuelle Bewertung der Himmelsrichtungen sollte mit der generellen Bewertung der Himmelsrichtung nach Vastu verbunden werden, um eine individuelle Beurteilung der Wohnsituation zu erzielen. Unter dem Stichwort der Bestimmung der eigenen Richtung fand diese Methode in diesem Werk bereits mehrfach Erwähnung.

Im Anhang zum vierten Kapitel, Seite 347, wird auch beschrieben, wie aus dem Umfang eines Raumes dessen Nakshatra berechnet werden kann. Damit kann die Schwingung eines Raumes mit der Schwingung seines Bewohners verglichen werden, die sich aus dessen Geburtssternbild ergibt.

All diese vielfältigen Anwendungen der Sternbilder im Vastu legen es nahe, im Rahmen dieses Kapitels näher auf die Eigenschaften der 27 Sternbilder einzugehen. Es wird auch empfohlen, sich einen vedischen Mondkalender oder ein entsprechendes Computerprogramm zu besorgen, mit dessen Hilfe man jederzeit die jeweiligen Mondphasen und Sternbilder bestimmen kann. Ein Computerprogramm besitzt hierbei den Vorteil, dass sich damit gleichzeitig der Aszendent des jeweiligen Zeitpunktes und seine übrigen astrologischen Daten bestimmen lassen.

Neben Sternbild und Mondphase werden in diesem Kapitel auch die Eigenschaften der zwölf Tierkreiszeichen dargelegt. In der vedischen Astrologie ist der Aszendent wichtiger als das Sonnenzeichen. Das Sonnenzeichen ist das Tierkreiszeichen, in dem die Sonne zu einem bestimmten Zeitpunkt steht. Dieses Zeichen ändert sich Monat für Monat und ist in der westlichen Astrologie von größerer Bedeutung. Der Aszendent ist das Zeichen, das zu einem bestimmten Zeitpunkt gerade am Horizont erscheint. Dieser Zyklus der zwölf Tierkreiszeichen wird durch die Drehung der Erde erzeugt, die einmal pro Tag alle zwölf Zeichen am Horizont erscheinen lässt. Jeder Aszendent herrscht daher für rund zwei Stunden, während das Sonnenzeichen durch die langsame Bewegung der Erde um die Sonne nur einmal im Monat wechselt. Für die Bestimmung des richtigen Zeitpunktes für Bauvorhaben ist daher der Aszendent sehr wichtig. Eine weitere große Bedeutung kommt ihm im Vastu in Verbindung mit den Häusern zu.

Die Häuser sind zwölf Bereiche, die den Zodiak (Sternenhimmel) in zwölf gleich große Winkelbereiche unterteilen, die je 30 Grad umfassen. Das erste Haus bildet in der vedischen Astrologie das Zeichen des Aszendenten. Besitzt ein bestimmter Zeitpunkt beispielsweise den Aszendenten Krebs, so ist das erste Haus dieses Zeitpunktes das Zeichen Krebs. Das zweite Haus ist dann das nächstfolgende Zeichen Löwe, gefolgt vom dritten Haus, der Jungfrau.

Die Häuser sind Aufenthaltsorte für die neun Planeten der vedischen Astrologie. Ein Planet befindet sich immer in einem der zwölf Häuser des Zodiaks. Dadurch ist er entweder in einer guten oder einer schlechten Position, je nachdem, ob er in dem jeweiligen Haus gut gestellt ist oder nicht. Die Verteilung der neun Planeten in den zwölf Häusern bestimmt die Qualität des betrachteten Zeitpunktes. Dieser kann beispielsweise der Geburtszeitpunkt eines Menschen oder der Beginn eines potenziellen Bauvorhabens sein. Die Stellung der Planeten in den zwölf Häusern

*Geschwächt:* Als geschwächt wird ein erniedrigter, gefallener, ungünstig stehender oder durch andere feindliche Planeten beeinflusster Planet bezeichnet.

*Gewöhnliches Zeichen:* Die gewöhnlichen Zeichen werden auch duale Zeichen genannt. Sie sind weder feststehend noch beweglich. Dazu zählen die Zwillinge, die Jungfrau, der Schütze und die Fische. Dies sind die Eckzeichen beziehungsweise das 3., 6., 9. und 12. Zeichen vom Widder aus.

*Kardinalzeichen:* Widder, Krebs, Waage und Steinbock.

*Kendra:* Das 1., 4., 7. und 10. Haus, deshalb auch als Quadrant bekannt, gezählt vom Aszendenten aus; besonders wichtige Häuser.

*Konjunktion:* Falls sich zwei oder mehrere Planeten im selben Zeichen befinden, liegt deren Konjunktion vor.

*Lagna:* Sanskrit-Ausdruck für den Aszendenten oder das 1. Haus.

*Luftzeichen:* Zwillinge, Waage und Wassermann.
In diesen Zeichen herrscht das Element Luft vor.

*Quadrant:* 1., 4., 7., 10. Haus, auch als Kendra-Häuser bekannt.

*Trikona:* 1., 5. und 9. Haus.

*Upachaya-Haus:* 3., 6., 10. und 11. Haus.

*Übeltäter:* Die Planeten Rahu, Ketu, Saturn, Mars, Sonne und der abnehmende Mond werden als Übeltäter bezeichnet. Man kann sie auch als feindliche Planeten bezeichnen.

*Verbrannt:* Ein Planet, der der Sonne zu nahe gekommen ist und somit an Kraft verliert, wird als verbrannt bezeichnet.

entscheidet über Gedeih und Verderb des an diesem Zeitpunkt begonnenen Vorhabens oder stattfindenden Ereignisses. Welche Planetenstellungen für den Beginn eines Bauvorhabens vorteilhaft sind, wird im Kapitel 13, Seite 248, über die Bestimmung des richtigen Zeitpunktes, detailliert angegeben. Einem erfahrenen Astrologen wird diese einzigartige Aufstellung wie eine Schatztruhe nützlichen Wissens vorkommen.

Die Stellung der Planeten in den zwölf Häusern des Zodiaks und die Zuordnung der zwölf Tierkreiszeichen zu den Häusern ist im Vastu jedoch auch für die Organisation des Raumes und die Qualität der Himmelsrichtungen von großer Bedeutung.

Das Himmelsrichtungskreuz lässt sich ebenso wie der Zodiak in zwölf Bereiche unterteilen, indem man die vier Haupthimmelsrichtungen zählt und die vier Nebenhimmelsrichtungen jeweils zweifach unterteilt (beispielsweise den Nordosten in den nördlichen und östlichen Bereich des Nordostens). Diese zwölf Himmelsrichtungen lassen sich den zwölf Häusern der Astrologie zuordnen, wobei das erste Haus immer im Osten liegt, das zweite Haus im östlichen Nordosten und so weiter (entgegen dem Uhrzeigersinn voranschreitend).

Auf diese Weise wird sowohl der Himmel auf die Erde projiziert als auch die Zeit auf dem Grundriss eines Hauses abgebildet. So lässt sich das Horoskop eines Menschen mit seinem Grundriss zur Deckung bringen, woraus der gelehrte Astrologe viele zusätzliche Schlussfolgerungen über den Menschen und sein Haus ableiten kann. Der Aszendent eines Menschen liegt somit im Osten seines Hauses, die anderen zwölf Tierkreiszeichen belegen ebenfalls verschiedene Bereiche seines Hauses. Hieraus lässt sich für jeden einzelnen Aszendenten die Qualität der zwölf Himmelsrichtungsbereiche und deren spezifische Nutzung bestimmen. Diese zwölf Haustypen werden im Kapitel 12, Seite 229, dargestellt.

Eine weitere sehr interessante und ergiebige Anwendung der Häuser und Planeten im Vastu besteht in der analogen Zuordnung der Planeten zu den Bereichen, Räumen und Aspekten im Haus, die von ihnen beherrscht werden. Jede Himmelsrichtung wird von einem bestimmten Planeten beherrscht. Auf diese Weise kommen weitere Planetenwechselwirkungen zustande, die einen zusätzlichen Einblick in die Qualität der Wohnsituation gewähren. Beispielsweise mag sich ein Schlafzimmer, das generell von der Venus beherrscht wird, im Süden befinden, dessen Herrscher der Mars ist. Mars und Venus ergänzen sich sehr gut, sodass ein Schlafzimmer im Süden sowohl für Frauen als auch für Männer gut platziert ist. Eine Küche im Süden wäre hingegen weniger vorteilhaft, da die von dem Planeten Mars beherrschte Küche im Süden einem weiteren Marseinfluss unterliegen würde. Der für die Küche, das Wohl der Frauen und die Gesundheit wichtige Venuseinfluss fehlt dort jedoch. Daher sollte die Küche besser im Südosten platziert werden, wo die Venus herrscht. Die Kombination Mars und Venus wirkt sich wiederum positiv auf die gekochten Speisen, ihre Köche und Esser aus.

Diese Beispiele sollen auf die Nützlichkeit der in diesem Kapitel gegebenen Informationen hinweisen. (Für eine ausführliche Darlegung der Planetenzuordnungen im Haus und deren Beziehungen siehe M. Schmieke, »Haus, Mensch und Kosmos« sowie »Das Vastu-Praxisbuch«.)

Der folgende Abschnitt führt die Eigenschaften der neun Planeten im Einzelnen auf. Ihre Herrschaft über die acht Himmelsrichtungen und ihre Zuordnung zu den verschiedenen Aspekten und Räumen des Hauses machen diese Eigenschaften für Vastu besonders interessant.

*Wasserzeichen:* Sternzeichen, die dem Element Wasser zugeordnet werden: Fische, Krebs, Skorpion.

*Wohltäter:* Die Planeten Jupiter, Venus, Merkur und der zunehmende Mond werden als Wohltäter oder freundliche Planeten bezeichnet.

**Die Planeten** | Die Planeten spielen im Vastu in doppelter Hinsicht eine Rolle. Auf der einen Seite wirken sie direkt auf die Bewohner des Hauses, indem sie deren Karma steuern. Dieser Aspekt wird durch die herkömmliche vedische Astrologie abgedeckt und hier nur am Rande behandelt.

Auf der anderen Seite wirken die Planeten in vielfacher Weise auf das Haus beziehungsweise den Raum. Es entsteht im Raum ein bestimmtes Energiefeld, das wiederum mit den Bewohnern des Hauses in Wechselwirkung tritt. Daher ist es zunächst einmal sinnvoll, sich mit den Qualitäten der einzelnen Planeten zu beschäftigen, bevor man sich mit deren Einfluss auf den Wohnraum auseinandersetzt.

In der vedischen Astrologie wird der Einfluss von neun Planeten betrachtet. Uranus, Neptun und Pluto werden hierbei nicht berücksichtigt. Im Gegensatz zur westlichen Astrologie werden jedoch die beiden Mondknoten als feinstoffliche Planeten betrachtet, die als Rahu und Ketu in Erscheinung treten. Auf Grund ihrer Erdnähe wird ihr Einfluss als recht groß angesehen.

*Die Sonne* | Die Verehrung der Sonne ist in allen alten Hochkulturen verbreitet und gilt daher als eine der ursprünglichen Formen der Religion. Sie steht für das Licht der Wahrheit und repräsentiert Gott unter den Himmelskörpern. Sie ist das Selbst (Atman) des gesamten Universums und symbolisiert kosmische Intelligenz und reines Bewusstsein. In der ursprünglichen vedischen Hymne wird die Sonne als die Quelle allen Bewusstseins angerufen. Sie steht für Licht, Leben, Liebe, Wahrheit, Willen und Wahrnehmung. All die anderen Planeten repräsentieren jeweils einen Strahl der Sonne.

*Das Sonnen-Yantra*

Dieses Yantra kann zum Ausgleich einer geschwächten oder erniedrigten Sonne im Haus verwendet werden. Zu den Sonnenaspekten des Hauses gehören die Sonnenfenster.

Die Sonne ist der Herrscher des Ostens. Sie ist ein männlicher Planet und beherrscht das Tierkreiszeichen Löwe und den Sonntag. Ihr zugeordnete Steine sind der Rubin und andere rote Steine, ihre Farbe ist die des Kupfers. Im Körper werden das Herz, die Wirbelsäule, das rechte Auge des Mannes, das linke Auge der Frau, der Mund, der Blinddarm, der Hals, das Kreislaufsystem und das Gehirn von der Sonne beherrscht. Die Sonne wird auch mit der Seele identifiziert.

Die Sonne beeinflusst in erster Linie das Herz des Menschen und kann deshalb vor allem dort Probleme verursachen. Sie weist damit auf unser Innerstes hin und zeigt, wer wir jenseits aller Äußerlichkeiten wirklich sind.

Beruflich fördert die Sonne Geschäfte, die man von seinem Vater geerbt hat, Geschäfte mit Kupfer und Gold sowie Regierungsdienste. Sie steht für Macht und Führungsqualitäten. Unter dem Einfluss der Sonne erwirbt man Reichtum vor allem mittels Medizin, Wolle, Metallen und Früchten. Juwelen, Autoritäten, Theater, Film, Musik und Musikinstrumente werden ebenfalls von der Sonne beherrscht.

Da die Sonne den Osten beherrscht, aus dem die solare Energie in den Raum einfließt, bestimmt sie das Maß an Vitalität und Selbstvertrauen. Die Kraft der Sonne fördert die Gesundheit und Lebensfreude und gibt physische Stärke.

Außerdem ist die Sonne der Indikator für das Selbst, den Vater und die Karriere. Daher ist der Osten als die Richtung der Sonne mit der spirituellen Entwicklung, mit Weisheit, dem Wohlergehen des Vaters und der männlichen Kinder und auch der beruflichen Karriere der Bewohner des Hauses verbunden. Im Geburtshoroskop zeigt uns die Sonne unsere Spiritualität, unser Zentrum sowie den Fokus und damit das zentrale Ziel unseres Lebens.

Sie fördert Aktivität, Autorität, Stetigkeit, Standhaftigkeit, Willen, Position, Erwerb und Glück eines Menschen. Menschen mit einer starken Sonne in ihrem Horoskop sind gute Manager und Chefs. Sie neigen leicht zu Aggressivität und einem dominanten Verhalten und beschäftigen sich möglicherweise zu sehr mit ihrem Status und ihrer Anerkennung.

Wenn die Sonne gut platziert ist, also wenn im Falle eines Hauses der Osten über gute Vastu-Eigenschaften verfügt, kann man die folgenden Eigenschaften erwarten: Wärme, Vitalität, Erfolge, königliche Würde, Optimismus, Individualität, Gesundheit, Großzügigkeit, Ruhm, Energie, Würde, Herrschaft, Brillanz und Ehrgeiz. Auch hohe Intelligenz und ein guter Charakter sind zu erwarten, wenn die Sonne eine starke Position hat.

Im Falle einer gut platzierten Sonne wird auch die Spiritualität gefördert. Daher sollte man im Haus unbedingt auf die Offenheit und Reinheit des Ostens achten. Ist der Osten geschlossen, erhöht oder mit abbauenden Energien belastet, so können dadurch die Wirkungen einer schlecht aspektierten Sonne herbeigeführt werden.

Die Auswirkungen einer schlecht platzierten Sonne sind folgende: Arroganz, Dominanz, Egoismus, Neid, übermäßiger Ehrgeiz, Irritierbarkeit und Zorn. Krankheiten, die mit dem Herzen, mit dem Rücken und der Haut verbunden sind, werden gefördert. Es können auch gehäuft Erkältungskrankheiten und fiebrige Erkrankungen ohne bestimmbare Ursachen auftreten. Außerdem sind Charakter- und Willensschwäche, eine schwache Wahrnehmung, fehlende Vitalität, Furcht, Abhängigkeit, Depression und Unehrlichkeit nicht auszuschließen.

*Das Mond-Yantra*

Dieses Yantra kann im Haus angebracht werden, wenn dort die Mondaspekte in Mitleidenschaft gezogen sind. Mondaspekte sind die Mondfenster und das Bad.

*Der Mond* | Der Mond ist der Herrscher des Nordwestens. Er beherrscht das Tierkreiszeichen Krebs und den Montag. Seine Edelsteine sind die Perle, der Mondstein und andere weiße Steine, seine Farbe ist Weiß.

Der Mond steht für das weibliche Prinzip im Universum. Daher stellt er zusammen mit der Sonne die große Polarität von männlich und weiblich dar. Auch die anderen großen Polaritäten wie aktiv und passiv, Geist und Körper, Tag und Nacht, Wille und Liebe werden durch das Verhältnis zwischen Sonne und Mond repräsentiert. Während die Sonne der göttliche Schöpfer ist, verkörpert der Mond die geschaffene Energie Gottes. Repräsentiert die Sonne das Selbst, so ist der Mond der Geist. Der Geist des Menschen wurde den Veden gemäß aus dem Mond geboren.

Die folgenden Organe stehen mit der Herrschaft des Mondes im Körper in Verbindung: die Brust, das linke Auge des Mannes und das rechte Auge der Frau, die Speiseröhre, der Magen, die Gebärmutter, die Eierstöcke, die Blase und das lymphatische System.

Der Mond fördert die folgenden Berufe und Tätigkeitsbereiche: Heilberufe, Journalismus, Krankenpflege, Berufe im Haushalt, Psychologie, Marketing, Werbung, Public Relations, Seefahrt, Arbeit mit Wasserprodukten und Perlen, Landwirtschaft, Viehwirtschaft, Textilbranche, Wäscherei, Babysitting, Hotels, Restaurants, Catering, Bäckerei, Konditorei, Bürokratie, Zivildienst, Sozialarbeit, Poesie, Gesang und Tätigkeiten, die Popularität bringen.

Der Mond reflektiert, wie Ideen wahrgenommen und übermittelt werden, während der Merkur Sprache und Kommunikation beherrscht. Beide Planeten sind daher in ihrer Wirkung auf den Menschen und den Wohnraum eng miteinander verbunden. In Beziehung zu den Himmelsrichtungen sind sie benachbart (Mond im Nordwesten und Merkur im Norden) und wirken jeweils in den Bereich des Nachbarn hinein.

Der Mond repräsentiert sowohl den Körper als auch den Geist und steht vor allem für die enge Beziehung zwischen körperlichem und emotionalem Wohlbefinden auf der einen und den geistigen und mentalen Fähigkeiten des Menschen auf der anderen Seite. Er ist eng mit dem Geist und mit flüssigen Substanzen verbunden.

Während die Sonne das Selbst repräsentiert, steht der Mond für die Persönlichkeit, die das Licht beziehungsweise Bewusstsein des Selbst (der Sonne) reflektiert.

Als ein Planet, der dem Element Wasser zugeordnet ist, fördert er rasche und ständige Wechsel von Gefühlen, Wohnstätten und Tätigkeiten. Als ein Planet, der sich schnell bewegt, ist er auch mit dem Element Luft verbunden, das im Nordwesten des Raumes gegenwärtig ist. Hierdurch wird die Wechselhaftigkeit und Reisefreudigkeit noch verstärkt.

Positiv ausgedrückt äußert sich dieser Einfluss des Mondes in Beweglichkeit und Flexibilität, während Unstetigkeit, launisches Verhalten und Unzuverlässigkeit die Schattenseiten sind.

Der Mond steht für die Mutter, den Geist und den Körper und repräsentiert die linke Seite des Menschen und des Hauses (von innen betrachtet). Er steht für weibliche Angelegenheiten, Familienleben, das Zuhause, verborgene Dinge und Geheimnisse und ist von seiner Natur her eher empfangend als initiierend. Er gibt Auskunft darüber, wie leicht wir zu beeinflussen sind. Er ist auch ein Maß für die Popularität, unsere soziale Stellung und Fähigkeit, die Massen zu beeinflussen. Deshalb ist der Mond wichtig für Politiker und politische Parteien, die darauf achten sollten, dass ihr Nordwesten und andere Aspekte ihrer Häuser, die den Mond repräsentieren, keine negativen Vastu-Eigenschaften aufweisen.

Insbesondere die drei Begriffe Beziehungen, Austausch und Kommunikation sind mit dem Mond und damit auch mit dem Nordwesten verbunden. Eine im Nordwesten platzierte Toilette führt daher auf Grund ihrer abbauenden Energie erfahrungsgemäß zu Beziehungs- und Kommunikationsproblemen in der Familie oder im Geschäft.

Der Mond ist der Ursprung von Schönheit, Genuss und Luxus und daher auch der Ursprung der spezifischeren Energien von Venus und Merkur. Er hat daher die Kraft, den Geist zufrieden zu stellen und die Nerven zu erfrischen.

Ist der Mond in einem Horoskop gut platziert, so sind die folgenden Konsequenzen zu erwarten: Liebe für das Zuhause und die Familie, Sensibilität und die Fähigkeit, Veränderungen im Leben mit Leichtigkeit durchzuführen. Ein positiv platzierter Mond gibt einem die Neigung, für andere zu sorgen, emotionale Stabilität, ein starkes Verantwortungsbewusstsein und soziales Verhalten.

Ist der Mond hingegen schlecht platziert, sind die folgenden Dinge zu erwarten: Unstetigkeit, launisches Verhalten, Unzuverlässigkeit, Wechselhaftigkeit, Wankelmut und übermäßiger Genuss von Essen und Alkohol. Ein schlecht platzierter Mond kann auch für eine schlechte Ausbildung, problematische Familienverhältnisse und emotionale Traumata verantwortlich sein.

Die folgenden Krankheiten werden durch einen schlecht platzierten Mond gefördert: Verdauungsstörungen, Magenbeschwerden, Augenkrankheiten, Geisteskrankheiten, psychosomatische Krankheiten und mentale Instabilität.

*Der Mars* | Der Mars beherrscht die südliche Himmelsrichtung, die beiden Tierkreiszeichen Skorpion und Widder sowie den Dienstag. Ihm ist die Koralle zugeordnet, seine Farbe ist Rot. Er ist der Planet starker Energien. Während die Venus unsere emotionalen und vitalen Eindrücke und Wahrnehmungen repräsentiert, verkörpert der Mars unsere aktiven emotionalen, vitalen Selbstprojektionen in die Außenwelt hinein.

Der Mars repräsentiert die in der Materie verborgene Energie, die sich wiederum in Materie manifestieren will. Auf der negativen Seite steht er jedoch auch für die dunklen Seiten der Erdenergien, die sich als chaotische und zerstörerische Kräfte äußern können.

Ebenso wie sich Sonne und Mond als männliche und weibliche Pole des Universums gegenüberstehen, repräsentieren Mars und Venus unsere männlichen und weiblichen Naturen. Daher lassen sich auch die sexuellen Beziehungen zwischen Mann und Frau aus der Beziehung dieser Planeten zueinander ablesen.

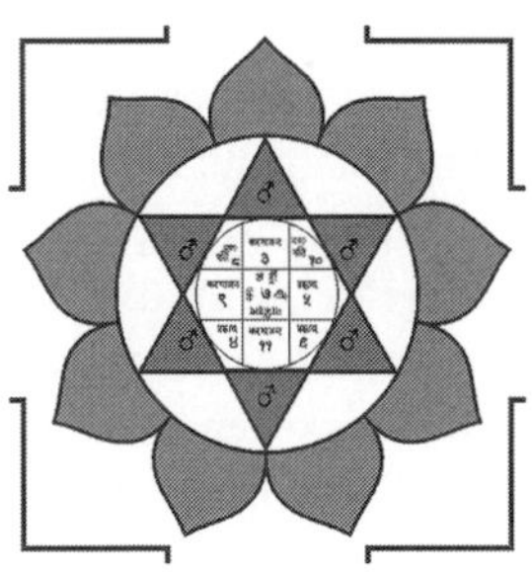

*Das Mars-Yantra*

Das Mars-Yantra kann im Haus eingesetzt werden, wenn die Marsaspekte im Haus geschwächt sind. Hierzu gehören die Küche, elektrische Installationen und die männlichen Energien.

Der Mars deutet auf Brüder, Freunde und Verbündete hin, im höheren Sinn auf einen Zusammenschluss für ein erhabenes gemeinsames Ziel. Im niedrigeren Sinn bezieht er sich auf die Allianz von Soldaten oder gar von Dieben.

Der Mars repräsentiert die Stärke und herrscht über den Gesichtssinn. Er ist ein sehr feuriger, trockener Planet und sowohl für seine konstruktiven als auch für seine zerstörerischen Energien bekannt. Er repräsentiert Ehrgeiz, Wünsche, Sexualität, Mut, mechanische Fähigkeiten und körperliche Stärke. Vom Mars bestimmte Menschen gehen mit äußerst starkem Enthusiasmus ans Leben heran und handeln häufig, bevor sie nachdenken.

Ohne die Stärke des Mars entwickelt sich kein Interesse, keine Leidenschaft und kein Antrieb. Motivation, Entschlossenheit und Intensität hängen von ihm ab.

Im Körper herrscht Mars über den Kopf, die äußeren Geschlechtsteile, das linke Ohr, die Muskeln, das Blut, die Gebärmutter, das Becken und die Prostata.

Der Mars ist der Planet der Tat, die auf ein klares Ziel gerichtet ist.

Er verleiht neben mechanischen Fähigkeiten auch Talent in technischen und wissenschaftlichen Bereichen. Er repräsentiert den Logiker, Mechaniker, Maschinisten, Ingenieur, Chemiker, Physiker und Elektriker. Unter seinem Einfluss werden Erfindungen gemacht, mit deren Hilfe die Dinge einfacher und effektiver bewerkstelligt werden. Weitere mit dem Mars verbundene Berufe sind vor allem: Jäger, Berufsmilitär, Zahnarzt, Chirurg, Schlachter und Friseur. Reichtum erwirbt man unter dem Einfluss des Mars vor allem dank Metallen, Gold, Kochen, Landgeschäften, Unterdrückung, Kriegswesen und Spionage.

Ebenso beherrscht der Mars Werkzeuge, Waffen, Maschinen und auch deren Gebrauch. Arbeit, Forschung und Entwicklung stehen unter seiner Kontrolle.

Befindet sich der Mars in einer angegriffenen Position, mögen Gewalttätigkeit, Aggressivität, Streitsucht, Trinksucht und übermäßige Impulsivität die Folge sein.

Ist der Planet schlecht platziert, können auch Unbesonnenheit, ein streitbares Wesen, Ungestüm und Verlust des Gleichmuts die Folge sein. Krankheiten wie Masern, Mumps, Infektionen, Fieber, Erkältungen und Allergien können unter solchen Umständen verstärkt auftreten.

Ein gut platzierter Mars bringt Selbstbewusstsein, Ausdauer, Heldenmut, Stärke, Mut, Kampflust und eine scharfe Intelligenz. Auch geistige und körperliche Stärke, organisatorische Fähigkeiten, Ehrgeiz und gute Führungsqualitäten können die Folge sein.

Die extremste Auswirkung der bösartigen Natur des Mars kommt darin zum Ausdruck, dass er plötzliche Todesfälle, Unfälle, Verlust des Partners, Verletzungen, Feindschaft und Kriege hervorrufen kann. Daher ist es besonders wichtig, die Vastu-Prinzipien im Süden, der vom Mars beherrscht wird, zu beachten, da sonst der Mars angegriffen wird und seine bösartige Natur manifestieren kann. Richtig gestaltet, wird damit der Süden zur Quelle für Kraft und zur Basis für die Überwindung von Schwierigkeiten. Vom Süden aus findet man mit der Unterstützung des Mars die Quelle der eigenen Kraft und Unabhängigkeit.

Der Mars ist ein feuriger Planet, der uns Wärme geben, uns aber auch verbrennen kann. Er kann Licht oder Rauch erzeugen, je nachdem, wie er platziert ist. Findet er im Süden keine Substanz, sondern nur offene Fenster und Räume vor, so verbrennt er die Energie des Raumes selbst. Ihm sollte im Süden möglichst viel Materie gegenübergestellt werden.

*Der Merkur* | Der Merkur beherrscht den Norden. Von den Tierkreiszeichen unterstehen ihm die Zwillinge und die Jungfrau. Sein Tag ist der Mittwoch, seine Farbe Grün, seine Edelsteine sind Smaragd, Turmalin und Jade.

Der Merkur steht in Beziehung zu Intelligenz und Wahrnehmung. Intelligenz bedeutet vor allem die Unterscheidung von Illusion und Wahrheit, von Schatten und Substanz.

Der Merkur steht für die Rede, der von ihm beherrschte Sinn ist der Geruchssinn.

Merkur ist der Götterbote und als solcher der Planet der Kommunikation und ein Indikator für die Intelligenz eines Menschen. Er steht für die Redegewandtheit und die Bewegungsenergie. Auch Reisefreudigkeit, Klugheit und die Fähigkeit, Dinge schnell aufzunehmen, hängen vom Merkur ab. Zudem fördert er Logik, gedankliche Schärfe und die Fähigkeit, schnell zu lernen und zu verstehen.

*Das Merkur-Yantra*

Dieses Yantra kann angegriffenen Merkuraspekten im Haus entgegenwirken. Hierzu gehören Gästezimmer, Geschäftsräume, Büros, grüne Bereiche sowie Pflanzen.

Vertritt der Jupiter den höheren oder abstrakten Verstand, so repräsentiert der Merkur den niederen konkreten Verstand. Er beherrscht vor allem das informationsverarbeitende System des Menschen und die Welt der Namen. Auf einer niederen Ebene sind dies die Äußerlichkeiten einer Welt mit austauschbaren Namen und auf einer höheren Ebene die Namen Gottes, die uns mit der spirituellen Wirklichkeitsebene verbinden.

Überwiegt der Einfluss des Merkurs im Horoskop, so gibt es häufig kürzere spontane Reisen und Veränderungen. Vom Merkur dominierte Menschen können sich leicht und schnell neuen Situationen anpassen. Sie haben eine Vorliebe für okkulte Wissenschaften, Beweglichkeit, Mathematik und Ingenieurwissenschaften.

Merkur ist der schnellste unter den Planeten und bewirkt daher eine schnelle Auffassungsgabe und große geistige und intellektuelle Flexibilität und Anpassungsgabe. Er weist auf die intellektuelle und mentale Entwicklung im Leben hin.

Der Merkur bestimmt die Kindheit. Ist er im Horoskop angegriffen, so mag es zu gesundheitlichen Schwierigkeiten in der Kindheit, zu Problemen im Elternhaus oder in der Schule kommen. Der Geist, das Nervensystem oder die Lungen mögen in Mitleidenschaft gezogen werden. Er steht für die Ausbildung und das Training, das wir im Leben erhalten.

Der Merkur repräsentiert Geld und Handelswaren und fördert daher den Erwerb von Reichtum. Auch hilft er, einmal erworbenen Reichtum zu erhalten und zu organisieren. Er fördert den Austausch von Ideen und freie Kommunikation. Er erkennt die Chancen des freien Marktes und überschreitet die Grenzen von Religionen, Nationalitäten, Kasten, Klassen und Rassen. Er kann jedoch auch dazu führen, dass man übertrieben an seiner eigenen Meinung, an persönlichem Gewinn hängt und berechnend wird.

Ist der Merkur stark platziert, fördert er das Gemeinsame unter den Menschen und überwindet Grenzen, während er im negativen Fall die Neigung fördert, andere auszubeuten.

Ist der Merkur gut platziert, so ist der Verstand wissbegierig, analytisch und kann die Dinge schnell erfassen und verstehen.

Ist er hingegen schlecht platziert, so können Konzentrationsmangel, Ruhelosigkeit und Unschlüssigkeit die Folge sein. Andere schlechte Eigenschaften, die ein fehlplatzierter Merkur hervorbringt, sind Boshaftigkeit, betrügerisches Verhalten, Geschwätzigkeit, exzentrisches Benehmen und allgemeine Unstabilität.

Durch den Merkur verursachte Krankheiten sind: Nervenbeschwerden, Augenkrankheiten, Halsschmerzen, Anämie und Juckreiz.

Er beherrscht im Körper die Lungen, das Nervensystem und den Solarplexus.

Vom Merkur geförderte Berufe sind: Verkäufer, Agent, Redner, Sekretär, Schriftsteller, Händler und Linguist. Reichtum wird unter dem Einfluss des Merkurs vor allem mit Poesie, Schriften, Rechtsberatungen, Astrologie, durch esoterisches Wissen und dessen Anwendung erworben.

Bibliotheken, Publikationen, Druckereien, Reportagen, das Erlernen von Sprachen, das Lernen und Lehren sind Dinge, die vom Merkur gefördert werden.

Gerät der Merkur unter einen negativen Saturn-Einfluss, verliert er seine

Kraft und führt zu einem Verlust von Intelligenz. Wird der Merkur angegriffen, mögen, neben dem Verlust der Intelligenz, auch Verlust der Sprachgewalt oder nervliche Defekte die Folge sein.

Während auch der Jupiter Intelligenz geben kann, so ist der Merkur notwendig, um die Intelligenz auch zum Ausdruck bringen und die eigenen Ideen und Lösungen anderen vermitteln zu können. Im heutigen Kommunikationszeitalter ist der Merkur von großer Bedeutung. Auf der spirituellen Ebene erlaubt er die Kommunikation mit dem inneren oder höheren Selbst. Auf der niedrigsten Ebene repräsentiert er die Propaganda der Massenmedien.

*Der Jupiter* | Der Jupiter ist der Herrscher des Nordostens. Die Tierkreiszeichen Schütze und Fische stehen unter seiner Kontrolle, ebenso der Donnerstag. Seine Edelsteine sind Saphir, Topas, Amber und Citrin, seine Farbe ist Gelb.

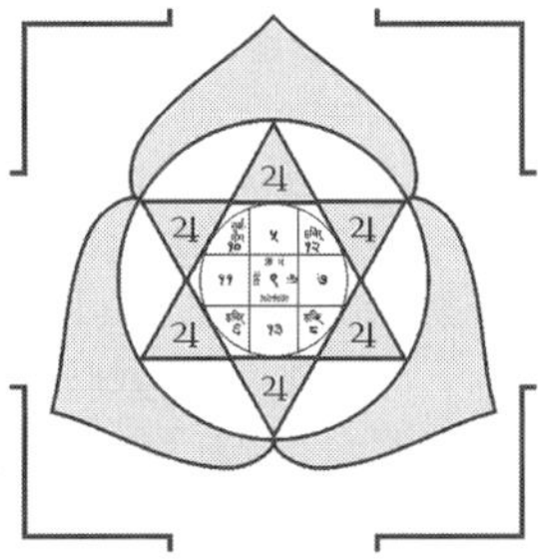

*Das Jupiter-Yantra*

Im Haus findet dieses Yantra Anwendung, wenn die Jupiteraspekte in Mitleidenschaft gezogen sind, also das Kinderzimmer, der Meditationsraum sowie medizinisch genutzte Räume.

Der Jupiter repräsentiert im Horoskop das Lernen und Lehren, die Vermittlung von Wissen.

Auf einer höheren Ebene repräsentiert der Jupiter den Priester und steht für Besitz, Form und Hierarchie.

Der Jupiter verkörpert die Gnade, die wir in unserem Leben empfangen, und ist daher sowohl die Quelle materiellen als auch spirituellen Glücks.

Der Jupiter gilt als der hilfreichste und großmütigste unter den Planeten, als der größte Wohltäter. Er steht für das Gesetz und die Ordnung sowohl des Kosmos als auch des inneren Geschehens. Er zeigt die Prinzipien des Lebens und weist auf das zur Wahrheit führende Licht. Durch seinen Einfluss erreicht uns das Gute im Leben. Wir erfahren durch ihn Unterstützung und Hilfe.

Als größter der Planeten repräsentiert der Jupiter die Bereiche unseres Lebens, in denen wir wachsen und lernen. Er steht für die Kinder und für alles, was wir uns für unsere Zukunft aneignen. Die Anzahl, das Geschlecht, die Gesundheit, das Glück und der allgemeine Zustand unserer Kinder hängt vom Jupiter ab. Daher betreffen Vastu-Eigenschaften des Nordostens vor allem die Nachkommenschaft des Hauses.

Der Jupiter verkörpert die Kreativität und die kreative Intelligenz, die aus dem Inneren und den inneren Prinzipien erwächst. Er liebt es, zu teilen und sich ständig weiter zu entfalten und zu verwirklichen.

Der Jupiter bewirkt Expansion sowohl im materiellen als auch im spirituellen Sinne und repräsentiert die Prinzipien des Lernens, Lehrens, Reisens, der Religion und des Gesetzes. Auch Moral, Ethik, religiöse Themen, Sozialisierung und Güte stehen mit dem Jupiter in Beziehung. Zu seinen guten Eigenschaften gehören Beweglichkeit, Wahrheitsliebe und Integrität, aber auch Abenteuer, Sport, Athletik und Risiko werden von ihm gefördert.

Der Jupiter beherrscht im Körper die Hüften, die Oberschenkel, Leber, Galle, Blase und Pankreas. Der Zustand des Jupiters gibt Auskunft über die Verwertung von Fetten im Körper, vor allem durch Leber und Galle.

Mit ihm stehen Berufsgruppen wie Anwalt, Lehrer, Verleger, Lektor, Schauspieler, Banker und Priester in Beziehung. Reichtum wird unter seinem Einfluss dank Moralität, Religion oder Banking verdient. Der Jupiter repräsentiert Gesundheit und Wissen.

Ist der Jupiter gut platziert, so herrschen Rechtschaffenheit, Stetigkeit, Konzentration und Meditation. Wissen und Glück sind leicht erhältlich, und es entsteht eine Atmosphäre von Optimismus, Fruchtbarkeit und Wohlwollen. Seine Veranlagung besteht in Offenheit und Großzügigkeit. Zudem fördert der Jupiter das Urteilsvermögen, Genialität, Reichtum, Freude und gute Gesundheit.

Ist der Planet schwach gestellt, so kommt es zu Extremismus, Extravaganz, übertriebener Liberalität, Überoptimismus, Sorglosigkeit, Nachlässigkeit, Schulden,

Auseinandersetzungen, spekulativen Verlusten, religiösem Fanatismus, Fehlurteilen und falschen Berechnungen.

Schlecht platziert kann er Diabetes, Leberprobleme, Hüftschädigungen, Gallensteine und Hautprobleme verursachen.

Während der Merkur unsere äußere Karriere im materiellen Leben aufzeigt, weist der Jupiter den Weg für unsere innere Karriere im geistigen und spirituellen Bereich, in der wir wahre Zufriedenheit und Freude finden. Während der Merkur unseren äußeren Ausdruck verkörpert, stellt der Jupiter unsere spirituelle Mission im Leben dar.

Ist der Jupiter stark, der Merkur jedoch schwach, so ist man im Inneren weise, erscheint nach außen hin jedoch nicht so.

*Die Venus* | Die Venus beherrscht den Südosten und die Tierkreiszeichen Stier und Waage. Ihr Tag ist der Freitag, ihr Edelstein der Diamant, ihr ist die Vielfarbigkeit zugeordnet.

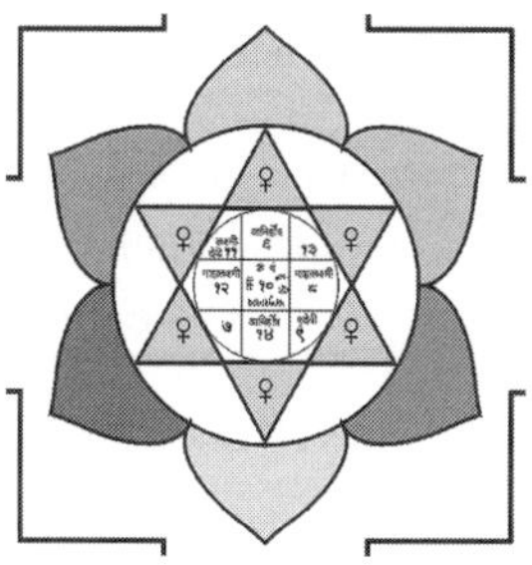

*Das Venus-Yantra*

Sind die Venusaspekte im Haus (Elternschlafzimmer und Wohnzimmer) mit Vastu-Defekten belastet, so kann dort das Venus-Yantra platziert werden.

Sie manifestiert den weiblichen Aspekt des Lebens und ist als die Göttin der Schönheit und der Liebe bekannt. Sie zeigt unseren Sinn für Harmonie im Leben. Im Horoskop eines Mannes repräsentiert sie seine Geliebte oder seine Frau. Sie steht auch für unseren Sinn für das Ästhetische.

Die Venus ist der hellste und sichtbarste Planet unseres Sonnensystems. Da er mit der Sonne auf und wieder untergeht, wird er auch Morgen- und Abendstern genannt. Er repräsentiert die Fähigkeit, zu lieben, die Leidenschaft und den Genuss, Bequemlichkeit und Zufriedenheit.

Von der Venus hängt auch die Menge des angesammelten Reichtums und der Fahrzeuge ab.

Sie kontrolliert im Körper die Augen, die Organe zur Fortpflanzung, die Haut, den Hals, das Kinn, die Wangen und die Nieren.

Berufe, die mit der Venus in Beziehung stehen: Musiker, Maler, Tänzer, Dichter, Filmemacher, Schauspieler, Transportarbeiter, Juwelier und Schneider. Unter dem Einfluss der Venus erwirbt man Reichtum mittels Musik, Tanz und Poesie, dank Handel mit Frauenartikeln, Tieren, Silber und Seide.

Die Venus repräsentiert die Wünsche, der von ihr beherrschte Sinn ist der Geschmack. Auf der niederen Ebene steht sie für das Streben nach Freude, Komfort und Luxus. Dank ihr wird man von Sexualität, Schönheit, Juwelen, Reichtum und der angenehmen Seite des Lebens im Allgemeinen angezogen.

Auf einer höheren, inneren Ebene, ist die Venus der Morgenstern, der den ersten Strahl der Sonne der Wahrheit repräsentiert. Sie steht für die Neigung zum Guten und Wahren und für unsere Hingabe zur Wahrheit.

Ist der Planet wohl platziert, so manifestieren sich Freundlichkeit, Güte, eine angenehme Persönlichkeit, gutes Aussehen, Aufmerksamkeit, eine gute Heirat, Großzügigkeit, Fröhlichkeit, eine künstlerische Natur, Erfolg und Popularität.

Ist der Planet schlecht platziert, können Trägheit, Faulheit, Extravaganz, exzentrisches Verhalten und ein Mangel an emotionaler Kontrolle die Folge sein.

Krankheiten, die durch eine schlecht platzierte Venus gefördert werden, sind Augeninfektionen, Probleme mit den Eierstöcken, Hautkrankheiten, Schwellungen und Anämien.

*Der Saturn* | Der Saturn beherrscht den Westen. Er kontrolliert die Tierkreiszeichen Steinbock und Wassermann. Sein Wochentag ist der Samstag, seine Edelsteine sind dunkle Steine wie der blaue Saphir, der Onyx, Amethyst und Lapislazuli. Seine Farbe ist Schwarz.

Der Saturn ist der schwierigste unter den Hauptplaneten. Sein positiver Aspekt manifestiert sich bezüglich des spirituellen Lebens, da er Disziplin, Entsagung, Einsamkeit und Asketentum fördert. Durch seine Schattenseiten wird er zum König der Bösartigen. Er bedeutet Tod, Krankheit, Armut, Trennung, Perversion und Hässlichkeit.

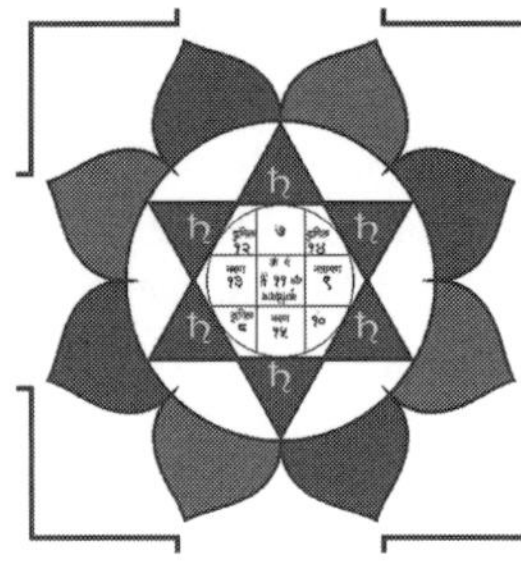

*Das Saturn-Yantra*

Dieses Yantra kann an den Stellen im Haus angebracht werden, an denen Saturnaspekte von Vastu-Defekten betroffen sind: Abstellraum, Müllraum, Esszimmer.

So wie der Jupiter die Schöpfung, die Ausdehnung und das Entstehen fördert, so begünstigt der Saturn die Kontraktion und die Zerstörung. Der Jupiter weist auf die Freude hin, die aus allem in dieser Welt gewonnen werden kann, während der Saturn das Leid zeigt, das sich hinter allen Aspekten der materiellen Welt verbirgt. Er ist der Pessimist, der die Welt negiert.

In dieser Rolle ist der Saturn besonders wichtig für die spirituelle Entwicklung des Menschen, da er ein Maß für die materielle Furcht ist, die aus Bindung an die Materie entsteht. Er konfrontiert den Menschen mit dem Vergänglichen im Allgemeinen sowie seiner eigenen Vergänglichkeit und gibt ihm daher die Chance, sie zu überwinden. Er symbolisiert das Leiden, aus dem heraus wir innerlich wachsen können.

Der Saturn fördert degenerative Prozesse und steht für das Alter. Er macht taub, blind und deformiert. Er beherrscht die Zeit und raubt uns die Vitalität im körperlichen sowie im geistigen Bereich. Er fördert die Entstehung von Abfallprodukten und Müll sowohl im Körper als auch im Haus. Überall, wo Abfall und nutzlose Dinge herumstehen, steigt daher der Einfluss des Planeten Saturn. Man sollte daher auf solche Aspekte im Haus besonders achten. Insbesondere in den Himmelsrichtungen hochwertiger Raumqualitäten wirken sich solche Aspekte verstärkt negativ aus.

Der Saturn ist der Planet des selbstsüchtigen Charakters und Handelns. Er verkörpert das Streben nach Selbsterhaltung und Schutz. Die meisten unserer materialistischen Antriebe und Bedürfnisse wie das Streben nach Reichtum und materieller Sicherheit sind geschmückte Formen des vom Saturn geprägten Selbsterhaltungstriebs und leiden damit unter der begrenzten Sicht des Saturns. Auf der anderen Seite kann er gerade diese Aspekte unseres Lebens wegnehmen und überwinden helfen.

Der Saturn steht für die Trennung von dem, was man liebt. Er sollte daher innerhalb eines Hauses nicht zwischen die Mars- und Venusaspekte geraten, da er sonst die Trennung zwischen Mann und Frau verursachen kann.

Obwohl der Saturn in vielerlei Hinsicht der niedrigste der Planeten ist, so kann er doch auch den größten Dienst erweisen, indem er dem Menschen zur Befreiung verhilft. Er ist die Dunkelheit, die auf dem Weg zur Wahrheit überwunden werden muss, und daher auch der Wächter des Mysteriums der wahren Aufmerksamkeit. Er symbolisiert Unabhängigkeit und hilft dabei, Grenzen zu überwinden.

Ein starker Saturn ist die Grundlage für alles, was in dieser Welt von Dauer und Bestand sein soll und eine notwendige Voraussetzung für ein erfolgreiches spirituelles Leben. Er fördert die Konzentration, den Sinn für das Detail, Disziplin und Ernsthaftigkeit. Damit hilft er, die großen Herausforderungen des Lebens zu bestehen. Er bestimmt über das Leben selbst, indem er die Lebensdauer und den Abschluss des Lebens beherrscht.

Berufe, die unter dem Einfluss des Saturn ausgeübt werden: Forscher, Wissenschaftler, Immobilienmakler und Konstrukteur. Der Saturn fördert den Erfolg mit Produkten aus Metall, Eisen, Wolle und Leder. Reichtum eignet man sich unter dem Einfluss des Saturn vor allem mit Hilfe von Wurzeln und Früchten, Skulpturen und Holz an. Der Saturn steht für Sorge und repräsentiert den Tastsinn.

Ist der Planet gut platziert, so fördert er Vernunft, Selbstbeherrschung, Loyalität, Standfestigkeit, Einfachheit, Geduld und Ausdauer.

Ist er hingegen schlecht platziert, so können Faulheit, Sturheit, Lethargie, Verzögerungen und Depressionen die Folge sein. Verzögern sich beispielsweise in einem Wohn- oder Geschäftshaus ständig wichtige Ereignisse oder Dinge, so sollte man überprüfen, ob ein Vastu-Defekt vorliegt, der mit dem Saturn in Zusammenhang steht. Eine Erweiterung oder ein Defekt im Westen des Hauses beziehungsweise des Grundstücks könnten ebenso die Ursache sein wie ein fehlplatzierter Müll- oder Abstellraum.

Der Saturn ist im Körper mit all den Aspekten verbunden, die schwer sind und die feste Struktur aufrechterhalten. Knochen, Haare, Zähne und die Ohren sind dem Saturn zugeordnet.

Krankheiten, die vom Saturn gefördert werden, sind Arthritis, Rheuma, Gallensteine, schwache Knie, Knochen und Zähne. Im Haus entsprechen ihm die schweren und tragenden Strukturen, auch die metallischen Baustoffe, Holz und Leder sind ihm zugeordnet. Auf Grund der bösartigen Natur des Saturns sollte man daher mit der Kombination dieser Materialien im Haus vorsichtig umgehen.

*Rahu, der nördliche Mondknoten* | Rahu beherrscht den Südwesten und spielt in Beziehung zu den Himmelsrichtungen eine wichtige Rolle. Er ist ein Schattenplanet ohne grobstoffliche Form. Auch beherrscht er kein Tierkreiszeichen. Er besitzt ähnliche Eigenschaften wie der Saturn. Seine Edelsteine sind Achat und Hessonit.

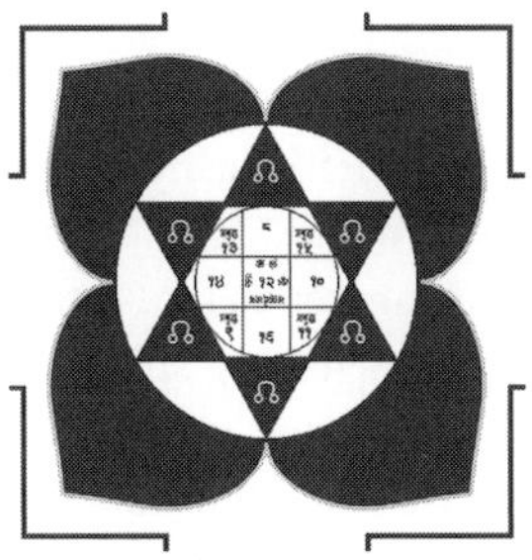

*Das Rahu-Yantra*

Dem Planeten Rahu zugeordnete Aspekte des Hauses sind der Eingangsbereich und dunkle, große Räume. Falls Vastu-Defekte in diesem Bereich auftreten, kann dort dieses Yantra platziert werden.

Der feinstoffliche Planet Rahu befindet sich an der Stelle, wo der Mond die Ekliptik im nördlichen Bereich durchläuft, während Ketu, der Schattenplanet, der den südlichen Mondknoten darstellt, sich am südlichen Schnittpunkt der Mondbahn mit der Ekliptik befindet. Beide Planeten haben die Kraft, die Sonne und den Mond zu besiegen, indem sie eine Sonnen- beziehungsweise Mondfinsternis verursachen. Daher werden sie mit einem Dämon identifiziert, der Mond und Sonne verschluckt und dadurch die jeweilige Finsternis verursacht. Es ist somit nicht verwunderlich, dass sowohl Rahu als auch Ketu als Übeltäter unter den Planeten angesehen werden. Sie stellen die negativsten Einflüsse im Horoskop eines Menschen oder Hauses dar. Ihre Einflüsse bewegen sich jedoch auf einer subtileren psychischen Ebene als die von Saturn und Mars. Rahu gilt hierbei als bösartiger als Ketu und ist damit der negativste aller Planeten im Horoskop.

Als Schattenplaneten nehmen sowohl Rahu als auch Ketu die Eigenschaften derjenigen Planeten an, mit denen sie kombiniert sind.

Rahu gilt als der planetare Faktor hinter Verrücktheit, Neurosen, neurologischen Störungen, Besessenheit sowie anderen mentalen, psychischen und feinstofflichen Problemen. Besonders in Kombination mit dem Mond manifestieren sich solche Störungen. Auch in Beziehung zu anderen Planeten, die den Geist repräsentieren, wie etwa dem Merkur, treten solche Störungen auf. Hierin liegt ein Grund, weswegen man im Südwesten kein Bad, das vom Mond beherrscht wird, platzieren sollte. Generell sind in Bädern Rahu-Einflüsse zu vermeiden.

Im positiven Sinn kann Rahu Harmonie mit dem kollektiven Trend herbeiführen und damit Prestige, Popularität, Ruhm und Macht bringen. Er hilft dabei, Massentrends zu erkennen und sie zu nutzen. Er kann Status und eine feste Position verleihen, wenn er richtig platziert ist. Er mag zur Erfüllung der Wünsche im Äußeren beitragen, in der Regel geht damit jedoch keine innere Erfüllung einher.

Berufe, die mit Rahu in Beziehung stehen: Physiker, Pilot, Flight-Attendant, Computer-Programmierer, Ingenieur und viele andere technische Berufe. Rahu steht auch mit dem zentralen Nervensystem in Beziehung.

Rahu verleiht technische Fertigkeiten und Talente. Er steht für Materialismus, Druck und Zwang und intensiviert alles, womit er in Berührung kommt. Er repräsentiert Unzufriedenheit, Disziplin und Unehrlichkeit.

Ist er schlecht platziert, werden Gier, Gewalttätigkeit und Rücksichtslosigkeit gestärkt.

*Ketu, der südliche Mondknoten* | Ketu beherrscht zusammen mit dem Jupiter den Nordosten, spielt dort jedoch eine untergeordnete Rolle. Er beherrscht wie Rahu kein Tierkreiszeichen und besitzt die Eigenschaften des Planeten Mars. Auch er nimmt die Eigenschaften des Planeten an, mit dem er kombiniert wird. Seine Edelsteine sind das Tigerauge und der Türkis.

Die von ihm beherrschten Berufe: Apotheker, Chemiker, Priester, Forscher und spiritueller Heiler. Ketu steht mit Depressionen und Süchten in Beziehung.

Ketu schafft Zweifel, Störungen, Ärger, Ehrgeiz, Willkür, Kritik und Engstirnigkeit, was zu häufigen Konflikten im Leben führen kann. Während Rahu zeigt, wie ein Individuum vom Trieb der Massen hinweggetragen wird, zeigt Ketu, wie das Individuum sich in seinen eigenen Kreisen dreht, sich selbst isoliert und entfremdet und in seinen eigenen beengenden Energien gefangen ist.

Ketu verleiht eine lebhafte Imagination, Interesse an Spiritualität, aber auch die Neigung, vor Schwierigkeiten wegzulaufen, was in extremen Fällen zu Isolation, Sucht und Realitätsverlust führen kann. Er repräsentiert Verwirrung und Richtungslosigkeit. Er stärkt Unehrlichkeit und Ziellosigkeit.

Ist Ketu richtig platziert, schafft er die Kraft zur Konzentration, machtvolle Wahrnehmung und Unabhängigkeit. Zudem hilft er einem, die äußeren Umstände zu transzendieren. Auf diese Weise ebnet er den Weg zur Befreiung. Er vermittelt psychische und spirituelle Einsichten und macht das Individuum stark, doch verleiht er keine Sensibilität für die Bedürfnisse anderer.

Da Rahu und Ketu als die beiden Mondknoten eng miteinander verbunden sind, ist der zweite zumeist ebenfalls schwach, wenn der erste schwach gestellt ist.

Ist Ketu schlecht platziert, sind mangelndes Selbstvertrauen und, im Extremfall, absolutes Chaos die Folge. Seine negativen Eigenschaften manifestieren sich im Haus, wenn der Nordosten durch Defekte in dieser Richtung geschwächt ist.

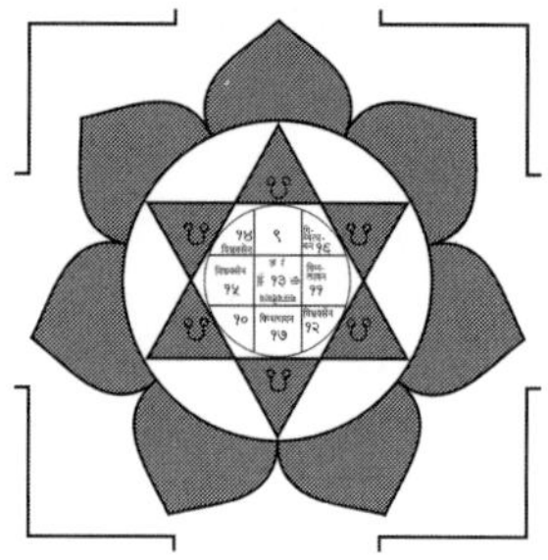

*Das Ketu-Yantra*

Dieses Yantra kann eingesetzt werden, um negative Aspekte im Haus auszugleichen, die von einem angegriffenen oder geschwächten Ketu herrühren. Ketu herrscht im Haus über das Bad, schmale und lange Gänge und Bereiche, in denen Risse und andere Bauschäden auftreten.

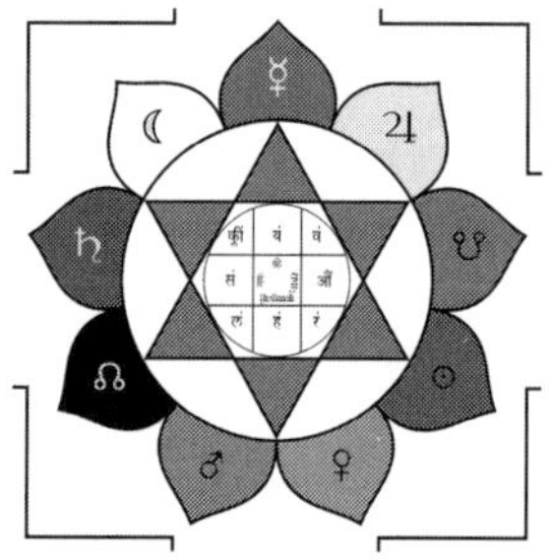

*Das Nava-Graha-Yantra*

Dieses Neun-Planeten-Yantra kann generell bei angegriffenen Planeten im Haus zum Einsatz kommen. Es enthält die Symbole, Farben und Mantras aller neun Planeten.

**Die Tageszeiten und der Einfluss der Planeten** | Bestimmte Zeiten des Tages werden von unterschiedlichen Planeten beherrscht. Die folgende Aufstellung gibt einen groben Überblick:

| | |
|---|---|
| *Morgen:* | Merkur und Jupiter |
| *Mittag:* | Sonne und Mars |
| *Ende des Tages und Anfang der Nacht:* | Saturn und Rahu |
| *Abend:* | Mond und Venus |
| *Nacht:* | Saturn |

Die Rahu-Phase ist besonders Unglück verheißend für alle Tätigkeiten. Während dieser Zeit sollten keine wichtigen Dinge unternommen oder begonnen werden. Die folgende Tabelle gibt die Rahu-Phasen für die einzelnen Wochentage an:

| | | | |
|---|---|---|---|
| *Montag:* | 7.30 | bis | 9.00 Uhr |
| *Dienstag:* | 15.00 | bis | 16.30 Uhr |
| *Mittwoch:* | 12.00 | bis | 13.30 Uhr |
| *Donnerstag:* | 13.30 | bis | 15.00 Uhr |
| *Freitag:* | 10.30 | bis | 12.00 Uhr |
| *Samstag:* | 9.00 | bis | 10.30 Uhr |
| *Sonntag:* | 16.30 | bis | 18.00 Uhr |

## Die Bedeutung der Planeten im Wohnraum

Die folgende Tabelle fasst zusammen, welche Räume und Aspekte des Wohnraumes im Haus von welchen Planeten beherrscht werden. In Zusammenhang mit den planetaren Herrschern der acht Himmelsrichtungen lassen sich umfassende Schlussfolgerungen über die energetische Wechselwirkung der einzelnen Räume untereinander und mit ihrer jeweiligen Himmmelsrichtung ableiten.

| Symbol | Planet | Zugeordnete Himmelsrichtung | Zugeordneter Bereich im Haus |
|---|---|---|---|
| ☉ | Sonne | Osten | Meditationsraum, Sonnenfenster, Behandlungs- und Therapieräume |
| ☾ | Mond | Nordwesten | Bäder, Wasserinstallationen, Fenster links vom Haupteingang (von innen betrachtet), Brunnen |
| ♂ | Mars | Süden | Küche |
| ☿ | Merkur | Norden | Eingangshalle, Gästezimmer, Büro, Veranda, Grünbereiche |
| ♃ | Jupiter | Nordosten | Meditationsraum, Safe, Kinderzimmer |
| ♀ | Venus | Südosten | Wohnzimmer, Salon, Schlafzimmer |
| ♄ | Saturn | Westen | Esszimmer, Speicher, Müllraum |
| ☊ | Rahu | Südwesten | Haupteingang, große und dunkle Räume |
| ☋ | Ketu | Nordosten | Nebeneingang, Bad, lange Räume, Risse an den Wänden |

Die vedische Kosmogonie unterscheidet zwischen Menschen, Halbgöttern und Dämonen und unterteilt das Universum in vierzehn Planetensysteme. Die Halbgötter bewohnen die oberen sechs Planetensysteme, die Dämonen die unteren sieben und die Menschen das eine Planetensystem in der Mitte des Kosmos, zu dem auch die Erde gehört. Die gleiche Struktur findet sich auch in der Unterteilung des Vastupurusha-Mandalas in Vithis wieder (siehe Seite 56f. sowie Anhang, Seite 337ff.). Die Götter leben im Zentrum, die Dämonen ganz außen und die Menschen dazwischen.

Um zu beurteilen, welche Aspekte des Wohnraumes miteinander kombiniert werden sollten und welche nicht, kann man die folgende Tabelle zu Rate ziehen. Sie gibt an, in welchem Verhältnis die Planeten zueinander stehen.

| Planet | Freund | Neutral | Feind |
|---|---|---|---|
| Sonne | Mond, Mars, Jupiter | Merkur | Saturn, Venus |
| Mond | Sonne, Merkur, Venus, Saturn | | Mars, Jupiter |
| Mars | Sonne, Mond, Jupiter | Venus, Saturn, Merkur | |
| Merkur | Sonne, Venus | Mars, Jupiter, Saturn | Mond |
| Jupiter | Sonne, Mond, Mars | Saturn | Merkur, Venus |
| Venus | Merkur, Saturn | Mars, Jupiter | Sonne, Mond |
| Saturn | Merkur, Venus | Jupiter | Sonne, Mond, Mars |
| Rahu, Ketu | Merkur, Venus, Saturn | Mars | Sonne, Mond, Jupiter |

Aspekte und Eigenschaften des Wohnraums, die einander feindlich gesonnenen Planeten zugeordnet sind, sollten nicht zusammenfallen oder nebeneinander liegen.

## Die Mondhäuser

Neben den Planeten spielen auch die 27 Mondhäuser (Nakshatras) im Vastu eine wichtige Rolle. Sie werden als die 27 Frauen des Mondes bezeichnet und sind 27 Sternkonstellationen, durch die der Mond innerhalb von 27 bis 28 Tagen wandert.

Der vedischen Kosmogonie entsprechend, betrachtet der Mond auf seiner Reise durch den Zodiak die 27 Sternbilder als seine Ruhestätten. Jedes Mondhaus umspannt ungefähr 13°20 des Zodiaks und wird von einem der neun Planeten beherrscht. Das erste Mondhaus umfasst daher die ersten 13°20 des Tierkreiszeichens Widder.

Viele der Mondhäuser haben Eigenschaften, die denen der Tierkreiszeichen ähneln, in die sie fallen. Ein gutes Beispiel dafür ist das vierte Mondhaus, Rohini, die eifersüchtigste, aber auch am meisten geliebte Frau des Mondes. Es fällt in das Tierkreiszeichen Stier, das am stärksten Besitz ergreifende und sinnlichste Zeichen des Zodiaks. Dort ist der Mond am stärksten, da er dieses Zeichen und diesen Nakshatra am meisten liebt.

Die folgende Tabelle zeigt die exakten Winkel des Zodiaks, die den 27 Mondhäusern und den jeweils beherrschenden Planeten entsprechen. Das Wissen über die Mondhäuser und ihre Eigenschaften ist für Vastu in mehrfacher Hinsicht von Bedeutung:

- für die Bestimmung der eigenen Himmelsrichtung
- für die Berechnung des geeigneten Zeitpunktes für wichtige Ereignisse beim Bau eines Hauses
- für die Platzierung des Haupteingangs

*Das Mandala des Nordostens*

Dieses Mandala fördert die spirituelle Entwicklung und Gefühle der Liebe und Dankbarkeit. Seine Energien sind sehr leicht und fein. Es kann daher im Meditationsraum oder anderen Räumen zur Anwendung kommen, in denen leichte, feine und spirituelle Energien erwünscht sind.

| Nr. | Mondhaus | Lage im Zodiak | Planet | Stern |
|---|---|---|---|---|
| 1 | Ashvini | Widder 0°00'–13°20' | Ketu | Beta Arietis |
| 2 | Bharani | Widder 13°20'– Stier 26°40' | Venus | 41 Aries |
| 3 | Krittika | Widder 26°40'– Stier 10°00' | Sonne | Eta Tauri |
| 4 | Rohini | Stier 10°00' – 23°20' | Mond | Alpha Tauri |
| 5 | Mrigashira | Stier 23°20 – Zwillinge 6°40 | Mars | Lambda Orionis |
| 6 | Ardra | Zwillinge 6°40 – 20°00 | Rahu | Alpha Orionis |
| 7 | Punarvasu | Zwillinge 20°00 – Krebs 3°20 | Jupiter | Beta Geminorum |
| 8 | Pushya | Krebs 3°20 – 16°40 | Saturn | Sigma Cancri |
| 9 | Ashlesha | Krebs 16°40 – Löwe 0°00 | Merkur | Alpha Cancri |
| 10 | Magha | Löwe 0°00 – 13°20 | Ketu | Alpha Leonis |
| 11 | Purvaphalguni | Löwe 13°20 – 26°40 | Venus | Delta Leonis |
| 12 | Uttaraphalguni | Löwe 26°40 – Jungfrau 10°00 | Sonne | Beta Leonis |
| 13 | Hasta | Jungfrau 10°00 – 23°20 | Mond | Delta Covri |
| 14 | Chitra | Jungfrau 23°20 – Waage 6°40 | Mars | Alpha Virginis |
| 15 | Svati | Waage 6°40 – 20°00 | Rahu | Alpha Bootis |
| 16 | Vishaka | Waage 20°00 – Skorpion 3°20 | Jupiter | Alpha Librae |
| 17 | Anuradha | Skorpion 3°20 – 16°40 | Saturn | Delta Scorpii |
| 18 | Jyeshta | Skorpion 16°40 – Schütze 0°00 | Merkur | Alpha Scorpii |
| 19 | Mula | Schütze 0°00 – 13°20 | Ketu | Lambda Scorpii |
| 20 | Purvashadha | Schütze 13°20 – 26°40 | Venus | Delta Sagitarii |
| 21 | Uttarashada | Schütze 26°40 – Steinbock 10°00 | Sonne | Alpha Sagitarii |
| 22 | Shravana | Steinbock 10°00 – 23°20 | Mond | Alpha Acuuilae |
| 23 | Dhanistha | Steinbock 23°20 – Wassermann 6°40 | Mars | Beta Delhini |
| 24 | Shatabhisha | Wassermann 6°40 – 20°00 | Rahu | Lambda Acuarii |
| 25 | Purvabhadra | Wassermann 20°00 – Fische 3°20 | Jupiter | Alpha Egasi |
| 26 | Uttarabhadra | Fische 3°20 – 16°40 | Saturn | Gamma Pegasi |
| 27 | Revati | Fische 16°40 – Widder 0°00 | Merkur | Zeta Piscium |

In der folgenden Tabelle werden jedem Mondhaus neun Kategorien von Eigenschaften zugeordnet:

*Positiv:* Hier werden Eigenschaften aufgezählt, die ein bestimmtes Mondhaus fördert. Es werden auch Dinge aufgelistet, die während des jeweiligen Sternbildes getan werden sollten. Hierbei sind die Aspekte, die für Vastu von besonderer Bedeutung sind, unterstrichen.

*Negativ:* Hier werden die negativen Aspekte aufgelistet, die ein bestimmtes Mondhaus fördert. Es werden auch Dinge genannt, die an solchen Tagen vermieden werden sollten. Auch hier sind die für Vastu besonders relevanten Dinge unterstrichen.

*Qualität:* Ein Adjektiv, das die Qualität der jeweiligen Energie charakterisiert.

*Herrscher:* Der das jeweilige Mondhaus beherrschende Planet.

*Das Mandala der Mitte*

Dieses Mandala verkörpert die vollständigen guten Energien eines Raumes und kann im Zentrum von Räumen zur Anwendung kommen.

*Blick:* Der Blick charakterisiert die Sicht auf die Wirklichkeit und die Fähigkeit, die Dinge klar und realistisch wahrzunehmen.

*Energie:* – bedeutet abbauende Energie, die in die Materie hineinführt, + aufbauende erhebende Energie, die das Lebewesen erhebt, = Energie, die den Status quo aufrechterhält.

*Archetypus:* Vorherrschende Qualität des Mondhauses.

*Element:* Vorherrschender Einfluss unter den vier Elementen Erde, Wasser, Feuer und Luft.

| | Mondhaus | positiv | negativ | Qualität | Herrscher | Blick | Energie | Archetyp | Element |
|---|---|---|---|---|---|---|---|---|---|
| 1 | Ashvini | Die Kraft des Anfangs | nicht spezifiziert | leicht | Ketu | mild | + | Lebens-energie | Luft |
| 2 | Bharani | Gesetz, Charisma | wichtige Entscheidungen | erschreckend | Venus | logisch | – | Ordnung | Feuer |
| 3 | Krittika | Sinnlichkeit, Ehrgeiz, Kreativität, Opferzeremonien | nicht spezifiziert | gemischt | Sonne | klar | – | Feuer | Feuer |
| 4 | Rohini | Unternehmungslustig, Reinheit, Klarheit, Beginn, Heirat, **Fundament** | Unbeständigkeit | stabil | Mond | blind | + | Kreativität | Erde |
| 5 | Mrigashira | Abwechslung, Transformation, Spielen, Reden, Haareschneiden | Misstrauen, Scheu, **wichtige Entscheidungen** | sanft | Mars | mild | = | Empfinden | Luft |
| 6 | Ardra | Kraft, Heiterkeit, Diät, Operation, Berufswechsel | Reisen, Heirat, wichtige Entscheidungen, Kooperation | scharf | Mars | logisch | + | Transzendenz | Wasser |
| 7 | Punarvasu | Stille, Mystik, Spekulation, Poesie, vorteilhaft | nichts verleihen | beweglich | Jupiter | blind | + | Unendlichkeit | Luft |
| 8 | Pushya | neutralisiert alle Übel, was an diesem Tag begonnen wird, wird wachsen | Übererregbarkeit, Empfindlichkeit | leicht | Saturn | blind | + | Weisheit | Feuer |
| 9 | Ashlesha | Faszination, Argumentation, Zurückhaltung | gespaltene Zunge, Unstetigkeit, Bedachtsamkeit, Vorsicht | scharf | Merkur | mild | – | Verführung | Wasser |
| 10 | Magha | Wahrwerden, Stärke, Zielstrebigkeit, Begeisterung, Bescheidenheit | verkaufen, ausleihen, Ego, Ruhelosigkeit, Recht, Moral | scharf | Ketu | logisch | – | Verräter | Feuer |
| 11 | Purvaphalguni | säen, beginnen, Keim setzen, Realisierung, Handel, Verkaufen | Unruhe, Egoismus | hart | Venus | klar | – | Zufriedenheit | |
| 12 | Uttara-phalguni | Ernte, Freundschaft, Wahrheit, Heirat, Einkäufe, Heilung, **Grundsteinlegung,** sich Geld leihen, Essen verteilen | Geld verleihen | stabil | Sonne | blind | = | Loyalität | Luft |
| 13 | Hasta | alles erlaubt, Studieren, Bibliothek gründen, Ausbildung anfangen, Heilen, Humor | Streit | leicht | Mond | mild | = | Sonne | Luft |
| 14 | Chitra | Perfektion, Feinabstimmung, gut für groß angelegte Unternehmen, Stadt planen, Wissenschaft, Kunst | feurig, nervös | sanft | Mars | logisch | = | Gestaltung | Luft |

| | Mondhaus | positiv | negativ | Qualität | Herrscher | Blick | Energie | Archetyp | Element |
|---|---|---|---|---|---|---|---|---|---|
| 15 | Svati | Mystik, Verbindungen knüpfen, Ausbildungen, Beziehungen, Motivation | zögernd, Bindung | beweglich | Rahu | klar | = | Bewegung | Feuer |
| 16 | Vishaka | Organisation, zu Hause bleiben, nichts beginnen, Anschaffen von Statussymbolen | Ungeduld, Geiz, Neid, Sturheit, tragischer Ruhm, Reise, Unternehmungen | gemischt | Jupiter | mild | – | Kampf | Luft |
| 17 | Anuradha | teilen, verschenken, Segnungen, Reise, Anerkennung | Ironie | sanft | Saturn | mild | = | Freundschaft | Erde |
| 18 | Jyeshta | Kühnheit, Dramatik, Verantwortung, nichts beginnen | Vorsicht vor Feuer und Waffen, Stolz, Penetranz, Streitgespräche, verletzend | scharf | Merkur | logisch | – | Ego | Erde |
| 19 | Mula | Organisation, Politik, Bestand von Begonnenem, Heilen, Säen und Ernten, Reisen, Brunnen graben | Einsicht, Ein- und Verkaufen, Verleihen, alte Wunden können aufbrechen | scharf | Ketu | blind | – | Negativität | Wasser |
| 20 | Purvashadha | alles langsam angehen, passiv sein, Selbstbeherrschung | Verstrickung, Hektik, Materie überwiegt, Existenzangst | hart | Venus | blind | – | Wasser | Wasser |
| 21 | Uttarashadha | Prediger, Toleranz, für die meisten Unternehmungen günstig, Planung, Entschlossenheit | hitzig | stabil | Sonne | mild | + | Idee | Erde |
| 22 | Shravana | hören, sensibles Empfinden für Recht und Unrecht, mediale Begabung, Verwaltungsangelegenheiten, Begeisterung, Anpassungsfähigkeit | nicht spezifiziert | beweglich | Mond | mild | + | Gegenwart | Erde |
| 23 | Dhanishta | Unbestechlichkeit, Gerechtigkeit, Geschäftsreisen, Transaktionen, Vertragsabschlüsse, Ver- und Ankäufe, Handelsplanung | Leichtgläubigkeit, Überschwang | beweglich | Mars | mild | + | Reichtum | Erde |
| 24 | Shatabhisha | beflügelnde Angst, Musikhören | Ängste, Existenzangst, Unruhe, riskante Unternehmungen | beweglich | Rahu | mild | + | Natur | Wasser |
| 25 | Purvabhadra | freundlich, physische Reinigung, starke Einflüsse auf Verstand und Geist, mathematisches Talent, Heilung, Bäder, Erholung, Logik | Anstrengung meiden, nichts Neues beginnen | hart | Jupiter | logisch | – | Selbstlosigkeit | Wasser |
| 26 | Uttarabhadra | mentale Reinigung durch Selbstlosigkeit, Geben, stabilisiert mentale Energie, Bestand von Begonnenem, neue Arbeit, Heirat, **Grundsteinlegung** | Überarbeiten | stabil | Saturn | klar | + | Selbstlosigkeit | Wasser |
| 27 | Revati | krönender Abschluss, Charisma, Vollendung, magischer Zauber, Brechen der härtesten Herzen, Beliebtheit, Schönheit, Kraft, Sanftmut, Kreativität, geringe Widerstände | Abhängigkeit | sanft | Merkur | blind | = | Vollendung | Wasser |

Die folgende Auflistung fasst die Mondhäuser zu Gruppen zusammen, die gemeinsame Eigenschaften besitzen:

1, 8, 13 (Ashvini, Pushya, Hasta): leicht, beschwingt, rein, gut für alle Unternehmungen

4, 12, 21, 26 (Rohini, Uttaraphalguni, Uttarashadha, Uttarabhadra): fest, stabil, gut für Dinge, die ihren Wert beibehalten sollen

5, 14, 17, 27 (Mrigashira, Chitra, Anuradha, Revati): gut für Vergnügungen und Interaktionen aller Art

7, 15, 22, 23, 24 (Punarvasu, Svati, Shravana, Dhanistha, Shatabhisha): beweglich, unruhig, gut für Reisen, Gespräche und Arbeit

6, 9, 18, 19 (Ardra, Ashlesha, Jyeshta, Mula): scharf, spitz, man kann sich und andere leicht verletzen

2, 10, 11, 20, 25 (Bharani, Magha, Purvaphalguni, Purvashadha, Purvabhadra): erschreckend, anstrengend, Vorsicht

3, 16 (Krittika, Vishaka): gemischt

*Das Mandala des Ostnordostens*

Dieses Mandala verkörpert Glück, Erfolg und Effektivität. Daher wirkt es sich förderlich auf alle Tätigkeiten aus.

Die wichtigste Anwendung der Mondhäuser im Vastu liegt in der Auswahl des geeigneten Zeitpunktes für Bauvorhaben und damit verbundener Ereignisse. Die hierzu notwendigen Auswahlkriterien werden im Kapitel 13, Seite 248, zusammengestellt.

## Berechnung des Mondhauses und der eigenen Richtung

Um das Mond-Sternbild (Nakshatra) eines bestimmten Zeitpunktes wie eines Geburtstages (Geburtshoroskop) oder des Beginns eines Bauvorhabens zu berechnen, kann man die folgende einfache Methode anwenden. Das ist besonders wichtig, um die eigene Himmelsrichtung eines Bewohners aus dessen Geburtsdaten zu bestimmen.

*Schritt 1:* Man bestimmt die auf Ortszeit berechnete Lage des Mondes im Tierkreis mit Hilfe eines Computerprogramms oder der Ephemeritentafeln.

*Beispiel:* Am 2. Januar 1966 (Oldenburg) stand der Mond im Tierkreiszeichen Stier mit dem Winkel 13° 09 .

*Schritt 2:* Die Korrektur der vedischen Astrologie berücksichtigend, zieht man davon 23° ab (einem Tierkreiszeichen entspricht 30°).

*Beispiel:* Stier 13° 09 – 23° ergibt Widder 20° 09

*Schritt 3:* Mit diesem Wert kann man mit Hilfe der Tabelle Seite 195 das Mondhaus und den entsprechenden Pada bestimmen. Hierzu lässt sich jedes Mondhaus in vier Teile (Padas) unterteilen, die je 3° 20 umfassen.

*Beispiel:* Das Mond-Sternbild Bharani umfasst den Bereich Widder 13°20 bis Widder 26°40 . Der bestimmte Wert 20° 09 liegt im zweiten Viertel dieses Bereichs (20°00 bis 23°20 ). Der Mond-Nakshatra des betreffenden Zeitpunktes ist daher Bharani, 2. Pada.

*Schritt 4:* Mit dieser Information kann man der folgenden Tabelle die Himmelsrichtung einer Person entnehmen, die zu diesem Zeitpunkt geboren wurde.

| | **Mondhaus (Nakshatra)** | **1. Viertel** | **2. Viertel** | **3. Viertel** | **4. Viertel** |
|---|---|---|---|---|---|
| 1 | Ashvini | Süden | Süden | Süden | Norden |
| 2 | Bharani | Norden | Norden | Norden | Norden |
| 3 | Krittika | Osten | Osten | Osten | Osten |
| 4 | Rohini | Osten | Norden | Norden | Norden |
| 5 | Mrigashira | Norden | Norden | Südosten | Südosten |
| 6 | Ardra | Südosten | Südosten | Südosten | Süden |
| 7 | Punarvasu | Südosten | Südosten | Nordosten | Nordosten |
| 8 | Pushya | Nordosten | Nordosten | Nordosten | Südwesten |
| 9 | Ashlesha | Südwesten | Südwesten | Südwesten | Südwesten |
| 10 | Magha | Nordwesten | Nordwesten | Nordwesten | Nordwesten |
| 11 | Purvaphalguni | Nordwesten | Südwesten | Südwesten | Südwesten |
| 12 | Uttara-Phalguni | Südwesten | Südwesten | Nordwesten | Nordwesten |
| 13 | Hasta | Nordwesten | Nordosten | Südwesten | Südwesten |
| 14 | Chitta | Nordwesten | Nordwesten | Norden | Norden |
| 15 | Svati | Norden | Norden | Norden | Westen |
| 16 | Vishaka | Westen | Westen | Westen | Westen |
| 17 | Anuradha | Westen | Westen | Westen | Westen |
| 18 | Jyeshta | Westen | Norden | Norden | Norden |
| 19 | Mula | Norden | Norden | Nordwesten | Nordwesten |
| 20 | Purva-Shadha | Nordwesten | Westen | Nordwesten | Südwesten |
| 21 | Uttara-Shadha | Nordwesten | Nordwesten | Süden | Süden |
| 22 | Shravana | Süden | Süden | Süden | Südosten |
| 23 | Dhanistha | Südosten | Südosten | Südosten | Südosten |
| 24 | Shatabhisha | Südosten | Nordosten | Nordosten | Nordosten |
| 25 | Purva-Bhadra | Nordosten | Nordoste | Westen | Westen |
| 26 | Uttara-Bhadra | Nordosten | Westen | Süden | Süden |
| 27 | Revati | Westen | Westen | Süden | Süden |

*Schritt 5:* Mit der auf diese Weise bestimmten eigenen Richtung (für Bharani 2 ist die eigene Richtung der Norden) kann man den folgenden Diagrammen entnehmen, welche spezifische Wirkung von den acht Himmelsrichtungen auf die betreffende Person ausgeht.

**Eigene Richtung: Osten**

| | | N | | |
|---|---|---|---|---|
| | Probleme | **Erfolg** | fatal | |
| W | Furcht | | **Wohlstand** | O |
| | Krankheit | **Glück** | **Reichtum** | |
| | | S | | |

**Eigene Richtung: Südosten**

| | | N | | |
|---|---|---|---|---|
| | Feindschaft | *gemischt* | **Fortschritt** | |
| W | Krankheit | | fatal | O |
| | **Freude** | **Erfolg** | **Erfolg** | |
| | | S | | |

**Eigene Richtung: Süden**

| | | N | | |
|---|---|---|---|---|
| | Krankheit | Feinschaft | Streit | |
| W | **Freude** | | **Gewinn** | O |
| | **Gewinn** | **Gewinn** | fatal | |
| | | S | | |

**Eigene Richtung: Südwesten**

| | | N | | |
|---|---|---|---|---|
| | **Gewinn** | Krankheit | Feindschaft | |
| W | **Glück** | | Ausgaben | O |
| | **Erfolg** | fatal | **Wohlstand** | |
| | | S | | |

**Eigene Richtung: Westen**

N

| | | | | |
|---|---|---|---|---|
| | **Reichtum** | **Wohlstand** | Krankheit | |
| W | **Glück** | | Furcht | O |
| | fatal | **Ruhm** | Furcht | |

S

**Eigene Richtung: Nordwesten**

N

| | | | | |
|---|---|---|---|---|
| | **Glück** | **Glück** | **Gewinn** | |
| W | fatal | | Krankheit | O |
| | **Wohlstand** | Krankheit | Feindschaft | |

S

**Eigene Richtung: Norden**

N

| | | | | |
|---|---|---|---|---|
| | fatal | **Wohlstand** | **Reichtum** | |
| W | **Wohlstand** | | **Glück** | O |
| | Feindschaft | Feinde | Krankheit | |

S

**Eigene Richtung: Nordosten**

N

| | | | | |
|---|---|---|---|---|
| | **Glück** | fatal | **Erfolg** | |
| W | Krankheit | | **Gewinn** | O |
| | Furcht | Krankheit | **Gewinn** | |

S

## Die Mondphasen

Von großer Bedeutung für die Bestimmung des richtigen Zeitpunktes für alle Aspekte des menschlichen Lebens und insbesondere für die wichtigen Ereignisse beim Bau eines Hauses sind die Mondphasen (Tithis). Sie geben Auskunft darüber, in welchem Tag seiner zunehmenden beziehungsweise abnehmenden Phase sich der Mond gerade befindet. Hierbei sind die Tage der zunehmenden Mondphase im Allgemeinen vorteilhafter als die der abnehmenden Phase. Jede dieser beiden Phasen besitzt inklusive Voll- und Neumond jeweils 15 Tage. Der Mondzyklus zählt damit 30 Tage, was einem Monat entspricht. Der Zyklus der Mondhäuser umfasst jedoch nur 27 bis 28 Tage, sodass der Monatszyklus und der Umlauf des Mondes um den Zodiak leicht voneinander abweichen. Aus dieser Unregelmäßigkeit der Zeitzyklen der Natur entsteht die Asymmetrie der Natur, die das Leben erst ermöglicht. Der Raum entsteht laut Vastu aus der Differenz der beiden Zeitzyklen.

Der mittlere Mondtag ist die Zeit, die der Mond braucht, um 12° am Himmel zu reisen. Die durchschnittliche Zeit, die der Mond dazu benötigt, beträgt 23,62 Stunden. Die Dauer der einzelnen Mondphasen kann jedoch wegen der Irregularität der Mondbewegung zwischen 20 und 26 Stunden schwanken.

Die Eigenschaften der Mondphasen des abnehmenden Mondes entsprechen denen der Mondphasen des zunehmenden Mondes. Lediglich die dreißigste Mondphase besitzt ihre eigene Qualität, die in der Tabelle gesondert beschrieben wird.

| Mondphase (Tithi) | Positive Eigenschaften | Negative Eigenschaften | Qualität | Tendenz |
|---|---|---|---|---|
| 1 | zweite Hälfte des lunaren Tages ist förderlich für Unternehmungen und Planungen der nächsten 14 Tage, Erfolg, Elan, Begeisterung, Beginn und Ideen | die erste Hälfte des lunaren Tages gebietet Vorsicht | materiell instabil | negativ |
| 2 | Verfeinerung der ersten Mondphase, ebenfalls stärker in der zweiten Mondphase, gut für Handeln, Verwirklichung von Plänen, Reisen, Rituale, Taufe, Ehe, Säen, Haareschneiden, materielles Wachstum, sozialen Austausch | fördert die Bewusstwerdung der Dualität | Start | positiv |
| 3 | Empfindlichkeit, Aufgeschlossenheit, Friedensabkommen, starre Fronten weichen auf, Verständnis | kreative Unsicherheit, Ängstlichkeit, Vorsicht, nicht aus der Ruhe bringen lassen, mangelndes Selbstvertrauen und mangelnder Mut | sensibel | negativ |
| 4 | Sturheit, Kampfgeist | Vorsicht, alles vermeiden, was zusätzliche Energie braucht (auch Reisen, Ernten, Einlagern, Einkaufen und Haareschneiden sind zu vermeiden) | Loslösung | negativ |
| 5 | Reise, Sinnlichkeit, unerschöpfliche Kraft, Fruchtbarkeit, Farbigkeit, Freude, Geschick, Aktivität, Freundschaft, Einzug in ein neues Haus, Unterhaltung | Nervosität | Fülle | positiv |

| Mondphase (Tithi) | Positive Eigenschaften | Negative Eigenschaften | Qualität | Tendenz |
|---|---|---|---|---|
| 6 | Reinigung, Behandlung von Krankheiten, Lösung von sozialen und mentalen Störungen; Disziplin | Aktivität und Wille sind geschwächt | materiell instabil | negativ |
| 7 | Produktivität, »Manager-Tag«, der »Macher«, Wille zur Gestaltung, Verschönerung | Auseinandersetzung, Reibung | Start | positiv |
| 8 | Umbruch, Zuflucht, Selbsterkenntnis | jede Unternehmung (auch das Studieren) sollte vermieden werden, Unruhe | Instabilität | negativ |
| 9 | | Heirat, Reise, Säen, Ernten, Pflügen, Krieg, Frieden, Investitionen, Verträge, alles, was in dieser Mondphase beginnt, verändert sich, bleibende Zustände können nicht erhalten werden | Wechsel | negativ |
| 10 | Arbeit, Kraft, Gestaltung, göttliche Ordnung, Kontaktfreudigkeit, Großzügigkeit, sozial, förderlich für alle Unternehmungen | Karma kommt zur Geltung, Pflügen | Fülle | positiv |
| 11 | Intuition, Fasten, spirituelle Aktivitäten | | Spiritualität | positiv |
| 12 | Entsagung, spirituelle Ausrichtung, in einer solchen Mondphase kann man Verluste gut wegstecken | materielle Vorteile und Gewinne sind schwer zu erzielen, es sollten keine Unternehmungen begonnen werden | Hingabe | negativ |
| 13 | »Wein, Weib und Gesang«, alle Unternehmungen in Übereinstimmung mit Wünschen und Bedürfnissen werden gefördert, Tag der Sinne, Lust, Erfüllung, Verlangen, Anziehungskraft, Mut | Habgier, besitzergreifend | Wünsche | positiv |
| 14 | Demut, innere Ein- und Umstimmung, Transformation, Warten auf den Sturm | alle nach außen zielenden Unternehmungen sollten vermieden werden, Unruhe, launisch | Loslösung | negativ |
| 15 | *Vollmond*<br>Fest der Fülle, Entspannung | es sollten keine größeren Unternehmungen begonnen werden, Gedanken und Gefühle laufen Amok, Anspannung | Fülle | positiv |
| 30 | *Neumond*<br>Besinnung auf den Grund des Seins, Unerwünschtes aufgeben, Sichzurückziehen | keine schwierigen Unternehmungen starten, physische und mentale Energie ist am Tiefpunkt, macht das Maß voll und läuft über, Unfälle, Angst | materiell instabil | negativ |

## Die Tierkreiszeichen

Eine große Bedeutung haben im Vastu die Tierkreiszeichen. Sie sind zur Bestimmung des richtigen Zeitpunktes von Ereignissen wichtig, die mit dem Bau eines Hauses verbunden sind. Ihre räumliche Zuordnung zu den Himmelsrichtungen hilft aber auch bei der Bewertung und Identifikation von Vastu-Defekten und ihrer Wirkung auf die Lebenssituation der Bewohner des Hauses.

Während in der westlichen Astrologie dem Sonnenzeichen eine größere Bedeutung zukommt, betrachtet die vedische Astrologie zunächst den Aszendenten.

Die vedische Astrologie verwendet die gleichen Zeichen wie die westliche Astrologie und ordnet ihnen ähnliche Bedeutungen zu, doch ist die Lage der zwölf Zeichen am Zodiak gegenüber der in der westlichen Aufteilung um ca. 23° verschoben.

Während die westliche Astrologie dem Stand der Sonne in einem der zwölf Zeichen eine größere Bedeutung beimisst, orientiert sich die vedische Astrologie am Aszendenten. Der Aszendent ist das Zeichen, das zu einem vorgegebenen Zeitpunkt gerade am Horizont erscheint.

Die folgende Tabelle gibt einen Überblick über die zwölf Zeichen und ihre Eigenschaften:

| Zeichen | Sanskrit | Herrscher | Körperteil | Farbe | Richtung | Element | Geschlecht | Ertrag |
|---|---|---|---|---|---|---|---|---|
| Widder | Mesha | Mars | Kopf | Rot | O | Feuer | männlich | – |
| Stier | Vrishabha | Venus | Gesicht | Weiß | NO – O | Erde | weiblich | = |
| Zwillinge | Mithuna | Merkur | Arme | Grün | NO – N | Luft | männlich | – |
| Krebs | Kataka | Mond | Herz | Pink | N | Wasser | weiblich | + |
| Löwe | Simha | Sonne | Magen | Braun | NW – N | Feuer | männlich | – |
| Jungfrau | Kanya | Merkur | Hüften | Grau | NW -W | Erde | weiblich | – |
| Waage | Tula | Venus | Bauch | Bunt | W | Luft | männlich | = |
| Skorpion | Vrishchika | Mars | Genitalien | Schwarz | SW – W | Wasser | weiblich | + |
| Schütze | Dhanus | Jupiter | Schenkel | Gold | SW – S | Feuer | männlich | = |
| Steinbock | Makara | Saturn | Knie | Gelb | S | Erde | weiblich | – |
| Wassermann | Kumbha | Saturn | Fußgelenk | Braun | SO – S | Luft | männlich | – |
| Fische | Mina | Jupiter | Füße | Weiß | SO – O | Wasser | weiblich | + |

Die Zuordnungen der einzelnen Eigenschaften zu den jeweiligen Zeichen ist nicht in jedem Falle eindeutig. Beispielsweise lassen sich die Farben und die Himmelsrichtungen auch anders zuordnen. Hierbei kommt es immer darauf an, in welchem Zusammenhang oder zu welchem Zweck die Zeichen betrachtet werden.

Der wichtigste Aspekt im Horoskop eines Menschen oder eines Hauses ist die Stellung der Planeten. Die Zeichen sind sekundäre Aspekte, die davon abhängen, wie die Planeten platziert sind. Davon hängt es auch ab, ob das Sonnenzeichen, das Mondzeichen oder der Aszendent eine Situation besser charakterisierten. In der vedischen Astrologie gilt hierbei im Allgemeinen die folgende Reihenfolge für die Wichtigkeit der Einflüsse:

1) Aszendent
2) Mondzeichen
3) Sonnenzeichen

Die folgende Aufstellung beschreibt die Eigenschaften der zwölf Zeichen noch detaillierter:

**Widder** |

*Symbol des Widders*

*Positiv:* Unabhängigkeit, Kraft, Selbstdarstellung, eine starke persönliche Orientierung im Leben, Dynamik, Initiative, Wettbewerb, durchdringende Kraft der Sinneswahrnehmung, wissenschaftliche und logische Fähigkeiten, Forschung, Erfindungen, Entwicklung neuer Ideen, unabhängig, abenteuerlich, geschickt, starke Gefühle und Leidenschaften mit Selbstkontrolle, gute Psychologen und Strategen.

*Neutral:* impulsiv, kritisch, kämpferisch (drückt sich mehr durch den Geist als durch den Körper aus).

*Negativ:* Aggressivität, kopflastig, eigenwillig, starrsinnig, Zorn, manipulativ, rücksichtslos, von den Instinkten geleitet, eitel, selbstzentriert.

**Stier** |

*Symbol des Stiers*

*Positiv:* Beziehungen, Partnerschaft, Kommunikation der Gefühle, Balance, Harmonie, stabil, ausdauernd, gefestigt, Künstler, Poeten, starker Sinn für Schönheit und Form, attraktiv, Geschäftsleute, Geschmack und Würde, Kommunikation auch mit Fremden, gutes Gedächtnis, Familienleben und Heirat, romantisch, hingebungsvoll, erdverbunden, Tradition und Ritual.

*Neutral:* besitzergreifend, sinnlich, lieben Komfort, Schönheit und Luxus, hängen an ihrer Position, schwer zu erzürnen und schwer wieder zu besänftigen.

*Negativ:* materialistisch, Sentimentalität, Bindung an die Vergangenheit.

**Zwillinge** |

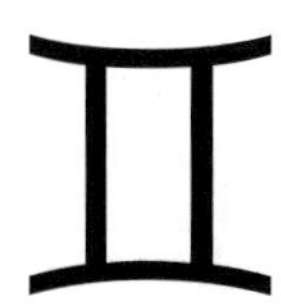
*Symbol der Zwillinge*

*Positiv:* energetisch, Wechsel, Austausch, Bewegung und Neuerung, Schnelligkeit, Anpassungsfähigkeit, Intellekt, Redegewandtheit, Kommunikation, Sprache, Schriftsteller, Journalisten, Poeten, Programmierer, Wissenschaft, Statistik, Information, Wissensliebe, das Zeichen mit den subtilsten Energien.

*Neutral:* impulsiv, kritisch, kämpferisch (drückt sich mehr durch den Geist aus als durch den Körper), starke sexuelle Neigungen, heiraten häufig mehr als einmal, mögen alles, was das Nervensystem reizt oder die Geschwindigkeit im Leben steigert, sehr wechselhaft.

*Negativ:* nervös, ruhelos, agitiert, erschöpfen sich leicht durch übermäßige Anstrengung, Spekulation, Phantasien und unnötige Sorgen, Hypersensibilität, neurotisch, trickreich, unzuverlässig, unentschlossen, so lange unterwegs, bis die Energie zur Neige geht.

**Krebs** |

*Symbol des Krebses*

*Positiv:* offen, freundlich, sympathisch, fürsorglich, nährend, unter dem Zeichen der Mutter, schätzen menschliche Beziehung, Austausch von Gefühlen, umgeben sich mit vielen Leuten, den Bedürfnissen der Massen gegenüber sehr sensibel, gewinnen politischen und sozialen Einfluss, hingegeben, liebend, intuitiv, visionär, empfänglich, kontemplativ, projizieren ihre eigene Überzeugung in die Welt, können im Kreis anderer scheinen wie der Mond.

*Neutral:* streben nach Popularität.

*Negativ:* emotional, zu sensibel, schüchtern, gebunden, abhängig, ausschließende, engstirnige Bindung an Heim, Familie, Nation, Religion usw., durch das Unterbewusste gebunden, defensiv, feige, willensschwach, Mangel an Mut und Initiative.

**Löwe** |

*Symbol des Löwen*

*Positiv:* Ordnung und Harmonie um einen zentralen Willen und Charakter herum, starker Charakter, starker Lebenswille, Selbstbewusstsein, aristokratisch, feine Prinzipien und Intelligenz, philosophisch, starkes und nobles Herz, hoher Standard für sich selbst.

*Neutral:* streben nach Anerkennung, ehrgeizig, dramatisch, dominieren andere, gefallen sich in hohen sozialen Positionen, möchten das Zentrum der Aufmerksamkeit darstellen, schätzen Prestige, Ehre und Respekt.

*Negativ:* stolz, eitel, können durch zu starke Emotionen oder zu großes Geltungsstreben beeinträchtigt sein, leiden unter ihren Kindern.

**Jungfrau** |

*Symbol der Jungfrau*

*Positiv:* Notwendigkeit, die Energien zwischen Körper und Geist zu balancieren, guter Intellekt, Sprache, nervliche Sensibilität, guter Lehrer, starker Wahrheitssinn, Heiler, Arzt, körperliche Übungen, Athleten, Handwerker, Künstler, Schauspieler, bevorzugen Ordnung sowie Sauberkeit und legen Wert auf Details, spirituelles Unterscheidungsvermögen, Philosophien, die auf Reinheit und Loslösung beruhen, gutes Gedächtnis, gute Arbeiter, dienstbereit.

*Neutral:* starker Sinn für Form und Details, praktisches Wissen, selten theoretisches Wissen.

*Negativ:* Neigung zu neurotischem Wesen, wechselhafter Geist, sensibel, wechselhafte Verdauung, körperlich schwach, chronische Krankheiten, nervliche Probleme.

**Waage** |

*Symbol der Waage*

*Positiv:* Führerschaft, Kraft und Herrschaft über Ideen, Reformer, Revolutionäre, Propheten, Idealisten, starker Sinn für Harmonie, Gerechtigkeit und Balance, vor allem im Bereich der Ideen, sie wollen den Himmel auf Erden sehen, sensibel, humanitär, können die Massen bewegen und beeinflussen, starker Sinn für die Welt und die Geschichte, soziale Natur, mögen einen erlesenen Kreis von Freunden um sich herum.

*Neutral:* politische Orientierung, häufig politische Führer und große Generäle, können leicht über das Ziel hinausschießen und Propagandisten werden, mögen Ruhm und Anerkennung und suchen ein Publikum für ihre Ideen, Charisma, nicht so sehr an Heim und Familie interessiert, Beziehung zu astralen Ebenen.

*Negativ:* Fanatiker, erregbar, verlieren sich leicht in ihren Zielen und Projekten.

**Skorpion** |

*Symbol des Skorpions*

*Positiv:* Forschung, Chemiker, Chirurgen, Yoga, Intelligenz, Redner, Poeten, Künstler, Schauspieler, harte Arbeiter, suchen Herausforderungen, sehr entschlossen.

*Neutral:* Notwendigkeit der Balance und Stabilität auf einer tieferen oder psychischen Ebene, Soldaten, Polizisten, Athleten, wenden physische Kraft und Gewalt an, Muskeln, Sport, Technik zur Lenkung von Energie, leidenschaftlich, sexuell gebunden, intensiv, introvertiert, starkes aktives Unterbewusstsein, geschäftsorientiert.

*Negativ:* Aggressivität, kopflastig, eigenwillig, starrsinnig, Zorn, manipulativ, rücksichtslos, von den Instinkten geleitet, eitel, selbstzentriert, können emotional und physisch gewalttätig werden und selbstzerstörerische Natur entfalten.

**Schütze** |

*Positiv:* Würde, Vollendung, volle Harmonie, Wohltätigkeit, der handelnde Wille, positive Lebenseinstellung, großzügig, moralisch, religiös und philosophisch disponiert, streben nach Ausdehnung und Erweiterung, freundlich, dramatisch,

Rechtsanwälte, religiöse Führer, erfolgreiche Geschäftsleute, athletisch, mögen Natur und Wildnis, Spiele und Partys, glücklich, alles geht leicht, erben von ihren Eltern, spirituelle Anziehung.

*Neutral:* kritischer Geist, starker Optimismus, werden ungern sesshaft.

*Negativ:* zu konventionell, zu gesetzestreu, moralistisch, zu dogmatisch, selbstgefällig, selbstgerecht, suchen Fehler.

*Symbol des Schützen*

**Steinbock |**

*Positiv:* Macht, Ordnung und Organisation, praktische Verwirklichung, können spirituelle Prinzipien im täglichen Leben manifestieren, harte Arbeit, Erhaltung, große Errungenschaften, Wissenschaft und Technologie, mathematisch.

*Neutral:* Farmer, hart arbeitender Geschäftsmann, eigene Bemühung, starten langsam, viele Hindernisse auf dem Weg, Energie für langfristigen Erfolg, ehrgeizig, müssen mehr Hingabe und Selbstüberwindung lernen und die Abhängigkeit von der äußeren Form überwinden.

*Negativ:* Weltlichkeit, Egoismus.

*Symbol des Steinbocks*

**Wassermann |**

*Positiv:* sind bereit, sich für das Wohl aller zu opfern, sind sehr humanitär veranlagt, nehmen sich der Unterprivilegierten an, können selbstlose Diener des Göttlichen werden.

*Neutral:* Notwendigkeit, seine eigene Individualität zu verstehen und sich gegenüber der Gruppe als Person zu definieren.

*Negativ:* negieren sich selbst, ordnen sich lieber der Gruppe oder anderen unter, neigen leichter zu sexuellen Verfehlungen, tun, was ihnen gesagt wird, können leicht beeinflusst, verwirrt und blockiert werden, Schuldgefühle, fehlendes Charisma.

*Symbol des Wassermanns*

**Fische |**

*Positiv:* freundlich und kommunikativ, Musik, Rituale, Zeremonien.

*Neutral:* vollständige Menge aller Möglichkeiten, aber nicht notwendigerweise deren Integration, emotional, erweiternd, intuitiv und imaginativ, aber nicht unbedingt weise, enthusiastisch, mögen andere beeinflussen, werden jedoch leicht selbst beeinflusst, werden leicht abhängig und machen andere leicht abhängig, amorph, schwer festzulegen, reflektieren die Notwendigkeit des Moments, müssen ihre Vorstellungen beherrschen lernen und Unterscheidungsvermögen entwickeln – dann können sie die kreative Freude der Seele widerspiegeln.

*Negativ:* sentimental, leicht von Gefühlen übermannt, Selbstmitleid, hängen an der Vergangenheit, fehlende Klarheit, unpraktisch, emotionale Störungen, Verdauungsstörungen, nervliche Probleme, Abhängigkeit und Sucht (Zucker und Alkohol), keine guten Führer, fehlendes Selbstbewusstsein.

*Symbol der Fische*

## Die zwölf Häuser

Die zwölf Häuser, beginnend mit dem ersten Haus, dem Zeichen des Aszendenten, sind in der vedischen Astrologie von großer Bedeutung. Sie stehen für die verschiedenen Aspekte des menschlichen Lebens und lassen sich auch den Himmelsrichtungen zuordnen. Aus dieser Zuordnung ergibt sich eine einfache Methode, um die Vastu-Defekte beziehungsweise -Eigenschaften eines Gebäudes mit der Lebenssituation seiner Bewohner in Beziehung zu setzen.

Die folgende Aufstellung listet die wichtigsten Aspekte des Lebens auf, die mit den zwölf Häusern in Beziehung stehen:

**1. Haus (Aszendent)** | Körper, Gesundheit, frühe Lebensphase, persönliche Entwicklung des Kindes, der Charakter als Ganzes, Temperament, Ruhm, Gehirn und Kopf, Lebensdauer, Haare, Haut, Lebensenergie, Vitalität.

**2. Haus** | Sprache, Nahrung, das Geld, das man verdient, Tod, die Fähigkeit zu lernen, Grundschule, Familie der Eltern, Reichtum, rechtes Auge, Wahrhaftigkeit, Gesicht, Ausdrucksvermögen, Wohltätigkeit, Familie.

**3. Haus** | Brüder und Schwestern, kurze Reisen, Briefe, Sport, künstlerisches Talent, Geschäft, rechtes Ohr, Mut, Brust, Hände, Arme, Lungen, Schultern, Wünsche, Mut, kleine Fahrzeuge, Entschlossenheit.

**4. Haus** | Mutter, Land, Beförderung, Glück, Besitz, Immobilien, Erbschaft, große Fahrzeuge, Lebensabend, industrieller Besitz, Arztpraxis, das Haus, Landwirtschaft, Sieg.

**5. Haus** | Kinder, Unterscheidungsvermögen, Intelligenz, Bildung, Ausbildung, Karma aus vorangehenden Leben, vedisches Wissen, Unterhaltung, Bauch, Steuern, Spekulationen, Liebesbeziehungen, die die Ehe gefährden, Empfängnis, Mantras, Religiosität, engere Freundschaften, Minister, Yantra.

**6. Haus** | Schulden, Angst, Krankheiten, Demütigung, Feind, Verbündete, Verwandte, Hüfte, Nabel, unterer Rücken, Verletzungen, Ansammlung von Reichtum, Sport, Abenteuer, Beruf des Vaters, Hindernisse, Probleme, Tumore, Gefangenschaft, Gewinne.

**7. Haus** | Heirat, Ehe, Respekt, Großzügigkeit, Ehepartner, Leidenschaft, Sexualität, Exil.

**8. Haus** | Lebensdauer, Tod, Sorgen und Krankheiten, Hindernisse, Glück und Unglück, Amputation, Erbschaft, Geschlechtsorgane.

**9. Haus** | Hingabe, Guru, Vater, Medizin, Religiosität, Glück, Pflicht, ruhmreiche Taten, Ruhm, Wohltätigkeit, Bußen, Pilgerreisen, Schenkel, Hüften, Meditation.

**10. Haus** | Tätigkeit, Arbeit, Beruf, Ruhm, Popularität, Erfolg, Medizin, Wohlstand, Schätze, Dienst.

**11. Haus** | Einkommen, Erfüllung, Weisheit, ältester Bruder, Erfüllung der Wünsche, Frauen, gute Neuigkeiten, spezielle Position, Knie, Ohren, finanzieller Gewinn, Edelsteine, Liebesbeziehungen.

**12. Haus** | Verluste, schlechte Taten, Befreiung von materieller Bindung, Verlust des Ehepartners, Reisen, Leben in einem fernen Land, Exil, Beliebtheit, heimliche Feinde, Füße.

*Das Mandala des Südsüdostens*

Dieses Mandala fördert den Enthusiasmus, die Beweglichkeit und die Kraft. Daher mag es bei Depressionen angewandt werden. Es eignet sich jedoch nicht für das Schlafzimmer.

*Das Mandala des Westens*

Das West-Mandala balanciert das gesamte energetische Feld und fördert die Kommunikation. Es eignet sich gut für Schlafzimmer aller Art.

Außerdem sind die zwölf Häuser den vier Grundkategorien des menschlichen Lebens zugeordnet:

| Religiosität, Pflicht, Verantwortung (Dharma) | wirtschaftliche Entwicklung, Geschäft (Arhta) | Sinnesbefriedigung, Wünsche, Sexualität (Kama) | Befreiung vom materiellen Dasein (Moksha) |
|---|---|---|---|
| 1. Haus | 2. Haus | 3. Haus | 4. Haus |
| 5. Haus | 6. Haus | 7. Haus | 8. Haus |
| 9. Haus | 10. Haus | 11. Haus | 12. Haus |

*Das Mandala des Südsüdwestens*

Dieses Mandala vermittelt Sicherheit und vermindert Stress und Druck. Es sollte jedoch nicht im Büro oder in Geschäftsräumen angewandt werden.

Die folgende Liste ordnet den zwölf Häusern die ihnen entsprechenden Himmelsrichtungen zu:

| Haus | Himmelsrichtung | Haus | Himmelsrichtung |
|---|---|---|---|
| 1 | Osten | 7 | Westen |
| 2 | Nordosten: östlicher Bereich | 8 | Südwesten: westlicher Bereich |
| 3 | Nordosten: nördlicher Bereich | 9 | Südwesten: südlicher Bereich |
| 4 | Norden | 10 | Süden |
| 5 | Nordwesten: nördlicher Bereich | 11 | Südosten: südlicher Bereich |
| 6 | Nordwesten: westlicher Bereich | 12 | Südosten: östlicher Bereich |

*Das Mandala des Ostsüdostens*

Dieses Mandala fördert den Frieden und die Balance der Energien im Raum. Im Büro- oder Arbeitszimmer sollte es jedoch nicht angebracht werden.

Dieser Zuordnung entsprechend, können Probleme oder Besonderheiten, die das Leben der Bewohner eines Gebäudes betreffen, mit den acht Himmelsrichtungen in Beziehung gesetzt werden. Hierbei sind die Nebenhimmelsrichtungen jeweils in zwei Teile geteilt und je zwei Häusern zugeordnet. Der Nordosten ist beispielsweise in einen nördlichen und einen östlichen Bereich unterteilt. Der nördliche Bereich des Nordostens ist dem dritten Haus und der östliche Bereich dem zweiten Haus zugeordnet.

Daraus ergibt sich die Möglichkeit, einer bestimmten Schwäche oder einem Problem eine der Himmelsrichtungen zuzuordnen und dort nach einem entsprechenden Vastu-Defekt zu suchen, der mit dem jeweiligen Problem in Zusammenhang stehen könnte. Diese Defekte sollten dann entweder auf der physischen Ebene behoben oder, falls das nicht möglich ist, mit Hilfe eines entsprechenden Yantras ausgeglichen werden. Man kann auch versuchen, ein gewisses Gegengewicht zu schaffen, indem man den betroffenen Bereich mit einer Farbe streicht, die dem Defekt entgegenwirkt.

Liegt beispielsweise das Problem bei einem bestimmten Bewohner des Hauses und ist es mit einem seiner Häuser im Horoskop verbunden, so sollte man prüfen, welches Tierkreiszeichen mit dem betroffenen Haus im Horoskop des Bewohners zusammenfällt. Die Farbe des befreundeten Elements des entsprechenden Tierkreiszeichens kann dann zum Ausgleichen des bestehenden Defekts verwendet werden. Die folgende Tabelle ordnet dem Zeichen des Zodiaks die Elemente und jeweils eine Farbe zu.

| Zodiak-Zeichen | Element | Farbe | Seelenverwandtschaft | Freund | Feind |
|---|---|---|---|---|---|
| Widder<br>Löwe<br>Schütze | Feuer | Rot | Luft | Erde | Wasser |
| Stier<br>Jungfrau<br>Steinbock | Erde | Gelb | Wasser | Feuer | Luft |
| Zwilling<br>Waage<br>Wassermann | Luft | Blau | Feuer | Wasser | Erde |
| Krebs<br>Skorpion<br>Fische | Wasser | Weiß | Erde | Luft | Feuer |

Man kann die Farbe des befreundeten Elements zum Ausgleich des jeweiligen Defektes benutzen.

*Beispiel:* Treten in einem Gebäude wiederholt Eheprobleme auf, so ist das siebte Haus negativ betroffen. Die zu betrachtende Himmelsrichtung ist damit der dem siebten Haus zugeordnete Westen. Der Westen wird vom Saturn beherrscht, der in der Ehe große Probleme zwischen Mann und Frau auslösen kann. In diesem Haus sollten die Vastu-Eigenschaften des Westens sehr sorgsam analysiert werden. Befindet sich dort beispielsweise der Haupteingang, mag hierin eine Ursache für die Eheprobleme liegen, insbesondere wenn ein ungünstiger Bereich des Westens für den Haupteingang gewählt wurde. Außerdem sollten alle Saturnaspekte des Hauses wie Abstellräume, die Mülllagerung, das Speisezimmer und die Speisekammer sehr sorgfältig auf Vastu-Defekte untersucht werden. Aus dem Horoskop der beiden Ehepartner können weitere Hinweise für die Lösung des Problems abgelesen werden. Hieraus lässt sich beispielsweise ermitteln, welche Planeten an der Misere beteiligt sind und deren Entsprechung im Gebäude finden.

## Das Horoskop der Bewohner des Hauses

Um das Horoskop eines bestimmten Bewohners des Hauses mit dem Haus in Beziehung zu setzen, sollte man zunächst den Grundriss in die acht Bereiche der Himmelsrichtungen unterteilen, wobei die Nebenhimmelsrichtungen zusätzlich jeweils in zwei Bereiche unterteilt werden. Dann können Sie die Nummern der Häuser, mit dem Osten beginnend, in den Grundriss eintragen. Der Osten entspricht dem ersten Haus. Dort sollten Sie ebenfalls den Aszendenten eintragen. Dann tragen Sie vom ersten Haus ausgehend entgegen dem Uhrzeigersinn die übrigen elf Zeichen des Zodiaks in diejenige Himmelsrichtung ein, die den entsprechenden Häusern zugeordnet sind. Schließlich wird die Lage der Planeten des Horoskops des jeweiligen Bewohners in die den zwölf Häusern entsprechenden Bereiche des Grundrisses eingezeichnet.

Dadurch erhält man die Beziehung der Planeten, die die einzelnen Himmelsrichtungen beherrschen, und der Planeten, die die verschiedenen Aspekte und Räumlichkeiten in den Gebäuden beherrschen, zu den Planeten im Horoskop des Bewohners. Um daraus weitere Schlussfolgerungen ableiten zu können, bedarf es jedoch vertiefter Kenntnisse in vedischer Astrologie.

*Kapitel 12*

# Die Qualitäten der Himmelsrichtungen und der Aszendent

Der im letzten Kapitel beschriebenen Methode folgend, kann man für jeden einzelnen Aszendenten, durch die Zuordnung der Tierkreiszeichen zu den zwölf Häusern und den Himmelsrichtungen, die spezifischen Qualitäten der einzelnen Himmelsrichtungen bestimmen. Natürlich gelten weiterhin die allgemeinen Aussagen des Vastu. Die folgenden Angaben sind als Modulationen der umfassenden Grundprinzipien des Vastu anzusehen. Außerdem sollte diese Analyse mit der Bewertung der Richtungen – gemäß der eigenen Himmelsrichtung – abgestimmt werden. Im Zweifelsfall sollte die Bewertung nach der eigenen Richtung als stärker angesehen werden.

Die Reihenfolge der Beurteilungskriterien ist also folgende:

- Beurteilung auf Grund der allgemeinen Vastu-Prinzipien
- Die Berücksichtigung der eigenen Richtung
- Die Berücksichtigung des Aszendenten

Im Einzelfall kann sich die Situation jedoch zu Gunsten der persönlichen Beurteilung umkehren. Die Wertigkeit muss von Fall zu Fall entschieden werden. Dies erfordert Wissen, Intuition und Erfahrung.

## Aszendent Widder

*Osten (1. Haus, Widder)* | Für den Aszendenten Widder ist der Osten ein sehr energetischer Bereich, der eine gute Widerstandsfähigkeit gegen Krankheiten und eine gute allgemeine Gesundheit verleiht, jedoch anfällig für Fieber, Kopfschmerzen und Erkältungskrankheiten macht.

*Nordosten/östlicher Bereich (2. Haus, Stier)* | Dieser Bereich des Nordostens fördert für den Aszendenten Widder die finanzielle Sicherheit, die Aneignung von Besitztümern wie Kunstgegenstände und Geldanlagen. Er fördert kreative Ideen und deren Umsetzung.

*Nordosten/nördlicher Bereich (3. Haus, Zwillinge)* | Dieser Bereich im Norden des Nordostens eignet sich hervorragend für kommunikative Zwecke (Konferenzraum) oder analytische intellektuelle Tätigkeiten.

*Norden (4. Haus, Krebs)* | Der Norden sollte für den Aszendenten Widder sehr friedlich sein und familiäre Zwecke fördern. Auch eignet er sich gut als Lese- oder Studierzimmer.

*Nordwesten/nördlicher Bereich (5. Haus, Löwe)* | Der Aszendent Widder sollte diesen Bereich mit positiven Vastu-Eigenschaften gestalten, wenn er Kinder haben möchte. Auch sollte er hier Sport treiben und diesen Bereich des Nordwestens für musische und kulturelle Zwecke nutzen. Seine Qualität fördert den sinnlichen und musischen Aspekt des Lebens.

Menschen mit Aszendent Widder gehen im Allgemeinen impulsiv ans Leben heran, wobei sie die Neigung besitzen, erst zu handeln und dann zu denken. Es fällt ihnen schwer, Dinge zu Ende zu bringen, die sie begonnen haben.

Sie haben auch die Neigung, die Dinge zu sehr aus ihrer eigenen Sicht heraus zu beurteilen. Trotzdem gelten sie bei ihren Freunden als großzügig und von gutem Charakter.

*Nordwesten/westlicher Bereich (6. Haus, Jungfrau)* | Der westliche Bereich des Nordwestens fördert für den Aszendenten Widder selbstständige berufliche Tätigkeiten; ein Büro wäre dort gut platziert. Defekte in diesem Bereich können berufliche Unstabilität herbeiführen. Sie erhöhen die Tendenz, Geschwüre zu bilden, und können die Ursache von Erkrankungen des Magens und der Gedärme sein. Der Aszendent Widder sollte in diesem Bereich für genügend frische Luft sorgen und physische Aktivitäten mit viel Bewegung ausführen.

*Westen (7. Haus, Waage)* | Als Schlafzimmer für Paare gut geeignet. Defekte im Westen können jemanden mit Aszendent Widder leicht eifersüchtig machen.

*Südwesten/westlicher Bereich (8. Haus, Skorpion)* | Dieser Bereich eignet sich nicht für geschäftliche Unternehmungen und Büros. Auf andere Arten harter Arbeit, die nicht mit finanziellen Transaktionen in Zusammenhang stehen, wirkt er sich förderlich aus.

*Südwesten/südlicher Bereich (9. Haus, Schütze)* | Der südliche Bereich des Südwestens hängt mit den Lehrern zusammen, die man im Leben bekommt, und ist ein guter Ort für Spiritualität. Gute Vastu-Eigenschaften in diesem Bereich fördern die Beziehungen zu den Lehrern, die man im Leben erhält, beziehungsweise helfen dabei, gute Lehrer zu finden.

*Süden (10. Haus, Steinbock)* | Hier herrscht ein kombinierter Einfluss von Mars und Saturn. Dadurch ziehen sich Aktivitäten, die dort ausgeführt werden, häufig in die Länge und verzögern sich. Auch ein langsamer Start ist für diese Richtung charakteristisch. Der Süden fördert für jemanden mit Aszendent Widder alle Berufe, die mit Form, Disziplin und Struktur zu tun haben. Hierzu gehören Tätigkeiten in Zusammenhang mit Metallen, Bildhauerei, Wissenschaft und Forschung. Trotz des langsamen Starts hat diese Richtung das Potenzial zur langsamen, aber stetigen Entwicklung.

*Südosten/südlicher Bereich (11. Haus, Wassermann)* | Harte Arbeit, die im südlichen Bereich des Südostens ausgeführt wird, wird belohnt und bringt ein gutes Einkommen. Hierzu ist es jedoch von Wichtigkeit, dass die Aspekte des Gebäudes, die mit dem Saturn verbunden sind, den Prinzipien des Vastu entsprechend platziert werden. Hierzu gehören Abstellräume, Müllräume und das Speisezimmer.

*Südosten/östlicher Bereich (12. Haus, Fische)* | Der östliche Bereich des Südostens eignet sich für den Aszendenten Widder besonders gut für einen Raum, in den er sich zurückziehen kann, um seine religiösen und ruhigen Seiten zu entwickeln. Defekte in diesem Bereich

| | | |
|---|---|---|
| **Norden:** Sport, Musik, Kultur<br>**Westen:** Bewegung, selbstständige Tätigkeiten | Lesezimmer<br>Familiäre Zwecke | **Norden:** Wissenschaft, Computerarbeit<br>**Osten:** Geldanlagen, Umsetzung kreativer Ideen |
| Schlafzimmer für Paare | 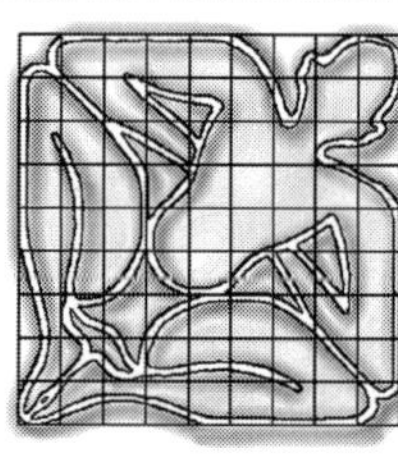 | Energie<br>Gesundheit |
| **Westen:** Büro, Geschäfte<br>**Süden:** Lehrer, Spiritualität | Verzögerungen, Wissenschaft, Disziplin | **Osten:** Spiritualität, Ruhe<br>**Süden:** Harte Arbeit, gutes Einkommen |

*Aufteilung und Nutzung eines Hauses für den Aszendenten Widder.*

können dazu führen, dass Geld sehr verschwenderisch ausgegeben wird. Liegen gleichzeitig im Nordwesten keine Vastu-Defekte vor, führt dieses Verhalten jedoch nicht zum finanziellen Ruin, da immer genug Geld nachfließt.

## Aszendent Stier

*Osten (1. Haus, Stier)* | Für den Aszendenten Stier mögen sich Defekte im Osten in Form von Augenproblemen, Hautkrankheiten, Drüsenschwellungen, Halsschmerzen oder Problemen mit den Mandeln äußern.

Menschen mit Aszendent Stier sind geduldig, beobachtend und ihren Freunden, Kollegen und ihrer Familie gegenüber loyal. Sie sprechen im Allgemeinen nur dann, wenn sie etwas Wichtiges zu sagen haben. Zwar sind sie nicht so leicht aus der Ruhe zu bringen, doch reizt man sie zu sehr, können sie wild wie ein Stier werden. Sie besitzen eine produktive, aber auch kontrollierende Natur, die sich leicht als unflexibel herausstellen kann.

*Nordosten/östlicher Bereich (2. Haus, Zwillinge)* | Der östliche Bereich des Nordostens fördert die geschäftliche Intelligenz und Redegewandtheit. Finanzielle Angelegenheiten können sich allenfalls positiv entwickeln, jedoch auch Hochs und Tiefs erleben. Sparsamkeit und Genügsamkeit sind hier angeraten.

*Nordosten/nördlicher Bereich (3. Haus, Krebs)* | Dieser Bereich im Norden des Nordostens eignet sich hervorragend für Musik und Kunst. Er fördert das Gedächtnis und sollte farblich ansprechend gestaltet werden. Helle Farben, Pastelltöne, Gelb, Weiß und Pink eignen sich für diesen Bereich.

*Norden (4. Haus, Löwe)* | Der Norden eignet sich für Menschen mit Aszendent Stier für ein luxuriös eingerichtetes Wohnzimmer mit erlesener, reich verzierter Möblierung. Er fördert auch künstlerische Hobbys und Talente.

*Nordwesten/nördlicher Bereich (5. Haus, Jungfrau)* | Für den Aszendenten Stier wird im nördlichen Nordwesten die Wechselhaftigkeit des Luftelementes noch durch den Einfluss des beweglichen Merkurs verstärkt. Defekte des Nordwestens in diesem Bereich bewirken daher wechselhafte Beziehungen, Unsicherheit sowie ein zynisches Verhalten in der Partnerschaft. Er sollte weder für ein Schlafzimmer für Paare, die Kinder wünschen, noch für ein Kinderzimmer genutzt werden. Befindet sich dort ein Büro, so sollte man mit Investitionen und Ausgaben sehr sorgsam umgehen. Es besteht die Tendenz, diese hastig und übereilt vorzunehmen. Ein Verkaufsraum könnte in dieser Richtung eingerichtet werden.

*Nordwesten/westlicher Bereich (6. Haus, Waage)* | Der westliche Nordwesten eignet sich für jemanden mit Aszendent Stier sehr gut für alle Tätigkeiten, die ihn in Kontakt mit der Öffentlichkeit bringen. Er fördert Werbung, Verkauf, Auslieferung von Waren, Präsentationen sowie persönliche Dienstleistungen und Beratungen. Defekte in dieser Richtung mögen Probleme mit den Augen, der Haut, den Nieren oder dem Bauch hervorbringen.

*Westen (7. Haus, Skorpion)* | Defekte im Westen mögen Streit in der Ehe, Eifersucht, Leidenschaft, Partnerschaftskrisen und sogar Scheidungen herbeiführen. Als Schlafzimmer für Ehepaare ist der Westen daher nur bedingt geeignet.

*Südwesten/westlicher Bereich (8. Haus, Schütze)* | Dieser Bereich eignet sich für den Aszendenten Stier sehr gut für geschäftliche Unternehmungen, vor allem solche, die sich um die Erbschaft anderer kümmern. Wichtig ist es jedoch, hastige Entscheidungen und geschäftliche Extravaganzen sorgsam zu vermeiden.

*Südwesten/südlicher Bereich (9. Haus, Steinbock)* | Auch für den Aszendenten Stier spiegeln sich die Beziehungen zu seinem Vater und seine Lebenswerte in diesem Bereich wider. Der starke Einfluss des Saturn sollte bei der Nutzung der Räume in dieser Richtung berücksichtigt werden. Er verlangt nach Struktur und Disziplin und fördert keine spontanen, schnellen Aktivitäten. Tradition und Religiosität werden in dieser Richtung gefördert.

*Süden (10. Haus, Wassermann)* | Der Aszendent Stier sollte den Süden nutzen, um einen Bereich zum freien Ausdruck zu schaffen. Diese Richtung fördert für ihn Tätigkeiten, die mit der Öffentlichkeit in Beziehung stehen, wie Werbung, soziale Dienste, Organisation von Gemeinschaften und Ähnliches. Der Süden ist für ihn auch eine Basis finanzieller Stabilität.

| | | |
|---|---|---|
| **Norden:** Sehr wechselhaft<br>**Westen:** Werbung, Verkauf, Beratung | Luxuriöses Wohnzimmer<br>Künstlerische Talente | **Norden:** Musik, Kunst, helle Farben<br>**Osten:** Intelligenz, Rede, Sparsamkeit |
| Streit, Eifersucht | 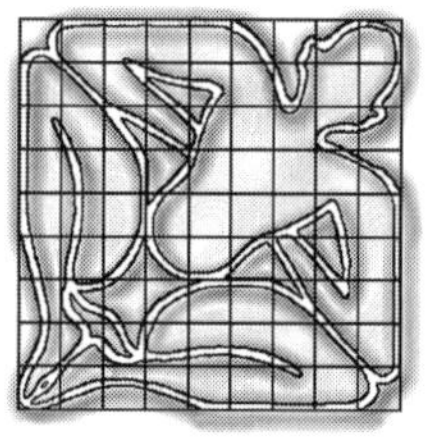 | Energie Gesundheit |
| **Westen:** Geschäfte, Erbschaft<br>**Süden:** Struktur, Disziplin, Tradition | Werbung, soziale Dienste | **Osten:** Übermäßiger Luxus, Verschwendung<br>**Süden:** Geschäfte, Handel |

*Aufteilung und Nutzung eines Hauses für den Aszendenten Stier.*

*Südosten/südlicher Bereich (11. Haus, Fische)* | Der südliche Bereich des Südostens fördert für den Aszendenten Stier den geschäftlichen Erfolg und erweitert damit den Kreis seiner Freunde und Kollegen, die sich davon angezogen fühlen. Dinge, die dort geschehen, erfahren den förderlichen und erweiternden Einfluss des Jupiters. Diese Richtung fördert Verdienste und Errungenschaften sowie auch den Stolz auf diese. Handel und Tausch finden hier Unterstützung.

*Südosten/östlicher Bereich (12. Haus, Widder)* | Diese Richtung fördert für jemanden mit Aszendent Stier die Neigung, durch übermäßigen Luxus große Ausgaben zu haben. Falls im Gebäude die Marsaspekte dominieren und der Süden Defekte aufweist, kann eine Tendenz zu aggressivem Verhalten hervorgerufen werden.

## Aszendent Zwillinge

*Osten (1. Haus, Zwillinge)* | Für Leute mit Aszendent Zwillinge mögen sich Defekte im Osten in Form von Lungenproblemen, Bronchitis und Erkältungskrankheiten äußern. Im Osten sollte daher für gute Lüftung gesorgt sein. Er bietet sich zur Aufrechterhaltung der Gesundheit, für körperliche Übungen und Hatha-Yoga an. Der Osten sollte im Haus mental stimulierend und belebend gestaltet werden und ist ein guter Ort für anregende Unterhaltungen und Kultur.

Menschen mit Aszendent Zwillinge benötigen ständig etwas, um ihren Geist zu stimulieren. Daher haben sie eine Vorliebe für Vorträge, Museen, Filme, Konzerte und das Theater. Obwohl sie intelligent, witzig und unterhaltsam sind, besitzen sie nicht die Gabe, anderen zuhören zu können. Auch für sie stellt es eine Herausforderung dar, Dinge fertig zu stellen, die sie einmal begonnen haben.

*Nordosten/östlicher Bereich (2. Haus, Krebs)* | Der östliche Bereich des Nordostens fördert für jemanden mit Aszendent Zwillinge Berufe, die mit Architektur, Kunst, Musik oder Restaurants in Zusammenhang stehen. Defekte können zu Ruhelosigkeit, Konzentrationsschwächen und finanziellen Fluktuationen führen.

*Nordosten/nördlicher Bereich (3. Haus, Löwe)* | Dieser Bereich im Norden des Nordostens fördert die Selbstsicherheit und Stärke des Geistes. Auch Intelligenz, Kampfkraft, geistige Disziplin und Kreativität finden in dieser Richtung Unterstützung. Sie eignet sich dafür, an der Erfüllung von Wünschen und Träumen zu arbeiten.

*Norden (4. Haus, Jungfrau)* | Der Norden fördert die Kommunikation und bietet intellektuelle Stimulation. Defekte im Norden mögen zu Ruhelosigkeit und Wohnungswechsel führen. Er eignet sich gut für ein Wohn- und Schlafzimmer.

*Nordwesten/nördlicher Bereich (5. Haus, Waage)* | Für Menschen mit Aszendent Zwillinge ist im nördlichen Nordwesten ein guter Bereich, um kreativ mit anderen zusammenzuarbeiten. Diese Richtung fördert Kinder, insbesondere deren künstlerische Begabungen. Musik und Spiel finden hier Unterstützung.

*Nordwesten/westlicher Bereich (6. Haus, Skorpion)* | Defekte im westlichen Bereich des Nordwestens führen bei Menschen mit Aszendent Zwillinge zu Verstopfung, Hämorrhoiden und Infektionen der Blase, des Darms oder der Geschlechtsorgane. Es besteht dort die Tendenz des Streites mit den Mitarbeitern und die Gefahr, sich zu überarbeiten.

*Westen (7. Haus, Schütze)* | Diese Richtung fördert für Menschen mit Aszendent Zwillinge die Partnerschaft. Es sollte sich dort jedoch kein Schlafzimmer befinden.

*Südwesten/westlicher Bereich (8. Haus, Steinbock)* | Der westliche Bereich des Südwestens fördert die materielle Absicherung. Der Saturneinfluss auf den finanziellen Bereich deutet in dieser Richtung jedoch auch auf Sparsamkeit und Begrenzung hin. Wichtige geschäftliche Entscheidungen sollten nur nach umfassenden Nachforschungen und Überlegungen getroffen werden.

*Südwesten/südlicher Bereich (9. Haus, Wassermann)* | Für Menschen mit Aszendent Zwillinge verstärkt diese Richtung ihre ohnehin schon vorhandene Neigung, das Leben zu ernst zu nehmen. Dieser Bereich ist optimal für Kultur, Ruhe und Meditation.

*Süden (10. Haus, Fische)* | Der Süden fördert für Menschen mit Aszendent Zwillinge die Beschäftigung mit Religion und Recht, das Lehren und verlegerische Tätigkeiten. Die Qualität des Südens ist für sie deutlich aufgewertet.

*Südosten/südlicher Bereich (11. Haus, Widder)* | Der südliche Bereich des Südostens fördert für Menschen mit Aszendent Zwillinge die Neigung, sich mit Arbeitskollegen zu streiten. Der zusätzliche Marseinfluss verstärkt noch die Präsenz des Feuerelements. Dort sollte unbedingt eine Küche eingerichtet werden.

*Südosten/östlicher Bereich (12. Haus, Stier)* | Die Qualität der Vastu-Eigen-

| | | |
|---|---|---|
| **Norden:** Kunst, Musik, Spiel<br>**Westen:** Tendenz zum Streit und zum Überarbeiten | Wohnzimmer, Schlafzimmer, intellektuelle Stimulation | **Norden:** Intelligenz, Disziplin, Kreativität<br>**Osten:** Kunst, Musik, Restaurant |
| Fördert Partnerschaft<br>Kein Schlafzimmer | 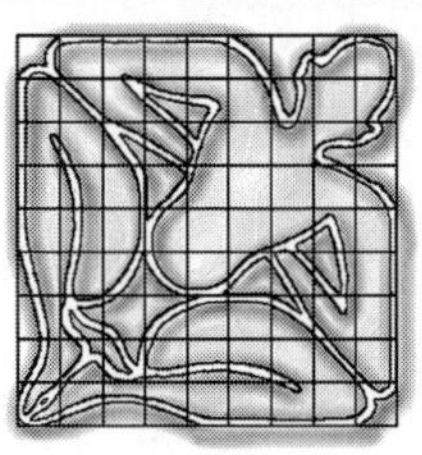 | Hatha-Yoga<br>Kultur, Unterhaltung |
| **Westen:** materielle Absicherung<br>**Süden:** Kultur, Ruhe | Religion, Recht, Lehre | **Osten:** Mit dem Verhalten verbunden, Geld auszugeben<br>**Süden:** Tendenz zu Streit, Feuer sehr stark |

*Aufteilung und Nutzung eines Hauses für den Aszendenten Zwillinge.*

schaften in diesem Bereich haben einen Einfluss darauf, wie ein Mensch mit Aszendent Zwillinge mit Geld umgeht. Sind die Vastu-Eigenschaften gut, so werden seine Großzügigkeit, Spendenfreudigkeit und das Investieren in Dinge, die das Leben angenehmer machen, gefördert. Sind sie nicht gut, so besteht die Neigung zu exzessiver Sinnlichkeit, unnötigen Ausgaben und zum Überessen.

### Aszendent Krebs

*Osten (1. Haus, Krebs)* | Falls sich im Osten das Speisezimmer befindet, sollte man dort einer vernünftigen Diät entsprechend essen, um verdauungsbedingte Krankheiten zu vermeiden. Der Osten eignet sich gut für Hatha-Yoga und andere physische Übungen zur Unterstützung der Gesundheit. Auch Kunst, Poesie und Musik finden dort für den Aszendenten Krebs einen guten Platz.

Menschen mit Aszendent Krebs sind sensible, introvertierte und manchmal auch mysteriöse Menschen, deren Motivation häufig darin besteht, anderen zu helfen. Sie widmen ihre Zeit gerne anderen, haben jedoch Schwierigkeiten, jemanden um Hilfe zu bitten, wenn sie selbst in Not sind. Obwohl sie emotional veranlagt sind, sind sie nicht sehr kommunikativ. Sie drücken ihre tiefsten Gefühle eher durch Kunst, Poesie und Musik aus.

*Nordosten/östlicher Bereich (2. Haus, Löwe)* | Der östliche Bereich des Nordostens eignet sich für den Aszendenten Krebs gut für die Organisation finanzieller Unternehmungen. Diese sollten jedoch von sehr solider Natur sein und keine Spekulationen oder fragwürdigen Geschäfte beinhalten. Ein Geschäftsraum oder Büro wäre in dieser Richtung angemessen.

*Nordosten/nördlicher Bereich (3. Haus, Jungfrau)* | Dieser Bereich im Norden des Nordostens eignet sich hervorragend für ein Arbeitszimmer, in dem wissenschaftlich, mathematisch oder im Bereich Computerprogrammierung gearbeitet wird. Räume in dieser Richtung fördern das Gedächtnis und die Aufmerksamkeit, doch auch körperlich anstrengende Tätigkeiten können hier ausgeführt werden.

*Norden (4. Haus, Waage)* | Der Aszendent Krebs findet im Norden einen Bereich, den er sich schön, gemütlich und komfortabel einrichten sollte. Ein idealer Ort für familiäre Zwecke, ein Wohnzimmer oder einen Salon, der von der ganzen Familie genutzt wird. Dieser Bereich steht eng mit der Beziehung zur Mutter in Zusammenhang und ist durch die Kombination von Venus und Merkur charakterisiert.

*Nordwesten/nördlicher Bereich (5. Haus, Skorpion)* | Ein guter Bereich für den Aszendenten Krebs, um Sport zu treiben, Musik zu machen oder Abenteuer zu erleben. Defekte im nördlichen Bereich des Nordwestens führen zu unsinnigen Ausgaben und zum Glücksspiel. Man sollte dort Streit mit Kindern vermeiden. Man findet hier einen guten Ort, um Freude mit anderen zu teilen oder sich in Meditation und anderen spirituellen Dingen zu üben.

*Nordwesten/westlicher Bereich (6. Haus, Schütze)* | Defekte in diesem Bereich fördern Erkrankungen der Leber und des Pankreas. Der Nordwesten ist der richtige Ort für rechtliche Angelegenheiten, Lehren und Reden. Auch Massagen, Kuren und Heilanwendungen finden hier einen geeigneten Platz.

*Westen (7. Haus, Steinbock)* | Nicht als Schlafzimmer für Paare geeignet. Defekte im Westen können Eheprobleme hervorrufen. Der Westen ist ein guter Aufenthaltsraum für im Aszendent Krebs Geborene.

*Südwesten/westlicher Bereich (8. Haus, Wassermann)* | Kein guter Ort zum Schlafen für Ehepaare, aber ein guter Ort für geschäftliche Unternehmungen, die grundsolide sind und keine Spekulationen beinhalten. Der Aszendent Krebs sollte dabei eher seiner eigenen Intuition als dem Rat anderer folgen. Auf keinen Fall sollten hier ein

Handwerksraum oder eine Dunkelkammer eingerichtet werden, um Unfälle zu vermeiden.

*Südwesten/südlicher Bereich (9. Haus, Fische)* | Dieser Bereich ist für den Aszendenten Krebs sehr positiv. Er fördert Wahrheit, Gerechtigkeit, Religiosität und Spiritualität. Alle Belange, die mit dem Vater verbunden sind, stehen mit dieser Richtung in Beziehung. Eine gute Nutzung dieses Bereichs wäre für den Aszendenten Krebs eine Bibliothek oder auch ein Lesezimmer.

*Süden (10. Haus, Widder)* | Für den Aszendenten Krebs herrscht hier ein potenzierter Marseinfluss. Dieser Bereich fördert Leidenschaft, Kraft sowie Ehrgeiz und erhöht das Feuer. Marsberufe wie Soldat, Polizist, Forscher, Athlet und andere werden dort gefördert. Diese Richtung ist vor allem auch für Ärzte und Chirurgen geeignet.

| | | |
|---|---|---|
| **Norden:** Sport, Musik, Abenteuer<br>**Westen:** rechtliche Dinge<br>Lehren und Reden | Wohnzimmer, Salon<br>Beziehung zur Mutter | **Norden:** Wissenschaft, Computerarbeit<br>**Osten:** Organisation solider Geschäfte |
| Nicht als Schlafzimmer für Ehepaare | 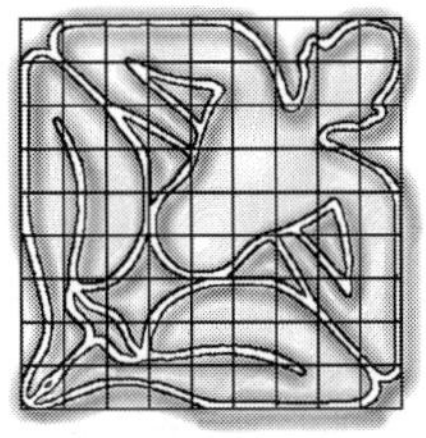 | Yoga, Übungen<br>Kunst, Musik |
| **Westen:** Solide Geschäfte<br>**Süden:** Beziehung zum Vater, Religiosität, Spiritualität | Forschung, Kraft, Ehrgeiz | **Osten:** Forschung, Computer, Planung<br>**Süden:** Genuss, Profit, bleibende Freundschaften |

*Aufteilung und Nutzung eines Hauses für den Aszendenten Krebs.*

*Südosten/südlicher Bereich (11. Haus, Stier)* | Dieser Bereich des Südostens stellt für den Aszendenten Krebs eine sehr sinnliche Richtung dar, die die Erfüllung materieller Wünsche, den Genuss und den Profit fördert. Diese Richtung begünstigt bleibende Freundschaften, die mit der Arbeit in Zusammenhang stehen. Auch die Beziehung zu den älteren Geschwistern wird durch sie positiv beeinflusst.

*Südosten/östlicher Bereich (12. Haus, Zwillinge)* | Der östliche Bereich des Südostens eignet sich für den Aszendenten Krebs besonders für Forschung, detaillierte Planung und Arbeit mit dem Computer (Hard- und Software). Defekte dieses Bereichs verursachen finanzielle Fluktuationen und Verluste. Dieser Bereich sollte für finanzielle Dinge gemieden werden.

## Aszendent Löwe

*Osten (1. Haus, Löwe)* | Für den Aszendenten Löwe mögen sich Defekte im Osten in Form von chronischen Rückenschmerzen, hohem Blutdruck und einer erhöhten Herzinfarktgefahr äußern. Yoga und spirituelle Tätigkeiten finden hier einen sehr guten Platz.

*Nordosten/östlicher Bereich (2. Haus, Jungfrau)* | Der östliche Bereich des Nordostens fördert für jemanden mit Aszendent Löwe Angelegenheiten, die mit Kommunikation, Schule und Lernen in Zusammenhang stehen. Er eignet sich daher sehr gut für das Studierzimmer eines Studenten oder Schülers. Finanzielle Angelegenheiten unterliegen in dieser Richtung wechselhaften Einflüssen und fluktuieren daher ständig.

*Nordosten/nördlicher Bereich (3. Haus, Waage)* | Dieser Bereich im Norden des Nordostens fördert die Fähigkeit, sich öffentlich auszudrücken. Er hilft Rednern, Journalisten, Schauspielern und Schriftstellern, ihre Talente zu entwickeln. Auch die Gesundheit und das Heilen finden in dieser Richtung Unterstützung.

Menschen mit Aszendent Löwe bedeutet ihre Unabhängigkeit sehr viel. Sie sind stolz auf ihre äußere Erscheinung und bringen ein starkes Selbstbewusstsein zum Ausdruck. Tatsächlich brauchen sie jedoch immer die Bestätigung, geliebt und gebraucht zu werden. Sie sind im Allgemeinen ehrlich, loyal, großzügig und kreativ.

*Norden (4. Haus, Skorpion)* | Der Norden steht für Menschen mit Aszendent Löwe sehr eng mit der Beziehung zur Mutter in Verbindung. Die Qualität des Nordens sollte gepflegt werden, um die Beziehung zur Mutter zu verbessern. Defekte im Norden können auch die Beziehung zum Vermieter oder Besitzer des Hauses stören und zu einem frühen Wohnungswechsel führen.

*Nordwesten/nördlicher Bereich (5. Haus, Schütze)* | Für den Aszendenten Löwe eignet sich der nördliche Nordwesten hervorragend, um seine Kreativität zum Ausdruck zu bringen. Er fördert auch seine Beziehung zu Kindern und eignet sich daher gut für einen Ort, wo er sich mit Kindern beschäftigt. Diese Richtung verstärkt Optimismus und Hoffnung und hilft dabei, selbst im Falle von Schwierigkeiten nicht den Mut zu verlieren. Musik und Kultur finden hier Unterstützung.

*Nordwesten/westlicher Bereich (6. Haus, Steinbock)* | Defekte in dieser Richtung bringen Probleme mit den Knien und Knochen, der Haut, den Zähnen und dem Zahnfleisch. Sie fördert den Ehrgeiz sowie die Talente und eignet sich sehr gut für organisatorische Tätigkeiten und anspruchsvolle detaillierte Arbeiten. Allerdings stellen sich Erfolg und Reichtum erst nach harter und anhaltender Arbeit ein.

*Westen (7. Haus, Wassermann)* | Der Westen fördert den pragmatischen Aspekt von Partnerschaften, jedoch nicht deren romantische Seite.

*Südwesten/westlicher Bereich (8. Haus, Fische)* | Diese Richtung fördert für Menschen mit Aszendent Löwe die finanzielle Situation durch Geschenke und Erbschaften. Im geschäftlichen Bereich ist dort Vorsicht vor Blendern geboten.

*Südwesten/südlicher Bereich (9. Haus, Widder)* | Der Einfluss des Planeten Mars in diesem Bereich fördert ein streitbares und kämpferisches Verhalten, wenn es um die Durchsetzung der eigenen Meinung in den Bereichen Religion, Politik, Ethik und Philosophie geht. Defekte in dieser Richtung fördern die Aggressivität und die übermäßige Betonung der eigenen Unabhängigkeit. Auch Streit mit dem Vater kann dadurch hervorgerufen werden.

*Süden (10. Haus, Stier)* | Der Aszendent Löwe sollte den Süden nutzen, um künstlerische Tätigkeiten auszuführen, die mit Bildhauerei, Gesang, Tanz, Design oder Schmuck zusammenhängen.

| | | |
|---|---|---|
| **Norden:** Kreativität, Optimismus, Kinder<br>**Westen:** Organisation, Verwirklichung der Talente | Beziehung zur Mutter | **Norden:** Rede, Journalismus, Schreiben<br>**Osten:** Studium, Kommunikation |
| Fördert den pragmatischen Aspekt von Partnerschaften | 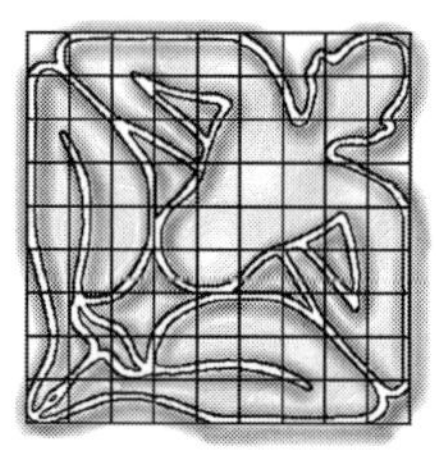 | Hatha-Yoga<br>Spiritualität |
| **Westen:** Geschenke, Erbschaft<br>**Süden:** Stärkt Selbstbewusstsein | Kunst, Gesang, Design | **Osten:** Ruhe, Erholung<br>**Süden:** Handel, Geschäft, Kommunikation |

*Aufteilung und Nutzung eines Hauses für den Aszendenten Löwe.*

*Südosten/südlicher Bereich (11. Haus, Zwillinge)* | Der südliche Bereich des Südostens fördert für den Aszendenten Löwe den geschäftlichen Erfolg durch Handel, finanzielle Transaktionen und Kommunikation.

*Südosten/östlicher Bereich (12. Haus, Krebs)* | Diese Richtung fördert für jemanden mit Aszendent Löwe die Neigung, sich für längere Zeiträume zurückzuziehen, um zu schreiben, sich zu erholen, nachzudenken und sich vom Druck der Welt zu befreien. Im finanziellen Bereich fördert sie die Neigung, unnötig Geld auszugeben.

## Aszendent Jungfrau

*Osten (1. Haus, Jungfrau)* | Für den Aszendenten Jungfrau mögen sich Defekte im Osten in Form von Verdauungsstörungen, Geschwüren, Magenproblemen und nervlichen Störungen äußern. Regelmäßige physische Übungen oder Hatha-Yoga im Osten können die Gesundheit sehr fördern. Ebenso die Zufuhr von Vitamin B und eine ausgewogene Diät. Tätigkeiten, die sehr detailliert sind, finden im Osten Unterstützung.

Menschen mit Aszendent Jungfrau sind analytisch im Denken und richten ihre Aufmerksamkeit auf die Details, in denen sie sich manchmal verlieren. Sie sind von gutartiger Natur, schüchtern, sanft und eher reserviert. Wenn sie Menschen treffen, die ihnen fremd sind, sind sie im Allgemeinen unsicher.

*Nordosten/östlicher Bereich (2. Haus, Waage)* | Der östliche Bereich des Nordostens fördert für jemanden mit Aszendent Jungfrau geschäftliche Tätigkeiten, die er nicht allein, sondern zusammen mit seinem Lebenspartner ausführt. Eine gemeinsame Boutique, Galerie, ein Antiquitätengeschäft oder Ähnliches finden in dieser Richtung besondere Unterstützung.

*Nordosten/nördlicher Bereich (3. Haus, Skorpion)* | Dieser Bereich im Norden des Nordostens fördert die Fähigkeit, zu sprechen und sich darzustellen, jedoch nicht die des Zuhörens. Hier kommt der konkurrenzfördernde Einfluss des Mars zum Tragen, der auch die Neigung zum Streit fördert.

*Norden (4. Haus, Schütze)* | Der Norden fördert für Menschen mit Aszendent Jungfrau die Fähigkeit und Neigung, fremde Sprachen zu erlernen und fremde Länder zu bereisen. Sie eignet sich auch sehr gut für internationale Betätigungen und Geschäfte auf dem Immobilienmarkt.

*Nordwesten/nördlicher Bereich (5. Haus, Steinbock)* | Für den Aszendenten Jungfrau steht der nördliche Nordwesten für Sparsamkeit und Autorität.

*Nordwesten/westlicher Bereich (6. Haus, Wassermann)* | Defekte in dieser Richtung bringen Herz- und Kreislaufprobleme. Der starke Saturneinfluss in dieser Richtung mag im Alter Rheumatismus und Arthritis verursachen. Als Prophylaxe sollte man im Nordwesten regelmäßige physische Übungen machen, sich genügend Entspannung gönnen und auf seine Ernährung achten. Der westliche Bereich des Nordwestens fördert auch die Neigung des Aszendenten Jungfrau, sich zu überarbeiten.

*Westen (7. Haus, Fische)* | Der Westen fördert den kreativen und künstlerischen Aspekt von Partnerschaften. Ein Schlafzimmer für Paare sollte sich dort jedoch nicht befinden.

*Südwesten/westlicher Bereich (8. Haus, Widder)* | Diese Richtung eignet sich für Menschen mit Aszendent Jungfrau nicht für geschäftliche und finanzielle Nutzung, da der starke Marseinfluss dort hastige Entscheidungen, Fehlurteile und als Ergebnis finanzielle Verluste begünstigen könnte.

*Südwesten/südlicher Bereich (9. Haus, Stier)* | Gute Vastu-Eigenschaften in dieser Richtung fördern die Beziehung zu den Lehrern, zum spirituellen Meister und zum Vater. Dieser Bereich eignet sich gut für Erholung, Kultur, Diskussionen und ein Wohnzimmer.

*Süden (10. Haus, Zwillinge)* | Der Aszendent Jungfrau sollte den Süden nutzen, um Tätigkeiten auszuführen, die mit der Kommunikation und Verbreitung von Meinungen in Beziehung stehen. Journalismus, Schreiben und Werbung werden im Süden gefördert.

*Südosten/südlicher Bereich (11. Haus, Krebs)* | Der südliche Bereich des Südostens bewirkt im finanziellen Bereich eine extreme Fluktuation, die von einem Extrem zum anderen schwankt. Defekte in diesem Bereich können daher das Geschäft ruinieren. Man sollte sehr darauf achten, die Ausgaben auf das Notwendige zu reduzieren beziehungsweise im Rahmen der sicheren Einnahmen zu begrenzen.

| | | |
|---|---|---|
| **Norden:** Sparsamkeit, Autorität<br>**Westen:** physische Übungen, Entspannung | Internationale Beziehungen und Geschäfte, Immobilien | **Norden:** Rede, Sprechen, Konkurrenz<br>**Osten:** Geschäfte, Boutique, Galerie |
| Der kreative und künstlerische Aspekt von Partnerschaften | 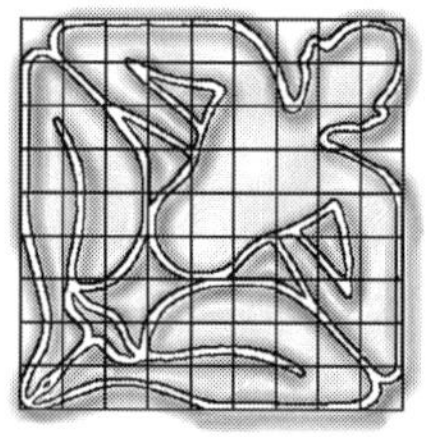 | Hatha-Yoga<br>Detaillierte Tätigkeiten |
| **Westen:** Hastige Entscheidungen, finanzielle Verluste<br>**Süden:** Wohnzimmer, Erholung, Kultur | Kommunikation, Journalismus, Werbung | **Osten:** Forschung, Einsamkeit<br>**Süden:** starke Fluktuationen |

*Aufteilung und Nutzung eines Hauses für den Aszendenten Jungfrau.*

*Südosten/östlicher Bereich (12. Haus, Löwe)* | Diese Richtung eignet sich für die Jungfrau hervorragend, um längere Zeiträume alleine zu sein, um sich tiefgründigen Themen oder der Forschung zu widmen. Hierdurch kann die Jungfrau sowohl schwierige materielle als auch spirituelle Themen meistern.

## Aszendent Waage

*Osten (1. Haus, Waage)* | Für den Aszendenten Waage mögen sich Defekte im Osten in Form von Nierenproblemen, Blaseninfektionen, Hautkrankheiten und Verdauungsstörungen äußern. Der Osten eignet sich besonders gut für therapeutische, beratende und lehrende Tätigkeiten. Es besteht dort jedoch für den Aszendenten Waage die Gefahr, sich zu wenig Zeit zu gönnen.

Menschen mit Aszendent Waage sind sehr auf ihre äußere Erscheinung bedacht und achten daher auf ihre Kleidung. Ihre Meinung spiegelt häufig die von andern wider, und es fällt ihnen schwer, eine eigene Entscheidung zu treffen. Sie sind gute Zuhörer und daher im Allgemeinen gute Ratgeber, Lehrer und Therapeuten. Häufig im Dienst anderer beschäftigt, nehmen sie sich oft zu wenig Zeit für sich selbst.

*Nordosten/östlicher Bereich (2. Haus, Skorpion)* | Ein Kind mit Aszendent Waage mag im östlichen Bereich des Nordostens eine rebellische Natur entwickeln. Diese Richtung eignet sich jedoch gut für sportliche und athletische Zwecke. Im geschäftlichen Bereich kann sie undurchsichtige und hinterhältige Geschäfte fördern. Daher ist bei der geschäftlichen Nutzung dieser Richtung Vorsicht geboten.

*Nordosten/nördlicher Bereich (3. Haus, Schütze)* | Dieser Bereich im Norden des Nordostens fördert die Offenheit und Ehrlichkeit, aber auch die Neigung zu übertreiben. Auch philosophische, religiöse und ethische Themen finden dort einen guten Platz. Ebenso werden hier die Beziehungen zu Freunden, Verwandten, Nachbarn und Kollegen gefördert.

*Norden (4. Haus, Steinbock)* | Defekte im Norden wirken sich für die Waage negativ auf die Beziehung zur Mutter aus. Kinder mit Aszendent Waage sollten dort nicht wohnen. Dieser Bereich eignet sich dagegen gut für ein Wohnzimmer.

*Nordwesten/nördlicher Bereich (5. Haus, Wassermann)* | Für den Aszendenten Waage hat der nördliche Nordwesten eine kreative und intellektuell stimulierende Atmosphäre. Diese Richtung eignet sich gut für soziale und politische Zwecke. Eine finanzielle und geschäftliche Nutzung dieses Bereiches wird jedoch nicht empfohlen.

*Nordwesten/westlicher Bereich (6. Haus, Fische)* | Defekte in dieser Richtung bringen Probleme mit den Lymphknoten und weisen auf Infektionen hin. Auch schwache Füße, eine schlechte Haltung und Rückenprobleme können die Folge sein. Diese Richtung fördert die Selbstständigkeit und ist nicht so gut für Arbeit in einem Beschäftigtenverhältnis geeignet. Sie bringt die Kreativität der Waage zum Ausdruck.

*Westen (7. Haus, Widder)* | Defekte im Westen schaffen Probleme in der Partnerschaft. Diese Richtung fördert keine harmonischen Beziehungen. Ein Schlaf- oder Arbeitszimmer sollte hier nicht eingerichtet werden.

*Südwesten/westlicher Bereich (8. Haus, Stier)* | Diese Richtung eignet sich für Menschen mit Aszendent Waage, um Bücher anzusammeln, eine Bibliothek einzurichten und Schmuck oder Antiquitäten zu lagern. Es ist eine Richtung, die Besitz und den Stolz auf den Besitz fördert.

*Südwesten/südlicher Bereich (9. Haus, Zwillinge)* | Diese Richtung stellt für die Waage einen guten Ort zum Lesen dar und eignet sich für Meetings mit den verschiedensten Leuten. Auch zum Debattieren ist sie geeignet. Sie fördert Tätigkeiten in den Bereichen des Lehrens, Schreibens, Journalismus und Werbens.

*Süden (10. Haus, Krebs)* | Die Waage kann den Süden nutzen, um sich um andere zu kümmern, soziale und therapeutische Tätigkeiten auszuführen oder andere zu pflegen. Diese Richtung stärkt ihre Sensibilität für die Bedürfnisse anderer. Berufe, die mit Immobilien und der Gestaltung von Inneneinrichtungen zusammenhängen, werden hier gefördert. Der Süden ist auch für ein Restaurant, zum Kochen und für ein Antiquitätengeschäft der richtige Ort.

*Südosten/südlicher Bereich (11. Haus, Löwe)* | Der südliche Bereich des Südostens fördert das Bedürfnis der Waage, bewundert zu werden und im Mittelpunkt zu stehen. Er besitzt ein großes Potenzial, viel Geld zu verdienen und öffentliche Anerkennung zu gewinnen. Dieser Bereich hilft, einmal anvisierte Ziele zu erreichen und Vorstellungen zu realisieren.

| | | |
|---|---|---|
| **Norden:** Kreative, intellektuelle und politische Nutzung<br>**Westen:** Selbständigkeit, Kreativität | Wohnzimmer | **Norden:** Religion, Beziehungen, Ehrlichkeit<br>**Osten:** sportliche und athletische Nutzung |
| Kein Schlaf- oder Arbeitszimmer | 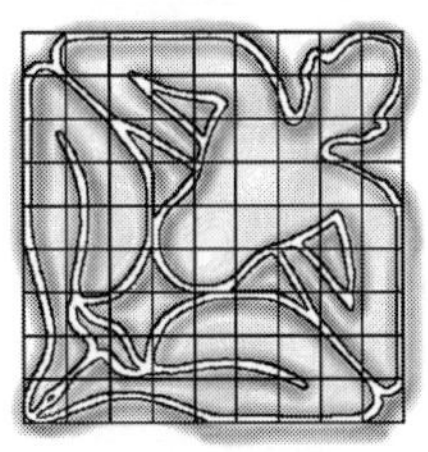 | Therapeutische, beratende und lehrende Tätigkeiten |
| **Westen:** Bibliothek, Antiquitäten, Besitz<br>**Süden:** Lesen, Lehren, Schreiben, Meetings | Soziale und therapeutische Tätigkeiten, Immobilien, Kochen | **Osten:** Forschung, Kreativität, Meditation<br>**Süden:** Verdienst, Anerkennung |

*Aufteilung und Nutzung eines Hauses für den Aszendenten Waage.*

*Südosten/östlicher Bereich (12. Haus, Jungfrau)* | Diese Richtung fördert für jemanden mit Aszendent Waage die Neigung, viele Stunden der Forschung, kreativen Tätigkeiten oder der Meditation und dem Nachdenken zu widmen. Sie fördert auch die Unabhängigkeit der Waage und deren Tendenz, zu viel über sich selbst und die Welt nachzudenken.

## Aszendent Skorpion

*Osten (1. Haus, Skorpion)* | Für den Aszendenten Skorpion mögen sich Defekte im Osten in Form von Blaseninfektionen, Krankheiten der Fortpflanzungsorgane oder Rücken- und Herzproblemen äußern. Auch Depressionen können die Folge sein. Der Osten fördert die Entschlossenheit und die Fähigkeit, die Dinge bis zu ihrer logischen Konsequenz zu bringen.

Menschen mit Aszendent Skorpion besitzen enorme Entschlossenheit und großen Ehrgeiz. Dinge, die sie einmal begonnen haben, bringen sie zu Ende. Sie besitzen jedoch auch die Neigung zur Ruhelosigkeit, und es fehlt ihnen häufig die Fähigkeit, mit ihrem eigenen Erfolg umzugehen. Sie können autoritär und unflexibel sein.

*Nordosten/östlicher Bereich (2. Haus, Schütze)* | Der östliche Bereich des Nordostens bietet dem Skorpion gute finanzielle Möglichkeiten. Weist der Nordosten gute Vastu-Eigenschaften auf und sind die Jupiteraspekte im Haus stark, so ist hier mit gewinnbringenden Investitionen zu rechnen. Andernfalls mögen Fehlspekulationen und Verluste die Folge sein.

*Nordosten/nördlicher Bereich (3. Haus, Steinbock)* | Dieser Bereich im Norden des Nordostens fördert die Konzentration und Verfolgung der eigenen Interessen, jdoch nicht die Kommunikation, was zu Schwierigkeiten mit Freunden, Kollegen, Geschwistern und Nachbarn führen kann. Diese Richtung fördert ebenfalls Depressionen.

*Norden (4. Haus, Wassermann)* | Der Norden verkörpert für den Skorpion die Einsamkeit und das Alleinsein. Defekte im Norden mögen auch zu Schwierigkeiten mit Immobilien und der Ausbildung führen. Auch die Beziehung zur Mutter könnte leiden.

*Nordwesten/nördlicher Bereich (5. Haus, Fische)* | Für den Aszendenten Skorpion fördert der nördliche Nordwesten die Beziehung zu Kindern, von denen er viel lernen kann. Diese Richtung wirkt sich förderlich auf Kunst, Musik, Sport und Theater aus. Im geschäftlichen Bereich unterstützt sie jedoch die Neigung zu gefährlichen Spekulationen.

*Nordwesten/westlicher Bereich (6. Haus, Widder)* | Defekte in dieser Richtung bringen Probleme mit Erkältungen, Grippe, Fieber und Kopfschmerzen. Für Kinder fördert diese Richtung die Gefahr, sich zu schneiden und bei kleinen Unfällen Wunden zuzuziehen. Auch die Neigung, sich mit Kollegen und Freunden zu streiten, ist in dieser Richtung angelegt. Am besten arbeitet man hier alleine.

*Westen (7. Haus, Stier)* | Der Westen fördert in der Partnerschaft sowohl Treue, Loyalität, Vertrauen und Verlässlichkeit, aber auch Leidenschaft und Eifersucht.

*Südwesten/westlicher Bereich (8. Haus, Zwillinge)* | Diese Richtung fördert für Menschen mit Aszendent Skorpion den Instinkt für finanzielle Angelegenheiten. Von dort aus kann der Skorpion sehr erfolgreich sein eigenes Geschäft oder das anderer managen. Es besteht allerdings auch die Neigung zu einem manipulativen Verhalten.

*Südwesten/südlicher Bereich (9. Haus, Krebs)* | Diese Richtung fördert für den Skorpion die Fähigkeit, Sprachen zu lernen und den Wunsch, fremde Länder zu bereisen. Außerdem wirkt sie sich sehr gut auf die akademische Karriere in den Bereichen Anthropologie, Geschichte und Architektur aus.

*Süden (10. Haus, Löwe)* | Der Süden macht den Skorpion ehrgeizig und unternehmungslustig. Er fördert die Neigung, alleine zu arbeiten, sowie die Karriere als Schauspieler, Direktor oder in anderen leitenden Positionen. In erster Linie werden beruflich selbstständige Tätigkeiten begünstigt.

*Südosten/südlicher Bereich (11. Haus, Jungfrau)* | Der südliche Bereich des Südostens fördert für den Skorpion die Erfüllung in intellektuellen Tätigkeiten und der Kommunikation mit Gleichgestellten. Beruflich fördert diese Richtung das Schreiben, Lehren, Astrologie und alle Arten von Geschäften.

| | | |
|---|---|---|
| **Norden:** Beziehung zu Kindern, Musik, Kunst<br>**Westen:** Alleine arbeiten | Einsamkeit, Alleinsein | **Norden:** Konzentration, Depression<br>**Osten:** gute finanzielle Möglichkeiten |
| Treue, Verlässlichkeit, Leidenschaft, Eifersucht | 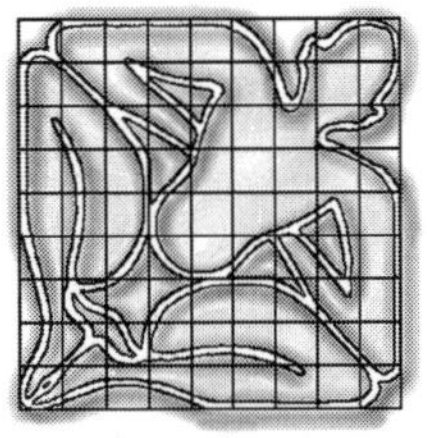 | Entschlossenheit, Konsequenz |
| **Westen:** Geschäft, Management<br>**Süden:** Sprachen, akademische Karriere | Ehrgeiz, selbstständige Tätigkeiten, leitende Position | **Osten:** Extravaganz<br>**Süden:** intellektuelle Tätigkeiten, Schreiben, Geschäfte |

*Aufteilung und Nutzung eines Hauses für den Aszendenten Skorpion.*

*Südosten/östlicher Bereich (12. Haus, Waage)* | Diese Richtung fördert für jemanden mit Aszendent Skorpion die Neigung, durch Extravaganz und einen übertriebenen Lebensstil Verluste zu erleiden. Auch mag der Skorpion hier zu viel von sich selbst erwarten.

## Aszendent Schütze

*Osten (1. Haus, Schütze)* | Für den Aszendenten Schütze mögen sich Defekte im Osten in Form von Problemen mit der Hüfte, mit dem Pankreas oder der Leber äußern. Der Osten fördert die soziale Ader des Schützen, der sich gerne an gesellschaftlichen Anlässen beteiligt. Auch das Lernen und Lehren wird im Osten unterstützt.

*Nordosten/östlicher Bereich (2. Haus, Steinbock)* | Ein Kind mit Aszendent Schütze mag im östlichen Bereich des Nordostens unter Konzentrationsschwächen und Ruhelosigkeit leiden. Geschäftliche oder berufliche Unternehmungen in dieser Richtung erfordern harte Arbeit, um zum Erfolg geführt zu werden.

*Nordosten/nördlicher Bereich (3. Haus, Wassermann)* | Dieser Bereich im Norden des Nordostens fördert die schriftstellerische Ader und das Studium. Er erschwert jedoch das Verständnis für die Mitmenschen, da der Schütze hier leicht das Gefühl entwickeln mag, besser zu sein als andere.

*Norden (4. Haus, Fische)* | Diese Richtung ist sehr gut für Kinder mit Aszendent Schütze geeignet. Sie fördert Optimismus und die Beziehung zu den Eltern.

Menschen mit Aszendent Schütze sind freundlich und ehrlich und besitzen ein soziales Wesen. Während sie nach außen hin optimistisch erscheinen, mögen sie ihre wirklichen Probleme vor anderen verbergen. Sie legen viel Wert auf die äußere Erscheinung und sind selten ehrlich, wenn es um die eigenen Gefühle geht. Sie mögen im Allgemeinen Reisen, Lernen und Lehren.

*Nordwesten/nördlicher Bereich (5. Haus, Widder)* | Der nördliche Nordwesten fördert für den Aszendenten Schütze das Interesse an Sport, Tanz, Schauspielerei und Management. Dieser Bereich eignet sich gut für ein Wohnzimmer, Lesezimmer und zur Meditation.

*Nordwesten/westlicher Bereich (6. Haus, Stier)* | Defekte in dieser Richtung bringen Probleme mit dem Hals, Nacken, der Gesichtsmuskulatur, dem Zahnfleisch, den Augen und Mandeln. Gute Vastu-Eigenschaften in diesem Bereich verleihen ein starkes Immunsystem und machen den Schützen gegenüber Krankheiten resistent.

*Westen (7. Haus, Zwillinge)* | Der Westen fördert beim Schützen intellektuelle, ökonomische und emotionale Bedürfnisse. Er unterstützt auch Partnerschaften und Beziehungen, die in diesen Bereichen Erfüllung erlangen können.

| | | |
|---|---|---|
| **Norden:** Wohnzimmer, Lesezimmer, Meditation<br>**Westen:** starkes Immunsystem | Kindheit, Optimismus, Beziehung zu den Eltern | **Norden:** Studium, Schreiben<br>**Osten:** Konzentrationsschwäche, Ruhelosigkeit |
| Intellektuelle, ökonomische und emotionale Erfüllung | 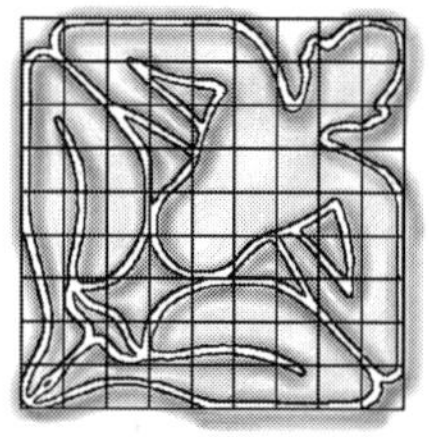 | Lernen und Lehren<br>Fördert die soziale Ader |
| **Westen:** Schwierigkeiten<br>**Süden:** Wissensaneignung | Schreiben, Kommunikation, Forschung | **Osten:** Extravaganz<br>**Süden:** Freundschaften, Kunst, harte Arbeit |

*Aufteilung und Nutzung eines Hauses für den Aszendenten Schütze.*

*Südwesten/westlicher Bereich (8. Haus, Krebs)* | Diese Richtung fördert Schwierigkeiten mit der Mutter, Ruhelosigkeit, hastige und emotionale Entscheidungen und damit auch Schwierigkeiten im geschäftlichen Bereich.

*Südwesten/südlicher Bereich (9. Haus, Löwe)* | Im südlichen Bereich des Südwestens sind autodidaktische Bemühungen sehr vielversprechend, und es herrrscht ein starkes Bedürfnis nach Wissen. Diese Richtung steht auch für einen sehr dominierenden und beherrschenden Vater.

*Süden (10. Haus, Jungfrau)* | Der Schütze kann den Süden nutzen, um zu schreiben und Kommunikation zu seinem Beruf zu machen. Diese Richtung fördert Mathematik, geschäftliche Unternehmungen, Forschung und detaillierte Arbeiten.

*Südosten/südlicher Bereich (11. Haus, Waage)* | Erfüllung ergibt sich im südlichen Südosten durch Freundschaften und die Gemeinschaft mit Menschen, die man mag. Diese Richtung fördert auch künstlerische Berufe und macht harte Arbeit erfolgreich.

*Südosten/östlicher Bereich (12. Haus, Skorpion)* | Diese Richtung fördert für den Schützen die Neigung, ein extravagantes und ausschweifendes Leben zu führen. Auch wird hier die Neigung zum Streit unterstützt.

## Aszendent Steinbock

*Osten (1. Haus, Steinbock)* | Für den Aszendenten Steinbock mögen sich Defekte im Osten in Form von Hautproblemen, Knochen- und Zahnkrankheiten, schwachen

Knien und im späteren Leben in Rheumatismus und Arthritis äußern. Diese Richtung fördert den Ehrgeiz, die Verlässlichkeit, Spiritualität und Ernsthaftigkeit.
*Nordosten/östlicher Bereich (2. Haus, Wassermann)* | Ein Kind mit Aszendent Steinbock mag im östlichen Bereich des Nordostens während seiner frühen Schulzeit Konzentrationsschwierigkeiten und Ungeduld aufweisen. Diese Richtung fördert die Tendenz, sein Geld durch harte Arbeit zu verdienen und sehr sparsam zu sein.

Menschen mit Aszendent Steinbock sind im Allgemeinen reserviert und sprechen wie der Widder nicht viel, falls sie nichts Wichtiges zu sagen haben. Sie streben im Leben nach Erfolg und können ein rücksichtsloses Verhalten an den Tag legen, um ihr Ziel zu erreichen.

*Nordosten/nördlicher Bereich (3. Haus, Fische)* | Dieser Bereich im Norden des Nordostens fördert das Interesse an Philosophie, Gesetz, Sprachen und Politikwissenschaften sowie die Beziehung zu den Geschwistern.

*Norden (4. Haus, Widder)* | Im Norden ist es für den Steinbock schwierig, persönliche Zufriedenheit zu finden. Er steht auch für einen problematischen Familienhintergrund. Ein Wohnzimmer sollte sich hier nicht befinden.

*Nordwesten/nördlicher Bereich (5. Haus, Stier)* | Für den Aszendenten Steinbock eignet sich der nördliche Nordwesten für künstlerische Aktivitäten und das Verbringen einer »ausgelassenen, guten« Zeit. Es besteht jedoch auch die Gefahr übermäßiger Sinnesbefriedigung und unnötiger Ausgaben. Diese Richtung fördert die Beziehung zu den Kindern.

*Nordwesten/westlicher Bereich (6. Haus, Zwillinge)* | Defekte in dieser Richtung bringen Probleme mit den Lymphknoten und weisen auf eine Schwäche der Arme und der Lungen hin. Ebenso können angegriffene Nerven, Bronchialinfektionen oder eine Lungenentzündung die Folge sein. Die Kommunikation mit Mitarbeitern wird in dieser Richtung unterstützt.

*Westen (7. Haus, Krebs)* | Der Westen verursacht wechselnde oder wechselhafte Partnerschaften. In der Partnerschaft fördert er allerdings die emotionale Sicherheit, Sinnlichkeit und Häuslichkeit.

*Südwesten/westlicher Bereich (8. Haus, Löwe)* | In dieser Richtung gelingt es dem Steinbock, Dinge zu initiieren und trotz Hindernissen und Schwierigkeiten zum Erfolg zu bringen. Sie fördert das Selbstvertrauen, den Ehrgeiz und den Erfolg in jeder Hinsicht. Auch der Instinkt und die Intuition des Steinbocks sind in dieser Richtung sehr stark, sodass er eher auf seine eigene Stimme hören sollte als auf den Rat anderer.

*Südwesten/südlicher Bereich (9. Haus, Jungfrau)* | Diese Richtung ist der ideale Ort, um Wissen zu kultivieren. Der Steinbock lernt hier sehr gut Sprachen, Psychologie, Journalismus und Jura.

*Süden (10. Haus, Waage)* | Der Süden fördert die Karriere des Steinbocks als

| | | |
|---|---|---|
| **Norden:** Kunst, Beziehung zu Kindern<br>**Westen:** Kommunikation mit Mitarbeitern | Kein Wohnzimmer | **Norden:** Philosophie, Gesetz, Sprachen, Politik<br>**Osten:** harte Arbeit und Sparsamkeit |
| Emotionale Sicherheit, Sinnlichkeit, Häuslichkeit | 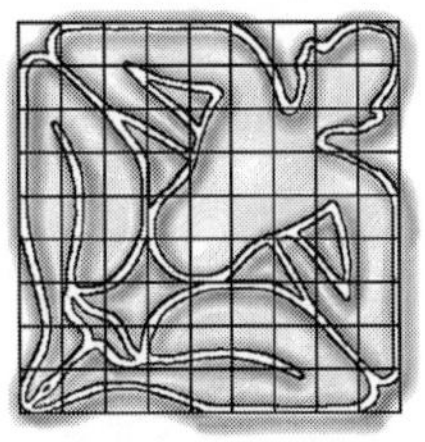 | Ehrgeiz, Verlässlichkeit, Spiritualität |
| **Westen:** Selbstvertrauen, Intuition<br>**Süden:** Sprachen, Jura, Journalismus | Verkauf, Rechtsanwalt, Beratung, Therapie, Tanz, Film | **Osten:** Ruhe, Religiosität<br>**Süden:** Sport, Wettbewerb, harte Arbeit |

*Aufteilung und Nutzung eines Hauses für den Aszendenten Steinbock.*

Verkäufer, Rechtsanwalt, Berater oder Therapeut, da hier seine Fähigkeit unterstützt wird, anderen zuzuhören und auf sie einzugehen. Auch Berufe im künstlerischen Bereich, als Tänzer, Filmemacher oder Kleidermacher, erfahren dort Förderung. Der Süden eignet sich ebenfalls sehr gut für eine Boutique.

*Südosten/südlicher Bereich (11. Haus, Skorpion)* | Der südliche Bereich des Südostens fördert die Zufriedenheit des Steinbocks durch Sport, physische Aktivitäten aller Art und alle wettbewerbsorientierten Tätigkeiten, auch im geschäftlichen Bereich. Er fördert auch Ehrgeiz und harte Arbeit.

*Südosten/östlicher Bereich (12. Haus, Schütze)* | Diese Richtung erweitert, neben den Ausgaben, auch das Bedürfnis nach Ruhe und Zurückgezogenheit, kurz: den inneren Raum. Sie fördert Religiosität und humanitären Einsatz, was häufig wenig Zeit für die eigene Familie lässt. Sparsamkeit, Ansammeln von Geld und Besitztümern können in dieser Richtung ebenfalls Unterstützung erfahren, ebenso wie der verschwenderische Umgang mit Geld, falls die Jupiteraspekte im Haus geschwächt sind.

## Aszendent Wassermann

*Osten (1. Haus, Wassermann)* | Für den Aszendenten Wassermann mögen sich Defekte im Osten in Form von Herzkrankheiten, Kreislaufbeschwerden, Wasseransammlungen und überhöhtem Blutdruck äußern. Der Osten fördert Ernsthaftigkeit, Großzügigkeit und soziale Aktivitäten, jedoch auch Irritierbarkeit, Unflexibilität und die Neigung, sich zu überarbeiten. Auch Launenhaftigkeit und Stimmungsschwankungen des Wassermanns mögen im Osten verstärkt werden.

Menschen mit Aszendent Wassermann sind großzügig, ernst und sozial aktiv, jedoch auch leicht zu irritieren und unflexibel. Sie neigen dazu, sich zu überarbeiten und besitzen ein ungeduldiges Wesen. Häufig sind sie mehr mit der ganzen Welt beschäftigt, als mit den Menschen, die sich direkt um sie herum befinden.

*Nordosten/östlicher Bereich (2. Haus, Fische)* | Diese Richtung fördert gutes Einkommen trotz stetig hoher Ausgaben und Missmanagement. Geld mag durch Ankauf von Land oder durch Geschäfte im Ausland verdient werden.

*Nordosten/nördlicher Bereich (3. Haus, Widder)* | Dieser Bereich im Norden des Nordostens fördert die Erfindungsgabe, Offenheit und Wissbegierde. Schreiben, Journalismus, Wissenschaft, Forschung und Berufe, bei denen Ideen vermittelt werden, finden in dieser Richtung Unterstützung. Es mag jedoch auch ein Konflikt mit den Geschwistern gefördert werden.

*Norden (4. Haus, Stier)* | Der Norden fördert den Optimismus, eine soziale Einstellung und die Fähigkeit zur Zusammenarbeit. Er eignet sich sehr gut für soziale Treffen und andere öffentliche Zwecke, bei denen es um die Gemeinschaft geht. Auch die Beziehung zur Mutter findet hier Unterstützung. Der Norden stellt für den Aszendenten Wassermann einen guten Ort für ein Wohnzimmer dar.



*Nordwesten/nördlicher Bereich (5. Haus, Zwillinge)* | Der nördliche Nordwesten fördert Aktivitäten, die dem Wassermann wenig Zeit für die Familie lassen.

*Nordwesten/westlicher Bereich (6. Haus, Krebs)* | Defekte in dieser Richtung bringen Probleme mit der Brust und dem Bauch. Es mögen dabei auch Bronchitis, Gallensteine, Asthma, Verdauungsprobleme und Magenkrankheiten auftreten. Wasser, das sich in den Beinen und Füßen ansammelt, mag zu Herzkrankheiten führen. In dieser Richtung kann der Wassermann nicht gut mit anderen zusammenarbeiten.

| | | |
|---|---|---|
| **Norden:** Aktivität<br>**Westen:** schlechte Zusammenarbeit | Zusammenarbeit, öffentliche Zwecke, Wohnzimmer | **Norden:** Erfindungsgabe, Schreiben, Wissenschaft<br>**Osten:** gutes Einkommen |
| Leidenschaft, Respekt, kein Schlafzimmer für Paare | 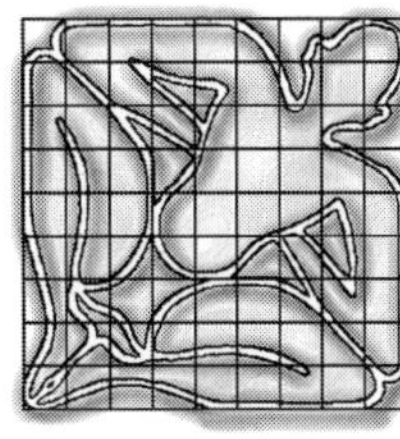 | Ernsthaftigkeit, soziales Engagement |
| **Westen:** Geschäfte, Werbung<br>**Süden:** Lehren, Rechtsanwalt | Politik, Sozialwesen, Wissenschaft, Journalismus, Jura | **Osten:** Arbeitssucht, kein Ort für Ruhe<br>**Süden:** finanzielle Förderung, Freundschaft, Zusammenarbeit |

*Aufteilung und Nutzung eines Hauses für den Aszendenten Wassermann.*

*Westen (7. Haus, Löwe)* | Der Westen fördert Leidenschaft und die romantische Ader des Wassermanns. In Beziehungen fördert diese Richtung den wechselseitigen Respekt und die Aufmerksamkeit. Als Schlafzimmer für ein Paar eignet sich der Westen jedoch nicht.

*Südwesten/westlicher Bereich (8. Haus, Jungfrau)* | Diese Richtung fördert für Menschen mit Aszendent Wassermann einen scharfen analytischen Geist. Dadurch werden vor allem geschäftliche Unternehmungen, Verkäufe, Public-Relations-Aktivitäten, Finanzen und Werbung gefördert. Obwohl Investitionen dazu neigen, erfolgreich zu sein, kann der Merkureinfluss ein fluktuierendes Einkommen verursachen.

*Südwesten/südlicher Bereich (9. Haus, Waage)* | Diese Richtung fördert die Karriere des Wassermanns als Lehrer oder Rechtsanwalt und seine Anziehung auf Partner anderer Nationalitäten. Sie steht für eine gute Beziehung zum Vater.

*Süden (10. Haus, Skorpion)* | Der Süden steht für Bemühungen um politische und soziale Ideale. Er macht den Wassermann jedoch auch schonungslos, leidenschaftlich und intolerant. Er eignet sich gut für Studien in den Bereichen Chemie, Forschung, Psychologie, Medizin, Zahnmedizin, Gesetz und Journalismus.

*Südosten/südlicher Bereich (11. Haus, Schütze)* | Der südliche Bereich des Südostens fördert für den Wassermann die Zusammenarbeit mit hochmotivierten Menschen, um politische oder soziale Reformen zu erreichen. Er erlaubt das Wachsen eines großen Kreises guter Freunde, der für viele Jahre bestehen bleibt. Auch finanzielle Belange finden hier Förderung.

*Südosten/östlicher Bereich (12. Haus, Steinbock)* | In dieser Richtung besteht die Gefahr, dass sich der Wassermann hoffnungslos überarbeitet. Dann besteht für ihn die Notwendigkeit, sich zurückzuziehen und zu meditieren, was in dieser Richtung jedoch nicht möglich ist. Dieser Bereich fördert auch das Bedürfnis nach materieller Sicherheit sowie unsinnige Ausgaben.

## Aszendent Fische

*Osten (1. Haus, Fische)* | Der Osten fördert für Menschen mit Aszendent Fische die Imagination, spirituelle Neigungen, eine gute Natur, Großzügigkeit und Kindlichkeit. Diese Richtung eignet sich gut für die Arbeit mit Kindern, Schauspielerei, Tanz, Kunstmalerei und Musik.

*Nordosten/östlicher Bereich (2. Haus, Widder)* | Der östliche Bereich des Nordostens fördert für den Aszendenten Fische einen wettbewerbsorientierten Geist und das Bedürfnis nach geschäftlichen Abenteuern. Auf der anderen Seite besteht in dieser Richtung die Gefahr zu großer Impulsivität und eines zu schwachen Urteilsvermögens. Es ist daher wichtig, dass gute Berater oder Freunde zu Rate gezogen werden, die sich in finanziellen Belangen auskennen.

*Nordosten/nördlicher Bereich (3. Haus, Stier)* | Dieser Bereich im Norden des Nordostens fördert das visuelle Denken und die Intuition. Sie ist die Richtung von Bildern und Farben. Intellektuelle Tätigkeiten, Lernen und logische Vorgehensweisen werden hier nicht unterstützt. Beziehungen zu Freunden, Nachbarn und Geschwistern dagegen werden in dieser Richtung gefördert.

*Norden (4. Haus, Zwillinge)* | Der Norden steht für den Wassermann für ständigen Wechsel des Wohnortes und Reisen. Er ist gleichzeitig ein stimulierendes Zentrum von Aktivitäten. Das Geschäft und die Kommunikation werden hier gefördert.

*Nordwesten/nördlicher Bereich (5. Haus, Krebs)* | Diese Richtung fördert den Wunsch des Wassermanns, schon in jungen Jahren Kinder zu haben oder mit Kindern zu arbeiten. Sie unterstützt auch die Fähigkeit, wichtige Entscheidungen zu treffen. Dieser Bereich eignet sich gut für ein Studierzimmer oder für Grenzwissenschaften.

*Nordwesten/westlicher Bereich (6. Haus, Löwe)* | Defekte in dieser Richtung bringen Probleme mit dem Herzen, dem Blutdruck und dem Magen. Diese Richtung ist ein guter Ort für harte Arbeit. Zusammenarbeit wird dort jedoch nicht gefördert. Sie eignet sich mehr für selbstständige Tätigkeiten und Berufe.

*Westen (7. Haus, Jungfrau)* | Der Westen fördert eine frühe und häufig auch mehrfache Heirat.

*Südwesten/westlicher Bereich (8. Haus, Waage)* | Hier besteht die Gefahr, Geld unnötig auszugeben. Diese Richtung ist ungeeignet für finanzielle Angelegenheiten.

*Südwesten/südlicher Bereich (9. Haus, Skorpion)* | Diese Richtung steht für ungeklärte Schwierigkeiten mit dem Vater, für Probleme, Zorn, Hass und Gier. Sie fördert auch die Neigung, zu streiten und zu argumentieren sowie die fehlende Bereitschaft, Situationen genau zu analysieren.

*Süden (10. Haus, Schütze)* | Der Süden fördert für die Fische die beruflichen Möglichkeiten. Insbesondere unterstützt er die Karriere als Rechtsanwalt, Banker, Leistungssportler, Heiler, Journalist, Lehrer oder Arzt.

| | | |
|---|---|---|
| **Norden:** Studierzimmer, Kinder<br>**Westen:** harte und selbstständige Arbeit | Geschäft, Kommunikation, Wechsel | **Norden:** Intuition, visuelle Fähigkeiten<br>**Osten:** Abenteuer, Impulsivität |
| Heirat | 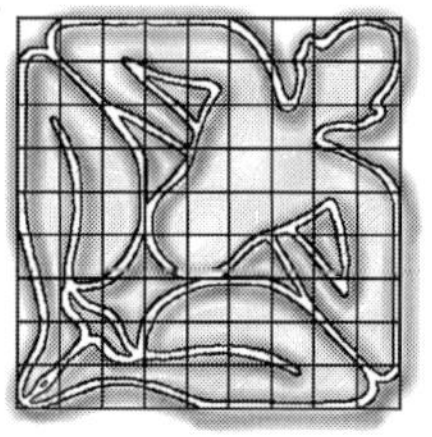 | Musik, Kunst, Arbeit mit Kindern |
| **Westen:** Keine finanziellen Angelegenheiten<br>**Süden:** Streit, Probleme mit dem Vater | Beruf, Karriere | **Osten:** Spiritualität, Musik, Kunst, Zurückgezogenheit<br>**Süden:** Freundschaften, finanzielle Unzufriedenheit |

*Aufteilung und Nutzung eines Hauses für den Aszendenten Fische.*

Menschen mit Aszendent Fische sind romantisch, großzügig und kindlich veranlagt. Sie besitzen im Allgemeinen ein gutes Wesen und eine Tendenz zum Spirituellen. Sie leben häufig in ihrer eigenen Welt und eignen sich daher gut für künstlerische und musische Tätigkeiten. Ihre Unsicherheit und ihr Mangel an eigener Überzeugung unterwirft sie häufig der Manipulation durch andere.

*Südosten/südlicher Bereich (11. Haus, Steinbock)* | Der südliche Bereich des Südostens fördert eine ständige Unzufriedenheit mit dem Einkommen. Sparsamkeit und vorsichtige Investitionen führen jedoch zu stetigen und langsam anwachsenden Gewinnen. Während Freundschaften gefördert werden und lange anhalten, werden in dieser Richtung Schwierigkeiten mit den Geschwistern unterstützt.

*Südosten/östlicher Bereich (12. Haus, Wassermann)* | Diese Richtung stellt einen sehr guten Ort für spirituelles Leben dar. Sie fördert das innere Leben und die stundenlange Beschäftigung mit Kunst und Musik. Auch die Neigung, lieber alleine zu sein und sich sinnlicher Freuden zu enthalten, wird in dieser Richtung gefördert.

*Kapitel 13*

# Die Bestimmung des richtigen Zeitpunktes

Es gibt eine ganze Reihe von Ereignissen beim Bau eines Hauses, bei denen die Wahl des richtigen Zeitpunktes eine wichtige Rolle spielt. Im Folgenden sind alle wichtigen Schritte aufgezählt, die in der vedischen Tradition beim Bau eines Hauses durchgeführt werden, einschließlich der Glück verheißenden Rituale. Dabei wurden vor allem die Schritte ausgewählt, die auch in der heutigen Zeit und in unseren Breitengraden ausgeführt werden können. (In Schritt 7, 8 und 9 werden der Vollständigkeit halber auch speziellere Rituale beschrieben, so wie sie in Indien üblich sind.)

1) Die Vereinbarung zur Besichtigung des Baugrundes sollte, wenn möglich, zu einem günstigen Zeitpunkt getroffen werden. Dies kann man erreichen, indem man für ein diesbezügliches Telefonat einen günstigen Zeitpunkt wählt. Man kann für den Zeitpunkt der ersten Kontaktaufnahme mit einem bestimmten Grundstück auch eine astrologische Analyse (Prashna) erstellen. Das bedeutet, dass man den genauen Zeitpunkt festhält und diesen astrologisch auswerten lässt.
2) Wichtiger ist jedoch, für die Besichtigung des Grundstücks einen günstigen Zeitpunkt zu vereinbaren. Beim Betreten des Landes sollte man auf positive und negative Zeichen achten, die zu diesem spezifischen Zeitpunkt auftreten. Dazu gehören traditionell beispielsweise die Gegenwart von Krähen, Kühen oder anderen Tieren (zu den Omen siehe Anhang zu Kapitel 16, Seite 362). Dann sollte man, nach überlieferter Weise, durch Ausgraben eines kleinen Loches auf dem Land die Bodenqualität bestimmen (Gopariksha). Daraufhin sollten die Omen auf dem Land beurteilt werden. Hierzu gehören alle Gegenstände, die auf dem Grundstück gefunden werden. Wenn möglich sollte ein Brahmane, ein Eingeweihter oder Weiser bei der Besichtigung dabei sein; dieser wird nach seinem Gefühl, seiner Intuition befragt. Auch sollte der Eigentümer Auskunft geben, warum er das Grundstück verkauft. Es ist gut, die Hintergründe und die Geschichte des Besitzes in Erfahrung zu bringen. Auch die Geschichte des Eigentümers ist von Bedeutung und sollte bei der Kaufentscheidung berücksichtigt werden. Außerdem empfiehlt es sich, auf die eigene Intuition zu achten.
3) Die Unterzeichnung des Vertrages sollte zu einem günstigen Zeitpunkt erfolgen.
4) Es ist vorteilhaft, für eine gewisse Zeit Kühe auf dem gekauften Grundstück grasen zu lassen. Falls das Grundstück trotz ungünstiger Vorzeichen oder widriger Umstände erworben wurde, sollte der Platz durch eine Glück verheißende Zeremonie gereinigt werden.
5) Als Nächstes sollte ein guter Zeitpunkt für die Verehrung von Mutter Erde (Bhumi-Puja) gefunden werden.
6) Zu einem günstigen Zeitpunkt sollte der Vastupurusha mit dem Vastupurusha-Mandala auf den Bauplan gezeichnet werden.
7) Nach der Verehrung von Mutter Erde sollte das Quadratgitter des Vastupurusha-Mandala, mit Hilfe von Holzpflöcken und Seilen, auf das Bauland übertragen werden.
8) Das nächste wichtige Ereignis ist die Grundsteinlegungszeremonie (Shilanya). Hierbei werden neun unbeschädigte Ziegelsteine in einem Loch von der Tiefe eines Talam (Spannweite der Finger) im Südosten eingegraben. (In Indien ist es üblich, auf diesem Steinaltar die heilige Schlange Vishnus, die die Planeten auf

Nicht nur die wichtigsten baulichen Ereignisse, sondern auch rechtliche Schritte wie Vertragsabschluss und Eintragung ins Grundbuch sollten zu astrologisch günstigen Zeitpunkten erfolgen, um das Gelingen eines Projektes zu unterstützen.

ihren Häuptern trägt (Anatashesha), oder eine Bildgestalt Vishnus zu verehren. Es kann an dieser Stelle anstatt einer Bildgestalt auch ein Vishnu-Yantra verehrt werden.) Hierbei sollte man der Gottheit auf den Steinen Getreide opfern. Diese Zeremonie muss zu einem günstigen Zeitpunkt erfolgen. Die Steine sollten vom Eigentümer des Grundstücks gesetzt werden.

9) Als Nächstes erfolgt, ebenfalls zu einem günstigen Zeitpunkt, das erste Feueropfer zur Reinigung des Grundstücks (Vastuhoma). Das ist eine komplexe vedische Feuerzeremonie, die von einem Brahmana-Priester durchgeführt werden muss. Die Schritte 7, 8 und 9 können an einem Tag erfolgen.
10) Der nächste Schritt ist die Aushebung des Fundamentes (Kanana-vidhi), die an einem günstigen Zeitpunkt erfolgen sollte. Hierbei ist es besonders wichtig, für den ersten Spatenstich ein günstiges Mondhaus zu wählen (am besten ein Nakshatra-Amrita-Yoga).
11) Darauf folgt die eigentliche Legung des Grundsteins. Hierzu sollte ein besonders Glück verheißender Zeitpunkt ausgewählt werden. Man verwendet die bei der Grundsteinlegungszeremonie verehrten Steine. Sie müssen vom Bauherrn persönlich gesetzt werden.
12) Das nächste Ereignis ist das Setzen des Dachstuhls, das ebenfalls zu einem günstigen Zeitpunkt erfolgen sollte, da es Stabilität, Sicherheit und Schutz gegen Feuer, Wind und Wetter verspricht.
13) Noch wichtiger ist es jedoch, für das Setzen des Rahmens der Eingangstür und das Einsetzen der Eingangstür selbst einen Glück verheißenden Zeitpunkt zu wählen. Hierzu ist auch eine Verehrungszeremonie (Puja) erforderlich. Bereits zu diesem Zeitpunkt empfiehlt es sich, ein Glück verheißendes Zeichen über der Tür anzubringen.
14) Der Einzug in das fertige Haus (das Einräumen der ersten Möbelstücke) sollte zu einem Glück verheißenden Zeitpunkt geschehen.
15) Nach dem Einräumen erfolgt das Betreten des Hauses durch den Hausbesitzer. Falls in dem Haus Bildgestalten Gottes verehrt werden, so sollten diese als Erstes in das Haus einziehen. Dieses wichtige Ereignis (Grihapravesha) sollte zu einem sehr günstigen Zeitpunkt erfolgen. Daraufhin sollte man das erste Mal zumindest eine Nacht in dem Haus schlafen.

Auf diesem Bild sieht man ein traditionelles vedisches Feuerritual zur Eröffnung eines Tempels in Südindien. Hinter dem Feueraltar wurde ein 8 × 8-Vastu-Mandala aus buntem Getreide gezeichnet.

Ein traditionelles Yantra, das in eine Kupferplatte graviert wurde. In dieser Form werden Yantras auf fast allen Altären in Indien noch heute verehrt. Dieses Yantra repräsentiert die Energie des Sudarshana-Chakras, einer spirituellen Form der ewigen Zeit und Waffe Vishnus, der höchsten vedischen Gottheit. Es wird im Allgemeinen als Schutz-Yantra verehrt.

Der folgende Abschnitt behandelt die Schritte, die gemäß Vastu unternommen werden sollten, wenn man von einem Haus in ein anderes umzieht.

1) Terminvereinbarung für Besichtigung wie oben.
2) Erkundigung nach der Vorgeschichte des Hauses, den Vormietern beziehungsweise den vorherigen Eigentümern.
3) Besichtigung wie oben einschließlich Beobachtung der Zeichen und Omen. Man sollte den Zeitpunkt notieren, an dem man das erste Mal die Wohnung betritt und hierfür eine astrologische Beurteilung (Prashna) erstellen.
4) Unterzeichnung des Miet- oder Kaufvertrages zu einem günstigen Zeitpunkt.
5) Der Möbelumzug sollte zu einem günstigen Zeitpunkt erfolgen.
6) Wenn man in seinem Haus Bildgestalten von Gott verehrt, so sollten diese als Erste in das Haus kommen. Daraufhin betritt der Besitzer des Hauses beziehungsweise der Mieter das Haus. Analog zum Feueropfer zur Reinigung des Grundstücks wird daraufhin ein Feueropfer im Haus ausgeführt. Eine solche Opferzeremonie sollte auch vollzogen werden, wenn eine neue Person in das Haus einzieht.

Wenn man bereits in einem Haus oder einer Wohnung lebt, ohne irgendeine dieser Zeremonien oder Schritte durchgeführt zu haben, kann man mit Hilfe einer Vastu-

Shanti-Zeremonie, wie sie in Indien gebräuchlich ist, Glück verheißende Umstände schaffen. Hierzu sind die folgenden Schritte empfohlen, die an einem oder zwei Glück verheißenden Tagen hintereinander durchgeführt werden können:

1) Verehrung eines heiligen Steins, der Vishnu repräsentiert, oder eine Bildgestalt Gottes durch einen Brahmanen.
2) Es sollte ein Feueropfer zur Reinigung des Hauses ausgeführt werden.
3) Aufstellung eines Yantras an einem energetisch wichtigen Punkt im Haus und dessen Verehrung durch den Hausbesitzer oder Mieter.
4) Regelmäßige Verehrung des Yantras.

Die Aufstellung eines solchen Yantras empfiehlt sich auch im Falle eines Neubaus oder Umzugs.

Die Bestimmung des richtigen Zeitpunktes hat zum Ziel, den Raum mit den energetischen Schwingungen eines positiven Zeitpunktes zu imprägnieren. Hierzu ist in einigen Fällen sogar eine sekundengenaue Abstimmung erforderlich.

## Die Kriterien für die Bestimmung des richtigen Zeitpunktes

Zur Bestimmung des richtigen Zeitpunktes der im vorigen Abschnitt aufgelisteten Ereignisse während, vor und nach der Bauphase werden verschiedene Kriterien angewandt, die in der nachfolgenden Tabelle in der Reihenfolge aufgelistet sind, in der sie zur Anwendung gebracht werden sollten:

1) Verbindungen zwischen den Planeten (Yogas)
2) Planeten-Sternbilder (Planeten-Nakshatra)
3) Das Sonnen-Sternbild (Sonnen-Nakshatra)
4) Der Monat
5) Das Sonnenzeichen
6) Die Mondphase (Tithi)
7) Der Wochentag
8) Das Mond-Sternbild (Mond-Nakshatra)
9) Nakshatra-Yogas
10) Der Aszendent
11) Rahu-Kala
12) Stellung der einzelnen Planeten

Hierbei muss zwischen dem Timing verschiedener Ereignisse differenziert werden. Im folgenden Abschnitt wird jeweils angegeben, für welche spezifischen Ereignisse welcher Zeitpunkt geeignet ist. So gelten für die Setzung des Haupteingangs andere Kriterien als für die Grundsteinlegung.

Die Bestimmung eines idealen Zeitpunktes, der alle Kriterien optimal erfüllt, ist sehr schwierig, wenn nicht gar unmöglich. Eine solch schwierige Aufgabe kann nur von einem befähigten vedischen Astrologen durchgeführt werden. Entscheidend ist, dass der Schwerpunkt auf die primären Aspekte der vedischen Astrologie gelegt wird. (Zu den Grundlagen und den im Folgenden verwendeten Sankrit-Begriffen, vergleiche Kapitel 11, Seite 198.)





**1) Verbindungen zwischen den Planeten** |

- Ist der Jupiter im Aszendenten, die Sonne im sechsten, Merkur im siebten, die Venus im vierten und Saturn im dritten Haus, so wird das zu diesem Zeitpunkt begonnene Haus mindestens einhundert Jahre bestehen bleiben.
- Befindet sich Venus im Aszendenten, Merkur im zehnten Haus, die Sonne im elften und Jupiter in den Kendras (also im ersten, vierten, siebten und zehnten Haus), so wird das Haus für mindestens hundert Jahre bestehen.
- Befindet sich Jupiter im vierten Haus, der Mond im zehnten, Mars und Sonne

im elften, so wird das in diesem Aszendenten konstruierte Haus achtzig Jahre bestehen.

- Befindet sich Venus im Aszendenten, Jupiter im fünften Haus, Mars im sechsten und die Sonne im dritten Haus, so wird das Haus für mindestens zweihundert Jahre bestehen.
- Befinden sich Jupiter und Venus im Aszendenten, Mars im sechsten und die Sonne im elften Haus, so wird das Haus für mindestens zweihundert Jahre bestehen.
- Ist die Venus im Aszendenten (im Aszendenten Fische) oder Jupiter im vierten Haus erhöht und befindet sich Saturn im eigenen Zeichen im elften Haus, so wird dieses Haus für viele Tausende von Jahren bestehen.
- Befindet sich der Mond im Aszendenten Krebs, Jupiter in einem Kendra und positive Planeten in freundlichen oder erhöhten Häusern, so wird das Haus lange bestehen und der Besitzer wohlhabend sein.
- Jupiter, Venus oder Merkur im ersten Haus wirken vielen negativen Aspekten entgegen. Sind Jupiter, Venus oder Merkur im ersten Haus erhöht oder befinden sie sich im eigenen Zeichen, wird die Wirkung noch vervielfacht. Wenn möglich, sollten diese drei Planeten Kendras (erstes, viertes, siebtes und zehntes Haus) oder Trikonas (erstes, fünftes oder neuntes Haus) besetzen.
- Mit Venus im zehnten Haus, Jupiter im siebten und Merkur im Aszendenten in einem festen Sternzeichen, wird ein zu dieser Zeit errichtetes Haus für etwa 600 Jahre einer goldenen Zukunft entgegenblicken.
- Einem Wohnhaus mit Venus im Aszendenten und Jupiter in einem festen Zeichen im siebten Haus zum Zeitpunkt der Grundsteinsetzung werden alle Segnungen für etwa acht Jahrhunderte zuteil.
- Einer Grundsteinlegung mit Aszendent Löwe, Jupiter im siebten Haus und einem günstigen Mond im zehnten Haus werden 1000 wohlwollende Jahre vorausgesagt. Dies gilt ebenso für Venus oder Merkur im Haus des Aszendenten, Jupiter im siebten und einem freundlichen Mond im zehnten Haus, oder wenn Jupiter in einem feststehenden Zeichen im Aszendenten, Merkur im siebten und der Mond im zehnten Haus steht.
- Besteht während des Baubeginns eine Saturn-Rahu-Konjunktion, werden feinstoffliche Störungen auftreten, die schwer zu beseitigen sind.

*Astrologische Besonderheiten* |

- Jupiter und Venus oder Merkur in einem Kendra- oder Trikonahaus, vor allem im ersten Haus, annullieren alle negativen Einflüsse.
- Jupiter oder Venus im Aszendenten vernichten die Einflüsse eines ungünstigen Planeten, eines ungünstigen Wochentages oder einer negativen Mondphase.
- Jupiter, in einem Kendra gut situiert, wirkt den schlechten Einflüssen der letzten Tage eines Jahres, einem ungünstigen Aszendenten und Mondhaus, einem schlechten Omen, einem ungünstigen Planeten und einer unerwünschten Zeit entgegen.
- Merkur, gut situiert im Aszendenten, vertilgt Hunderte von schlechten Eigenschaften, Venus Tausende und Jupiter viele Tausende.
- Der Mond oder die Sonne im elften Haus zerstören alle negativen Elemente. Sie sanktionieren alle Mondphasen, Sternbilder und astrologischen Verbindungen.

2) **Planeten-Sternbilder** |

- Es sollte nicht mit dem Bauen begonnen werden, wenn sich die Planeten in den folgenden Mondhäusern befinden: Mars in Krittika, Pushya, Hasta oder Revati, Saturn in Shatabhisha, Purvabhadra, Uttarabhadra, Bharani oder Jyestha.
- Es ist vorteilhaft, den Bau eines Hauses zu beginnen, wenn sich Merkur in den

Sternbildern Ashvini, Mirigashira, Hasta, Uttara oder Rohini bewegt und vor allem, wenn er erhöht oder im Aszendenten steht. Zumindest sollte er sich in einem der Kendra- oder Trikonahäuser befinden.

- Befindet sich die Venus in Dhanistha und der Mond in Vishakha, Chitra, Shatabhisha, Ardra oder Punarvasu, so wird das Haus immer mit ausreichend Nahrung versorgt sein.
- Wird der Bau eines Hauses in Hasta, Uttaraphalguni oder Chitra begonnen und befindet sich Merkur in Ashvini oder Anuradha, so werden die Kinder des Hauses wohlhabend sein.
- Der Baubeginn ist sehr vorteilhaft, wenn Jupiter in den Sternbildern Uttarashadha, Uttarabhadra, Uttara Phalguni, Mirgashira, Ashlesha, Rohini oder Pushya steht und dieser Tag zusätzlich auf einen Donnerstag fällt. Ist Jupiter im eigenen Zeichen oder erhöht und in einem freundlichen Zeichen und günstigen Haus, dann ist der Baubeginn noch Glück verheißender. Er sollte sich zumindest in einem der Kendra- oder Trikonahäuser befinden.
- Es ist vorteilhaft, den Bau eines Hauses zu beginnen, wenn sich Venus in den Sternbildern Adra, Punarvasu, Vishaka, Shatabhisha, Chitra oder besonders Dhanistha befindet. Speziell günstig ist der Baubeginn, wenn Venus sich im Aszendenten befindet, erhöht ist, im eigenen Zeichen oder in einem Kendra steht.
- Wird das Haus an einem Dienstag gebaut, während sich der Mars in Mula, Revati, Krittika, Purvashadha, Purvaphalguni, Hasta oder Magha befindet, ist mit dem Verlust der Kinder und einer Feuersbrunst zu rechnen.
- Wenn sich die Sonne in den Zwillingen, in Jungfrau, Schütze oder den Fischen befindet, ist der Baubeginn zu vermeiden (nicht in gewöhnlichen oder dualen Zeichen).
- Befindet sich Saturn an einem Samstag in Jyestha, Bharani, Svati, Purvashadha oder Dhanishtha, begünstigt dies den frühzeitigen Tod der Nachkommen.

**3) Das Sonnen-Sternbild |**

- Es sollte nicht mit dem Bauen begonnen werden, wenn sich die Sonne in einem der folgenden Nakshatras befindet: 3. und 4. Pada von Bharani oder Krittika.
- Falls sich die Sonne während des Baubeginns in Krittika befindet, ist mit Feuer zu rechnen.
- Befindet sich die Sonne in Krittika, Uttara oder Uttarashadha, so findet man in einem solchen Haus weder Frieden noch Ausgeglichenheit.

*Das Rad des Vastu (Vastuchakra)* | Bestimmen Sie den Nakshatra, in dem die Sonne zum Zeitpunkt der Geburt des Bauherrn stand. Bestimmen Sie den Nakshatra, in dem die Sonne zum Zeitpunkt des geplanten Baubeginns stehen wird. Zählen sie dann vom Geburts-Sonnen-Nakshatra ausgehend bis zum Baubeginns-Sonnen-Nakshatra, indem sie beide Sterne mitzählen. Der auf diese Weise ermittelten Differenz können Sie, mit Hilfe der folgenden Tabelle, einen Körperteil des Vastupurushas zuordnen. Außerdem gibt die Tabelle das aus einer solchen Konstellation zu erwartende Ergebnis an:

| Differenz | Körperteil | Ergebnis |
|---|---|---|
| 1–3 | Stirn | Brandgefahr |
| 4–7 | Zehen | Wohlstand |
| 8–11 | Fersen | Beständigkeit |
| 12–14 | Rücken | Wirtschaftliche Vorteile |
| 15–18 | Rechte Schulter | Gewinn |
| 19–22 | Nacken | Zerstörung |
| 23–25 | Linke Schulter | Armut |
| 26–27 | Gesicht | Permanente Störungen |

Beispiel: Ein Mann, der unter dem Sonnenstern Rohini geboren wurde, sollte nicht mit dem Bau beginnen, wenn die Sonne im Nakshatra Mrigashira steht. Zwar ist Mrigashira ein an sich sehr vorteilhafter Nakshatra für den Baubeginn, doch kommt er direkt nach dem Stern Rohini, sodass diese Konstellation auf die Stirn des Vastupurushas fällt, was zu Feuerunfällen führen mag. Günstig wäre in einem solchen Fall ein Zeitpunkt mit dem Sonnen-Nakshatra Uttaraphalguni, dem neunten Stern von Rohini aus gezählt. Dieser Nakshatra führt zu Beständigkeit. Uttaraphalguni ist daher sowohl aus astrologischer Sicht als auch aus der Sicht des Vastuchakras Glück verheißend.

4) **Der Monat** | Der vedische Kalender kennt ebenfalls zwölf Monate, die gegenüber dem christlichen Kalender jeweils um einen halben Monat verschoben sind. Die vedischen Monate enden und beginnen jeweils in der Mitte der angegebenen Monate. In der dritten Spalte werden die Ergebnisse aufgelistet, die man erntet, wenn man im entsprechenden Monat mit dem Bau beginnt. Hierzu gehört auch die Grundsteinlegung. Die vierte Spalte gibt an, welches Ergebnis der Einzug in ein neues Haus (Grihapravesha) in den einzelnen Monaten bringt. Der genaue Beginn der einzelnen vedischen Monate in Beziehung zum christlichen Kalender muss jedes Jahr erneut anhand des vedischen Mondkalenders bestimmt werden.

| Christliche Monate | Vedische Monate | Baubeginn | Auswirkung des Einzugs |
|---|---|---|---|
| Mitte März – Mitte April | Chaitra | Bedingt annehmbar | Ungünstig |
| Mitte April – Mitte Mai | Vaishaka | Vorteilhaft | Sehr gut |
| Mitte Mai – Mitte Juni | Jyeshta | Frühzeitiger Tod | Sehr gut |
| Mitte Juni – Mitte Juli | Ashadha | Sehr ungünstig | Ungünstig |
| Mitte Juli – Mitte August | Shravana | Wohlstand | Nur günstig nach Renovierung |
| Mitte August – Mitte September | Bhadra | Sehr ungünstig | Sehr ungünstig |
| Mitte September – Mitte Oktober | Ashvini | Streit, Feindschaft | Ungünstig |
| Mitte Oktober – Mitte November | Kartika | Akzeptabel | Akzeptabel |
| Mitte November – Mitte Dezember | Margashira | Angst, Sorgen | Akzeptabel |
| Mitte Dezember – Mitte Januar | Pausha | Ungünstig | Ungünstig |
| Mitte Januar – Mitte Februar | Magha | Ungünstig | Sehr gut |
| Mitte Februar – Mitte März | Phalguna | Sehr ungünstig | Annehmbar |

5) **Das Sonnenzeichen** |

- Wenn sich die Sonne in den Zwillingen, in Jungfrau, Schütze oder den Fischen befindet, ist der Baubeginn zu vermeiden (nicht in dualen oder gewöhnlichen Zeichen).
- Wenn sich die Sonne zur Zeit der Grundsteinlegung in den folgenden Tierkreiszeichen befindet, sind gute Ergebnisse zu erwarten:

| | |
|---|---|
| *Widder* | Ansehen |
| *Stier* | Reichtum |
| *Krebs* | Glück verheißend |
| *Löwe* | Glück |
| *Steinbock* | fördert den Besitz |
| *Waage* | Glück |
| *Skorpion* | fördert Reichtum |
| *Wassermann* | Edelsteine und Reichtum |

- Wenn sich die Sonne im Wassermann befindet, werden herausragende Ergebnisse erzielt.

6) **Die Mondphase** |

- Beginnen Sie kein Bauvorhaben in der vierten, neunten oder vierzehnten Mondphase des vedischen Mondkalenders.
- Besonders gut sind die siebte, zehnte und dreizehnte Mondphase des zunehmenden Mondes.
- Die dritte, fünfte und elfte Mondphase können sich als günstige Tage zum Beginn eines Bauvorhabens erweisen.
- Die einzelnen Mondphasen bringen die folgenden Ergebnisse:
  - Erste Mondphase fördert Armut.
  - Vierte Mondphase fördert den Verlust von Reichtum.
  - Achte Mondphase mag zu Vertreibung aus der Wohnung führen.
  - Neunte Mondphase fördert Gewaltanwendung mit Waffen.
  - Neumond (Amavasya) kann Furcht vor der Regierung bringen.
  - Vierzehnte Mondphase mag Frauen und Kindern Schwierigkeiten bereiten.
- Fällt die fünfte Mondphase mit dem Mondhaus Dhanishtha zusammen, sollte nicht mit dem Bau begonnen werden.
- Falls Mondphase, Sternbild, Aszendent und Monat in einer der in der folgenden Tabelle angezeigten Kombinationen auftreten, entsteht ein sogenanntes Shunyam-Yoga (Shunyam bedeutet Leere), welches sich nicht für den Baubeginn eignet. An einem solchen Tag sollte nichts Neues gestartet werden.

Das Sanskritwort Yoga bedeutet übersetzt Einheit oder Verbindung. In diesem Fall bezeichnet es die Kombination zweier Planeten oder andere Verbindungen astrologischer Aspekte, die gleichzeitig auftreten.

Yogas stehen hier an erster Stelle, da ein positives Yoga eine Vielzahl negativer astrologischer Aspekte neutralisieren kann, während ein negatives Yoga ebenfalls die Wirkung anderer positiver Aspekte ins Gegenteil kehren kann.

| Mondphase (Tithi) | Mondhäuser (Nakshatras) | Aszendent | Monat |
|---|---|---|---|
| 1 | Hasta, Ardra, Ashlesha | Krebs | Pushya (Mitte Dezember – Mitte Januar) |
| 2 | Anuradha, Uttarabhadra, Vishakha | Schütze | Magashira (Mitte November – Mitte Dezember) |
| 3 | [kein Shunyam-Yoga] | | |
| 4 | Shravana, Mula | Steinbock | Magha (Mitte Januar – Mitte Februar) |
| 5 | Magha, Pushya, Mrigashira, Krittika | Waage | Karttika (Mitte Oktober – Mitte November) |
| 6 | Purvaphalguni, Dhanishtha | Zwillinge | Ashadha (Mitte Juni – Mitte Juli) |
| 7 | Revati, Shathabhisha | Jungfrau | Bhadrapada (Mitte August – Mitte September) |
| 8 | Rohini, Ashvini | Wassermann | Chitra (Mitte März – Mitte April) |
| 9 | Pruvabhadra | Skorpion | Ashvini (Mitte September – Mitte Oktober) |
| 10 | Shravana, Mula | Steinbock | Magha (Mitte Januar – Mitte Februar) |
| 11 | Rohini, Ashvini | Wassermann | Chitra (Mitte März – Mitte April) |
| 12 | Chitra, Svati, Uttarashada | Fische | Vishakha (Mitte April – Mitte Mai) |
| 13 | Purnavasu | Stier | Jyeshta (Mitte Mai – Mitte Juni) |
| 14 | Jyeshta, Bharani | Löwe | Phalguna (Mitte Februar – Mitte März) |
| 15 | Purvashada | Widder | Shravana (Mitte Juli – Mitte August) |

- Weitere Shunyam-Yogas treten auf, wenn Mondphasen und Aszendenten in den folgenden Kombinationen bestehen. Auch an solchen Tagen sollte nichts begonnen werden.

| Mondphase (Tithi) | Aszendent |
|---|---|
| 1 | Waage, Steinbock |
| 2 | Schütze, Fische |
| 3 | Steinbock, Löwe |
| 4 | Wassermann, Stier |
| 5 | Jungfrau, Zwillinge |
| 6 | Widder, Löwe |
| 7 | Schütze, Krebs |
| 8 | Zwilling, Jungfrau |
| 9 | Skorpion, Löwe |
| 10 | Skorpion, Löwe |
| 11 | Schütze, Fische |
| 12 | Waage, Steinbock |
| 13 | Stier, Löwe |

7) **Der Wochentag** | Dienstags sollte nicht mit dem Bauen begonnen werden. An Samstagen und Sonntagen nur in Ausnahmefällen, nämlich wenn dort besonders günstige Yogas zu finden sind.

8) **Das Mond-Sternbild** |

- Im Allgemeinen gelten die Sternbilder (siehe dazu Seite 212ff.) Mrigashira, Chitra, Uttara, Uttarashada, Uttarabhadra, Rohini, Pushya, Dhanistha, Shatabhisha, Hasta, Mula, Shravana, Svati und Purvavasu als günstig für den Baubeginn, die Grundsteinlegung und andere wichtige Ereignisse.
- Die Sternbilder Mrigashira, Rohini, Purnavasu, Pushya und Svati gelten als besonders Glück verheißend.
- Die Sternbilder Ashvini, Chitra, Dhanistha, Shatabhisha und Ardra verhelfen zu Wohlstand, vor allem, wenn sie auf einen Freitag fallen.
- Die Sternbilder Ashvini, Chitra, Rohini, Purvaphalguni und Hasta bringen Glück, Wohlstand und eine gesunde Familie, vor allem, wenn sie auf einen Mittwoch fallen.
- In den Sternbildern Hasta, Pushya, Magha, Purvashadha und Mula sollte nicht am Haus gearbeitet werden, falls sie auf einen Dienstag fallen oder mit Mars assoziiert sind. Andernfalls besteht die Gefahr, dass Feuer ausbricht, Diebstahl stattfindet und der Sohn mit Sorgen konfrontiert wird.
- Im dritten, fünften, siebten, zehnten, neunzehnten, zweiundzwanzigsten und siebenundzwanzigsten Nakshatra, ausgehend vom Geburtsstern des Hausbesitzers, sollte nicht mit dem Bau begonnen werden. Vorzüglich sind der vierte, sechste, achte und neunte Nakshatra, ausgehend vom Geburts-Nakshatra des Eigentümers. Der beste Nakshatra zum Einzug ist der Geburtsstern des Hausbesitzers.

Der Mond nimmt in der vedischen Astrologie eine zentrale Stellung ein, da er den Geist und seinen Zustand repräsentiert. Er wird durch die Farbe Weiß und durch Perlen repräsentiert. Man kann mit einem Perlenfingerring oder einer Perlenkette einem geschwächten Mond entgegenwirken.

9) **Nakshatra-Yogas** | Kombinationen der Nakshatras mit bestimmten Wochentagen oder Mondphasen bilden unterschiedliche astrologische Konstellationen (Yogas), deren Einflüsse am besten (Suthayoga), ausgezeichnet (Siddhayoga), sehr gut (Amirtha-, Nakshatrasiddha-, Sriyoga) und gut (Sobhana- und Tithiyoga) oder negativ (Nasa-, Dugthayoga) oder tödlich (Mrithyu-, Visha-, Vinasayoga) sind. (Zu den Mondhäusern und Mondphasen, Tithi, siehe Seite 212ff.)

| Yogas | Sonntag | Montag | Dienstag | Mittwoch | Donnerstag | Freitag | Samstag |
|---|---|---|---|---|---|---|---|
| Am besten: Suthayoga | Pushya, Hasta, Mula mit 5. oder 7. Tithi | Mrigashira, Svati, Shravana mit 7. Tithi | Ashvini, Rohini, Uttaraphalguni, Purvabhadra, Uttarabhadra mit 5. oder 7. Tithi | Purvaphalguni, Purvashada mit 5. oder 7. Tithi | Purnavasu, Purvashada, Revati mit 13. Tithi | Uttaraphalguni, Shatabhisha mit 1., 6. oder 11. Tithi | Rohini, Svati, Dhanishtha mit 2., 7. oder 12. Tithi |
| Ausgezeichnet: Siddhayoga | Pushya, Hasta, Uttaraphalguni, Mula, Shravana, Uttarabhadra mit 1., 4., 6. oder 7. Tithi | Rohini, Mrigashira, Punarvasu, Shravana, Shatabhisha, Dhanishtha, Purvabhadra mit 2., 7. oder 12. Tithi | Mrigashira, Ashvini, Chitra, Anuradha, Mula, Uttaraphalguni, Purvabhadra mit 6., 11., 3., 8., oder 13. Tithi | Rohini, Mrigashira, Ardra, Uttaraphalguni, Anuradha mit 7., 12., 3. oder 13. Tithi | Magha, Pushya, Purnavasu, Svati, Purvabhadra, Purvashadha, Revati, Ashvini mit 4., 5., 7., 9., 13. oder 14. Tithi | Ashvini, Bharani, Ardra, Uttaraphalguni, Chitra, Purvashadha, Revati und 1., 6., 11., 2., 7. oder 12. Tithi | Rohini, Svati, Vishakha, Anuradha, Dhanishtha, Shtabhisha, mit 2., 7., 12., 4. oder 14. Tithi |
| Sehr gut: Amirtayoga | | Rohini, Mrigashira, Svati, Shravana, Punarvasu | Punarvasu, Pushya, Ashlesha, Magha, Purvaphalguni, Mrigashira, Hasta, Chitra, Svati | Ardra, Punarvasu, Hasta, Chitra, Svati, Vishaka, Shravana | Ashvini, Punarvasu, Pushya, Magha, Svati | Ashvini, Bharani, Purvaphalguni, Revati | Krittika, Rohini, Shatabhisha, Svati |

| Yogas | Sonntag | Montag | Dienstag | Mittwoch | Donnerstag | Freitag | Samstag |
|---|---|---|---|---|---|---|---|
| Sehr gute Yogas, vernichten schlechte Einflüsse | Revati, Uttaraphalguni, Bharani, Mula, Shravana, Uttarashadha | Rohini, Mrigashira, Punravasu, Svati, Shravana | Ashvini, Rohini, Uttarphalguni, Hasta, Anuradha, Uttarabhadra | Krittika, Uttaraphalguni, Uttarashada, Mrigashira, Anuradha, Purvaphalguni | Ashvini, Punarvasu, Pushya, Magha, Svati | Ashvini, Bharani, Mula, Revati | Krittika, Rohini, Svati, Shatabhisha |
| Gut: Sobanayoga (Montag) und Shriyoga (Freitag) | | Ashvini, Krittika, Ardra, Ashlesha, Magha, Purvaphalguni, Purvabhadra, Dhanishtha, Shatabhisha, Hasta, Revati, Jyestha, Mula | | | | Mrigashira, Ardra, Punarvasu, Bharani, Krittika | |
| Gut: Tithiyoga | | | 3., 13. Tithi | 12. Tithi | 5., 10., 15., 30. Tithi | 1., 6., 11. Tithi | 4., 14. Tithi |
| Sehr gut: Nakshatra-Siddhayoga | Hasta | Mrigashira | Ashvini | Anuradha | Pushya | Revati | Rohini |
| Tödlich: Mrityayoga | Vishakha | Purvashadha | Dhanishtha | | Mrigashira | Svati, Rohini | Shravana, Punarvasu, Ashlesha, Purvaphalguni, Hasta, Chitra, Purvashadha, Uttarashadha, Revati |
| Katastrophal: Dhugthayoga | Vollmond und 12. Tithi | 11. Tithi | 5. Tithi | 2. Tithi | 6. Tithi | 8. Tithi | 9. Tithi |
| Tödliche Kombinationen | Krittika und 5. Tithi | Chitra und 2. Tithi | Rohini und Vollmond | Bharani und 7. Tithi | Anuradha und 13. Tithi | Shravana und 6. Tithi | Revati und 8. Tithi |
| Sehr schlecht: Nasayoga | Vishakha | Krittika | | Dhanishtha | Uttaraphalguni | Pushya | Revati |
| Fatal: Nasayogas | Bharani, Mrigashira, Ashlesha, Vishaka, Anuradha, Jyestha und 3., 4., 8., 9., 13., 14. Tithi | | | | | | |
| Zerstörerisch: Vinasayoga | | Bharani, Krittika, Magha, Anuradha, Purvashadha, Uttarashadha, Uttarbhadra | Ardra, Punarvasu, Purvashadha, Shravana, Dhanishtha, Shatabhisha, Jyestha mit 1., 2., 7., 8., 10. und 15. Tithi | Ashvini, Bharani, Pushya, Ashlesha, Magha, Mula, Dhanishtha, Purvabhadra mit 2., 3, 8., 9. Tithi | Krittika, Rohini, Mrigashira, Ardra, Uttaraphalguni, Anuradha, Vishakha, Shatabhisha mit 6., 8., 9.,12. und 13. Tithi | Jyestha, Punarvasu, Shravana, Vishakha, Dhanishtha, Magha, Anuradha, Rohini mit 2., 3. 6., 8., 10. und 11. Tithi | Bharani, Punarvasu, Purvaphalguni, Purvashadha, Hasta, Pushya, Shravana, Uttaraphalguni, Uttarashadha mit 3., 7., 9., 11. Tithi |
| Sehr schlecht: Nakshatra-Nasayoga | Ashvini, Magha, Vishakha, Anuradha, Jyestha | Uttaraphalguni, Uttarashadha, Uttarabhadra, Vishakha,Chitra, Purvashadha | Dhanishtha, Shatabhisha, Purvabhadra, Ardra, Uttarashadha, Vishakha | Dhanishtha, Mula, Bharani, Revati, Ashvini | | Rohini, Pushya, Ashlesha, Magha, Vishakha, Jyestha | |
| Schlechte Kombinationen | Ashvini | Chitra | Uttarashadha | Dhanishtha | Uttaraphalguni | Jyestha | Revati |

**10) Der Aszendent |**

- Vermeiden Sie den Beginn eines Bauvorhabens zu Zeitpunkten mit Aszendent Widder, Krebs, Waage oder Steinbock (bewegliche Zeichen).
- Die Zeichen des dritten, sechsten, achten, zehnten und elften Hauses im Geburtshoroskop des Bauherrn sollten nicht die Aszendenten für den Baubeginn sein.
- Befindet sich der Mond im Aszendenten und Mars im achten Haus, so wird dieses Haus frühzeitig kollabieren.

**11) Rahu-Phase |** Während des täglich auftretenden Zeitraums, in dem die negativen Einflüsse Rahus besonders präsent sind, sollte man unter keinen Umständen mit dem Bau eines Hauses beginnen.

| Wochentag | Anfang der Rahu-kala | Ende der Rahu-kala |
|---|---|---|
| Sonntag | 16.30 Uhr | 18.00 Uhr |
| Montag | 07.30 Uhr | 09.00 Uhr |
| Dienstag | 15.00 Uhr | 16.30 Uhr |
| Mittwoch | 12.00 Uhr | 13.30 Uhr |
| Donnerstag | 13.30 Uhr | 15.00 Uhr |
| Freitag | 10.30 Uhr | 12.00 Uhr |
| Samstag | 09.00 Uhr | 10.30 Uhr |

Die angegebenen Zeiten sind in Bezug zum Sonnenaufgang um 6.00 Uhr morgens berechnet und müssen, der Verschiebung des Sonnenaufgangs entsprechend, angeglichen werden. Bei den angegebenen Zeiten ist die Sommerzeit nicht berücksichtigt.

**12) Stellung der einzelnen Planeten |**

- Beginnen Sie nicht mit einem Bauvorhaben, wenn sich im achten Haus des Horoskops des jeweiligen Zeitpunktes negative Planeten befinden. Am besten befinden sich zum Zeitpunkt des Baubeginns im achten Haus keine Planeten. Übeltäter sollen sich nach Möglichkeit in den Häusern elf, sechs und drei befinden, was sie zu Freunden macht.
- Befinden sich hingegen positive Planeten im sechsten Haus, ist der Baubeginn am besten zu vermeiden.
- Der Baubeginn ist zu vermeiden, wenn die Sonne geschwächt oder erniedrigt ist. Das gilt auch für die Zeit nach Sonnenuntergang.
- Der Baubeginn ist zu vermeiden, wenn der Mond ungünstig aspektiert wird oder schwach gestellt ist.
- Falls Jupiter am Tag des Baubeginns geschwächt oder erniedrigt ist, ist der Verlust von Reichtum unvermeidbar.
- Sind bei Baubeginn Jupiter, Venus, Sonne oder Mond stark oder erhöht, so sind gute Ergebnisse zu erwarten.
- Ein geschwächter oder verletzter Mond zur Zeit der Grundsteinlegung kann eine Verzögerung oder einen erschwerten Fortschritt des Bauprojekts zur Folge haben.
- Ein gefallener, geschwächter oder schlecht aspektierter Mars wird die Aufmerksamkeit und das Verantwortungsbewusstsein der Bauleitung oder der Bauarbeiter erheblich mindern.

Der auf den folgenden Seiten jeweils in den Randbemerkungen enthaltenen Aufstellung kann man entnehmen, in welcher Beziehung die neun Planeten zueinander stehen. Die Information ist hilfreich, um Planetenverbindungen zu beurteilen und um die Beziehung verschiedener Aspekte des Hauses zu bewerten, die sich räumlich nahe sind. Beispielsweise sollte sich kein Abstellraum hinter einem Sonnenfenster befinden, da der Saturn (Abstellraum) ein Feind der Sonne (Sonnenfenster) ist.

- Das geplante Bauprojekt kann sich im Nachhinein als nachteilig herausstellen, wenn zur Zeit der Grundsteinlegung ein geschwächter Merkur gegenwärtig war.
- Ein ungünstig gestellter oder geschwächter Jupiter kann mangelnde Einsicht, Weisheit und Kommunikation zur Folge haben.
- Eine geschwächte Venus zur Zeit der Grundsteinsetzung wird einen frühzeitigen Kapitalmangel bewirken.
- Mit Schwierigkeiten von Seiten der Arbeitskräfte ist bei einem ungünstigen Saturn zu rechnen.
- Bei einem oder mehreren ungünstig gestellten, geschwächten, erniedrigten oder rückläufigen Wohltätern (Jupiter, Venus, Merkur) sollte man es unbedingt vermeiden, etwas zu beginnen.

**Sonne**

*Freunde:* Mond, Mars, Jupiter.
*Feinde:* Saturn, Venus.
*Neutral:* Merkur.

- *Platzierung der Planeten im Aszendenten*
  - Sonne im Aszendenten bringt Schwierigkeiten.
  - Mond im Aszendenten kann den Verlust von Reichtum und Geld mit sich bringen.
  - Mars im Aszendenten verkürzt die Lebensspanne.
  - Jupiter im Aszendenten fördert die Religiosität, Pflichterfüllung, wirtschaftliche Entwicklung und Befriedigung der Sinne.
  - Venus im Aszendenten erhöht die Möglichkeit für die Geburt eines Sohnes und fördert Reichtum.
  - Merkur im Aszendenten fördert die Gesundheit.
  - Rahu im ersten Haus fördert Scheidung.
  - Saturn im ersten Haus fördert Streit.
  - Ketu im ersten Haus fördert Entsagung und Scheidung.

**Mond**

*Freunde:* Sonne, Merkur.
*Feinde:* keine.
*Neutral:* Mars, Jupiter, Venus, Saturn.

Befinden sich negative Planeten im ersten Haus, so wird die Familie in Mitleidenschaft gezogen.

- *Platzierung der Planeten im zweiten Haus*
  - Sonne im zweiten Haus bringt Verluste.
  - Mond im zweiten Haus kann die Vernichtung der Feinde herbeiführen.
  - Mars im zweiten Haus bringt Gefängnis.
  - Jupiter im zweiten Haus bringt Perfektion der inneren Ordnung des Kosmos und des Geistes (dharma).
  - Venus im zweiten Haus bringt sinnliche Freuden.
  - Merkur im zweiten Haus bringt Geld und Reichtum.
  - Rahu im zweiten Haus bringt Sorgen und Verlust des Wohlstands.
  - Saturn im zweiten Haus bringt viele Hindernisse.
  - Ketu im zweiten Haus bringt Schwierigkeiten mit der Regierung oder Gefangenschaft.

**Mars**

*Freunde:* Sonne, Mond, Jupiter.
*Feinde:* Merkur.
*Neutral:* Venus, Saturn, Merkur.

- *Platzierung der Planeten im dritten Haus*

  Befinden sich negative Planeten (Sonne, abnehmender Mond, Mars, Saturn, Rahu, Ketu) im dritten Haus, kann es Verzögerungen in vielen Bereichen geben.

  Befinden sich positive Planeten (Jupiter, Venus, Merkur, zunehmender Mond) im dritten Haus, werden alle Ziele schnell in Erfüllung gehen.

- *Platzierung der Planeten im vierten Haus*
  - Sonne im vierten Haus führt zum Zerbrechen von Freundschaften.
  - Mond im vierten Haus kann den Verlust der Intelligenz mit sich bringen.
  - Mars im vierten Haus führt zu gesellschaftlichen Komplikationen und bringt der Mutter Probleme.

- Jupiter im vierten Haus führt zu hohem Respekt.
- Venus im vierten Haus führt zum Erwerb von Land.
- Merkur im vierten Haus führt zu finanziellen Gewinnen.
- Rahu im vierten Haus kann zu Minderung des Familienglücks und Eigentums führen.
- Saturn im vierten Haus fördert Zerstörung.
- Ketu im vierten Haus kann zu Streit führen.

**Merkur**

*Freunde:* Sonne, Venus.
*Feinde:* Mond.
*Neutral:* Mars, Jupiter, Saturn.

- *Platzierung der Planeten im fünften Haus*
  - Sonne im fünften Haus bringt Schwierigkeiten für den Nachwuchs.
  - Mond im fünften Haus kann Streit mit sich bringen.
  - Mars im fünften Haus mag Hindernisse bei der Arbeit bewirken.
  - Jupiter im fünften Haus bringt gute Freunde und Geld.
  - Venus im fünften Haus mag zur Geburt eines Sohnes führen.
  - Merkur im fünften Haus mag zum Erwerb wertvoller Edelsteine führen.
  - Rahu im fünften Haus mag zu Schwierigkeiten für den Nachwuchs führen.
  - Saturn im fünften Haus mag zu Schwierigkeiten für die Verwandten führen.
  - Ketu im fünften Haus fördert Kinderlosigkeit.

- *Platzierung der Planeten im sechsten Haus*
  - Sonne im sechsten Haus vernichtet Krankheiten.
  - Mond im sechsten Haus führt zur Entwicklung in allen Bereichen.
  - Mars im sechsten Haus führt zu Gewinnen.
  - Jupiter im sechsten Haus führt zu Fertigkeiten beim Rezitieren von Mantras.
  - Venus im sechsten Haus fördert die Bildung.
  - Merkur im sechsten Haus führt zu finanziellen Gewinnen.
  - Rahu im sechsten Haus mindert feindliche Einflüsse.
  - Saturn im sechsten Haus fördert Zerstörung der Feinde.
  - Ketu im sechsten Haus schwächt negative Einflüsse.

**Jupiter**

*Freunde:* Sonne, Mond, Mars.
*Feinde:* Merkur, Venus.
*Neutral:* Saturn.

- *Platzierung der Planeten im siebten Haus*
  - Sonne im siebten Haus bringt Angst vor Feinden und Minderung des Ruhms.
  - Mond im siebten Haus fördert Tragödien.
  - Mars im siebten Haus birgt Gefahr und Trennung.
  - Jupiter im siebten Haus führt zu Gewinnen.
  - Venus im siebten Haus fördert Gewinne und Sinnlichkeit.
  - Merkur im siebten Haus führt zu Gewinnen.
  - Rahu im siebten Haus mindert das Eheglück.
  - Saturn im siebten Haus bringt körperliche Beeinträchtigungen.
  - Ketu im siebten Haus bringt Loslösung von der Familie.

- *Platzierung der Planeten im achten Haus*
  - Sonne im achten Haus bringt Angst vor Feinden.
  - Mond im achten Haus fördert Verluste.
  - Mars im achten Haus bringt Krankheiten und einen frühzeitigen Tod.
  - Jupiter im achten Haus führt zu Erfolgen.
  - Venus im achten Haus bringt unterschiedliche Beziehungen zu Verwandten.
  - Merkur im achten Haus führt zu Gewinn und Ruhm.
  - Rahu im achten Haus mindert die Gesundheit.
  - Saturn im achten Haus bringt Furcht.
  - Ketu im achten Haus birgt Unfallgefahr.

**Venus**

*Freunde:* Merkur, Saturn.
*Feinde:* Sonne, Mond.
*Neutral:* Mars, Jupiter.

- *Platzierung der Planeten im neunten Haus*
  - Sonne im neunten Haus bringt Verlust der inneren Ordnung (Dharma).
  - Mond im neunten Haus fördert Erkrankungen der Atemwege.
  - Mars im neunten Haus bringt Minderung des Reichtums und verschlechtert die Situation des Vaters.
  - Jupiter im neunten Haus bringt Glück und Wissen.
  - Venus im neunten Haus fördert Erfolg.
  - Merkur im neunten Haus führt zu vielfältigen Freuden.
  - Rahu im neunten Haus führt zu Vereinsamung.
  - Saturn im neunten Haus zerstört die innere Ordnung (Dharma).
  - Ketu im neunten Haus bringt Probleme für den Vater.

- *Platzierung der Planeten im zehnten Haus*
  - Sonne im zehnten Haus entwickelt Freundschaften.
  - Mond im zehnten Haus fördert Tragödien, wenn er erniedrigt oder geschwächt ist.
  - Mars im zehnten Haus fördert den Umgang mit Juwelen und Edelsteinen.
  - Jupiter im zehnten Haus bringt äußerste Freude und Wohlstand.
  - Venus im zehnten Haus fördert sinnliche Freuden.
  - Merkur im zehnten Haus führt zu finanziellem Erfolg und Gewinnen.
  - Rahu im zehnten Haus vermindert die Position.
  - Saturn im zehnten Haus zerstört den Ruhm schlagartig, falls er ungünstig gestellt ist.
  - Ketu im zehnten Haus fördert Unterordnung und Dienst.

- *Platzierung der Planeten im elften Haus*
  Alle Planeten im elften Haus führen zu Gewinnen.

Sonne oder Mond im elften Haus neutralisieren die Effekte negativer Aspekte und Konstellationen

- *Platzierung der Planeten im zwölften Haus*
  - Sonne im zwölften Haus bringt Verluste.
  - Mond im zwölften Haus macht genusssüchtig und verdorben.
  - Mars im zwölften Haus führt zu Streit, Exil oder Gefangenschaft.
  - Merkur im zwölften Haus fördert Reichtum.
  - Jupiter im zwölften Haus fördert Loslösung.
  - Venus im zwölften Haus führt zu Trennung und sinnlichen Genüssen.
  - Rahu im zwölften Haus nimmt alles weg.
  - Saturn im zwölften Haus zwingt zur Befolgung religiöser Pflichten.
  - Ketu im zwölften Haus fördert Befreiung und Loslösung.

Die Schlussfolgerung lautet, dass die Bewohner, selbst wenn das Haus nach Vastu konstruiert wurde, schlechte Reaktionen zu erleiden haben, falls sie nicht den geeigneten Zeitpunkt für den Baubeginn ausgewählt haben.

- Befinden sich der Herrscher des zehnten Hauses und die Sonne in einem ungünstigen Haus, so sollte man unter keinen Umständen mit dem Bau eines Hauses beginnen.
- Rückläufige Planeten im vierten Haus werden als ungünstig angesehen.

**Saturn**

*Freunde:* Merkur, Venus.
*Feinde:* Sonne, Mond, Mars.
*Neutral:* Jupiter.

**Rahu, Ketu**

*Freunde:* Merkur, Venus, Saturn.
*Feinde:* Sonne, Mond.
*Neutral:* Mars, Jupiter.

**Beispiel**
Befindet sich ein Bad direkt neben dem Wohnzimmer und besitzen diese eine gemeinsame Tür, so wird die Venus (Wohnzimmer) von ihrem Feind, dem Mond (Bad), angegriffen, sodass der Venusaspekt des Wohnzimmers betroffen ist (Gemütlichkeit, Schönheit, Erholung), während der Mondaspekt (geistige Ausgeglichenheit) nicht in Mitleidenschaft gezogen wird, da die Venus dem Mond freundlich gesonnen ist.

## Stellung der Planeten im Geburtshoroskop

- Befindet sich die Sonne im Geburtshoroskop des Eigentümers im vierten Haus, so deutet dies auf eine einfache oder ärmliche zukünftige Wohnmöglichkeit hin.
- Bei Jupiter im vierten Haus kann man mit einem Haus aus Naturwerkstoffen wie Holz rechnen.
- Saturn im vierten Haus des Horoskops des Bauherrn bringt oft ein Haus oder eine Wohnung aus Beton, Eisen und Mauern ohne Ziegel mit sich.
- Venus im vierten Haus des Geburtshoroskops weist eher auf eine sinnliche bis luxuriöse Lebensweise hin. Ist die Venus durch günstige Aspekte von Jupiter beeinflusst, im eigenen Zeichen oder gar erhöht, so zeigt dies eine königliche Art zu wohnen an.

**Aszendent im Geburtshoroskop des Bauherren** |

- Eine Person, deren Aszendent zur Zeit ihrer Geburt zwischen Skorpion und Stier (sechs Zeichen) lag, sollte den Bau des Gebäudes von Osten aus beginnen.
- Jemand, dessen Aszendent zwischen Wassermann und Krebs (sechs Zeichen) liegt, sollte den Bau im Süden beginnen.
- Jemand, dessen Aszendent zwischen Stier und Jungfrau (sechs Zeichen) liegt, sollte den Bau im Westen beginnen.
- Jemand, dessen Aszendent zwischen Löwe und Steinbock (sechs Zeichen) liegt, sollte den Bau im Norden beginnen.

## Wichtige Ereignisse beim Bau eines Hauses

**Wahl des Zeitpunktes der Türrahmensetzung des Haupteingangs** |

- Die Wahl des Zeitpunktes für die Setzung des Türrahmens der Eingangstür beeinflusst den Wohlstand und den Reichtum des Hausherrn wesentlich.
- Der Freitag eignet sich für die Türrahmensetzung am besten.
- Es sollte ein Zeitpunkt in einem unbeweglichen Zeichen (Stier, Löwe, Skorpion und Wassermann) gewählt werden.
- Rohini, Mrigashira, Uttaraphalguni, Anuradha, Uttarabhadra und Revati eignen sich am besten für das Setzen des Türrahmens.
- Für die Setzung der Tür in den Rahmen sollte ein bewegliches Zeichen gewählt werden (Widder, Krebs, Waage und Steinbock).

**Einzug in ein Haus** | Der Zeitpunkt des Einzugs in ein Haus oder eine Wohnung (Grihapravesha) ist von großer Bedeutung. Die folgende Tabelle beschreibt die Resultate, die zu erwarten sind, wenn man den Einzug zu dem jeweiligen Zeitpunkt vornimmt. Hierbei geht die Kalkulation von der Stellung des Mondes aus.

Der Türrahmen des Haupteingangs sollte nicht nur zu einem günstigen Zeitpunkt gesetzt werden, auch die Maße des Rahmens werden auf diesen Zeitpunkt abgestimmt, indem Sternbilder und Mondphasen des Zeitpunktes mit den entsprechenden Maßen des Rahmens verglichen werden (siehe Anhang zu Kapitel 4, Seite 347ff.).

| Stellung des Aszendenten zu Baubeginn gezählt von der Stellung des Mondes im Horoskop des Bewohners | Auswirkung |
|---|---|
| 1. Haus (im gleichen Haus des Mondes zur Geburtszeit) | Bei einem festen Zeichen: gegen Krankheit gefeit |
| 2. Haus | Krankheit, Verlust des Reichtums |
| 3. Haus | Finanzieller Gewinn |
| 4. Haus | Beziehungsprobleme |
| 5. Haus | Probleme für die Kinder |
| 6. Haus | Zerstörung der Feinde |
| 7. Haus | Schwierigkeiten für die Frau |
| 8. Haus | Grausamkeit |
| 9. Haus | Schwierigkeiten mit dem Staat |
| 10. Haus | Erfüllung der Wünsche |
| 11. Haus | Fördert Reichtum und Überfluss |
| 12. Haus | Vervielfacht Komfort und Glück |

Ist der Aszendent zur Zeit des Baubeginns mit einem Wohltäter besetzt, so ist dieser Zeitpunkt sehr Glück verheißend.

**Inbesitznahme und Erwerb eines Grundstücks** | Ein günstiger Zeitpunkt für die Inbesitznahme eines Baugrundstückes ist von großem Wert, um einem ungewollten Verlust des Hauses vorzubeugen. Wenn sich der Aszendent im Krebs und der Mond im vierten Pada der Sternbilder Bharani, Ardra, Vishaka oder Hasta befindet, sollte der zukünftige Eigner zu dieser Zeit im Nordosten des Grundstücks eine Hand voll frische Erde entnehmen und gut aufbewahren. Geschieht dies zur einer Zeit, wenn sich Sonne und Ketu im ersten Haus aufhalten, so wird dieses Grundstück seinen Eigentümer nicht unnötig wechseln.

Für den Zeitpunkt des Kaufes gelten die ansonsten üblichen Angaben zu Sternbildern, Aszendenten, Mondphasen und Wochentagen; besonders günstig wäre ein Donnerstag. Der jeweilige Herrscher des Wochentages sollte sich, wenn möglich, im ersten Haus aufhalten. In beiden Fällen sollte sich Mars nicht im ersten Haus befinden.

**Setzen des Dachstuhls** | Günstig ist es, den Dachstuhl an einem Montag, wenn sich der Mond im Krebs oder einem anderen Wasserzeichen befindet, oder an einem Freitag mit Venus im Aszendenten Stier, Waage oder in einem Wasserzeichen zu setzen, da dies einen permanenten Schutz vor Feuer mit sich bringt.

Unter keinen Umständen sollte der Dachstuhl an einem Dienstagvormittag mit einem feurigen Aszendenten gesetzt werden.

Befindet sich Venus im ersten Haus und Jupiter in einem Quadranten (Kendra), so ist Schutz vor Sturm und Feuer gewährleistet. An einem Freitag, Donnerstag, Mittwoch oder Montag sollte sich der Mond am besten in einem Wasserzeichen oder in den Zeichen Stier, Krebs, Waage, Skorpion, Steinbock oder Wassermann befinden. Eine Setzung oder Reparatur des Dachstuhls zu einem solchen Zeitpunkt beschützt das Objekt vor Feuer.

Der Dachstuhl sollte zu einem Zeitpunkt gesetzt werden, der die Gefahr, dass das Dach in Zukunft einem Feuer zum Opfer fällt, möglichst klein hält. Der Einfluss des Elements Feuer in den Zeichen (Feuerzeichen) und Planeten (Mars) sollte daher für diesen Zeitpunkt vermieden werden.

**Bodenarbeiten** | Eine Verlegung des Bodens (Fliesen, Teppich, Parkett) sollte nicht zu der Zeit begonnen werden, wenn sich Mars in den Sternbildern Krittika, Magha, Purva Phalguni, Hasta, Mula oder Revati befindet, da dies eine ungünstige Situation für alle männlichen Nachkommen nach sich zieht und die Gefahr für einen Brand erhöht.

**Abriss eines alten Hauses** | Dies sollte im abnehmenden Mond, bei einem feurigen und beweglichen Aszendenten (am besten Widder oder Schütze) geschehen, wenn sich Mars im elften, zehnten, sechsten oder dritten Haus befindet. Der Abbruch sollte weder an einem Donnerstag noch in der achten und neunten Mondphase oder bei Neumond erfolgen.

## Rituale im Vastu

In diesem Abschnitt werden die wichtigsten Rituale des Vastu beschrieben, die begleitend in der vedischen Kultur zum Bau eines Hauses ausgeführt wurden und in Indien und vielen anderen Teilen der Welt noch bis zum heutigen Tag praktiziert werden. Ein Ritual ist eine Art Sprache, die den Menschen mit den Energien und Wesenheiten des Universums und der Natur kommunizieren lässt. Es geht hierbei weniger um die äußere Handlung, als um den Bewusstseinsinhalt, der durch sie transportiert wird, so wie es bei einer Sprache weniger um ihre Grammatik als um den vermittelten Inhalt geht. Für all die hier aufgeführten Rituale und Zeremonien ist es sehr wichtig, einen geeigneten Zeitpunkt mit Glück verheißenden astrologischen Eigenschaften zu bestimmen.

**Erste Weihung des Grundstücks (Vastu Muhurtam)** | Die erste Weihung des Grundstücks und die Versöhnung der Energien sollte zu einem günstigen Zeitpunkt erfolgen. Hierbei sollte sich der Vastupurusha im wachen Zustand befinden. Dieser Umstand ist in den Monaten Mesha, Vrishabha, Kataka, Simha, Vrichika, Makara und Kumba gegeben. In den Monaten Dhanur, Mina, Mithuna und Kanya schläft er.

**Verehrung des Baugrundes und der Erde (Bhumi Puja)** | Die Verehrung der Erde wird normalerweise zur gleichen Zeit wie die erste Weihung des Grundstücks ausgeführt. Hierzu wird ein kleines 8 × 8-Manduka-Mandala in der nordöstlichen Ecke des Grundstücks z. B. mit farbigen Getreidesamen und natürlichen farbigen Substanzen hergestellt. In jedem einzelnen der 64 Quadranten residiert eine bestimmte Gottheit, die bei diesem Ritual mit Hilfe spezifischer Mantras und spezieller Opferungen zufrieden gestellt wird. Zu diesem Zeitpunkt erfolgt außerdem, ebenfalls im Südosten des Grundstücks, die Platzierung der Grundsteine in der Erde. Diese Zeremonie wird auf Seite 248f. beschrieben. In einigen Teilen Indiens, insbesondere in Südindien, wird zu diesem Anlass eine Puppe des Vastupurushas gefertigt, die dann verbrannt wird. Hierdurch sollen dämonische Einflüsse und Geister vertrieben werden.

In der vedischen Tradition der Vaishnavas wird Vishnu als die höchste Gottheit verehrt, während alle anderen Halbgötter einschließlich des Vastupurushas seine Geweihten oder Diener sind.

Aus unserer Sicht ist diese Handlung jedoch nicht zu empfehlen, da sie aus einem anderen Verständnis der Persönlichkeit des Vastupurushas abgeleitet wird. Während der Vastupurusha in der südindischen Tradition als ein dämonisches Wesen angesehen wird, betrachten wir ihn als ein göttliches Wesen. Der Grund hierfür besteht darin, dass sich der Vastupurusha der höchsten vedischen Gottheit Vishnu hingab, nachdem er die Macht der Halbgötter im Kampf beobachtet hatte. Dieser Akt der Hingabe an Gott verwandelt das ursprünglich dämonische Wesen des Vastupursha in das eines großen Gottgeweihten. Er ist daher verehrungswürdig und muss nicht mit Feuer und Lärm aus dem Haus getrieben werden. Die Verehrung des

Baugrunds und die damit verbundenen Rituale sollten möglichst vormittags ausgeführt werden.

**Erweckung der Räume** | Dieses Ritual (Garbhanyasa) hat den Zweck, das Gebäude und seine Räume zum Leben zu erwecken. Dazu wird an einem geeigneten Ort ein kleines Loch gegraben, in das eine aus Kupfer und Silber gefertigte Kiste versenkt wird. Innerhalb der Kiste sollte es neun oder fünfundzwanzig Unterteilungen jeweils in Form eines Quadrates geben, die dem Mandala mit 9 (Pitha) beziehungsweise 25 Feldern (Upapitha) entsprechen. Im Osten werden dem Sonnengott und dem König der Götter Opfergaben aus Silber und Gold dargebracht. Im Süden sollten dem Herrn des Todes und Narasimhadeva, einer göttlichen Inkarnation Vishnus, Opfergaben aus Eisen und Gold dargebracht werden. Im Westen erhält der Herr des Wassers und der Meere und im Norden der Gott des Mondes Opfergaben aus Silber. Ähnliche Opferungen erfolgen in allen anderen Richtungen. Es werden auch neun Getreidearten, neun Edelsteine, Mineralien und Gewürze in der Kiste platziert. Mit einem Wolltuch bedeckt, wird diese Kiste in dem kleinen Loch versenkt und mit Erde zugedeckt. Dieser Vorgang wird von Gebeten und Mantras begleitet.

Diese Kiste wird als die Quelle von Leben und Bewegung für das Gebäude betrachtet. Das Ritual kann im Zentrum des Grundstücks oder auf einer der Hauptachsen im Norden, Osten, Süden oder Westen ausgeführt werden.

Diese Abbildung zeigt einen Kailash auf einem Tempeldom. Eine solche »Krone« wird, in der Vastu-Tradition, zum Schutz auch auf Dächern von Wohnhäusern angebracht.

**Einzug in ein neues Haus oder eine neue Wohnung** | Das abschließende Ritual für Wohnhäuser (Grihapravesha) versöhnt die Planeten und die Götter. Der Raum wird mit heiligem Wasser, vedischen Mantras und einer Feuerzeremonie gereinigt. Der Raum der Gebäude kann nach diesem Ritual zum Wohnen genutzt werden. Dieses Ritual sollte nicht ausgeführt werden, wenn die Frau des Bauherrn schwanger ist.

Bei all diesen Ritualen geht es weniger um die genaue Ausführung eines religiösen Zeremoniells als um die Wahrnehmung und Kommunikation mit den feinstofflichen und spirituellen Energien des Hauses und Raumes. Das Bewusstsein der Menschen wird von all den Schwierigkeiten, die ein Hausbau mit sich bringt, auf die tiefer gehende Wirklichkeit der energetischen Zusammenhänge und der sie beherrschenden Wesen gelenkt. Hierdurch entsteht die Grundlage einer dynamischen Wechselwirkung und Kommunikation zwischen dem Raum und seinen Bewohnern.

*Kapitel 14*

# Design im Vastu

Die südindische Vastu-Architektin und Designerin Sashikala Ananth unterscheidet drei Arten von Vastu: Shrishthi-Vastu, Chikitsa-Vastu und Vardhamana-Vastu.

Diese drei Anwendungsbereiche befassen sich mit der Neuschöpfung (Shrishthi), dem Vorgang der Korrektur bereits bestehender Strukturen (Chikitsa) und den Erweiterung oder Restaurierung (Vardhamana).

## Das Errichten eines neuen Gebäudes

Die wichtigste Aufgabe beim Entwurf eines Gebäudes ist das harmonische Einfügen der neuen Struktur in die bereits bestehenden Gegebenheiten. Zu berücksichtigen sind hierbei vor allem die natürliche Umgebung, die umgebenden Gebäude, klimatische und thermale Bedingungen und soziale beziehungsweise kulturelle Aspekte und Besonderheiten.

Der erste Schritt besteht darin, die Energie des Raumes, der als Bauland zur Verfügung steht, wahrzunehmen. Jede Landschaft ist ein lebendiges Wesen, dessen Lebensenergie dem Gebäude und seinen Bewohnern zur Verfügung steht, wenn diese im Einklang mit dessen Bedürfnissen, Formen und Bewusstsein stehen. In den modernen Städten greift die Architektur zumeist auf derart unharmonische Weise in die natürlichen Zusammenhänge ein, dass ein sehr zerrissenes und spannungsgeladenes Energiefeld entsteht. Die Aufgabe des Vastu-Designers besteht in diesem Fall darin, das disharmonische Energiefeld auszugleichen und einen geschützten Raum zu kreieren. Ein nach den Prinzipien des Vastu konstruiertes Haus erzeugt nicht nur in seinem Inneren einen heilen Raum, sondern strahlt diese heilende Energie auch in seine Umgebung ab.

## Die Korrektur bereits bestehender Gebäude

Der Ausdruck der Stille kann einem Raum mittels einer Statue eines meditierenden Buddhas verliehen werden, jedoch auch dank geeigneten Proportionen und anderen gestalterischen Mittel wie hellen Farben.

Im Leben eines Menschen mögen zu einem bestimmten Zeitpunkt zwei Dinge zusammenkommen: Die Notwendigkeit zur Änderung der Energien, mit denen er sich umgibt und die er mit seiner Umgebung austauscht, und die Sensibilität für die Energien des Raumes und wie sie ihn beeinflussen. Beide Aspekte müssen gegeben sein, damit eine Korrektur des Raumes nach Vastu möglich und sinnvoll ist. Sieht ein Mensch den Zusammenhang zwischen seinem inneren und äußeren Raum, beginnt er mit seinem Wohnraum zu kommunizieren. In dieser Phase werden Verän derungen des äußeren Raumes eine besonders große Wirkung auf die Entwicklung seiner Bewohner ausüben. In diesem Sinne ist der Vastu-Designer ein Heiler, der mit dem Raum auch dessen Bewohner in einen Heilwerdungsprozess mit einbezieht.

In einem Raum kann auf zweierlei Weise eine Atmosphäre der Stille erzeugt werden. Bringt man eine wohlgeformte Statue des meditierenden Buddhas in einen Raum, so wird die meditative Atmosphäre den gesamten Raum erfassen. Dies geschieht insbesondere, wenn die Bewohner des Raumes mit dieser Energie in Resonanz treten. Ein Raum kann jedoch auch mit einfachen geometrischen und gestalterischen Mitteln in einen Raum der Stille verwandelt werden. Beruhigende Farben und Formen können im Zusammenspiel mit den geeigneten Proportionen eine solche Atmosphäre herbeiführen.

Treten im Leben eines Menschen Schwierigkeiten, Hindernisse oder schwerwiegende Krankheiten auf, so mag er zunächst einmal die Lösung im Äußeren suchen. In einer solchen Situation kann er sich an einen Vastu-Berater wenden und eine Verbesserung seiner Wohnsituation herbeiführen wollen. Wird jedoch lediglich die Wohnsituation verbessert, so ist es möglich, dass durch die neuen positiven Energien die tiefer liegenden Ursachen weiter verdrängt oder überspielt werden. Die Person mag sich besser fühlen und es auf diese Weise vermeiden, weiter an sich zu arbeiten. Im Allgemeinen fällt sie jedoch bereits nach kurzer Zeit wieder in die alten Muster zurück. Daher sollte man parallel zu den Veränderungen im Raum nach Veränderungen in der Lebensweise und im Lebensrhythmus suchen. Der Raum spricht eine deutliche Sprache und weist auf die notwendigen Transformationen hin. Diese den Bewohnern bewusst zu machen, ist die Aufgabe eines ganzheitlich arbeitenden Vastu-Beraters. Daher ist es vorteilhaft, wenn der Vastu-Berater nicht nur in der vedischen Wohnkunst bewandert ist, sondern gleichzeitig die Wissenschaft des Ayurveda (Ernährung, Tagesroutine, Vorbeugung) und der vedischen Astrologie beherrscht.

Häufig müssen bei energetischen Problemen keine räumlichen Veränderungen vorgenommen werden. In einigen Fällen reicht es schon aus, den Tagesrhythmus der Bewohner, die Schlafzeiten oder die Ernährung zu verändern, um gewisse Defizite auszugleichen. Manchmal genügt es, bestimmte Fenster häufiger zu öffnen, für bessere Lichtverhältnisse zu sorgen oder einen kleinen Garten anzulegen.

Ein ungesunder Lebensstil, der nicht im Einklang mit den natürlichen Zeitrhythmen steht, kann die Energien eines Gebäudes negativ beeinflussen. Solche energetischen Einflüsse können leicht behoben werden, wenn die Bewohner auch Veränderungen in ihrem eigenen Leben in Betracht ziehen.

Daher sollte man mit tatsächlichen baulichen Veränderungen innerhalb des Hauses sehr vorsichtig und sparsam umgehen. Bevor man Maßnahmen vorschlägt, sollten alle energetischen Muster studiert und abgewogen werden. Vor allem sollten Vastu-Korrekturen nicht auf Kosten anderer Bedürfnisse durchgeführt werden. Ein Haus muss eine geeignete Kombination privater, sozialer und funktionaler Räume darstellen. Es soll ein harmonisches Ganzes bilden und neben dem funktionalen und energetischen Aspekt auch der Ästhetik entsprechen. Vor allem aber muss es der persönlichen Lebenssituation der einzelnen Bewohner gerecht werden.

## Die Restaurierung oder Erweiterung eines bestehenden Gebäudes

Voraussetzung für die Erweiterung oder Restaurierung eines bereits bestehenden Gebäudes ist ein umfassendes Verständnis der Gesamtheit des Gebäudes und eine Sensitivität für dessen Energien. Insbesondere ist es wichtig, die Lebenssituation und die energetische Situation der Bewohner des Hauses zu verstehen und zu begreifen, auf welche Weise sie bisher mit dem Raum in Wechselwirkung standen.

Bei einer solchen Erweiterung bereits bestehender Strukturen geht es vor allem auch darum, auf allen drei Achsen des Raumes eine rhythmische Strukturierung zu kreieren. Hierzu sollte das zu Grunde liegende räumliche Grundelement in allen Achsen festgelegt werden. Alle Erweiterungen haben in ganzzahligen Vielfachen dieses Grundmoduls zu erfolgen. Hierdurch kann sich die Kohärenz des Energiefeldes des gesamten Gebäudes ungestört entfalten. Die in einem folgenden Abschnitt dargelegten Grundprinzipien des Designs im Vastu gelten für alle drei Anwendungsbereiche des Vastu.

Bei der Korrektur einer bereits bestehenden Wohnsituation stehen die folgenden Mittel zur Verfügung:

1) Leichte bauliche Veränderungen, etwa das Setzen eines neuen Fensters, Verlegen des Haupteingangs, Einziehen einer Zwischenmauer.
2) Vertauschen der Raumfunktionen: So mag ein Schlafzimmer im Nordosten mit einem Arbeitszimmer im Südwesten getauscht werden.
3) Verwendung angemessener Wandmaterialien und Farben: Beispielsweise kann die farbliche Gestaltung mit den Funktionen und Richtungen der Räume, aber auch mit den Bedürfnissen der Personen abgestimmt werden.
4) Die Möblierung kann den Erfordernissen des Vastu entsprechend verändert werden. Beispielsweise versucht man, die nördlichen und östlichen Wände frei zu gestalten.
5) Ein weiterer Ausgleich lässt sich durch den gezielten Einsatz unterschiedlicher Holzarten für Fußböden und Möblierung erzielen (siehe Kapitel 17, Seite 312). Mit Bergahorn im Nordosten etwa kann man eine Atmosphäre der Reinheit schaffen.
6) Durch den gezielten Einsatz der Elemente im Haus kann man das Energiefeld in den Räumen positiv beeinflussen. Hierzu kann man beispielsweise mit Wassergefäßen, Spiegeln, Pflanzen, Farben und Formen arbeiten.

## Die Systematik des Designs im Vastu

Ein neues Haus wird vom Architekten auf der Grundlage einiger Parameter entworfen, die ihm der Bauherr in Grundzügen vorgibt. Außerdem gibt es einige allgemeine Ansprüche, die an ein gutes Design gestellt werden:

- Funktionalität: Das Design sollte dem Lebensstil der Bewohner angemessen sein.
- Ausreichende Lüftung und Beleuchtung der Räume.
- Die Räume des Hauses sollten den Bewohnern Wohlbefinden verschaffen und ihre psychologischen Bedürfnisse befriedigen.
- Das Haus sollte auch ästhetisch ansprechend gestaltet sein.

Um diese Punkte zu verwirklichen, berücksichtigt Vastu zunächst einmal das allgemeine Muster der Bewegungen im Haus. Die Bewegung steht dem Bedürfnis nach Ruhe, Stille und Entspannung entgegen. Aus dem räumlichen Muster von Bewegungsabläufen und Ruhezonen sollte die psychologische Grundstruktur des Hauses entstehen. Das Ruhe-Bewegungs-Diagramm sollte ausgewogen und harmonisch sein. Für die Lösung dieser Aufgabe gibt es kein Muster. Sie hängt vom gewünschten Resultat ab. Ein Thema könnte beispielsweise darin bestehen, die beiden Pole Ruhe und Bewegung in zwei Bereichen des Hauses voneinander zu trennen, also sie auch räumlich einander gegenüberzustellen. Ein anderes bestünde darin, Zonen von Bewegung und Ruhe einander abwechseln zu lassen und in einem dynamischen, räumlich alternierenden Wechselspiel miteinander zu verbinden.

**Beispiel: Zonen von Bewegung und Ruhe** | Im folgenden Grundriss sind die Bewegungs- und Ruhezonen im Haus gleichmäßig verteilt und stehen im Gleichgewicht.

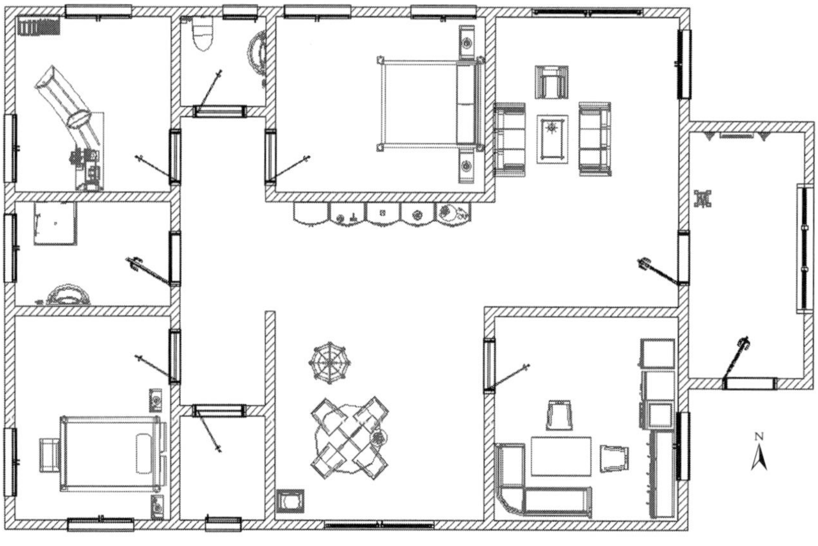


*Grundriss eines Einfamilienhauses.*

7) Die energetische Feinabstimmung und den Ausgleich astrologischer Störungen kann man mit Hilfe von Yantras erzielen. Hierzu kann man mit Mandalas arbeiten, die die Energien der Himmelsrichtungen repräsentieren, oder konkret Planetenyantras einsetzen. Hiermit lässt sich der negative Einfluss geschwächter Planeten im Haus vermindern.

Das Schlafzimmer im Südwesten bildet eine Ruhezone, die von einer Dusche und einem Abstellraum umgeben ist, die Orte der Funktionalität und Bewegung sind. Das Gleiche gilt für das Büro und Arbeitszimmer im Nordwesten. Es ist von Orten der Bewegung umgeben und befindet sich in der Vayu-Ecke, die die Bewegung fördert (Vayu, der Halbgott der Luft und des Windes, beherrscht den Nordwesten). Seine Lage fördert jedoch gleichzeitig sowohl ein dynamisches als auch ein ruhiges und entspanntes Arbeiten. Das Schlafzimmer im Norden ist eine Zone der Ruhe. Die beiden an das Schlafzimmer angrenzenden Bereiche des Wohnzimmers im Süden und Nordosten können sowohl Zonen der Ruhe als auch der Bewegung sein. Ein gemütliches und meditatives Sitzen im Nordosten ist ebenso denkbar wie angeregte Gespräche oder ein aufregender Fernsehabend. Das gilt auch für den Tisch im Süden. Die Zeit des Essens sollte eine Pause von den Aktivitäten des Tages darstellen und damit einen Ruhepunkt bilden. Gleichzeitig ist der Essbereich auch ein Ort der Bewegung. Die Küche im Südosten ist ein Ort der Bewegung. Das Feuerelement fördert diesen Aspekt der Küche.

Insgesamt gesehen ist in diesem Grundriss die Dynamik der Bewegung das vorherrschende Prinzip. Die Hauptbewegungsachse ist die Ost-West-Achse mit Knotenpunkten im Westen und in der Mitte. Es gibt in diesem Haus keinen separierten Bereich der Ruhe. Ein solches Haus sollte von dynamischen Menschen bewohnt werden, die in der Lage sind, sich selbstständig Ruhezonen im Leben zu schaffen.

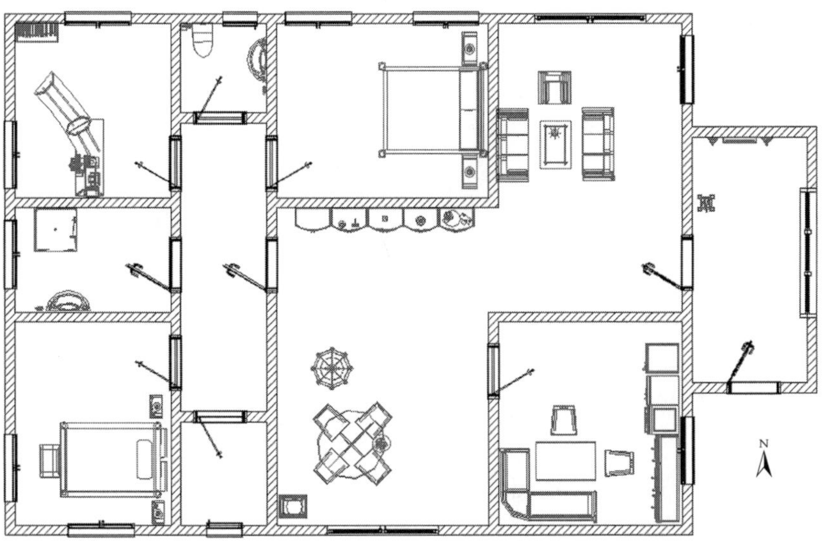


*Veränderter Grundriss zur Schaffung eines privaten Bereiches mit ausgeprägterer Ruhezone.*

In diesem leicht veränderten Grundriss wurde der private Bereich durch eine Tür vom Wohnbereich abgetrennt, wodurch sein Charakter als Ruhezone gestärkt wird. Hierdurch wird auch die Ost-West-Energieachse des Hauses gebremst, was in einer weniger dynamischen Gesamtenergetik zum Ausdruck kommt. Diese veränderte Version ist insgesamt als günstiger zu bewerten.

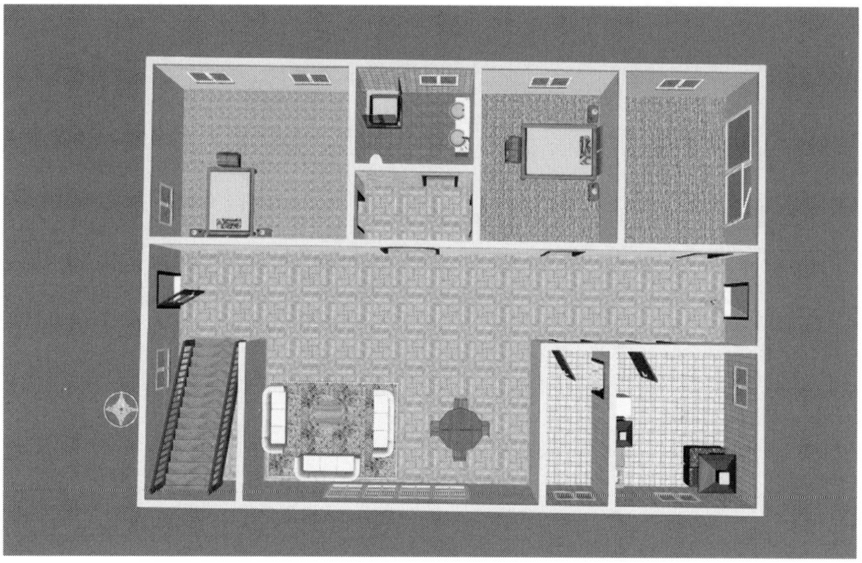

*Ein weiteres Einfamilienhaus aus der Vogelperspektive betrachtet.*

Dieser Grundriss zeigt eine weitere Variante der Verteilung der Ruhe- und Bewegungszonen. Die Schlafzimmer im Nordwesten und Norden bilden ebenso wie der Meditationsraum im Nordosten Ruhezonen. Damit ist der gesamte nördliche Bereich eine Ruhezone. Im südlichen Bereich findet man im Südosten die Küche, daneben die Speisekammer. Im Süden befindet sich das Wohnzimmer mit integriertem Esstisch. Die Treppe zum zweiten Geschoss liegt im Südwesten. Damit ist der Süden eher durch Bewegungszonen geprägt. Die Hauptbewegungsachse bildet wiederum die West-Ost-Achse.

## Der Prozess der Gestaltung im Vastu

Der Prozess der Gestaltung im Vastu besteht aus fünf Schritten:

1) Die Auswahl des Baugrundes
   a) Die Form des Grundstücks
   b) Die Bodenqualität
   c) Das Gefälle des Baulands
   d) Wasserquellen und Wasservorkommen auf dem Grundstück
2) Die Ausrichtung des Grundstücks und der geplanten Gebäude
   a) Das Zentrum (Brahmasthana)
   b) Brahmanabhi
   c) Daivavithi
   d) Manushyavithi
   e) Pishachavithi
3) Aufteilung beziehungsweise Gestaltung der Gebäude
   a) Parameter der Bewohner:
      - Größe der Familie
      - Aktivitäten der Familie
      - Raumbedürfnisse
      - Budget
   b) Ökosysteme
   c) Lebensstil der Familie
   d) Materialien

   e) Ästhetik
   f) Gesamtenergiefeld
   g) Türen, Treppen, Fenster
   h) Raumaufteilung
4) Form, Höhe und Rhythmus der Gebäudeteile
5) Proportionen (Ayadi)
   Ziele der richtigen Proportionierung:
   - Ein Gefühl des Wohlergehens schaffen
   - Das Einkommen zu sichern
   - Die Arbeit zu fördern
   - Spirituelle Zufriedenheit zu sichern
   - Lernen und Bildung zu fördern
   - Wachstum und Wohlstand zu fördern

## Wesentliche Aspekte des Vastu

In diesem Abschnitt werden wichtige Aspekte des Vastu betrachtet, die wesentlich zur energetischen Gesamtsituation des Hauses beitragen.

**Das Zentrum (Brahmasthana)** | Von zentraler Bedeutung für die Energetik des Hauses, insbesondere die dynamische Verteilung der Energien, ist die Offenheit der Mitte des Hauses für Licht und Luft. Je offener und leichter dieser Bereich in allen Richtungen gestaltet wird, desto leichter und beweglicher sind die Energien des Hauses.

Im Zentrum (Brahmasthana) eines Hauses oder Raumes kann eine solche Pyramide zur Anwendung kommen, um energetische Probleme zu neutralisieren, die von Erdstrahlung, Wasseradern oder Energiegittern herrühren.

Form und energetische Wirkung von Pyramiden entsprechen den Prinzipien des Vastu sehr gut. Die quadratische Grundform und ihre Orientierung exakt parallel zu den Hauptthimmelsrichtungen sind wichtige Aspekte ihrer Wirksamkeit.

**Die solare Energieachse des Hauses (Brahmasutra)** | Die solare Energieachse führt von der östlichen Seite des Gebäudes zur westlichen. Falls diese Achse offen und frei gehalten wird, trägt sie zur richtigen Verteilung der Lebensenergie im gesamten Haus und damit zur Gesundheit und zum allgemeinen Wohlergehen bei. Insbesondere in Reihenhäusern ist die solare Energieachse sehr wichtig und sollte unbedingt offen und frei sein. Sie bildet das Rückgrat des Gebäudes und sollte auch an ihren Enden offen, also mit Fenstern oder Türen versehen sein.

**Der Garten des Hauses** | Insbesondere für Reihenhäuser, die häufig im vorderen Bereich direkt an die Straße angrenzen und dort wenig Platz und Grünflächen haben, ist ein privater Garten hinter dem Haus von großer Wichtigkeit. Er stellt die Verbindung des Hauses mit der Natur dar und ist gleichzeitig ein hoch schwingender innerer Raum, der dem Haus als eine wichtige Energiequelle dient. In modernen Apartments in der Stadt wird der private Garten häufig durch eine kleine Veranda oder Terrasse ersetzt. Sie sollte einige Pflanzen beherbergen, um den gleichen Zweck erfüllen zu können wie ein kleiner Garten. Idealerweise liegt ein solcher privater Garten im Osten oder Norden des Hauses, doch auch in den anderen Richtungen kann er seinen Zweck erfüllen.

**Medizinische und heilige Pflanzen im Haus** | In Indien darf in keinem Haus die heilige Tulasi- oder Neempflanze fehlen. Tulasi (Basilicum Sanctum) ist das indische Basilikum, eine als heilig angesehene Heilpflanze, Neem dagegen ein Baum mit sehr bitteren Blättern, der in der Naturheilkunde Verwendung findet. Beide erfüllen sowohl medizinische als auch religiöse Zwecke. Solche Pflanzen oder Kräuter dienen zur Reinigung der Atmosphäre und verbreiten positive feinstoffliche Energien. Man sollte nicht nur auf die äußere Schönheit und Farbe der Pflanzen und Blumen achten, die man im Haus pflanzt oder aufstellt, sondern auch die feinstoffliche Wirkung der Pflanzen berücksichtigen. Viele Pflanzen haben zusätzlich zu ihrer reinigenden und medizinischen Kraft eine große spirituelle Bedeutung. In jeder Religion und Kultur sind solche Pflanzen bekannt, und man kann sie gezielt einsetzen, um das Hausklima zu verbessern.

**Wohltuende Gerüche und Düfte im Haus** | In einem Wohnhaus sollte periodisch beziehungsweise ständig die Luft gereinigt werden. Hierzu ist eine gute Lüftung oder Ventilation erforderlich, doch auch mit Hilfe von Räucherwerk, Kräutern, Mineralien und wohlriechenden Pflanzen kann eine Verbesserung der Luftqualität erfolgen. In der vedischen Kultur wird in jedem Haus regelmäßig Räucherwerk aus Mineralien, Kräutern, Blumen und ätherischen Ölen dargebracht, deren Düfte die Luft und die Atmosphäre reinigen. Eine ähnliche Funktion können duftende Hölzer, Gräser oder duftendes Wasser erfüllen. Negative Gefühle und andere energetische Belastungen werden auf diese Weise beseitigt.

Der Aufbau der Vastu-Pyramide entspricht genau dem der Cheops-Pyramide in Gizeh. Der für die Wirkung entscheidende Winkel an der Spitze ist in beiden Fällen identisch.

Die kleine, auf der vorhergehenden Seite abgebildete Vastu-Pyramide ist genau im Maßstab 1:1000 nach der Cheops-Pyramide gebaut.

**Schmuck und Verzierung des Hauses durch die Familie** | In vedischen Häusern ist es üblich, das Haus regelmäßig mit Glück verheißenden Ornamenten, kleinen Kunstwerken und ähnlichen Arrangements zu schmücken. Beispielsweise wird der Fußboden regelmäßig mit Mandalas und Glück verheißenden Symbolen aus farbigem Reismehl verziert. Einen ähnlichen Effekt kann man mit Hilfe von farbigem Glas, Farben und Bildern oder durch Kunstgegenstände aus natürlichen Rohstoffen, wie Ton oder Holz, erzielen. Diese Bemühungen tragen dazu bei, einen ständig erneuerten lebendigen und kreativen Raum zu schaffen.

**Reenergetisierung des Hauses für neue Bewohner** | Um die Energien eines Hauses seinen neuen Bewohnern anzupassen, wurde in der indischen Kultur zumindest alle drei Generationen eine neue Eingangstür eingesetzt. Hierbei wurden die Proportionen der Tür astrologisch auf den jeweils aktuellen Hausbesitzer abgestimmt (siehe Kapitel 4, Seite 66ff.). Das empfiehlt sich auch in der heutigen Zeit, wenn eine neue Familie in ein Haus einzieht, das zuvor von anderen Menschen bewohnt wurde. Im Haupteingang konzentrieren sich die Energien eines Gebäudes und werden von dort aus nach außen ausgestrahlt. Das Setzen einer neuen Tür kann daher wichtige energetische Erneuerungen einleiten.

Die Tür ist die Schwelle zwischen der aktiven äußeren Wirklichkeit und der beschützten privaten Wirklichkeit des Individuums. Sie ist eng mit dem Geschick und Glück einer Familie verbunden. Daher verwendet man für einen Haupteingang niemals antike Türen. Am besten wird der Haupteingang für jede Familie neu entsprechend astrologischer Kalkulationen entworfen. Hiermit sind sowohl die Maße des Haupteinganges als auch dessen Form und Gestaltung gemeint, was Glück verheißende Symbole und die Farbe mit einbezieht.

## Technische Aspekte der Gestaltung im Vastu

Alle Gebäude können als eine Kombination einfacher architektonischer Grundformen betrachtet werden, die von einem Zentrum ausgehend und in den drei Achsen des Raumes einem bestimmten Rhythmus folgend, expandieren. Die Grammatik dieses Rhythmus, in dem die Grundformen miteinander kombiniert werden, ist ein zentrales Thema des Vastu. Der kreative gestalterische Prozess des Vastu besitzt drei Funktionsebenen:

1) Ebene der Regeln und Konstruktionsvorschriften
2) Ebene der analytischen Theorie von gestalterischen Prozessen
3) Ebene der Integration von gestalterischen Prozessen in ein metaphysisches Konzept

Vastu umfasst diese drei Ebenen des gestalterischen Prozesses. Auf der ersten Ebene der Regeln ist Vastu eine Sammlung praktischer Vorschriften, wie ein Gebäude konstruiert wird, wie man seine Bestandteile fertigt und wie man sie zusammenfügt.

Auf der zweiten Ebene beschreibt Vastu die Theorie der Architektur, durch die der gestalterische Prozess eine äußere Ordnung erhält, die auf analytischen Methoden beruht. Mit Hilfe dieser analytischen Methoden lassen sich wiederum die Regeln und Konstruktionsvorschriften der ersten Ebene ableiten, begründen und in eine höhere Ordnung einbinden.

Auf der höchsten Ebene der Konzeptionalisierung sind alle gestalterischen Prozesse in ein metaphysisches Konzept eingebunden, in dem Architektur als eine Sichtweise der Wirklichkeit erscheint. Hierbei findet eine starke Abstraktion statt, gleichzeitig wird der symbolhafte Charakter der Architektur verstanden. Architektur bildet auf dieser Verständnisebene den Kosmos ab und stellt in greifbarer Form für den Menschen bedeutsame metaphysische Prinzipien dar.

In der Form des Vastupurusha nehmen die kosmologischen und metaphysischen Prinzipien des Vastu Gestalt an. Er ist das mythische Symbol, das den Menschen mit dem Haus und dem Kosmos verbindet. Das Vastupurusha-Mandala projiziert den Vastupurusha und damit das Symbol des lebendigen Raumes in die Ebene begrenzter Formen. Die geometrischen Unterteilungen des Mandalas entsprechen den Unterteilungen des menschlichen Körpers, aber auch der räumlichen Aufteilung menschlicher Aktivitäten im Raum.

Aus solchen metaphysischen Abstraktionen lassen sich die Theorien des gestalterischen Prozesses auf der zweiten Ebene ableiten. Die konkreten Regeln und Vorschriften der Architektur sind wiederum Folgen dieser theoretischen architektonischen Theorien.

Der Prozess der Gestaltung schreitet von der Ebene der abstrakten Konzepte zur konkreten Form, zur physikalischen Struktur voran. Die Grundlage dieses Schöpfungsprozesses bilden drei Prinzipien, die als Funktion (Dharma), Form (Rupa) und Ausdruck (Bhava) bezeichnet werden.

**Funktion (Dharma)** | Das fundamentale Prinzip aller schöpferischen Prozesse bildet die Festlegung oder Definition der Funktion beziehungsweise des Zwecks des zu schaffenden Objektes. In der Architektur bezieht sich dieser Zweck immer auf menschliche Bedürfnisse, sei dies im persönlichen oder sozialen Bereich.

Die funktionalen Bedürfnisse eines Designs werden in drei Schritten erfüllt:
1) Festlegung der räumlichen Bedürfnisse des Gebäudes als Ganzes und seiner Teilfunktionen. Diese Festlegung erfolgt im Allgemeinen durch die Bestimmung des Umfangs des Gebäudes und seiner Räume. Die Konkretisierung dieser Vorgaben erfolgt mit Hilfe des Yoni-Prinzips nach astrologischen Berechnungen.
2) Orientierung des gesamten Gebäudes und die Anordnung seiner Räume relativ zueinander und zu den Himmelsrichtungen. Anordnung der Räume in mehreren Stockwerken oder räumlichen Ebenen. Die Orientierung und Aufteilung erfolgt nach dem Muster des Vastupurusha-Mandalas.
3) Planung des Zugangs, der Ventilation, der Lichtverhältnisse, der Sicht aller Räume in Beziehung zu den verbindenden Innen- und Außenräumen. Die Planung dieser Feinstruktur des Raumes und seiner Öffnungen und Verbindungen

Im Zentrum der Messingpyramide befindet sich eine kleine, um 45° gedrehte Bergkristallpyramide, welche die im Zentrum (Brahmasthana) der äußeren Pyramide konzentrierten Energien wieder abstrahlt.

Die Energien fließen den Prinzipien des Vastu entsprechend im Norden der Pyramide ein und bilden ein bioenergetisches Feld, das die gesamte Pyramide umfasst. Hierbei sind jeder Seite bestimmte Farben sowie Organe und Chakras des menschlichen Körpers zugeordnet. Diese Zuordnung steht mit der des Vastu ebenfalls in guter Übereinstimmung.

Wichtig ist, dass die Pyramide selbst auf einem möglichst störungsfreien Platz aufgestellt wird, damit sie effektiv arbeiten kann. Ist dies gewährleistet, so wandelt sie ständig negative in positive Energien um.

erfolgt in Einklang mit den Gitterlinien, Diagonalen und Kreuzungen des zu Grunde liegenden Mandalas, wobei bestimmte Prinzipien wie die Nichtverletzbarkeit der empfindlichen Raumpunkte, der Marmas, eingehalten werden müssen.

Die gesamte Gestaltung wird von den physiografischen, klimatischen, hydrologischen, biotischen und soziokulturellen Aspekten der Umgebung beeinflusst. Ausgehend von einem zentralen Fokus wächst auf diese Weise ein Design durch Hinzufügung von Räumen zu einem zentralen Raum in allen drei Achsen und durch radiale Expansion. Es verhält sich in diesem Aspekt ähnlich wie ein lebender Organismus.

Die ungewöhnliche Form dieses Hauses und seines Daches ist durch die Anpassung an die klimatischen Gegebenheiten bedingt. Der Architekt verwirklichte hier das Prinzip, möglichst in jedem wichtigen Raum auch im Winter Südsonne zu haben (siehe Kapitel 18, Seite 322).

**Form (Rupa)** | Die in der Architektur entstehenden Formen hängen stark vom verwendeten Material ab. Strukturen oder Objekte, die aus nur einem einzigen Material bestehen, werden als rein bezeichnet. Beispielsweise ist es eine alte Kunst, Häuser nur aus Holz zu bauen, ohne dabei andere Materialien wie Metall oder Stein zu verwenden. Ein weiterer Aspekt, durch den die Formen der Architektur wesentlich geprägt werden, sind die angewandten Techniken. Unterschiedliche Kulturen bevorzugen verschiedene geometrische Formen. Häufig kommt es in der Geschichte eines Landes zur Vermischung architektonischer Formen durch den Einfluss anderer Kulturen. So wurden beispielsweise durch die Eroberungszüge islamischer Völker in Indien eine Vielzahl von Formen eingeführt, die heute als typisch indisch gelten, ihren Ursprung aber in islamischen Ländern haben.

Vastu kennt als Ordnungssystem für die Form zwei komplementäre Systeme. Das eine bestimmt die Qualität der Formen aus der Bewertung ihrer Proportionen, während das andere sich an den verwendeten geometrischen Grundelementen orientiert. Die Geometrie der Architektur entwickelt sich aus dem Punkt (bindu) heraus, der den Fokus einer Komposition bildet. Vertikale Linien repräsentieren das Feuer, horizontale Linien das Element Wasser, die Diagonalen das Luftelement. Diese Elemente bilden ein Gitter für die Zeichnung eines Gebäudes oder Objektes. Um aus einer solchen Zeichnung ein dreidimensionales Objekt zu kreieren, werden beide Systeme kombiniert zur Anwendung gebracht.

Die zweidimensionale Grundmatrix des Bauens ist das Vastupurusha-Mandala, auf dessen Grundlage sowohl die geometrischen Elemente (Linien, Punkte, Vithis) als auch die möglichen Proportionen bestimmt sind. Die dreidimensionale Form eines Gebäudes geht aus dem Mandala hervor, indem durch den zentralen Brahmanabhi-Punkt eine vertikale Achse mit der Länge $1:\sqrt{2}$ gelegt wird. Das auf der Grundlage eines solchen Mandalas geschaffene Gebäude befindet sich innerhalb der auf diese Weise konstruierten Pyramide.

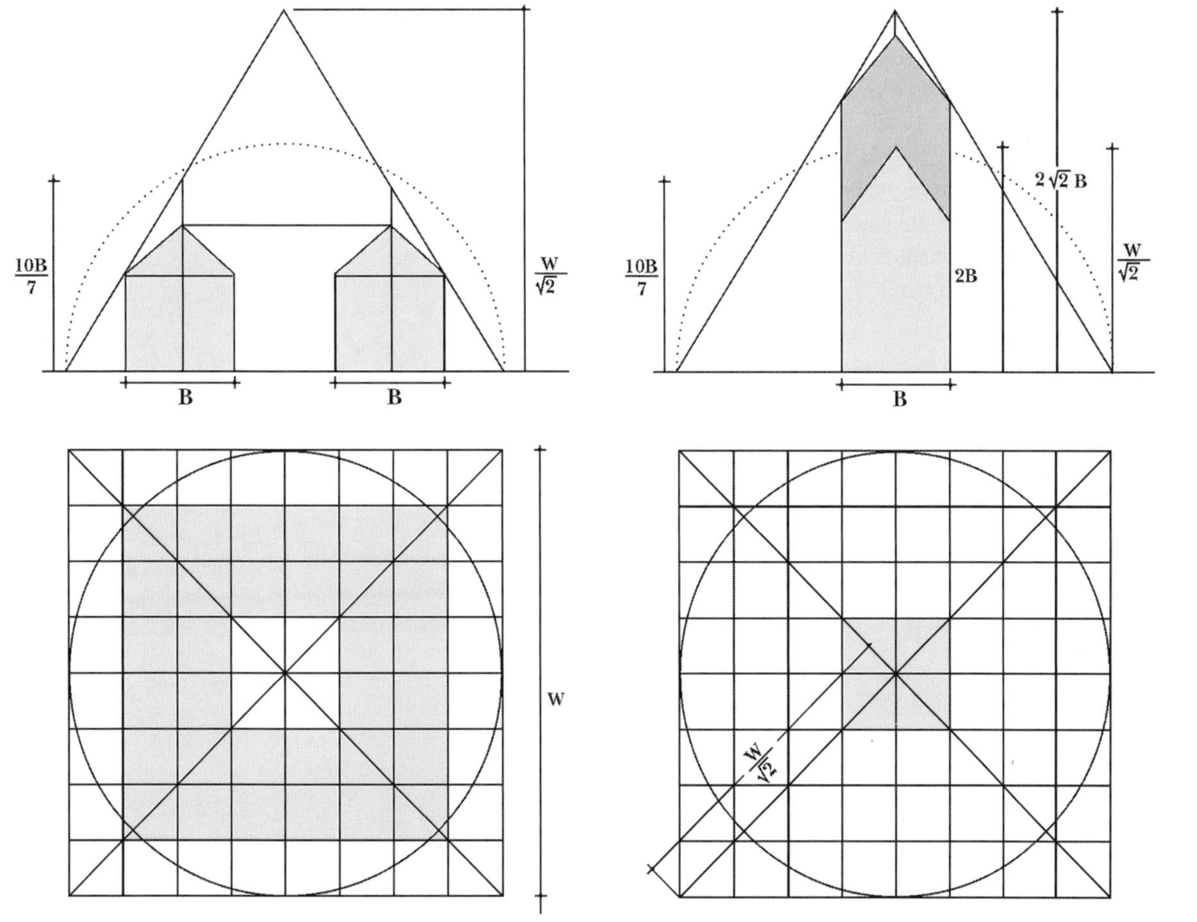


*Eine auf der Grundlage des Manduka-Mandalas konstruierte Pyramide.*

In der traditionellen Architektur Indiens lassen sich aus diesen Konstruktionsvorschriften die Verhältnisse zwischen Höhe und Breite eines Gebäudes bestimmen. Die Breite von Gebäuden zu Wohnzwecken ist innerhalb eines 8 × 8-Mandalas auf 2 Padas beschränkt, um den bebaubaren Bereich nicht zu überschreiten. Damit ist seine maximale Größe $1 : \sqrt{2}$, das Verhältnis zwischen Länge und Höhe des Gebäudes ergibt 10 : 7.

Wird ein Tempelraum oder Tempelgebäude im Zentrum (Brahmasthana) des Mandalas mit einer Breite von 2 Pada errichtet, so darf seine Höhe maximal $1 : \sqrt{2}$ betragen. Das Verhältnis zwischen Höhe und Breite beträgt in diesem Fall $2 \times \sqrt{2} : 1$.

Richtet man sich jedoch nach dem sphärischen Raum, so wird die maximale Höhe eines Gebäudes im Zentrum auf 2 × l beschränkt. Die vier Hauptproportionen des Vastu: Shantika ($1 : \sqrt{2}$), Poustika (1:1,5), Jayada (1:1,75) und Adbhuta (1:2) liegen innerhalb der durch diesen Raum definierten Grenzen.

Diese Kuppel betont auf vollkommene Weise die im Zentrum (Brahmasthana) von oben in das Gebäude einströmende Energie. Sie bezieht den gesamten Raum auf einen zentralen Punkt (Bindu).

**Ausdruck (Bhava)** | Die Grundform der Architektur entsteht aus den Proportionen des umschlossenen Raumes in den drei Achsen. Diese Grundform wird durch vielfältige Ornamentierungen, Gemälde, Skulpturen, Muster und andere Elemente ergänzt. Zusammengenommen ergibt sich auf diese Weise der Ausdruck eines Gebäudes, der dessen Funktion unterstützen sollte und eine der wichtigsten Eigenschaften eines Gebäudes bildet. Er wird grob in drei Gruppen unterteilt:

*Tamasisch:* Eine Form, die Unmut, Abstoßung oder Gleichgültigkeit hervorruft, wird als dunkel, unwissend oder negativ bezeichnet. Sie entspricht damit der Erscheinungsweise der Unwissenheit.

*Rajasisch:* Eine Form, die räumliche und sinnliche Befriedigung verschafft, wird als energetisch und aktiv empfunden und der Erscheinungsweise der Leidenschaft zugeordnet.

*Sattvisch:* Eine Form, die ein erhabenes Gefühl hervorruft, wird als tugendhaft, erleuchtend und göttlich bezeichnet und ist der Erscheinungsweise der Tugend oder Reinheit zugeordnet.

In der vedischen Philosophie wird die gesamte materielle Energie in drei Erscheinungsweisen unterteilt, die als Tugend (sattva), Leidenschaft (raja) und Unwissenheit (tama) bezeichnet werden. Tugend fördert Reinheit, Wissen, Weisheit, Loslösung, Sauberkeit und Religiosität. Leidenschaft fördert Wünsche, Streben nach Gewinn, Hektik, Stress, Bemühungen, Erfolgsdenken, ziel- und ergebnisorientiertes Handeln und die Befriedigung der Sinne. Unwissenheit fördert Schlaf, Trägheit, Unsauberkeit, Zorn, Streit, Zerstörung, abbauende Energien, Dunkelheit, Passivität, Berauschung und Bewusstlosigkeit.

Die Proportionen des Vastu (siehe Kapitel 4, Seite 64) lassen sich ebenfalls diesen drei Ausdruckskategorien zuordnen:

*Sattvisch:* Jayada, Adbhuta und Sarvakamika (für Tempel und öffentliche Gebäude)

*Rajasisch:* Shantika und Poushtika (für Wohnhäuser)

*Tamasisch:* Höhe niedriger als $^{10}/_{7}$ der Länge (gewöhnliche Gebäude)

Funktion, Form und Ausdruck sind voneinander abhängige Prinzipien des schöpferischen Vorgangs. Im Vastu symbolisieren sie ein Abbild der kosmischen Ordnung und sind die Grundlage einer Architektur, durch die Wahrheit zum Ausdruck kommt.

## Elemente des Designs

**Geometrische Elemente** | Die vier Grundelemente der Geometrie sind der Punkt, die Linie, die Ebene und das Volumen. In einer dreidimensionalen Struktur sind alle vier Elemente von großer Bedeutung und stehen in einer aktiven Wechselbeziehung.

*Der Punkt:* Der Punkt (Bindu) wird im Vastu als Ursprung des Raumes bezeichnet. Als Brahmanabhi bildet er das Zentrum und den Fokus des Vastupurusha-Mandalas. Aus den Schnittpunkten der wichtigsten Achsen und Diagonalen des Mandalas bilden sich die Marmas. Das sind empfindliche Punkte, die in der Architektur durch bestimmte Steine, Altäre, Flaggen oder markante Zeichen gekennzeichnet werden. Solche Punkte bilden den Anfang und das Ende jedes Designs.

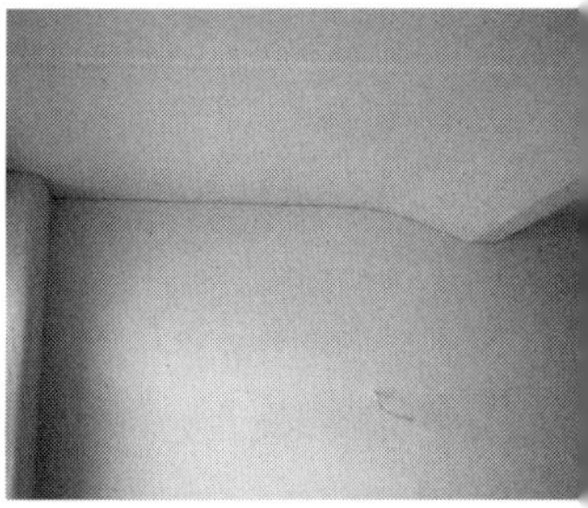

Diese geschwungene Linie, die die Decke von der Wand des Raumes trennt, durchbricht die Erwartung gerader Linien in einem Raum und lockert auf diese Weise das Raumempfinden auf.

*Die Linie:* Die wichtigste Funktion der Linie (Rekha) im Vastu ist, dass sie die Grenze eines Mandalas bildet und auf diese Weise die Grundfläche von Räumen bezeichnet. Zudem definiert sie funktionale Elemente der Architektur wie Stockwerke, Pfeiler oder Träger. Linien können gerade, gekrümmt oder auch unregelmäßig geformt sein. Sie kennzeichnen die Hauptachsen in Gebäuden wie die Ost-West-Achse in Tempeln, die Nordost-Südwest-Achse des Vastupurusha-Mandalas und die vertikale Achse im Brahmasthana. Sie treten auch als Energieachsen und Energielaufbahnen im Gebäude auf (beispielsweise im Hartmann-Gitter). Starke horizontale Linien bringen die Ausdehnung des Gebäudes zum Ausdruck, während starke vertikale Linien eine aufsteigende Bewegung bezeichnen. Dynamik, Bewegung und Fortschritt kommen durch gekrümmte Linien zum Ausdruck.

*Die Ebene:* Ebenen definieren die Oberflächen von Räumen und damit vor allem auch die Berührungsfläche zwischen dem Innen- und Außenraum eines Hauses. Ebenen sind durch ihre Form (rechteckig, kreisförmig oder polygonal), ihre Krümmung (eben oder gekrümmt) und ihre Lage (horizontal oder vertikal) charakterisiert. Sie können als Gitter oder Netz strukturiert sein. Eine oder mehrere Ebenen mögen einen architektonischen Raum bestimmen. Die verschiedenen Ebenen einer Raumstruktur können parallel zueinander liegen oder einander schneiden. Die Ebene ist das wichtigste strukturgebende Element der vedischen Architektur, da das zweidimensionale Mandala beziehungsweise Yantra das grundlegendste Ordnungsprinzip darstellt. Ein solches Yantra mag jedoch ebenfalls wieder die Projektion eines komplexen Systems mehrerer einander durchdringender Ebenen darstellen. Ein solcher Fall liegt beim Sri-Yantra vor, das die zweidimensionale Projektion einer größeren Anzahl von Ebenen ist. Die entsprechende dreidimensionale Form wird als Meru-Chakra oder Meru-Pyramide bezeichnet.

*Das Volumen:* Der architektonische Raum erscheint letztlich als eine Anzahl einander durchdringender, ergänzender oder aneinander gereihter Volumina, die jeweils durch ihre Form, Größe und Position charakterisiert werden. Insbesondere die Überlappung oder Durchdringung von inneren und äußeren Räumen spielt in der Architektur eine große Rolle. Die Kunst besteht darin, Räume unterschiedlicher Qualitäten zu schaffen, in eine harmonische Ordnung zu bringen, geeignete Zwischenräume zu bilden und der gesamten Komposition einen harmonischen Gesamtcharakter zu verleihen.

Naturmaterialien wie Holz und Lehm besitzen eine natürliche Oberflächenstruktur, was zu kontrastreichen Lichtverhältnissen führt.

**Licht und Schatten** | Form wird durch das visuelle Wechselspiel von Licht und Schatten wahrgenommen. Daher spielen für den ästhetischen Gesamteindruck eines Raumes oder Gebäudes die Lichtverhältnisse eine entscheidende Rolle. Hierbei sind nicht nur die Art und Intensität des Lichtes wichtig, sondern vor allem auch die reflektierenden Eigenschaften der Oberflächen sowie die Kontraste. Die Gestaltung der Oberflächen mit Hilfe von Vorsprüngen, Vertiefungen, Öffnungen und Strukturierung trägt zu kontrastreichen Lichtverhältnissen bei. Vor allem die sich über den Tag und das Jahr ändernde Richtung und Farbqualität des Sonnenlichts sollte mit der Anordnung der Räume beziehungsweise ihren Öffnungen nach außen harmonieren, sodass sich die Zeitzyklen der Sonne harmonisch in den Rhythmus der Räume einfügen. Auch die Verwendung natürlicher Oberflächenstrukturen und naturbelassener Materialien führt zu abwechslungsreichen Lichteffekten, wie sie häufig in alten Häusern beobachtet werden können. Doch auch heute sind solche Materialien und Oberflächengestaltungen wieder modern.

**Farben** | Vastu arbeitet ursprünglich mit fünf Farben, die den fünf Elementen zugeordnet sind. Die folgende Tabelle ordnet diese Farben den Elementen, der zu Grunde liegenden Erscheinungsweise und den entsprechenden Eigenschaften zu.

| Farbe | Element | Erscheinungsweise | Eigenschaften |
|---|---|---|---|
| Weiß | Erde | Sattva | Fördert geistige Aktivitäten |
| Gelb | Wasser | Sattva | Fördert intellektuelle Tätigkeiten und den ästhetischen Aspekt |
| Rot | Feuer | Sattva, Rajas | Energie, Licht, Hitze, Kraft |
| Grün | Luft | Rajas | Fördert das abstrakte Denken und die Kunst |
| Blau | Äther | Tamas | Repräsentiert die Zeit und den Lebenskreislauf, fördert die mystische Wahrnehmung der Wirklichkeit |

Zudem lassen sich den Farben die folgenden Eigenschaften zuordnen:
*Rot:* Aggression, Leidenschaft, Feierlichkeit und Freude.
*Erdbraun:* Die Farbe der Erde ist sehr Glück verheißend.
*Weiß:* Die Farbe des Mondes, symbolisiert Reinheit und Einfachheit.
*Blau:* Die Farbe des Himmels und des Wassers, wird häufig verwendet, um auf die Ewigkeit und die Größe des Raumes hinzuweisen. Blau ist die Farbe der Astralwelt und symbolisiert den astralen und spirituellen Zustand der Lebewesen.
*Grün:* Die Farbe der Pflanzen, der Fruchtbarkeit und des Wohlstands vermittelt ein Gefühl der Vitalität und der irdischen Zufriedenheit. Grün ist die Farbe der Heilung und des Lebens.
*Gelb:* Gelb und Ocker stehen für Geburt und Wachstum. Sie repräsentieren auch den Frühling. Gelb ist eine Glück verheißende Farbe, die auch für das spirituelle Erwachen steht.
*Schwarz:* Schwarz drückt Entsagung und Buße aus und weist auf negative Schwingungen hin. Es ist auch die Farbe magischer Riten und religiöser Verehrung in den niederen Erscheinungsweisen.

**Rhythmus** | Ebenso wie Poesie durch das Metrum und Musik durch den Rhythmus strukturiert sind, werden die verschiedenen Elemente eines Bauwerks in der Architektur durch den Rhythmus ihrer Anordnung in eine umfassendere Form gebracht. Der Rhythmus eines Gebäudes wird durch die Muster der Wiederholung und Abwechslung von Räumen, Oberflächen, Öffnungen, Fenstern, Türen, Farben und anderen Elementen bestimmt. Hierbei werden zwei Arten von Rhythmen voneinander unterschieden:
- *Talachanda* ordnet die Elemente in der horizontalen Richtung.
- *Urdhvachanda* ordnet die Elemente in der vertikalen Richtung.

Im Falle eines Tempels kommt der horizontale Rhythmus in der Anordnung seiner Hallen auf seiner zentralen Achse, in der Anordnung der Schreine um den Hauptaltar, in der Lage von Bäumen und Wasserkörpern zum Ausdruck. Sein vertikaler Rhythmus zeigt sich im Verhältnis zwischen den Elementen des Fundaments, der Wände, des Doms und der Domspitze. Ein im richtigen Rhythmus konstruiertes Gebäude gleicht einer harmonisch komponierten Symphonie.

Rhythmus und Metrum wirken auf dieselbe Weise zusammen wie Raum und Zeit, um die materielle Wirklichkeit des Gebäudes zu schaffen. Zusammen erschließen sie die geschaffene Form der quantitativen Darstellung und Messbarkeit. Sie verbinden damit den unmanifestierten Bereich des Geistigen, in welchem die Idee des Raumes als ein komplexes Gefüge von Qualitäten vorliegt, mit dem materiellen Bereich des manifestierten Bauwerkes.

*In den Vastu-Schriften heißt es: »Der Rhythmus ruft eine Wirklichkeit hervor; das Maß baut sie auf.«*

Der Aphorismus »vastureva vaastu« (Es ist der Raum selbst, der sich in Materie verwandelt) realisiert sich durch Rhythmus und Maß. Durch sie entsteht das Gebäude aus dem Raum. Der Baumeister ist die Zeit, deren höhere Ordnung sich im Rhythmus und im Maßsystem zeigt.

Die Zeit, in der die Mantras rezitiert werden und in der die Rhythmen erklingen, entspricht der Geometrie und dem Maß der Grundmatrix des Gebäudes. Im Vastupurusha-Mandala verbinden sich auf diese Weise Raum und Zeit miteinander.

Der Rhythmus wird in sechs Elementen kategorisiert, die als Meru, Khanda-Meru, Pataka, Suci, Uddishta und Nashta bezeichnet werden. Von diesen sechs Elementen sind die ersten vier rhythmische Elementarformen, die sich innerhalb eines komplexen Designs mehrfach wiederholen können und miteinander kombiniert werden.

*Meru-Chanda.*

*Meru-Chanda:* Der Meru-Chanda repräsentiert den Berg Meru und besitzt die Form eines Berges. Seine Form steht für die Erde. Er kann sowohl eine quadratische als auch eine runde Grundfläche besitzen und daher sowohl einer Pyramide als auch einem Kegel gleichen.

*Khanda-Meru:* Diese Form gleicht einem Berg, dessen Grundfläche nicht einem vollständigen Kreis oder Quadrat entspricht, sondern nur einem Teil davon. Sie entsteht aus dem Meru-Chanda, indem ein Teil in vertikaler Richtung abgeschnitten wird.

*Pataka-Chanda:* Dieses Element hat die Form eines Rechtecks.

*Suci-Chanda:* Dieses Element hat die Form einer Nadel.

*Pataka-Chanda.*

Die beiden Elemente Uddishta und Nashta stellen ein System dar, mit dessen Hilfe die Grundelemente zu komplexen Rhythmen kombiniert und aus diesen Kombinationen wieder die Folge der Einzelelemente herausgelöst werden. Diesem System liegt ein binäres System zu Grunde, in dem durch die Folge zweier Symbole l (laghu = leicht) und g (guru = schwer) die rhythmische Abfolge der Elemente eines Gebäudes festgelegt wird.

Eine solche Folge wird Prastara genannt und kann aus beliebig vielen Stellen bestehen. Die Folge »l g l g l g l« stellt beispielsweise eine abwechselnde Sequenz zweier Grundelemente dar. Dieses System wird auch angewandt, um bei Wohnhäusern die rhythmische Folge von Räumen, Fluren und Öffnungen wie Fenster und Türen zu kategorisieren.

**Einheit** | Eine wichtige Eigenschaft eines Gebäudes ist, dass es den Eindruck einer organischen Einheit macht, die vollständig ist und in sich ruht. Dieser Eindruck entsteht, wenn die verschiedenen Teile und Aspekte des Gebäudes durch das Design harmonisch miteinander verbunden werden. In vielen Fällen wird diese Einheit durch ein verbindendes Element hergestellt. Dieses Element mag eine Säule, ein Turm, eine dominante Achse oder ein Innenhof sein, der die verschiedenen Räume, die um ihn herum angeordnet sind, miteinander in Beziehung setzt und gleichzeitig voneinander trennt. Die richtige Wahl der Proportionen trägt hierbei wesentlich zum Eindruck eines organischen Ganzen bei. Indem ein verbindendes Element eingefügt wird, wird das Bewusstsein des Betrachters immer wieder von den Teilen auf den einen Fokus gerichtet, sodass er eher die Verbindung als die einzelnen Teile wahrnimmt. Dadurch erfährt er das Gebäude als ein Ganzes und verliert sich nicht in den Einzelheiten.

*Suci-Chanda.*

**Balance** | In der Architektur entsteht Balance aus der ausgewogenen Verteilung der Massen und Teile eines Gebäudes in Beziehung zu einem zentralen Fokus. Es werden zwei Arten von Balance unterschieden:

Formale Balance entsteht aus einer symmetrischen Anordnung der Elemente um einen Fokus herum. Sie mag axial oder radial orientiert sein. Die axiale Balance erzeugt einen balancierten Eindruck aus der Frontalansicht, wenn das Gebäude eine zentrale Bewegungsachse besitzt. Ist die Bewegung jedoch radial um ein Zentrum herum orientiert, so wird eine radiale Balance erzeugt.

Besteht das Gebäude vor allem aus ungleichen Massen oder Elementen, die in ihrer Anordnung keiner Symmetrie folgen und in unterschiedlichen Abständen zueinander angeordnet werden, so kann durch die ausgewogene Anordnung dieser Elemente eine Art tiefgründige Balance erreicht werden.

**Charakter** | In der Architektur kann zwischen drei Ebenen unterschieden werden, in denen der Charakter eines Gebäudes wahrgenommen wird.

*Der funktionelle Charakter* | Der funktionelle Charakter sollte direkt im Design des Gebäudes zum Ausdruck kommen und dessen Funktion offensichtlich machen. Die schützende Funktion eines Gebäudes kommt in dessen starken Mauern zum Ausdruck, während der Charakter einer Gedenkstätte in ihrer Würde sichtbar wird. Offene Räume, die für soziale Funktionen geschaffen wurden, haben einen anderen Charakter als geschlossene Räume, die für private Zwecke gedacht sind.

*Der assoziierte Charakter* | Der assoziierte Charakter eines Gebäudes kommt in der speziellen Form, den verwendeten Ornamenten und Symbolen oder anderen benutzten Mustern zum Ausdruck und erzeugt den erwünschten Eindruck durch das Assoziationsvermögen der Betrachter. Sie erkennen den intendierten Charakter aus vielen sekundären Aspekten des Gebäudes, die es einer bestimmten Religion, Tradition oder einem bestimmten kulturellen Aspekt zuordnen. Das geschieht beispielsweise durch religiöse Symbole, durch kulturspezifische Bögen und Verzierungen, das Verwenden spezieller Farben oder die Anordnung der Räume in den ihnen entsprechenden Himmelsrichtungen.

*Der funktionelle Charakter dieses Bauwerks bringt Macht und Einfluss zum Ausdruck.*

*Der persönliche Charakter* | Der persönliche Charakter eines Gebäudes manifestiert sich in den Gefühlen des Betrachters und durch die wahrnehmbare Atmosphäre der Räume. Sie können beispielsweise einen vertrauten, gemütlichen und ästhetisch einladenden Charakter haben oder Würde, Eleganz und Heiligkeit ausstrahlen. Die beim Betrachter erzeugten Gefühle hängen von vielen kleinen Details im Zusammenspiel mit dem gesamten Design der Räume ab.

*Der funktionelle Charakter dieses Bauwerks repräsentiert Würde und Erhabenheit. Obwohl es nur noch als Ruine existiert, blieb der funktionelle Charakter als Tempel erhalten.*

## Gestaltung eines traditionellen Vastu-Hauses

Der folgende Abschnitt zeigt am Beispiel eines traditionellen Vastu-Hauses, wie ein Gebäude systematisch von einem Kernbereich (Ekashala) ausgehend geplant wird. Dieses Prinzip kann auch auf die Planung moderner Wohnhäuser übertragen oder bei der Erweiterung bereits bestehender älterer Gebäude angewandt werden.

Das einfache und kleinste Haus der vedischen Baukunst, das man noch heute in ganz Indien findet, ist eine so genannte Ekashala mit zwei Räumen. Von einem solchen Kernhaus ausgehend, kann das Haus organisch wachsen, indem mehr und mehr Räume hinzugefügt werden. Der erste Schritt einer solchen Erweiterung besteht darin, dass zu dem ursprünglichen Kernhaus Flure (Alindas) hinzugefügt werden, an die im zweiten Schritt weitere Kernhäuser angebaut werden können. Hierbei kann ein zentraler Hof geschaffen werden, sodass das ursprüngliche Ekashala zu einem Chatusshala erweitert wird (siehe Kapitel 3, Seite 56f. sowie Anhang, Seite 333ff.). Die dritte Phase der Erweiterung besteht im Hinzunehmen weiterer Höfe, sodass weitere Chatusshala-Strukturen auf einer oder zwei Achsen entstehen.

In dem von uns betrachteten Fall besteht zunächst ein Kernhaus, das im ersten Schritt mit einem Flur im Osten erweitert wird, an den sich dann im Osten und Norden weitere Räumen anfügen.

*Der assoziierte Charakter dieses Gebäudes als Moschee kommt durch die Minarette und die typisch islamische Kuppelform zum Ausdruck und spezifiziert den funktionalen Charakter, der es kulturübergreifend als Gotteshaus kennzeichnet.*

*Der assoziierte Charakter dieses Gebäudes wird durch Glockentürme, Kuppeln und Kreuze gekennzeichnet und macht es als christliche Kirche erkennbar.*

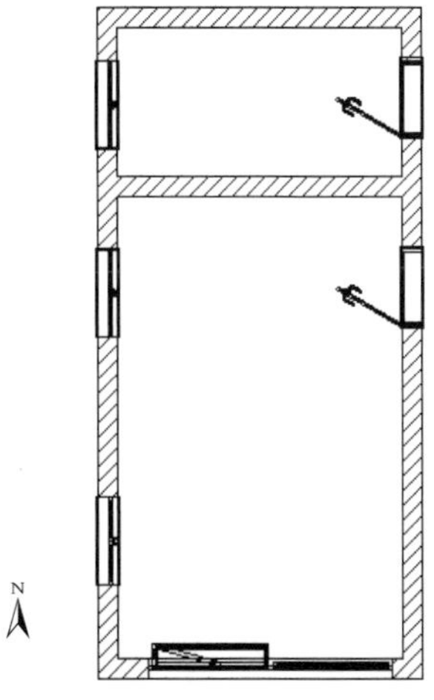


*Das ursprüngliche, nach Osten weisende Kernhaus.*

Das Grundstück, auf dem dieses Kernhaus errichtet werden soll, weist nach Osten. Deshalb sollte auch das Gebäude nach Osten weisen. In einem 9 × 9-Vastupurusha-Mandala wird dieses einfache Gebäude so platziert, dass es im Südwesten eines Quadrates liegt, das vollständig den bebaubaren Bereich abdeckt und das Zentrum frei lässt. Die Breite des Kernhauses soll zwei Padas des Vastupurusha-Mandalas abdecken. Jedes Pada hat eine Fläche von 2 × 2 m, sodass das gesamte Mandala eine Fläche von 18 × 18 m besitzt. Die Länge des Kernhauses wird so gewählt, dass der Umfang die Dimension des Vrishabha-Yoni mit der Yoni-Zahl 5 besitzt. Seine Länge soll jedoch mindestens drei Padas betragen.

Die Breite der Gitterlinie beträgt 1/12 der Breite der Padas. Daher muss das Gebäude einen Mindestabstand von 1/24 × 2 m von den Gitterlinien besitzen. Die maximale Breite des Gebäudes beträgt daher 3,82 Meter, seine maximale Länge 5,82 Meter. Daraus ergibt sich ein maximaler Umfang von 80 Padas oder 19,24 Metern. Normalisiert auf Vrishabha-Yoni ergibt sich ein Umfang von 77 Padas. Es bietet sich eine Breite von 3,66 Metern an, deren Qualität nach dem Padayoni-Prinzip ausgezeichnet ist (die beste astrologische Kategorie). Diese Breite kann man als die innere Breite der Räume, ihre mittlere oder auch äußere Breite wählen. Wir werden an dieser Stelle mit der mittleren Breite der Räume arbeiten, die jeweils von der Mitte der

Mauern aus gemessen wird. Legt man die Länge des Wohnzimmers auf 7 H 18 A fest (5,58 m), die Länge des zweiten Raumes auf 3 H 2 A (2,22 m), so ergibt sich eine Gesamtlänge des Kernhauses von 10 H 20 A. Der Umfang beträgt dann 31 H 20 A. Erweitert man dieses Kernhaus mit einem Flur der Breite 3 H 14 A im Osten, der als Treppenaufgang zum zweiten Stockwerk dienen kann, so ergibt sich ein Umfang von 39 H (28,08 m) mit Virshabha-Yoni.

Weitere Erweiterungen im Osten und Norden können hinzugefügt werden. Die Breite der hinzugefügten Räume sollte ein Vielfaches von 1 H 8 A sein, sodass sich Glück verheißende Yonis für das Gesamtgebäude ergeben. Erweitert man das Kernhaus sowohl im Norden als auch im Osten mit je einem Raum der Breite 4 H 0 A, so ergibt sich ein Umfang von 55 H 0 A der besten Yoni-Kategorie.

*Der funktionelle Charakter dieses Bauwerks macht es sofort als Wohnhaus kenntlich, während sein assoziierter Charakter in seinem alpenländischen Ausdruck besteht. Hierzu tragen die Verwendung von Massivholz, der großzügige Balkon und die überhängenden Dächer bei.*

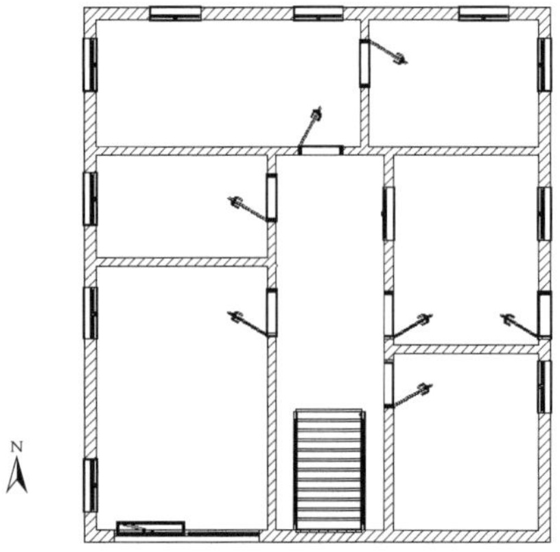


*Das Kernhaus mit Erweiterungen im Osten und Norden.*

Die genauen Maße betragen:

| | | | |
|---|---|---|---|
| Südwesten | Wohnzimmer | 5 H 2 A × 7 H 18 A | 3,66 × 5,58 m² |
| Westen | Badezimmer | 5 H 2 A × 3 H 2 A | 3,66 × 2,22 m² |
| Nordwesten | Schlafzimmer | 4 H 0 A × 7 H 12 A | 2,88 × 5,40 m² |
| Nordosten | Arbeitszimmer | 4 H 0 A × 5 H 4 A | 2,88 × 3,72 m² |
| Südosten | Küche | 4 H 0 A × 5 H 4 A | 2,88 × 3,72 m² |
| Süden | Flur | 3 H 14 A × 10 H 20 A | 2,58 × 7,80 m² |

Zur Bestimmung der genauen Maße wurde die folgende Methode angewandt:

1) Die Orientierung bestimmt die Yonizahl des Hauses.
2) Die Breite für das Kernhaus wird bestimmt, sodass das Padayoni-Prinzip erfüllt ist (der Umfang des Quadrates muss dem Yoni-Prinzip genügen).
3) Der Umfang des Hauptraumes wird so festgelegt, dass er dem Yoni der Orientierung des Hauses entspricht.
4) Die weiteren Räume werden mit den gleichen oder verwandten Yonizahlen bemessen.
5) Der Gesamtumfang sollte die der Orientierung des Hauses entsprechende Yonizahl besitzen.
6) Die Flure und Gänge sollten ebenfalls dem Padayoni-Prinzip genügen. Ist dies nicht möglich, so sollten sie so gewählt werden, dass der Umfang des Gesamthauses die richtige Yonizahl besitzt und eine hohe Qualität hat.

*Das Gesamthaus aus der Vogelperspektive.*

*Kapitel 15*

# Vastu und Gesundheit

Auf die Bedeutung von Vastu für die Gesundheit des Menschen wurde bereits mehrfach verwiesen. An dieser Stelle werden die wichtigsten Aspekte des Vastu für die Gesundheit der Bewohner eines Hauses zusammengefasst:

»Die Seele ist von Natur aus frei von Krankheiten. Sie ist die Ursache des Bewusstseins und der qualitativen Eigenschaften der Elemente. Sie ist ewig und sie ist der Betrachter all unserer Aktivitäten.«

(Caraka Samhita, Kap. 1, Vers 56)

**Freier Zugang der Lebensenergie zu Grundstück und Haus** | Der häufigste Vastu-Defekt bei Häusern und Wohnungen, in denen chronische Krankheiten auftreten, ist die vollständige Blockierung der Hauptbahnen der Lebensenergie, nämlich der Nord-Süd- oder der Ost-West-Linie. Eine solche Blockade besteht, wenn der Norden beziehungsweise Osten fensterlos sind, dort direkt ein Nachbarhaus oder andere Gebäude angrenzen oder große Hindernisse wie hohe Bäume und Mauern den Zufluss der Energie behindern. Hierbei sind die folgenden Fälle voneinander zu unterscheiden:

a) Osten und Norden blockiert: Dieser Fall ist sehr kritisch. In einer solchen Wohnung ist es schwierig, eine bereits manifestierte Krankheit zu kurieren. Schwer erkrankte Menschen sollten sich zur Gesundung einen anderen Wohnort suchen, da ihnen in einem solchen Haus keine heilenden Energien zur Verfügung stehen. Für die Bewohner eines solchen Hauses ist es wichtig, den Osten des Hauses frei und sauber zu halten. Sie sollten im Norden und Osten sowohl mit Spiegeln als auch mit Wasser und Pflanzen arbeiten, um die fehlenden energetischen Aspekte zu unterstützen. Es empfiehlt sich, dort Yantra-Spiegel zu installieren.

**Yantra-Spiegel für den Norden** | Um die fehlende Energie im Norden zu kompensieren, kann man dort einen Spiegel mit einem Gaja-Yoni-Umfang und einem grünen Rahmen aufhängen. In den Spiegel sollte ein Merkur- oder Buddha-Yantra ein-

*Diese Abbildung zeigt das Muster eines Yantra-Spiegels.*

graviert werden (der Spiegel kann auch mit einem solchen Yantra in grüner Farbe hinterlegt werden). Der Spiegel sollte zu einem günstigen Zeitpunkt (mit starkem Merkur) an einer zentralen Stelle der nördlichen Wand des Hauses aufgehängt werden.

Das Wurzelchakra (Muladhara-Chakra) steht mit dem Steißbeingeflecht in Zusammenhang und ist dem Südwesten zugeordnet.

**Yantra-Spiegel für den Osten** | Ist der Zugang der Energie im Osten blockiert, so fehlt die solare Energie der Sonne. Diesem Defekt kann man entgegenwirken, indem man im Osten des Hauses an einer östlichen Wand einen Sonnenspiegel aufhängt, der die Stärkung der feinstofflichen Energie der Sonne bewirkt. Dieser sollte Dvaja-Yoni-Proportionen besitzen, einen roten Rahmen haben und mit einem eingravierten Sonnen- oder Ramacandra-Yantra versehen sein. Zum Aufhängen sollte ein günstiger Zeitpunkt mit einer starken Sonne gewählt werden.

**Yantra-Spiegel für den Nordosten** | Die dritte Richtung, in der ein Yantra-Spiegel aufgehängt werden kann, falls dort eine Blockade der lebenswichtigen Energien besteht, ist der Nordosten. Dort sollte ein Jupiter-Spiegel zur Stärkung des Jupiter-Einflusses aufgehängt werden. Ein solcher Spiegel besitzt Gaja-Yoni-Proportionen und sollte einen gelben Rahmen haben. In sein Glas wird ein Jupiter-Yantra eingraviert. Es sollte auch hier zum Aufhängen ein günstiger Zeitpunkt mit einem starken Jupiter gewählt werden.

Die einfachste Methode, die Blockaden im Fall von fehlenden Fenstern zu beheben, besteht natürlich darin, durch bauliche Maßnahmen Fenster zu schaffen. Hierdurch wird eine deutliche Verbesserung der energetischen Situation herbeigeführt.

Das Milzchakra (Swadishthana-Chakra) steht mit dem Milzgeflecht in Zusammenhang und ist dem Norden zugeordnet.

Eine starke Blockade der Lebensenergie wird auch durch die moderne Bauweise bewirkt, die zu Isolationszwecken in den Wänden häufig Folien verwendet und die Fensteroberflächen mit Metallen bedampft. Hierdurch wird zwar der Wärmeverlust durch Fenster und Wände verringert, doch wird gleichzeitig die energetische Wechselwirkung des Hausinneren mit der Umgebung gestört. Eine derartige Isolation von den Quellen des Lebens ist ein Kennzeichen einer durch und durch materialistischen Zivilisation.

b) Norden blockiert, Osten offen: In diesem Fall hat die solare Lebensenergie Zugang zum Haus, während der organische Anteil fehlt. Dieser ist jedoch für die Gesundheit des Menschen sehr wichtig. Der solare Anteil gibt zwar Kraft und Antrieb, hat jedoch nicht die heilende und aufbauende Qualität der organischen Energie des Nordens. Daher ist in diesem Fall das energetische Gleichgewicht gestört. Es kommt in einem solchen Fall auf die Qualität des Nordostens an. Ist der Nordosten mit abbauenden Energien belastet beziehungsweise zu schwer oder ohne Raum, so kann sich das Ungleichgewicht von organischer (Jiva) und solarer Lebensenergie (Prana) drastisch auswirken. Als Folge könnten Heilungsprozesse von Krankheiten im Haus verzögert und die Anfälligkeit der Bewohner für chronische Krankheiten gefördert werden.
c) Osten blockiert, Norden offen: Auch in diesem Fall besteht ein problematisches Ungleichgewicht zwischen den beiden Aspekten der Lebensenergien, und zwar zu Gunsten des organischen Teils. Daher fehlt in solchen Häusern häufig der Antrieb und der Schwung. In einer solchen Wohnung muss die Sonne gestärkt werden. Die Qualität des Nordostens ist wiederum von entscheidender Bedeutung. Die Folgen dieses Ungleichgewichts könnten mangelnde Vitalität, Augen-, Herzprobleme und eine gesteigerte Anfälligkeit für chronische Krankheiten sein.

Das Nabelchakra (Manipura-Chakra) steht mit dem Sonnengeflecht in Zusammenhang und ist dem Süden zugeordnet.

**Beispiel: Dreizimmerwohnung im 1. Stock** | Die im Folgenden abgebildete Dreizimmerwohnung besitzt erhebliche Vastu-Mängel, die sich negativ auf die Gesundheit ihrer Bewohner auswirken.

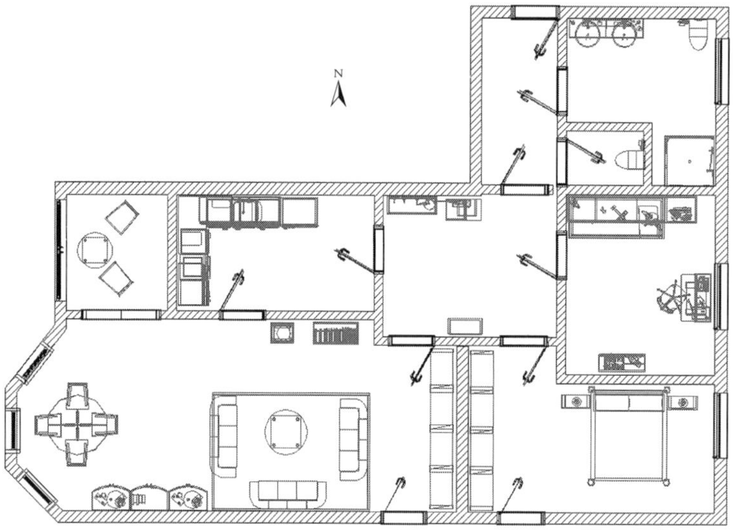


*Grundriss der Dreizimmerwohnung.*

Das Herzchakra (Anahata-Chakra) steht mit dem Herzgeflecht in Zusammenhang und ist dem Osten zugeordnet.

Das Halschakra (Vishuddha-Chakra) steht mit dem Kehlkopfgeflecht in Zusammenhang und ist dem Nordosten zugeordnet.

Das Stirnchakra (Ajna-Chakra) steht mit dem Halsschlagadergeflecht in Zusammenhang und ist dem Zentrum zugeordnet.

Besonders auffällig ist die Erweiterung der Wohnung im Nordosten, die an sich sehr vorteilhaft ist. Leider wird diese Erweiterung jedoch vollständig als Bad und Toilette genutzt, wodurch das gesamte Energiefeld der Wohnung belastet ist. Dieser Umstand wirkt um so stärker, da der Norden fast vollständig blockiert ist. Da sich nördlich von dieser Wohnung im gleichen Haus noch zwei weitere Wohnungen befinden, hat diese Wohnung im Norden keine Fenster. Zwar befindet sich der Eingang im Norden, doch führt dieser lediglich in das Treppenhaus und kann somit das energetische Defizit im Norden nicht ausgleichen. Außerdem befindet sich die Gästetoilette wie so häufig aus praktischen Gründen direkt am Eingang, was die hereinkommende Energie belastet. Neben dem Nordosten ist auch der Südwesten dieser Wohnung durch einen Erker erweitert. Eine solche Erweiterung im Südwesten ist als äußerst ungünstig zu bewerten, insbesondere in diesem Fall, da der Erker im Südwesten mit drei Fenstern versehen ist. Die schwere energetische Störung der Südwest-Nordost-Achse stellt, zusammengenommen mit der vollständigen Blockade des Nordens, ein starkes Gesundheitsrisiko dar.

Das Schlafzimmer des in dieser Wohnung lebenden Ehepaares befindet sich im Südosten der Wohnung, der an sich auf Grund der Präsenz des Feuerelements zum Schlafen ungünstig ist. Vor allem für den Ehemann ist der Südosten problematisch, der in dieser Wohnung dementsprechend verschiedene chronische Erkrankungen durchmachte. Neben einer schweren Herzerkrankung litt er unter Schlafstörungen. Die Defekte dieser Wohnung betreffen vor allem den Ehemann, da ihre Hauptdefekte auf der Südwest-Nordost-Achse liegen, die die männlichen Bewohner, insbesondere den Wohnungseigentümer, repräsentieren. Unter dem blockierten Norden haben jedoch beide Bewohner des Hauses zu leiden.

*Die Dreizimmerwohnung aus der Vogelperspektive.*

Das Scheitelchakra (Sahasra-Chakra) ist ebenfalls dem Nordosten zugeordnet.

**Doppelhaus im Nordwesten** | Das folgende Haus ist die nördliche Hälfte eines Doppelhauses. Es befindet sich im nordwestlichen Block eines quadratischen Grundstückes. Den Bewohnern des zu betrachtenden Hauses steht genau dieser nordwestliche Bereich des Grundstücks als Garten zur Verfügung.

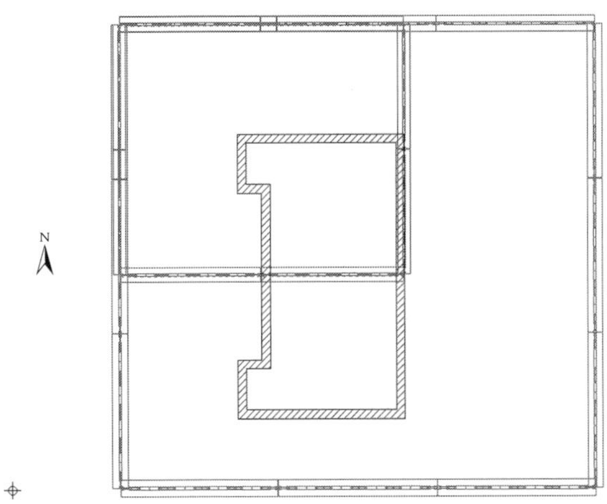


*Lageplan des Doppelhauses.*

Die nördliche Hälfte der eingezeichneten Gebäude ist eine Wohnung, deren Eingang genau in der Mitte der östlichen Seite des Gebäudes liegt. Damit liegt der Eingang zur nördlichen Wohnung im Südosten dieser Wohnung. Der Zugang zum Grundstück erfolgt im Süden, während im Nordwesten des Gartens hohe Bäume und Nadelhölzer stehen. Im Westen befindet sich eine Terrasse.

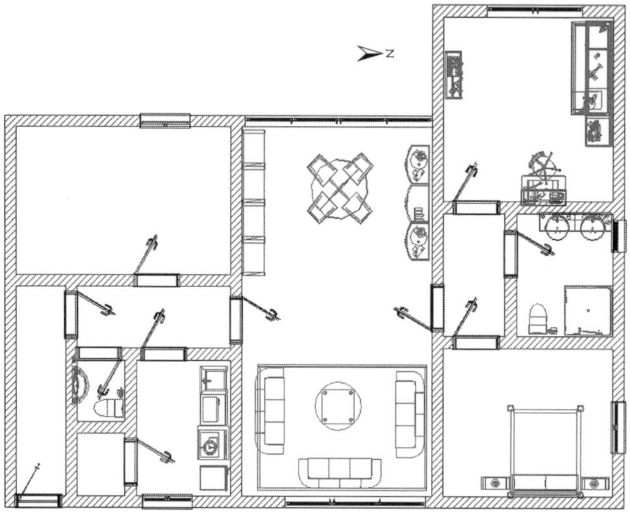


*Grundriss der Wohnung im Erdgeschoss.*

Im Nordosten der Wohnung liegt das Schlafzimmer der Eltern, im Nordwesten das Kinderzimmer und dazwischen ein Bad. Das Wohnzimmer nimmt die gesamte Ost-West-Achse ein, während sich im Südwesten ein Arbeitszimmer befindet. Der Eingang liegt im Südosten der Wohnung.

*Die Wohnung aus der Vogelperspektive.*

Für die Beurteilung der Wohnsituation nach Vastu sind die folgenden Punkte von größter Bedeutung:

Der Eingang im östlichen Bereich des Südostens der Wohnung wirkt sich negativ aus. Insbesondere ist eine Störung des Feuerelementes zu erwarten. Dem gegenüber befindet sich auf der Diagonalen der Nordwesten, in dem die Wohnung eine deutliche Erweiterung besitzt. Diese Erweiterung bewirkt eine Überhöhung des Luftelements. Auf der dynamischen Diagonalen sind daher beide Elemente aus dem Gleichgewicht gebracht, was zu verschiedenartigen Störungen für die Bewohner des Hauses führen kann. Der in Kapitel 6, Seite 98, angegebenen Liste über die Wirkung der unterschiedlichen Eingangsbereiche zufolge wirkt sich ein Eingang im Südosten vor allem für die männlichen Kinder negativ aus. Die beiden kleinen Kinder, die in dem Haus leben, leiden unter starken gesundheitlichen Problemen vor allem im Bereich der Lunge (Störungen des Nordwestens betreffen Atmung und Lunge) und in Zusammenhang mit Infektionen (ein Problem gestörten Feuers durch den gestörten Südosten). Defekte im Südosten verursachen häufig das Auftreten von Allergien. Auch hiervon waren die Bewohner des Hauses verstärkt betroffen.

Ein weiteres Problem besteht in der Nutzung des Nordostens als Elternschlafzimmer. Dieses sollte in den Südwesten verlegt werden, das weder als Arbeits- noch als Gästezimmer geeignet ist. Das Arbeitszimmer sollte in den Nordosten verlegt werden. Eine weitere Möglichkeit besteht darin, das Arbeitszimmer in den Nordwesten und das Kinderzimmer in den Nordosten zu verlegen, um die Kinder aus der gestörten Nordwest-Südost-Diagonale herauszubringen.

## Die Nordwest-Südost-Diagonale

Dieses Beispiel zeigt die mögliche Auswirkung von Defekten auf der Nordwest-Südost-Diagonalen auf die Gesundheit der Bewohner einer Wohnung.

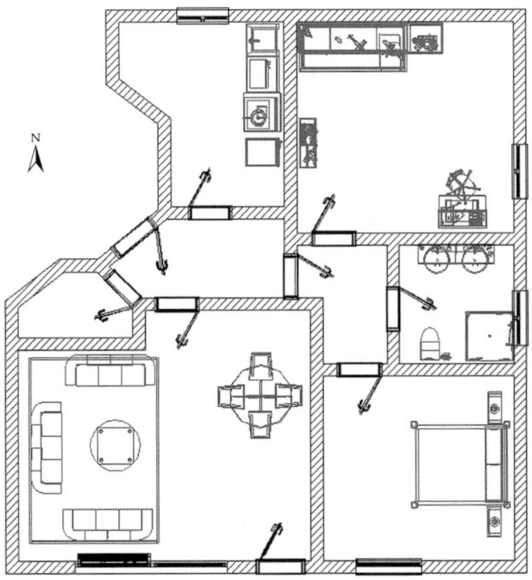


*Grundriss der Wohnung.*

Auf den ersten Blick fällt auf, dass die Wohnung einen großen Fehlbereich im Nordwesten besitzt. Dadurch sind sowohl das Luftelement als auch der Planet Mond beeinträchtigt. Der Nordwesten hängt mit dem Geist der Bewohner, aber auch mit der Lunge und der Atmung zusammen. Defekte im Nordwesten können – neben Problemen mit den Atemwegen – auch Migräne, Kopfschmerzen und Erkrankungen des zentralen Nervensystems begünstigen. Der Eingang der Wohnung weist in Richtung Nordwesten, was die Störung der entsprechenden Energien des Nordwestens weiter steigert.

Dem Nordwesten gegenüberliegend befindet sich im Südosten das Schlafzimmer des Ehepaares. Der Südosten ist als Schlafzimmer nicht gut geeignet, da dort das Feuerelement zu stark ist. Daraus resultieren vor allem Probleme für die Frau und eine Neigung zu Krankheiten, die mit dem Element Feuer in Zusammenhang stehen. Allergien, Asthma und Infektionen werden gefördert.

Diese beiden Defekte wirken als Diagonaldefekte zusammen und unterstützen einander. In diesem Fall litt die weibliche Bewohnerin, die im Südosten schlief, unter mehrfach auftretenden Infektionen der Atemwege, chronischer Bronchitis und Asthma, das zu schweren Atembeschwerden führte. Vor allem solche auf der gesamten Diagonalen auftretenden Störungen können sich tiefgreifend auf die Gesundheit und andere persönliche Bereiche auswirken.

### Nordwest-Südost-Diagonale mit Fehlbereich im Südosten

Das folgende Beispiel beinhaltet ebenfalls eine Störung der Nordwest-Südost-Diagonalen, die sich negativ auf die Gesundheit der Bewohnerin der Wohnung auswirkte.

Ein Fenster mit Blick auf die Natur hilft kranken Menschen, schneller gesund zu werden, doch auch ein Bild oder Poster mit einem harmonischen Naturbild fördert die Genesung merklich. Man hängt solche Bilder am besten im Norden oder Osten eines Raumes auf.

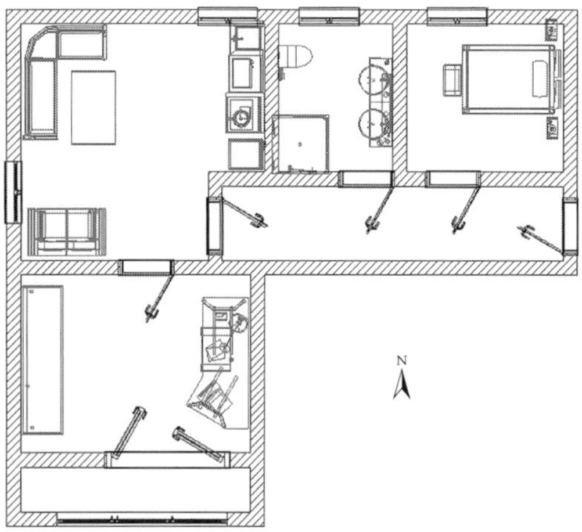


*Grundriss einer kleinen Wohnung.*

*Die Wohnung von oben betrachtet.*

In diesem Fall besteht der Fehlbereich im Südosten. Dort befindet sich die Wohnung eines Nachbarn. Gleichzeitig kann der Südwesten als Erweiterung betrachtet werden, was ebenfalls als ungünstig eingestuft werden muss. Dem Fehlbereich im Südosten steht die Wohnküche im Nordwesten gegenüber. Da die Küche nicht mit dem Wohnbereich verbunden sein sollte, liegt hier ein Diagonaldefekt vor, der die Wirkung des Fehlbereichs im Südosten verstärkt.

Die Wohnküche im Nordwesten kann mentale Unruhe und Ruhelosigkeit bewirken, während der fehlende Südosten und Süden Probleme im Bereich der Weiblichkeit begünstigen können. Da auch der Norden durch Herd und Bad belastet ist, sind alle weiblichen Richtungen beeinträchtigt. Dementsprechend werden in einer solchen Wohnung Frauenleiden gefördert.

Hinzu kommt, dass die Ostseite dieser Wohnung fensterlos ist und somit die solaren Teile der Lebensenergie im Wohnraum fehlen. Der Eingang im Osten kann diesen Umstand nicht ausgleichen. Auch der Nordosten und Südwesten sind in dieser Wohnung nicht ihren Eigenschaften entsprechend genutzt. Der Südwesten dient als Arbeitszimmer, während sich im Nordosten das Schlafzimmer befindet. Diese beiden Räume sollten am besten vertauscht werden. Zudem sollte der Wohnbereich von der Küche getrennt werden.

**Brustkrebs** | In dieser Wohnung verbinden sich eine Reihe von Defekten, die das Entstehen von Brustkrebs begünstigten. Besonders auffällig ist wiederum, dass der Norden keine Fenster aufweist, während im Nordosten ein kleiner Fehlbereich vorliegt.

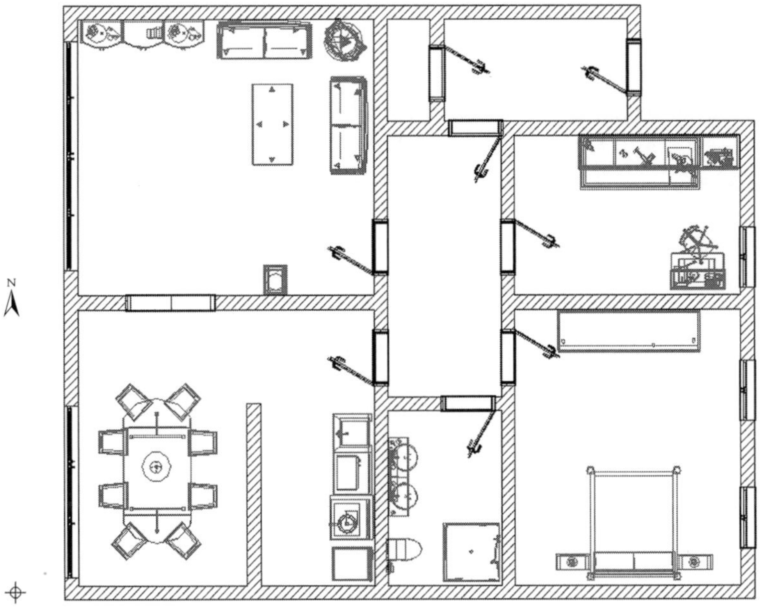


*Grundriss der Wohnung.*

Hiermit sind die typischen Eigenschaften vorhanden, die eine Wohnung aufweist, in der die Entstehung von Tumoren begünstigt wird. Der Eingang liegt in der nordöstlichen Ecke ebenfalls ungünstig. Hinzu kommt die Lage des Schlafzimmers im Südosten der Wohnung, die sich negativ auf die Gesundheit der Frau auswirken kann. Da der Südosten mit der Brust in Zusammenhang steht, ist es nicht verwunderlich, dass die Bewohnerin an Brustkrebs erkrankt ist.

Auch Musik kann heilende und ausgleichende Wirkung haben. Der deutsche Physiker und Gehirnforscher Günter Haffelder hat nachgewiesen, dass bestimmte Musikstücke das Gehirn dazu anregen, wichtige Botenstoffe in größeren Mengen zu produzieren.

Überraschenderweise zeigt Barockmusik, insbesondere Musik von Mozart, diese Wirkung erst dann, wenn sie mit der Hälfte der heute üblichen Geschwindigkeit gespielt wird. Dann erhöht das Hören dieser Musik die Acetylcholin-Produktion des Gehirns um das Zehnfache. Dieser Botenstoff ist für das Lernen und die Konzentration besonders wichtig. Eine solche Wirkung kann kaum durch eine andere Art von Musik erzielt werden.

*Die Wohnung aus der Vogelperspektive.*

Die betroffene Frau sollte in dieser Wohnung ihren Schlafplatz aus dem Südosten in einen anderen Bereich des Hauses verlegen und die Energien des Nordens mit Hilfe von Spiegeln, einem Merkur-Yantra, Pflanzen und Wasserarrangements aufwerten. Auch sollte besonders darauf geachtet werden, dass der Norden und Nordosten der Räume nicht mit schweren und großen Möbeln verstellt wird.

**Ein extremer Fall** | Der folgende Grundriss zeigt eine Wohnung, in der die Entstehung chronischer Krankheiten, insbesondere von Krebs, sehr stark gefördert wird. Die Wohnung ist lediglich in Richtung Süden geöffnet, während alle anderen Richtung fensterlos sind. Im Norden der Wohnung befinden sich Keller. Das Grundstück besitzt ein starkes Gefälle in Richtung Süden, sodass der Süden zu ebener Erde liegt, während der Norden des gleichen Geschosses als Keller anzusehen ist.

In dieser Wohnung fehlen sowohl die heilenden Energien des Nordens als auch die solaren Aspekte der Lebensenergie aus den Osten. Der Eingang im Norden bringt ebenfalls keine positiven Energien, da der Norden mit Kellern blockiert ist. Das ungünstige Gefälle verstärkt den destruktiven energetischen Einfluss. In diesem Fall kann bei einer bereits vorliegenden Erkrankung nur ein Wohnungswechsel empfohlen werden, um die Krankheit zu heilen.

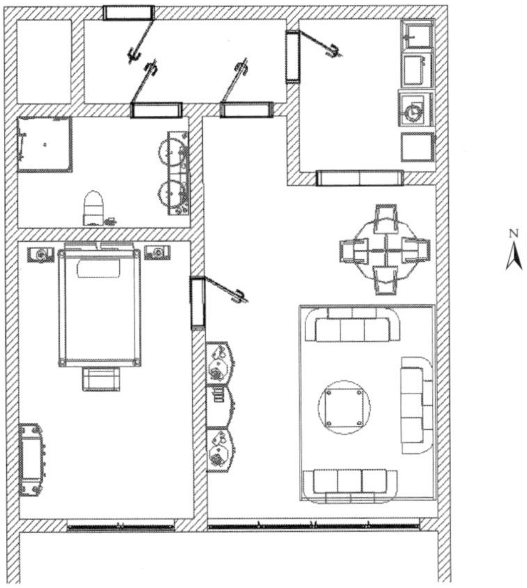


*Grundriss einer sehr problematischen Wohnung, die im Süden zu ebener Erde liegt.*

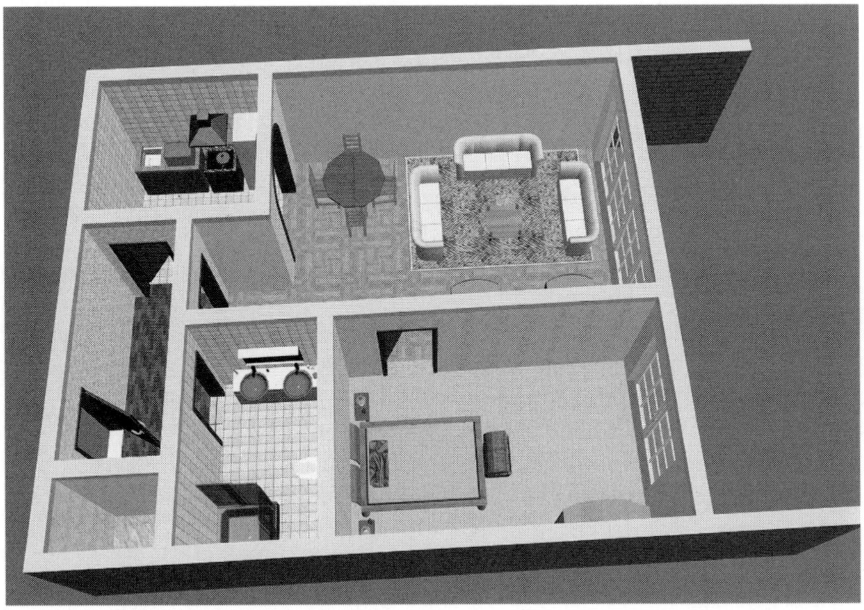

*Die gleiche Wohnung von oben gesehen.*

## Ayurveda und Vastu

Ayurveda und Vastu sind zwei eng miteinander in Beziehung stehende Bereiche vedischen Wissens. Beide sind Teile des Atharva Veda und ergänzen einander zu einem ganzheitlichen System des gesunden und harmonischen Lebens.

Das Haus ist der zweite Körper des Menschen. Es schützt ihn vor den Energien und Kräften der Natur, stellt jedoch gleichzeitig die Beziehung zwischen den Bewohnern und der Umgebung her. Ebenso wie Ayurveda dazu verhilft, dass die Seele des Menschen in ihrem Körper leben kann, ohne unnötiges Leid zu erfahren, ist es das Ziel des Vastu, den Menschen Wohnraum für ein möglichst harmonisches Leben zu schaffen.

Wendet man Ayurveda ohne das Wissen des Vastu an, oder führt man eine Vastu-Beratung ohne Kenntnis der Prinzipien des Ayurveda durch, so mag man zu falschen Schlussfolgerungen kommen und dadurch den Menschen nicht wirklich helfen können.

Lebt ein Mensch beispielsweise im Widerspruch zu den Erfordernissen seiner ayurvedischen Konstitution, indem er sich falsch ernährt oder einem für ihn nachteiligen Tagesrhythmus folgt, so mögen Vastu-Korrekturen im Wohnraum nicht den gewünschten Erfolg bewirken. Ein erfahrener Vastu-Berater sollte daher neben den räumlichen Gegebenheiten eines Hauses auch die Lebensgewohnheiten seiner Bewohner in Erfahrung bringen, um die Wechselwirkung zwischen Raum, Zeit und den Menschen zu verstehen. Erst aus einem so vervollständigten Verständnis lassen sich sichere Schlussfolgerungen über notwendige Korrekturen im Wohnraum ableiten, die möglicherweise mit einer Veränderung der Lebens- oder Essgewohnheiten einhergehen müssen.

In ähnlicher Weise ist eine ayurvedische Gesundheitsberatung nicht vollständig, wenn der Wohnraum nicht der Konstitution seiner Bewohner entsprechend gestaltet wird oder gesundheitsgefährdende Aspekte der Wohnsituation nicht erkannt und beseitigt werden.

Ayurveda und Vastu haben grundlegende Gemeinsamkeiten, die es leicht machen, beide Systeme gleichzeitig zur Anwendung zu bringen. Zum einen basieren beide auf einer Einteilung der Materie in fünf Hauptelemente, die sowohl den Körper des Menschen bilden, als auch die Energien des Wohnraumes prägen. Zum anderen gründen sowohl Vastu als auch Ayurveda auf einem genauen Verständnis der Zeitzyklen, in denen der Mensch lebt. Zudem verwenden beide Systeme ähnliche Begriffe, mit denen der Organismus Körper sowie der Organismus Raum beschrieben werden.

Der Raum wird ebenso als lebendiges, bewusstes Wesen aufgefasst wie der Mensch. Auch er besitzt sowohl einen feinstofflichen Körper (Vastu) als auch einen grobstofflichen Körper (Vaastu). Ebenso wie beim Menschen bestimmt in der Architektur der Zustand des feinstofflichen Körpers den des groben materiellen Körpers. Der Raum eines Hauses besitzt ebenso Energiezentren des feinstofflichen Körpers (Chakren), empfindliche Punkte (Marmas) und Gitterlinien (Nadis) wie der menschliche Körper. Auch findet sich die Anatomie des Menschen in der Aufteilung des Hauses in acht Himmelsrichtungen wieder. Die Organe des Menschen stehen mit den verschiedenen Bereichen eines Hauses in enger Beziehung. So wie ein Mensch ein Kapha-, Pitta- oder Vatta-Typ sein kann oder einer Mischform angehört, so lässt sich auch ein Haus in seiner Wirkung auf den Menschen mit Hilfe dieser Konstitutionen charakterisieren.

In der Gestaltung der Wohnung kann man Farben optimal einsetzen (nach R. Schacker, »Das Ayurveda-Lebensbuch«). Gelb oder warmes Orange werden für sonnenarme, dunkle Räume empfohlen, kühlende blaue Töne eher in hellen, sonnigen Räumen.

*Kapha*-Typen brauchen Wohnräume mit warmen und aufmunternden Tönen wie Gelb, sanftes Rot und Orange.

*Pitta*-Typen werden sich wohler fühlen, wenn kühlende, beruhigende Farben bei der Wohngestaltung eingesetzt werden. Hier sind Blau oder Grün von Vorteil, besonders im Schlafzimmer. Sie sollten sich vor zu viel Rot-Tönen hüten, besonders in der Küche und im Kinderzimmer, denn die dauernde Einwirkung von Rot macht aggressiv. Hingegen wirkt die Sonnenfarbe Gelb erheiternd.

*Vata*-Typen brauchen beruhigende und warme Farben wie Grün oder warmes Gelb beziehungsweise sanfte Orangetöne.

## Häusertypen und Konstitutionen

Generell lassen sich die vier Nebenhimmelsrichtungen den vier reinen Konstitutionstypen zuordnen. Im Südosten ist Pitta am stärksten, im Südwesten Kapha und im Nordwesten Vata. Dem Nordosten lässt sich die ausgeglichene Balance aller drei Konstitutionstypen zuordnen, die im Sanskrit als Sama-Prakriti bezeichnet wird. Die folgende Tabelle fasst diese Zuordnung zusammen:

| Himmelsrichtung | Konstitutionstyp |
|---|---|
| Südosten | Pitta |
| Süden | Pitta-Kapha |
| Südwesten | Kapha |
| Westen | Kapha-Vata |
| Nordwesten | Vata |
| Norden | Vata-Kapha |
| Nordosten | Sama-Prakriti |
| Osten | Pitta-Vata |

Hierbei wird wiederum deutlich, dass die energetische Dynamik auf der Südost-Nordwest-Diagonalen liegt, während die Stabilität und Balance des energetischen Feldes mit der Nordost-Südwest-Diagonalen in Beziehung steht. Hieraus lassen sich für die verschiedenen Konstitutionstypen unterschiedliche Schlussfolgerungen ableiten:

*Vata-Typ* | Der Vata-Typ sollte durch eine gezielte Nutzung der Südwest-Nordost-Diagonalen Stabilität und Balance in sein Leben bringen. Die wichtigsten Aspekte, die dem Vata-Typen fehlen, sind Stabilität, Regulierung und Meditation. Hierdurch wird den Schwächen seiner sprunghaften und bewegten Natur entgegengewirkt.

Insbesondere die Vata-Pitta- und Pitta-Vata-Typen sollten die Südost-Nordwest-Diagonale nicht zu stark betonen. Sie zu betonen, bedeutet, in dieser Richtung die Hauptenergieachse des Hauses zu haben oder die Räume im Nordwesten und Südosten besonders ausgiebig und für wichtige Tätigkeiten zu nutzen.

Die Südost-Nordwest-Diagonale repräsentiert die Wechselwirkung zwischen Vata und Pitta und hängt daher mit den Organen und Prozessen des Körpers zusammen, die mit Bewegung, Atmung und mentalen Prozessen (Vata, Nordwesten) sowie Verdauung, Kreislauf, Leber, Energieversorgung (Pitta, Südosten) in Beziehung stehen.

*Kapha-Typ* | Dem Kapha-Typ fehlen vor allem Begeisterung, Antrieb und Bewegung. Er hat die Tendenz zu Schwerfälligkeit, Langsamkeit und Trägheit. Daher ist der Südwesten für ihn problematisch, da diese Eigenschaften dort gefördert werden. Er sollte die Südwest-Nordost-Diagonale nicht so stark betonen und seine Tätigkeiten und die wichtigsten Wohnräume auf der Nordwest-Südost-Achse platzieren. Der Nordwesten unterstützt die Bewegung und den Austausch. Er verleiht Wendigkeit, Spontaneität und den Antrieb zur Kommunikation. Der Südosten beschleunigt und stärkt sowohl die Begeisterung als auch den Einsatz. Der Kapha-Typ besitzt die notwendige Stabilität, um mit den dynamischen Energien dieser Achse umzugehen und sie zu seinem Vorteil zu nutzen. Auch der Westen sollte vom Kapha-Typ nicht intensiv genutzt werden, da dort die Elemente Erde und Wasser stark präsent sind.

*Vata:* sorgt im Körper für Bewegung sowie Spontaneität und steht für Katabolismus und Abbau.

*Hauptsitze im Körper:* Dickdarm und Beine.

*Eigenschaften:* kalt, leicht, beweglich, trocken, rauh, locker, hart, nicht klebrig.

Vata wirkt im Körper durch die nervlichen Prozesse, ist zuständig für Bewegung, Atmung, Emotionen, Empfindungen, Absorption der Nahrung im Darm und für die Ausscheidungen.

*Kapha:* sorgt im Körper für Stabilität, Festigkeit, Ruhe und Ausgeglichenheit. Kapha steht für Anabolismus und Aufbau.

*Hauptsitze im Körper:* Kopf, Brustbereich, Magen.

*Eigenschaften:* kalt, schwer, stabil, unbeweglich, statisch, ölig, fettig, feucht, weich, langsam, klebrig, trübe.

Kapha wirkt im Körper im zellulären Bereich, bei der Schmierung des Körpers, bei Wachstum und Regeneration, gibt der Haut Glanz und sorgt für angenehmes Befinden.

*Pitta-Typ* | Die wichtigste Herausforderung für den Pitta-Typ besteht darin, mit seinen Energien zu haushalten. Hierzu muss er es lernen, Nein zu sagen und seine eigenen Grenzen zu erkennen. Die Energien der Nordost-Südwest-Diagonale sind hierzu sehr förderlich. Auch der Norden kann ihm helfen, das übermäßige Feuer zu reduzieren und seine Substanz zu schonen. Hierbei kommt es jedoch darauf an, welche Anteile der anderen Konstitutionstypen gegeben sind.

Auch die Ost-West-Achse kann für den Pitta-Typ sehr wohltuend sein. Sie verbindet die Kraft des Neubeginns und des Lichtes mit der Energie des Abschlusses, der Ruhe und der Vollkommenheit. Im Rahmen dieses ausgeglichenen Verhältnisses kann der Pitta-Typ seine Leidenschaft beherrschen und gleichzeitig optimal zum Einsatz bringen.

*Pitta:* sorgt im Körper für Temperatur, Temperament und Umwandlung. Pitta steht für Metabolismus und Stoffwechsel.

*Hauptsitze im Körper:* Zwölffingerdarm und Leber.

*Eigenschaften:* heiß, scharf, leicht, ölig, weich, flüssig, klar, nicht klebrig, beweglich und durchdringend.

Pitta wirkt im Körper via Blut sowie hormonelle Prozesse und steuert Pigmentierung, Verdauung, Abwehrkräfte und Vitalität. Es regelt die Körpertemperatur und stärkt die Intelligenz.

## Gewürze und Kräuter im Vastu

Gestörte Energiefelder in bestimmten Himmelsrichtungen können auch durch die Anwendung verschiedener Kräuter und Gewürze harmonisiert werden. Hierbei wird vor allem die Anwendung der jeweiligen Kräuter beziehungsweise Gewürze in Form ätherischer Öle empfohlen. Hierzu gibt man am besten fünf bis zehn Tropfen des jeweiligen Öls in eine Duftlampe und lässt es verdampfen. Als Alternative kann es in geöffneten Fläschchen im entsprechenden Bereich aufgestellt werden.

Man kann die Kräuter und Gewürze jedoch auch in frischer oder getrockneter Form anwenden, indem man sie in Leinensäckchen füllt, die in der entsprechenden Himmelsrichtung aufgehängt werden. Hierzu ist es sinnvoll, die Säckchen nicht nur in der entsprechenden Richtung, sondern auch in einer angemessenen Höhe aufzuhängen. Diese richtet sich nach der Höhe des betroffenen Enegiezentrums (Chakra) und muss individuell bestimmt werden.

Die meisten der aufgeführten indischen Kräuter sind mittlerweile auch in Europa bei Anbietern von Ayurveda-Produkten und teilweise in Apotheken erhältlich.

**Das Korrekturprinzip** | Bei der Vastu-Korrektur mit Hilfe von Kräutern und Gewürzen gilt es zunächst einmal herauszufinden, in welcher Himmelsrichtung die Energien gestört sind. Dieser Bereich sollte dann mit Hilfe der Kräuter gestärkt werden, die der jeweiligen Himmelsrichtung zugeordnet sind.

Die folgende Tabelle enthält die den Himmelsrichtungen zugeordneten Kräuter und Gewürze der ayurvedischen Heilkunde:

| Richtung | Kräuter |
|---|---|
| Zentrum | Ingwer, Langkornpfeffer (Pippali) |
| Osten | Jasminöl, Arjuna, Punarnava, Brahmi, Shatavari, |
| Südosten | Kamille, Koralle, Ashoka, Guggul, Gokshura, |
| Süden | Ingwer, schwarzer Pfeffer (Marcia), Langkornpfeffer (Pippali), Eukalyptusöl, Trikatu |
| Südwesten | Patschuliöl, Shatavari (Frauen), Ashvagandha (Männer), Bala, Amrita |
| Westen | Rizinusöl, Asafoetida, Triphala, Amalaki, Haritaki |
| Nordwesten | Sandelholzöl, Kalmus, Brahmi, Gotu Kola |
| Norden | Kardamom, Atmagupta, Shatavari (Frauen), Ashvagandha (Männer), Safran, Mandelöl |
| Nordosten | Sandelholzöl, Kalmus, Brahmi, Bhringaraja, Vasaka |

Farben können im Haus gezielt eingesetzt werden, um die ayurvedische Konstitution und damit die Gesundheit zu unterstützen:

*Rot:* hat erhitzende, aktivierende Eigenschaften und verstärkt den ayurvedischen Konstitutionstyp Pitta; hilfreich bei Störungen der Konstitutionstypen Vata und Kapha; zu viel Rot stört Pitta und verursacht Entzündungen und Aggressionen.

*Anwendungsbeispiel* | Befindet sich die Küche nicht im Südosten, wie empfohlen wird, so kann man im Südosten der Küche mit Kamillenöl oder frischen Kamillenkräutern arbeiten, die man dort in einem kleinen Beutel an der Wand anbringt. Dieser sollte in der Höhe des dritten Chakras an der Wand befestigt werden.

Ist das Zentrum nicht frei, sondern von schweren Gegenständen verstellt oder durch eine Mauer belastet, so kann man dort Beutel mit getrocknetem Ingwer platzieren, die sich in der Höhe des Herzens befinden sollten. Wahlweise kann auch Langkornpfeffer verwendet werden.

Ist der Nordosten zu dunkel und besitzt wenig Platz, so kann man dort in regelmäßigen Abständen Sandelholzpulver anzünden oder ätherisches Sandelholzöl verdampfen lassen. Hierdurch wird die Energie des Nordostens erleichtert, was sich auf das Energiefeld des gesamten Hauses positiv auswirkt. Alternativ kann man auch mit Kalmus oder den anderen angegebenen Kräutern arbeiten.

Ist der Osten fensterlos, sodass die Energien der aufgehenden Sonne keinen Einlass finden, so empfiehlt es sich, dort Jasminöl zu verdampfen. Hierdurch bekommt das Energiefeld des gesamten Hauses mehr Schwung und Dynamik.

*Orange:* wirkt erwärmend, belebend und ist ideal für die Konstitutionstypen Kapha und Vata. Orange ist die Heilfarbe bei Antriebslosigkeit sowie Depression und fördert Optimismus. Da sie eine Mischung von Rot und Gelb ist, darf sie nicht zu oft oder zu lange angewandt werden, vor allem nicht beim Konstitutionstyp Pitta.

*Gelb:* hilft bei zu viel Vata und Kapha, erheitert das Gemüt, bewirkt Steigerung der Intelligenz, fördert die Spiritualität. Gelbe Heilpflanzen speichern besonders viel Sonnenkräfte, so etwa das Johanniskraut und das Sonnenröschen. Das Sonnenröschen ist bei der Bach-Blüten-Therapie ein Bestandteil der Notfall-Tropfen, welche bei Angst und Panik eingesetzt werden.

*Grün:* eine neutrale Heilfarbe, entzündungslindernd. Sie ist besonders gut für die Sehkraft der Augen. Bei zu viel Vata ist sie beruhigend, bei Kapha ausgleichend. Sie kann aber bei übermäßiger Anwendung zur Störung von Pitta führen. Grün beruhigt den Geist und die Gefühle. Deshalb sind Spaziergänge in der Natur so wohltuend.

*Blau:* Wirkt kühlend und ist einzusetzen bei Pitta-Störungen, übermäßiger Gebrauch stört Kapha und Vata. Blau beruhigt Körper und Geist und kann den Blutdruck senken.

*Violett (Purpur):* Gut bei Störungen von Pitta und Kapha, übermäßiger Gebrauch stört jedoch Vata. Es fördert die Spiritualität, Inspiration und Intuition.

*Kapitel 16*

# Vastu in der Praxis

## Der Bau eines neuen Hauses

In diesem Abschnitt wird zusammengefasst, wie beim Bau eines neuen Hauses nach den Richtlinien des Vastu vorgegangen werden sollte. Im Allgemeinen verläuft die Planung eines Neubaus in den folgenden Schritten:

1) Auswahl des Baulandes.
2) Planung des Grundstücks.
3) Lage und Orientierung der Gebäude.
4) Planung der Zugänge zum Grundstück und zu den Gebäuden.
5) Lage und Dimensionen der einzelnen Räume.
6) Planung und Dimensionierung der Öffnungen (Türen und Fenster).
7) Planung der Installationen im Haus.
8) Bestimmung des richtigen Zeitpunktes für die einzelnen Schritte und Zeremonien des Bauvorhabens.
9) Inneneinrichtung der Gebäude nach Vastu.

Die vedischen Schriften gehen hauptsächlich auf eine große Anzahl von Sehern und Weisen zurück, deren Lehren aufgezeichnet wurden, um nachfolgenden Generationen von Schülern als Unterweisung zu dienen. So basiert auch die Wissenschaft des Vastu auf den Lehren solcher Seher und Weisen, die zugleich Meister anderer Wissensbereiche waren.

Zahlreiche vedische Werke über Architektur wurden teilweise direkt von diesen verfasst, teilweise jedoch auch später von anderen niedergeschrieben.

Das Wissen dieser Klassiker wurde in Werken späteren Datums wie der »Brihat Samhita« des Autors Varahamihiras zusammengetragen. Ein anderes zusammenfassendes Werk, das vor allem die technischen Aspekte des Vastu behandelt, ist das »Manushyalayacandrika« aus der südindischen Tradition.

**Auswahl des Baulandes** | Die Auswahl des richtigen Grundstücks ist der erste und wichtigste Schritt zu einem erfolgreichen Vastu-Projekt. Wie bereits in den Ausführungen zur Bestimmung des richtigen Zeitpunktes, Seite 248, betont wurde, sollte bereits die erste Besichtigung des Baulands astrologisch abgestimmt werden und an einem günstigen Zeitpunkt erfolgen. Bei der Begehung lassen sich aus den beobachteten Vorzeichen und Omen bereits wichtige Aspekte der möglichen Zukunft des Bauvorhabens auf diesem Grundstück ablesen. Daher ist es vorteilhaft, wenn der Vastu-Berater bei der Besichtigung von Grundstücken gegenwärtig ist. Selbstverständlich sollte die rationale Untersuchung der Eigenschaften eines Grundstückes nach Vastu und die Überprüfung der energetischen Verhältnisse desselben im Vordergrund stehen. Im Zweifelsfalle können jedoch die auftretenden Omen als Entscheidungshilfe dienen. Dies gilt insbesondere dann, wenn die Entscheidung auf Grund der objektiven Kriterien nicht eindeutig möglich ist.

Varahmihira lebte im 6. Jahrhundert nach Christus und war einer der bedeutendsten Wissenschaftler, Schriftgelehrten, Astrologen und Vastu-Experten seiner Zeit. In seinem Werk »Brihat Samhita« beschreibt er die Bedeutung von Omen. Er sagt, dass die guten und schlechten Handlungen eines Menschen (Karma) in dessen Zukunft reflektiert werden und diese positiv beziehungsweise negativ beeinflussen. Diese Projektion geschieht durch das Fenster der Gegenwart hindurch und wird in der Gegenwart in Form bestimmter Vorzeichen sichtbar. Diese Vorzeichen und ihre Deutung werden in den vedischen Schriften systematisch beschrieben. Es wird jedoch davor gewarnt, Ereignisse zu weitgehend zu interpretieren. Bewusst herbeigeführte Ereignisse gelten nicht als Omen, sondern nur solche, die zum richtigen Zeitpunkt der richtigen Person sehr deutlich zu Bewusstsein kommen. Bei der Vielzahl von Ereignissen, die einen ständig umgeben, werden nur einige wenige selektiv bewusst wahrgenommen. Insbesondere in entscheidenden Augenblicken sollte auf Vorzeichen geachtet werden. Solche Zeitpunkte sind beispielsweise das Betreten des zu besichtigenden Grundstücks oder Hauses. Die Kunst besteht darin, die echten Vorzeichen von den bedeutungslosen Ereignissen und Wahrnehmungen zu unterscheiden und sie im richtigen Zusammenhang zu deuten.

Da unter Umständen eine größere Anzahl von Omen beobachtet werden kann, gilt es, ihre Gesamtheit zu bewerten. Nur wenn hierbei eine deutliche Tendenz zu beobachten ist, sollte aus den Omen eine relevante Schlussfolgerung abgeleitet werden.

Im Anhang dieses Buches (Seite 362) findet man eine ausführliche Liste mit den wichtigsten Omen, auf die beim ersten Betreten des Grundstücks oder des Hauses zu achten ist.

Die im Folgenden aufgelisteten Gegenstände mögen auf dem Grundstück gefunden oder beim Ausheben des Fundaments zu Tage gefördert werden. Sie geben ebenfalls über eine mögliche Zukunft des Projektes Auskunft:

| Gegenstand | Ergebnis |
|---|---|
| Steine | Steigerung des Reichtums |
| Ziegel | Reichtum und Eigentum werden gefördert |
| Kupfer | Erfolg |
| Kohle | Krankheit und Verlust des Reichtums |
| Knochen von Tieren | Behinderung des Fortschritts |
| Schlange, Skorpion | Furcht vor Tieren und Hindernisse für den Fortschritt des Gebäudes |
| Ameisenhügel, Termiten | Verlust des Reichtums, Verkürzung der Lebensdauer |
| Stroh, Eier | Tod, unnötige Ausgaben |
| Baumwolle | Trauer |
| Holzstücke | Verlust oder Aufgabe des Hauses in der Zukunft |
| Schädel | Unerwünschter Streit, rechtliche Schwierigkeiten |
| Hörner von Kühen | Wohlstand und Reichtum |
| Gold, Silber, Münzen | Komfort |
| Zink- und Messingstücke | Ungünstig |
| Zerrissene Kleidung | Streit |
| Eisen- und Stahlstücke | Tod |

**Eigenschaften der natürlichen Umgebung eines Grundstücks** | Außerdem sollten bei der Auswahl des geeigneten Baulandes die folgenden Kriterien berücksichtigt werden:

| Günstig | Ungünstig |
|---|---|
| Regelmäßige, nach den Himmelsrichtungen ausgerichtete Form | Unregelmäßige Form oder regelmäßige Form, die nicht nach den Himmelsrichtungen ausgerichtet ist |
| Regelmäßige Form, die eine positive Neigung bezüglich der Haupthimmelsrichtungen besitzt | Regelmäßige Form mit einer Neigung bezüglich der Hauptrichtungen, die größer als 10° ist, aber in eine negative Richtung erfolgt |
| Erweiterungen im Nordosten | Fehlbereich in einer der vier Ecken (abgeschnittene Ecken) |
| Erweiterungen im Norden oder Osten | Erweiterungen des Grundstücks im Südosten, Südwesten oder Nordwesten |
| Gefälle in Richtung Norden, Osten oder Nordosten | Gefälle in Richtung Süden, Westen oder Südwesten |
| Berge oder hohe Bäume im Süden, Westen oder Südwesten | Berge oder hohe Bäume im Norden, Osten oder Nordosten |
| Wasser im Norden, Osten oder Nordosten | Wasser im Westen, Süden oder Südwesten |
| Brunnen im Nordosten | Brunnen im Südwesten, Süden oder Südosten |
| Erde besitzt einen süßen Geschmack und hat einen angenehmen Geruch | Schlechte Bodenqualität |
| Straßen im Norden und/oder Osten | Hohe Gebäude im Norden, Nordosten oder Osten |
| Glück verheißende Pflanzen auf dem Grundstück | Stachlige und dornige Pflanzen auf dem Grundstück |
| Schwere Steine im Südwesten | Schwere Steine im Nordosten |
| Abwasserabfluss im Nordosten | Abwasserabfluss im Südwesten oder Süden |

## Planung des Grundstücks

Hat man den oben aufgeführten Kriterien entsprechend ein geeignetes Grundstück gefunden beziehungsweise durch die Fügung der Umstände ein bestimmtes Baugrundstück zur Hand, das nicht den Prinzipien entspricht, so besteht der nächste Schritt darin, auf dem Grundstück das Vastupurusha-Mandala zu platzieren. Hiermit ist ein rechteckiges 9 × 9-Gitter gemeint, das parallel zu den Haupthimmelsrichtungen liegt. In seltenen Fällen wird hierdurch das gesamte Grundstück abgedeckt. In den meisten Fällen bleiben unregelmäßige Erweiterungen an den Seiten oder in den Ecken übrig, die vom Hauptgrundstück getrennt werden sollten. In besonderen Fällen teilt man das Grundstück so auf, dass mehrere Mandalas hineingelegt werden, die jeweils für einen bestimmten Zweck genutzt werden. So mag beispielsweise das größere Mandala zum Errichten des Haupthauses genutzt werden, während das zweite zur Planung des Gartens mit Gartenhaus herangezogen wird. Überschüssige Bereiche des Grundstücks, die nicht von den Mandalas abgedeckt sind, werden abgetrennt und auf andere Weise genutzt.

**Lage und Orientierung der Gebäude** | Sind die Mandalas festgelegt, so kann auf dieser Grundlage die Planung der Gebäude und des umgebenden Grundstücks erfolgen. Hierzu sollten die folgenden Punkte beachtet werden:

Als Erstes sollte ein erfahrener Geomant die energetischen Verhältnisse des Grundstücks bestimmen und auf mögliche Energiegefahren hinweisen. Orte, an denen sich Erdverwerfungen und Wasseradern häufen oder kreuzen, sollten möglichst für Wohnzwecke vermieden werden. Auf diese Weise wird der beste Ort für die Gebäude ermittelt.

Der nächste Schritt besteht nun darin, die spezifischen energetischen Verhältnisse mit den allgemeinen Forderungen des Vastu in Einklang zu bringen. Sie lauten in diesem Zusammenhang:

- Der Schwerpunkt der Gebäude sollte möglichst weit in Richtung Süden beziehungsweise Westen verlegt werden. Am besten wird ein möglichst großer Bereich des südwestlichen Quadranten bedeckt, sodass sich dort keine negativen Energiefelder ausbreiten können.
- Im Süden sollte weniger Platz bleiben als im Norden, im Westen weniger als im Osten. In unseren Breitengraden muss man jedoch auch dem Bedürfnis der Menschen nach Mittags- und Nachmittagssonne nachkommen. Ein möglicher Kompromiss besteht darin, den Süden zwar zu nutzen, doch im Norden einen mindestens ebenso großen Bereich frei zu lassen. Ein Ausgang des Hauses im Norden mit einer kleinen Terrasse sollte eine eventuelle Platzierung der Hauptterrasse im Süden ausgleichen. Der Süden muss nicht vollständig geschlossen werden. Es geht jedoch immer darum, den Norden nicht zu vernachlässigen, um eine positive Gesamtenergetik zu erhalten. Insbesondere der Nordosten sollte frei und großzügig geplant werden.
- Öffnet man den Süden, so sollte man zumindest darauf achten, dass der Südwesten nicht ebenfalls offen ist. Dort sollte sich eine massive Mauer befinden.
- Man kann im Süden ein Dach konstruieren, das eine dort befindliche Terrasse auf solche Weise überdeckt, dass zwar die steile Mittagssonne im Sommer abgehalten wird, während die flachere Wintersonne mittags ungehindert auf die Terrasse und ins Haus scheint (siehe Kapitel 18, Seite 326ff.).
- Eine eventuelle Terrasse im Süden sollte ein leichtes Gefälle in Richtung Norden oder Osten besitzen. In diesen Richtungen müsste dann auch eine Vorrichtung zum Abfließen des Regenwassers sein. Hierdurch kann die an sich ungünstige Lage einer Terrasse im Süden oder Westen ausgeglichen werden.
- Eine Terrasse im Nordosten des Hauses ist von großem Vorteil. Das Gleiche gilt für einen Balkon oder ein Vordach. Erweiterungen des Raumes wirken sich dort sehr vorteilhaft aus.
- Die Ausrichtung des Hauses erfolgt idealerweise in Richtung Osten oder Norden. Der Westen kann ebenfalls als Richtung gewählt werden. Der Süden kommt nur unter besonderen Umständen in Frage. In solchen Fällen muss man sehr genau auf die Befolgung der Vastu-Prinzipien achten.
- Gewässer sollten im Nordosten, Osten oder Norden des Grundstücks angelegt werden.
- Im Südwesten sollten keine unterirdischen Räume angelegt werden. Vor allem unterirdische Freiräume wirken sich dort fatal aus. Der Nordosten ist hingegen der ideale Ort für unterirdische Wasserbehälter, Brunnen, Gruben, Teiche oder Keller.
- Das Haus sollte parallel zu den Himmelsrichtungen geplant werden. Ist dies nicht möglich, so sollte man darauf achten, einen vorteilhaften Neigungswinkel zu wählen. Hierzu sollte man auf die diesbezüglichen Tabellen am Ende des Kapitels 8, Seite 155ff., zurückgreifen.
- Das Haus sollte eine möglichst regelmäßige, am besten rechteckige Form besit-

zen. Insbesondere sollte es keine Fehlbereiche in den Neben- oder Haupthimmelsrichtungen aufweisen.
- Der Umfang des Hauses sollte entsprechend seiner Lage auf dem Grundstück mit dem passenden Yoni gewählt werden.

**Planung der Zugänge zum Grundstück und zum Haus** | Das ist einer der wichtigsten Aspekte des Vastu, da sich im Eingang die ein- und ausgehenden Energien konzentrieren. Die folgenden Punkte sollten beachtet werden:
- Auswahl des geeigneten Platzes für das Tor zum Grundstück entsprechend der 32 Padas des Pishachavithis. Idealerweise befinden sich Tore im Norden und Osten des Grundstücks (siehe Kapitel 6, Seite 97).
- Auswahl der Eingänge zum Haus in Korrespondenz zu der Lage der Grundstückstore in den starken Bereichen des Hauses, vorzugsweise ebenfalls im Norden oder Osten des Hauses.
- Vom Tor des Grundstücks aus gesehen, sollte der Eingang des Hauptgebäudes auf der rechten Seite liegen. Man sollte bei allen Türen Beeinträchtigungen vor dem Eingang vermeiden.

**Lage und Dimensionen der einzelnen Räume** | Zunächst sollte im Einklang mit den Grundprinzipien des Vastu-Designs das Thema der Innengestaltung des Hauses festgelegt werden. Hierbei gilt es zunächst die folgenden Fragen zu klären:
- Wie sollen Orte der Ruhe und der Aktivität verteilt werden?
- In welcher Richtung verläuft die Hauptenergieachse des Hauses?
- Mit welchen Mitteln soll die Einheit der Architektur erzielt werden?
- Nach welchem Prinzip werden die verschiedenen Teile ausbalanciert?

Im Einklang mit der angestrebten Funktion des Gebäudes sollten die Fragen im Rahmen eines klaren Konzeptes beantwortet werden. Dann kann die Aufteilung des Grundrisses und die Verteilung der einzelnen Räume erfolgen. Bei der Anordnung der einzelnen Räume sollten die folgenden Fragen gestellt werden:
- Entspricht die Lage der Räume dem Vastupurusha-Mandala? Hierbei sollte zunächst einmal das Vastupurusha-Mandala mit all seinen Unterteilungen auf den Grundriss übertragen werden. Die Wände der Räume sollten sich idealerweise an den Gitterlinien des Mandalas orientieren. Es können jedoch auch feinere Gitter verwendet werden, die in das 9 × 9-Mandala eingetragen werden. Die feinere Aufteilung der Padas des Mandalas sollte jedoch über den Faktor drei beziehungsweise neun erfolgen. Man kann also jedes Pada wiederum in 9 beziehungsweise 81 Quadrate unterteilen, indem man jeweils zwei beziehungsweise acht Linien pro Pada zieht.
- Die Aufteilung der Räume sollte auch die Lage des Hartmann-Gitters und seiner Kreuzungspunkte beachten. Mauern sollten um rund 12 Zentimeter versetzt parallel zu den Linien des Hartmann-Gitters verlaufen. Wichtig ist, möglichst große und viele störungsfreie Zonen zu schaffen, in denen Betten, Sitzgelegenheiten oder Aufenthaltsräume platziert werden können.
- Entspricht die Lage der Räume den Bedürfnissen der Bewohner (eigene Richtung, Aszendent)?
- Sind benachbarte Räume miteinander kompatibel?

Bei der Aufteilung der Räume sollte auf die folgenden Punkte geachtet werden:
- Die anspruchsvolleren Tätigkeiten, die leichte Energien erfordern, sollten eher in Richtung Nordosten verlagert werden.
- Die Südost-Nordwest-Achse sollte betont sowie offen und aktiv genutzt werden, um Bewegung und Energie in das Gebäude einzubringen.

- Die Südwest-Nordost-Achse sollte betont und möglichst polar gestaltet werden, um Stabilität und spirituellen Raum zu schaffen.
- Die Ost-West-Achse sollte betont und räumlich genutzt werden, um die Energien des Antriebs und der Inspiration zu nutzen und die Kraft zu erwecken, die Dinge bis zu ihrem Abschluss vorantreiben zu können.
- Die Nord-Süd-Achse sollte betont und offen gestaltet werden, um die heilenden Energien ins Haus und Leben zu bringen und die Ereignisse von Geburt und Tod in den Lebenszusammenhang zu integrieren.
- Tätigkeiten, die morgens erfolgen, sollten am besten im Osten ausgeführt werden, während Tätigkeiten, die am Abend geschehen, am besten im Westen stattfinden.
- Die Hauptenergieachse sollte in starken Bereichen verlaufen.
- Die Hauptenergiezentren des Hauses (Chakren und Brahmasthana) sollten entsprechend zur Geltung gebracht werden.
- Die empfindlichen Raumpunkte (Marmas) sollten nicht durch Wände oder andere Konstruktionen verletzt werden.

Die genaue Dimensionierung der einzelnen Räume ist eine komplexe Aufgabe, die mit großer Sorgfalt und Sachkenntnis durchgeführt werden sollte. Ein Gebäude mit einem ausgewogenen Rhythmus, einem einheitlichen, balancierten und stimmigen Charakter erhält seine Vollendung erst durch die abgestimmte Proportionierung all seiner Elemente. Hierbei sollte versucht werden, die Yonis der einzelnen Elemente aufeinander abzustimmen und möglichst nur Maße zu verwenden, die günstige astrologische Eigenschaften besitzen.

**Planung und Dimensionierung der Öffnungen (Türen und Fenster)** | Mit der Planung der Räume und des generellen Designs steht im Allgemeinen die Lage der Fenster und Türen bereits fest. Die Verteilung der Fenster in den Himmelsrichtungen und ihre relative Lage zueinander sollte den bereits beschriebenen Grundprinzipien entsprechen. Die Proportionierung der Fenster und Türen ist von großer Bedeutung, da durch ihre Maße die Schwingung der ein- und austretenden Energien bestimmt wird.

**Planung der Installationen im Haus** | Die wichtigsten Installationen im Haus sind:
- Zentralheizung und Heizkörper
- Wasserversorgung
- Abwassersystem
- Elektrische Installationen
- Telefonanlage

Bei der Platzierung dieser Installationen ist vor allem auf das Wechselspiel der Elemente untereinander zu achten. Die elektrische Hauptinstallation sollte sich möglichst im Südosten des Hauses befinden. Dort können die negativen Energien, die von Transformatoren oder elektrischen Geräten ausgehen, am ehesten verarbeitet werden. Im Nordosten und Südwesten wäre ihr Einfluss unvorteilhaft. Sowohl der Osten als auch der Norden sollten möglichst nicht sehr stark mit elektrischer Energie belastet werden. Der Süden eignet sich für elektrische Installationen. Im Nordwesten mag es zu mentalen Irritationen kommen, wenn dort die elektromagnetischen Einflüsse zu stark werden. Die Telefonanlage sollte am besten ebenfalls im Südosten installiert werden.

Der Südosten ist auch der richtige Ort für die Heizungsanlage. Von dort aus sollte das Wasser im Uhrzeigersinn durch das Haus geführt werden. Die Heizkörper befinden sich innerhalb der einzelnen Räume ebenfalls am besten im Südosten. Die Heizkörper sollten an südlichen und westlichen Wänden angebracht werden. Selbstverständlich muss man sich generell an der Lage der Fenster orientieren.

Die Wasserversorgung erfolgt am besten vom Nordosten oder Westen des Hauses aus. Abwasser sollte generell in Richtung Norden, Osten oder Nordosten ablaufen. Hierbei ist natürlich die Lage der Kanalisation ausschlaggebend. Die Abwasserleitungen sollten jedoch auch für den Fall, dass der Kanalisationsanschluss im Süden oder Westen des Hauses liegt, im Norden oder Osten aus dem Haus herausgeführt werden, um von dort aus zur Kanalisation umgeleitet zu werden.

## Die Vastu-Beratung

**Wichtige Schritte einer Vastu-Analyse** | Bei der Analyse eines bereits bestehenden Objektes nach Vastu sollte man in der folgenden Reihenfolge vorgehen:

1) Gefälle des Grundstücks, Lage von Bergen, Gewässern und Bäumen, Analyse der Umgebung.
2) Lage der Gebäude auf dem Grundstück. Wieviel Platz befindet sich auf welcher Seite des Hauses?
3) Lage des Haupteingangs, Lage des Ausgangs.
4) Die Lage des Brunnens.
5) Gesamtflächen der Fenster in den verschiedenen Richtungen im Vergleich zueinander, Lage der Fenster und Türen.
6) Gefälle des Fußbodens und des Daches.
7) Lage der Räume innerhalb des Hauses.
8) Bestimmung der persönlichen Himmelsrichtungen der Bewohner und Untersuchung der Wohnsituation der einzelnen Bewohner.
9) Befragung der einzelnen Bewohner.
   Man könnte dabei beispielsweise die folgenden Fragen stellen:
   - Wie lange wohnen Sie bereits in diesem Haus?
   - Haben Sie das Gefühl, durch den Wohnraum auf eine bestimmte Weise beeinflusst zu werden?
   - Wie geht es den Bewohnern des Hauses?
   - Welchen Problemen sind Sie ausgesetzt, seitdem Sie in diesem Haus leben?
   - Haben die Bewohner gesundheitliche Probleme?
   - Gibt es gravierende familiäre Probleme?
10) Schliesslich setzt man die aufgetretenen Probleme mit den bestehenden Vastu-Defekten in Beziehung und achtet auf eventuelle Zusammenhänge. Auf diese Weise kann man herausfinden, welche Defekte bereits wirksam sind und dementsprechend Korrekturen durchführen. Man sollte jedoch auch die potenziellen zukünftigen Auswirkungen von Vastu-Defekten untersuchen und korrigieren.

Eine detaillierte Beschreibung der Schritte einer Vastu-Beratung findet sich im »Vastu-Praxisbuch«. Es enthält eine Liste von 155 praktischen Schritten, die man einen nach dem anderen anwenden kann, um ein bereits bestehendes Haus nach Vastu zu untersuchen und zu korrigieren.

Die folgenden sechs Aspekte sollten zusätzlich bei jeder Vastu-Beurteilung berücksichtigt werden:

**Mittelpunkt von Gebäude und Grundstück** | Man sollte in einen Gesamtplan von Grundstück und Gebäude sowohl den Mittelpunkt des Grundstücks (Vastunabhi) als auch den des Gebäudes (Grihanabhi auch Brahmanabhi genannt) einzeichnen. Für Wohnhäuser sollte der Mittelpunkt des Gebäudes südwestlich, im Idealfall also sowohl westlich als auch südlich vom Mittelpunkt des Grundstücks liegen. Ist dies nicht der Fall, so sollte die Situation korrigiert werden, indem entweder das Grundstück verkleinert beziehungsweise vergrößert oder das Haus vergrößert wird.

Im Falle von Tempeln oder anderen Plätzen der Verehrung oder Meditation ist es vorteilhaft, eine sehr hohe Energie herbeizuführen, indem die beiden Punkte zur Übereinstimmung gebracht werden. Dieser Fall sollte wegen der zu hohen Energie für Wohnhäuser eher vermieden werden.

Für kommerzielle Gebäude ist es ebenfalls vorteilhaft, wenn die beiden Mittelpunkte zusammenfallen. Im Idealfall verläuft die zentrale Energieachse des Grundstücks durch die zentrale Achse des Gebäudes hindurch. Dies schafft eine starke Energie, die dem Geschäft zugute kommt. Hierbei sollte jedoch sichergestellt werden, dass die in der zentralen Achse fließende Energie tatsächlich positiv und aufbauend ist.

Im Allgemeinen liegt der Mittelpunkt eines Grundstücks innerhalb des Hauses. Dieser Punkt bildet neben dem Mittelpunkt des Grundstücks einen wichtigen Energiepunkt. Beide sollten als solche genutzt werden und zur Geltung kommen.

**Die energetische Gesamtsituation** | Gleich zu Anfang sollte man untersuchen, wie die heilenden und belebenden Energien des Nordens und Ostens Zugang zu Haus und Grundstück haben und versuchen, alle Hindernisse zu beseitigen, die diesen Zugang erschweren. Hierdurch wird die energetische Situation stärker geprägt als durch alle internen Arrangements. Auch das Gefälle des Grundstücks und der Terrassen sollte hierbei berücksichtigt werden.

**Energieachsen in Haus und Grundstück** | In einem der ersten Schritte werden die Energieachsen des Grundstücks und des Hauses ermittelt. Diese sollten einander möglichst unterstützen. Betrachtet werden vor allem die Lage der Ein- und Ausgänge zu Haus und Grundstück, die Lage der Fenster, Wege und Korridore und die generelle Form und Ausrichtung des Hauses und des Grundstücks. Die Hauptenergieachse ist die Achse eines Hauses beziehungsweise Grundstücks, auf der sich die Energien durch das Haus bewegen. Solche Achsen werden in Häusern vor allem durch einander gegenüberliegende Öffnungen wie Fenster und Türen geschaffen, die ein ungehindertes Fließen der Energie von einem Ende des Hauses zum andern erlauben.

**Die Lage der Hauptenergieachse im Haus** | Die Lage der Hauptachse des Hauses bestimmt die Qualität der Energie des Hauses mit. Verläuft diese Achse in Richtung Südost-Nordwest, so ist die Energie sehr dynamisch und wird durch das Wechselspiel der Elemente Luft und Feuer geprägt. In einem solchen Haus mag es schwierig sein, zur Ruhe zu kommen und sich der dynamischen Energie zu entziehen. Ein solches Haus hilft Kapha-Typen, in Bewegung zu kommen, weil es Vata und Pitta verstärkt und damit Kapha vermindert.

Verläuft die Hauptachse hingegen in Richtung Südwest-Nordost, so steht in dem Haus weniger die Dynamik der Bewegung als Stabilität und Ordnung im Vordergrund. Die Qualität der Energie hängt hierbei wesentlich von der richtigen Nutzung des Nordostens und des Südwestens ab. Ist der Nordosten offen und leicht und der Südwesten geschlossen und schwer gehalten, so sorgt eine solche Achse für Stabilität und Raum für spirituelle Entwicklung. Bestehen jedoch Defekte auf dieser Achse, so mögen Trägheit und starke negative Energien im Haus vorherrschen.

Verläuft die Hauptachse in Richtung Ost-West und ist der Osten offen und frei, so hilft das Energiefeld des Hauses dabei, Dinge in Gang zu setzen, zu initiieren und auch zu Ende zu führen. Die Kraft der Sonne ist im Haus vorherrschend und sorgt für Vitalität und Gesundheit. Auch die Weisheit wird in einem solchen Haus gefördert. Am besten sollten die Bewegungen im Haus vorwiegend in Richtung Osten geschehen.

Befindet sich die Hauptachse zwischen Norden und Süden, so werden der Rahmen und die Bedingungen des Lebens sehr stark im Vordergrund des Bewusstseins stehen. Der Norden steht für die Mutter, die Geburt und den Schutz, während der Süden den Tod und die Strenge des Lebens repräsentiert. Das biologische Leben zwischen Geburt und Tod mit seinen Widersprüchen, Herausforderungen, Ängsten und Aufgaben mag das Leben im Haus prägen. Um diesen Aspekt zu transzendieren, ist die Unterstützung aus dem Osten und Nordosten erforderlich. Räume in diesen Richtungen sollten möglichst anspruchsvoll und ausgiebig genutzt werden.

Ist die Hauptenergieachse um 10° bis 20° gegenüber einer dieser Achsen geneigt, so sollten zusätzlich die Bewertungen für semidiagonale Häuser berücksichtigt werden, die in Kapitel 8, Seite 156f., dargelegt worden sind.

**Zonen der Ruhe und der Aktivität** | Überprüfen Sie daraufhin die Verteilung der Ruhe- und Aktivitätszonen im Haus und setzen Sie ihre Ergebnisse mit dem Tagesablauf der Bewohner in Beziehung. Hierbei ist es sinnvoll, das Wissen des Ayurveda über die Qualität der verschiedenen Tages- und Jahresphasen zu berücksichtigen. Versuchen Sie, dieses Verhältnis auszubalancieren, wenn es nicht harmonisch ist.

**Die Qualität der Himmelsrichtungen** | Versuchen Sie die Qualität jeder einzelnen Himmelsrichtung, der zugeordneten Elemente und Planeten sowohl im ganzen Haus als auch in jedem einzelnen Raum zur Geltung zu bringen und sie aufeinander abzustimmen. Arbeiten Sie sich hierbei vom Großen zum Kleinen vor.

Das folgende Beispiel einer Vastu-Beratung macht einige dieser Prinzipien deutlich: Es geht um die eine Seite eines Doppelhauses, dessen Grundriss hier abgebildet wird. Das zweite Haus ist lediglich schematisch angedeutet. Das Haus gehört einem kinderlosen Ehepaar, das beabsichtigt, in dieses Haus einzuziehen.

Abgebildet ist das Erdgeschoss. Das Haus besitzt ein weiteres Geschoss, dessen Raumaufteilung der des Erdgeschosses entspricht. Lediglich über dem Bad (dem Raum links von der Treppe) befindet sich kein Raum im ersten Stock. Der Raum ganz im Westen des ersten Stocks ist nur durch eine ausfahrbare Leiter von unten her erreichbar. Der Flur und die beiden Zimmer östlich davon liegen im ersten Stock genauso wie im Erdgeschoss. Auf der nördlichen Seite besitzen die Räume eine Dachschräge. Der Hauptzugang zum Grundstück befindet sich auf der östlichen Seite zur Straße, rund einen Meter nordöstlich der Mitte.

Das Gebäude befindet sich auf einem Grundstück, das auf der Südseite mit dem Haus abschließt und viel freien Raum im Nordosten und Norden besitzt. Im Nordosten ist der Boden leicht erhöht und fällt in Richtung Nordwesten ab. Vier Bäume stehen auf dem Grundstück, und zwar im Osten (Kiefer), Nordosten und Norden (Obstbäume).

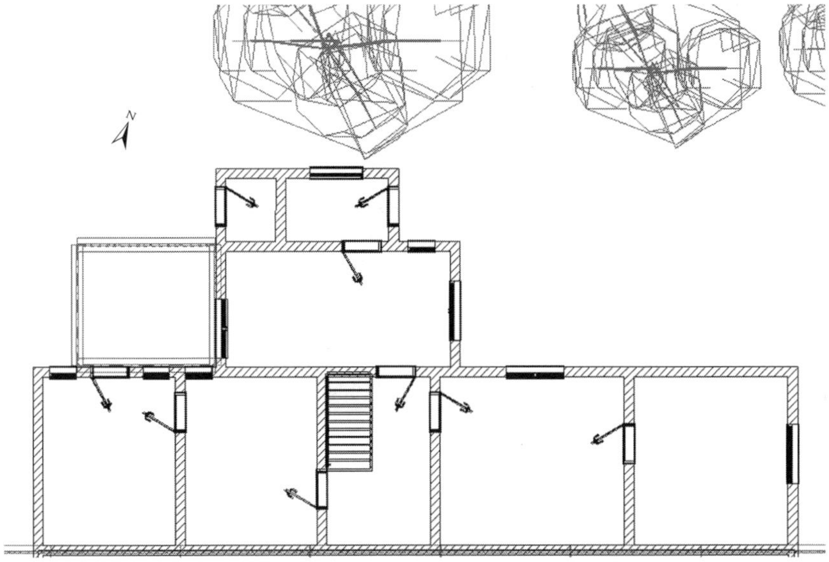


*Grundriss des zu beurteilenden Hauses.*

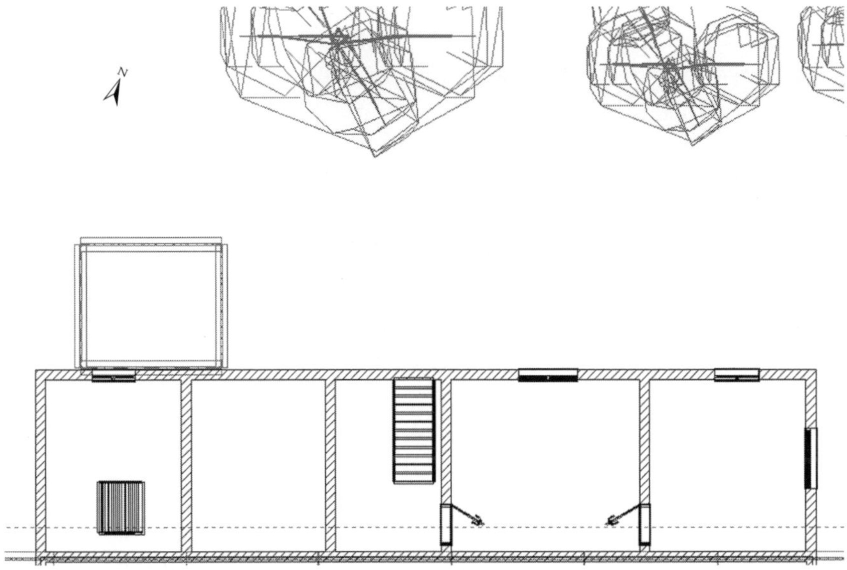


*Grundriss des 1. Stocks.*





Die Besitzer konsultierten mich kurz vor ihrem geplanten Einzug. Bei der Beratung wurden nacheinander die folgenden Beobachtungen und Korrekturvorschläge gemacht:

Obwohl das Haus sehr lang gezogen und gegenüber den Haupthimmelsrichtungen um rund 20° gedreht ist, herrscht eine spürbar positive Gesamtenergie. Der Hauptgrund hierfür liegt darin, dass sich im Osten, Nordosten und Norden des

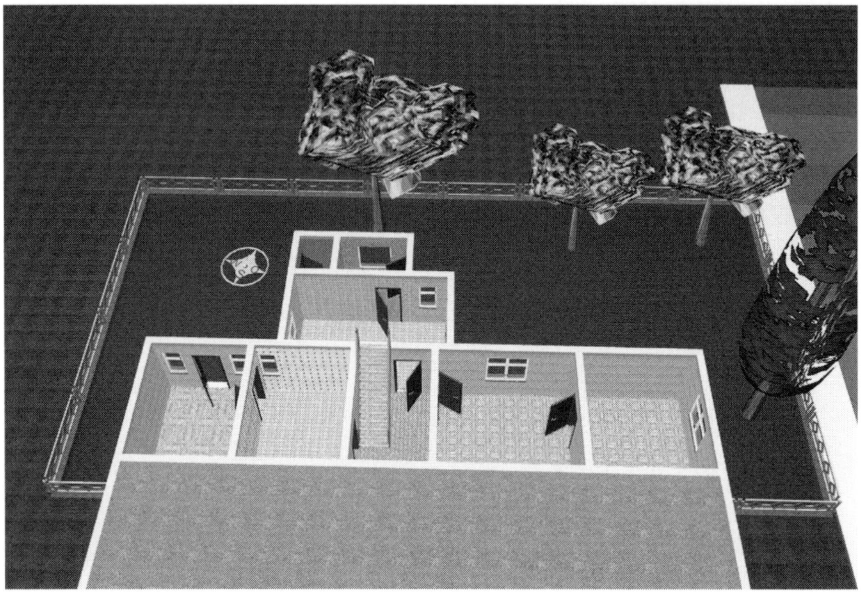

*Dasselbe Haus mit Grundstück.*

*Das Haus mit Grundstück aus dem Nordosten betrachtet.*

Grundstücks viel freier Raum befindet, während der Süden und Südwesten vollständig durch das zweite Haus geschlossen sind. Die Straße verläuft im Osten/Nordosten. Damit liegt auch der Hauptzugang zum Grundstück günstig.

Dem Zustrom der solaren Lebensenergie aus dem Osten steht lediglich eine sehr große Kiefer im Wege, die möglichst gefällt werden sollte. Ihre starken Wurzeln drohen auch bereits das Haus zu beschädigen. Die Bäume im Nordosten (ein alter Birnbaum, der keine Früchte mehr trägt) und im Norden (ein alter Apfelbaum) stehen ungünstig und sollten nach Möglichkeit gefällt werden. Damit erklärten sich die Besitzer einverstanden, da sich dieser Teil des Gartens sehr gut für eine kleine Teichanlage eignet. Im Nordosten hätte ein solcher Teich, der mit einem gepflegten Garten umgeben ist, eine sehr positive Wirkung. Im Osten würde anstatt der großen Kiefer ein bunter Blumengarten angelegt werden. Der Baum im Nordwesten sollte stehen bleiben.

Dieses Haus ist ein gutes Beispiel für die Regel, dass die natürlichen Gegebenheiten, wie Form des Grundstücks oder Gefälle, eine stärkere Wirkung haben als die vom Menschen geschaffenen Dinge. Allein durch die positive Lage des Hauses auf dem Grundstück, die bewirkt, dass im Norden und Osten mehr Platz ist als im Süden und Westen und beide Richtungen recht offen sind, besitzt das Haus sehr gute Energien.

Ein weiterer wichtiger Aspekt ist das Gefälle des Grundstücks. Da der gesamte Garten neu angelegt werden muss, bietet es sich in diesem Fall an, den Nordosten etwas abzutragen und den Westen beziehungsweise Nordwesten so aufzuschütten, dass ein kontinuierliches Gefälle aus Westsüdwest über den Westen, Nordwesten und Norden in Richtung Nordosten entsteht. Dadurch würde die positive Gesamtenergie des Grundstücks weiter verstärkt. Das Gleiche gilt für die Terrasse im Westen, deren Gefälle zur Zeit der Beratung in Richtung Haus (Richtung Süden) verlief. Da die Steinplatten der Terrasse sowieso neu verlegt werden mussten, bot es sich an, der Terrasse ein Gefälle vom Haus in Richtung Norden zu geben. Hinter dem Haus im Westen/Südwesten wird ein kleines Hochbeet mit angrenzendem Steingarten angelegt, um den Südwesten weiter zu beschweren.

Beim Haus selbst fällt zunächst seine ungewöhnlich lange Form auf, die dazu führt, dass es einige Durchgangszimmer gibt. Da in dem ganzen Haus jedoch nur zwei Menschen leben werden, lässt sich dieser Umstand verkraften. Schwerwiegender ist die ungewöhnliche Position der Küche, die mit dem Hausflur zusammen die Erweiterung im Nordwesten des Hauses bildet. Diese Erweiterung bewirkt einen starken Einfluss des Luftelements im Haus. Hierdurch wird es schwierig sein, den Dingen Stabilität und Standfestigkeit zu verleihen. Es ist zu erwarten, dass die Dinge ständig in Bewegung sein werden und vieles genauso schnell wieder geht, wie es gekommen ist. Man würde, hieraus resultierend, vor allem Probleme im mentalen Bereich voraussagen.

Die Küche ist im Nordwesten an sich nicht schlecht platziert, sie sollte jedoch unter keinen Umständen ein Durchgangszimmer für diejenigen sein, die in das Haus eintreten. Daher sollte die Küche in jedem Fall durch eine Mauer vom Flur getrennt werden. Der verbleibende Küchenteil ist gerade noch groß genug zum Kochen, während der Rest des Raumes zum Essen genutzt werden kann.

*Die neu gestaltete Küche mit eingezogener Trennmauer.*

Um der Küche die im Nordwesten fehlende Energie des Feuers zu verleihen und insgesamt die starke Präsenz des Luftelements auszugleichen, empfiehlt es sich hier, im Zentrum der Küche an der Decke ein Narasimha-Yantra zu platzieren, um die Präsenz des Feuerelements und des Planeten Mars zu stärken, die beide durch das Narasimha-Yantra verkörpert werden.

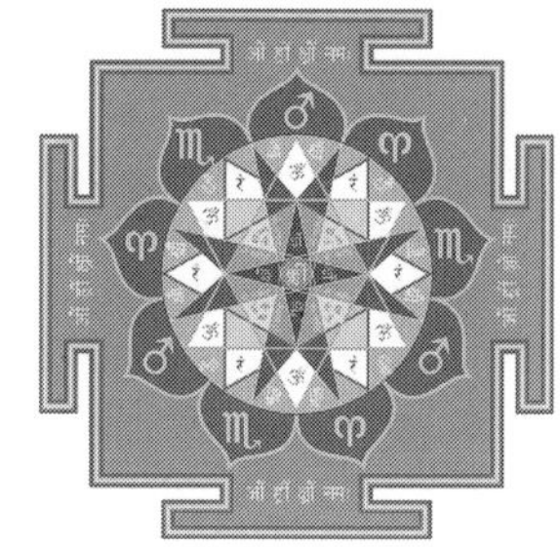

Das Narasimha-Mars-Yantra verleiht der Küche die ihr im Norden fehlenden feinstofflichen Energien des Feuers und des Planeten Mars.

Die an sich in Richtung Osten weisende Hauptachse des Hauses ist um rund 20° in Richtung Nordosten gedreht, wodurch das Haus als ein Semidiagonal-Haus vom Typ Ostnordost zu betrachten ist. Die hierzu am Ende des Kapitels 8 gegebene Bewertung lautet: Der weibliche Aspekt ist stärker vertreten. Es besteht die Tendenz, dass es unter den Bewohnern leicht zu Streit und mentalen Problemen kommen kann. Es mag auch ein Mangel an Lebensenergie herrschen.

Hierzu ist zu bemerken, dass der Faktor der mangelnden Lebensenergie durch die bereits angesprochenen positiven Aspekte mehr als ausgeglichen wird, während die Neigung zu mentalen Problemen hier weiter bestätigt wird.

Als Nächstes ist das energetische Zentrum des Hauses zu betrachten. Das Brahmanabhi oder Grihanabhi befindet sich im mittleren Flur. Im Erdgeschoss kommt es nicht besonders stark zur Geltung, während dieser Ort im ersten Stock energetisch sehr stark zum Tragen kommt. Dieser Bereich ist mit großen Fenstern sehr hell und sollte als ein freier Raum zum Regenerieren und Auftanken zur Verfügung stehen. Er kann mit Hilfe eines Bergkristalls oder einer Pyramide weiter verstärkt werden. Eine leichte Sitzgelegenheit wäre dort ebenfalls angemessen.

Der Flur ist der einzige Bereich des Hauses, der unterkellert ist. Dieser Umstand ist negativ zu bewerten, da es sich um den Süden des Hauses handelt. Der Keller, in dem sich auch die Ölheizung befindet, sollte möglichst ausgiebig als Stellplatz für große und schwere Dinge verwendet werden, damit unterirdisch im Süden möglichst wenig freier Platz bleibt.

Ein Haus, in dem sich die Energien hauptsächlich auf der Ost-West-Achse bewegen, besitzt die Kraft der Sonne und verhilft seinen Bewohnern zu mehr Vitalität, Inspiration und Kraft, um Dinge zu beginnen und auch zum Abschluss zu bringen.

Der nächste Schritt ist die Verteilung der Räume. Lediglich die Lage der Küche und des Badezimmers (links vom Flur im Erdgeschoss) sind bereits vorgegeben. Hierzu ist es zunächst wichtig, die eigenen Himmelsrichtungen der beiden Bewohner des Hauses zu bestimmen. Die eigene Himmelsrichtung des Mannes ist der Norden, während seine Frau den Süden als eigene Richtung besitzt. Dadurch ergeben sich genau zwei Richtungen, in denen beide Eheleute stark sind, und zwar der Osten und der Westen. Dieser Umstand passt hervorragend zur Form beziehungsweise Ausrichtung des Hauses, in welchem die Räume vor allem auf der Ost-West-Achse liegen. Die Ost-West-Achse ist die Hauptachse des Hauses, obwohl sie, wie bereits festgestellt, um rund 20° in Richtung Nordost gedreht ist. Aus der energetischen Hauptachse des Hauses, die aus dem Osten in Richtung Westen weist, lässt sich ablesen, dass in diesem Haus die Kraft besteht, Dinge zu initiieren und auch zum Abschluss zu bringen.

Das Zimmer im Osten des Erdgeschosses eignet sich besonders gut für ein Büro und einen Arbeitsraum für den Ehemann, da es ein Fenster in Richtung Osten, seine starke Richtung, besitzt. Das Durchgangszimmer davor eignet sich als Wohnzimmer. Es deckt sowohl den Nordosten als auch den Südosten des Hauses ab und sollte dementsprechend gestaltet werden. Die Nordostseite des Raumes sollte frei bleiben, während an der Südwand die Möbelstücke und eine Sitzecke aufgestellt werden können. Vor allem der Südosten des Hauses sollte in diesem Raum betont werden, indem dort mit Kerzen oder ähnlichen Elementen gearbeitet wird. Die folgende Abbildung zeigt die mögliche Nutzung dieser beiden Räume:

*Wohnzimmer und Büro im Osten.*

Im Nordosten der Räume wurden jeweils Spiegel angebracht, um den in diesem Haus etwas zu kurz gekommenen Nordosten zu erweitern. Insgesamt gesehen besitzt das Haus keinen ausgeprägten Nordosten. Durch die Erweiterung im Nordwesten kann der Nordosten als eine Art Fehlbereich aufgefasst werden. Daher sollte im Bereich des Nordostens des Hauses mit Spiegeln und mit einem Jupiter-Yantra gearbeitet werden. Man kann auch im Norden der Wohn- und Arbeitszimmer Landschaftsbilder aufhängen und Pflanzen aufstellen, um die Energien des Nordens und Nordostens zu stärken.

Ein Schaukelstuhl sollte im Nordwesten eines Raumes oder eines Hauses aufgestellt werden, um Bewegung in diesen Bereich zu bringen.

Im Büro sollte der Schreibtisch im Südwesten stehen und in Richtung Norden oder Nordosten weisen. In der südlichen Ecke des Büros sollte ein Schrank mit schweren Akten und Büchern platziert werden, während im Nordwesten ein Schrank mit leichten Unterlagen und der täglichen Buchführung steht. Im Osten kann ein kleiner Schrank für wichtige rechtliche Unterlagen untergebracht werden. Er sollte aber nicht groß und schwer sein.

Interessant ist es, in Zusammenhang mit diesen beiden Räumen den Aszendenten des Hausbesitzers zu betrachten. Er ist Aszendent Waage, wodurch im Osten für ihn die Gefahr besteht, sich zu überarbeiten und sich nicht genug Zeit für sich selbst zu gönnen. Daher ist der Osten für ein Arbeitszimmer prädestiniert. Es sollte jedoch verstärkt darauf geachtet werden, dass der Hausbesitzer sich genügend Zeit für sich selbst und seine eigene Kreativität nimmt, die im Wohnzimmer (vor allem im östlichen Bereich des Südostens) gefördert wird. Dort wird seine Neigung gestärkt, nachzudenken und sich in Meditation zu üben. Auch Forschung und Entwicklung der Kreativität werden dort unterstützt.

Die Frau des Hauses wird sich im äußersten Zimmer im Westen/Südwesten wohl fühlen, da sie den Süden als ihre eigene Richtung besitzt. Sie kann dieses Zimmer sowohl zum Schlafen als auch zum Arbeiten nutzen. Damit wären alle Räume des Erdgeschosses bereits verplant.

Im Obergeschoss gibt es drei weitere Räume. Der äußerste Raum im Westen/Südwesten eignet sich als Dachkammer zum Abstellen von Dingen, die nicht ständig benötigt werden. Das Zimmer im Osten ist hervorragend als Meditationsraum geeignet, während der mittlere Raum über dem Wohnzimmer als Schlafzimmer des Ehepaares zur Verfügung steht.

# Kapitel 17

# Lebende Bäume für lebendige Räume

## Holzbau in der Tradition des Vastu

Neben den allgemeinen Vastu-Eigenschaften wie der Orientierung, der Aufteilung und den Proportionen des Hauses ist das Baumaterial für die Qualität der Räume von entscheidender Bedeutung. Lebendige Räume entstehen nur dann, wenn das Haus selbst lebt. Holz ist ein lebendiger Baustoff, der die Kraft der Bäume in sich trägt und über Jahrhunderte halten kann, wenn es richtig geerntet und verarbeitet wird.

In der vedischen Bautradition wurde neben Naturstein und Lehm vor allem Holz als Baumaterial verwendet. Insbesondere für Wohnhäuser war Holz der beliebteste Baustoff.

Da die Qualitäten der verschiedenen Holzarten so vielfältig sind wie die Baumarten in der Natur selbst, lässt sich die Raumqualität, den Prinzipien des Vastu entsprechend, durch die Auswahl des geeigneten Holzes den Ansprüchen und Bedürfnissen der Bewohner individuell anpassen.

Holz ist daher der ideale Baustoff, um ein Vastu-Haus zu errichten. Im Rahmen von Vastu sind insbesondere die folgenden Aspekte von Bedeutung:

- Die natürlichen Zyklen der Bäume unter dem Einfluss von Mond und Natur.
- Das Holz lebt als Baustoff weiter und besitzt auch in dieser Phase seine eigenen Zyklen.
- Holz unterschiedlicher Baumarten beeinflusst die Raumqualität und kann auf diese Weise die Vastu-Eigenschaften bestimmter Raumfunktionen unterstützen.
- Holz besitzt schützende Eigenschaften gegen elektromagnetische Strahlung, Radioaktivität, geopathogene Strahlung usw.

Dieser Abschnitt ist in Zusammenarbeit des Autors mit Erwin Thoma entstanden. Die obige Abbildung zeigt beide im Forschungszentrum Goldegg bei der Arbeit am Vasati-Baumkreis.

Das Wissen um diese Zusammenhänge und dessen Umsetzung beim Bau eines Hauses war den Menschen aller Kulturen schon vor Jahrhunderten und Jahrtausenden bekannt. Es stellt ein wichtiges Bindeglied zwischen Vastu und den europäischen Bautraditionen dar.

## Der Baustoff Holz in Vergangenheit und Gegenwart

Menschliches Handwerk und menschliches Bauen sind von Beginn an untrennbar mit Bäumen und ihren hölzernen Stämmen verbunden. Jahrtausende sind für uns Menschen eine lange Zeit – für die Natur ist es jedoch nur ein Augenblick, in dem ihre Naturgesetze unverrückbar bleiben. Verschiedene menschliche Kulturen und Generationen von Handwerkern auf allen Kontinenten mussten stets die gleichen Holzgesetze beachten, dieselben Geheimnisse lüften und technische Lösungen finden, um Eigenschaften des Naturmaterials Holz wie Dauerhaftigkeit und Formstabilität zu erhalten. Darüber hinaus haben sich Menschen immer mit den Energien, seelischen Qualitäten und Heilkräften befasst, die in Bäumen und ihren Hölzern ruhen und genutzt werden können.

Die Menschen haben mit ihren Bäumen einen langen Weg gemeinsam zurückgelegt – einen Weg mit Höhen und Tiefen, eine Zeit, in der Geheimnisse entdeckt und Traditionen gebildet wurden, in der Wissen entstand und wieder verloren ging.

Wer sich mit alten Holzverarbeitungstraditionen befasst, kann eine interessante Entdeckung machen: In praktisch allen wichtigen menschlichen Kulturepochen, die eine mehr oder weniger hoch entwickelte Holzverarbeitung kannten, gab es eine Reihe von Handwerksregeln und sensible Maßnahmen, die auf meist einfache Weise die Kräfte der Bäume erhielten und deren technische Eigenschaften verbesserten. Das Erstaunliche an diesen Regeln ist, dass sie sich in allen Kulturkreisen finden und so das Gleichbleiben der Naturgesetze widerspiegeln.

Zum Beispiel war die Holzernte zum richtigen Zeitpunkt (Mondphase) in der römischen Antike bei den Schiffsbaumeistern gleichermaßen bekannt wie in verschiedenen chinesischen Dynastien, in südamerikanischen Indianerhochkulturen, im europäischen Norden, über Nordrussland bis Sibirien reichend, in den Alpen und nicht zuletzt in der alten indischen Kultur. Verstöße gegen die richtige Holzerntezeit wurden mit drastischen Strafen geahndet. So wussten schon die Römer, dass sie die Lebensdauer ihrer Schiffsflotten auf diese Weise vervielfachen konnten. Holz, welches zum richtigen Zeitpunkt bei abnehmendem Mond im Winter geschlagen wird, weist, laut Überlieferungen des Geschichtsschreibers Plinius, eine höhere Resistenz gegen Bohrmuscheln auf als Holz, das im Sommer geschlagen wurde.

*Hier entsteht ohne den Einsatz giftiger Chemikalien ein modernes Einfamilienhaus aus Massivholz, das zum richtigen Zeitpunkt geschlagen wurde.*

Ähnlich wie für den Zeitpunkt der Holzernte gab es auch zu anderen qualitätsbestimmenden Maßnahmen wie dem Trocknen oder der Auswahl der Baumaterialien Erfahrungswerte, die von Generation zu Generation weitergegeben und erprobt wurden.

Erst im rasenden Wertewandel des 20. Jahrhunderts ging vieles verloren, um zur Jahrtausendwende wieder entdeckt und erforscht zu werden. Warum? Industrielle Lösungen offenbaren zunehmend ihre Kehrseiten, lassen die Menschen erkennen, dass zu viel von den kostbaren Kräften der Natur verloren geht. Holzschutzmittel, die die herrlichen Hölzer zu Sondermüll vergiften, verleimte Platten und Brettschichthölzer, die durch ihre ausgasenden Leime Allergien und andere Krankheiten auslösen, zeigen, wie wir mit Bäumen nicht umgehen sollten.

Deshalb: Die Schaffung lebendiger Räume ist immer gleichbedeutend mit der Erhaltung der Kraft lebender Bäume.

Diese Aufgabe kann einfacher erreicht werden, als es auf den ersten Blick aussehen mag: Wer die nachstehend beschriebenen Maßnahmen einhält, kann von seinem Holz im Haus ein Vielfaches an Kräften, geistig-seelischen Qualitäten sowie auch an technischen Vorzügen erwarten. Die Beachtung einfacher Naturgesetze führt Handwerker, Planer, Bauherren und alle, die mit Holz arbeiten, in neue Welten von Qualität, Lebensfreude, Gesundheit und Harmonie. Wann immer Sie mit Holz zu tun haben, achten Sie auf die kompromisslose Einhaltung der folgenden Punkte:

Um mit Holz lebendige Räume zu schaffen, muss man die lebendige Kraft der Bäume auch nach ihrer Ernte bewahren. Um hierbei ohne die das Leben in den Bäumen abtötende Chemie auszukommen, kann man auf altes Wissen in der Holzverarbeitung zurückgreifen.

1) Die Holzernte sollte in einer geeigneten Phase des abnehmenden Mondes im Winter geschehen.
2) Bei zusätzlich richtiger Trocknung und Auswahl reifer, ruhig gewachsener Bäume kann jeder technisch anspruchsvolle Zweck ohne giftige Chemie ausgeführt werden. Sogar mehrgeschossige Verglasungen (Wintergärten) können auf Massivholz montiert werden.
3) Wählen Sie die Baumart für den jeweiligen Wohnraum je nach Nutzung, Zweck und Lage des Raumes gezielt aus.
4) Die richtige Holzart wirkt auf die Kraft von Räumen wie ein lebender Katalysator oder im ungünstigen Fall wie ein Bremser (siehe Vasati-Baumkreis).

## Der Vasati-Baumkreis

Bäume sind wie Menschen. Jeder ist einzigartig, hat seine Talente und Fähigkeiten, besitzt besondere Stärken und Kräfte. Die Familie des Waldes kennt ein feines Netz von Beziehungen, Mitteilungsmöglichkeiten und Aufgabenteilungen. Das ist auch der Grund, warum Mischwälder, das ausgewogene Miteinander verschiedener Baumarten, die stabilsten, gesündesten und harmonischsten Wälder sind. Allein schon aus der Aufgabenteilung der Bäume in ihrer Waldfamilie ergeben sich für uns Menschen die besonderen Kräfte lebender Bäume, die, bewusst eingesetzt, lebendige Räume erzeugen. Die folgenden zwei Beispiele illustrieren dies:

*Die Birke:* Als Pionierbaum in der Waldentwicklung besiedelt sie unbekümmert junge, karge Böden, eilt luftig und leicht voraus. Kurzlebig und wendig überlässt sie den Wald ihren großen und mächtigen Brüdern, sobald ihr Laub nach einigen Generationen die ersten Humusschichten gebildet hat. Sie kann loslassen, ist beweglich und steht für Luft, Licht, Kreativität und Unbeschwertheit.

*Die Eiche:* Einen ganz anderen Pol bildet die Eiche. Mit ihren schweren Samen keimt sie am liebsten auf tiefen und nährstoffreichen Böden. Wurzeln und Erde prägen den ganzen Baum, eine der mächtigsten Waldgestalten und scheinbar unbezwingbar dem Sturm und allen Naturgewalten trotzend. Das für den Menschen beinahe unvorstellbare Alter von über tausend Jahren, das Eichen erreichen, verstärkt noch den Wert der Eiche als Symbol und Übermittler von Erdverbundenheit, Standfestigkeit, Kraft, Macht und Dauerhaftigkeit bis hin zum endlosen Festhalten.

*In dem Buch von Erwin Thoma »... und du begleitest mich« werden Holzqualitäten und naturgerechte Verarbeitungstechniken sehr detailliert beschrieben.*

Durch unbefangene Naturbetrachtung kann man die besonderen Qualitäten jeder Baumart erkennen. Die Vollkommenheit der Ordnung in der Natur zeigt sich auch darin, dass sich diese Baumeigenschaften harmonisch in andere Ordnungssysteme einfügen. Diese Übereinstimmung reicht von der Natur- und Volksheilkunde über die farbpsychologische Wirkung der Hölzer bis hin zum Vastu-Rad der acht Himmelsrichtungen. Letztere Zusammenfügung ist für die Planung und das Einrichten eines Hauses besonders nützlich, weil die Himmelsrichtungen die Qualität der Räume prägen.

*Naturbelassenes Holz und Lehm bilden eine lebendige Kombination. Diese Abbildung zeigt eine Holzwand, die mit Lehm verputzt wird.*

Die Verstärkung der Kraft lebendiger Räume durch das Holz lebender Bäume stellt sich im Vasati-Baumkreis dar.

Der Vasati-Baumkreis wurde bewusst ohne Anspruch auf Vollständigkeit erstellt. Er soll vielmehr zur eigenen Entdeckungsreise mit Bäumen anregen.

**Interpretation des Vasati-Baumkreises** | Das Himmelsrichtungsrad des Vastu ist ein einfaches und zugleich mächtiges Werkzeug zur Ordnung aller Energien und Phänomene der Welt in einem räumlichen und zeitlichen Zusammenhang.

Dem räumlichen Ordnungssystem der acht Himmelsrichtungen ist ein zeitliches Rad überlagert, das den Lebenszyklus des Menschen widerspiegelt. Hierbei verkörpert der Norden die Geburt, der Nordosten die Kindheit und der Osten den Beginn der Jugend. Der Südosten repräsentiert die reife Jugend, in der die Kraft der Sinne für Genuss und Lebensfreude am stärksten ist. Der Höhepunkt der Aktivität und der Ernst des Lebens im Erwachsenenalter des Menschen werden im Süden erreicht, der die Strenge des Lebens verkörpert. Der Aspekt des Todes, den der Süden auch symbolisiert, steht mit dem Höhepunkt des Lebens in engem Zusammenhang. Tatsächlich ist in den Zeiten des größten Genusses und der blühenden Freude der Tod in einer subtilen Form ständig gegenwärtig. Jeder Höhepunkt im Leben (insbesondere jeder sexuelle Höhepunkt) ist gleichzeitig ein kleiner Tod. Im Südwesten

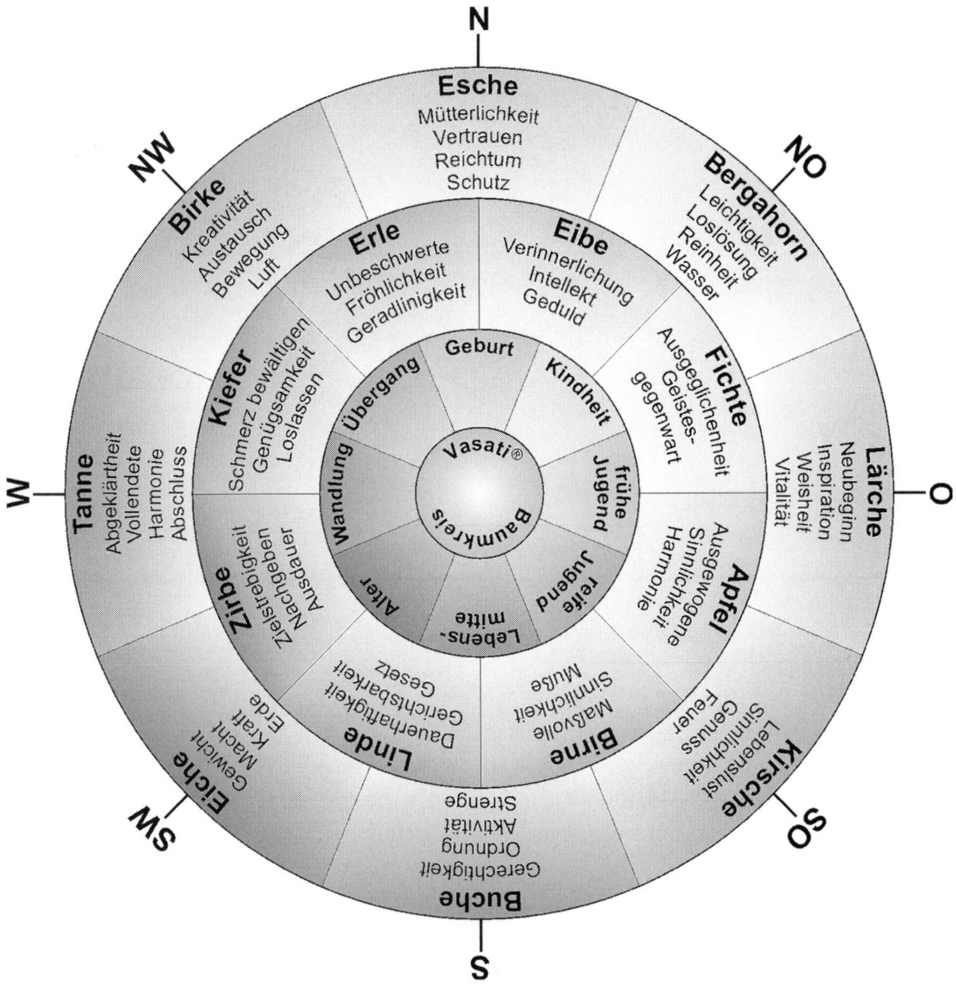


*Vasati-Baumkreis nach Schmieke und Thoma.*

schreitet der Mensch dem Alter entgegen, während sein Leben im Westen seinen Abschluss findet. Dort beginnt die im Nordwesten fortgesetzte Phase der Verwandlung, die auf eine neue Verkörperung mit der erneuten Wiedergeburt im Norden hinzielt. Im Norden schließt sich der Kreis des Lebens.

Unterteilt man jede einzelne Himmelsrichtung weiter, indem man zwischen je zwei Richtungen eine weitere Richtung einfügt, erhält man einen Kreis mit 16 Unterteilungen. Die zusätzlichen Richtungen werden als Ostnordost, Ostsüdost, Südsüdost, Südsüdwest, Westsüdwest, Westnordwest, Nordnordwest und Nordnordost bezeichnet. Ihre Qualitäten ergeben sich zumeist aus einer Verbindung oder dem Übergang zwischen den Qualitäten der benachbarten Himmelsrichtungen:

*Nordnordost:* Geduld, Intellekt, Organisation.
*Ostnordost:* Geistesgegenwart, Ausgeglichenheit.
*Ostsüdost:* Ausgewogene Sinnlichkeit, harmonische Lebensfreude.
*Südsüdost:* Genuss mit Maß und Ziel, Energie und Kraft, Gemütlichkeit.
*Südsüdwest:* Gesetz, Gericht, Ordnung, Macht.
*Westsüdwest:* Ausdauer.
*Westnordwest:* Bewältigung von Schmerz, Loslassen, Trost.
*Nordnordwest:* Unbeschwertheit, Freude, Erholung.

Die große Bedeutung des Nordens und Ostens wird aus dem folgenden Zitat aus dem Buch »Bäume helfen heilen« von Manfred Himmel deutlich: »Nach dem bioenergetischen Erklärungsmodell von Schauberger und Neumann umfließen die Erde zwei große Feinkraftstöme. Sie fluten von Norden nach Süden und von Osten nach Westen im unendlichen Kreislauf einer riesigen doppelten Acht. Zusammen mit den zugeordneten Plus- und Minusfeldern bilden sie das dynamische Gerüst des elektromagnetischen Biokraftfeldes unseres Planeten.«

*Der Fußboden vor diesem Kamin ist mit Kirschholzparkett ausgelegt, um den Aspekt der Lebensfreude, der Wärme und des Genusses zu unterstreichen. Der Stern vor dem Kamin ist eine Einlegearbeit mit dem Holz des Bergahorns.*

Den Eigenschaften der sich hieraus ergebenden 16 Himmelsrichtungen lassen sich entsprechende einheimische Bäume zuordnen. Die jeweiligen Bäume verkörpern die Qualität ihrer Himmelsrichtung im Wald, doch auch ihr Holz wirkt auf entsprechende Weise auf den Menschen, der es in angemessener Weise verarbeitet und verwendet.

Die einzelnen Bäume besitzen die folgenden Eigenschaften:

*Esche (Norden):* Die Esche ist ein mütterlicher Baum, der einen besonnenen Mittelweg verkörpert. Seine Eigenschaften sind wie die des Nordens leicht, kühl und von Ausgewogenheit, Phantasie und Beweglichkeit geprägt.

*Eibe (Nordnordost):* Die Eibe führt Menschen in ihr Inneres und repräsentiert gleichzeitig den Intellekt. Mit ihrem hohen Lebensalter steht sie auch für Geduld. Sie ist der traditionelle Friedhofsbaum, und man sagt von ihr, dass sie die Toten bewacht.

*Bergahorn (Nordosten):* Der Bergahorn verkörpert mit seinem hellen Holz wie der Nordosten Reinheit, Freiheit, Feinheit, Entrücktheit, Klarheit und klugen Überblick. Seine Eigenschaften sind selbstreinigend, jungfräulich, kühlend und denen des Bergkristalls sehr ähnlich.

*Fichte (Ostnordost):* Die Fichte verkörpert Ruhe, Ausgeglichenheit und Geistesgegenwart. Sie strebt ständig dem Licht der Sonne entgegen und repräsentiert auf diese Weise das Leben selbst. Als Mittler zwischen Erde und Himmel lässt sie die Kraft der Sonne in die Erde fließen und transportiert die Kräfte der Erde in Richtung Himmel.

*Lärche (Osten):* Die Lärche verkörpert Inspiration, die Kraft des Neubeginns, Vitalität und Sicherheit. Sie gilt als Universalist unter den Bäumen, der unkompliziert verschiedene Klimabereiche vom höchsten Bergwald bis zum warmen Weinklima besiedeln kann. Ihr Holz findet für vielfältige Zwecke Verwendung.

*Apfel (Ostsüdost):* Der Apfel verkörpert, im Gegensatz zur ungezügelten Lebensfreude des Südostens, die ausgewogene Sinnlichkeit. Er steht für ein ausgewogenes Verhältnis von Geben und Nehmen in der Liebe. Schon seine Form ist ein Sinnbild für Harmonie und Ausgeglichenheit.

*Links: Diese Massivholztür besteht aus Lärchenholz mit Einlagen von Apfelholz.*

*Rechts: Der Boden dieser Essecke wurde mit Eschenholz gefertigt, wodurch der wohnliche und familiäre Charakter des Essbereichs betont wird.*

*Kirsche (Südosten):* Der Kirschbaum verkörpert die unverstellte Lebensfreude und Sinnlichkeit. Genuss, Schönheit, Kunst und Versuchung sind Aspekte des Lebens, die der Kirschbaum und sein feuriges Holz stärker repräsentieren als jeder andere Baum.

*Birne (Südsüdost):* Der Birnbaum und sein Holz stehen für Genuss und Lebensfreude mit Maß und Ziel. Gemütlichkeit gepaart mit Energie und Kraft sind seine Charakteristika. Von den drei sinnlichen Baumarten Apfel, Kirsche und Birne ist der Birnbaum am schwersten und am stärksten dem Prinzip von Ordnung und Maß unterworfen.

*Buche (Süden):* Die Buche verkörpert Aktivität, Ordnung und Gerechtigkeit. Die ordnende Wirkung der Buche kann bei übertriebenem Umgang leicht in Strenge umschlagen. Beim richtigen, das heißt toleranten Umgang geht von der Buche und ihrem Holz kräftigende Anregung aus. Daher unterstützt sie Räume der Aktivität.

*Linde (Südsüdwest):* Der Lindenbaum verkörpert das Gericht, das Gesetz und die Gerechtigkeit. Er gilt als der tausendjährige Baum und steht daher auch für Dauerhaftigkeit und Standhaftigkeit. Unter Lindenbäumen wurde früher häufig Recht gesprochen, zum Tode Verurteilte hängte man in der Regel an Lindenbäumen auf.

*Eiche (Südwesten):* Die Eiche wurde schon im vorigen Abschnitt ausführlich beschrieben. Ihre Eigenschaften entsprechen ganz genau denen des Südwestens.

*Zirbe/Arve (Westsüdwest):* Die Zirbe, auch Arve genannt, ist eine Meisterin der Anpassung an eine rauhe Umwelt. Sie steht für Ausdauer, da sie immer geduldig ihrem Ziel zustrebt, ohne Hast und ohne ihr Ziel aus den Augen zu verlieren. Im Gegensatz zum Südwesten steht sie auch für das kluge Nachgeben.

*Tanne (Westen):* Die Tanne steht für Abgeklärtheit, vollendete Harmonie und Abschluss. Ihre Gelassenheit und Beständigkeit gewinnt sie aus ihrem Abstand zum Stress des Alltags und aus ihrer Geduld. Ihre Würde macht sie zur Königin des Waldes.

*Kiefer (Westnordwest):* Die Kiefer hilft Schmerz zu bewältigen, loszulassen und spendet Trost. Sie ist ein Baum der Verwandlung, Genügsamkeit, Bescheidenheit und des stillen Glücks.

*Birke (Nordwesten):* Die Birke (siehe Seite 314) verkörpert auf vollkommene Weise die Energie des Nordwestens.

*Erle (Nordnordwest):* Die Erle gehört wie die Birke zu den Pionieren im Wald. Sie verkörpert Unbeschwertheit und Kreativität und erfüllt ihre Aufgaben in Einfachheit, Bescheidenheit und stiller Harmonie.

*Diese von Erwin Thoma entwickelte »pur-Holzwand« wird ganz ohne Leim und Metall hergestellt. Stattdessen werden lediglich die abgebildeten Holzdübel verwendet, um bis zu 40 Zentimeter dicke Holzwände kostengünstig herzustellen.*

Diese 16 Bäume können gezielt eingesetzt werden, um bestimmte Raumqualitäten zu verstärken oder abzuschwächen. Um den richtigen Einsatz der Bäume und ihrer Hölzer zu bestimmen, ist die Zuordnung zu den Himmelsrichtungen im Baumkreis sehr hilfreich. Hierbei gibt es drei verschiedene Möglichkeiten, einen bestimmten Baum beziehungsweise dessen Holz zu verwenden.

1) Man kann in einer bestimmten Himmelsrichtung das Holz des dieser Richtung zugeordneten Baumes verwenden, um die Qualität dieser Richtung zu stärken. Beispielsweise mag man in einem im Südwesten gelegenen Chefbüro Eiche benutzen, um den Einfluss des Chefs und seine Autorität zu stärken. Auf ähnliche Weise mag man ein Wohnzimmer im Norden mit dem Holz der dem Norden zugeordneten Esche gestalten, um seinen wohnlichen, beschützenden und familiären Charakter zu stärken. Der Einsatz des Bergahorns im Nordosten unterstützt dessen Reinheit und Entrücktheit.
2) Man kann jedoch auch die entgegengesetzte Wirkung erreichen, indem man bewusst darauf verzichtet, in einem bestimmten Raum das seiner Himmelsrichtung zugeordnete Holz zu verwenden, um seine von Natur her gegebene Qualität auszugleichen. So mag ein Chefzimmer im Südwesten bewusst mit Lärche gestaltet werden, um dort Flexibilität, Vitalität und inspirierende Einflüsse zu verstärken. Auch in einem Büro im Nordwesten mag man absichtlich auf leichte bewegliche Hölzer wie Birke, Erle und Kiefer verzichten, um dort mehr Stabilität und Dauerhaftigkeit zu fördern. Stattdessen mag man dort Buchenholz oder Eiche verwenden, um den wechselhaften Einfluss des Luftelements auszugleichen.
3) Eine dritte Möglichkeit des Einsatzes besteht darin, die Energien eines Raumes unabhängig von seiner jeweiligen Himmelsrichtung mit Hilfe des geeigneten Holzes zu beeinflussen. Beispielsweise mag ein Raum im Südosten, in dem anspruchsvolle intellektuelle Tätigkeiten ausgeführt werden sollen, mit dem Holz der Esche, des Bergahorns oder der Fichte ausgestattet werden, um dort den Einfluss des Feuerelements abzuschwächen und im Gegenzug die Qualitäten des Nordens (Esche), Nordostens (Bergahorn) oder Ostnordostens (Fichte) einzubringen, die genau solche Tätigkeiten fördern. Auf ähnliche Weise mag eine im Norden gelegene Küche mit dem feurigen Holz der Kirsche ausgestattet werden, um dort die Energie des Südostens zu stärken. Auch in einem im Südwesten fehlplatzierten Kinderzimmer mag mit Hilfe von Birkenholzmöbeln der Einfluss von Kreativität, Beweglichkeit und Entwicklung gefördert werden.

*Dieser Wintergarten wurde mit dem Holz der Esche gestaltet, um eine wohnliche, beschützende Atmosphäre zu schaffen.*

Um diese Zwecke zu erreichen, kann man die jeweiligen Bäume auf verschiedene Weise zum Einsatz bringen. Es ist möglich, den Fußboden des jeweiligen Raumes mit Holzdielen eines bestimmten Baumes oder dem entsprechenden Parkett auszulegen. Auch Decken oder Wände können mit Holz gestaltet werden. Ein dezenterer Einsatz des Holzes eines bestimmten Baumes besteht darin, Möbel aufzustellen, die daraus angefertigt sind. In all diesen Fällen sollte man auf eine natürliche, angemessene und chemiefreie Verarbeitung des Holzes achten.

Man kann die Qualität einer bestimmten Himmelsrichtung auch beeinflussen, indem man auf dem Grundstück in einer entsprechenden Entfernung zum Haus den jeweiligen Baum pflanzt, dessen Eigenschaften man in der betreffenden Richtung stärken möchte. Lebende Bäume besitzen sehr starke Kräfte und beeinflussen das Energiefeld eines Grundstücks wesentlich.

Die folgende Tabelle gibt Auskunft darüber, welches Holz in den einzelnen Räumen verwendet werden kann:

| **Raumfunktion** | **Holzart** | **Spezifizierung** |
|---|---|---|
| Kinderzimmer | Buche | Nimmt Strenge und wirkt ordnend |
| Kinderzimmer | Esche | Vermittelt Mütterlichkeit, Schutz und Geborgenheit |
| Kinderzimmer | Birke | Für Entwicklung der Kreativität |
| Kinderzimmer | Lärche, Fichte, Erle | |
| Studierzimmer | Birke, Bergahorn | |
| Studierzimmer | Tanne | Wand, Gebälk |
| Esszimmer | Esche | Boden |
| Esszimmer | Apfel | Möbel (edel) |
| Konferenzraum | Bergahorn | Tisch, sorgt für ausgeglichene Ergebnisse |
| Konferenzraum | Esche | Flexibilität |
| Büro | Buche | Ordnung, Organisation, Buchhaltung, gibt Energie |
| Büro | Fichte, Tanne | Kontrast durch Bestuhlung |
| Musikzimmer | Birne | Akzente |
| Musikzimmer | Bergahorn | Meditativ |
| Meditationsraum | Zirbe | Spiritualität |
| Meditationsraum | Lärche | |
| Meditationsraum | Bergahorn | Schafft Distanz zum Alltagsgeschehen |
| Eingangsbereich | Esche | Süden (mütterliche Wächterin, nimmt die Strenge und Hitze) |
| Eingangsbereich | Tanne, Lärche | Westen |
| Eingangsbereich | Eichentür | Norden (Wächter) |
| Eingangsbereich | Lärchentür | Osten (Offenheit) |

## Beispiele

In dem kleinen Bergdorf Goldegg, südlich von Salzburg gelegen, entstand im Sinne der geschilderten Möglichkeiten ein beispielhafter Holzbau. Die Firma Thoma, ein Betrieb, der durch seine Holzhäuser und Bauhölzer, die zum richtigen Zeitpunkt geschlagen wurden, bekannt geworden ist, errichtete ein eigenes Forschungs- und Ausstellungszentrum für Naturholzverarbeitung. Auf bemerkenswerte Weise ist es dabei gelungen, Naturrhythmen und alte Holzbautraditionen mit modernen Innovationen zu verbinden.

Bemerkenswerte technische Details sind beispielsweise die bis zu 50 Zentimeter dicken, reinen Holzwände ohne Leim und sogar ohne Metall. Alten Traditionen entsprechend, verbinden Hartholzdübel mehrere Bohlenlagen zu starken, massiven Wandverbänden aus purem Holz, den sogenannten »pur-Holzwänden«. Die wuchtige Masse des einstofflichen Aufbaus bringt Spitzenwerte bei Speicherung, Wärme- und Schalldämpfung und benötigt keine Kunststofffolien als Dampfbremse, keine Leimschichten, die ausgasen können. Unbehandelte Hölzer bewahren die positiven Kräfte der Bäume und strahlen diese ins Haus ab, und das zu einem Preis, der mit demjenigen eines Ziegelbaus vergleichbar ist. Die »pur-Holzwände« werden aus Holz, das zum richtigen Zeitpunkt geschlagen wurde, rationell vorgefertigt, sodass der Rohbau für ein Einfamilienhaus innerhalb von ein bis zwei Tagen aufgestellt werden kann.

Über diese Entwicklung hinaus ist das Zentrum eine Fundgrube technischer Holzinnovationen, die einen möglichen Weg aufzeigen, auf dem ganz normale Bauherren ohne Mehrkosten den Weg mit der Natur, ihren Harmonien und gesunden Materialien gehen können. Wartungsfreie Holzfenster, mehrgeschossige Wintergartenverglasungen auf Massivholz und bis zu 24 Zentimeter breite, unverleimte Vollholzböden sind nur einige Beispiele dafür. Eine sich selbst tragende Wendeltreppe, deren Stufen nur aus Holz, Quark (Kasein) und Kalk gebaut sind, führt den Besucher in eine Welt, die alle Sinne berührt.

Dieses Konzept einer kompromisslos natürlichen und gesunden Holzbauweise, die auch in unserer heutigen Zeit möglich und finanzierbar ist, erlebt durch den bewussten Einsatz der Qualitäten bestimmter Holzarten, verbunden mit der Berücksichtigung der Himmelsrichtungsqualitäten, seine Vollendung.

*Das im Text beschriebene Forschungszentrum in Goldegg, in dem alle die in diesem Kapitel beschriebenen Prinzipien zur Anwendung kamen.*

*Diese selbst tragende Massivholztreppe wurde ohne Metall hergestellt und nur mit Quark und Kalk (Kaseinleim) behandelt.*

*In diesem Stuhlkreis besteht jede Sitzgelegenheit aus dem Holz eines anderen Baumes. Es ist interessant zu beobachten, wer sich hier auf welchen Stuhl setzt.*

Es ist kein Zufall, dass Schreibtische und Büromöbel von organisatorisch tätigen Mitarbeitern aus dem Holz der ordnenden Buche gefertigt sind. Ziel der Forschungsarbeit im Haus sind Produktentwicklungen, die durch den natürlichen Umgang mit Holz für Kunden und Bewohner in Lebensfreude, Genuss und Sinnlichkeit münden. Um diese Wirkung zu verstärken, wurde die Galerie oberhalb des Zentrums im Ausstellungsraum mit leuchtenden Fußbodendielen vom sinnlichen Kirschbaum belegt. Das Büro der Geschäftsleitung liegt im Südwesten am Ort von Kraft und Gewicht, wo es Bedeutung und Einfluss erhält. Bewusst wurde auf den Einsatz der dem Südwesten zugeordneten Eiche verzichtet, um ein Übergewicht an Macht, das in Starrheit münden könnte, zu vermeiden. Die flexible, weltoffene Lärche und die ausdauernde Zirbelkiefer (auch Arve genannt) ergänzen hier die südwestlichen Qualitäten.

Das Besprechungszimmer wurde, im Sinne von ausgewogenen Ergebnissen, in einer entspannten Atmosphäre mit dem reinen, ruhigen, weißen Bergahorn gestaltet und in den »intellektuellen« und »kommunikationsfreudigen« Norden gelegt.

Die Wanderung durch das Haus gleicht einer wahren Entdeckungsreise in die Schatztruhe heimischer Wälder. Spätestens im Vortrags- und Seminarraum im dritten Stock unter dem Pyramidendach kommt jeder Besucher zu seinem ganz persönlichen Sympathiebaum. Dort sind die Stühle abwechselnd aus über 15 heimischen Holzarten gefertigt. Die vitale Kraft eines gesunden Mischwaldes offenbart sich vor den Augen des Betrachters.

Es gibt viele Möglichkeiten, mit diesen Kräften lebendige Räume zu gestalten. Vom einfachen Möbelstück über Fußböden, Wände und Decken bis zum Holzhaus gibt es zahlreiche Begegnungen mit Bäumen und Hölzern. Gleichgültig, mit welchen Mitteln und von welchem Ort man startet, eine Reise zur Natur trägt in jedem Fall reiche Früchte.

# Kapitel 18

# Lehm – der sanfte Baustoff mit vielen Qualitäten

Dieses Kapitel entstand in Zusammenarbeit zwischen dem Autor und dem Architekten Michael Nothelfer, der seit Jahren im In- und Ausland eine Vielzahl von Projekten mit Lehm und anderen Naturbaustoffen geplant und realisiert hat.

Auf die enge Beziehung zwischen den beiden Naturbaustoffen Holz und Lehm wurde bereits mehrfach hingewiesen. Dieses Kapitel beschäftigt sich nun detaillierter mit dem Baustoff Lehm und der Umsetzung der Vastu-Prinzipien mit Hilfe von Lehm und Holz. Es soll Anstoß sein und Mut machen, sich wieder mehr dem gesunden und natürlichen Bauen zuzuwenden. Natürliches Bauen ist die Kunst, ein Haus so in natürliche Kreisläufe einzubinden, dass es dem Menschen einerseits Schutz bietet, dass ihm andererseits aber das gesamte Geschehen auf unserer Mutter Erde spürbar erhalten bleibt.

Dabei geht es nicht darum, der Moderne den Rücken zuzuwenden, vielmehr soll versucht werden, alte, gute Erfahrungen beim Bauen mit Naturprodukten aufzunehmen und diese Erkenntnisse in Bezug auf heutige Anforderungen so gut wie möglich einzusetzen. Erst die Verbindung dieser Erfahrungen mit dem Wissen des Vastu kann das Haus in eine Art »dritte Haut« verwandeln, die Menschen, Tieren und Pflanzen gleichermaßen Gesundheit, Wohlbefinden und Geborgenheit schenkt.

Ziel ist es, unter Verwendung von Naturbaustoffen und unter Berücksichtigung der energetischen Prinzipien des Vastu eine sonnen- und lichtdurchflutete, selbstständig klimatisierende, atmende, luftreinigende und allgemein belastungsfreie Haushülle zu schaffen.

*Fachwerkgebälk mit Lehmbewurf und Montagehölzern für die davor gesetzte Wand.*

## Lehmbaugeschichte – das Bauen unserer Vorfahren

Die frühesten Lehmbaumeister waren die Schwalben. An störungsfreien Plätzen klebten sie ihre aus Lehm und Speichel gebauten Nester einfach an Felswände, Bäume und später auch an Hauswände. Das Faszinierende ist, dass diese Zugvögel bei ihrer Rückkehr aus dem Süden sicher zu ihren alten Nestern zurückfinden, sie reinigen und gegebenenfalls reparieren. Die Nester sind so bis zu 40 Jahre in Gebrauch und geben unzähligen Nachkommen Schutz und Geborgenheit. Hat der Mensch tatsächlich von diesen Tieren gelernt? Eher nicht, wenn man bedenkt, dass Schwalbennester aus Lehm nicht mehr allzu häufig zu finden sind, da die Vögel auf Grund der Asphaltierung unserer Straßen kaum noch Lehm als Baumaterial zur Verfügung haben.

Die Menschen verwenden Lehm schon seit Urzeiten als Baustoff. Ohne aufwändige Technologie und hohen Energieaufwand hat er die Kreativität der Menschen seit jeher inspiriert. Regionale Grenzen gibt es nicht. Ob bei den Puebloindianern Nordamerikas, den Inkas in Südamerika, in Afrika, im Orient oder in Asien – Lehmbauten finden sich weltweit und dies in einzigartiger Vielfalt: In Hadramaut (Südjemen) wurden bis zu zwölfgeschossige Hochhäuser in Stampflehmtechnik erbaut. Diese Technik, »Pisé«-Bauart genannt, wurde auch in Deutschland noch bis nach dem Zweiten Weltkrieg praktiziert. So befindet sich in Marburg ein siebengeschossiges, 150 Jahre altes Lehmwohnhaus, das nach wie vor bewohnt wird und in dem sich die Menschen sehr wohl fühlen. Auch das Ziegelgewölbe im Tempel Ramses II. in Ägypten, erbaut vor 3000 Jahren, spricht für die Haltbarkeit des Lehms.

Auf dieselbe Art und Weise wurden auch in China Wohnhäuser errichtet. Die

Menschen glaubten so sehr an diesen Baustoff, dass sie ihm sogar ihre Sicherheit anvertrauten. Die berühmte chinesische Mauer, die über viele Jahrhunderte hinweg das Land vor dem Ansturm der Mongolen schützte, bestand zu großen Teilen aus Lehmziegeln. Die biblischen Städte Jericho und Babylon allerdings konnte nicht einmal die Lehmbauweise vor dem Untergang bewahren … In Oberitalien und im deutschen Bodenseeraum fand man im Seegrundschlick Pfahlbauhausreste, die auf steinzeitliche Frühsiedlungen hinweisen und 12 000 Jahre und älter sind. Man hat sie rekonstruiert und neu aufgebaut: Pfähle wurden im Uferbereich in den Boden gerammt, Rundholzroste mit wilden Weinranken auf Querhölzer eingebunden, ebenso Wand- und Dachtraghölzer. Alle Stütz- und Palisadenhölzer wurden im Ufergrund wie Bäume eingepflanzt, wodurch im Haus keine Holzträger zur statischen Stabilisierung nötig waren. Auf den Böden (Rundholzrost) wurde eine rund 5 Zentimeter starke Lehmschicht eingestampft. Die Wände, mit einem zusätzlichen Flechtwerk versehen, wurden mit einer Lehm-Grasfaser-Mischung beworfen und von Hand glatt gestrichen. Anschließend wurde ein Lehmputz aufgebracht, der mit Tierhaaren und Dung versetzt war. Dies garantierte bessere Haltbarkeit. Meist erfolgte noch eine Bemalung mit Erdpigmentfarben.

Dies war die Geburtsstunde der mitteleuropäischen Fachwerk-Baukultur. Hierbei wurden gezapfte beziehungsweise überplattete Hölzer zusammengefügt und mit Eichennägeln zusammengehalten. Die so entstandenen Gefache, mit handgebeilten Nuten im Innenbereich, wurden senkrecht mit Eichenstaken und waagrecht mit frischen Weidenruten ausgeflochten und anschließend mit einer Strohhäcksel-Lehm-Mischung ausgeworfen und glatt gestrichen. Nach dem Trocknen überzog man die Lehmoberfläche mit frisch abgelöschtem Kalk, rund 1 Millimeter stark. Anschließend wurde dreimal mit Sumpfkalkfarbe gestrichen. So erhielt man eine feste und elastische Oberfläche, die wasserdicht und gleichzeitig doch dampfdiffusionsoffen war. Diese Fachwerkhäuser, die ältesten weit über 1000 Jahre alt, sind bewohnte Zeitzeugen. Noch heute leben rund 75 Prozent der Weltbevölkerung in Lehmbauten.

*Alte Fachwerkhäuser sind die bewohnten Beweise für die Dauerhaftigkeit der Kombination Holz und Lehm.*

*Ein verputztes Lehm-Holz-Fachwerk.*

**Was ist Lehm?** | Lehm ist ein Zerfallsprodukt der Gebirge (aller Gesteinsarten), die über Jahrmillionen hinweg durch Regen, Eis, Frost, Wind und Wasser abgetragen wurden. Über Urstromtäler verteilte sich der im Wasser gelöste Lehm auf der ganzen Erde und lagerte sich ab. Die gröberen Sande mit 12 bis 17 Prozent Feinanteilen werden als Lehm, die Feinanteile selbst als Ton bezeichnet. Je nach den in ihm gelösten Mineralien erhält der Lehm seine unterschiedlichen Färbungen.

**Die Eigenschaften des Lehms** | Lehm ist fast überall verfügbar, er lässt sich energiearm gewinnen und verarbeiten und ist unendlich oft wiederverwendbar. Seine klimaregulierenden Fähigkeiten (wärmespendend im Winter, kühlend im Sommer, temperaturunabhängige Feuchtigkeitsregulierung), die ursprüngliche Schadstoffreinheit, sein Vermögen, Schadstoffe aus der Luft aufzunehmen und zu binden, und die Fähigkeit, sich mit Sauerstoff anzureichern, machen ihn zu einem idealen Baustoff. Er schafft eine behagliche Wohnatmosphäre und übt darüber hinaus eine heilende und lindernde Wirkung auf bestimmte Krankheitsbilder aus (beispielsweise Asthma, Rheuma und Allergien).

**Die Energetik des Lehms** | Die Entstehungsgeschichte des Lehms zeigt zwei Extreme: hohe Energieeinwirkungen einerseits und lange Ruhezeiten andererseits. Alle Stadien der vier Elemente – Feuer (Auffaltung der Gebirge), Luft (Erosion der Gesteine), Wasser (Abtransport des Lehms) und Erde (Sedimentierung) – wurden durchlaufen. Energie geht nicht verloren, sie wird lediglich umgesetzt. Daher steckt Lehm voller Energie und strahlt doch auch Sanftheit und Ruhe aus. Um die Energie des Lehms in Einklang mit den Prinzipien des Vastu optimal zu nutzen, sollte man bei der Kombination mit anderen Materialien darauf achten, dass sich deren Schwingungen nicht gegenseitig blockieren, sondern ergänzen. Die Materialien sollten eine energetische Symbiose eingehen, also geben und empfangen. Als pragmatisches Beispiel dient die Verbindung von Lehm und Holz: Lehm entzieht dem Holz Feuchtigkeit und schützt es so vor Schimmelbildung. Gleichzeitig ist er für das Holz eine gute Imprägnierung gegen Ungezieferbefall. Holz wiederum gibt dem Lehm die nötige statische Festigkeit. Diese kann man beim Lehm auch erzielen, indem man ihn brennt. Dann aber werden seine wertvollen Eigenschaften gemindert oder sogar zerstört.

*In diesem Schlafzimmer schafft die Kombination von Lehm (Wand) und Holz (Fußboden) eine gemütliche Atmosphäre.*

**Verarbeitungstechniken** | Lehm lässt sich in unzähligen Variationen verarbeiten. Althergebrachte Techniken des Lehmbaus sind Volllehmstampfwände, Wellertechnik, Lehmsteinbau und Lehmbewurf auf Flechtwerke. Es entwickelten sich nach und nach neue Techniken: Leichtlehmstampfwände mit unterschiedlichen Beimengungen (Holzhackschnitzel, Stroh, Heuhäcksel), Leichtlehmsteine mit organischen und anorganischen Materialien, Lehmvollsteine mit unterschiedlichen Lochanteilen, die man vermauern oder verkleben kann. Lehmspritz-, Lehmschleuder- und Lehmputztechniken (Handauftrag) runden das ganze Bild ab und bieten überdies vielfältige Möglichkeiten.

Normale sowie bereits vorgefertigte Lehmputze sind auch mit konventionellen Putzmaschinen verarbeitbar, wobei alle vorstellbaren Oberflächenstrukturen möglich sind. Neuentwicklungen dehnen den Einsatzbereich des Lehms weiter aus: Lehm wird mit natürlichen Zuschlagsstoffen und einem Minimum an Energieeinsatz so gebunden, dass sich seine positiven Eigenschaften nicht verändern, er jedoch druck- und wasserfest wird. Die so entstandene Produktpalette reicht vom Baukleber, Brandschutzmörtel über selbsttragende Wand-, Decken- und Estrichplatten bis hin zum Innen- und Außenwandputz, der auch im Wetterbereich beziehungsweise in Feuchträumen (Keller, Schiffe, U-Boote) eingesetzt werden kann. Genug Indizien sprechen dafür, wieder mit Lehm, der »atmenden Erde« zu bauen.

*Lehm und Holz in der Küche.*

**Praktische Ausführungskriterien für die Haushülle** | Will man die Vastu-Prinzipien mit Naturstoffen wie Holz und Lehm umsetzen, sind die folgenden praktischen Hinweise sehr nützlich:

*Kellerbereich/ Untergeschoss* | Beschränkung des Betons auf die Fundamente, erdberührende Bauteile hinterlüftet und aus gebrannten Steinen, Kalkputz, halbsteife Kokosfasermatten, senkrechte, zementgebundene Wellplatten.

*Außenwände* | Dampfdiffusionsoffene Wände (atmende Wände), die sowohl von innen als auch von außen funktionieren (wichtig wegen der Umkehrung der Verhältnisse vom Winter zum Sommer), Holzständerkonstruktion vor Ort oder Vorfertigungsausführung mit selbsttragender Lehmausfachung, Naturisolierung, zweilagiger Lehmputz, wetterseitig hinterlüftet, mit wasserfestem Lehmputz versehen, Innentrennwände mit Holzfachwerk, Lehmsteinausfachung mit Grund- und Feinputz versehen, vermehrt werden auch Farblehmputze eingesetzt, um einen Arbeitsgang zu sparen und die Atmungsaktivität nicht zu mindern.

*Boden gegen Erdreich* | Grobschotter, halbsteife Kokosfaser, Kalk-Sand-Holzhackschnitzelmischung, Endboden beispielsweise aus Holz- oder Parkettriemen auf Holzlager oder Kalkestrich, auf dem mit speziellem Lehmkleber unglasierte Fliesen oder Biberschwanzziegel verlegt werden.

*Decken und Dach* | Holzgebälk mit Einschubschalung, Lehmsteinen, Naturisolierung und Holzboden, es kann auf jegliche Dichtung und Dampfdiffusionssperren (Folien) verzichtet werden.

Schaut man sich im Umfeld des ökologischen Bauens um, erkennt man schnell, dass vieles fadenscheinig ist und der ganzheitliche Ansatz äußerst mangelhaft umgesetzt wird. Zum Beispiel sollte man annehmen, dass die Wärmeschutzverordnung das ökologische Bauen fördert. Das tut sie aber nur bedingt. Sie baut auf Wärmeleitsätzen auf und lässt das Hauptkriterium Wärmespeicherung gänzlich unberücksichtigt. Die Masse von Lehmwänden oder gebrannten Ziegelsteinwänden speichert Wärme und Energie und wirkt zusätzlich klimatisierend (Wand als natürlicher Wärmetauscher). Aber gerade da setzt die Wärmeschutzverordnung mit der Ausrichtung auf k-Werte an und fördert die Leichtbauweise mit hohem Einsatz von Dämmmaterialien. Die Schwächen dieser Materialien werden dann durch Technik (Be- und Entlüftungsanlagen) zu kompensieren versucht, wobei die wirklichen Bedürfnisse des Menschen und der Natur zu kurz kommen. Es ist ein großer Fehler, Energiesparen mit Ökologie gleichzusetzen. Energiesparen ist nur ein Teil der Ökologie.

*Nahezu schattenwurffreie Deckenauswölbung eines später so nicht mehr sichtbaren Unterzuges im Rohzustand.*

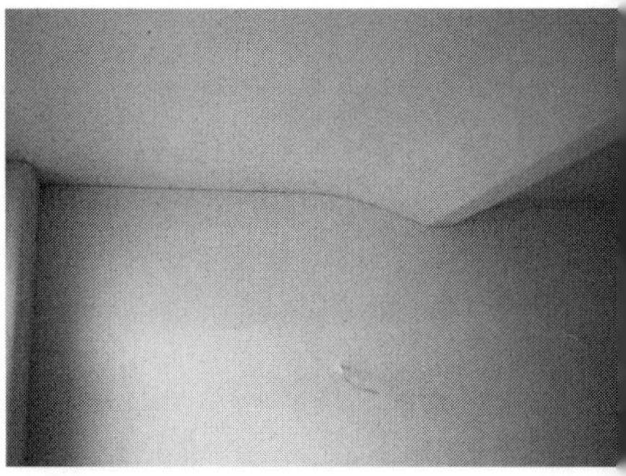

*Die gleiche Decke in fertig verputztem Zustand.*

## Hinweise für die Haustechnik (Elektro-, Sanitär- und Heizungsinstallation)

**Elektroinstallation** | Minimierung des Elektrosmogs durch sparsamste Leitungsführung, Steckdosen- und Lampenauslassanordnungen (Netzfreischalter), abgeschirmte Kabel oder Gleichstromnetz. Enorme Elektrosmogverstärker sind Metalle, beispielsweise Bänder, Stäbe oder Chromstaub in Form feinster Verteilung im Zement beziehungsweise Beton oder Stahlarmierung. Photovoltaik-Sonnenkollektoren, betrieben über Photosynthese, weisen einen sehr guten Kosten-Nutzen-Faktor auf, die heute überall eingesetzten, auf Siliziumbasis arbeitenden Sonnenkollektoren einen sehr schlechten.

**Sanitärinstallation** | Installationsschächte sind in der Hausplanung berücksichtigt, mit anderen Worten: Bäder und WC müssen übereinander liegen, kürzeste Leitungsführung für die aus nicht rostendem Metall oder aus Polyethylen bestehenden Be- und Entwässerungsleitungen, Einbau von geruchsfreien Humustoiletten mit Solarentlüftung und Wasserverbrauch von rund ½ Liter pro Spülung, Regenwassernutzung für Humustoilette, Waschmaschine und Garten, Binsen- oder Schilfrohrklärung für das fäkalienfreie Grauwasser.

**Heizungsinstallation** | Warmwasserheizung über Gasbrennwerttherme oder Holzpelletofen mittels Pufferspeicher, zusätzlich von Warmwasserkollektoren betrieben, Montage der sogar dem Sonnenverlauf folgenden Kollektoren nicht auf dem Hausdach, besser auf dem Carport (überdachter Abstellplatz für Autos) oder in wartungs- und reperaturfreundlicher Bodennähe.

Die Wärmeverteilung erfolgt über Fußleistenheizung oder in der Wand integrierten Heizschlangen. Somit wird eine horizontale Wärmeverteilung sichergestellt. Der Grundofen aus Lehm: minimalster Energieverbrauch, direkte Wärmeumsetzung in Speicherungs- und Strahlungsenergie. Er bietet zwar nicht die bequemste, aber die preiswerteste und umweltschonendste Verbrennung.

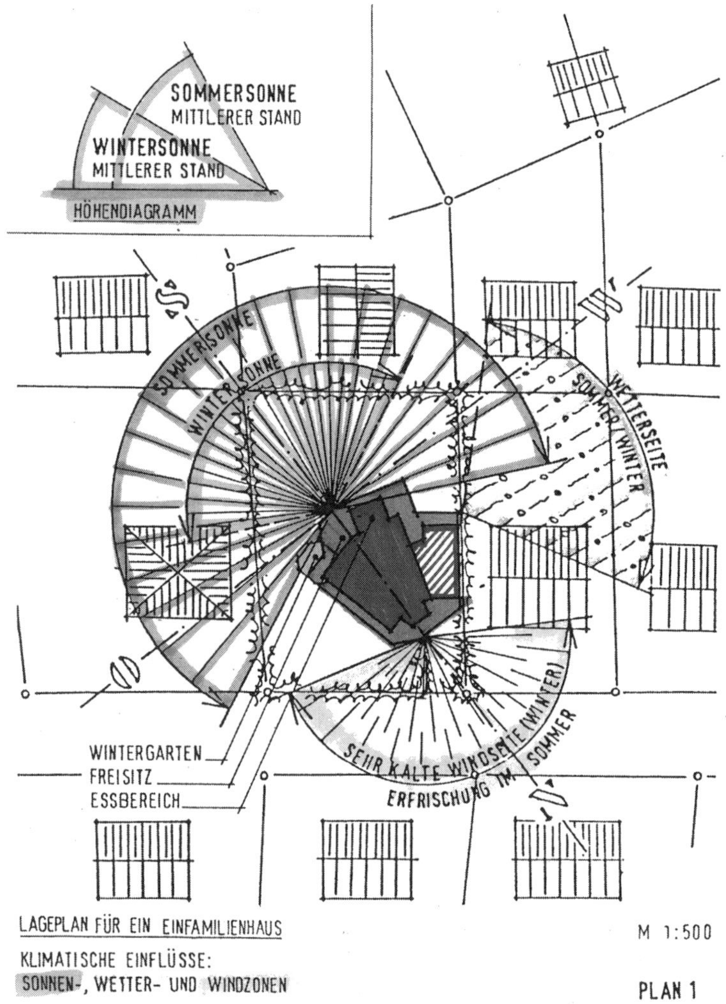


*Klimatische Einflüsse, Sonnen-, Wetter- und Windzonen.*

Die Besonnung und Beschattung wird durch konsequente Haus- und Firstausrichtung von Nord nach Süd reguliert. So zeigt die größte Hausfläche nach Süden. Der Grundriss verjüngt sich nach Süden durch Rücksprünge, nach West und Ost ausgerichtete Zimmer erhalten zusätzlich Südsonne. Geschickt angeschnittene Dachvor- und -rücksprünge sowie Balkone sperren die hochstehende Sommersonne von Mai bis September aus. Zur Beschattung gehören richtig ausgerichtete laubabwerfende Bäume, die jedoch der tiefstehenden Wintersonne vollen Einlass bieten und somit die größtmöglichen Wandflächen beziehungsweise hinter den Fenster- und Glasflächen die Räume aufheizen.

Natürlich bieten die vorher aufgeführten Kriterien auch optimale Lichtausbeute. Im Winter reduziert sich die natürliche Lichtausbeute auf 50 Prozent. In diesem Zusammenhang müssen die veredelten Wärme-Isoliergläser (Oberflächen metallbedampft, spezielle Gasfüllungen) kritisch betrachtet werden. Man erzielt zwar phantastische k-Werte (Wärmedurchlassungswiderstandswert), dies bedeutet jedoch Lichteinbußen von bis zu 30 Prozent, außerdem werden im Nanometerbereich Teile des Lichtspektrums ausgespart. Es wurde in der Zwischenzeit festgestellt, dass hinter solchen Fensterscheiben die Pflanzen verkümmern oder gar eingehen.

Eine natürliche Klimaregulierung lässt sich am besten durch thermische Luftzirkulation erreichen, die durch Fenster-, Türen- und Raumanordnungen gewährleistet wird. An höchster Stelle wird ein zu öffnendes Nordoberlichtfenster angebracht, welches keine dunklen, luftlosen Dielen und Flure zulässt.

Unabdingbar ist die klimaregulierende, luftreinigende, stark schallmindernde Eigenschaft des Lehms. Der Lehm ist nicht nur in den Außen- und Innenwänden, sondern auch im Decken- und Dachbereich zu finden, wo er die Feuchtigkeits-, Wärme- und Kälteregulierung übernimmt. Eine preiswertere, wartungsfreiere Klimaanlage, die zudem keinerlei Energie verbraucht, wird man auch in Zukunft vergeblich suchen. Die Ionisation der Luft wird dabei nicht zerstört.

*Ein Sonnenhaus aus Lehm und Holz mit Terrasse und Balkon im Südwesten. Die unbehandelte Lärchenholzschalung hat eine Lebensdauer von über 130 Jahren.*

### Ein Sonnenhaus mit Vastu-Einflüssen |

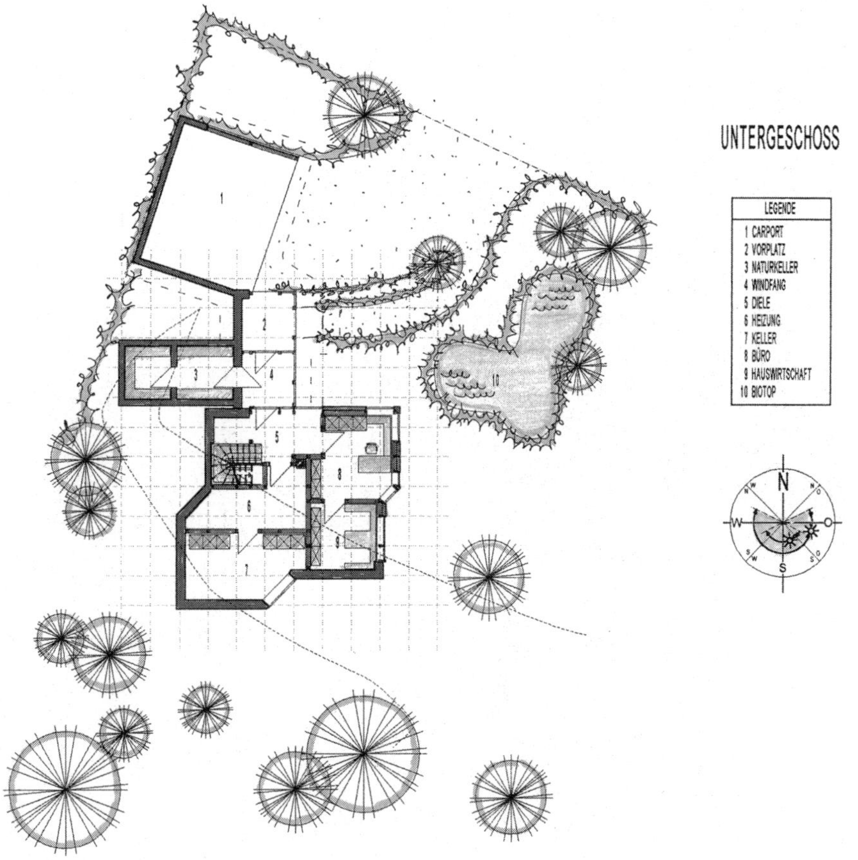


*Grundriss des Untergeschosses.*

Das hier abgebildete Haus wurde von Michael Nothelfer unter Berücksichtigung einiger wichtiger Vastu-Prinzipien entworfen. Darüber hinaus war es sein Bestreben, das Haus auf solche Weise zu planen, dass jeder wichtige Raum auch im Winter Südsonne bekommt.

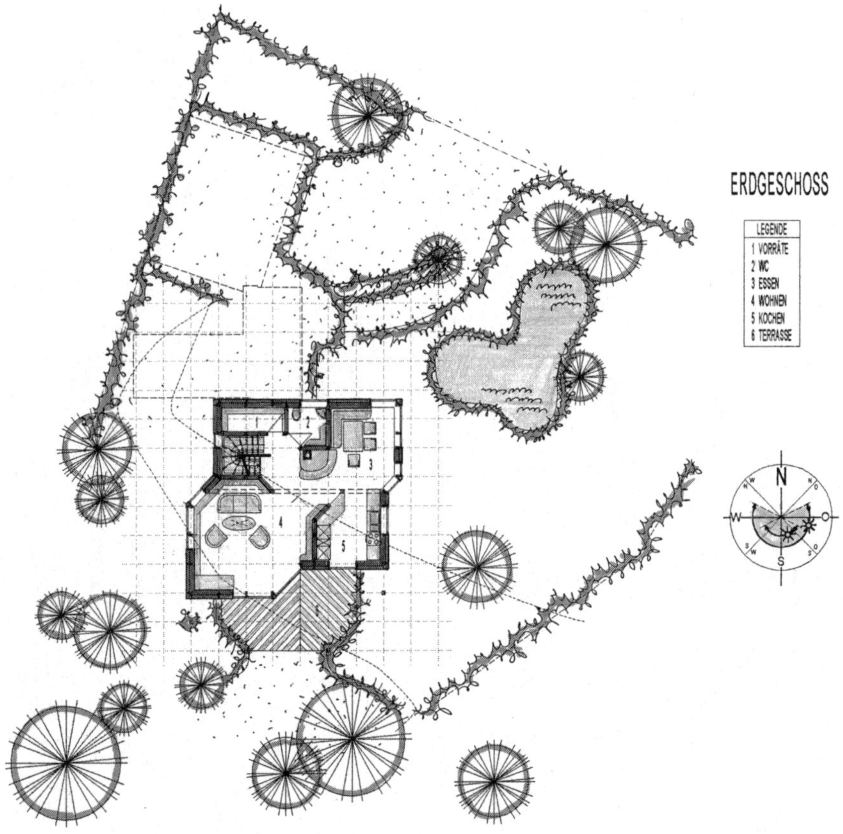


*Grundriss des Erdgeschosses.*

Die Form des Grundstücks ist unregelmäßig, doch durch die vastugerechte Planung des Hauses lässt sich dieser Umstand ausgleichen. Das Biotop auf dem Grundstück wurde so angelegt, dass es im Nordosten des Hauses seinen Platz hat und dort die positiven Energien verstärkt. Das Grundstück steigt in Richtung Süden an, sodass der Haupteingang im Norden des Hauses zu ebener Erde liegt, während der südliche Teil dieser Etage als Kellerraum genutzt wird. Das vastugerechte Gefälle des Grundstücks trägt wesentlich zur positiven energetischen Gesamtlage bei. In der Etage des Haupteingangs besitzt das Haus einen Carport (überdachter Abstellplatz) für zwei Autos im Nordwesten, dem Ort, der im Vastu zum Abstellen von Fahrzeugen empfohlen wird. Ein zweiräumiger Naturkeller im Nordwesten des Hauses bietet Platz zum Lagern von Lebensmitteln, die dort unter dem Einfluss des frischen Luftelements besonders gut aufgehoben sind.

Der Eingang führt in eine Diele, an die ein Büro im Nordosten des Untergeschosses angrenzt. Dieses ist nach Vastu sehr gut platziert und besitzt große Fensterflächen in Richtung Nordosten und Osten.

Der Hauswirtschaftsraum im Südosten des Untergeschosses steht unter dem Einfluss des Feuerelements, das dort den Einsatz elektrischer Geräte fördert. Die Waschmaschine sollte jedoch im Nordosten dieses Raumes aufgestellt werden, um nicht zu ungünstigen Wechselwirkungen zwischen Feuer und Wasser zu führen. Dieser Raum wäre der ideale Platz für die Heizung.

Der Südwesten des Untergeschosses ist ein Lagerraum, der möglichst voll gestellt werden sollte, um den dort befindlichen unterirdischen Hohlraum so gering wie möglich zu halten.

Das Erdgeschoss besitzt nördlich von der Treppe einen vastugerecht platzierten Vorratsraum im Nordwesten. Die Küche liegt auf der gegenüberliegenden Seite des Hauses im Südosten, doch der Weg über die freie Mitte des Hauses ist einfach und kurz. Im Nordosten befindet sich der Essbereich, der mit dem freien Zentrum (Brahmasthana) des Hauses verbunden ist. Mit der Mitte des Hauses sind auch das Wohnzimmer und die Küche offen verbunden, sodass Licht, Wärme und Luft in der ganzen Etage ohne Hindernisse verteilt werden. Nördlich vom Zentrum befindet sich ein zentraler Ofen, der auf diese Weise die gesamte Etage heizen kann.

Das Wohnzimmer im Südwesten des Hauses besitzt eine Erweiterung in Richtung Südwesten. Hierdurch entstehen zwei Fehlbereiche im Nordwesten und Südosten. Dieser Umstand ist aus der Sicht des Vastu gesehen problematisch, da Schwierigkeiten mit den Elementen Luft und Feuer zu erwarten sind. Große Fensterflächen befinden sich im Süden und Westen, um der Süd- und Abendsonne Einlass in den Wohnbereich zu gewähren, während der Südwesten selbst geschlossen ist. Diese Lösung ist ein Kompromiss zwischen der Forderung des Vastu, den südwestlichen, südlichen und westlichen Bereich geschlossen zu halten, und dem Bedürfnis nach Licht und Wärme. Dem geschlossenen Südwesten steht ein in Richtung Osten erweiterter Nordosten gegenüber, der mit großen Fensterflächen sowohl im Norden als auch im Osten geöffnet ist.

*Dieser Balkon schützt im Erdgeschoss vor der steil einfallenden Sommersonne, während die flache Wintersonne ins Haus scheinen kann (Aufnahme: Mitte Oktober).*

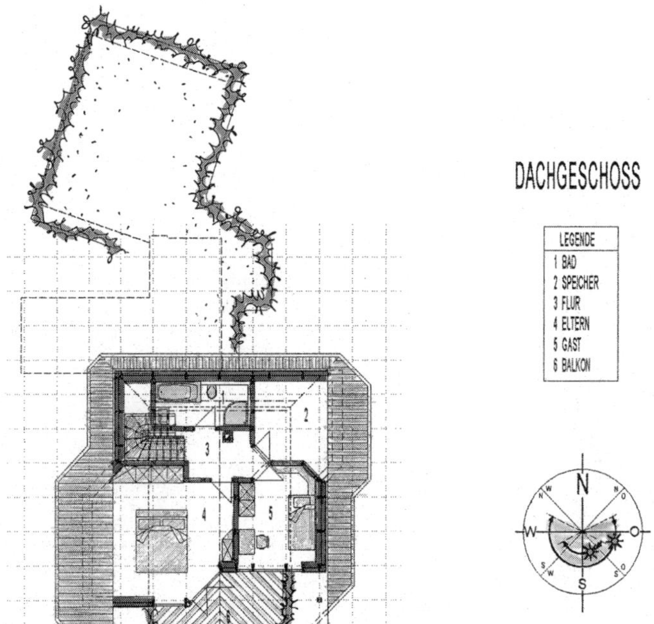


*Grundriss des Obergeschosses.*

Das Obergeschoss besitzt ein großes Elternschlafzimmer im Südwesten. Zwei weitere Räume im Südosten und Nordosten stehen für Kinderzimmer, Gästezimmer oder andere Zwecke zur Verfügung. Die Bäder wurden in den Norden des Hauses gelegt.

Insgesamt gesehen stellt dieses Haus einen Kompromiss zwischen den Vastu-Prinzipien und dem Bedürfnis nach Sonne, Licht und Wärme dar. Zwar sind nicht alle Forderungen des Vastu erfüllt, doch überwiegen die günstigen Eigenschaften, sodass im Haus eine positive Gesamtenergie zu erwarten ist.

*Ostansicht (offen zum Empfang der Morgensonne).*

*Südansicht (zur Sonne geöffnete Fassade).*

*Westansicht (zur Wetterseite geschützte Fassade).*

*Nordansicht (geschlossen und doch offen).*

Der vorliegende Grundriss ließe sich den Vastu-Prinzipien weiter annähern, indem die gemäß Vastu ungünstige Erweiterung im Südwesten ausgeglichen wird. Durch die Erweiterung im Südwesten und Nordosten wird in diesem Haus die Nordost-Südwest-Achse gegenüber der Südost-Nordwest-Achse stark hervorgehoben, sodass ein Ungleichgewicht zwischen den männlichen (Nordost-Südwest) und weiblichen (Südost-Nordwest) Energien entsteht. Dieser Umstand lässt sich ausgleichen, indem man die Süd- und Westseite zu einer geraden Linie macht. Dies erreicht man entweder durch eine Ergänzung der fehlenden Bereiche im Nordwesten und Südosten oder eine Verkürzung des Südwestens, je nach der maximal möglichen Quadratmeterzahl. Ergänzt man die fehlenden Bereiche im Nordwesten und Südosten, so gewinnt gleichzeitig das Zentrum (Brahmasthana) des Hauses an Raum, was zu einer weiteren Verbesserung des Energieflusses im Haus führt. Verzichtet man auf das Abschrägen der Wände im Wohnzimmer und in der Küche, so ergibt sich ein klassischer Grundriss mit sehr guten Vastu-Eigenschaften. Außerdem ergibt sich hierdurch die Möglichkeit, den im Norden fehlplatzierten Lehmofen an der nordwestlichen Außenecke der Küche zu bauen.

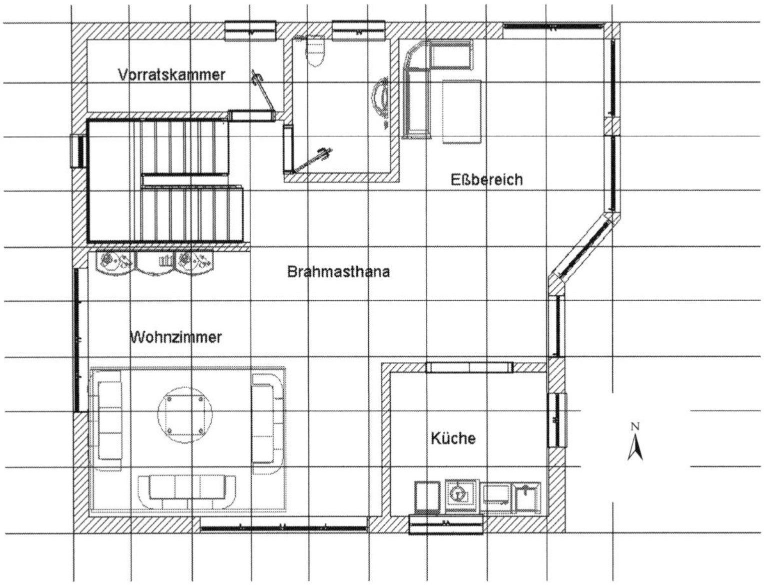


*Verbesserter Grundriss nach Vastu.*

Dem Grundriss wurde ein quadratisches 9 × 9-Gitter zu Grunde gelegt. Idealerweise sollte das Zentrum auch in den beiden anderen Stockwerken frei bleiben, sodass die vertikale und horizontale Bewegung der Energien nicht behindert wird.

## Anhang zu Kapitel 3

### Elemente des Vastupurusha-Mandalas

**Punkte und Linien** | Das Quadrat ist die Grundform des Vastupurusha-Mandalas. Seine beiden Hauptachsen heißen Vinyasasutras. Die West-Ost-Achse wird als Brahmasutra bezeichnet und die Nord-Süd-Achse als Yamasutra. Ihr Schnittpunkt ist der Mittelpunkt des Quadrates und nennt sich Brahmanabhi.

Die Begrenzungslinien des Mandalas heißen Paryantasutras, die Diagonalen werden als Karnasutras bezeichnet. Der Kreis, der dem äußeren Quadrat eingeschrieben werden kann, heißt Nagasutra. In den Kreis lässt sich ein weiteres Quadrat einschreiben, dessen Ecken in der Mitte der Seiten des großen Quadrates liegen. Seine Begrenzungslinien heißen Sulasutras.

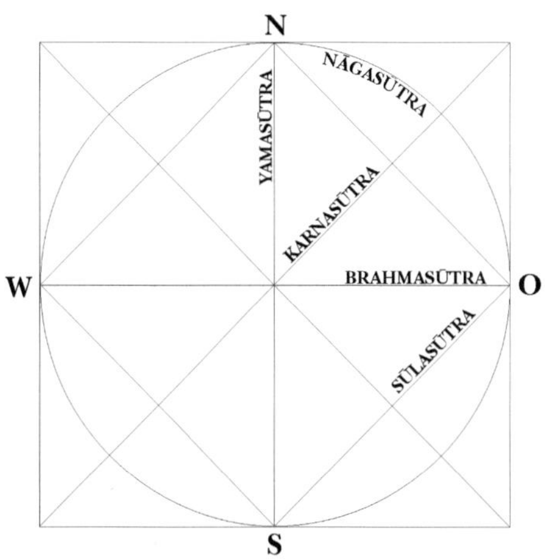


*Sutras im Vastupurusha-Mandala. Brahma-, Yama- und Karnasutra sind energetische Hauptachsen eines Grundstücks oder Hauses. Das Brahmasutra ist die Achse der Vitalität und Kraft, das Yamasutra die Achse des Lebens und des Todes (Gewinn-Verlust). Es gibt zwei Karnasutras: Die Nordost-Südwest-Diagonale ist die Achse der Stabilität, die Nordwest-Südost-Diagonale die Achse der Dynamik.*

**Zellen (Padas)** | Durch Linien parallel zu den Hauptachsen wird ein solches Quadrat in ein Gitter vieler Zellen aufgeteilt. Die einzelnen Zellen werden als Padas bezeichnet und bilden die grundlegende geometrische Flächeneinheit. Jedes Pada besitzt eine individuelle Qualität, die durch die räumlich differenzierte Wirkung der Naturkräfte bestimmt wird. Beispielsweise wirken in den unterschiedlichen Padas verschiedene Sterne und Gottheiten. Besonders erwähnt seien hier die planetaren Einflüsse der Nakshatras. Die Nakshatras sind 27 Sterne, die der Mond bei seiner Reise über den Sternenhimmel passiert. Ihre besondere Bedeutung für Vastu und Astrologie wird im Kapitel 11, Seite 198, über die astrologischen Grundeinflüsse detailliert dargelegt. Jeder Nakshatra beherrscht hierbei ein Pada der äußersten Reihe des Quadratgitters und bestimmt damit dessen Raumqualität. Die verbleibenden fünf Padas werden von Sternen beherrscht, die mit den Punkten der Sonnenwende verbunden sind. Auf ähnliche Weise bezieht sich der Einfluss der fünf Elemente, der Gottheiten des Vastu, der Sonne und des Mondes jeweils auf spezifische Padas.

**Kategorien von Mandalas** | Durch eine unterschiedliche Zahl von Unterteilungslinien entstehen Gitter mit verschiedener Anzahl von Zellen. Das einfachste Gitter besitzt keine Unterteilung und besteht nur aus einer quadratischen Zelle. Es heißt Sakala-Mandala und eignet sich als Grundlage eines einfachen Feueraltars oder Sitzplatzes.

Führt man je eine horizontale und eine vertikale Unterteilungslinie ein, so entsteht ein Mandala mit vier Padas (Pechaka-Mandala). Ebenso wie das 3 × 3-Mandala (Pitha-Mandala) eignet es sich als Grundmatrix von Sitzgelegenheiten (Asanas). Auf diese Weise lässt sich die Struktur des Raumes immer weiter verfeinern. Die maximale Gitterzellenzahl wird erreicht, wenn jede Seite in 32 Teile aufgeteilt wird, sodass das gesamte Mandala 1024 Padas umfasst.

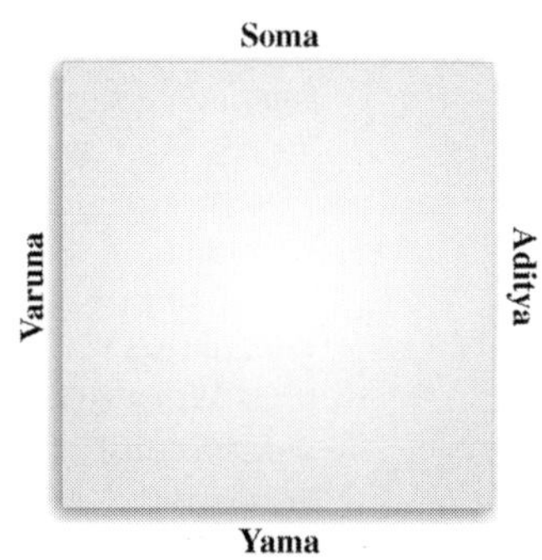


*Das Sakala-Mandala mit den Herrschern der vier Haupthimmelsrichtungen.*

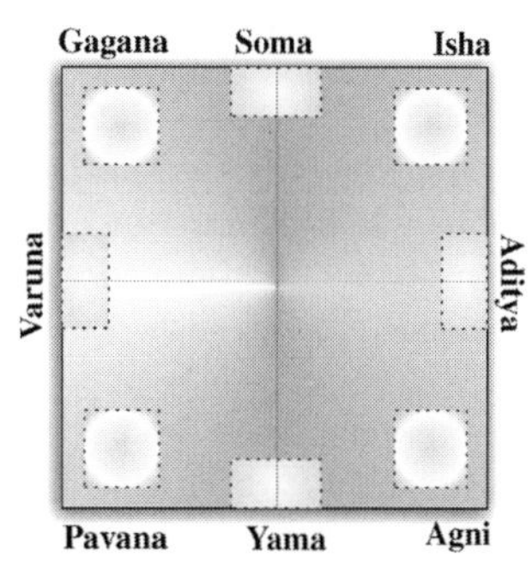


*Das Pechaka-Mandala mit den Herrschern der acht Himmelsrichtungen.*

Die folgende Auflistung (Seite 334) enthält neben der Anzahl der Gitterlinien der 32 verschiedenen Mandalas deren Sanskritnamen, die Anzahl der Zellen und ihren jeweiligen Gebrauch.

| Gruppe | Anzahl der Seiten-unterteilung | Name des Mandalas | Konfiguration | Anzahl der Zellen | Gebrauch |
|---|---|---|---|---|---|
| A | 1 | Sakala | 1×1 | 1 | Feueraltar |
| B | 2 | Pechaka | 2×2 | 4 | Sitze |
| | 3 | Pitha | 3×3 | 9 | Sitze |
| C | 4 | Mahapitha | 4×4 | 16 | Große Sitze |
| | 5 | Upapitha | 5×5 | 25 | Große Sitze |
| | 6 | Ugrapitha | 6×6 | 36 | Große Sitze |
| D | 7 | Sthandila | 7×7 | 49 | Pavillons |
| | 8 | Manduka | 8×8 | 64 | Tempel |
| | 9 | Paramashayika | 9×9 | 81 | Häuser |
| | 10 | Asana | 10×10 | 100 | Zeltsiedlung |
| | 11 | Sthaniya | 11×11 | 121 | Kleine Siedlungen |
| E | 12 | Deshiya | 12×12 | 144 | Tempelanlagen und Dörfer |
| | 13 | Ubhayacandita | 13×13 | 169 | Große Dörfer |
| | 14 | Bhadramahasana | 14×14 | 196 | Große Dörfer |
| | 15 | Padmagarbha | 15×15 | 225 | Große Dörfer |
| | 16 | Triyuta | 16×16 | 256 | Große Dörfer |
| | 17 | Vratabhoga | 17×17 | 289 | Große Dörfer |
| | 18 | Karnashtaka | 18×18 | 324 | Große Dörfer |
| | 19 | Ganitha | 19×19 | 361 | Große Dörfer |
| F | 20 | Suryavishalaka | 20×20 | 400 | Städte |
| | 21 | Susamhita | 21×21 | 441 | Städte |
| | 22 | Suptratikanta | 22×22 | 484 | Städte |
| | 23 | Vishala | 23×23 | 529 | Städte |
| | 24 | Vipragarbha | 24×24 | 576 | Städte |
| | 25 | Vishvesha | 25×25 | 625 | Städte |
| | 26 | Vipulabhoga | 26×26 | 676 | Städte |
| | 27 | Vipratikanta | 27×27 | 729 | Städte |
| | 28 | Vishalaksha | 28×28 | 784 | Städte |
| | 29 | Viprabhaktika | 29×29 | 841 | Städte |
| | 30 | Vishveshvara | 30×30 | 900 | Städte |
| | 31 | Ishvarakanta | 31×31 | 961 | Städte |
| | 32 | Indrakanta | 32×32 | 1024 | Städte |

All diese Mandalas entwickeln sich aus dem minimalen Feld des 0 × 0-Punktes heraus, der im Sanskrit als Bindu bezeichnet wird. Die Einteilung der Mandalas in Gruppen folgt der Ordnung der Fibonacci-Reihe 1, 2, 3, 5, 8, 13 und 21, wobei jede der einzelnen Gruppen spezifische Anwendungen hat.

Das Sakala-Mandala (*sakala* heißt im Sanskrit alles) kann jeden Raum umfassen – vom Mikro- bis zum Makrokosmos –, wird aber insbesondere, als Mandala des Feueraltars verwendet.

Der wesentliche Unterschied zwischen den beiden Mitgliedern der folgenden Gruppe besteht darin, dass das Pechaka-Mandala mit vier Zellen keine zentrale Zelle besitzt, während das Pitha-Mandala, das neun Zellen enthält, eine einzelne Zelle im Mittelpunkt hat. Sie bilden die beiden Prototypen gerad- und ungeradzahliger Gitter.

Die vierte Gruppe ist von großer Bedeutung für die Architektur, da sie die Mandalas enthält, die als Grundriss-Matrix für Gebäude verwendet werden. Sie dienen als Grundlage für Pavillons (*mandapa*), Häuser (*manushyalaya*) und Tempel (*devalaya*). Das 7 × 7-Gitter kann für kleine Gebäude wie Pavillons verwendet werden. Das Manduka-Mandala mit

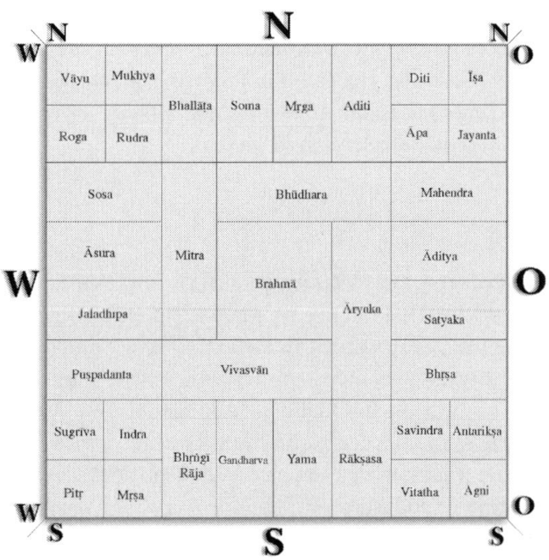


*Das Manduka-Mandala mit den Herrschern seiner 64 Padas.*

8 × 8-Gitterzellen dient zumeist als Grundlage für Tempel, während das Paramashayika-Mandala mit 9 × 9-Gitterzellen das geläufigste Mandala für Häuser ist. Das Asana-Mandala mit 10 × 10-Gitterzellen eignet sich für Zelt- oder Camping-Siedlungen, während das Sthaiya-Mandala mit 11 × 11-Zellen für kleine Siedlungen brauchbar ist.

Von den acht Mandalas der folgenden Gruppe eignen sich vor allem das 12 × 12 und das 19 × 19-Mandala für Dörfer und Städte. Die 13 Mandalas der sechsten Gruppe sind für sehr große Siedlungen wie Hauptstädte, Tempelstädte und wirtschaftliche Metropolen gedacht.

**Das Paramashyika-Mandala** | Das Paramashayika-Mandala mit 9 × 9-Gitterzellen wird auch als Vastupurusha-Mandala bezeichnet. Es ist das bedeutendste Mandala der vedischen und indischen Architektur. Unter den fünf Mandalas, die als Grundlage für Gebäude gedacht sind, nimmt es die zentrale Stellung ein. Die metaphysischen und harmonikalen Hintergründe dieses Mandalas und seine Beziehung zum Manduka-Mandala mit 8 × 8-Zellen werden im Kapitel 4 über Proportionen und Maße behandelt.

Das Vastupurusha-Mandala besitzt 81 Padas, deren Gesamtheit den kosmischen Raum repräsentiert. Die verschiedenen geometrisch begrenzten Bereiche des Mandalas entsprechen den unterschiedlichen Ebenen des Universums, die in der vedischen Kosmogonie beschrieben werden. Außerdem wird jede Gitterzelle von einer bestimmten Gottheit beherrscht. Die Zuordnung der Gottheiten zu den einzelnen Padas variiert zwangsläufig je nach Mandala-Gruppe beziehungsweise der Gesamtzahl der Padas. Mit zunehmender Anzahl werden die energetischen Einflüsse zunehmend differenziert. Durch die unterschiedliche Anzahl der Padas entstehen also keine Widersprüche auf der energetischen Ebene, sondern es handelt sich dabei nur um eine unterschiedlich genau aufgeschlüsselte Darstellung.

Im Zentrum des Mandalas residiert Brahma, der Schöpfergott des Universums. In der vedischen Kosmogonie bildet sein Planetensystem (Brahmaloka) den höchsten Punkt des Universums. Der Bereich der inneren neun Padas wird daher als Brahmasthana, Ort Brahmas, bezeichnet. Den Mittelpunkt dieses Bereichs bildet der Nabel des Kosmos, das Brahmanabhi.

Das Brahmasthana nennt man auch terrestrische Zone, während der Bereich der zwölf Padas, die es an allen vier Seiten in den Haupthimmelsrichtungen umgeben, als solare Zone bezeichnet wird. Die solare Zone wird von zwölf Sonnen beherrscht, die von den zwölf Padas repräsentiert werden. Die zwölf Sonnen können wiederum auf die zwölf Tierkreiszeichen unserer eigenen Sonne bezogen werden.

Außerhalb der solaren Region befindet sich die stellare Zone, die 32 Padas umfasst. Dieser äußere Bereich des Vastupurusha-Mandalas enthält die Gottheiten der 32 wichtigsten Sterne, unter denen sich die 27 Nakshatras befinden. Gleichzeitig wird dieser Bereich von den Herrschern der acht Himmelsrichtungen (Ashtadikpalas) kontrolliert.

Jenseits dieses Bereiches, also außerhalb des Mandalas, liegt die unbekannte Region der Dämonen und Geister.

Insgesamt 45 Gottheiten beherrschen die 81 Padas des Paramashayika-Mandalas. Die wichtigsten werden in der folgenden Tabelle (Seite 336) aufgeführt, wobei die einzelnen Bereiche in einer Reihenfolge erwähnt werden, deren Ordnungsprinzip sich an der Ähnlichkeit ihrer Bedeutung und Lage im Mandala orientiert. Daher folgt die Auflistung der einzelnen Bereiche nicht der fortlaufenden Nummerierung.

Durch diese polare Verteilung der Einflüsse und Gottheiten wird das Vastupurusha-Mandala in der Balance gehalten. Den Göttern des Lichts im Osten stehen die Wesen der Dunkelheit im Westen gegenüber, während die Götter des Todes im Süden den Gottheiten der Geburt im Norden gegenüberstehen. All diese Polaritäten haben eine Beziehung zum zentralen Punkt des Brahmanabhi, in dem alle Polaritäten und Spannungen zum Ausgleich kommen.

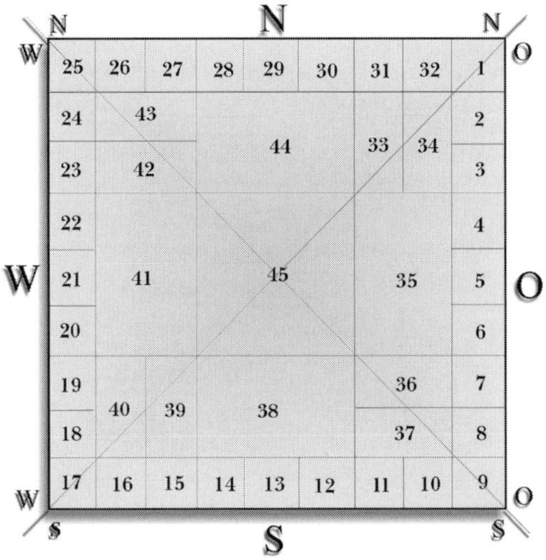


*Diese Darstellung zeigt die Nummerierung der 45 voneinander getrennten Bereiche des Vastupurusha-Mandalas, die von verschiedenen Halbgöttern beherrscht werden.*

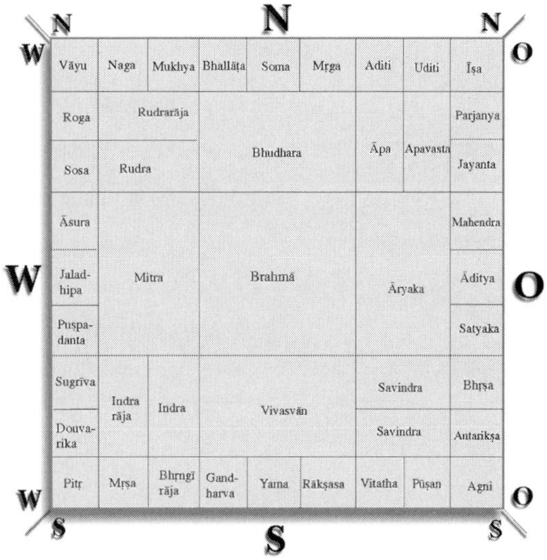


*Das Paramashayika-Mandala*

| Zellen-nummer | Name der Gottheit | Beschreibung | Himmelsrichtung |
|---|---|---|---|
| 35 | Aryaman | Einer der zwölf Adityas (Söhne Kashyapas und Aditis), Halbgott der Ahnen und Vorfahren. | Osten |
| 38 | Vivasvan | Der gegenwärtige Sonnengott. Er hörte von Krishna die Bhagavadgita und unterwies Manu, den Vater der Menschheit, in diesem Wissen. | Süden |
| 41 | Mitra | Einer der zwölf Suryas (Sonnengötter). | Westen |
| 44 | Bhudhara | Träger der Erde | Norden |
| 33 | Apa | Wassergottheit | Nordosten |
| 34 | Apavatsa | | Nordosten |
| 36 | Savita | Einer der zwölf Adityas (Söhne Kashyapas und Aditis). | Südosten |
| 37 | Savitra | Einer der acht Vasus (Götter des Lichtes). | Südosten |
| 39 | Indra | König der Götter. | Südwesten |
| 40 | Indrajit | Dämonisches Wesen, Sohn Ravanas. | Südwesten |
| 42 | Rudra | Name Shivas, des Herrschers über Dunkelheit und Zerstörers des Universums. | Nordwesten |
| 43 | Rudrajit | | Nordwesten |
| 45 | Brahma | Der Schöpfergott des Universums und das erstgeborene Lebewesen im Kosmos, Oberhaupt der Götter. | Zentrum |
| 5 | Surya | Sonnengott, eines der mächtigsten Lebewesen im Universum, beherrschende Gottheit des Ostens. | Osten |
| 13 | Yama | Der Gott des Todes und des Dharma, der Religion und der Gerechtigkeit, der mit der Zeitweiligkeit des Daseins konfrontiert, die Gerechtigkeit und Strenge des Lebens vertritt und die Zeit beherrscht, dominierende Gottheit des Südens. | Süden |
| 21 | Varuna | Die beherrschende Gottheit aller Gewässer und des Regens (vergleichbar mit Neptun in der europäischen Mythologie), die beherrschende Gottheit des gesamten Westens. | Westen |
| 29 | Soma | Beherrschende Gottheit des Mondes und zusammen mit Kuvera auch des Nordens. | Norden |
| 1 | Ishan | Ishan = Vishnu, also Gott persönlich und Beherrscher des Nordostens, Ursprung aller Götter und das höchste transzendentale Wesen. | Nordosten |
| 9 | Agni | Beherrschende Gottheit des Feuers und des Südostens. | Südosten |
| 17 | Nirriti | König der Dämonen und Beherrscher des Südwestens. | Südwesten |
| 25 | Marut | Beherrschende Gottheit des Windes und der Luft. | Nordwesten |
| 2, 3, 4, 6, 7, 8 | Vasus | Götter des Lichts. | Osten |
| 18, 19, 20, 22, 23, 24, | | Götter der Dunkelheit. | Westen |
| 26, 27, 28, 30 31, 32 | | Götter der Geburt. | Norden |
| 10, 11, 12, 14, 15, 16 | Pitris | Götter der Vorfahren. | Süden |

**Das Vithi-Konzept** | Das Vithi-Konzept ist sehr nützlich, um die Fläche des Mandalas in Räume vergleichbarer Qualität einzuteilen. Hierbei gilt der Grundsatz, dass Bereiche gleichen Abstands zum Zentrum ähnliche Qualität besitzen. Diese Bereiche werden als Vithis bezeichnet. Die Aufteilung des Mandalas erleichtert vor allem die Identifizierung des bewohnbaren Bereichs in Häusern und die Aufteilung einer Stadt oder eines Dorfes in Bereiche unterschiedlicher Nutzung.

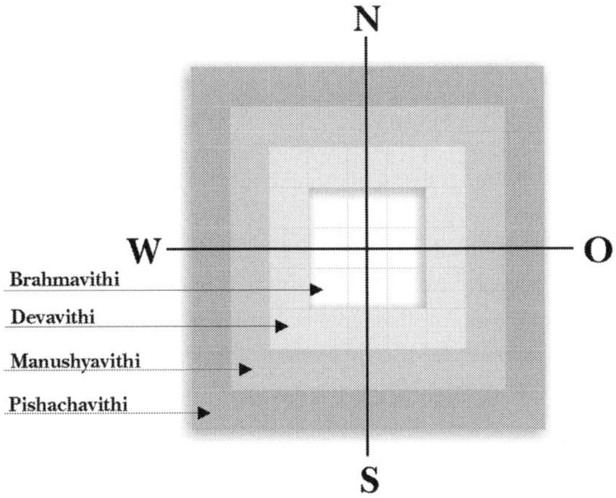


*Vastupurusha-Mandala mit vier Zellenreihen (Vithis).*

Um das Zentrum (Brahmasthana) herum existieren im Vastupurusha-Mandala drei geschlossene Reihen von Zellen (Padas), die als Vithis bezeichnet werden. Auch das Zentrum kann in eine zentrale Zelle (Brahmanabhi) und einen umgebenden Vithi zerlegt werden, der als Brahmavithi bezeichnet wird.

Die drei umliegenden Bereiche heißen Devavithi, Manushyavithi und Pishachavithi und korrespondieren mit den in modernen Theorien voneinander unterschiedenen psychologischen Räumen. Im Zentrum befindet sich der intime Raum, dessen Energien zum Wohnen zu stark sind. Der zweite Bereich (Devavithi) entspricht dem familiären Raum, der voller Licht und starker Energien ist. Er eignet sich zusammen mit dem sozialen Raum des dritten Bereichs (Manushyavithi) zum Bebauen und Bewohnen. Der äußerste Bereich des Mandalas (Pishachavithi) entspricht dem unbekannten Raum, der nicht in den Wohnraum mit einbezogen werden sollte. Als bekannter Raum wird der Bereich bezeichnet, der von Licht erfüllt ist und von Wesen beherrscht wird, die dem Menschen sichtbar und wohlgesinnt sind. Der unbekannte Raum ist hingegen ein Bereich der Dunkelheit, der von den Wesen der Nacht wie den Geistern und Dämonen beherrscht wird.

Räume wie die Toilette, die man in der vedischen Bau- und Wohnkultur nicht direkt in den Wohnraum integriert, finden im unbekannten Raum (Pishachavithi) Platz. Dadurch wird der eigentliche Wohnraum im Deva- und Manushya-Vithi rein gehalten.

Außerhalb des Mandalas sind weitere Wesen formlos gegenwärtig: Im Osten Sarvaskanda, ein Aspekt Agnis, des Feuergottes, im Süden Aryaman, der Halbgott der Ahnen und Vorfahren, im Westen Jrimbhaka, der mit Yamaraja, dem Herrn des Todes verbunden ist, und im Norden Pilipinchaka, der bei den Menschen die Tendenz zu Aggressionen verstärkt.

Die Nebenhimmelsrichtungen des äußeren Raumes werden von weiblichen Dämonen beherrscht: Vidari im Südosten, Putana im Südwesten, Paparaksasi im Nordwesten und Caraki im Nordosten.

In komplexeren Mandalas mit höheren Gitterzahlen wächst dementsprechend auch die Anzahl der Vithis. In jedem Fall gilt die Regel, dass nur bestimmte Vithis geeignet sind, bebaut zu werden. Die damit verbundenen Einschränkungen hängen von der Position der beherrschenden Gottheiten im Mandala ab.

Diese Wesen in den Bereichen außerhalb des Mandalas verkörpern Energien, die, bei unsachgemäßer Gestaltung des Grundstücks oder Hauses, nach Vastu einen Einfluss auf den inneren Bereich des Mandalas entwickeln können. Ist ein Bereich des Mandalas in einer bestimmten Himmelsrichtung durch schwerwiegende Vastu-Defekte gestört, so können dort die benachbarten Energien des äußeren Raumes eindringen und ihren Einfluss geltend machen.

**Diagonalen im Vastupurusha-Mandala** | Die Diagonalen des Mandalas und ebenso kürzere, zu den Diagonalen parallele Linien spielen bei seiner Gliederung eine große Rolle. Die längsten Diagonalen von der einen zur anderen Ecke des

Die folgende Tabelle enthält die Eigenschaften der einzelnen Vithis:

| Bezeichnung des Vithi | Anzahl der Padas | Psychologischer Raum | Bedeutung |
|---|---|---|---|
| Brahmavithi | 8 | Intimer Raum | Brahmas Raum, das spirituelle Zentrum mit sehr starken Energien. Es sollte nicht bebaut werden. |
| Devavithi | 16 | Familiärer Raum | Bekannter, lichter Raum mit göttlichen Eigenschaften, zur Bebauung geeignet. |
| Manushyavithi | 24 | Sozialer Raum | Der Raum des Menschen, halb bekannt und halb unbekannt. Geeignet zur Bebauung und zum Wohnen. |
| Pishachavithi | 32 | Unbekannter Raum | Unbekannter dunkler Raum, der nicht zur Bebauung geeignet ist. Ort für Eingänge und Zugangswege zu Haus und Grundstück sowie für Toiletten. |

Mandalas werden als Vamsa oder Karnasutra bezeichnet. Die kürzeren Diagonalen, die durch die Drittel-Teilungspunkte der Seiten des Mandalas hindurchgehen, werden als Rajjus bezeichnet.

Die Schnittpunkte zwischen den diagonalen und rechtwinkligen Linien werden als Marmas bezeichnet. Sie entsprechen von ihrer Bedeutung her, wenn man sie auf den Körper des Vastupurusha bezieht, den Schmerzpunkten, welche die indische Heilkunst Ayurveda beim menschlichen Körper kennt. Die Marmas sind sehr vitale und verwundbare Punkte und gelten als Schlüsselpunkte für die Verteilung der Energien auf einem Grundstück, in einem Haus oder einem Raum.

Die Breite der horizontalen und vertikalen Linien sowie der Diagonalen beträgt bei einem 9 × 9 Gitter ein Zwölftel der Gitterzellenbreite. Bei einem 8 × 8-Gitter beträgt sie ein Sechzehntel, bei einem 10 × 10-Gitter ein Achtel. Diese Dimensionen sind wichtig für die exakte Planung eines Grundrisses und die Bestimmung der Bereiche, die nicht bebaut werden sollten.

Die Schnittpunkte (Marmas) sollten nicht mit tragenden Mauern oder schweren Gebäudeteilen belastet, sondern möglichst frei gehalten werden. Befindet sich an solchen Punkten eine Konstruktion, so spricht man von einer Verletzung dieser Punkte (Marmavedha). Um solche Verletzungen zu vermeiden, sollten die Mauern, Wände, Säulen und andere Konstruktionen jeweils um die halbe Breite eines Kreuzungspunktes ins Innere des bebaubaren Bereichs verschoben werden.

Für ein 9 × 9-Gitter muss hierbei eine Verschiebung um ein Vierundzwanzigstel der Gitterzellenbreite erfolgen, für ein 8 × 8-Gitter um ein Zweiunddreißigstel und für ein 10 × 10-Gitter um ein Sechzehntel dieser Breite.

Die Kreuzungspunkte von horizontalen und vertikalen Linien werden als Nadisandhis bezeichnet. Kreuzungen von Diagonalen heißen Rajjusandhis. Diese Punkte stellen an sich noch keine Marmas dar. Erst wenn eine weitere horizontale oder vertikale Linie solche Punkte schneidet, spricht man von einem Marma oder Schmerzpunkt.

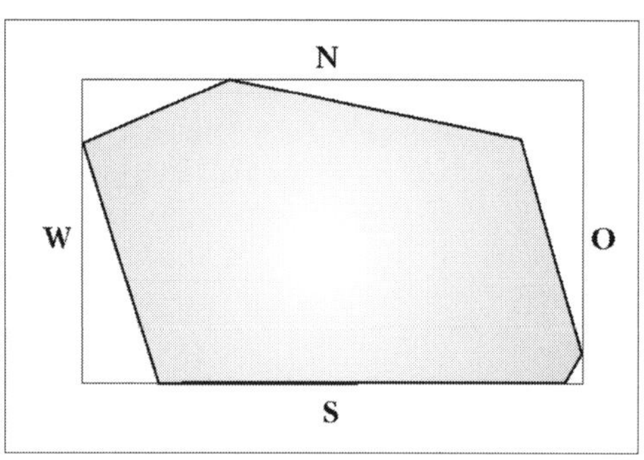


*Bei einem unregelmäßig geformten Grundstück oder Haus bestimmt man die Marmas, indem man um das Grundstück oder Haus herum in einer Grundrissskizze zunächst das kleinstmögliche parallel zu den Hauptrichtungen orientierte Rechteck einzeichnet. Daraufhin bestimmt man die Marmas dieses Rechtecks auf die im Text beschriebene Weise. Die Marmas des Rechtecks entsprechen denen des untersuchten Grundstücks oder Hauses.*

Es gibt vier weitere Arten von Schnittpunkten:

1) Als Marmanta werden die Eckpunkte des Mandalas bezeichnet, in denen sich die Diagonale und zwei rechtwinklige Linien treffen. Sie sind keine Marmas und können bebaut werden.
2) Rajjumarmasandhis sind die Treffpunkte zweier horizontaler oder vertikaler Linien und zweier Nebendiagonalen (Rajjus) auf den äußeren Begrenzungslinien des Mandalas. Auch diese Punkte sind keine Marmas.
3) Marmas heißen die Schnittpunkte zweier horizontaler oder vertikaler Linien und einer Diagonalen oder Nebendiagonalen.
4) Als Mahamarmas werden die Schnittpunkte zweier horizontaler oder vertikaler Linien und zweier Diagonalen beziehungsweise Nebendiagonalen bezeichnet.

Die Marmas und Mahamarmas sind Schlüsselpunkte der Raumenergien. An diesen Punkten wirken feinstoffliche Hilfsmittel wie Yantras, Mandalas, Pyramiden und andere energetisch wirksame Objekte besonders effektiv auf den gesamten Raum. Die Mahamarmas sind hierbei stärker als die Marmas.

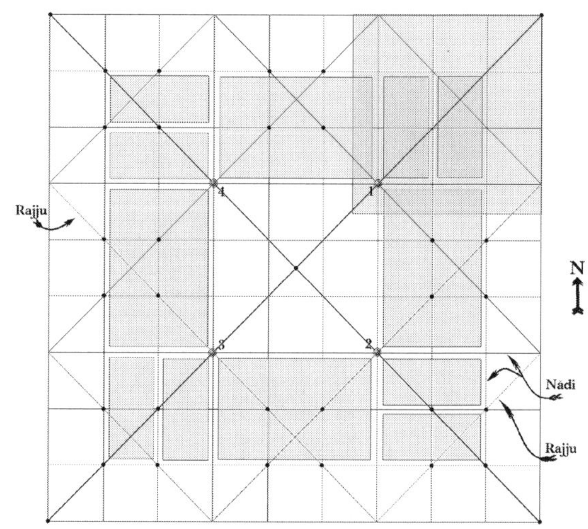


*Marmas im Vastupurusha-Mandala (Punkte 1 bis 4 sind Mahamarmas).*

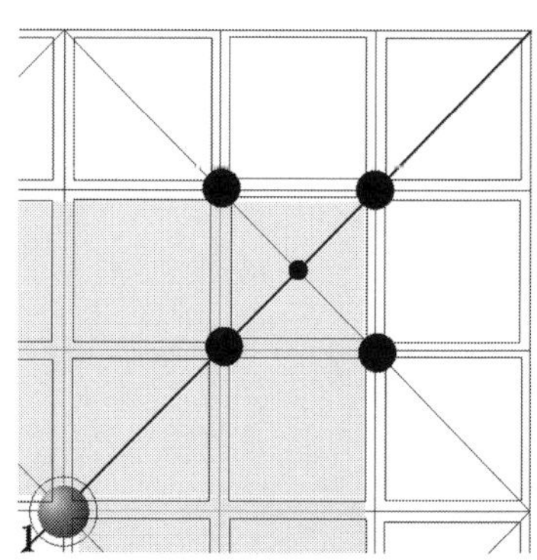


*Ausschnittsvergrößerung (• bedeutet Marma, Punkt 1 ist ein Mahamarma).*

Durch die Marmas und Mahamarmas ergeben sich zusammen mit dem Vithi-Konzept generell eine Reihe von Bereichen, die nicht für bauliche Konstruktionen geeignet sind:

1) An erster Stelle steht dabei das Zentrum (Brahmasthana). Es sollte möglichst frei, leicht und offen sein. Nur bei Tempeln wird in diesem Bereich der Altarraum errichtet. In Wohnhäusern ist an dieser Stelle ein durch alle Stockwerke führender Lichthof ideal, der das Licht und die Energien von oben her in das Haus einfließen lässt. Von dort aus können sich die Energien in alle anderen Bereiche des Hauses verteilen.
2) Der äußerste Vithi innerhalb des Mandalas sollte ebenfalls nicht bebaut werden, da von ihm unbekannte negative Einflüsse ausgehen können.
3) Selbst in diesem Bereich sollten die Marmas und Mahamarmas unbebaut bleiben, sodass die Konstruktion um ein Vierundzwanzigstel der Gitterzellenbreite in den Innenbereich der bebaubaren Fläche verschoben wird.

Nur der zwischen dem Zentrum (Brahmasthana) und dem äußersten Bereich (Pishachavithi) liegende Bereich sollte bebaut werden. Dieser Bereich setzt sich aus dem Devavithi und dem Manushyavithi zusammen.

Um die Rajjus, Marmas und Mahamarmas bei 8 × 8- und 10 × 10-Gittern zu bestimmen, sollte man die folgenden Hilfen berücksichtigen:

- Für 10 × 10-Gitter werden die Nebendiagonalen (Rajjus) so gezeichnet, dass sie jede der vier Seiten im Verhältnis 4 zu 2 zu 4 teilen.
- Im Falle eines 8 × 8-Gitters werden die Nebendiagonalen so platziert, dass sie die Seiten im Verhältnis 2 zu 4 zu 2 teilen.

Auf diese Weise entstehen die Marmas und Mahamarmas jeweils in unterschiedlichen Bereichen der Mandals.

**Die praktische Nutzung der 81 Padas des Vastupurusha-Mandalas** | Jede einzelne Gitterzelle des Vastupurusha-Mandalas besitzt eine individuelle Raumqualität und steht in komplexen Beziehungen zu den benachbarten Gitterzellen. Die jeweilige Nutzung eines bestimmten Padas hängt von den folgenden Faktoren ab:

- der beherrschende Halbgott
- die Himmelsrichtung des Padas
- die Entfernung zum Zentrum
- die Lage der Marmas
- die Nutzung der umliegenden Padas

Die Nummerierung der 45 Bereiche des Vastupurusha-Mandalas entspricht der folgenden Darstellung:

Die Tabelle (Seite 320) gibt Auskunft über die mögliche Nutzung der 45 Bereiche des Vastupurusha-Mandalas sowohl für Wohnhäuser als auch für industrielle Zwecke.

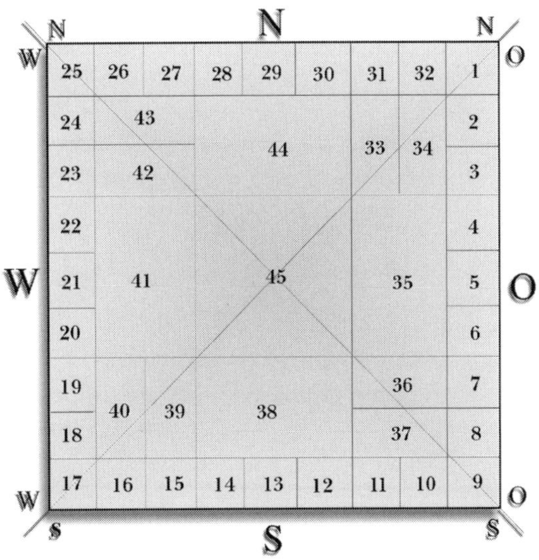


*Vastupurusha-Mandala mit Zellennummerierung.*

## Die Grundrissplanung von Häusern

Für die Planung von Gebäuden ist zuerst die Festlegung der wichtigsten Dimensionen notwendig. Dabei geht man im Vastu von der gewünschten Länge (Ishtadirgha) aus. Diese orientiert sich im Allgemeinen an der Länge des Innenhofes, um den ein Haus gebaut wird. Die traditionelle Anordnung der Gebäude im Vastu richtet sich nach dem Vastupurusha-Mandala, in dessen Zentrum sich das Brahmasthana befindet. Dieses bleibt als Innenhof frei und wird nicht bebaut. Um das Zentrum herum können in den Haupthimmelsrichtungen im bebaubaren Bereich vier Gebäudeteile errichtet werden, die als Shalas bezeichnet werden. Die hierbei entstehenden Gebäudetypen werden nach der Anzahl der bebauten Himmelsrichtungen in vier Kategorien unterteilt.

Bei der Planung des Grundrisses sollte beachtet werden, dass sich in den Ecken des Hofes jeweils ein empfindlicher Schnittpunkt (Marma) befindet. Den Himmelsrichtungen entsprechend, in denen sie vom Hof aus gesehen liegen, werden die Häuser als Dakshinashala (im Süden), Pashchimashala (im Westen), Purvashala (im Osten) und Uttarashala (im Norden) bezeichnet. Hierbei sollten Nord- und Osthaus vermieden werden, da sie den Norden beziehungsweise Osten des jeweiligen Hofes blockieren.

Der im folgenden vorgestellte Catusshala-Typ (Gebäude, das aus vier Teilen besteht) wird auch in der Gegenwart in Indien häufig gebaut. Um diesen Grundrisstyp auf Europa zu übertragen, müssen einige Anpassungen vorgenommen werden. Hierzulande bietet sich ein offener Innenhof auf Grund der unterschiedlichen klimatischen Verhältnisse nicht an. Dieser kann jedoch in einem größeren Haus durch einen Lichthof ersetzt werden, der mit einer Glaspyramide oder einem großen Dachfenster bedeckt ist. Diese Möglichkeit

| Feld Nr. | Padadevata | Himmels-richtung | Private Nutzung im Wohnbereich | Industrielle Nutzung |
|---|---|---|---|---|
| 1 | Ishana | NO | Verehrung von Gott, Meditation | Sitz der Organisation, Kopf des Managements |
| 2 | Parjanya | NO | Bad, Studium | Waschen, Planung |
| 3 | Jayanta | O | Leichte Gegenstände, Bad | Lager leichter, katalytischer Stoffe |
| 4 | Indra | O | Eingang, Flur | Eingang, Erfrischungen, Anfangspunkt von Produktionsprozessen |
| 5 | Aditya | O | Waschen, Torhaus | Pförtner, Sicherheitskräfte, Wächter |
| 6 | Satyaka | O | Buttern, Milchküche | Waage, Annahme von Rohstoffen, Test von Rohstoffen, allgemeine Tests |
| 7 | Bhrisa | O | | Vorbereitende Produktionsprozesse |
| 8 | Anatariksha | SO | Fermentation, Heizung | Energieversorgung, Transformator |
| 9 | Agni | SO | Kochen, Feuer, Infrarotgeräte | Beginn von Produktionsprozessen, Boiler, heiße Prozesse |
| 10 | Pusha | SO | Lager für verarbeitete Flüssigkeiten | Kondensation |
| 11 | Vitatha | S | Lager, Hof | Stabilisierung |
| 12 | Grihakshata | S | Schlafzimmer | Abkühlung von Schmelzen, Hauptteil von Produktionsprozessen |
| 13 | Yama | S | Schlafzimmer | Kalte Verarbeitungsprozesse, Schmieden, Schneiden, Mahlen, Polieren |
| 14 | Gandharva | S | Tanz, Musik | Ausstellung, Inspektion |
| 15 | Bhringa | S | Toiletten, Stall | Müll, Abfälle, Müllverarbeitung |
| 16 | Mriga | SW | Erholung für Frauen | Vorbereitung zum Zusammenfügen der Teile |
| 17 | Nirriti | SW | Empfang | Maschinen- und Werkzeuglager |
| 18 | Dwarapala | SW | Reinigung | Reinigung |
| 19 | Sugriva | W | Studium | Qualitätskontrolle von Teilen |
| 20 | Pushpadanta | W | Lager für Gewürze | Zwischenlager vor dem Zusammenbau der Einzelteile bei Produktionsprozessen |
| 21 | Varuna | W | Essen, Meetings | Zusammensetzen von Teilen, Test der fertigen Produkte |
| 22 | Asura | W | Räume zum Zusammentreffen, soziale und familiäre Räume | Verpackungseinheit |
| 23 | Sosha | W | Meetings, Erholung | Abgabe von Materialien für Recycling und Abfall |
| 24 | Roga | NW | Gästezimmer, Krankenzimmer | Lager für fertige Produkte |
| 25 | Vayu | NW | Lager, Vorräte, isolierte Räume wie eine Einliegerwohnung | Lager |
| 26 | Naga | NW | Hebammen | Erste Hilfe |
| 27 | Mukhya | N | Genuss, Unterhaltung | Belegschaftsräume, Kantine |
| 28 | Bhallata | N | Eingang | Eingang |
| 29 | Soma | N | Safe, Gold, Reichtum | Geldauszahlung, Safe |

| Feld Nr. | Padadevata | Himmels-richtung | Private Nutzung im Wohnbereich | Industrielle Nutzung |
|---|---|---|---|---|
| 30 | Arga/Mriga | N | Safe, Medizin | Safe, Medizin |
| 31 | Aditi | N | Medizin | Experten, teuere Spezialisten |
| 32 | Diti | NO | Bad | Verwaltung |
| 33 | Apa | NO | Meditationsraum, Wohnzimmer | Verwaltung |
| 34 | Apavatsa | NO | Quartier der Dame des Hauses | Verwaltung |
| 35 | Aryaka | O | Torhaus | Rohmaterialien |
| 36 | Savita | SO | Küche | Prozesse, die Wasser und Feuer beinhalten |
| 37 | Savitri | SO | Küche | Prozesse, die Wasser und Feuer beinhalten |
| 38 | Vivasvan | S | Salon, Wohnzimmer, Abstellraum | Mechanische Prozesse |
| 39 | Indra | SW | Quartier des Herrn des Hauses | Produktionsüberwachung |
| 40 | Indrajit | SW | Elternschlafzimmer | Verpackungseinheit |
| 41 | Mitraka | W | Tanz und Theater | Ausstellung |
| 42 | Rudra | NW | Büro, Gästezimmer | Lagerung fertiger Produkte |
| 43 | Rudrajit | NW | Büro, Gästezimmer | Lagerung fertiger Produkte |
| 44 | Bhubhrit | N | | Büro |
| 45 | Brahma | Zentrum | Altar | Offener Hof |

wird in der modernen europäischen Architektur zur Zeit sowohl für Wohn- als auch für Geschäftshäuser mehr und mehr genutzt.

Falls das geplante Haus nicht genügend Platz für einen solchen Lichthof besitzt oder ein solcher nicht gewünscht wird, kann der innere Bereich auch als ein in jedem Stockwerk frei belassener Raum gestaltet werden, der entweder ins Wohnzimmer integriert oder als Flur genutzt wird, der möglichst aus einer der Haupthimmelsrichtungen, mit Hilfe eines großen Fensters, mit Licht und Lüftung versorgt wird.

Die anderen Gebäudetypen (Eka-, Dwi- und Trishalas) finden sich auf Grund ihrer allgemeinen geometrischen Merkmale in allen Bereichen der Architektur. Die Ekashalas entsprechen einfachen rechteckigen Gebäuden, die an einem zentralen Hof gelegen sind. Die Dwishalas stellen entweder Kombinationen individueller rechteckiger Gebäude dar oder L-Formen, die häufig durch eine nachträgliche Erweiterung eines bereits bestehenden rechteckigen Gebäudes entstehen. Die grundlegende Form von Trishalas findet man vor allem in öffentlichen Gebäuden verwirklicht. Schulen, Krankenhäuser, Regierungsgebäude, Museen und Schlösser sind häufig in der für Trishalas typischen U-Form gestaltet.

**Ekashala – einteiliges Gebäude** | Die einfachste Form des Gebäudes ist die Ekashala, bei der nur ein Haus in einer der vier Haupthimmelsrichtungen errichtet wird. Es sollte möglichst im Süden oder Westen des Innenhofes liegen, sodass der Norden und Osten mehr Raum haben.

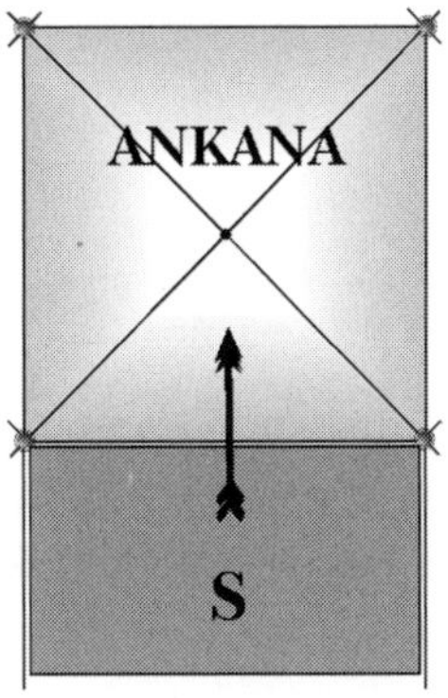

*Ekashala, Hof mit einem Haus im Süden (Dakshinashala).*

Eine solche günstige Bauweise fördert auf Grund des offenen und geräumigen Nordens den Wohlstand, die Kommunikation, die Gesundheit und die geistige Entwicklung.*Ekashala,*

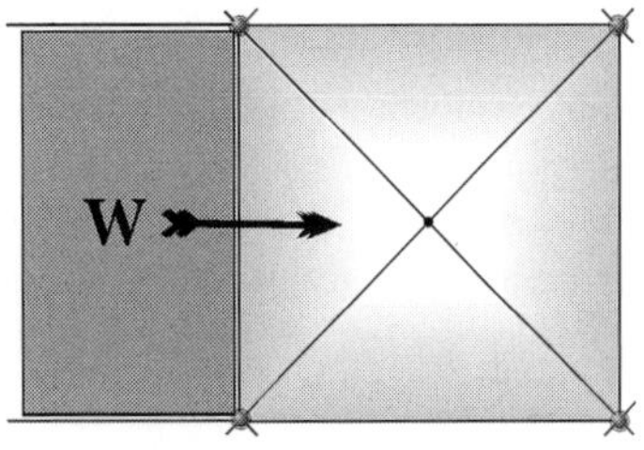

*Hof mit einem Haus im Westen (Pashchimashala).*

Eine Ekashala im Westen fördert auf Grund des offenen Ostens die Vitalität, spirituelle Entwicklung, gesellschaftliche Anerkennung und die Gesundheit.

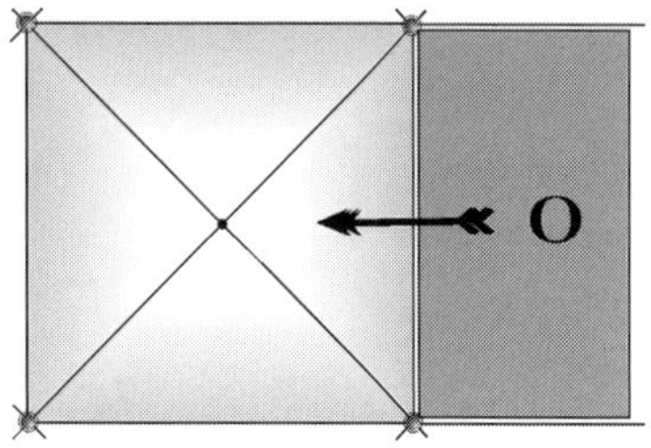


*Ekashala, Hof mit einem Haus im Osten (Purvashala).*

Eine Ekashala im Osten schwächt die Vitalität und Anerkennung und wirkt sich auch nachteilig auf Gesundheit und Erfolg aus. Hierfür ist vor allem die Blockade des Ostens verantwortlich. Dieser Nachteil sollte durch große Fenster im Osten ausgeglichen werden.

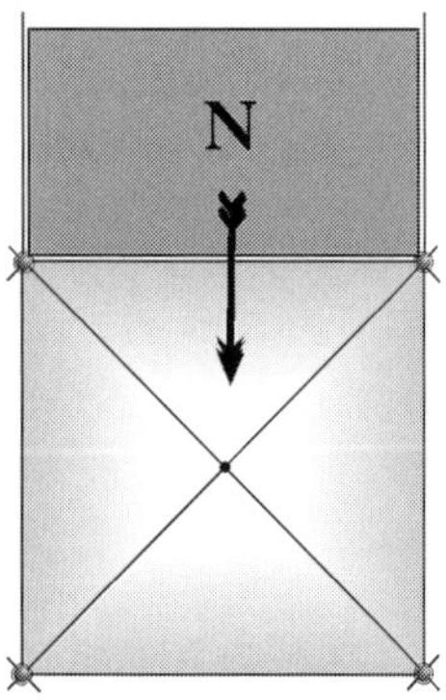


*Ekashala, Hof mit einem Haus im Norden (Uttarashala).*

Eine Ekashala im Norden schwächt neben der Gesundheit auch die finanzielle Situation der Bewohner. Bei einem solchen Haus kann dieser Nachteil ausgeglichen werden, indem man im Norden möglichst viele und große Fenster anbringt.

**Dwishala – zwei Gebäude** | Werden zwei Ekashalas miteinander kombiniert, also zwei Gebäude an den Innenhof angrenzend gebaut, entsteht eine Dwishala. Es gibt sechs verschiedene Möglichkeiten, zwei Ekashalas miteinander zu kombinieren, je nachdem, in welchen Richtungen die beiden Shalas errichtet werden. Grenzen die beiden Häuserteile aneinander, so entsteht durch die Ergänzung des fehlenden Eckbereichs eine L-Form. Die Bewertung dieser L-Formen hängt davon ab, in welcher Richtung sich deren Winkel befindet.

Bis auf den Südwesten sollte keine der Nebenhimmelsrichtungen blockiert werden, da sonst das dort präsente Element gestört wird.

**Shalas im Osten und Westen (Culli)** | Liegen sich zwei Shalas im Osten und Westen gegenüber, so sind negative Einflüsse zu erwarten, die durch den Verlust von Reichtum und Vitalität zum Ausdruck kommen können. Auch die Anerkennung in der Gesellschaft und die Karriere mögen darunter leiden.

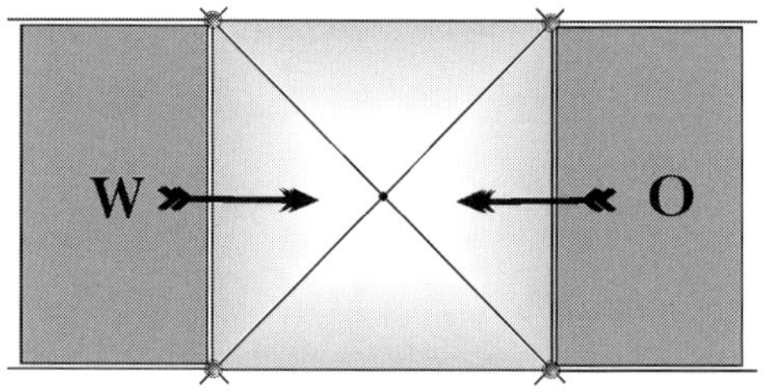


*Eine Dwishala mit Ekashalas im Westen und Osten.*

**Shalas im Norden und Süden (Kaca)** | Zwei einander gegenüberliegende Ekashalas im Süden und Norden mögen zu Feindschaft und zum Verlust von Reichtum führen. In einem solchen Fall können auch Ungerechtigkeiten im Leben, große Härten und Behinderungen in der geistigen Entwicklung auftreten.

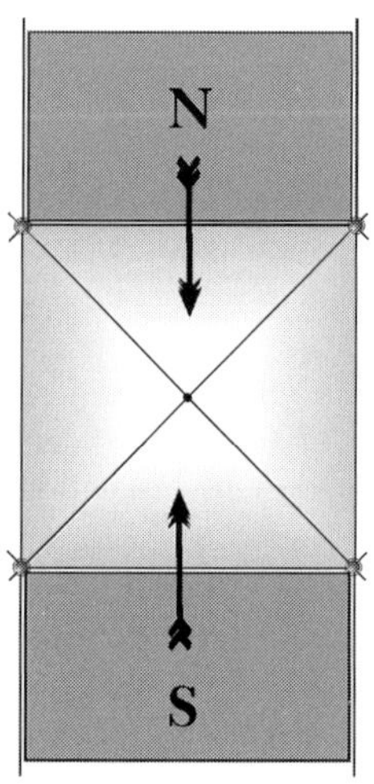


*Eine Dwishala mit Ekashalas im Norden und Süden.*

**Shalas im Süden und Westen (Siddharthaka)** | Werden zwei Ekashalas im Süden und Westen miteinander verbunden, so entsteht eine sehr vorteilhafte L-Form mit Schwerpunkt im Südwesten, die den Nordosten freilässt. Eine solche Gebäudeform fördert auf Grund des geöffneten Ostens Vitalität, Gesundheit und gesellschaftliche Anerkennung, während der freie Norden die Gesundheit und den Reichtum der Bewohner begünstigt und für Fruchtbarkeit und Heilung sorgt. Der offene und geräumige Nordosten beeinflusst die geistige Entwicklung der Bewohner positiv, sodass auch Wissenschaft und Forschung in einem solchen Gebäude Unterstützung finden.

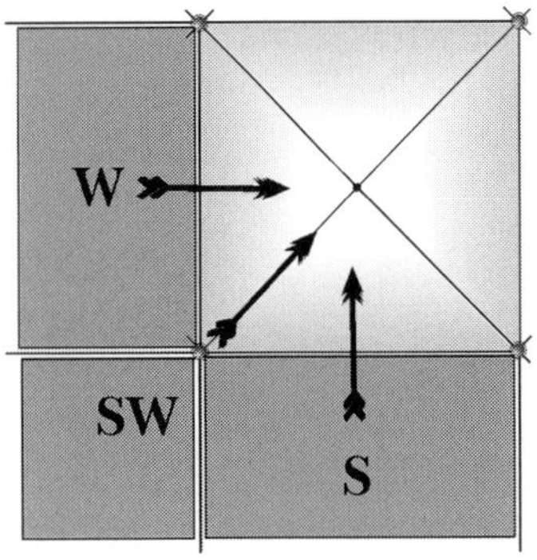


*Eine Dwishala mit Ekashalas im Süden und Westen.*

**Shalas im Norden und Westen (Yamasurpa)** | Zwei Shalas im Norden und Westen blockieren den Nordwesten und verkürzen dadurch die Lebensdauer ihrer Bewohner. In einer solch ungünstigen L-Form ist das Luftprinzip blockiert, wodurch die Beweglichkeit im Allgemeinen und besonders der Fluss der Lebensenergie beeinträchtigt wird. Auch die Kommunikation ist gestört, da der Nordwesten blockiert ist. Der offene Osten sorgt für Vitalität, eine gute Karriere und gesellschaftliche Anerkennung, während die finanzielle Situation, die Fruchtbarkeit und die Gesundheit durch den geschlossenen Norden negativ beeinflusst werden könnten.

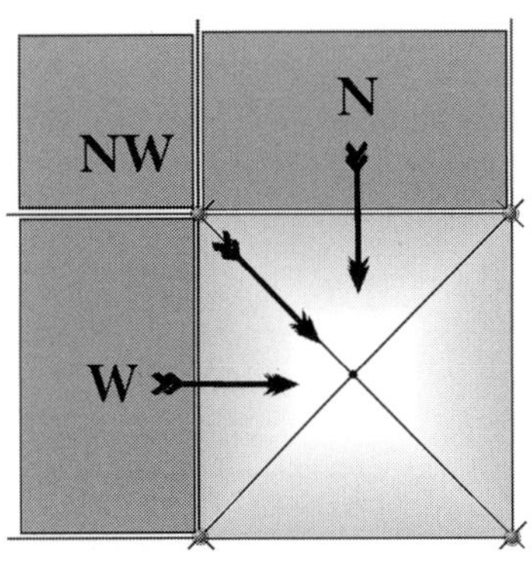


*Eine Dwishala mit Ekashalas im Westen und Norden.*

**Shalas im Osten und Norden (Danda)** | Eine Anordnung von zwei Shalas im Norden und Osten des Zentrums (Brahmasthana) führt zu Schwierigkeiten, weil der Nordosten blockiert und der Südwesten geöffnet ist. Der Schwerpunkt der L-Form liegt im Nordosten, was ebenfalls den Gesetzen des Vastu widerspricht. Probleme, die man bei einer solchen Anordnung erwarten kann, betreffen die Vitalität und Fruchtbarkeit, die Finanzen und die Entwicklung von Intelligenz und Planungsfähigkeit. Zudem wird die gesellschaftliche Anerkennung erschwert, und die Wertschätzung für spirituelle Themen mag leiden.

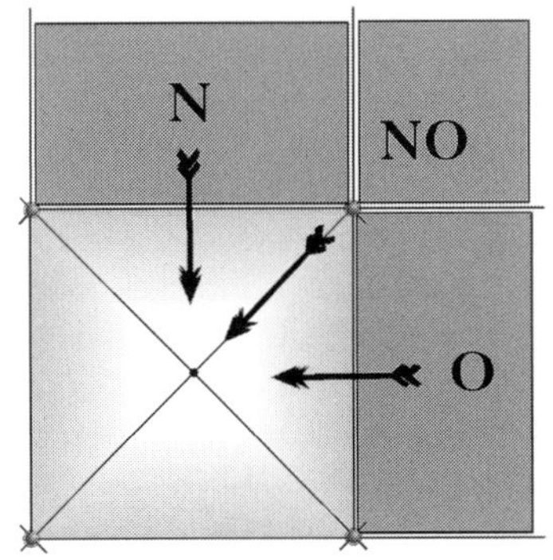


*Eine Dwishala mit Ekashalas im Norden und Osten.*

**Shalas im Süden und Osten (Vata)** | Der Schwerpunkt einer Dwishala, die aus einem östlichen und einem südlichen Haus besteht, liegt im Südosten und blockiert damit die Energie des Feuerelements. Typische Probleme bei dieser Kombination sind auf Grund des blockierten Ostens geschwächte Vitalität und Willensstärke, während der offene Norden die Gesundheit und den Wohlstand unterstützt. Der starke Süden fördert die Gerechtigkeit im Leben und die Lebensdauer.

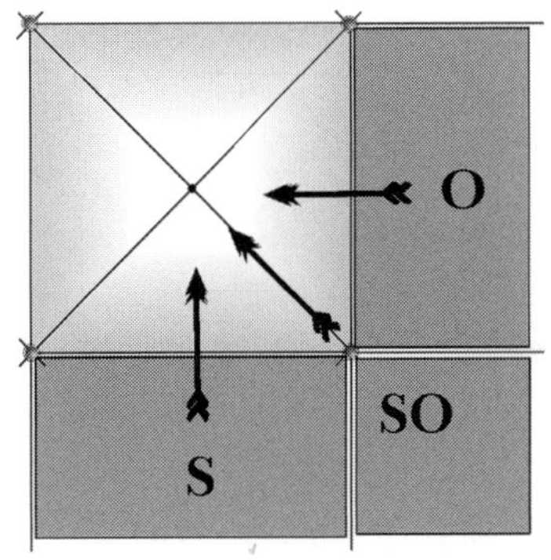


*Eine Dwishala mit Ekashalas im Süden und Osten.*

**Trishala – drei Gebäude** | Drei Ekashalas ergeben zusammengenommen eine Trishala. Hierbei sind vier verschiedene Kombinationen möglich, je nachdem, in welcher Himmelsrichtung die resultierende U-Form geöffnet ist. Die vier möglichen Trishalas werden nach ihren jeweiligen Wirkungen auf die Bewohner bezeichnet:

**Glück (Hiranyanabha)** | Drei Shalas im Westen, Süden und Osten ergeben eine in Richtung Norden geöffnete U-Form. Diese Form wird im Vastu bevorzugt, da sie einen offenen Norden besitzt, der Lebensenergie und Kühlung in den Hof einbringt. Ihre Wirkung wird als Glück verheißend angesehen. Gesundheit, Reichtum und Fruchtbarkeit werden in diesem Fall ebenso gefördert wie Kunst, Musik und Bildung.

Bei dieser Trishala ist es wichtig, dass die Fenster und Türöffnungen im Osten größer sind als im Süden und Westen, damit der Energiefluss nicht durch das Gebäude blockiert wird und die Strahlen der Morgensonne genutzt werden können. Eine solche Gebäudeform eignet sich besonders für Krankenhäuser, Museen, Kunstschulen und Geschäftshäuser.

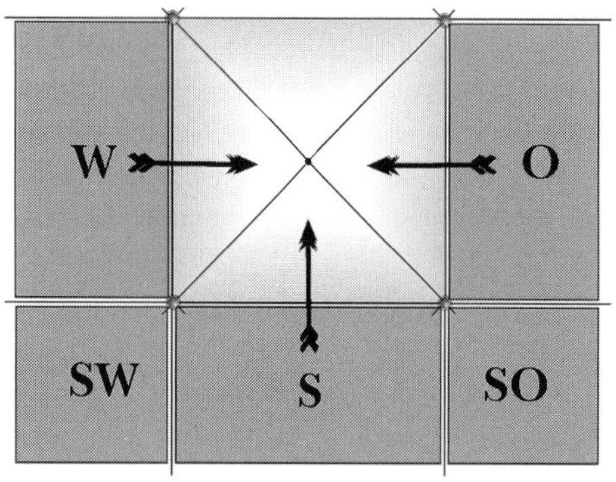


*Darstellung einer nach Norden geöffneten Trishala.*

**Reichtum (Sukshetra)** | Diese ebenfalls beliebte Trishala besitzt einen offenen Osten, durch den die frühe Morgensonne in den Hof einfällt. Auch schützt der nördliche Gebäudeteil vor den kalten Nordwinden, vor allem im Winter.

Hier ist ebenfalls auf große Fensterflächen im Norden zu achten, um den Fluss der organischen Lebensenergie zu unterstützen. Der Nordwesten sollte so gestaltet werden, dass er dem hier beheimateten Luftelement genügend Bewegungsspielraum ermöglicht. Auf diese Weise ausgeglichen, fördert diese Trishala alle Lebensbereiche, wobei sich der offene Osten vor allem förderlich auf die Vitalität, gesellschaftliche Anerkennung, Karriere und Motivation der Bewohner auswirkt. Diese Bauweise eignet sich besonders gut für Regierungsgebäude und Gebäude mit administrativen oder exekutiven Zwecken. Auch Kasernen, Geschäftshäuser und Parteigebäude könnten von einer solchen Gebäudeform profitieren.

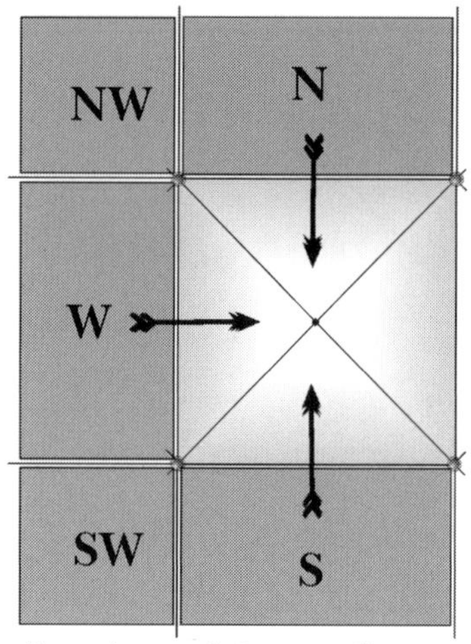


*Darstellung einer nach Osten geöffneten Trishala.*

**Verlust von Reichtum (Sula)** | Den Prinzipien des Vastu folgend, wird eine U-Form mit offenem Süden negativ bewertet, da die gesamte Energie der Mittags- und Nachmittagssonne in den Hof Einlass findet. Die Blockade des Ostens und Nordens kann in diesem Fall schwer ausgeglichen werden. Der offene und leichte Süden erschwert die Situation, sodass negative Einflüsse vor allem in den Bereichen der finanziellen Entwicklung, Gesundheit, Vitalität und Gerechtigkeit zu erwarten sind. Positiv verändern könnte man die Situation durch eine starke Durchlässigkeit der fehlplatzierten Gebäudeteile, indem entsprechende Fenster, Türen oder Gänge errichtet werden. Außerdem sollten der östliche und nördliche Gebäudeteil niedriger gehalten werden als der Westen. Der Süden sollte durch ein weiteres Gebäude, eine hohe Mauer oder hohe Bepflanzung geschlossen werden

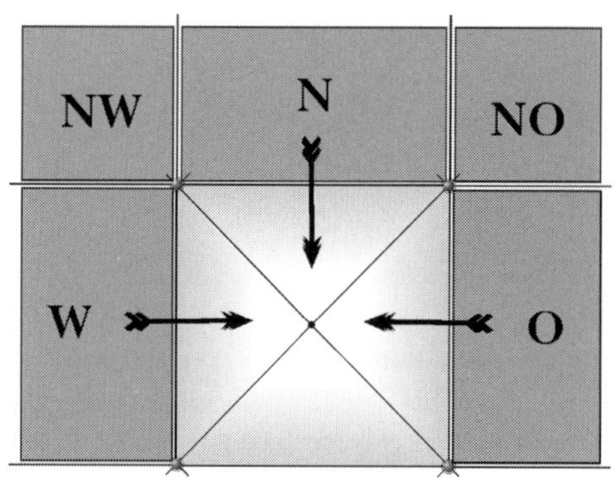


*Darstellung einer nach Süden geöffneten Trishala.*

**Familienprobleme (Pakshaghna)** | Eine Trishala mit offenem Westen wird ebenfalls als negativ bewertet, da auch hier die beiden lebensspendenden Richtungen Norden und Osten blockiert sind und ein Ausgleich nicht möglich ist. Als einzig günstig beeinflusster Lebensbereich ist hier die Reifung der Persönlichkeit zu nennen, wenn die Bewohner die Prüfungen des Schicksals bestehen. Auch in diesem Fall sollte man im Osten und Norden der Gebäude für möglichst große Fensterflächen sorgen. Der Westen könnte wiederum durch ein zusätzliches Gebäude ergänzt oder durch eine Mauer oder hohe Bäume geschlossen werden.

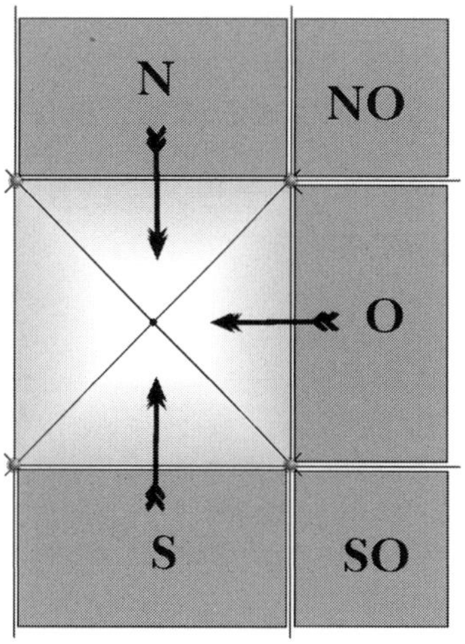


*Darstellung einer nach Westen geöffneten Trishala.*

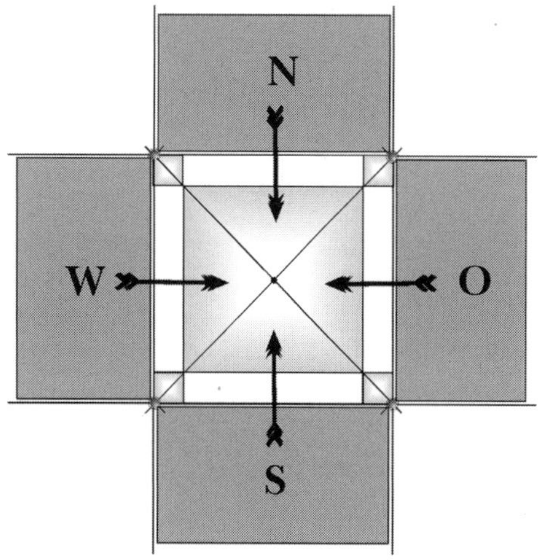


*Bhinnashala.*

**Catusshala – vier Gebäude** | Auch bei Gebäuden, die aus vier Shalas zusammengesetzt sind, lassen sich drei vorteilhafte Typen voneinander unterscheiden:

1) Bhinnashala: Dieser Typ besteht aus vier voneinander getrennten Häusern, die in den Haupthimmelsrichtungen um den Innenhof herum angeordnet sind.
2) Shlista-Bhinnashala: Bei diesem Typ sind die vier Shalas teilweise miteinander verbunden und teilweise voneinander getrennt.
3) Samshlistashala: Alle vier Shalas sind miteinander verbunden.

Die Harmonie dieser Anlagen wird prinzipiell unterstützt und verbessert, wenn die einzelnen Gebäudeteile gemäß den Anforderungen der Himmelsrichtungen behandelt werden. Das heißt, die Teile im Norden, Osten und Nordosten sind heller, leichter, durchlässiger und niedriger zu gestalten, während die Teile im Westen, Süden und Südwesten geschlossener, kompakter, schwerer und höher sein sollten. Der Nordwesten und der Südosten sollten im Hinblick auf ihre große dynamische Bedeutung entsprechend ihrer Elementequalitäten genutzt werden. Hierbei sollte der Südosten etwas schwerer gestaltet werden als der Nordwesten. Seine Höhe darf auch die des Nordwestens ein wenig überragen.

Im Fall der Bhinnashala sollte die Dimension des Innenhofs dem Dhwaja-Yoni entsprechen. Eine solche Anordnung der Häuser eignet sich für alle Arten von Menschen.

Der Fall einer Shlista-Bhinnashala entsteht, wenn die nördliche mit der östlichen Shala verbunden wird und die westliche mit der südlichen. Dabei werden sowohl die südwestliche als auch die nordöstliche Ecke ergänzt, während die südöstliche und nordwestliche Ecke frei bleiben.

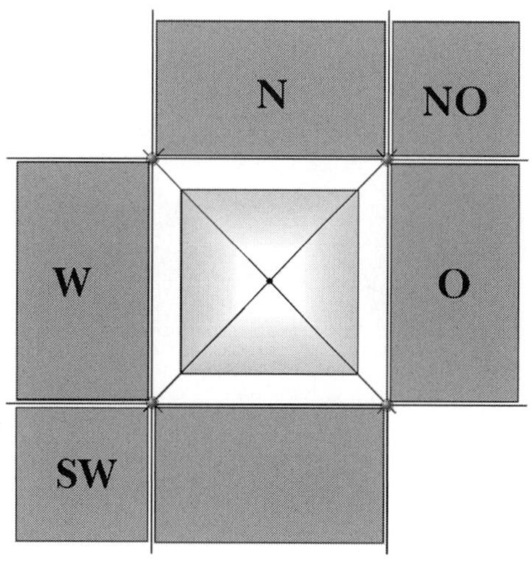


*Shlista-Bhinnashala.*

Im Fall der Samshlistashala sind alle Ecken ausgefüllt und alle Shalas miteinander verbunden. Hierbei sollten sowohl der äußere als auch der innere Umfang des Gebäudes dem Dhwaja-Yoni entsprechen, während die einzelnen Shalas in den vier Haupthimmelsrichtungen ihren jeweiligen Yonis entsprechen sollten. Solche Catusshalas können zu komplexeren Formen miteinander verbunden werden, um Gebäude mit zwei, drei oder mehreren Innenhöfen zu erhalten.

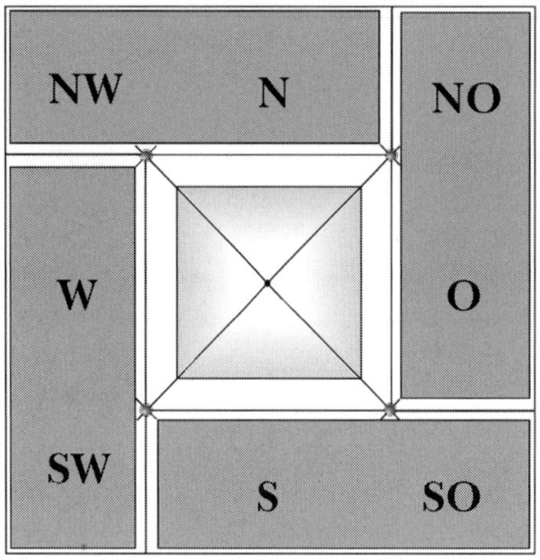


*Verschiedene Arten von Catusshalas.*

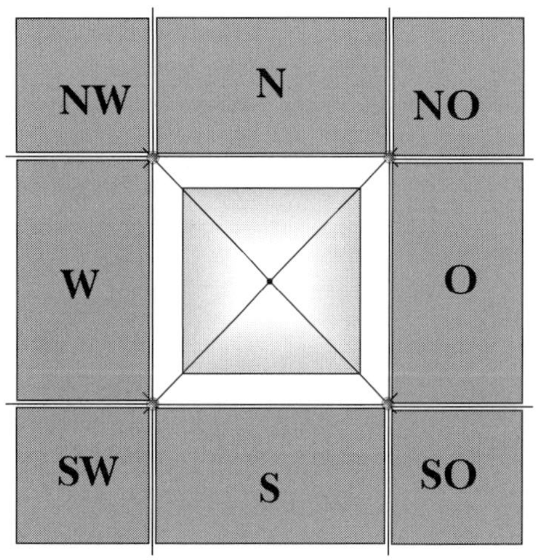


*Verschiedene Arten von Catusshalas.*

## Anhang zu Kapitel 4

### Das Maßsystem der Puranas

Die vedische Literatur, insbesondere die Puranas (Schriften, die Wissen und Philosophie in Form historischer Geschichten und Überlieferungen vermitteln), benutzt Maßeinheiten für einen Bereich, der von den atomaren bis zu den kosmologischen Dimensionen reicht. Hierbei stehen jeweils die zeitlichen und die räumlichen Maße nebeneinander, deren Beziehung zueinander für ein tieferes Verständnis der Zusammenhänge außerordentlich wichtig ist.

**Zeit- und Längenmaße** | Die Zeitmaße reichen von 1 truti, der atomaren Zeit, bis 1 maha-kalpa, der Existenzdauer des Universums und lassen sich arithmetisch ineinander umrechnen:

1 Truti – 8 / 13 500 Sekunden
1 Laghu – 2 Minuten
1 Vedha – 8 / 135 Sekunden
1 Danda – 30 Minuten
1 Lava – 8 / 45 Sekunden
1 Prahara – 3 Stunden
1 Nimesha – 8 / 15 Sekunden
1 Tag – 12 Stunden
1 Kshana – 8 / 5 Sekunden
1 Nacht – 12 Stunden
1 Kastha – 8 Sekunden
1 Paksha – 15 Tage

1 Kaliyuga – 432 000 Jahre
1 Kalpa – 4 320 000 000 Jahre
1 Divyayuga – 4 320 000 Jahre
1 Maha-kalpa – 311 040 000 000 000 Jahre

Den einzelnen Zeitmaßen, die jeweils der Dauer physikalischer Vorgänge entsprechen, sind Längenmaße zugeordnet, die sich ebenfalls multiplikativ ineinander umrechnen lassen.

8 subatomare Teilchen (Paramanus) = 1 Staubpartikel (Rathareshu)
8 Staubpartikel = 1 Haarspitze (Valagra)
8 Haarspitzen = 1 Nisse (Liksha)
8 Nissen = 1 Laus (Yuka)
8 Läuse = 1 Gerstenkorn (Yava)
8 Gerstenkörner = 1 Fingerbreit (Angula)
24 Fingerbreit = 1 Elle (Hasta)
4 Ellen = 1 Klafter (Danda)
1000 Klafter = 1 Rufweite (Krosha)
4 Rufweiten = 1 Wegstrecke (Yojana)
1 Yojana = 32000 Hasta
Sonnensystem = 500 Millionen Yojana

Das hierbei verwendete Maß des Fingerbreit (Matrangula oder Angula) ist eine absolute Größe, da es zur Größe des Atoms in Beziehung gesetzt ist.

Der Fingerbreit steht für den Menschen, der in der puranischen Kosmogonie zwischen Mikrokosmos und Makrokosmos steht und sowohl mit den kosmologischen Strukturen als auch den atomaren Prozessen eng verbunden ist.

Die Puranas sehen sowohl das gesamte Universum als auch die Atome als lebende Organismen an, durch die sich sowohl individuelles als auch göttliches Bewusstsein manifestiert. Die gleiche göttliche Person (*purusha*) ist in den Atomen, im Herzen der Lebewesen und im gesamten Universum gegenwärtig und verbindet die Teile und das Ganze zu einer untrennbaren Einheit. Dementsprechend gleichen sich im vedischen Weltbild auch die Strukturen, die den Atomen, den Lebewesen, den Planetensystemen und dem Universum zu Grunde liegen. Übereinstimmungen zwischen dem vedischen Weltbild und der modernen Physik lassen sich auch in zwei weiteren Bereichen feststellen:

Interessante Zusatzinformationen für Naturwissenschaftler:

a) Im subatomaren Bereich: Das »Shrimad Bhagavatam«, die bedeutendste Schrift der Puranas, bezeichnet das kleinste Teilchen der Materie, das auch als die subtile Form der ewigen Zeit angesehen wird, als Paramanu (pa) und gibt seine Größe als das kleinste Längenmaß an. Gleichzeitig gilt es als physikalisch nicht wahrnehmbar, denn erst ein Hexatom (ha), das sich aus drei Doppelatomen (da), also aus drei Doppel-Paramanus zusammensetzt, kann physikalisch wahrgenommen werden. Schließen sich nun drei Hexatome zusammen, wird die Zeit, die sie benötigen, um eine atomare Einheit zu bilden, als atomare Zeit (Truti) bezeichnet. Die erste atomare Einheit (ae) besteht somit aus 18 Paramanus: 3 ha = 1 ae, 3 da = 1 ha, 2 pa = 1 da, daraus folgt 1 ae = 18 pa.

   Hierbei lässt sich die atomare Einheit mit dem Wasserstoffkern und das Hexatom mit den Quarks identifizieren (Quarks sind Elementarteilchen, aus denen Protonen und Neutronen bestehen, die wiederum den Atomkern bilden). Leadbeater und Beasant haben schon um die Jahrhundertwende durch ihre Forschungen zur außersinnlichen Wahrnehmung von Quarks diese Parallelen zwischen der vedischen und der modernen Auffassung aufgezeigt, und dies zu einer Zeit, in der noch nicht einmal das Proton bekannt war.

b) Das Sonnensystem: In den Dimensionen des Sonnensystems gibt es ebenfalls erstaunliche Übereinstimmungen zwischen der puranischen und der modernen Darstellung. Berechnet man mit der puranischen Längeneinheit yojana (1 Yojana = 8,5 Meilen) den Abstand der Sonne zur Erde, so erhält man eine Länge von 93 Millionen Meilen. Die moderne Astrophysik gibt diesen Abstand mit 93 Millionen Meilen an. Ebenso findet sich eine statistisch relevante und starke Korrelation zwischen den Durchmessern der geozentrischen Umlaufbahnen der Planeten und den Durchmessern der Inseln (*dvipas*), die nach puranischer Kosmogonie die Erde umgeben.

**Schlussfolgerungen für ein umfassendes wissenschaftliches Verständnis des Universums** | Um die Beschreibung von Mikro- und Makrokosmos miteinander in Beziehung zu setzen, bedarf es einer Verbindung des zeitlichen und räumlichen Aspekts der Wirklichkeit, die in der derzeitigen Physik noch nicht vollständig vollzogen ist. Während die allgemeine Relativitätstheorie den räumlichen Aspekt der Wirklichkeit und die geometrisierte Zeit beschreibt, konzentriert sich die Quantenphysik vor allem auf den zeitlichen Aspekt der physischen Welt. Bisher ist es nicht gelungen, beide Modelle miteinander zu verbinden. Der Grund dafür könnte darin liegen, dass die Wissenschaft bisher dem Lebensprozess, der Mikro- und Makrokosmos und damit auch Raum und Zeit miteinander verbindet, keine eigenständige Bedeutung zuerkennt. Es bedarf somit einer dimensionsüberschreitenden Beschreibung des Lebensprozesses als eines integralen zentralen Bestandteils der materiellen Wirklichkeit. Der Fingerbreit zwischen Atom und Universum steht für diesen dimensionsverbindenden Aspekt des Lebens, da er den Menschen als Bindeglied zwischen Atom und Kosmos setzt.

### Das Maßsystem des Vastu

Vastu gründet auf einem rationalen Maßsystem für Messungen in allen Größenordnungen von Objekten, vom feinsten Detail einer Zierleiste bis zur Gliederung ganzer Siedlungskomplexe. Die Messungen sind von zweierlei Art: vertikale Messungen (*mana*) und horizontale Messungen (*unmana*).

Horizontale Messungen werden weiter unterteilt in:

- Messungen von Länge, Tiefe und Breite (*pramana*)
- Messung des Umfanges (*parimana*)

Vertikale Messungen sind ebenfalls von zweierlei Art:

- Messung entlang des Gefälles (*upamana*)
- Messungen von Höhe oder Tiefe (*lambamana*)

Das Maßsystem des Vastu orientiert sich an Maßen, die vom menschlichen Körper abgeleitet sind. Mittels der im vorhergehenden Abschnitt angegebenen Umrechnungstabelle lassen sich diese Maße bis auf die Größe eines Atoms (Paramanu) herunterrechnen.

Jeder beurteilt die Größe von Objekten aus seiner Umgebung in Relation zu seiner eigenen Größe. Insbesondere in der Architektur bietet es sich an, die Maße der Gebäude an den Maßen ihrer Bewohner zu orientieren.

Das vollkommene Maß eines Menschen ist immer gegeben, da seine Höhe (Kaya) gleich der Spannweite seiner ausgestreckten Arme (Vyama) ist. Obwohl Menschen von unterschiedlicher Größe sind und auch verschiedene Völker unterschiedliche Durchschnittsgrößen haben, trifft dieses Verhältnis für alle Menschen gleichermaßen zu. Auf diese Weise lässt sich der Mensch aufrecht stehend und mit ausgebreiteten Armen in ein Quadrat einzeichnen. Das davon abgeleitete Maßsystem wird Manushyapramana genannt und besitzt das Vyama als Grundmaß.

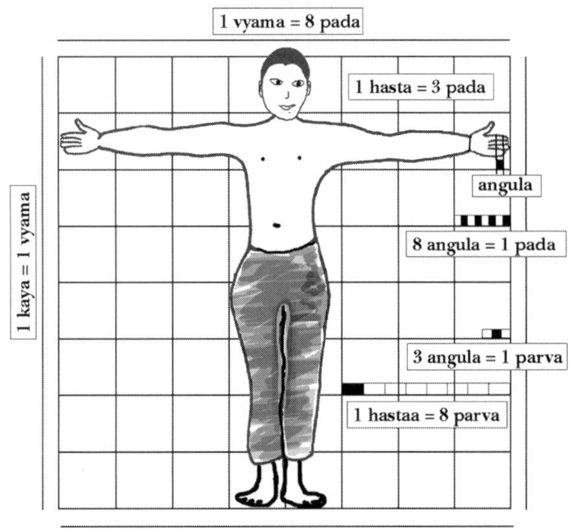


*Grundlagen des Maßsystems des Vastu*

Der achte Teil des Vyama wird als Pada bezeichnet und entspricht der Größe eines Fußes. Wird der Pada weiter achtfach unterteilt, so ergibt sich der Angula, der der Länge des mittleren Fingerglieds des Mittelfingers eines Menschen entspricht. Diese Einheit wird auch als Matrangula bezeichnet und stellt den vierundsechzigsten Teil der Höhe eines Menschen dar.

Die größte Maßeinheit, die sich vom Atom (Paramanu) aus berechnet ist Yava. An dieser Stelle begegnet das physika-

Die folgende Tabelle zeigt die im Vastu üblichen Standardmaße auf einen Blick:

| Größenordnung der Messung | Maßeinheit | Unterteilung (⅛ der Maßeinheit) |
|---|---|---|
| Große lineare Messungen | Yojana (23 km) | Nadika (2,88 km) |
| Messung von Land | Rajju (23 m) | Danda (2,88 m) |
| Messung eines Grundstücks | Danda (2,88 m) | Vitasti (36 cm) |
| Umfang eines Gebäudes | Vyama (192 cm) | Pada (24 cm) |
| Räume (Elemente von Gebäuden) | Hasta (72 cm) | Parva (9 cm) |
| Komponenten (z.B. Türrahmen) | Pada (24 cm) | Angula (3 cm) |
| Details | Angula (3cm) | Yava (3,75 mm) |
| Feine Details | Yava (3,75 mm) | Tila (0,47 mm) |

lische Maßsystem dem vom menschlichen Körper abgeleiteten. Der Angula des Vastu, dessen Größe von Mensch zu Mensch variiert, wird hierbei durch das so genannte Uttarangula ersetzt und wird zum Matrangula (Standardfingerbreit) des Vastu. Ein solches Standard-Angula (kurz Angula) umfasst 8 Yavas. Es ergibt sich die folgende Umrechnungstabelle:

8 Tila = 1 Yava = 3,75 mm (Gerstenkorn)
8 Yava = 1 Angula = 3 cm (Fingerbreit)
8 Angula = 1 Pada = 24 cm (Fuß)
8 Pada = 1 Vyama = 1,92 m (Armspannweite)

**Die Definition der Hasta** | Die Proportionen eines Menschen sind derart gestaltet, dass eine Schrittlänge der Länge seines Arms von der Achselhöhle bis zu den Fingerspitzen entspricht. Diese Länge wird als Hasta bezeichnet und macht 3/8 eines Vyama aus. Ein Hasta umfasst also drei Padas und eignet sich hervorragend als Grundmaß eines Vastu-Zollstocks. Ein Hasta umfasst 24 Matrangulas. Das im Vastu als Standard-Elle anerkannte Hasta-Maß hat eine Länge von 72 cm. Damit berechnet sich das entsprechende Standardmaß des Fingerbreits als 1 Angula = 3 cm.

1 Vyama = 192 cm
1 Hasta = 72 cm
1 Pada = 24 cm
1 Angula = 3 cm
1 Yava = 3,75 mm

**Verschiedene Standards von Hastas** | Beim Studium traditioneller Vastu-Schriften findet man die Verwendung verschiedener Hastas. Prinzipiell kann sich das zum Bau verwendete Maß an den Proportionen des Bauherrn orientieren. Bei der Errichtung von Opferstellen orientierte es sich häufig an den Maßen des Hauptpriesters.

Durchgehend findet man jedoch die Verwendung von drei standardisierten Hastas, die sich an drei Arten standardisierter Angulas orientiert: Adhama = 6 Yava, Madhyama = 7 Yava und Uttama = 8 Yava.

Davon ausgehend gibt es drei Standard-Ellen:

Minimale Länge:
1 Hasta = 24 Angula = 24 × 6 Yava = 144 Yava = 54 cm

Mittlere Länge:
1 Hasta = 24 Angula = 24 × 7 Yava = 168 Yava = 63 cm

Maximale Länge:
1 Hasta = 24 Angula = 24 × 8 Yava = 192 Yava = 72 cm

Die Länge der minimalen Hasta (54 cm) entspricht der gängigen Elle Mesopotamiens. Die mittlere Elle (63 cm) entspricht dem Standardmaß in China und die maximale Elle dem Hauptmaß des Vastu mit 72 cm.

Die Angehörigen der vier Klassen der vedischen Gesellschaft verwendeten unterschiedliche Hastas. Jeweils vom gleichen Angula ausgehend (3 cm), sollte das Hasta für das Haus eines Brahmanas 27 oder 31 Angulas haben (also 81 oder 93 cm), für einen Angehörigen des zweiten Standes (Kshatriya) 26 oder 30 Angulas (also 78 oder 90 cm), für einen Angehörigen des dritten Standes (Vaishiya) 24 Angulas (72 cm) und für einen Angehörigen des vierten Standes (Shudra) 28 Angulas (84 cm).

Seit dem vierten nachchristlichen Jahrhundert wurde die Standard-Elle von 24 Angulas allgemein als Maß für Vastu anerkannt und verwendet.

**Größere Maße zur Vermessung von Ländereien** | Um Land und größere Grundstücke zu vermessen, wurde im Vastu das Vielfache der erwähnten Maße verwendet. Das bekannteste Maß ist der Danda, der vier Hasta misst, also 4 × 72 cm = 2,88 m, und dem Umfang eines Quadrates mit der Seitenlänge 1 Hasta entspricht. Acht Danda ergeben ein Rajju, dessen Länge 23 m beträgt. Üblicherweise verwendete man bei der Vermessung Seile von 23 m Länge.

Für große lineare Messungen wurde das Yojana verwendet, das 1000 Rajjus = 8000 Danda umfasst.

Tausend Danda ergeben ein Nadika (2,88 km), das der Strecke entspricht, die eine Person in zügigem Tempo innerhalb von 24 Minuten (dem sechzigsten Teil eines Tages) zu Fuß zurücklegt.

**Ayadi-Berechnungen** | Das Maßsystem des Vastu orientiert sich am Vielfachen der Urzelle des Raumes (Paramanu), indem es jeweils mit acht multipliziert wird, um zur nächstgrößeren Maßeinheit zu gelangen. Daher geben die Maße von Gegenständen und Gebäuden und ihre Proportionen, die in solchen Maßeinheiten ausgedrückt sind, Aufschluss über die Qualität des Raumes im Verhältnis zur kosmischen Urschwingung.

Ayadi ist ein mathematisches System von Formeln, die die Proportionen des Raumes mit der Schwingung des Raumes in Beziehung setzen. Hierbei wird sowohl die Orientierung des Raumes als auch der Stern in die Betrachtung einbezogen, unter dem die Bewohner des betreffenden Gebäudes geboren wurden.

Das Ayadi-System ermöglicht es, die Schwingungen des Raumes und seiner Bewohner auf diejenigen des Kosmos abzustimmen, sodass ein harmonisches Energiefeld herbeigeführt wird.

In den sechs Formeln des Ayadi werden die Qualitäten des Raumes aus der primären Dimension des Raumes berechnet. Die primäre Dimension des Raumes kann dessen Umfang, Breite, Länge, Höhe oder Fläche sein. Dabei gibt es drei Gruppen von Berechnungssystemen: zunächst das System, das sich auf den Umfang bezieht, dann das System, das von linearen Dimensionen, also der Höhe, Länge und Breite ausgeht, und ein weiteres System, das die quadratischen Dimensionen, also die Flächeninhalte als Ausgang nimmt. Der Umfang ist die wichtigste primäre Dimension, die in jedem Fall berücksichtigt werden sollte. Die anderen Maße dienen zur Verfeinerung der Raumqualität.

Es gibt sechs verschiedene Raumenergiequalitäten, die

mit Hilfe der sechs Formeln untersucht und berechnet werden können. Sie lauten:

*Ayam:* Einkommen, Nutzen, lineare Größe zur Bestimmung des Einkommens oder Gewinns

*Vyaya:* Ausgaben

*Yoni:* Ursprung, Geburt, Richtung, aus der die Energie fließt.

*Vara:* Wochentag des Baubeginns (Beziehung zwischen Raum- und Zeitqualität)

*Tithi:* Phase des Mondes (Beziehung zwischen Raum- und Zeitqualität)

*Nakshatra:* Der Stellung des Mondes zur Zeit der Geburt der Bewohner (Beziehung zwischen Raum- und Zeitqualität)

Zusätzlich zu diesen sechs Hauptformeln gibt es weitere Formeln, die auf andere Aspekte des Schwingungsfeldes eines Raumes eingehen:

*Vayas:* Lebensalter der Bewohner oder des Objektes

*Dhruva:* Stabilität

*Rashi:* Monat (Beziehung zwischen Raum- und Zeitqualität)

Von diesen Aspekten der Raumqualität ist das Yoni-Konzept am wichtigsten, da es mit dem Ursprung der Energie des Raumes und deren Flussrichtung verbunden ist.

**Das Yoni-Konzept** | Nach vedischer Auffassung ist jedes Lebewesen, Objekt oder Gebäude einer der acht Himmelsrichtungen zugeordnet, die hierbei auf das Zentrum des Universums bezogen werden. Diese Richtung wird als sein Yoni bezeichnet, was Ursprung oder Geburt bedeutet. Die Yoni-Richtung zeigt, in welcher Richtung des Universums (von dessen Zentrum aus betrachtet) das jeweilige Ding seinen Ursprung genommen hat. Entscheidend ist bei dieser Zuordnung die Bezugnahme auf einen zentralen Punkt (Brahmanabhi). Jedes Vastu-Energiefeld besitzt einen solchen Punkt. Die Yoni-Richtung eines Raumes oder Gebäudes wird in Bezug auf diesen zentralen Punkt bestimmt, der für das jeweilige Grundstück das Zentrum (Brahmanabhi) des Universums repräsentiert.

Diese Bezugnahme auf ein Zentrum findet man in allen alten Kulturen der Menschheit wieder. Die Kosmologien der alten Hochkulturen enthalten die Vorstellung eines Zentrums der Welt, auf das sich der gesamte Raum bezieht. Viele Kulturen haben dieses Verständnis für die Planung ihrer Dörfer, Kultstätten, Häuser und anderer Anlagen übernommen.

Beim Yoni-Konzept wird jeder der acht Richtungen eine ganze Zahl zugeordnet, welche die Qualität der jeweiligen Orientierung repräsentiert. Diese Zahl entspricht dem Rest, der sich ergibt, wenn der Umfang eines Raumes in den angemessenen Maßeinheiten ausgedrückt und durch acht geteilt wird. Auch für lineare und quadratische Dimensionen gibt es Teilungsformeln, bei deren Anwendung der Rest die Yoni-Zahl ergibt.

Misst der Umfang eines Raumes beispielsweise 105 Pada, so entspricht dies 13 Vyama 1 Pada. Teilt man 105 durch acht, so ergibt sich als Ergebnis 13 mit Rest 1. Die gleiche Yoni-Zahl erhält man, wenn man den Umfang in Vyama ausdrückt und den Rest in Padas.

Hierbei ist es notwendig, das jeweilige Objekt in der angemessenen Maßeinheit zu vermessen. Die folgende Tabelle ordnet Objekten unterschiedlicher Größenordnungen die entsprechenden Maßeinheiten zu:

| **Kategorie des Objektes** | **Primäre Maßeinheit** | **Untereinheit zum Ausdrücken des Restes** |
|---|---|---|
| Große Flächen | Rajju | Danda |
| Baugrundstück | Danda | Vitasti |
| Grundriss eines Hauses | Vyama | Pada |
| Räume und Komponenten des Hauses | Hasta | Parva |
| Komponenten der Räume | Pada | Angula |
| Details | Angula | Yava |

Die folgende Tabelle enthält die Namen der acht möglichen Yonis und ordnet ihnen die entsprechende Himmelsrichtung zu:

| **Lage in einer Himmelsrichtung bezüglich des zentralen Punktes** | **Yoni-Name** | **Yoni-Zahl** |
|---|---|---|
| Osten | Flagge *Dhwaja* | 1 |
| Südosten | Rauch *Dhumra* | 2 |
| Süden | Löwe *Simha* | 3 |
| Südwesten | Hund *Kukkura* | 4 |
| Westen | Stier *Vrishaba* | 5 |
| Nordwesten | Esel *Khara* | 6 |
| Norden | Elefant *Gaja* | 7 |
| Nordosten | Krähe *Vayasa* | 8 |

Möchte man beispielsweise das Yoni eines Raumes bestimmen, so misst man den Umfang des Raumes in Padas ganzzahlig aus und teilt durch acht. Der Rest ist die Yoni-Zahl. Ergibt sich beispielsweise der Rest 1, so sollte ein solcher Raum im Osten gelegen sein und eine Tür im Westen haben. (Bei der Teilung durch acht kann der Rest Null auch als Rest Acht bezeichnet werden. Das Gleiche gilt für andere Teiler in den folgenden Formeln.)

Den Umfang eines Dorfes wird man hingegen in Rajju bestimmen. Der Rest in Danda bemessen, ergibt die Yoni-Zahl. Ein Baugrundstück wird man direkt in Danda ausmessen, wobei der Rest in Vitasti-Einheiten die Yoni-Zahl ergibt.

Den Umfang eines Gebäudes bestimmt man in Vyama, den Rest in Pada. Möchte man ein Haus östlich des Grundstückszentrums bauen, das demnach die Yoni-Zahl 1 besitzen sollte, so ist 1 Vyama und 1 Pada der kleinstmögliche Umfang. Der zweitkleinste Umfang mit Yoni 1 ist 8 Padas größer und besitzt damit 17 Padas.

Für andere Yonis, also Häuser in anderen Himmelsrichtungen, beträgt der kleinste Umfang dementsprechend 10 ( = 8 + Rest 2), 11 ( = 8 + Rest 3), 12, 13, 14, 15 und 16 Padas. In jedem Fall muss diese Ausgangszahl jeweils um 8 Padas erhöht werden, um einen weiteren Umfang der gleichen Yoni-Gruppe beziehungsweise der gleichen Himmelsrichtungsgruppe zu erhalten.

**Yonis für verschiedene Objekte** | Für massive Gegenstände wird nur der Außenumfang zur Yoni-Berechnung in Betracht gezogen, während bei Gefäßen und Kisten sowohl der Innen- (*antaryoni*) als auch der Außenumfang (*bahiryoni*) gemessen werden. In diesen Fällen wurde auch der Umfang der Mittellinie (*madhyayoni*) betrachtet.

Aus der folgenden Tabelle (oben rechts) kann man die Yonis entnehmen, die für verschiedene Objekte geeignet sind:

| Objekt | Geeignete Yoni-Zahl | Yoni-Name |
|---|---|---|
| Fahrzeuge, Schiffe, Schreine | 1 | Dhvaja |
| Möbelstücke | 7 | Gaja |
| Sitze und Stühle | 3 | Simha |
| Kisten, Brunnen, Seen, Käfige, Mauern, Ställe | 5 | Vrisha oder Dhvaja |
| Terrassen, Ebenen | 1 | Dhvaja |
| Gebäude | 1, 3, 5, 7 | Ungerade Yonis |

Für Gebäude werden generell nur die ungeraden Yonis als vorteilhaft angesehen.

Im Allgemeinen beschränkt man sich zur Bestimmung der Yoni-Zahlen bei Häusern auf den Außenumfang, bei Räumen innerhalb des Hauses auf den Innenumfang. Es ist jedoch nie falsch, beide zu betrachten. Für die Berechnung der Yoni-Zahlen ist es praktischer, den Abstand der Mauermittelpunkte zugrunde zu legen. Auf diese Weise wird der Einfluß variierender Wand- und Putzstärken ausgeschlossen.

Prinzipiell ist es günstig, wenn ein Haus mit der Yoni-Zahl gebaut wird, die der Himmelsrichtung entspricht, in der es, bezogen auf das Zentrum des Grundstücks, liegt. Da jedoch den Nebenhimmelsrichtungen gerade Yonis entsprechen, die als ungünstig eingestuft werden, baut man Häuser in Nebenhimmelsrichtungen nach Yonis benachbarter Himmelsrichtungen.

Die folgende Tabelle (unten) weist den Yoni-Zahlen die entsprechenden charakteristischen Eigenschaften zu:

| Orientierung | Yoni-Name | Yoni-Zahl | Charakteristische Eigenschaft | Weitere Eigenschaften |
|---|---|---|---|---|
| Osten | Flagge Dhwaja | 1 | Gewünschtes Ergebnis | Tugend, Lehrer, Priester, gut für alle Vastus in allen Richtungen |
| Südosten | Rauch Dhumra | 2 | Furcht | |
| Süden | Löwe Simha | 3 | Wohlstand | Unwissenheit, Krieger, Regierende |
| Südwesten | Hund Kukkura | 4 | Streit | |
| Westen | Stier Vrishaba | 5 | Reichtum | Unwissenheit, Arbeiter, Dienstleistender |
| Nordwesten | Esel Khara | 6 | Unstetigkeit | |
| Norden | Elefant Gaja | 7 | Wohlergehen | Leidenschaft, Händler, Bauern |
| Nordosten | Krähe Vayasa | 8 | Probleme mit der Familie | |

Die folgende Tabelle weist den Nebenhimmelsrichtungen die passenden Yonis zu:

| Nebenhimmelsrichtung | Steht in Beziehung zu | Vorgeschriebenes Yoni |
|---|---|---|
| Nordosten | Osten | Dhvaja |
| Südosten | Süden | Simha |
| Südwesten | Westen | Vrishaba |
| Nordwesten | Norden | Gaja |

Die nachstehende Tabelle gibt an, welche Yonis für Häuser in den Haupthimmelsrichtungen, bezogen auf das Zentrum des Grundstücks, neben ihren eigenen Yonis zusätzlich geeignet sind:

| Orientierung | Name des Hauses | Eigenes Yoni | Zusätzlich annehmbare Yonis |
|---|---|---|---|
| Osten | Osthaus | 1 | – |
| Süden | Südhaus | 3 | 1 |
| Norden | Nordhaus | 7 | 1, 3 |
| Westen | Westhaus | 5 | 1, 3, 7 |

Das Yoni wird als die Seele eines Hauses (oder eines andern Vastu-Objektes) bezeichnet. Idealerweise wird ein und dieselbe Yoni-Zahl für alle Aspekte eines Objektes verwendet. Dadurch erreicht man, dass der gesamte Raum in all seinen Unterräumen und Details mit der gleichen Frequenz schwingt und eine dynamische Einheit bildet. Das Yoni wird damit sozusagen zum genetischen Code, der jede Zelle des gesamten Organismus durchdringt und ihm damit seine unverwechselbare Individualität und Identität verleiht. Umso wichtiger ist es, nur mit den positiven, also den empfohlenen ungeraden Yonis zu arbeiten.

Zusätzlich zum Yoni-Konzept gibt es eine ganze Reihe weiterer Formeln, die vor allem astrologische Einflüsse auf den Raum zum Ausdruck bringen:

**Die sechs Formeln der vedischen Architektur** | Unter den erlaubten Yonis (1, 3, 5 und 7) für Umfänge gibt es wiederum überlegene und unterlegene Proportionen. Diese Klassifikation wird mit Hilfe astrologischer Gesichtspunkte vorgenommen, die sich auf die sechs Hauptfaktoren der Astrologie beziehen. Sie gelten als das Horoskop (*kundali*) des Vastu und umfassen:
Orientierung – Yoni
Einnahmen und Ausgaben – Ayavyaya
Alter – Vayas
Stern – Nakshatra
Mondphase – Tithi
Wochentag – Vara

Zusätzlich werden in diesem Kapitel zwei weitere Formeln behandelt, die ebenfalls mit astrologischen Gesichtspunkten verbunden sind und eine exaktere Feineinstellung ermöglichen:
Monat – Rashi
Qualität (Charakter, Persönlichkeit) – Amsam

**Einnahme, Zunahme (Ayam)** | Ayam berechnet sich, indem der Umfang mit 8 multipliziert und dann durch 12 geteilt wird. Der Rest wird als Ayam bezeichnet. Ayam bedeutet Ein- oder Zunahme.

Die folgende Tabelle listet die Eigenschaften der 12 möglichen Ayam-Zahlen auf. Hierbei fällt auf, dass bis auf die ersten beiden Zahlen 1 und 2 alle Ayams als positiv bewertet werden:

| Ayam-Zahl | Ergebnis |
|---|---|
| 1 | Armut |
| 2 | Schlechte Gesundheit für Frauen |
| 3 | Glück wird angezogen |
| 4 | Sieg |
| 5 | Freudige Überraschung |
| 6 | Der persönlichen Entwicklung zuträgliche Wünsche werden erfüllt |
| 7 | Spirituell förderlich |
| 8 | Genuss der guten Dinge im Leben |
| 9 | Reichtum |
| 10 | Das Gute setzt sich durch |
| 11 | Ruhm und Ehre |
| 12 | Religiosität, gut für religiöse Ziele |

Beispiel: Ein Haus mit dem Umfang 201 Padas ergibt:
U (in Padas) × 8 : 12 = 133, Rest 3
Ein solches Haus zieht der Ayam-Berechnung entsprechend das Glück an.

**Ausgabe, Abnahme (Vyaya)** | Mit der Eigenschaft der Zunahme (Ayam) geht eine weitere Eigenschaft einher, die als Abnahme oder Ausgabe (Vyaya) bezeichnet wird. Sie errechnet sich, indem der Umfang mit neun multipliziert und dann durch zehn geteilt wird. Der Rest, ganzzahlig in Zehnteln ausgedrückt, wird als die Vyaya-Zahl bezeichnet und bestimmt die Qualität der Ausgaben und Dynamik der Abnahmen eines Raumes oder Objektes.

Die folgende Tabelle gibt Auskunft über die Qualitäten der zehn möglichen Vyaya-Zahlen:

| Vyaya-Zahl | Ergebnis |
|---|---|
| 1 | Erfolg |
| 2 | Sieg |
| 3 | Gemäßigte Ergebnisse |
| 4 | Genuss der guten Dinge im Leben |
| 5 | Sieg über Feinde |
| 6 | Augenprobleme |
| 7 | Reichtum |
| 8 | Anhaltendes Glück |
| 9 | Gute Freunde |
| 10 | Glück |

Beispiel: Das gleiche Haus mit dem Umfang 201 Padas ergibt:
$U \times 9 = 1809 : 10 = 180$, Rest 9
Den Bewohnern des Hauses stehen demzufolge auch gute Freunde zur Seite. Die Ausgaben (Vaya = 9) sind jedoch größer als die Einnahmen (Ayam = 3), was auf finanzielle Schwierigkeiten hindeutet.

Im Vergleich zwischen Ayam und Vyaya sollten die Einnahmen möglichst größer sein als die Ausgaben, damit eine positive Energiebilanz entsteht. Daher ist es wichtig, dass die Ayam-Zahl größer ist als die Vyaya-Zahl.

**Berechnung des Sterns des Hauses (Nakshatra)** | Der Nakshatra ist der Stern, unter dessen Einfluss das Haus steht. Die Eigenschaften der 27 Nakshatras werden im Kapitel 11, Seite 212ff., im Detail beschrieben. Der Nakshatra eines Hauses lässt sich auf zwei Arten bestimmen. Die erste besteht darin, zu ermitteln, in welchem Nakshatra der Mond zur Zeit des Baubeginns stand. Die zweite Methode geschieht mit Hilfe der im Folgenden beschriebenen Formel. Im Idealfall harmonieren die beiden auf diese Weise bestimmten Nakshatras miteinander.

Man berechnet den Nakshatra eines Raumes, indem man den Umfang eines Hauses in ganzzahligen Hastas ausdrückt, mit 8 multipliziert und durch 27 teilt. Der Rest ist die Zahl, die als Nakshatra bezeichnet wird. Es gibt 27 Nakshatras, die den 27 Sternen entsprechen, welche der Mond auf seiner Bahn um die Erde passiert.

Mit Hilfe der folgenden Tabelle (unten) kann man den Nakshatra des jeweiligen Hauses bestimmen. Die Nakshatras sind in drei Gruppen aufgeteilt, sodass in der Tabelle acht Zeilen mit jeweils drei Nakshatras entstehen. Die Nakshatras einer Zeile besitzen jeweils die gleiche positive oder negative Bewertung.

Beispiel: Das gleiche Haus mit dem Umfang 201 Padas ergibt für den Nakshatra:
$U \times 8 = 1608 : 27 = 59$, Rest 15
Der diesem Rest entsprechende Nakshatra ist Swati, der Erfolg verspricht. Ist der Nakshatra der Hausherrin Revati, ergibt sich ein Abstand zwischen den beiden Sternen von 13. Die Quersumme hiervon ist 4, was als positiv angesehen wird und dafür spricht, dass die in diesem Haus lebende Familie ihren Lebensstandard erhalten kann.

Der Nakshatra eines Gebäudes sollte so festgelegt werden, dass er mit dem Geburtsstern (Nakshatra) der Herrin des Hauses (der ältesten Frau im Haus oder der Besitzerin) harmoniert. Die vedische Astrologie macht klare Aussagen darüber, welche Nakshatras miteinander harmonieren und welche nicht. Hierzu sollte man in der entsprechenden Fachliteratur nachschlagen oder sich an einen Experten wenden. Genauere Angaben findet man hierzu auch in Kapitel 13 zur Bestimmung des richtigen Zeitpunktes.

Eine einfache Methode, die Harmonie der Nakshatras zu überprüfen, besteht jedoch darin, ihren Abstand zu bestimmen. Dieser Abstand (Anfangs- und End-Nakshatra werden mitgezählt) wird nach der vorangehenden Tabelle als positiv oder negativ bewertet. Abstand 1, 3, 5 und 7 sind negativ zu bewerten, während 2, 4, 6, 8 und 9 als positiv angesehen werden. Ist der Abstand größer als 9, so ist seine Quersumme zu berücksichtigen. Das eigene Zeichen gilt jedoch generell als günstig.

Es können auch die Nakshatras des Hausherrn und des ältesten Sohnes berücksichtigt werden.

**Berechnung des Wochentages (Vara)** | Multiplizieren Sie den Umfang eines Objektes mit 9 und teilen Sie das Ergebnis

| | 1. Gruppe | 2. Gruppe | 3. Gruppe | Ergebnis | Bewertung |
|---|---|---|---|---|---|
| 1 | 1. Ashwini | 10. Magha | 19. Mula | Geburt Janma | – |
| 2 | 2. Bharani | 11. Purvaphalguni | 20. Purvashadha | Reichtum Sampath | + |
| 3 | 3. Krittika | 12. Uttaraphalguni | 21. Uttarashadha | Armut Vipath | – |
| 4 | 4. Rohini | 13. Hasta | 22. Abhujit | Erhaltung Kshemam | + |
| 5 | 5. Mrigashira | 14. Chitta | 23. Dhanistha | Unterwerfung Pratyayam | – |
| 6 | 6. Ardra | 15. Swati | 24. Shatabhisha | Erfolg Sadhakam | + |
| 7 | 7. Punarvasu | 16. Vishaka | 25. Purvabhadra | Abhängigkeit Vadham | – |
| 8 | 8. Pushya | 17. Anuradha | 26. Uttarabhadra | Freundschaft Maitram | + |
| 9 | 9. Ashlesha | 18. Jyestha | 27. Revati | Freundschaft Parama Maitram | + |

durch 7. Der Rest wird als Vara bezeichnet. Es gibt 7 Varas oder Sonnentage in einer Woche. Daher wird der mit neun multiplizierte Umfang durch 7 geteilt.
Beispiel: Das gleiche Haus mit dem Umfang 201 Padas ergibt für den Wochentag:
$U \times 9 = 1809 : 7 = 258$, Rest 3
Der diesem Rest entsprechende Vara (Wochentag) ist Dienstag, der als ungünstig bewertet wird. Dieser negative Faktor sollte ausgeglichen werden, indem der Baubeginn an einem positiven Tag wie Montag, Mittwoch, Donnerstag oder Freitag stattfindet.
Der Bewertung des Wochentags kommt nicht so viel Bedeutung zu wie den vorher genannten Formeln.

Die folgende Tabelle zeigt, welche Varas vorteilhaft sind und welche nicht:

| Vara | Wochentag | Planet | Ergebnis |
|---|---|---|---|
| 1 | Sonntag | Sonne | ungünstig |
| 2 | Montag | Mond | günstig |
| 3 | Dienstag | Mars | ungünstig |
| 4 | Mittwoch | Merkur | günstig |
| 5 | Donnerstag | Jupiter | günstig |
| 6 | Freitag | Venus | günstig |
| 7 oder 0 | Samstag | Saturn | ungünstig |

Montag, Mittwoch, Donnerstag und Freitag sind günstige Tage für den Beginn des Bauens.

**Mondtag (Tithi)** | Die Mondphase (Mondtag), auch Tithi genannt, wird berechnet, indem der Umfang mit 9 multipliziert und durch 30 geteilt wird. Auch hier gibt der Rest die Tithi-Zahl. Die Anzahl der Tage eines Monats beträgt 30 und setzt sich aus zwei Abschnitten zusammen. Der erste Abschnitt umfasst die 15 Tage des zunehmenden Mondes, der zweite die 15 Tage des abnehmenden Mondes.

Beispiel: Das gleiche Haus mit dem Umfang 201 Padas ergibt für den Mondtag (Tithi):
$U \times 9 = 1809 : 30 = 60$, Rest 9
Der diesem Rest entsprechende Tithi ist Navami, der ebenfalls als ungünstig gilt. Der Bau des Hauses sollte zum Ausgleich unbedingt an einem günstigen Mondtag begonnen werden.

Die folgende Tabelle zeigt, welche Tithis, auf die Tithi-Zahl bezogen, günstig beziehungsweise ungünstig sind. Damit können Sie gleichzeitig die Mondphase bestimmen, zu der mit dem Bau eines Hauses begonnen werden sollte. Das sollte nur an einem positiven Mondtag geschehen.

| Tithi | Mondtag (Sanskrit) | Ergebnis |
|---|---|---|
| 1 und 16 | Prathama | ungünstig |
| 2 und 17 | Dvitiya | günstig |
| 3 und 18 | Tritiya | günstig |
| 4 und 19 | Chaturthi | ungünstig |
| 5 und 20 | Panchami | günstig |
| 6 und 21 | Sasthi | gemäßigt |
| 7 und 22 | Saptami | günstig |
| 8 und 23 | Asthami | ungünstig |
| 9 und 24 | Navami | ungünstig |
| 10 und 25 | Dashami | günstig |
| 11 und 26 | Ekadashi | ungünstig |
| 12 und 27 | Dvadashi | günstig |
| 13 und 28 | Trayodashi | günstig |
| 14 und 29 | Chaturdashi | ungünstig |
| 15 und 30 | Amavasya/Purnima | ungünstig |

**Alter (Vayas)** | Die als Vayas bezeichnete Zahl wird qualitativ dem Alter zugeordnet. Sie berechnet sich, indem der Umfang zunächst mit 8 multipliziert und dann durch 27 geteilt wird. Bei dieser Formel ist der Quotient und nicht der Rest ausschlaggebend. Ist der Quotient zwischen 1 und 2, so fällt das Alter des Hauses in die Phase der Kindheit. Liegt der Quotient zwischen 2 und 3, so wird das Alter des Objektes der Jugend zugeordnet, zwischen 3 und 4 dem Erwachsensein, zwischen 4 und 5 dem Alter. Der Tod tritt ein, wenn der Quotient 5 erreicht wird. Liegt der Quotient zwischen 5 und 6, so befindet sich das Objekt in der Phase zwischen Tod und Wiedergeburt. Mit 6 beginnt dann wieder der gleiche Zyklus zwischen Geburt und Tod. Der Quotient 6 entspricht dem Quotienten 2 usw.
Die Phase zwischen Tod und Geburt gilt als ungünstig, während alle anderen Phasen als günstig angesehen werden.

Diese Zuordnung verfolgt drei Zwecke:
1) Die Objekte des Vastu werden in fünf Dimensionskategorien eingeteilt.
2) Die Objekte des Vastu gehören zu verschiedenen Gruppen, die sich bezüglich des Designs unterscheiden lassen.
3) Die Dimensionen lassen sich weltlichen und sakralen Objekten zuordnen.

Die folgende Tabelle zählt auf, für welche Objekte sich die einzelnen Dimensionsgruppen eignen:

| Gruppe | Quotient | Günstig für |
|---|---|---|
| Kindheit | 1–2, 6–7, 11–12, usw. | Sitze, Feueraltäre, Möbelstücke, Türen und andere kleine Objekte |
| Jugend | 2–3, 7–8, 12–13 | Kleine Gebäude zwischen 13 und 36 m² Fläche |
| Erwachsenenalter | 3–4, 8–9, 13–14 | Häuser |
| Alter | 4–5, 9–10, 14–15 | Größere Häuser |
| Tod | 5–6, 10–11, 15–16 | Tempel, mystische Gebäude |

Quotienten, die größer sind als 16, werden um 16 vermindert, dann lässt sich die Tabelle auf den verminderten Wert anwenden. Der Quotient 19 ergibt beispielsweise nach Verminderung um 16 eine 3, die in die Kategorie des Erwachsenenalters fällt. Ist der Quotient eine ganz Zahl, so wird er dem jeweils höheren Zahlenbereich zugeordnet.

**Proportionen für Geschäftsräume** | Für Räume, die kommerziell genutzt werden, ist es besonders wichtig, dass die Aya-Vyaya-Bilanz positiv aussieht. Daher werden, zusätzlich zur bereits besprochenen Vyaya-Formel, zwei weitere Formeln zur Berechnung von drei weiteren Arten von Ausgaben angegeben.

Im Idealfall sollten alle drei berechneten Ausgaben-Werte unter dem Wert der Einnahmen liegen.

1) $U \times 9 : 10$
2) $U \times 3 : 14$
3) $U \times 9 : 8$

U ist der in Hasta gemessene Umfang. Der Rest ergibt jeweils die Ausgaben.

**Persönlichkeit (Amsam)** | Als ein weiterer wichtiger Aspekt, der sich durch das Maßsystem beeinflussen lässt, ist die Charakterausprägung der Bewohner zu nennen. Dafür multipliziert man den Umfang mit 4 und teilt das Ergebnis durch neun, sodass man einen Rest zwischen 1 und 9 erhält, die sogenannte Amsam-Zahl, die auf den Charakter oder die Persönlichkeit hinweist.
Die Zahlen 2, 3, 4, 5 und 7 gelten hierbei als gut. Entnehmen Sie die genauen Qualitäten der nachstehenden Tabelle:

| Amsam-Zahl | Tendenz | Bewertung |
|---|---|---|
| 1 | Dieb | ungünstig |
| 2 | Genuss | günstig |
| 3 | Kraft | günstig |
| 4 | Segnung | günstig |
| 5 | König | günstig |
| 6 | Eunuch | ungünstig |
| 7 | Furchtlosigkeit | günstig |
| 8 | Armut | ungünstig |
| 9 | Sklave | ungünstig |

**Das Padayoni-Prinzip** | Die bisher vorgestellten Formeln verwendeten ausschließlich den Umfang eines Raumes als Primärdimension. Es lassen sich jedoch auch die anderen linearen oder quadratischen Dimensionen zur Bestimmung der Raumqualität heranziehen, also Länge, Breite, Höhe und Fläche des Raumes.

Je mehr Dimensionen das Yoni-Prinzip erfüllen, desto stärker bilden sich positive Schwingungen aus. Wird das Yoni-Prinzip auf lineare Maße angewandt, so spricht man vom Padayoni-Prinzip.

Außer dem Umfang sollten auch die folgenden Maße das Yoni-Prinzip erfüllen, indem ihre Yoni-Zahlen auf die Yoni-Zahl des äußeren Umfangs abgestimmt werden. Im Idealfall besitzen alle Maße die gleiche Yoni-Zahl:

- Länge
- Breite
- Höhe (vom Erdboden bis zur Decke der einzelnen Geschosse und auch des ganzen Gebäudes)
- Höhe der Säulen
- Umfang des Fundaments
- Grundfläche

Beispiel: Ein Haus besitzt eine Länge von 10,14 m und eine Breite von 8,22 m. Das ergibt einen Umfang von 36,72 m.
Die Yoni-Zahl des Umfangs beträgt damit 1 (Dhwaja-Yoni).
Für die Seitenlängen gilt:
Ein Quadrat mit der Seitenlänge 10,14 m hat den Umfang 40,56 m. Dessen Yoni-Zahl ist 1. Daher besitzt die Länge Dhwaja-Padyoni.
Ein Quadrat mit der Seitenlänge 8,22 m hat den Umfang 32,88 m. Dessen Yoni-Zahl ist ebenfalls 1. Daher besitzt die Breite ebenfalls Dhwaja-Padayoni.

**a) Ayadi-Formeln für lineare Größen** |
Die Yoni-Zahl einer linearen Größe wird ausgerechnet, indem man den Umfang eines Quadrates mit der zu bewertenden Seitenlänge als Primärmaß heranzieht. Das bedeutet, dass die Yoni-Zahl einer Länge l mit Hilfe des Umfangs $4 \times l$ berechnet wird.

**b) Ayadi-Formeln für Flächen** | Man kann die Ayadi-Formeln für Flächen anwenden, indem man die betreffende Fläche in Quadrat-Padas ausdrückt.

Vollkommene Dimensionen erhält man, wenn auch die Flächeninhalte die gleiche Yoni-Zahl aufweisen. Hierzu werden die Flächen in Quadrat-Padas ausgedrückt und durch acht geteilt. Der Rest bei dieser Division ergibt die Yoni-Zahl. Arbeitet man in Hasta, so muss die Fläche, die in Quadrat-Hasta ausgedrückt ist, erst mit 9 multipliziert und dann durch 8 geteilt werden. Für die anderen Formeln, angefangenen mit Ayam, verfährt man genauso.

Besitzt ein Gebäude mehrere Stockwerke, so sollte ebenfalls jedes Stockwerk mit der gleichen Yoni-Zahl errichtet werden.

Für Tempel wird empfohlen, dass selbst die Proportionen der Bildgestalten auf dem Altar auf die Yoni-Zahl des äußeren Umfangs des Tempels abgestimmt werden sollten.

Die folgende Tabelle fasst noch einmal die verschiedenen Formeln zur Berechnung von Proportionen zusammen:

| Dimension | Berechnung | Bemerkungen |
|---|---|---|
| Yoni | U : 8 | Rest 1–8 ergibt Yoni-Zahl |
| Vyaya | U × 9 : 10 | Rest ergibt Ausgaben |
| Vyaya | U × 3 : 14 | Rest ergibt Ausgaben |
| Vyaya | U × 9 : 8 | Rest ergibt Ausgaben |
| Ayam | U × 8 : 12 | Rest ergibt Einnahmen |
| Nakshatra | U × 8 : 27 | Rest 1–27 ergibt Sternbild (Nakshatra) |
| Tithi | U × 8 : 30 | Rest 1–30 ergibt Mondphase des zunehmenden Mondes (*shuklapaksha*) |
| Varam | U × 9 : 7 | Rest 1–7 ergibt den Wochentag, beginnend mit Montag |
| Amsam | U × 4 : 9 | Rest 1–9 ergibt Charakter |
| Vayas | U × 8 : 27 | Quotienten 1, 2, 3, 4, 5 korrespondieren mit den verschiedenen Lebensabschnitten |

Die sechs Formeln Yoni, Ayam, Vyaya, Nakshatra, Varam und Amsam werden als Shadayadi bezeichnet. Sie bilden ein System, das in dieser Form üblicherweise kombiniert angewandt wird, um die Proportionen eines Hauses zu überprüfen.

Ein anderes System, das ebenfalls weit verbreitet ist, verwendet anstatt der Amsam-Bewertung die Tithi-Zahl. Dieses System ist hilfreich, um zusätzlich den Baubeginn mit Hilfe der Mondphase auf die Proportionen des Hauses abzustimmen.

Zusätzlich empfiehlt sich in beiden Fällen die Anwendung des Alterskriteriums Vayas.

## Bestimmung der Maße und Proportionen beim Bau eines Hauses

Der Bauherr hat im Allgemeinen eine konkrete Vorstellung, wie lang sein Haus sein sollte. Im Falle eines einteiligen Gebäudes (Shala) entspricht die Länge der Breite des Innenhofes beziehungsweise des Zentrums (Brahmasthana) des Grundstücks. Diese Länge wird als Ishtadirgha, die erwünschte Länge, bezeichnet und bildet die Grundlage aller weiteren Maßbestimmungen des Vastu.

Von der erwünschten Länge ausgehend wird der Umfang des Hauses so bestimmt, dass die Yoni-Zahl und die astrologischen Faktoren passend sind.

Bei dieser Methode werden die Maße der einzelnen Teile eines Gebäudes in der folgenden Reihenfolge bestimmt:

Gewünschte Länge (Ishtadirgha) des Hauses und Yoni werden vom Bauherrn festgelegt.

Daraus ergeben sich:

- Umfang (Naha)
- Breite (Vistara)
- Höhe bis zur Decke (Padamana)
- Kellertiefe (Masura)
- Höhe der Wände (Stambha)
- Breite des Fußbodens (Uttaravistriti)
- Breite der Dachsparren (Lupanivradivitriti)
- Dicke der Decke (Uttaraghanam)

Die erwünschte Länge (Ishtadirgha) bildet die Grundlage der Bestimmung der Proportionen aller horizontalen und vertikalen Elemente eines Hauses. Sie hängt sowohl von der Größe des Grundstücks als auch von den Bedürfnissen der Eigentümer ab.

Der erste Schritt besteht dabei darin, aus der Länge den Umfang des Hauses zu bestimmen. Gehen wir vom Fall eines traditionell vedischen Hauses aus, das auf der Grundlage des Vastupurusha-Mandalas (eines 9 × 9-Gitters) gebaut wird, so hat der Innenhof eine Seitenlänge von drei Zellen.

Innerhalb des empfohlenen Baubereichs zwischen dem Zentrum (Brahmasthana) und dem äußersten Bereich (Pishachavithi) kann ein Haus maximal zwei Zellen breit sein. Da durch die Anwendung der Formel für die ideale Breite, die zunächst angenommene Breite immer zunimmt, sollte diese kleiner als zwei Zellen sein, da sonst das Maß des empfohlenen Bereichs überschritten werden müsste.

Lässt man die äußere Reihe von Zellen (Pishachavithi) frei, so ergibt sich das einfachste Haus in einer der vier Haupthimmelsrichtungen mit drei Zellen Länge und zwei Zellen Breite, wobei die Länge der erwünschten Länge entspricht. In diesem Fall ist das Verhältnis von Länge zu Breite 3:2. Im Falle eines Hauses mit einer Zelle Breite beträgt dieses Verhältnis 3:1.

Ausgehend von der konstant gehaltenen Länge und dem Anfangsverhältnis 3:1 wird dann die Breite so lange variiert, bis das Yoni-Prinzip und andere Kriterien erfüllt sind. Im Falle eines Rechtecks mit den Seitenlängen 3 und 1, beträgt der Umfang 8 Einheiten.

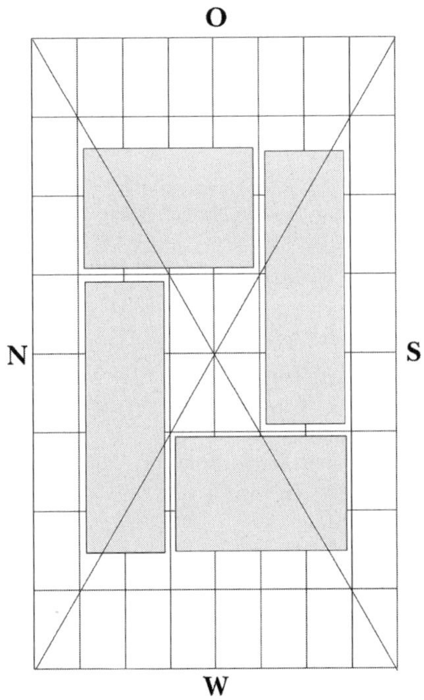


*Vastu-Mandala mit vier Shalas im bebaubaren Bereich mit einem 8 × 8-Gitter.*

**Normalisierung des Umfangs** | Das folgende Beispiel zeigt, wie aus einem zunächst beliebigen Umfang ein normalisierter Umfang entsteht, also ein Umfang mit der gewünschten Yoni-Zahl.

Hier hat eine Zelle die Breite 2 Hasta. Die erwünschte Länge beträgt 6 Hasta. Die Breite der Shala beträgt in der Planung zunächst eine Zelle oder 2 Hasta. Damit ergibt sich ein Umfang von 16 Hasta. Wenn man diesen in Padas umrechnet, erhält man 48 Padas, da drei Padas ein Hasta sind. Dies wird als der nicht normalisierte Umfang bezeichnet. Die Normalisierung führt man durch, indem man die gewünscht Yoni-Zahl in Padas hinzuaddiert. Für ein Haus in östlicher Richtung, dem die Yoni-Zahl 1 entspricht, wäre somit 1 Pada hinzuzuaddieren, sodass sich ein normalisierter Umfang von 49 Padas ergibt. Der halbe Umfang beträgt damit 8 Hasta und 4 Angula, da ein Pada aus acht Angula besteht. Zieht man hiervon die gewünschte Länge von 6 Hasta ab, erhält man für die Breite 2 Hasta und 4 Angula.

In diesem Beispiel wird Pada als das angemessene Maß für den Umfang verwendet. Gehen dabei Längen in Hasta in die Berechnung ein, so müssen diese mit drei multipliziert werden, um auf die entsprechende Pada-Zahl zu kommen.

In gleicher Weise lässt sich für ein Haus im Norden mit der gleichen Länge (Ishthadirgha) die Breite ermitteln. Hier ergibt sich ein nicht normalisierter Umfang von 48 Padas + 7 Padas oder 18 Hasta 8 Angula, da 7 die Yoni-Zahl für den Norden ist. Der Halbumfang beträgt 9 Hasta 4 Angula und die Breite somit 3 Hasta 4 Angula. Mit dieser Breite befindet sich das Haus immer noch innerhalb des bebaubaren Bereichs des Vastupurusha-Mandalas.

In Formeln ausgedrückt: Ist L die gewünschte Länge (Ishtadirgha) in Hasta-Einheiten ausgedrückt, und Y die Yoni-Zahl des Hauses, so ergibt sich der Umfang des Hauses aus der Formel:

$U = 2\,L + 2\,B + Y$

In diesem Fall ergibt sich mit $B = \frac{1}{3}\,L$:
$U = 2\,L + \frac{2}{3}\,B + Y = (8 \times L + 3 \times Y) : 3$
(alles in Pada ausgedrückt)

oder:
$U = (8 \times L + Y) : 3$ (alles in Hasta ausgedrückt)

Die Breite erhält man aus:
$B = U : 2 - L$

Für Wohnhäuser wird im Allgemeinen ein rechteckiger Grundriss gewählt. Die quadratische Form ist vor allem für Tempelbauten gedacht. Im Vastu gibt es eine systematische Klassifikation der üblichen Proportionen rechteckiger Grundrisse, die anhand des Verhältnisses von Länge und Breite vorgenommen wird.

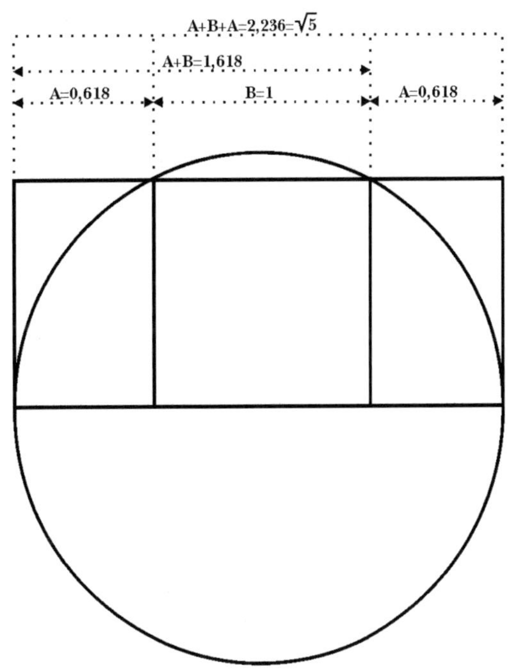


Auch die Proportionen des goldenen Schnitts werden in den Vastu-Schriften als vorteilhaft empfohlen. Varahamihira bezeichnet ihn in der »Brihat-Samhita« als Geschenk der Sonne und räumt ihm nach den Proportionen des Quadrates den zweiten Platz ein.

Der goldene Schnitt ergibt sich als Grenzwert des Quotienten zweier aufeinanderfolgender Glieder der Fibonacci-Reihe: (1, 2, 3, 5, 8, 13, 21, 34, 55, 89, 144, 233, 377…) zu Phi = 1,6128…

**Proportionen im Vastu** | Proportionen, bei denen die Länge ein ganzzahliges Vielfaches der Breite ist, werden als Samatata bezeichnet. Ist die Länge ein ganzzahliges Vielfaches der Breite plus 0,25, so gehört das Rechteck zur Gruppe der Padadhika. Die Gruppe, bei denen die Länge ein ganzzahliges Vielfaches der Breite plus 0,5 darstellt, wird als Arhadhika bezeichnet. Ergibt sich ein Quotient, der sich aus einer ganzen Zahl und 0,5 zusammensetzt, so spricht man von Padona-Proportionen. Hierbei werden Proportionen, die nicht genau mit diesen Werten übereinstimmen, sondern in dem jeweiligen Intervall zwischen dem reinen Wert und dem nächsten Wert liegen, zu der Gruppe des nächstkleineren reinen Wertes gezählt (die reinen Werte sind die Vielfachen von 0,25 wie 1,25, 1,5, 1,75 usw.).

Die folgende Tabelle enthält die Klassifikation der möglichen Verhältnisse zwischen 1 und 7 und ihre Bezeichnungen:

| Padadhika | Ardhadhika | Padona | Samatata |
|---|---|---|---|
| | | | 1 bis < 1,25 |
| 1,25 bis < 1,5 | 1,5 bis < 1,75 | 1,75 bis < 2 | 2 bis < 2,25 |
| 2,25 bis < 2,5 | 2,5 bis < 2,75 | 2,75 bis < 3 | 3 bis < 3,25 |
| 3,25 bis < 3,5 | 3,5 bis < 3,75 | 3,75 bis < 4 | 4 bis < 4,25 |
| 4,25 bis < 4,5 | 4,5 bis < 4,75 | 4,75 bis < 5 | 5 bis < 5,25 |
| 5,25 bis < 5,5 | 5,5 bis < 5,75 | 5,75 bis < 6 | 6 bis < 6,25 |
| 6,25 bis < 6,5 | 6,5 bis < 6,75 | 6,75 bis < 7 | 7 bis < 7,25 |

Auf diese Weise sind die Verhältnisse zwischen 1 und 7 in 24 Intervalle unterteilt, die in vier Gruppen gegliedert werden können.

**Das Gunamsa-Prinzip** | Das Gunamsa-Prinzip ist eine einfache Berechnungsmethode, mit der man die reinen Proportionen der vorangehenden Tabelle erhält und gleichzeitig die Verhältnisse der Padona-Gruppe vermeidet.

Die Proportionen des Gunamsa-Prinzips gelten deshalb als Glück verheißend, weil solche Rechtecke aus einer regelmäßigen Anordnung von 16, 20, 24 …, $16 + 4 \times n$, …, 112 Quadraten resultieren. Solche regelmäßigen Quadratgitter werden im Vastu bevorzugt. Sie werden der Struktur des ungestörten Raumes am ehesten gerecht.

Gunamsa bedeutet wörtlich »Bruchteil eines Vielfachen«. Ein Raum entspricht dem Gunamsa-Prinzip, wenn der Halbumfang in 8 bis 32 Teile geteilt werden kann, wobei die Breite vier Teilen, die Länge dem Rest entspricht. Hierbei werden die Teiler 11, 15, 19, 23, 27 und 31 nicht verwendet, da sich ansonsten eine Proportion der Padona-Gruppe ergibt. Es gelten die folgenden Beziehungen:

H: Halbumfang
L: Länge
B: Breite
T: Teiler zwischen 8 und 32 (mit Ausnahme ungünstiger Teiler)

$L = 4 \times H : 32$ $\quad B = (T-4) \times H : 32$ oder

bei vorgegebener Länge $L : B = (T-4) \times L : 4$ mit $T = 8$ bis 32

Bei Verwendung des Teilers 10 ergibt sich:
$L = 4 \times H : 32$
$B = (10-4) \times H : 32 = 6 \times H : 32$
$B : L = 3 : 2 = 1,5$
Das entspricht einer Proportion der Ardhadhika-Gruppe, die als günstig angesehen wird.

Bei Verwendung des Teilers 15 ergibt sich beispielsweise:
$L = 4 \times H : 32$
$B = (15-4) \times H : 32 = 11 \times H : 32$
$B : L = 11 : 4 = 2,75$
Das entspricht einer Proportion der Padona-Gruppe, die zu vermeiden ist.

Die folgende Tabelle enthält die resultierenden Verhältnisse von Länge und Breite, wiederum in vier Gruppen unterteilt:

| Padadhika | | Ardhadhika | | Padona | | Samatata | |
|---|---|---|---|---|---|---|---|
| | | | | | | 4:4 | 1:1 |
| 4:5 | 1:1,25 | 4:6 | 1:1,5 | 4:7 | 1:1,75 | 4:8 | 1:2 |
| 4:9 | 1:2,25 | 4:10 | 1:2,5 | 4:11 | 1:1,75 | 4:12 | 1:3 |
| 4:13 | 1:3,25 | 4:14 | 1:3,5 | 4:15 | 1:1,75 | 4:16 | 1:4 |
| 4:17 | 1:4,25 | 4:18 | 1:4,5 | 4:19 | 1:1,75 | 4:20 | 1:5 |
| 4:21 | 1:5,25 | 4:22 | 1:5,5 | 4:23 | 1:1,75 | 4:24 | 1:6 |
| 4:25 | 1:6,25 | 4:26 | 1:6,5 | 4:27 | 1:1,75 | 4:28 | 1:7 |

Von diesen 24 Verhältnissen sind die Proportionen der Padona-Gruppe zu vermeiden, die prinzipiell ungünstig sind, während auch das Verhältnis 4:6 als ungünstig gilt.

Für Tempel gelten die Verhältnisse 1:1, 1:1,25 und 1:1,5 als besonders Glück verheißend für den Altarraum. Vollkommene Formen, die aus den Proportionen 1:1 und 1:1,5 hervorgehen, sind die idealen Proportionen für Tempel und heilige Räume. Für Wohnzwecke sind, sie weniger geeignet.

Verhältnisse, die größer als 1 : 7 sind finden keine Anwendung, weil bei ihnen das Verhältnis zwischen ihrer Fläche und der Fläche eines Quadrates gleichen Umfangs unter 0,5 absinkt.

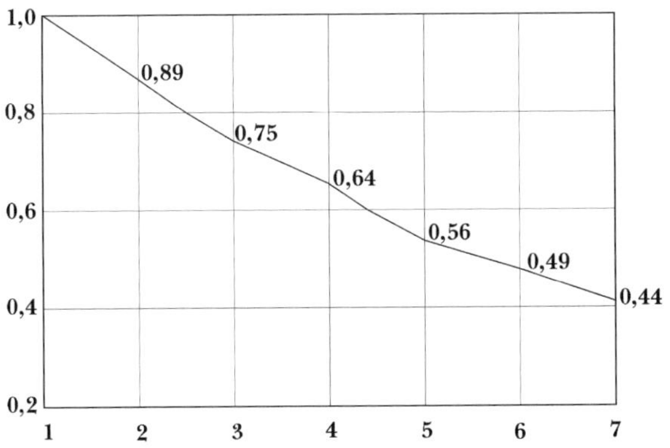


*Flächeneffizienz der resultierenden Rechtecke mit den auf der x-Achse aufgetragenen Proportionen.*

*Beispiel:*

Geht man vom Umfang 16 H 8 A und einem Breite-Länge-Verhältnis von 4 : 9 (Padadhika) aus, so ergibt sich zunächst der Halbumfang von 8 H 4 A, also 196 A. Teilt man diesen durch 4 + 9 = 13 (Anzahl der Teile eines Halbdurchmessers), ergibt sich die Länge eines Teils als 15 A mit 1 A Rest. Damit ergibt sich:

Breite: B = 4 × 15 A = 60 A = 2 H 12 A
Länge: L = 9 × 15 A + Rest 1 A = 136 A = 5 H 16 A

Daraus ergibt sich ein Verhältnis zwischen Länge und Breite von (5 H 16 A) : (2 H 12 A) = 2,266. Dieser Wert liegt zwischen 2,25 und 2,5 und gilt daher als Padadhika-Proportion. Um in diesem Beispiel mit ganzzahligen Angula-Maßen arbeiten zu können, wurde ein Rest gebildet. Dieser Rest von 1 A erzeugt die Abweichung vom reinen Wert 2,25 der Padadhika-Proportion.

**Das kleinste traditionelle Haus nach Vastu** | Neben den empfohlenen Proportionen des Gunamsa-Prinzips gilt auch das Verhältnis 3:8 als akzeptabel. Die Weisen Garga und Daksha sagen, dass die Breite eines Hauses nicht die Hälfte der Länge überschreiten sollte. Daraus resultiert das Problem, dass, im Falle einer Grundlänge (Ishtadirgha) von 6 H, ein nördliches Haus mit Yoni 7 (Uttaravastu) eine Breite von 3 H 4 A und eine Länge von 6 H besitzt, wodurch sich ein Verhältnis von Länge und Breite ergibt, das kleiner als zwei ist.

Aus dieser Überlegung folgt, dass 6 H (4,32 m) zu klein ist, um als Grundlänge für eine vedische Shala zu dienen.

Setzt man 8 H (5,76 m) als gewünschte Länge ein, so ergibt sich, bei einem anfangs gesetzten Verhältnis zwischen Breite und Länge von 1:3, der Umfang zu 64 Padas = 8 Vyama (15,36 m). Der normalisierte Umfang für Simhayoni (Yoni-Zahl = 3) ergibt 67 Padas = 22 H 8 A (16,08 m). Dies ist der minimale Umfang einer vedischen Shala nach Vastu.

Die minimale Breite eines bewohnbaren Raumes (= dynamischer Raum) wird als Purushanjali bezeichnet und beträgt 3 H 8 A = 240 cm. Die minimale Breite des passiven Raumes gilt als 1 Vyama = 2 H 16 A (1,92 m). Diese Raumbreiten unterteilen die Längsseite des Gebäudes. Das minimale vedische Haus besteht aus einem dynamischen und einem passiven Raum. Sein Umfang ist 22 H (nicht normalisiert). Seine Länge beträgt 7 H, seine Breite 4 H. Je nach seiner Orientierung müssen diese Maße mit der jeweils geeigneten Yoni-Zahl normalisiert werden.

Im Allgemeinen folgt man der Regel, dass das Verhältnis von Länge und Breite die Zahl Drei nicht überschreiten sollte.

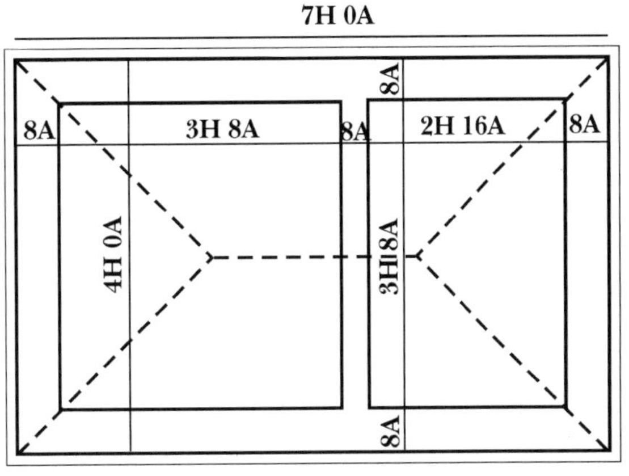


*Das minimale vedische Haus (Shala) mit einem dynamischen (links) und einem passiven Raum rechts. Die Wandstärke wurde mit 8A (24 cm) angesetzt.*

In einigen Vastu-Schriften werden zusätzlich die folgenden Proportionen und ihre spezifischen Wirkungen auf die Bewohner angegeben:

1 : 1 Dhwajaya: födert Reichtum.

1 : 1,111 Dhumaya: negativer Einfluss auf die Gesundheit.

1 : 1,222 Simhaya: födert Gesundheit, Wohlstand und Reichtum.

1 : 1,333 Swasaya: mittelmäßige Eigenschaften, Treue und Freundschaft, jedoch wenig Erfolg.

1 : 1,444 Vrishabhaya: bringt Glück und Reichtum.

1 : 1,555 Kharaya: negativer Einfluss in allen Bereichen.

1 : 1,666 Gajaya: starker positiver Einfluss in allen Bereichen.

1 : 1,777 Kakaya: zieht viele Menschen an und ist daher gut für öffentliche Gebäude geeignet.

## Anhang zu Kapitel 10

### Die Planung eines Geschäftshauses

Dieser Abschnitt gibt ein Beispiel für die Planung eines Geschäftshauses nach den Prinzipien des Vastu unter besonderer Berücksichtigung der richtigen Proportionen. Diese müssen zumindest die Yoni- und Ayadi-Bedingungen erfüllen und gleichzeitig auf die jeweilige geschäftliche Nutzung der Räume zum Verkauf oder als Büros abgestimmt werden. Sowohl der Gesamtumfang als auch einzelne Räume sollten sorgfältig proportioniert werden.

**Die Aufgabenstellung** | Es soll ein dreistöckiges Geschäftshaus auf einem Grundstück von 26 × 20 m Fläche konstruiert werden. Auf der längeren Seite im Norden befindet sich eine Straße mit der Breite 8 m. Das Gebäude sollte in Richtung Norden weisen, während sich sein Schwerpunkt im südwestlichen Quadranten befindet.

Für ein in Richtung Norden weisendes Gebäude sollte Simhayoni 3 gewählt werden. Dhvajayoni 1 ist ebenfalls akzeptabel.

Im Norden des Gebäudes sollte mehr Platz auf dem Grundstück bleiben als im Süden, im Osten mehr als im Westen. Da das Gebäude in Indien gebaut werden soll, müssen die indischen Bauvorschriften beachtet werden, die für kommerzielle Gebäude in allen Richtungen einen Mindestabstand zu den Grundstücksgrenzen von 4,5 m fordern. Die maximale Länge des Gebäudes beträgt daher 26 m – 9 m = 17 m.

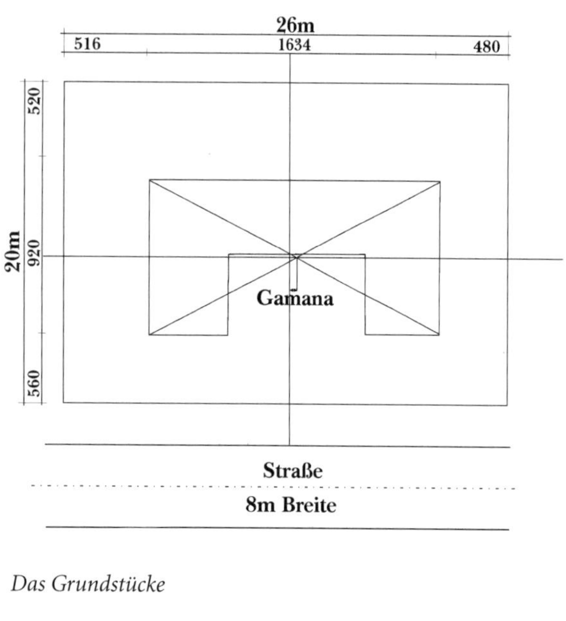


*Das Grundstücke*

Geht man zunächst davon aus, dass das Gebäude in der Längsachse fünf Räume beherbergen soll, so teilt man die Gesamtlänge durch fünf. Es ergibt sich eine mittlere Raumbreite von 3,4 m. Man kann die Räume proportionieren, indem man das Padayoni-Prinzip zur Anwendung bringt und die linearen Abmessungen zu Grunde legt. Die nächsten Padayoni-Breiten mit Simhayoni 3 sind 2,58 m und 4,02 m. Von diesen ist 2,58 m zu klein für einen Raum. Um die Rechnungen zu erleichtern, werden die Raumlängen jeweils vom Zentrum der Mauern aus gemessen. Die Mauern sollen eine Dicke von jeweils 20 cm besitzen.

Es wäre eine Kombination von vier Räumen mit der Breite 4,02 m möglich, doch eine gerade Anzahl von Räumen sollte vermieden werden. Die Anzahl der Räume sollte möglichst ungerade sein.

Daher wird zusätzlich im Zentrum des Gebäudes ein Treppenhaus zu den oberen Stockwerken gebaut. Eine Breite von 2,94 m mit Dhvajayoni 1 ist für diesen Zweck geeignet. Um den Anforderungen eines frei stehenden Geschäftshauses am besten zu genügen und alle gewünschten Räume unterbringen zu können, ist es sinnvoll, die Räume in U-Form anzuordnen, in Richtung Norden geöffnet. Eine solche U-Form gilt im Vastu als Glück verheißend, da sie die positiven Energien des Nordens nutzt.

Neben dem Treppenhaus ergibt sich damit eine Anzahl von vier Geschäftsräumen pro Stockwerk, deren Maße idealerweise 4,02 m × 4,98 m betragen. Dadurch ergibt sich ein Umfang von 18 m (25 Hasta), der der Simhayoni-Kategorie angehört und gute astrologische Eigenschaften nach den Ayadi-Prinzipien aufweist.

In jedem Stockwerk werden zwei kleine Lagerräume gebaut. Sie sollten eine Breite von 1,62 m haben und damit ebenfalls der Simhayoni-Kategorie angehören. Im Innenhof wird eine kleine Laufpassage von der gleichen Breite (1,62 m) konstruiert.

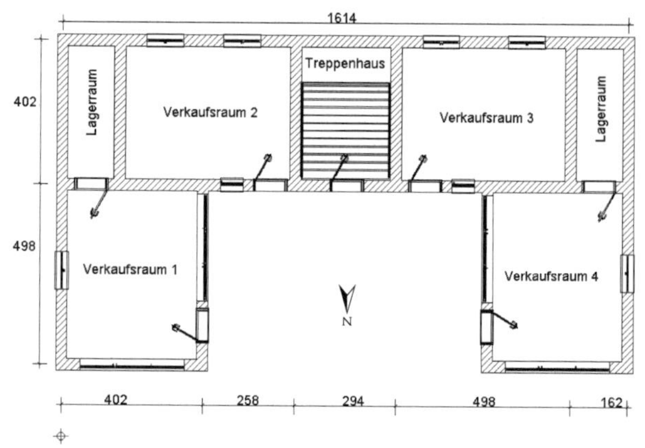


*Grundriss des Erdgeschosses.*

Als Gesamtumfang des Gebäudes ergibt sich eine Länge von 60,24 m (83 H 16 A). Diese gehört zur Simhayoni-Kategorie. Die Gesamtlänge des Gebäudes beträgt von der Mittellinie der Mauern aus gemessen 16,14 m, seine Breite 9 m. Die Außenlänge beträgt 16,34 m, die Breite 9,2 m. Im Norden bleibt damit ein Abstand zur Straße von 5,6 m, während das Gebäude im Süden einen Abstand von 5,2 m zur Grundstücksbegrenzung besitzt. Im Westen bleibt ein Abstand von 4,5 m, im Osten einer von 5,16 m. Damit liegt der Schwerpunkt des Gebäudes leicht im südwestlichen Quadranten.

Das Zentrum des Gebäudes befindet sich vom Zentrum des Grundstücks aus gesehen im Süden. Hierdurch lässt sich das Gebäude als in Richtung Norden weisend betrachten, das Gebäude liegt dementsprechend im Süden. Simhayoni ist damit das richtige Maß.

*Das Geschäftshaus von vorne (Nordansicht).*

## Anhang zu Kapitel 16

### Die Bewertung von Omen im Vastu

**Omen in Zusammenhang mit einer Kuh** |

- Sieht man auf dem Weg zu einem wichtigen Ereignis eine Kuh, so ist dies ein gutes Vorzeichen.
- Grast auf dem zu beurteilenden Grundstück eine Kuh oder bewegt sich auf dieses zu, so werden dadurch ebenfalls Glück verheißende Umstände angezeigt.
- Eine »weinende« Kuh, der Tränen aus den Augen treten, ist ein schlechtes Vorzeichen und mag auf bevorstehende Krankheiten hindeuten (insbesondere für das Familienoberhaupt oder den Bauherrn).

**Omen in Zusammenhang mit einem Hund** | Bei den meisten Omen ist zu bemerken, dass es sich nicht auf das eigene Tier beziehen sollte, das einem ständig begegnet. Es sollte sich beispielsweise um einen streunenden oder fremden Hund handeln. Omen sind besondere Ereignisse, die von der Norm abweichen und in einem bestimmten Zusammenhang sehr deutlich ins Bewusstsein treten. Sie erscheinen wie Antworten auf bereits gestellt Fragen. Einige der aufgezählten Omen gelten auch für das eigene Tier, falls dieses besonders ungewöhnliche Verhaltensweisen an den Tag legt.

- Begegnet einem ein Hund mit einem Schuh oder einem ähnlichen Gegenstand im Maul, so ist dies ein Unglück verheißendes Vorzeichen.
- Auch ein Stück Stoff im Mund eines Hundes ist ein Vorzeichen für bevorstehenden Ärger.
- Ein trockener Knochen im Maul eines Hundes ist ein schlechtes Vorzeichen.
- Reckt und streckt sich ein Hund oder kratzt er sich in den Ohren, so ist dies ein schlechtes Vorzeichen. Es deutet an, dass die begonnene Arbeit unvollendet bleiben mag.
- Ein schlechtes Vorzeichen, das auf die Gefahr eines Brandes oder Diebstahls hinweist, liegt vor, wenn ein Hund am Nachmittag oder Abend die Sonne in Richtung Südwesten anbellt. Dieses Omen mag auch auf einen Familienstreit hindeuten.
- Liegt oder sitzt ein Hund auf solche Weise auf einer Treppe, dass sich sein Körper auf einer Stufe befindet, sein Kopf dagegen auf der nächsten, so mögen den Frauen im Haus Krankheiten bevorstehen.
- Schnüffelt ein Hund an den Schuhen einer Person, so deutet er damit erfolgreiche Reisen an.
- Erklimmt ein Hund den höchsten Punkt eines Hauses und macht dort ungewöhnliche Geräusche, so ist dies ein Vorzeichen für bevorstehende Schwierigkeiten.
- Erhebt sich ein Hund an den Beinen einer Person oder streift er um deren Beine herum, so mag dieser Person Erfolg beschieden sein.
- Bellt ein Hund eine Person von hinten an, so deutet dies auf Gefahren hin.
- Ein schlechtes Vorzeichen liegt vor, wenn ein Hund weniger isst als gewöhnlich und Tränen in seinen Augen stehen.

**Omen in Zusammenhang mit einer Katze** | Ereignisse, die in Zusammenhang mit der eigenen Katze oder der Katze einer beteiligten Person stehen, sollten nicht als Omen gewertet werden. Es werden nur streunende Katzen berücksichtigt.

- Graue Katzen sind gute Omen.
- Betritt eine schwarze Katze das Haus, so liegt ein gutes Omen vor.
- Kreuzt eine weiße Katze den Weg, so deutet dies auf gesundheitliche Probleme hin.
- Kreuzt eine Katze den Weg, so deutet dies generell darauf hin, dass die begonnene Arbeit fehlschlagen könnte.
- Schnuppert eine Katze an den Beinen, so ist dies ein gutes Omen.
- Tritt man eine Reise an, so ist eine Katze, die auf der linken Seite gesehen wird, ein gutes Omen. Dies gilt jedoch nur dann, wenn die Katze nicht den Weg kreuzt.
- Bekommt eine fremde Katze in einem Haus Junge, so weist dieses Vorzeichen auf Wohlstand und Reichtum für das Familienoberhaupt hin.
- Drei schwarze Katzen zusammen bilden ein gutes Omen.
- Stirbt eine Katze in einem Haus, so liegt ein schlechtes Omen vor.
- Folgt eine Katze einer Person, die aus dem Haus geht, so weist dies auf den Erwerb von Reichtum hin.
- Ein Streit zwischen einer Katze und einem Kater weist auf Streit im Haus hin.
- Miaut eine Katze ständig, während eine Person das Haus verlässt, so weist dieses Omen auf bevorstehende Verluste für diese Person hin.

**Omen in Zusammenhang mit Krähen** |

- Nähert sich abends eine Krähe aus dem Südwesten, so weist dieses Omen auf bevorstehende Schwierigkeiten hin.
- Wird abends eine Krähe gesichtet, die sich aus dem Südosten nähert, so ist dies ein Vorzeichen für finanziellen Gewinn.
- Passiert eine Krähe laufend auf der linken Seite, so liegt ein gutes Omen vor.
- Laufen mehrere Krähen zusammen in einer Ecke des Grundstücks, so steht Gefahr bevor.
- Nähert sich am frühen Morgen eine Krähe aus dem Nordosten, so stehen gute Nachrichten bevor.
- Läuft eine Krähe auf dem Dach eines Hauses, so ist dies ein schlechtes Vorzeichen.
- Erblickt man eine Krähe auf dem Rücken eines Schweines, so stehen rechtliche Schwierigkeiten bevor.
- Sieht man eine Krähe, die im Uhrzeigersinn kreist, so ist dies ein Omen für schlechte Beziehungen zu den Verwandten.
- Trägt eine Krähe ein Gefäß oder einen wertvollen Artikel, so steht Gefahr bevor. Bringt sie Gras oder verbranntes Holz in ein Haus oder auf ein Grundstück, so weist dies auf Gefahr durch Feuer hin.
- Eine Krähe, die in Richtung Südwesten läuft, weist auf finanzielle Gewinne für die Person hin, die dies sieht.
- Ebenso ist eine in Richtung Südosten laufende Krähe ein Vorzeichen für bevorstehenden Reichtum.

- Eine in Richtung Süden laufende Krähe weist auf gute Unterhaltung und gute Partys in einem Haus hin.
- Läuft eine Krähe in Richtung Nordwesten, so mag der Besitzer mit Geschenken beglückt werden.
- Läuft eine Krähe in Richtung Norden, weist dies auf neue Kleidung und neue Fahrzeuge hin.
- Eine in Richtung Nordosten laufende Krähe deutet auf finanzielle Gewinne für das Familienoberhaupt hin.
- Eine auf einem beladenen Fruchtbaum sitzende Krähe weist auf Wohlstand und Ehre hin.
- Läuft eine Krähe ins Haus hinein, so weist dieses Omen auf die Ankunft von Gästen hin.
- Eine Krähe auf dem Rücken eines Pferdes ist ein gutes Omen vor allem in Bezug auf Fahrzeuge.
- Eine Krähe auf dem Schwanz einer Kuh ist ein schlechtes Omen und weist auf gesundheitliche Probleme hin.
- Zwei Krähen zusammen künden schlechte Nachrichten an.

**Omen in Zusammenhang mit Eulen |**
- Eine Eule auf der rechten Seite ist Glück verheißend.
- Eine Eule auf der linken Seite ist nicht Glück verheißend.
- Sitzt eine Eule auf dem Dach eines Hauses, so ist dies ein Vorzeichen für Zerstörung.
- Eine Romanze zweier Eulen ist ein schlechtes Vorzeichen.

**Allgemeine Omen |**
- Ein zerbrochener Spiegel im Haus weist auf Wechsel und Veränderung (des Besitzers oder Wohnortes) hin.
- Die Sichtung eines Regenbogens nach Sonnenuntergang deutet darauf hin, dass das Familienoberhaupt krank wird.
- Wenn jemand stolpert, während er das Haus verlässt, liegt ein schlechtes Omen vor.
- Das Läuten von Glocken oder der Wohlklang eines Instruments zum Zeitpunkt des Betretens eines Hauses oder Grundstücks bei der Besichtigung sind sehr gute Omen und weisen auf Erfolg hin.
- Begegnen wir auf der Straße jemandem, der Milch oder Joghurt trägt, so ist dies ein gutes Vorzeichen.
- Jedes weiße Pferd, Fahrzeug oder ein anderes weißes Objekt, das sich aus dem Norden nähert, wird als ein gutes Vorzeichen betrachtet.
- Wird man gefragt, was man tut, während man das Haus verlässt, um eine bestimmte Aufgabe zu erledigen, so ist dies ein schlechtes Vorzeichen für die zu erledigende Aufgabe.
- Das Gleiche gilt, wenn einem jemand beim Verlassen des Hauses empfiehlt, erst zu essen und dann zu gehen.
- Kommt einem nach Verlassen des Hauses eine Person entgegen, die sich am Kopf kratzt, so ist dies ein schlechtes Vorzeichen, das auf Verlust oder Fehlschlag hindeutet.
- Kommt einem aus der entgegengesetzten Richtung jedoch ein Paar entgegen, so ist dies ein gutes Vorzeichen.
- Begegnet man einer betrunkenen Person, während man ein neues Projekt startet oder ein Haus beziehungsweise Grundstück besichtigt, so ist dies ein schlechtes Omen.
- Begegnet man auf der Straße einer Person, die Feuerholz trägt, so besteht entweder die Gefahr eines Unfalls oder die Gesundheit ist in Gefahr.
- Wenn man hört, wie jemand eine der Ziffern zwischen 1, 5, 7 oder 8 murmelt, so weist dies auf Schwierigkeiten hin.
- Murmelt jemand die Zahlen 6, 9, 10, 11 oder 14, während man das Haus verlässt, so werden damit finanzieller Gewinn und Wohlstand indiziert.
- Hört man den Streit der Nachbarn, während man das Haus verlässt, so ist dies ein Omen für Verlust und Fehlschlag.
- Verliert man beim Verlassen des Hauses ein Taschentuch, einen Hut, ein Kleidungsstück oder etwas Ähnliches, so besteht die Gefahr von Verlusten und Fehlschlägen.
- Das Zerbrechen eines Wassergefäßes deutet auf Schwierigkeiten hin.
- Das Zerbrechen eines Fensters oder Fensterrahmens ist besonderes Unglück verheißend.
- Beim Verlassen eines Hauses an der Kleidung gezogen zu werden, ist Unglück verheißend.

**Omen in Zusammenhang mit Niesen |**
- Muss man auf der Schwelle eines Hauses niesen, so ist dies ein schlechtes Vorzeichen.
- Muss man beim Beginn eines neuen Geschäftes oder eines neuen Unternehmens niesen, so ist dies ein gutes Omen.
- Niesen während des Kaufs eines Hauses oder eines Artikels ist ein schlechtes Omen.
- Niesen während eine Frage gestellt wird, ist ein schlechtes Omen für den angesprochenen Sachverhalt.
- Niest jemand auf der linken Seite oder von einer höheren Ebene aus, so ist dies ein gutes Vorzeichen.
- Ein Niesen auf der rechten Seite oder von vorne ist ein schlechtes Vorzeichen und deutet auf Verluste hin.

Eine sehr wichtige und universal auftretende Art der Omen ist das Zucken bestimmter Körperteile zu entscheidenden Zeitpunkten. Dieses Zucken geht auf plötzliche, schnelle Reizungen des Nervensystems zurück. Generell gilt das Zucken der rechten Körperhälfte beim Mann als Glück verheißend und das Zucken der linken Seite als ein schlechtes Omen. Bei Frauen verhält es sich genau umgekehrt. So bedeutet das Zucken des rechten Auges beim Mann Erfolg, während Sorgen bevorstehen, wenn das rechte Auge einer Frau zuckt. Solche Zuckungen oder Vibrationen können plötzlich und kurzzeitig sein, doch manchmal halten sie auch über längere Perioden an.

Die folgende Liste zeigt, welche Resultate zu erwarten sind, wenn ein bestimmter Körperteil zuckt. Spielt dabei die Körperhälfte eine Rolle, so ist das Ergebnis im Falle eines Mannes angegeben. Für Frauen sind die Seiten jeweils zu vertauschen.

| Körperteil | Ergebnis |
|---|---|
| *Kopf* | |
| Der ganze Kopf | Erfolg und Glück |
| Beide Seiten des Kopfes | Finanzieller Gewinn, Reise ins Ausland |
| Rückseite des Kopfes | Reise |
| Linke Seite des Kopfes | Finanzieller Gewinn, doch weit entfernt vom Geburtsort |
| Rechte Seite des Kopfes | Finanzieller Gewinn durch eine weite Reise |
| *Stirn* | |
| Gesamte Stirn | Harte Arbeit, Verlust von Geld, erfolglose Auslandsreise |
| Rechte Seite der Stirn | Gewinn durch Reisen |
| Linke Seite der Stirn | Erfolg |
| *Nacken* | |
| Nacken | Gewinn durch Auslandsreise |
| Rechte Seite des Nackens | Glück und Erfolg |
| Linke Seite des Nackens | Beziehungen mit dem anderen Geschlecht |
| *Ohren* | |
| Linkes Ohr | Treffen von wichtigen Personen und Erfolg durch sie |
| Rechtes Ohr | Gewinn durch Geschäft oder Beruf |
| Rückseite des Ohres | Probleme durch Freunde |
| *Augen* | |
| Linkes Auge | Sorgen |
| Rechtes Auge | Erfolg, finanzieller Gewinn, Begegnung mit der geliebten Person |
| Zwischen den Augen | Trennung von Nahestehenden oder vom Ehepartner |
| Mitte der Augen | Gewinn |
| Hintere Seite der Augen | Popularität |
| Obere Seite der Augen | Treffen mit Freunden |
| Untere Seite der Augen | Streit mit anderen |
| Rechtes Augenlid | Gute Nachrichten |
| Linkes Augenlid | Sorgen |
| Rechts unter dem Auge | Schmach |
| Links unter dem Auge | Ausgaben |
| Pupille des rechten Auges | Glück durch Kinder |
| Pupille des linken Auges | Glück |
| *Augenbrauen* | |
| Rechte Augenbraue | Ruhm, finanzielle Gewinne |
| Rechtes Auge und rechte Augenbraue | Erfolg |
| Linke Augenbraue | Geburt eines Kindes, Freude mit Freunden |
| Linkes Auge und linke Augenbraue | Gute Nachrichten |

| Körperteil | Ergebnis |
|---|---|
| *Wangen* | |
| Rechte Wange | Finanzieller Verlust |
| Linke Wange | Sorgen, schlechter Ruf, Schwierigkeiten |
| Beide Wangen | Glück, Gewinn von Reichtum |
| Mitte einer der Wangen | Geburt eines Mädchens, gute Neuigkeiten von der Tochter |
| *Nase* | |
| Rechte Seite der Nase | Streit |
| Linke Seite der Nase | Glück |
| Nasenspitze | Schwierigkeiten, mentale Sorgen, körperliche Krankheiten |
| Innerhalb eines Nasenloches | Freude |
| Innerhalb beider Nasenlöcher | Ruhm, Gewinn und Ehre |
| Nase | Gewinn von Reichtum |
| *Mund* | |
| Mund | Gute Nachrichten vom Sohn |
| Rechter Mundwinkel | Freude und Ehre |
| Linker Mundwinkel | Ehre und Glück |
| Zunge | Streit |
| *Lippen* | |
| Oberlippe | Beförderung |
| Unterlippe | Gute Nachrichten |
| Beide Lippen | Freude, gute Nachrichten |
| Oberseite der Lippe | Erfolg und Gewinn |
| Unterseite der Lippe | Freundschaft |
| *Kinn* | |
| Kinn | Trennung von geliebten Personen |
| Rechte Seite des Kinns | Schwierigkeiten |
| Linke Seite des Kinns | Wohlstand |
| Mitte des Kinns | Hoffnungen und Wünsche erfüllen sich |
| *Schultern* | |
| Rechte Schulter | Gewinn von Reichtum, aber auch Sorgen |
| Linke Schulter | Sieg über die Feinde, Hoffnungen erfüllt |
| Beide Schultern | Streit |
| *Arme* | |
| Linker Arm | Gemeinschaft mit Frauen, Wiederkehr gestohlener Gegenstände |
| Rechter Arm | Glück, Reichtum, Sieg über Feinde |
| Rechte Achsel | Glück |
| Linke Achsel | Beförderung |

| Körperteil | Ergebnis |
|---|---|
| *Zähne* | |
| Obere Zähne | Geburt eines Kindes |
| Untere Zähne | Schlechter Ruf |
| *Handgelenke* | |
| Rechtes Handgelenk | Gute Nachrichten |
| Linkes Handgelenk | Sorgen |
| *Hand* | |
| Rechte Hand | Respekt und Ruhm |
| Linke Hand | Trennung von geliebten Personen |
| Rechte Handfläche | Glück, sofortiger finanzieller Gewinn |
| Linke Handfläche | Gesundheit und Ausgaben |
| Handkante | Schwierigkeiten |
| Rechte Hinterhand | Gemeinschaft mit geliebten Personen |
| Linke Hinterhand | Sorgen |
| *Ellenbogen* | |
| Rechter Ellenbogen | Streit und Sieg |
| Linker Ellenbogen | Gewinn von Reichtum |
| *Daumen und Finger* | |
| Linker Daumen | Verletzungsgefahr |
| Rechter Daumen | Glück, Gewinn |
| Linke Hand, erster Finger | Sorgen durch Feinde |
| Linke Hand, zweiter Finger | Sorgen |
| Linke Hand, Ringfinger | Erfolg |
| Linke Hand, kleiner Finger | Streit, Gefahr durch Feinde |
| Rechte Hand, erster Finger | Erfolg in der Arbeit |
| Rechte Hand, zweiter Finger | Schwierigkeiten |
| Rechte Hand, Ringfinger | Gute Nachrichten von Freunden |
| Rechte Hand, kleiner Finger | Gewinn von Reichtum |
| *Wirbelsäule* | |
| Rechte Seite der Wirbelsäule | Popularität |
| Mittlere Linie der Wirbelsäule | Ruhm |
| Linke Seite der Wirbelsäule | Freude, Gewinn |
| Oberer Bereich der Wirbelsäule | Schwierigkeiten |
| Unterer Bereich der Wirbelsäule | Spiritualität |

| Körperteil | Ergebnis |
|---|---|
| *Brustkorb* | |
| Rechter Brustkorb | Glück und Freude durch geliebte Personen |
| Linker Brustkorb | Streit |
| Rechter Rand des Brustkorbes | Probleme |
| Linker Rand des Brustkorbes | Schwierigkeiten |
| Mitte des Brustkorbes | Popularität |
| *Brüste* | |
| Rechte Brust | Sorgen |
| Linke Brust | Treffen mit Geliebten, Geburt eines Kindes |
| Mitte der Brüste | Sexuelle Betätigung |
| Rechter Rand der Brüste | Schwierigkeiten |
| Linker Rand der Brüste | Schwierigkeiten in der Liebe oder Ehe |
| *Bauch* | |
| Bauch | Glück, Respekt, Ruf |
| Mitte des Bauches | Reisen |
| Unterseite des Bauches | Verluste im Geschäft |
| Nabel | Reisen |
| Unterhalb des Nabels | Unruhe im Geschäft |
| *Oberschenkel* | |
| Rechter Oberschenkel | Plötzliche Sorgen |
| Linker Oberschenkel | Gemeinschaft mit dem anderen Geschlecht, Reichtum |
| *Hüften* | |
| Hüften | Ruhm |
| Rechte Seite | Freude |
| In der Mitte | Glück |
| Linke Seite | Probleme |
| Zwischen Hüfte und Bein | Schmach |
| *Taille* | |
| Taille | Reisen |
| Rechte Seite der Taille | Finanzielle Verluste |
| Linke Seite der Taille | Reisen |
| *Beine* | |
| Rechtes Bein | Schwierigkeiten |
| Linkes Bein | Furcht vor Feinden |
| Muskeln | Schwierigkeiten, Furcht, verschwenderische Reisen |
| *Knie* | |
| Rechtes Knie | Schwierigkeiten durch Feinde, Verzögerungen in der Arbeit |
| Linkes Knie | Glück |

| Körperteil | Ergebnis |
|---|---|
| *Fußgelenke* | |
| Rechtes Fußgelenk | Falsche Beschuldigungen |
| Linkes Fußgelenk | Treffen mit einem Freund |
| *Füße* | |
| Rechter Fuß | Glück |
| Linker Fuß | Verlust |
| Rechter oberer Fuß | Armut |
| Linker oberer Fuß | Reise |
| Rechte Fußsohle | Beförderung, Gewinn, Auslandsreisen |
| *Zehen* (Linker Fuß) | |
| Großer Zeh | Erfolg, Wiedergewinn verlorener Dinge |
| Erster Zeh | Streit |
| Zweiter Zeh | Glück |
| Dritter Zeh | Gäste kommen an |
| Kleiner Zeh | Probleme |
| *Zehen* (Rechter Fuß) | |
| Großer Zeh | Kritik durch andere |
| Erster Zeh | Erfolg |
| Zweiter Zeh | Probleme |
| Dritter Zeh | Gewinn |
| Kleiner Zeh | Freude |

| Körperteil | Ergebnis |
|---|---|
| Linke Schulter | Unglück |
| Rechte Schulter | Erbschaft |
| Linker Ellenbogen | Schlechte Nachrichten |
| Rechter Ellenbogen | Gute Nachrichten |
| Linke Handfläche oder linkes Fußgelenk | Ausgaben |
| Rechte Handfläche oder rechtes Fußgelenk | Finanzieller Gewinn |
| Bauch | Genuss in Beziehungen und mit Freunden |
| Lenden, Geschlechtsteile | Geschlechtsverkehr |
| Oberschenkel | Reisen |
| Linkes Knie | Geschwätz, Zeitverschwendung |
| Rechtes Knie | Gute Nachrichten |
| Linker Fuß | Ziellose und nutzlose Reise |
| Rechter Fuß | Gewinnbringende Reise und Erfolg |

**Jucken als Omen** | Das Jucken eines an sich gesunden Körperteils, das keinen medizinischen beziehungsweise äußeren Grund hat, eine solche Wahrnehmung hervorzurufen, wird ebenfalls als ein wichtiges Omen angesehen. Die folgende Tabelle deutet das Jucken verschiedener Körperteile:

Auch hierbei gelten die angeführten Resultate für Männer, während Frauen die Bewertungen spiegelverkehrt anwenden sollten.

| Körperteil | Ergebnis |
|---|---|
| Linke Wange oder linkes Ohr | Guter Ruf, Ehrung durch andere |
| Rechte Wange oder rechtes Ohr | Schlechter Ruf, Anschuldigungen |
| Linkes Auge | Probleme, Enttäuschungen |
| Rechtes Auge | Zusammentreffen mit dem anderen Geschlecht |
| Innerhalb der Nase | Unglück |
| Außerhalb der Nase | Streit |
| Mund | Beleidigung |
| Kinn | Finanzieller Gewinn |
| Nacken | Krankheit |
| Rücken | Enttäuschung |

## Glossar

*Aditala* Ur-Rhythmus (Ashthatala)
*Agneya* Südosten
*Agni* Der Halbgott des Feuers, Beherrscher des Südostens
*Agnihotra* Vedische Feuerzeremonie
*Ahankara* Ego
*Akasha* Äther
*Alinda* Flur
*Amsam* Charakter, Persönlichkeit
*Anantashesha* Heilige Schlange Vishnus, trägt die Universen auf ihren Häuptern
*Angula* Maßeinheit des Vastu, Fingerbreit (1 Angula = 3 cm)
*Antaryoni* Yoni auf Grundlage des inneren Durchmessers
*Anu* Molekül
*Ardhadhika* Proportionen zwischen 1,5 und 1,75
*Asana* Sitz
*Asana Mandala* 10 x 10-Vastu-Mandala
*Ashthatala* Achterrhythmus
*Atharva Veda* Vierter Veda, enthält Ayurveda, Vastushastra usw.
*Ayadi* Die sechs Formeln der Proportionenlehre des Vastu
*Ayam* Einnahmen
*Ayurveda* Die indische Naturheilkunde, die Wissenschaft des langen Lebens

*Bahiryoni* Yoni auf der Grundlage des äußeren Durchmessers
*Bhakti* Hingebungsvoller Dienst an Gott
*Bhava* Ausdruck
*Bhinnashala* Voneinander getrennte Gebäudeteile bilden einen Komplex
*Bhumi* Mutter Erde
*Bhumipuja* Zeremonie zur Verehrung der Erde
*Bindu* Punkt
*Brahma* Gilt im Hinduismus als Schöpfergott beziehungsweise Architekt des Universums
*Brahmanabhi* Zentraler Punkt im Zentrum eines Hauses oder Grundstücks
*Brahmane* Lehrer und Priester
*Brahmasthana* Geometrisches und energetisches Zentrum eines Hauses beziehungsweise Grundstücks
*Brahmasutra* Ost-West-Achse im Vastu-Mandala
*Brahmavithi* Schale von Gitterzellen um das Brahmanabhi herum
*Brihat Samhita* Bedeutende zusammenfassende Schrift über Vastu und Architektur von Varahamihira
*Buddha* Sanskritbegriff für Merkur, Inkarnation Vishnus als Weiser und Meditationslehrer

*Caraka Samhita* Vedische Schrift über Medizin
*Chatusshala* Traditionelles vedisches Gebäude, das aus vier Gebäudeteilen besteht, die in den vier Haupthimmelsrichtungen um einen gemeinsamen Innenhof herum platziert sind
*Chakren* Energiezentren des feinstofflichen Körpers, die auch auf den Raum des Vastu bezogen werden können
*Chandan* Rhythmus
*Chandra* Mond
*Chaya Vedha* Störungen, die durch Schatten verursacht werden
*Chikitsa Vastu* Korrektur eines Gebäudes nach Vastu
*Chitta* Bewusstsein

*Dakshina* Süden
*Dakshinashala* Gebäude im Süden
*Deva* Halbgott
*Devavithi* Der den Göttern zugeordnete Vithi im Inneren des Mandalas
*Dhanus* Schütze
*Dharma* Religiöse Gesetze, die innere Ordnung des Kosmos und des Geistes, das Wesen der Dinge, technische Funktion
*Dhvaja-Yoni* Yoni der Flagge (Osten), Rest 1
*Divya-Yuga* Zyklus von vier Weltzeitaltern
*Dosha* Drei Konstitutionstypen des Menschen im Ayurveda
*Durga* Weibliche Gottheit, Gefährtin Shivas, Göttin der materiellen Natur
*Dvara* Tor, Tür
*Dvishala* Ein Gebäude, das aus zwei Teilen besteht, die an den Seiten eines gemeinsamen Innenhofes liegen

*Ekashala* Rechteckiges Gebäude an einer Seite eines Hofes

*Gaja-Yoni* Elefanten-Yoni (Norden), Rest 7
*Garbhanyasa* Erweckung der Räume
*Garga* Weiser und berühmter vedischer Astrologe
*Gayatri* Vedisches Versmaß, Mutter der Veden, heilige Hymne zur Verehrung Gottes
*Garuda* Träger Vishnus in der Gestalt eines Adlers
*Gandharva-Veda* Vedische Schriften über Musik und Gesang
*Ganesha* Sohn Shivas mit Elefantenkopf, wird in Indien als Glücksbringer verehrt; sein Bild oder seine Statue wird zumeist über Eingängen und Türen angebracht
*Gopariksha* Methode zur Überprüfung der Bodenqualität
*Gopuram* Domartiges Tempeltor
*Grihanabhi* Zentraler Punkt des Hauses
*Grihapravesha* Zeremonie zum Einzug in ein neues Haus
*Gunamsa* Prinzip zur Berechnung von geeigneten Proportionen
*Guru* Sanskritbegriff für Jupiter und Lehrer

*Hanuman* Großer Geweihter Ramas in der Gestalt eines Affen
*Hasta* Maßeinheit des Vastu (1 Hasta = 72 cm)

*Indra* Der König der Halbgötter und Beherrscher des Ostens
*Ishan* Name für Gott, den höchsten Herrscher
*Ishaneya* Nordosten
*Ishthadirgha* Gewünschte Länge (Vorgabe)

*Jiva* Organische Lebensenergie
*Jyotisha* Vedische Astrologie und Astronomie

*Kailasha* Spitze eines Hauses oder Tempels
*Kala* Sanskritbegriff für Zeit
*Kali-yuga* Das gegenwärtige Weltzeitalter des Streites und der Heuchelei
*Kalki* Apokalyptische Inkarnation Vishnus
*Kalpa* Tag Brahmas, übergeordnetes Weltzeitalter
*Kanana-vidhi* Ausheben des Fundaments
*Kanya* Jungfrau
*Kapha* Ayurvedischer Konstitutionstyp mit den Elementen Erde und Wasser
*Karma* Das Gesetz von Ursache und Wirkung
*Karnasutra* Diagonale im Vastu-Mandala
*Kataka* Zwillinge
*Ketu* Schattenplanet, mythologisch durch den Schwanz des Drachen repräsentiert
*Khanda-Meru* Teil eines Berges, rhythmisches Element
*Kona Vedha* Störungen, die durch Ecken verursacht werden
*Krishna* Höchste vedische Gottheit, Ursprung von Brahma, Vishnu und Shiva
*Kshatriya* Krieger, Verwaltung, Militär, Königsstand
*Kumbha* Wassermann
*Kurma* Schildkröteninkarnation Vishnus
*Kuvera* Schatzmeister der Halbgötter und Beherrscher des Nordens

*Lagna* Wassermann
*Lakshmi* Glücksgöttin, Gefährtin Narayanas (Vishnus)

*Madhyayoni* Yoni auf Grundlage des mittleren Durchmessers
*Mahamarma* Schnittpunkt zweier Gitterlinien und zweier Diagonalen, besonders empfindlicher Punkt
*Mahat Tattva* Schöpfungsfeld, Materie-Bewusstseinsfeld, Urgrund der Schöpfung

*Makara* Steinbock
*Mana* Messung
*Mandala* Auf ein Zentrum gerichtete, geometrische Matrix, die in grafischer Form metaphysische Zusammenhänge darstellt beziehungsweise symbolisiert.
*Manduka-Mandala* Vastu-Mandala mit 8 × 8-Gitter für Tempelbauten, Mandala des Frosches
*Mangala* Sanskritbegriff für Mars
*Manushyapramana* Am Menschen orientiertes Maßsystem
*Manushyavithi* Der den Menschen zugeordnete Vithi im Vastu-Mandala
*Marma* Ayurvedischer Schmerzpunkt, im Vastu empfindlicher Raumpunkt
*Marmavedha* Verletzung eines Marmapunktes
*Marmanta* Eckpunkte des Vastu-Mandalas
*Matsya* Fischinkarnation Vishnus
*Maya Danava* Schüler Brahmas und Begründer des Vastuvidya, vor allem der südindischen Schule
*Meru* Der Weltenberg
*Meru Chandan* Rhythmisches Element in Form eines Berges (Meru)
*Mesha* Widder
*Mina* Fische
*Mithuna* Zwillinge
*Mudra* Rituelle Handstellungen und -bewegungen
*Muhurta* Stunde

*Naada-Brahman* spiritueller Klang
*Nadi* Gitterlinien im Vastu-Mandala
*Nadisandhis* Kreuzungspunkte der Gitterlinien im Vastu-Mandala
*Nairutya* Südwesten
*Nagasutra* Kreis im Vastu-Mandala
*Nakshatra* Die 27 Nakshatras sind Sternbilder, die als die Frauen des Mondes bezeichnet werden; innerhalb eines Monats wandert der Mond durch diese 27 Sternbilder hindurch; sie sind in der vedischen Astrologie von großer Bedeutung
*Narasimhadeva* Form Gottes mit dem Kopf eines Löwen und dem Körper eines Menschen, Inkarnation Vishnus, die mit der Intention erschien, ihren Geweihten Prahlada zu beschützen
*Natya-Veda* Vedische Schriften über Tanz
*Navatala* Neunerrhythmus
*Nirriti* Herrscher des Südwestens, König der Dämonen

*Om* Mystischer Klang, der nach vedischer Philosophie die Gesamtheit des Kosmos verkörpert

*Pada* Maßeinheit im Vastu (1 Pada = 24 cm), Gitterzelle im Vastu-Mandala
*Padadevata* Beherrschende Gottheit eines Padas (Gitterzelle im Vastu-Mandala)
*Padadhika* Proportionen zwischen 1,25 und 1,5
*Padayoni* Bewertungszahl für lineare Maße wie Länge und Breite
*Padona* Proportionen zwischen 1,75 und 2
*Paramanu* Atomares Teilchen
*Parashurama* Inkarnation Vishnus als Krieger
*Pashchima* Westen
*Pashchimashala* Gebäude im Westen
*Pataka-Chanda* Rhythmisches Element in Form einer Flagge
*Paramashayika-Mandala* Vastupurusha-Mandala, 9 × 9-Gitter
*Paryantasutra* Äußere Begrenzungslinie des Vastu-Mandalas
*Pechaka-Mandala* Vastu-Mandala mit vier Zellen
*Pishachasvithi* Die den Hexen und Dämonen zugeordnete äußerste Schale von Gitterzellen im Vastu-Mandala
*Pitha-Mandala* Vastu-Mandala mit 3 × 4 Zellen
*Pitri* Ahnen
*Pitta* Ayurvedischer Konstitutionstyp mit den Elementen Feuer und Wasser
*Prana* Solare Lebensenergie
*Prashna* Zweig der Astrologie, der den Zeitpunkt einer Frage (Prashna) analysiert
*Puja* Verehrung
*Purva* Osten
*Purvashala* Gebäude im Osten
*Purusha* Person

*Rajju* Nebendiagonalen im Vastu-Mandala
*Rajjumarmasandhis* Treffpunkte zweier Gitterlinien und einer Diagonalen auf den Begrenzungslinien des Vastu-Mandalas
*Rajjusandhis* Kreuzungen von Diagonalen im Vastu-Mandala
*Rahu* Schattenplanet, mythologisch durch den Kopf des Drachen repräsentiert
*Raja-guna* Erscheinungsweise der Leidenschaft
*Ramacandra* Inkarnation Vishnus als König
*Rashi* Monat
*Rudra* Name Shivas
*Rupa* Form

*Sadhu* Heiliger
*Sakala Mandala* Das einfachste Vastu-Mandala mit einer Zelle
*Samatata* Proportionen zwischen 1 und 1,25
*Sanskrit* Ursprache Indiens, in der die vedischen Schriften verfasst sind
*Sattva-guna* Erscheinungsweise der Tugend
*Shabda* Klang
*Shabda Veda* Vedische Wissenschaft des Klangs
*Shala* Raum oder einfaches Gebäude
*Shalagrama-Shila* Heiliger Stein, der Vishnu repräsentiert
*Shani* Sanskritbegriff für Saturn
*Shikara* Domspitze
*Shilanya* Grundsteinlegungszeremonie
*Shilpin* Meister der vedischen Baukunst
*Shri* Name der Glücksgöttin Lakshmi
*Srishthi-Vastu* Neubau eines Gebäudes
*Shri-Yantra* Yantra der Glücksgöttin
*Shruti* Offenbartes Wissen in den Veden
*Shudra* Angehöriger der Dienste verrichtenden Klasse der Gesellschaft
*Shukra* Sanskritbegriff für Venus
*Simha* Löwe
*Simha Dvara* Haupttor, Löwentor
*Simha-Yoni* Yoni des Löwen (Süden), Rest 3
*Smriti* Überliefertes Wissen in den Veden
*Soma* Herrscher des Mondes
*Sthapati* Architekt der vedischen Baukunst
*Sthapatya Veda* Vedische Schrift über Architektur
*Suci-Chanda* Rhythmisches Element in Form einer Nadel
*Sudarshana Chakra* Feuerrad Vishnus
*Surya* Sonne, Sonnengott
*Surya Siddhanta* Vedische Schrift über das Sonnensystem (Maya Danava)
*Swastika* Glück verheißendes Symbol

*Tala* Rhythmus
*Talachanda* Rhythmus in horizontaler Richtung
*Tama-guna* Erscheinungsweise der Unwissenheit
*Tithi* Mondphase, Mondtag
*Trishala* Gebäude aus drei Gebäudeteilen, die an drei Seiten eines gemeinsamen Hofes liegen
*Tula* Waage

*Urdhvachanda* Rhythmus in vertikaler Richtung
*Urja* Lebenskraft
*Uttara* Norden
*Uttarashala* Gebäude im Norden

*Vaishiya* Händler und Farmer
*Vaishnava* Geweihter Vishnus

*Vara* Wochentag
*Vamana* Zwerginkarnation Vishnus
*Varaha* Inkarnation Vishnus als Wildschweineber
*Vardhamana Vastu* Erweiterung oder Restaurierung eines Gebäudes nach Vastu
*Varnashrama* Vedisches Gesellschaftssystem mit vier spirituellen und vier sozialen Schichten
*Varuna* Halbgott des Wassers und Beherrscher des Westens
*Vastu* Vastu bedeutet ursprünglich Raum, Substanz und bezieht sich im konkreten Sprachgebrauch in erster Linie auf das Grundstück; im weiteren Sinne kann es für jede Art von Gebäude beziehungsweise Konstruktion verwendet werden
*Vastu-Brahman* Alldurchdringende Ursubstanz
*Vastuhoma* Feueropfer zur Reinigung eines Grundstücks oder Hauses
*Vastu-muhurtam* Erste Weihung des Grundstücks
*Vastunabhi* Zentraler Punkt des Grundstücks
*Vastupurusha* Die kosmische Personifikation der Gesamtheit aller feinstofflichen Energien des Universums
*Vastu-shanti* Zeremonie zur Besänftigung des Vastupurushas
*Vastuvidya* Die Wissenschaft des Vastu
*Vata* Ayurvedischer Konstitutionstyp mit den Elementen Luft und Äther
*Vayavya* Nordwesten
*Vayas* Alter
*Vayu* Halbgott der Luft und des Windes sowie Beherrscher des Nordwestens
*Veden* Die jahrtausendealten Sanskritschriften Indiens
*Vidya* Wissen
*Vimana* Tempeldom, Pyramide
*Vinyasasutra* Hauptachsen im Vastu-Mandala
*Vishnu* Sanskritname für Gott
*Vishvakarma* Architekt der Halbgötter und Begründer der nordindischen Vastu-Schule
*Vithi* Um das Zentrum gruppierte Schale von Gitterzellen im Vastu-Mandala
*Vithishula* Am Grundstück endende Zufahrten
*Vivasvan* Name des Sonnengottes
*Vrishabha* Stier
*Vrishabha-Yoni* Yoni des Stiers (Westen), Rest 5
*Vrishchika* Skorpion
*Vyama* Vastumaß, Armspannweite (1 Vyama = 192 cm)
*Vyaya* Ausgaben

*Yajna* Vedische Opferzeremonie, Opfer
*Yamaraja* Halbgott des Todes und Beherrscher des Südens
*Yamasutra* Süd-Nord-Achse im Vastu-Mandala
*Yantra* Grafisches Werkzeug für energetische Korrekturen
*Yana* Fahrzeuge
*Yava* Maßeinheit des Vastu, Gerstenkorn (1 Yava = 3,75 mm)
*Yoga* Verbindung mit etwas Höherem, in der Astrologie bezeichnet es die Verbindungen zwischen den Planeten
*Yuga* Weltzeitalter
*Yojana* Vedisches Maß (1 Yojana = 32 000 Hasta)
*Yoni* Bezeichnet im Vastu die den acht Himmelsrichtungen zugeordneten Qualitäten eines Raumes, die sich aus seinen Maßen berechnen lassen

## Literaturverzeichnis

Die folgenden Bücher wurden bei der Erstellung des vorliegenden Werkes zu Rate gezogen. Die Werke, die hierbei besonders hilfreich waren, sind mit einem Stern gekennzeichnet.


*Deutsche Bücher über Vastu*

* Marcus Schmieke, Das Yoga des Wohnens, Wohnen und Bauen nach den Gesetzen des Vastu, Silberschnur 1999
* Marcus Schmieke, Haus, Mensch und Kosmos, Wie Vastu unsere Zukunft beeinflusst, Silberschnur 1999
* Marcus Schmieke, Das Vastu-Praxisbuch, 108 Schritte zu mehr Wohn- und Lebensqualität, Silberschnur 1999
* Brigit Frohn, Hans-Heinrich Rhyner, Vastu, Die indische Lehre vom gesunden Bauen und Wohnen, Irisiana, München 1999

*Englische Bücher über Vastu*

* Bhojraj Dwivedi, Remedial Vaasthushastra, Diamond Pocket Books, New Delhi 1998
* Bhojraj Dwivedi, Sampuran Vaasthushastra, Diamond Pocket Books, New Delhi 1997
* Balagopal Prabhu, A. Achyuthan, Vastuvidyapravesika, A Text Book of Vastuvidya, Vastuvidyapratisthanam, Calicut 1996
* Balagopal Prabhu, A. Achyuthan, Design in Vastuvidya, Vastuvidyapratisthanam, Calicut 1997
* Balagopal Prabhu, A. Achyuthan, Manushyalayachandrika, An Engineering Commentary of Tirumangalat Nilakanthan Musat, Vastuvidyapratisthanam, Calicut 1998
* Gayatri Devi Vasudeva, Vastu, Astrology and Architecture, Motilal Banarsidass Publishers, Delhi 1998
* Sashikala Ananth, The Penguin Guide to Vaastu, Viking, New Delhi 1998
* A. R. Hari, A. H. Sudeep, Ramya Mudrana, The Amazing Science of Vaastu, Bangalore 1995
* V. Ganapathi Sthapati, Vaastu Shastra, Redefined, reinterpreted and illustrated, Vaastu Purusha Publishing House, Madras 1997
* V. Ganapathi Sthapati, Vastu Shastra, A Scientific Treatise, Vastu Vedic Research Foundation, Madras 1996
* R.G. Rao, Your Fortune from thy House (Vastu Shastra), Sagar Publications, New Delhi 1995
* M. Ramakrishna Bhat, Mortilal Banarsidass, Varahamihiras Brihat Samhita, Delhi 1982
* Mortilal Banarsidass, Mayamatam, Treatise of Housing, Architecture and Iconography, translated by Bruno Dagens, Delhi 1997

A.R. Tarkhedkar, Vastushastra, An Edifice Science, Cosmo Publishing House, India, Dhulia 1995
V.V. Raman, Vidya Bhavan, Principles and Practice of Vastu Shastra, Jaipur 1996
B.B. Puri, Vedic Architecture and Art of Living, A Book on Vastu Shastra, Vastu Gyan Publication, Delhi 1995
Derebail Muralidhar Rao, Hidden Treasure of Vastu Shilpa Shastra and Indian Traditions, SBS Publishers, Bangalore 1995
D.N. Shukla, Vastu Shastra, Vol. 1, Hindu Science of Architecture, Vastu-Vanmaya-Prakasana-Sala, Lucknow 1960
Gouru Tirupati Reddy, Prajahita Publishers, The Secret World of Vaasthu, Hyderabad 1996
A. Boner, Sadasiva Rath Sarma, Bettina Bäumer, Moltilal Banarsidass, Vastu Sutra Upanishad, Delhi
K.V. Sastri, N.B. Gadre, Viswakarma Vastushastram, Tanjore Sarasvati Mahal Series No. 85, Tanjore 1958
Matsya Purana, Übersetzung aus dem Sanskrit
Bhojraj Dwivedi, Commercial Vaastu, Diamond Pocket Books, New Delhi 1998
Bhojraj Dwivedi, Environmental Vaastu, Diamond Pocket Books, New Delhi 1998
A.K. Bansal, Lucky Homes, New Delhi 1998
Danthuri Pandarinath, Science of Vaasthu, Navasahithi Book House, Vijayawada 1997
Sthapati, The Journal of Traditional Indian Architecture, Vastuvidyapratisthanam, Calicut, 1998-1999, Vol 1-4
Dronam Raju Poornachandra Rao, Sri Sai Science of Gruha Vastu, Rajyalakshmi Publications, Hyderabad 1995
Acharya Satyanand, Practical Vastushastra, Daimond Pocket Books, New Delhi 1998
Gyan C. Jain, The little Book on Vastu, BPB Publications, Delhi 1996
Sthapatis Visit to Maaya Land, A write up on Sthapatis visit, Hinduism Today, Juni 1995
Dr. V. Ganapathi Sthapati, Temples of Space-Science, Vastu Vedic Research Foundation, Madras 1996

*Geomantie und Bäume*

Marko Pogacnik, Schule der Geomantie, Knaur, München 1996
Frits Julius und Ernst-Michael Kranich, Bäume und Planeten, Beitrag zu einer kosmologischen Botanik, Verlag Freies Geistesleben, Stuttgart 1997
Stefan Brönnle, Die Kraft des Ortes, Die Energie der Erde erspüren, erkennen und nutzen, Falken, Niedernhausen 1998
Erwin Thoma, ... und du begleitest mich, Wie Bäume und Hölzer dem Menschen nützen, Edition Thoma, St. Johann 1999
Erwin Thoma, ... dich sah ich wachsen, Über das uralte und das neue Leben mit Holz, Wald und Mond, Edition Grüne Erde, Scharnstein 1996
Manfred Himmel, Bäume helfen heilen, Bauer, Freiburg 1997
Alles über Pyramidenkraft, Team Urania, Tangern 1998

*Architektur und Baukunst*

Andrea Palladio, Die vier Bücher zur Architektur, Artemis, München 1993
Marcus Vitruv, Baukunst, Zehn Bücher über Architektur, Artemis, München 1987
Hubert Palm, Das gesunde Haus, Unser naher Umweltschutz, ORDO-Verlag, Kreuzlingen 1992
György Doczi, Die Kraft der Grenzen, Harmonische Proportionen in Natur, Kunst und Architektur, Engel, Stuttgart 1996

*Vedische Astrologie*

* N.P. Subramania Iyer, Kalaprakasika, The Standard Book on the Election (Mahoortha) System, Asian Educational Services, New Delhi 1982

Florian Euringer, Indische Mondastrologie, Die 27 Frauen des Mondes, Ariston, Genf 1989
Ekkirala Krishnamacharya, Spirituelle Astrologie, Edition Kulapati, Ahmburg 1994
K.N. Rao, Vani Graphics, Learn Hindu Astrology Easily, Lucknow 1998
David Frawley, The Astrology of the Seers, Mortilal Banarsidass, Delhi 1992
Sanjay Rath, Crux of Vedic Astrology, Timing of Events, Sagar Publictions, Delhi 1998
B.C. Paul, Handbook of Hindu Astrology, Sagar Publications, Delhi 1992
B.V. Raman, Muhurta, Electional Astrology, UBSPD, Delhi 1993
Gauri Shankar Kapoor, Learn Astrology the Easy Way, Ranjan Publications, Delhi 1997
B.V. Raman, Three Hundred Important Combinations, Mortilal Banarsidass, Delhi 1983
Ronnie Gale Dreyer, Vedic Astrology, Weiser, York Beach 1997
N.R. Tiruvenkatacharya, Your Life and Fortune based on Janma Rasi & Janma Lagna, The Little Flower Co., Madras 1967

*Yantras*

Madhu Khanna, Yantra, Thames and Hudson, London 1997
L.R. Chawdhri, Practicals of Yantras, Sagar Publications, Delhi 1984
L.R. Chawdhri, Secrets of Yantra, Mantra and Tantra, Sterling Publishers, New Delhi 1992

*Wissenschaft*
* Marcus Schmieke, Das Lebensfeld, Naturwissenschaftliche Grundlagen einer spirituellen Auffassung vom Leben, INES-Verlag, Weißenstein 1997
Marcus Schmieke, Das letzte Geheimnis, Naturwissenschaft und Bewusstsein, INES-Verlag, Frankfurt M. 1995
Marco Bischoff, Biophotonen, Das Licht in unseren Zellen, Zweitausendeins, Frankfurt 1995
Richard L. Thompson, Vedic Cosmography and Astronomy, Bhaktivedanta Book Trust, Los Angeles 1989
Burkhard Heim, Elementarstrukturen der Materie, Resch Verlag, Innsbruck 1989
Burkhard Heim, Postmortale Zustände, Resch Verlag, Innsbruck 1984
Burkhard Heim, Einheitliche Beschreibung der materiellen Welt, Resch Verlag, Innsbruck 1989

*Vedisches Wissen*
A.C. Bhaktivedanta Swami Prabhupada, Shrimad Bhagavatam, Bhaktivedanta Book Trust, Vaduz 1983
A.C. Bhaktivedanta Swami Prabhupada, Bhagavad-gita, Wie sie ist, Bhaktivedanta Book Trust, Vaduz 1987
Gott und die Götter, Der multidimensionale Kosmos, Band 1, Govinda-Verlag, Zürich 1995

## Veden-Akademie

Schloss Kränzlin
Darritzer Str. 6
16818 Kränzlin
Deutschland

Tel.: 0 33 91 - 400 22 18
Fax: 0 33 91 - 400 22 99
www.veden-akademie.de
Online-Shop: www.veden-shop.de
E-Mail: info@veden-akademie.de

## Vedische Ausbildungen (Fernstudien)

Die Veden-Akademie wurde 1996 von Marcus Schmieke gegründet und bietet seither Ausbildungen, Beratungen, sowie Bücher und Produkte zu den Themen vedische Baukunst, Astrologie, Spiritualität und Ayurveda an.

| **Vasati** Vedische Baukunst | **Vedische Astrologie** | **Ayurveda** Naturheil-kunde | **Veden** Sprache und Spiritualität |
|---|---|---|---|
| Vasati 1 **Vasati-Berater** | **Systemisch-Vedische Astrologie** | **Ayurveda-Grund-studium** | **Sankrit-Grund-studium** |
| Vasati 2 **Vasati-Planer** | | **Ayurveda-Haupt-studium** | **Vedischer Weg** Praktische Spiritualität |
| Vasati 3 **Vasati-Astrologe** | | **Praktikum** | |
| **Diplom - Vedischer Lebensberater:** Vasati-Berater, Astrologie, Ayurveda-Grundstudium oder vergleichbare Ausbildung und ein spirituelles Seminar | | | |

Mehr unter **www.veden-akademie.de**.

## Vasati-Beratungen

**Optimieren Sie Ihre Wohn- oder Geschäftsräume nach Vasati!**
Nutzen Sie den Vasati-Beratungsservice um sich auf allen Ebenen der Raumqualität vor negativen Einflüssen zu schützen. Unser ausgebildeter Vasati-Berater Thomas Puta erkennt und korrigiert Problembereiche Ihres Wohn und Arbeitsraumes. Erleben Sie mehr Sicherheit und Lebensqualität durch Vasati! Gerne planen wir auch den Neubau Ihres Wohn- oder Geschäftshauses nach Vasati.

## Vasati-Produkte

Erfahren Sie, wie Ihnen das vedische Wissen in vielen Lebensbereichen eine neue Qualität verschafft. Vor allem in der vedischen Architektur Vasati und der vedischen Astrologie haben wir viele traditionelle Werkzeuge zur Verbesserung Ihrer Lebens- und Wohnraumqualität wiederentdeckt. In unserem Online-Shop finden Sie eine große Auswahl unserer Bücher und Produkte.

- Meru-Chakra
- Vasati-Pyramide
- Vasati-Yantras
- Der Yantra-Ratgeber
- Vasati-Detektor-Drehscheiben

Und viel mehr unter **www.veden-shop.de**.

## Holzbau

Kapitel 17 ist in Zusammenarbeit mit Erwin Thoma entstanden, bei dem Sie Informationen zum Thema Holz/-Holzbau erhalten können.

**Ing. Erwin Thoma Holz GmbH**
Thoma Forschungszentrum für Holzverarbeitung
Hasling 35
A-5622 Goldegg

Tel.: + 43 (0) 64 15 - 89 10
Fax: + 43 (0) 64 15 - 89 204
E-Mail: info@thoma.at

## Danksagung

Dieses Buch hätte nicht ohne die Hilfe zahlreicher Freunde entstehen können, bei denen ich mich herzlich bedanken möchte. Besonderer Dank gebührt Sibylla Huy, deren redaktionelle Bearbeitung Inhalt und Sprache wesentlich verbessert hat. Einen großen Teil der Grafiken sind der Unterstützung von Marko Fistrek zu verdanken. Auch Jochen Weiss möchte ich für seine Umsetzung der Yantras auf dem Computer danken. Die Kapitel über Astrologie sind mit Rat und Hilfe von Madhavananda Dasa entstanden. Insbesondere die Zusammenstellung der Kriterien zur Bestimmung des richtigen Zeitpunktes geht auf seine Forschungen zurück.

Mein besonderer Dank gebührt auch Erwin Thoma und Michael Nothelfer, durch deren Mitarbeit die beiden abschließenden Kapitel entstanden sind. Diese runden das gesamte Buch praktisch und anschaulich ab.

Für das Korrekturlesen und viele wertvolle Hinweise möchte ich mich auch bei Simone Sauthoff bedanken.

## Stichwortverzeichnis

**L**



**M**

David Pearson
**Das natürliche Haus**
Gesund, harmonisch und ökologisch bauen, gestalten und wohnen
*304 Seiten, durchgehend farbig illustriert*

Dieses umfassende Grundlagenbuch und unverzichtbare Nachschlagewerk zu allen Bereichen des natürlichen und ökologischen Bauens und Wohnens zeigt praktisch und anschaulich, wie wir selbst unser unmittelbares Wohnumfeld natürlicher gestalten können: von der Platzierung und Ausrichtung eines Baus über die verschiedenen ökologisch sinnvollen und energiesparenden Systeme bis zur Wahl der Materialien. Für Hauskäufer und -besitzer, Heimwerker, Architekten und Innenarchitekten.

Eva-Maria Müller Tschopp | Eric Tschopp
**Der richtige Platz**
Wasseradern, Erdstrahlung und Elektrosmog
mit Rute und Pendel finden und harmonisieren
*200 Seiten, zahlreiche schwarzweisse Abbildungen, Illustrationen und Tabellen*

Störquellen wie Wasseradern, Erdstrahlung und Elektrosmog können unser Wohlbefinden, die Qualität des Schlafes, das Wachstum von Pflanzen, unsere Konzentrationsfähigkeit und Stimmung beeinflussen. Solche Störquellen lassen sich auf einfache Weise mit Rute und Pendel selbst feststellen, harmonisieren und beheben. Das Buch zeigt in praktischen Anleitungen und zahlreichen Illustrationen Bau und Gebrauch von verschiedenen Ruten und Pendeln und gibt zahlreiche Tipps für alle, die ihr Wohn- und Arbeitsumfeld harmonisch gestalten wollen.

Klaus Schillberg
**Altbausanierung mit Naturbaustoffen**
*264 Seiten, zahlreiche farbige und schwarzweisse Abbildungen, Illustrationen und Tabellen*

Angesichts der schädlichen Auswirkungen von Wohngiften und Elektrosmog und zunehmender Bauschäden gewinnen natürliche Baustoffe und Bautechniken wieder an Bedeutung. Dieses Praxisbuch für Fachleute und Selbstbauer behandelt anhand zahlreicher konkreter Beispiele alle Fragen der Altbausanierung mit baubiologischen Mitteln. Mit umfangreichem Produkte- und Herstellerverzeichnis, Ausschreibungstexten, Anwendungsbeispielen, Rezepturen und Detailkonstruktionsbeispielen.

Klaus Schillberg | Heinz Knieriemen
**Naturbaustoff Lehm**
Moderne Lehmbautechniken in der Praxis – Bauen und sanieren mit Naturmaterialien
*196 Seiten, zahlreiche farbige und schwarzweisse Abbildungen*

Lehm ist ein jahrtausendealter ökologisch und ökonomisch sinnvoller Naturbaustoff. An zahlreichen Beispielen werden moderne Lehmbautechniken für den Hausbau in allen Details erläutert, daneben werden Altbau- und Fachwerksanierungen vorgestellt. Ergänzt werden sie durch Hinweise auf Verputze, Anstriche, Lehmmischungen und den Einsatz von Naturmaterialien. Mit umfangreicher technischer Dokumentation, Ausschreibungstexten, Detailzeichnungen und bauphysikalischen Daten. Ein umfassendes Praxisbuch für Selbstbauer, Handwerker und Architekten.

Gerd Ziesemann | Martin Krampfer | Heinz Knieriemen
**Natürliche Farben**
Anstriche und Verputze selber herstellen
*144 Seiten, zahlreiche farbige und schwarzweisse Abbildungen*

Die heute gebräuchlichen Anstriche und Verputze schaden oft der Gesundheit und der Umwelt. Das Buch bietet eine reiche Sammlung alterprobter und neubewährter Rezepte für natürliche Alternativen: von Sperrgrund aus Kuhmist über die traditionelle Bierlasur und verschiedene Kaseinfarben bis zu Sumpfkalk- oder Silikatfarbenanstrichen. Es erklärt ihre Herstellung und Anwendung und zeigt anhand vieler Beispiele das bauphysikalische Zusammenspiel. Mit zahlreichen Tabellen und ausführlicher Rohstoffliste.

Paul Devereux
**Das Gedächtnis der Erde**
Die Erdmysterien und die Entschlüsselung der Rätsel
heiliger Kultstätten der Menschheit
*350 Seiten, zahlreiche Abbildungen*

Dieses Grundlagenwerk der Geomantie bietet uns den Schlüssel zu den Geheimnissen heiliger Landschaften und grosser Kultstätten der Menschheit. Die alten Kulturen standen auf geheimnisvolle Weise miteinander in Verbindung, sie waren eins mit der Natur und ihren Energien und kannten ähnliche Methoden spiritueller Erfahrung. Der Autor eröffnet uns einen neuen Zugang zu diesem alten Wissen.

Werner Anderhub | Hans Peter Roth
**Das Geheimnis der Kornkreise**
*144 Seiten, 210 Farb- und Schwarzweissabbildungen*

Sommer für Sommer tauchen weltweit Hunderte von Kornkreisen mit zunehmend komplexeren und fantastischeren Figuren auf – urplötzlich und scheinbar aus dem Nichts. Die Autoren führen kompetent durch die spannende Geschichte der Kornkreise, zeigen eine Fülle von bestechenden Bildern und beschreiben die verschiedenen Erklärungs- und Deutungsversuche.

Adrian Fisher | Howard Loxton
**Geheimnis des Labyrinths**
Ein interaktiver Führer zu den faszinierendsten Labyrinthen der Welt
*96 Seiten, durchgehend farbig illustriert*

Eine Entdeckungsreise in die Zauberwelt des Labyrinths, von seinen mythischen Ursprüngen im Altertum bis zu den faszinierenden modernen Neuschöpfungen. Ein Buch für die ganze Familie zum Entdecken, Erleben, Spielen und Meditieren.

Blanche Merz
**Orte der Kraft in der Schweiz**
*256 Seiten, Schwarzweissabbildungen*

Orte der Kraft sind Zonen mit erhöhter natürlicher Energie. Die weltbekannte Geobiologin Blanche Merz führt in diesem Buch zu über 100 bekannten und unbekannten Kraftplätzen in der ganzen Schweiz. Eine Einladung an alle suchenden Menschen, die subtilen Energien der Kraftorte selbst zu erfahren.

Blanche Merz
**Orte der Kraft**
Stätten höchster kosmo-terrestrischer Energie
*256 Seiten, Schwarzweissabbildungen*

Eine Reise rund um den Erdball zu einigen der energiereichsten Kraft- und Kultplätzen der Menschheit. Neben der Beschreibung der kulturgeschichtlichen und kultischen Bedeutung dieser Stätten zeigt die Autorin, welche Gesetzmässigkeiten an diesen auserlesenen Orten wirken und wie die Erbauer sich die natürlichen kosmo-terrestrischen Energien nutzbar machen konnten.

Blanche Merz
**Die Seele des Ortes**
Metaphysische Energien und ihre Wirkkraft
*208 Seiten, Farb- und Schwarzweissabbildungen*

Bestimmte Orte besitzen nicht nur eine erhöhte Energie, sondern sind auch Lebensraum geheimnisvoller Wesenheiten, der so genannten Elementalen. Die Autorin führt uns in diesem Buch auf eine spannende Entdeckungsreise in diese Zwischenwelt und weckt in uns die Sensibilität, uns selbst mit der »Seele des Ortes« zu verbinden und in einen lebendigen Austausch mit den uns umgebenden subtilen Energien zu treten.

**AT Verlag**
Bahnhofstrasse 39–43
CH-5001 Aarau
Telefon ++41-(0)62-836 62 46
Fax ++41-(0)62-836 66 67
E-mail: info.buchverlag@azag.ch
Internet: www.at-verlag.ch